SV

Ulrich Pothast
Philosophisches Buch

Schrift unter der
aus der Entfernung leitenden Frage,
was es heißt,
auf menschliche Weise
lebendig zu sein

Suhrkamp

Einer Reihe von Personen und Einrichtungen bin ich zu Dank verpflichtet. Das Spezifizieren nach Anteilen gelingt mir nicht. Ich bitte alle, die unterstützend zu dieser Arbeit beigetragen haben, meinen Dank in dieser zusammengefaßten Form entgegenzunehmen.

Erwähnen möchte ich die Vermutung, daß das Buch dem Philosophen das meiste schuldet, gegen dessen Konzept philosophischer Tätigkeit es sich an einzelnen Punkten besonders entschieden wendet: Ludwig Wittgenstein.

U. P.

Erste Auflage 1988

Druck: Wagner GmbH, Nördlingen
Printed in Germany

CIP-Titelaufnahme der Deutschen Bibliothek
Pothast, Ulrich: Philosophisches Buch :
Schr. unter d. aus d. Entfernung leitenden Frage,
was es heißt, auf menschl. Weise lebendig zu sein
Ulrich Pothast. – 1. Aufl. – Frankfurt am Main : Suhrkamp, 1988
ISBN 3-518-57932-0

Inhalt

DRITTES STÜCK

FRÜHER STANDEN HIER ELEFANTEN UND SCHILDKRÖTEN

XVI. Größere Einheitsarbeit des Fraglichen Lebens: Fragen zu einem schmalen Aspekt

XVII. Scholion über Fraglichkeit

Die Abschnitte am Anfang

1. Stabile Tendenz

Das Buch hat einen weiteren und einen engeren Kontext. Der weitere wird an die Hand gegeben durch die Frage von Philosophie überhaupt. Der engere stellt sich her, wenn ich auf die philosophische Geschichte des Jahrhunderts sehe, gegen dessen Ende das Buch geschrieben wird, und auf die Situation, in welcher die Versuche des Verständigungshandelns, das die Menschen »Philosophie« nennen, sich finden.

Zum engeren Kontext zuerst. Das genannte Stück philosophischer Geschichte, auf das die Erinnerung allmählich als auf ›das zwanzigste Jahrhundert‹ zurückkommt, zeichnet sich unter anderem aus durch einen zunehmend schrofferen Gegensatz in der Selbstdeutung unserer als Lebewesen und durch eine Entscheidung, die sich dabei bis auf weiteres hergestellt hat. Der Gegensatz ist manifestiert in dem Konflikt über die Rolle von ›Bewußtsein‹ oder auch ›Subjektivität‹ bei der Steuerung der höheren Organismen, als die wir uns betrachten. Die Entscheidung ist manifestiert in dem Sich-Durchsetzen einer Tendenz, uns als Lebende so zu verstehen, daß die herkömmlichen Designate jener Wörter – sie seien, was sie wollen – nach Möglichkeit keine selbständige Rolle mehr spielen und nach Möglichkeit per Theorie durch anderes, Zugänglicheres, besser Verständliches gedeutet werden.

Der Konflikt, welcher der bis auf weiteres stabilisierten Entscheidung vorausging, ist nicht neu. Er besteht schon lange und hat unter verschiedenen Namen verschiedene Gestalten der Auseinandersetzung sowie der zeitweiligen, oft auch ortsgebundenen Dominanz der einen oder anderen Seite durchlaufen. Man könnte eine Geschichte jenes Verständigungshandelns im sogenannten Abendland unter dem Gesichtspunkt dieses Konfliktes schreiben, so daß die verschiedenartigen Fragestellungen, in denen er auftrat, und die diversen Formen seiner zeitweiligen ›Lösung‹ als Stationen wie auch als treibende Momente dieser Geschichte vorgestellt würden. Was wir in Erläuterung heischender Sprache *philosophische Probleme* nennen, ist ein sich bewegender Komplex von Fragen, die sich als Fragen geschichtlich verändern, aber so, daß an ihrer Basis in menschlichem Lebendigsein Verrätselungen und Orientierungsbedürfnisse stehen, welche sich *weniger stark* verändern als die zugeordneten Formulierungen und Lösungsvorschläge.

Was den genannten Konflikt angeht, so zeichnet sich seine Phase vor der bis auf weiteres stabilisierten Entscheidung, seine Phase in früheren Partien des angesprochenen Jahrhunderts also, aus durch Positionen, deren Extreme aus heutiger Sicht auf beiden Seiten überspitzt erscheinen. Eine stark vereinfachende Weise, diese Überspitzung zu kennzeichnen, ist diese: Ohne sich in der Regel direkt aufeinander zu beziehen, standen in der Rolle von Polen, zwischen denen sich weitere Positionen ansiedelten, einander zwei Denkweisen gegenüber, von denen die eine das durch das Wort »Bewußtsein« Bezeichnete als eine Sphäre vollkommener Klarheit, Selbst-Durchsichtigkeit, unsere einzige Quelle zweifelsfreier Evidenz, ja sogar als das einzig zweifelsfrei Wirkliche ansah; während die andere nicht nur leugnete, daß ›Bewußtsein‹ für menschliche Erkenntnis irgendeinen Wert besitze, sondern auch leugnete, daß es ein so Bezeichnetes *als eigentümlich verschieden* von, sagen wir, Schienbeinen, Brieföffnern, Radieschen, Bizepsen, Gummireifen sowie Vorgängen an und mit solchen, *überhaupt gebe*. Die Überspitzung scheint darin zu bestehen, daß beide Extreme dazu tendierten, die als zweifelsfrei existent anerkannten Stücke der Welt so einzugrenzen, daß für die eine Seite ›Physisches‹, für die andere Seite Vorgänge oder Zustände von ›Bewußtsein‹ gar nicht mehr darunter vorkamen.

Es ist kennzeichnend, daß dieses stark vereinfachte Bild durch ein Motiv ergänzt werden kann, das beiden Extremen gemeinsam ist: das Motiv der Gewißheit. Beide Extreme führten zu ihrer Stützung an, daß sie sich strikt an das unter Menschen einzig Gewisse hielten, und daß sie beim Fortschreiten ihrer Untersuchungen diesen Boden unter keinen Umständen verlassen wollten.

Es liegt nahe zu vermuten, daß an beiden Extremen etwas nicht befriedigt, und die inzwischen etablierte *stabile Tendenz*, die in sich wieder überaus vielfältig ist, wird dieser Vermutung gerecht. Sie stellt eine Entscheidung gegen die Seite des ›Bewußtseins‹ dar, aber nicht mehr so, daß alles, was herkömmlich unter diesen weiten und unscharfen Ausdruck fällt, einfach aus dem Bereich des Wirklichen gestrichen würde. Die Entscheidung gegen die Seite des ›Bewußtseins‹ hat sich, wie gesagt, vielmehr stabilisiert in Form der Tendenz, nach Möglichkeit alles, was herkömmlich unter diesen Ausdruck fällt, durch solches, was nicht darunter fällt, zu interpretieren. Die Interpretationsmittel, mit denen sich diese Tendenz realisiert, sind ihrerseits vielgestaltig und stehen teilweise in brüskem Gegensatz zueinander. Ihre Aufzählung ist hier unwichtig.

Zu der *stabilen Tendenz* gehört, daß das Zugeständnis, es möge wohl Vorgänge oder Zustände geben, die herkömmlich einem ›Bewußtsein‹ zugerechnet werden, *nicht* zu dem weiteren Zugeständnis führt, solche Vorgänge, Zustände, Beschaffenheiten seien für menschliches Erkennen und richtiges Handeln in der Welt von nennenswerter Relevanz. Trotz der Vielfältigkeit und Vielgestaltigkeit jener Tendenz geht sie insgesamt auch darauf, die Konstituentien zutreffender Erkenntnis und rechten Handelns unter Menschen nach Möglichkeit nicht in einem suspekt gewordenen ›Bewußtsein‹, sondern anderswo zu suchen. Der Ort dieses *Anderswo* wird verschieden bestimmt; die häufigste Bestimmung verweist auf die sprachlichen Strukturen, in denen Erkenntnis vorgetragen und rechtes Handeln unter Menschen entworfen wird.

Damit ist der wichtigste, wenngleich bei weitem nicht einzige Nachfolger für eine früher einmal vermutete, tragende Rolle von ›Bewußtsein‹ in unserem Verhältnis zur Welt, zu anderen, zu uns selbst, genannt: Es ist *Sprache*. Im Rahmen dessen, was ich *stabile Tendenz* nenne, geht die mächtigste Richtung philosophischen Verständigungshandelns auf den Versuch, die tragenden Beschaffenheiten jenes Verhältnisses als *sprachliche* Strukturen auszuweisen und zu untersuchen.

Der engere Kontext des Buches bestimmt sich zu wesentlichen Anteilen aus seiner kritischen Stellung gegenüber sogenannter *›Bewußtseinsphilosophie‹* auf der einen Seite. Er bestimmt sich auf der anderen Seite zu ebenso wesentlichen Anteilen durch die Skepsis gegenüber der *stabilen Tendenz* als striktem Ersetzenwollen früher »bewußt« genannter Leistungen durch anderes, an dem sachliche Beschaffenheiten dessen, was »Bewußtsein« hieß, nicht mehr vorkommen.

In seinem engeren Kontext steuert sich das Buch von der Überzeugung her, daß es sowohl falsch war, ›Bewußtsein‹ nach Art der Übertreibungen von Klarheit, Selbst-Durchsichtigkeit, freier Selbstbestimmung zu deuten, die für die meiste ›Bewußtseinsphilosophie‹ kennzeichnend sind, als auch falsch, es einfach zu eliminieren oder ihm wenigstens die epistemische und praktische Relevanz für ein angemessenes Verhältnis unserer selbst zur Welt, zu anderen, zur eigenen Person zu bestreiten. Die stabile Tendenz hat an den Maßlosigkeiten der ›Bewußtseinsphilosophie‹ gute Motive. Sie hat daran aber für ihre weitergehenden Schritte in Richtung eines epistemisch-praktischen *Verzichts* auf alles ›Bewußtseinshafte‹ keine guten Argumente.

Es gibt aus angebbaren Gründen nicht nur keine Wiederbelebungen falscher Herrlichkeit in der Philosophie. Es gibt in ihr *gar keine Wiederbelebungen* vergangener Positionen im ganzen, die glaubwürdig wären. Das wird aus dem weiteren Kontext, in den sich das Buch stellt, später erkennbar werden. In dem engeren Kontext versucht das Buch, seine Antwort auf den Gegensatz der gleichermaßen unakzeptablen Extreme aus früheren Partien des Jahrhunderts anders zu finden, als die *stabile Tendenz* es tut. Es verhält sich damit gegenläufig zu den gut etablierten und sicher ausgerichteten gedanklichen Vektoren seiner Gegenwart.

Zu dieser Gegenwart erinnere ich an das Platte, daß sie selbst als das Stück Geschichte, als das sie angesehen werden kann, auch ihre historischen Determinanten hat. Von deren hinterrücks steuernder Effizienz gibt sie sich nicht immer die klarstmögliche Rechenschaft. In dem Rahmen, in dem so etwas überhaupt ausführbar ist, läßt sich inzwischen ein Einflußfaktor namhaft machen, der die *stabile Tendenz* in derjenigen Version, welche Leistungen des ›Bewußtseins‹ durch Sprachleistungen ersetzen will, ungewöhnlich stark gefördert hat. Er hat ihr zeitweilig, bei vielen noch bis heute, das Air des Selbstverständlichen, gar nicht anders zu Denkenden, verliehen. Dieser Faktor ist das schubhafte Sich-Ausbilden eines neuen philosophischen Werkzeugs, vor allem am Ende des vorigen und Beginn dieses jetzigen, noch auf sein Ende zulaufenden Jahrhunderts. Ich meine die gegenüber früheren Versuchen entschieden erweiterte, plötzlich zu unerwarteter Leistungsfähigkeit wie auch völlig neuen Fragen gebrachte *Logik*, deren Entwicklung eine entsprechend schubhafte Ausbildung neuer Möglichkeiten von *Semantik* folgte. Ein neues Werkzeug für forschende Tätigkeit führt immer dazu, daß diejenigen, die es benutzen, sich ihre Gegenstände in einer Weise hinlegen, welche für ein Zugreifen mittels des neuen Werkzeugs die günstigsten Voraussetzungen bietet. ›Hinlegen‹ ist dabei mehr als räumliches Anordnen; es kann bis zu einem Neuinterpretieren des für uns Realen gehen, mit dem Ende, es dem neuen Werkzeug griffig darzubieten. In der weiter zurückliegenden Geschichte des Verständigungshandelns unter dem Titel *Philosophie* bietet der Glaube an eine einzigartige Instanz namens *Vernunft* die schlagendsten Fälle der *Modelung von Wirklichkeit nach dem Werkzeug*. Das Werkzeug *Logik* ist auf Zustände, Vorgänge, Beschaffenheiten von ›Bewußtsein‹ nicht geradewegs anwendbar; man versuchte es mit ›Gedanken‹ und gab das schnell auf. Anwendbar ist es auf bestimmte Typen sprachlicher Einheiten. In der Folge ersetzten in diesem Strang der *stabilen Tendenz* nicht bloß sprachliche Einheiten solcher Art das ›Bewußtsein‹; es gab sogar Philosophen, die unser ganzes Sprechen radikal umbilden wollten nach der Vorschrift: Sprich werkzeugkompatibel oder gar nicht. Ich halte nicht damit hinter dem Berg, daß ich der Überzeugung bin, die *stabile Tendenz* in ihrer sprachbezogenen Variante verfahre bis heute noch so, daß sie die Wirklichkeit unseres Lebendigseins durch eine große akademische Industriepresse laufen läßt, aus der sie zusammengedrückt, verarmt, aber werkzeugkompatibel wieder herauskommt. Zu den bis zur Unkenntlichkeit verformten Teilen gehören dabei nicht nur Eigenschaften des früher so genannten, leider damals sträflich idealisierten ›Bewußtseins‹, sondern auch zentrale Züge der Weise, wie wir *als Handelnde* uns in der Welt finden und zu orientieren suchen.

Natürlich hing jene frühere Idealisierung und gleichsam umgekehrte Verformung von ›Bewußtsein‹ ebenfalls mit einer Werkzeugkonjunktur zusammen, nur mit einer anderen. Die zuständigen Denker glaubten, in unserem ›Bewußtsein‹ fänden sich sowohl die einzig verläßlichen philosophischen Erkenntnisinstrumente, als auch sei dieser Bereich (imaginiert als ein Sonderbereich des Seienden) der einzige Ort ihres täuschungsfreien Zugriffs auf ›Gegenstände‹.

Um den Konnotationen nicht zu erliegen, die das Wort »Bewußtsein« von seiner wechselhaften Geschichte her mit sich führt, wird das Buch dieses Wort nicht mehr in tragender Rolle verwenden. Wo es hier noch gebraucht wird, dient der Zusammenhang primär dem Markieren der Unterschiede gegenüber dem, was eine abgeleibte ›Bewußtseinsphilosophie‹ dachte und wollte.

2. Ungehorsame Forschung

Das Buch, das als ein philosophisches auftritt und sich damit von vornherein einem Anspruch aussetzt, *dem es nicht gerecht werden kann*, will damit eine Besonderheit des weiteren Kontexts andeuten, in den es sich stellt. Der weitere Kontext sei, so habe ich gesagt, die Frage von Philosophie überhaupt. Um dieser Frage mich zu nähern, notiere ich einiges, was mir an dem Fach auffällt, in dem ich tätig bin.

Nie, soviel ich weiß, hat die Menschengattung, nach Individuen, Arbeitstagen, Stunden gemessen, so große philosophische Anstrengungen unternommen wie jetzt. Nie, soweit meine Kenntnisse reichen, war Philosophie als akademisches Fach in größerer absoluter Breite etabliert als jetzt. Selten, soweit ich sehe, hat das Sich-Mühen ähnlich vieler Philosophen den Lebenden ähnlich wenig bedeutet wie jetzt. Immerhin scheint Philosophie dem Ziel, eine anerkannte Disziplin eigenen Rechts in der akademischen Welt zu sein, nur auf einigen Höhepunkten ihrer Geschichte näher gestanden zu haben als gegenwärtig. Das gilt trotz fortlaufender Gefährdung durch Zweifel an ihrem Nutzen wie auch ihrer Wissenschaftlichkeit, welche Zweifel geradezu eine wiederkehrende Begleiterscheinung ihres Daseins in der Zeit ausmachen. Ein milder Verdruß gesellt sich zu diesen Feststellungen, wenn ich gewahr werde, daß ich auf die Frage, was Philosophie sei, zwar eine beträchtliche Menge verschiedener Konzepte zu repetieren weiß, aber keines, von dem ich sagen könnte, die in diesem Fach Tätigen hielten es gemeinsam für verbindlich. Im Gegenteil, der Zustand des Faches, das sich in den Institutionen der höheren Erziehung einen relativ festen Platz erworben hat, zeigt schrundenhaft eingeschnittene Verschiedenheiten der Selbstauffassung an nahezu allen Stellen, die sich ansprechen lassen. Es gibt unter dem Titel »Philosophie« im ganzen weder eine gemeinsame Definition der Probleme, um die man sich kümmern will, noch eine gemeinsame Methode, noch gar einen gemeinsamen Bestand gesicherter wissenschaftlicher Erkenntnisse, auf denen die weitere Arbeit aufbaut. Einzelne Teilgebiete, auf denen solche Übereinstimmungen in größerem Umfang da sind, zum Beispiel Logik, tendieren dazu, sich zu verselbständigen und aus dem eigentümlichen Fach *Philosophie* auszugliedern – wie es in der Vergangenheit schon viele ihrer Teilgebiete taten, die heute als typische *Wissenschaften* betrieben werden und sehr viel weniger Zweifeln an ihrer Bonität ausgesetzt sind als das, was unter dem Namen *Philosophie* zurückblieb.

Freilich gibt es philosophische Schulen. Im Kreis von Personen, die sich einer solchen Schule zurechnen, finde ich noch am ehesten gleichlautende Darstellungen dessen, was Philosophie sei und zu tun habe. Wäre es nicht wünschenswert, daß eines Tages, vielleicht möglichst bald, eine Schule in der Philosophie sich durchsetzte und von nun an mit ihrem homogenen, natürlich einleuchtend begründeten Konzept den Menschen verbindlich sagte, welche Aufgaben die Philosophie hat, und mit welchen Methoden sie sich der Lösung ihrer Aufgaben nähern muß? Wen der Ausdruck »sich durchsetzen« stört und das Stück außerrationaler Gewaltsamkeit im Gedanken einer Quasi-Machtübernahme durch eine durchsetzungsfähige Fraktion, der findet vielleicht Labsal an der Vorstellung, daß alle, die Philosophie treiben, und überhaupt alle an dem Fach Interessierten, in einen unverzerrten Dialog eintreten und nach gebührend sorgfältiger Diskussion sämtlicher vorgebrachten Gesichtspunkte *sich einigen* auf ein Konzept von Philosophie, das sie gemeinsam richtig finden können, auf ebensolche Grundsätze, Verfahren, einen Katalog zu lösender Probleme und überhaupt alles, was man zum Gründen eines einheitlichen Forschungszusammenhangs und zum Beginn erfolgreicher Zusammenarbeit, die lange währen soll, braucht.

Warum eigentlich kommt diese Vorstellung in die Nähe des ungezierten Horrors? Warum wäre eine Philosophie als formierte Wissenschaft eine gestorbene Philosophie? Warum machen ›Grundlegungen‹ der Philosophie, die alle künftige Arbeit dieses Faches auf ihre grundgelegten Prinzipien vergattern wollen, eine so leichenkalte Figur? Warum ist kaum eine intellektuelle Tätigkeit dürftiger und ihr Ergebnis sterbensanfälliger als *schulmäßig fortschreitendes* Philosophieren? Warum stößt uns als die Lebenden, die wir sind, der Gedanke einer dauerhaft vereinheitlichten Philosophie für alle Menschen geradewegs ab?

Man kann auch anders fragen: Warum ist die Philosophie bei allem oft als beschämend empfundenen Wechsel ihrer Positionen noch nicht abgeschafft? Warum werfen die Menschen ein so unverläßliches, wechselnde Ergebnisse lieferndes Orientierungsinstrument nicht weg? Warum ist der immer wieder prophezeite Tod der Philosophie nicht endlich eingetreten? *Warum wird er nicht eintreten?*

Versuche ich, meinem Stupor bei dem Gedanken einer in Übereinstimmung eingeführten, auf allgemein anerkannter Grundlage sicher weiterbauenden *Philosophie aller und für alle* nachzugehen, so stoße ich darauf, daß meine stillschweigenden Erwartungen an Philosophie deutlich andere sind als meine Erwartungen an typische Wissenschaften. Ich erwarte von Philosophie, daß sie der sich bewegenden Lebendigkeit derer, denen sie etwas sagen will, Rechnung trägt, statt solche Bewegung auf einer einmal akzeptierten Straße zu halten, sei diese auch »die feste Heerstraße der Wissenschaft«. Ich hoffe unausgesprochen, daß Philosophie mir in meinem Verhältnis zur Welt, zu anderen, zu mir selbst Perspektiven öffnet, die ich noch nicht gesehen habe, statt meine gedankliche und wahrnehmende Sicht der Dinge in einem Prozeß allgemeiner Einigung zu normieren. Zu meinen stillschweigenden Unterstellungen gehört auf unauffällige, aber doch hartnäckig sich geltend machende Weise, daß das Verwunderliche an meinem Lebendigsein sich einem wohlnormierten Zugang nicht ergeben wird; selbst ein chaotischer Zugang, zu dem mein einförmiges Temperament nicht neigt, und den ich auch aus sachlichen Gründen nicht befürworte, erschiene mir auf lange Sicht doch aussichtsreicher als ein perfekt geregelter.

Freilich stehen neben diesen stillen Erwartungen auch davon verschiedene, die eine normative Anstrengung geradewegs fordern. Ich will wissen, was für mich das rechte Handeln ist. Ich lege zum Beispiel da, wo ich von anderen beschädigt werden kann, Wert darauf, daß wir alle uns einig sind (oder werden), ein Schädigen des je anderen zu unterlassen. Ich begrüße das Stück Einheitsarbeit, das die Gattung der

Menschen in dieser Hinsicht schon geleistet hat, und das mir ein Leben in begrenzter, verlierbarer Unversehrtheit erlaubt. Leider gilt das bei weitem nicht für alle, so daß ich anderen den begrenzten Grad von Unbeschädigtsein, den ich selbst genieße, dringend wünschen muß. Aber diese Bedürfnisse sind nicht die, die ich meinem Schrecken beim Gedanken der vereinheitlichten Philosophie zuordnen kann. Ich stelle sie deshalb zurück, während ich den Fragen nachzugehen suche, die mir mit diesem Gedanken kamen.

Das Fragment einer möglichen Antwort auf diese eben gleichsam im Zusammenzucken aufgeschriebenen Fragen lautet für mich: *Philosophie ist die Ungehorsame Forschung*.

Sie entspricht Orientierungsbedürfnissen, die an der Basis der Weise liegen, wie ich mich in der Welt, den anderen und mir selbst gegenüber finde, ja diese Bedürfnisse gehören als Orientierungs-Unsicherheiten zu dieser lebendigen Basis selbst. Ein großer Philosoph meines Jahrhunderts machte darauf aufmerksam, daß unsere Sprache eine Lebensform ist. Mir scheint, die Konsequenzen dieses Satzes sind sogar in Sachen Sprache, wo Generationen von Forschern inzwischen sie auszuloten suchten, nur oberflächlich zu unserer verbal gefaßten Kenntnis gekommen. Die Schwierigkeit, daß ich in der Lebensform Sprache diese Form selber nicht ohne Rest in Erkanntes auflösen kann, ist nicht bloß das Hindernis irgendeiner akademischen Wißbegierde, sondern ein elementares, felsenhaft dichtes Stück Undurchdringlichkeit unseres eigenen Lebendigseins für es selbst. So bei einigen Verrätselungen und Bedürfnissen, die zuletzt der merkwürdig dauerhaften Wissenschaft von der traurigen Gestalt, genannt *Philosophie*, zuzuordnen sind. Es handelt sich zu wichtigem Anteil um Orientierungsbedürfnisse, die im Lebendigsein selbst ihre Wirklichkeit haben, als Stücke von dessen eigener Form. Verbal aufgefaßt, aus dem Bereich ihres elementaren Sich-Geltend-Machens durch transponierende Artikulation herausgesetzt, enthalten sie immer auch schon Momente von Entscheidung, Willkür, Vereinseitigung, genauso wie die Vorschläge, die ihnen als ›Lösungen‹ sich zuordnen. Überdies richten sich einzelne dieser Bedürfnisse fragend oder quasi-fragend auf den Bereich zurück, in dem sie selbst als Bedürfnisse wirklich sind, und führen dadurch auf potentiell selbstbezügliche Situationen. In herkömmlich korrekten formalen Systemen wäre das im Sinn der Widerspruchsvermeidung untersagt. Leider geht es mir nicht um die inzwischen lüstern durchschwärmte Nacht des Paradoxen im Verhältnis unserer zu uns. Es geht mir bloß darum, daß im Sich-Vollziehen von Lebendigkeit selbst sich manifestierende Verwerfungen, Dunkelheiten, Bedürfnisse nach Klarwerden vermutlich die Arbeit in Richtung auf Erweitern und Anreichern unserer Zugangsformen zu ihnen (und demnach zu unserer eigenen Weise, da zu sein), *eine Arbeit zum Erwerb alternativen Denkens* also, in höherem Maß brauchen als die methodische Einigung auf *eine* Antwort in *einer* Sprache auf der Basis *einer* Theorie.

Wie wir philosophisch fragen, hat erkennbar etwas zu tun damit, wie wir als Lebende da sind; wie wir philosophisch antworten, hat sowohl etwas zu tun mit der Art, wie wir uns *als diese sehen*, als auch mit der Art, wie wir *als diese sein wollen*. Philosophische Arbeit des menschlichen Lebendigen an seiner Selbst-Bestimmung im Bereich jener nicht gegenständlich von ihm ablösbaren Orientierungsbedürfnisse ist sowohl Arbeit als Versuch von Sich-Klären als auch Arbeit als Versuch von Sich-Vorauswerfen. (Es ist zuletzt eine besondere Form *größerer Einheitsarbeit*, die mit Vereinheitlichungs-Arbeit auf keinen Fall verwechselt werden darf).

Die Überzeugung, daß Philosophie die *Ungehorsame Forschung* zu sein habe, stützt sich nicht bloß auf die Ansicht, daß in ihrem Bereich bestenfalls bei besonderen, einer empirischen oder formalen Entscheidung nahekommenden Fragen das Methodisieren und Normieren Vorrang haben kann vor ihrer geschichtlich wie sachlich angelegten Bewegungsneigung. Sie stützt sich zusätzlich auf die einfache Mutmaßung, daß das *Stehenbleiben* bei einer fixierten Form, sich zu deuten und zu vollziehen, von den Lebenden auf die Dauer weder gewünscht noch toleriert wird. Der Versuch, durch vorgeblich unbezweifelbare Philosophie ein Stück Lebensform in Beton zu legen, so daß nichts mehr sich bewegt, scheitert immer. Er führt zunächst zur Korruption dieser Philosophie und ihrer Einrichtungen in *heimlicher Lebensverlassenheit* und dann zu ihrer öffentlichen Wandlung in die Denkmumie.

Der *weitere Kontext*, in den das Buch sich stellt, kann jetzt bezeichnet werden mit der übergeordneten Frage: *Was heißt, auf menschliche Weise lebendig sein?* Ich fasse sie auf als die übergeordnete Frage von Philosophie überhaupt.

Die Überlegungen dieses Buchs richten sich an ihr aus, ohne sie mit der Realität ihres Ganges durch eine geradewegs offerierte Antwort zu erreichen. Es ist fraglich, ob es eine zufriedenstellende Antwort solch direkten Typs gibt, obgleich die Frage ihre Möglichkeit vorauszusetzen und ihr Aussprechen oder Niederschreiben zu fordern scheint. Weil die genannte Frage in diesem Buch nicht direkt angegangen wird, weil sich das Buch ihr aber zu- und unterordnet, nenne ich sie auch *die aus der Entfernung leitende Frage*.

3. Frage von Philosophie

Daß niemand die jetzt genannte Frage in ihrer Rolle als leitende Frage von Philosophie selbstverständlich finden wird, versteht sich von selbst. Sieh auf Geschichte und Gegenwart der *Ungehorsamen Forschung*, die die Menschen trotz aller teils grotesken Wechselfälle nicht wegwerfen. Wie ich die Aufgabe von Philosophie in Worte fasse, ist unweigerlich mitbestimmt von eigener Entscheidung. Ich fände es unrichtig zu leugnen, daß es bei der Selbststeuerung höheren Lebens einen *vor* dem philosophischen Sprechen liegenden Bereich orientierender Gewichte gibt, gegen deren Tendenz ein Lebewesen nicht gut mit sich selbst einig werden kann, nicht über das, was es für angemessen hält, und nicht über das, was es als ein Angemessenes zu tun gedenkt. Die Stellungnahmen, die sich wortlos in diesem Bereich herstellen, manchmal sogar so, als seien sie immer schon dagewesen und machten die Einheit des Individuums mit aus, kann das Lebewesen in philosophierender Arbeit an seinem Welt- und Selbstverhältnis wohl in Frage ziehen und auch revidieren; es kann aber kaum ohne Selbstbeschädigung gewaltsam über sie hinwegleben.

Durch dies Einfache, unter anderem, verbinden sich die konkreten Untersuchungen des Buchs mit seinem weiteren Kontext und stellen sich unter die aus der Entfernung leitende Frage. Ihr Glaubwürdiges als Frage von Philosophie überhaupt stammt für mich zu relevantem Anteil aus einer spürenden Stellungnahme, hinter die ich als der lebende Autor dieses Buchs nicht zurück kann, da auch keines der Argumente, die ich mir dagegen eingewandt habe, mich überzeugt. Die genannte Frage trifft sowohl den eigentümlichen Bestand philosophischer Probleme, mit denen ich lebe, insgesamt am besten, als auch organisiert sie sie am einleuchtendsten auf ein gemeinsames Zentrum hin. Es wäre zugunsten der besonderen, übergreifenden wie integrierenden Stellung jener Frage noch ein ganzes Corpus von *Überlegungen* vorzutragen. Doch für das Moment von Entscheidung, das darin liegt, Philosophie unter die Frage nach der menschlichen Weise, lebendig zu sein, zu stellen, scheint ein Gewicht im Spüren, ein Votum stellungnehmenden Lebensvollzugs selber, von charakteristischem Belang zu sein. Um dessen Rolle, die auf die Arbeitsgegenstände des Buchs vorausweist, anzuerkennen und von vornherein zu zeigen, wo dieses sich am stärksten exponieren wird, lasse ich es dabei und verschiebe das Ausführen jenes Überlegungs-Corpus auf andere Gelegenheit.

Unter dem jetzt einschlägigen Gesichtspunkt stellt sich das Buch dar als ein Versuch von Verständigungshandeln über orientierende und stellungnehmende Leistungen lebendigen *Spürens*. Es richtet sich auf die Spürensverfassung, in der wir als Angehörige höher entwickelten Lebens uns finden, auf die Weise, wie wir spürend tätig sind, auf die Organisation der besonderen, unverstandenen, spürend-tätigen Einheiten, als die wir gewöhnlich mit dem Wort »Person« uns von anderen Lebewesen unterscheiden. Eine solche Untersuchung läuft zwar offenkundig der vorhin bezeichneten *stabilen Tendenz* in jüngerer Philosophie entgegen, auch einer stabilen Tendenz in einigen Wissenschaften vom Menschen. Sie tritt aber mit dem Versuch, eine vor den Wörtern gelegene, allein dem Lebendigen eigene Instanz tätiger Orientierung und orientierten Tätigseins aufzuweisen und zu verteidigen, an einer Stelle menschlicher Selbsterfahrung ein, an der die *stabile Tendenz*, soweit ich sehe, immer noch wenig mehr bereithält als die Alternativen von Stottern, Dichten oder Schweigen. Das Bedürfnis nach Verständigung über die menschliche Weise, lebendig zu sein, ist wirklich. Es hat seine Realität nicht notwendig erst da, wo wir sprechen, argumentieren, miteinander handeln, wenngleich es sinnvoll ist, ihm auf diesen Ebenen nachzugehen. Es verweist, der Wörter unbeschadet, die ich aufschreibe, auch auf etwas am sich vollziehenden Leben selbst, ohne dessen spürendes Da-sein die von mir aufgeschriebene Frage in angebbarem Sinn leer wäre, obgleich als Frage korrekt zu Papier gebracht. Hierhin gehört der gegenwärtige Versuch, der sich jener Frage unterordnet, nicht nur, indem er sich zuletzt in trostverlassener Unvollkommenheit auf sie hin organisiert, sondern auch, indem er bei einigen Eigenschaften von Lebendigsein anfängt, ohne die dessen eigene Frage nach sich selbst nur ein geordnetes Klappern wäre, sagen wir, auf dieser Schreibmaschine hier.

Es ist offensichtlich, daß ich meine Erwartungen an normative Anstrengungen im Bereich philosophischer Tätigkeit, die ich vorhin einräumte, bis jetzt am Rand gehalten habe. (Ich will mein Buch anfangen und nicht eine Enzyklopädie der philosophischen Arbeitsfelder.) Eine mit jener Erwähnung schon angedeutete Verschiedenheit in den Formen des Verständigungshandelns, genannt Philosophie, soll aber noch berücksichtigt werden. Unter die Frage nach der menschlichen Weise, lebendig zu sein, wie ich sie verstehe, gehören offensichtlich sowohl Überlegungen zu dem, was, sehr grob gesagt, diese Weise ist, als auch zu dem, was, ebenso grob gesagt, sie sein soll. Eine bekannte Unterscheidung zwischen verschiedenen Typen von Sätzen, begründenden Reflexionen, angeblich sogar Schlußweisen, ist in dieser groben Trennung erkennbar; sie wird hier nicht untersucht. Sie dient nur zum Anlaß, darauf zu verweisen, daß die Unmöglichkeit, Philosophie als eine definitiv feste zu etablieren, ja das Widerstrebende an einer solchen Idee, neben den genannten Gründen einen weiteren Grund in ihren eigenen Anteilen normativer Arbeit hat. Nicht bloß sperrt sich das, was Philosophie als die menschliche Weise, lebendig zu sein, ins Auge faßt, einer ein für allemal fixierenden kognitiven Form, weil es sich der kompletten Voraussage entzieht und überdies als prinzipiell reicher vermutet werden muß denn irgendeine bestimmte kognitive Zugangsweise, die ja zuletzt selbst nur eine notwendig verengte Ausprägung seiner darstellt (ein Stück Lebensform). Die menschliche Weise, lebendig zu sein, ist auch charakterisiert durch ein systematisches Vorwegnehmen von Zukunft in Richtung auf gewünschte oder für allgemein angemessen befundene Gestalten des Handelns und Sich-Vollziehens. Für jedes Einzelleben gibt es in einem sogenannt ›tiefen‹ Bereich seiner Weise, in der Welt, mit anderen und sich selbst da zu sein, eine Orientierung auf eigene Zukunft, die den schließlichen Gang dieses Lebens (ceterius paribus) um so stärker mitbestimmt, je fester und spürensdeutlicher sie ausgebildet ist. Zum Lebendigsein gehört Sich-Vorauswerfen; zum Sich-Vorauswerfen gehört ein faktischer Stand des Lebendigseins, von dessen stillen Selbstverständlichkeiten das Vorausgeworfene sich nie per Beweis als ›völlig frei‹ proklamieren kann. Das gilt auch im Größeren. Zu dem, was als die menschliche Weise, lebendig zu sein, von Philosophie sinnvoll ins Auge gefaßt und durch Verständigungshandeln in seiner Bewegung tangiert werden kann (wie minimal immer), gehören in charakteristischer Verbindung je gegenwärtige und je vorausgeworfene Anteile, die nicht als perfekt unabhängig voneinander beschrieben werden können. Die Versuche, unter dem Titel

Ethik eine allgemein verbindliche Weise rechten Handelns unter Menschen vorauszuwerfen und damit etwas sehr Wichtiges zu sagen, das unter die Frage von Philosophie überhaupt gehört, sind von dem jeweiligen Stand menschlichen Lebendigseins zur Zeit des Vorauswerfens nie beweisbar unabhängig. Die Versuche enthalten regelmäßig, oft auch in tragender Rolle, Stücke gelebten, nicht notwendig formulierten Selbstverständnisses derer, die solche Ethik vortragen und derer, die sie sich zu eigen machen.

Die Anstrengungen normativer Art unter dem Titel ›Philosophie‹ nehmen nicht bloß selbst mit ihrem vorauswerfenden Charakter ein Sich-Bewegen und Sich-Bewegen-Können des Lebendigen in Anspruch. Ihre eigene Basis in menschlichem Lebendigsein, das sich bewegt, und ihre unbeseitigbare Abhängigkeit von diesem lassen auch vorauswerfende Programme eines *fixierten Zukunftslebens* als selbsttäuschend und un-menschlich erkennen.

Es braucht kaum gesagt zu werden, daß Philosophie sich nach dieser Bestimmung auf die Überholbarkeit ihrer Positionen einzustellen hat. In der Überholbarkeit liegt eine der Bedingungen ihres Fortbestehens als Verständigungshandeln unter der genannten leitenden Frage. Nicht die geschichtlichen Wechselfälle von Philosophie bedrohen ihren Bestand und ihre eigentümliche Rolle, sondern die zur Tat schreitende Meinung, sie habe endlich *eine* zu werden *und zu bleiben*.

Daraus ergibt sich das Nötigste über philosophische Schulen. Philosophische Schulen haben unter der leitenden Frage von Philosophie überhaupt ihre Berechtigung so lange, wie sie *tätig sind*, die Möglichkeiten ihres charakteristischen Zugangs zu dieser Frage so vielfältig, wie es geht, zu erschließen, so intensiv es ihnen möglich ist, auszuarbeiten. Sie verlieren zunehmend an Daseinsrecht, je sicherer ihre Arbeiten nach eigenem Maßstab werden, je fester sich ein ›Forschungskontext‹ bildet, der stillschweigend und ohne weitere Reflexion vorgibt, was ein philosophisches Problem ist und was bei seiner Bearbeitung die Kriterien des Erfolges sind. Der philosophische Exitus einer Schule bei voller institutioneller Blüte und Herrschaft an führenden Universitäten des Wandelsterns ist eingetreten, wenn diese Entwicklung vollendet ist, das heißt, wenn die Schule in ihrem Dominanzbereich die Anerkennung einer Frage als philosophisch wichtig und die Anerkennung einer Arbeitsweise als philosophisch korrekt *ex officiis suis* erledigt, also *in Herrschaft über ihre Schüler und in Blindheit über sich selbst.*

Hierher gehört das Wort einer Studentin jüngeren Semesters, das ich zufällig hören konnte, und das ich zitiere, statt mich eines Zitats aus großem Verständigungshandeln der Vergangenheit zu bedienen, was genauso möglich wäre. Die Studentin sagte: »Wenn ein Philosoph sich nur geistig fett macht in Sachen, von denen er schon im voraus weiß, daß die andern sie für korrekt halten werden, dann ist das Sünde.«

Gelegentlich werde ich das Wort *Sitzende Philosophie* verwenden. Das ist eine Gestalt von Philosophie, die unangesehen ihrer Thesen und oft bei respektabler methodischer Strenge vergessen hat, daß Philosophie sich nicht erfüllt in ihrer Selbstbefestigung als anerkannte Wissenschaft, sondern auf lange Sicht eher durch wiederholtes Aufweisen falscher Festigkeiten und Nähe zur Bewegung des Lebendigen, um das es in ihr geht. Sitzende Philosophie ist gut eingesessene Schulphilosophie mit dem Willen, es zu bleiben.

4. Fragliches Leben

Der Mensch wird in dem Buch angesprochen als *das Fragliche Leben.* Das hat wenig zu tun mit seiner Eigenschaft, das ›fragende Tier‹ zu sein, wie manchmal gesagt wird, auch nichts mit einem ›radikalen Fragen‹, das etwa veranstaltet werden soll, oder einem ›radikalen Fraglichwerden‹ von allem und jedem im Gang philosophischer Betrachtungen. Diese Konzepte gehören in andere Arbeiten und werden hier nicht herangezogen. Das Wort »Fraglichkeit«, das in diesem Buch gebraucht wird, bestimmt sich allein nach seiner Zuordnung zu *Fraglichem Leben* und hat mit der sporadischen Verwendung eines gleichlautenden Ausdrucks in einzelnen Gedankengängen anderer Autoren nichts gemein. Es wird daran erinnert, daß es in der Philosophie keine echten Wiederbelebungen gibt; wo gesagt wird, es geschehe dergleichen doch, mißversteht in der Regel ein Autor seine Tätigkeit oder ein Leser beide.

Der Mensch wird als *das Fragliche Leben* angesprochen, weil das Wort »fraglich« in einer Mehrzahl von Hinsichten am Platz ist.

Zunächst ist es bekanntlich niemandem gelungen, ein ›Wesen des Menschen‹ dingfest zu machen. Die Anstrengungen in dieser Richtung bilden einen Gesamtkatalog von Vorschlägen, dessen Fazit eher das Verharren des gesuchten Wesens im Status eines fraglichen zu sein scheint, als ein Komplex stabiler Antworten. Die Schwierigkeit von Wesensbetrachtungen überhaupt trägt zur dürftigen Aussicht, irgendwann ein feststehendes ›Wesen des Menschen‹ kennenzulernen, bei. Deshalb sagt das Scheitern solcher Betrachtungen natürlich auch nicht alles.

Der Mensch ist das *Fragliche Leben*, weil er sich dahin entwickelt hat, daß kraft seiner eigenen Errungenschaften nicht bloß die Zukunft seiner selbst als einer Form des Lebendigen, sondern die Zukunft allen Lebens auf dem von ihm beherrschten Planeten in Frage steht. Es scheint sich damit mehr hergestellt zu haben als bloß die permanente und wahrscheinlich nicht wieder aus der Welt zu schaffende Selbstgefährdung einer bestimmten Art. Das Erlangen dieser Stellung, von der her alles bekannte Leben überhaupt vernichtet werden kann, läßt sich deuten als ein Sich-Herausentwickeln jener Art aus den Verhältnissen unter den Lebewesen, wie wir sie sonst kennen. Typische Formen des Gleichgewichts, in denen verschiedene Lebewesen sich zueinander verhalten und dadurch auch erhalten, sind durch solches Sich-Herausentwickeln verlassen. Das hier gelegene Motiv, von *Fraglichem*

Leben zu sprechen, beruht nicht bloß auf einer Erkenntnisunsicherheit, sondern auf einem Sich-Infragestellen durch eigene Entwicklung, sowohl als Art, die sich und alles andere Leben zerstören kann, als auch als Glied von Gleichgewichtszusammenhängen, die ursprüngliche Lebensbedingungen eben dieser Art bildeten. Der Mensch ist zur teilweise systematisch betriebenen Zerstörung von Bedingungen herangewachsen, denen er dieses Wachstum selbst verdankt. Wo einige in dieser Sache mit der stillen Voraussetzung eigenen Wissens, was *Natur* sei, von ›unnatürlich‹ sprechen, halte ich es für angemessener, ein solches Verdikt zu vermeiden und das Eigentümliche wie auch nach der Zukunft hin durchaus Offene eines so entwickelten Wesens mit seiner Bezeichnung als *Fragliches Leben* anzuzeigen.

Es ist mir wichtig, daß ich damit nicht geradewegs eine negative Vorentscheidung verbinde. Der Mensch hat vieles andere Leben zerstört und zerstört es weiter; er hat einiges andere Leben vor seiner Zerstörungstendenz und auch vor sonstigen Gefahren bewahrt. Die Entwicklungs-Errungenschaften seiner Vernichtungstechnik einerseits, seiner Lebenerhaltungstechnik andererseits sind, bezogen auf menschliches Leben selber, so staunenmachend, und sie laufen einander dabei in so krasser Weise entgegen, daß für mich die Vermutung naheliegt, hier habe eine Form des Lebendigen im ganzen ein Element steuernder Ordnung verloren oder noch nicht gefunden, mit dem Effekt, daß die Weise, wie sie sich selbst in die Zukunft bewegt, in angebbar höherem Maß *fraglich* ist, als die Zukunft von Formen des Lebendigen sonst. Eine verwandte Vermutung rechtfertigt sich ohne weiteres Argument auch aus den neuerdings durch menschliche Wissenschaft erschlossenen Möglichkeiten zur Umwandlung, wenn nicht sogar Neuformierung genetischer Strukturen.

So oft, wie diese Dinge beobachtet worden sind, ist ein Anderes beobachtet worden: Der Mensch ist darauf angewiesen, sich zu deuten. Er ist sich nicht selbstverständlich. Seine Orientierungsbedürfnisse reichen über das hinaus, was er anderen, sogenannt weniger hoch entwickelten Formen des Lebendigen zuschreibt. Ein Philosoph drückte das aus mit der These: Der Mensch ist ein animal metaphysicum. Ich vermute, daß die Äußerung interpretiert werden kann im Sinn der vorhin genannten, zuletzt nicht aus einer Theorie, sondern aus einer Weise von Lebendigsein stammenden Orientierungsbedürfnissen. Sie gehen einerseits auf mehr als nur den Verwendungsbereich des Wortes »Metaphysik«; sie lassen es andererseits nicht zu, die Themen dieses Verwendungsbereichs einfach aus der Welt zu schaffen. Ich halte es für angemessen, den Menschen als das *Fragliche Leben* anzusprechen, weil ich vermute, daß die von ihm ausgebildeten Weisen, sein Leben zu vollziehen, zusammengehen mit einem in Frage stellenden Sich-Zurückwenden auf das, was solches Leben sei, sein wolle, zu sein habe. Dabei sind die konkreten Fragen genauso wie die Typen akzeptierbarer Antworten geschichtlicher Veränderung unterworfen. Die Tendenz in Frage stellenden Sich-Zurückwendens überhaupt hat etwas sehr viel Konstanteres als irgendwelche bisher gefundenen Vorschläge für Antworten. Allerdings steht es dem Menschen *frei*, bei stupenden Errungenschaften im Beherrschen sogenannter Natur, auch im Zerstören wie Retten von Leben überhaupt, sich umzubilden zu verschärften Formen des Schrumpftums im Verhältnis zu sich selbst, zu wachsender innerer Einsamkeit der Individuen und Kollektive. Dies alles kann geschehen unter der Begleitung einer immer regsamer brausenden, spürendes Leben stets mächtiger durchflutenden *Kommunikation*. Es ist passend, den Menschen das *Fragliche Leben* zu nennen, weil er jene Tendenz wissenwollenden Sich-Zurückwendens ausgebildet hat. Es ist auch passend, weil deren eigene Form und Intensität für die Zukunft, trotz aller früheren Beharrlichkeit, als prinzipiell offen gelten muß.

Zu den Gründen, von *Fraglichem Leben* zu sprechen, kommt ein weiterer, der mit Gewißheitsmängeln zu tun hat, welche bei dem Versuch zurückbleiben, die angezeigten Orientierungsbedürfnisse stillzustellen. Wie oft in der Vergangenheit auch das absolute Sich-Klarwerden Erster menschlicher Orientierungsorgane, -mittel, -tätigkeiten angezielt wurde: Die Vermutung, daß beim Sich-Zurückwenden eines Stückes Leben auf seine eigene Beschaffenheit etwas für es selbst nicht ohne Rest Auflösbares diesem Versuch widersteht, hat mehr für sich als die Hoffnung auf irgendwann zu erreichende Sichselbstklarheit. Die Unterstellung, letztere sei in einem Zentralbereich unserer, zum Beispiel »Ich« genannt, immer schon gegeben, wird als eine eigentümliche Form der Selbstüberhebung Fraglichen Lebens bald zu besprechen sein. Das Wort *Gewißheitsmängel* soll auf charakteristische Defizite vorausdeuten, die nicht nur Ansprüche des menschlichen Lebendigen auf perfekten epistemischen Selbstbesitz, sondern auch Ansprüche auf perfekte Selbst-Gewährleistung für steuernde Instanzen eigener Tätigkeit tangieren. Das Gutsagenkönnen für eigenes Handeln in der Zukunft wie auch für die Bekanntschaft mit den wahren Motiven eigenen Tuns in der Gegenwart ist bei Lebenden unserer Art begrenzt. Ich nehme die schmerzhafte Endlichkeit des Gutsagens zum Anlaß, von einer charakteristischen *Unverfügbarkeit* unserer für uns selbst zu sprechen. Zusammen mit den Zügen erkenntnismäßiger Selbst-Undurchdringlichkeit gibt sie mir einen Grund für die Annahme, daß menschliches Leben in seinem Sich-Vollziehen für sich selbst in angebbarem Verständnis *fraglich* bleibt oder auch: Aus einem Rahmen von *Fraglichkeit*, in dem es sich zu vollziehen hat, nicht heraustreten kann.

Spätestens jetzt ist der Einwand aufzunehmen, daß ich »fraglich« und »Fraglichkeit« in mehrerlei Sinn verwendet habe, und daß die Bezeichnung des Menschen als *Fragliches Leben* deshalb bis auf weiteres mehrdeutig sei.

So wäre es, wenn »Fraglich« in dieser Verbindung als deskriptives Beiwort fungierte. Es ist hier nicht so zu verstehen. Das *Fragliche Leben* erfüllt in mehrerlei Hinsicht das Wort »fraglich« und ist deshalb so *benannt*. Die Benennung ist zugleich eine hilflose Sprachgeste, die auf einen Mangel lebenangemessener Orientierung und Selbstauffassung für diese Art des Lebendigen hinweist, ohne solche Orientierung und Auffassung geradewegs aussprechen oder niederschreiben zu können.

Die Überzeugung, daß es hier einen Mangel gebe, liefert einen weiteren Hinweis darauf, wie sich das Buch mit seinem vorhin genannten engeren Kontext der aus der Entfernung leitenden Frage unterordnet. Die Überzeugung ist konkret, daß beide zu Anfang genannten Extrempositionen in der Deutung unseres herkömmlich so genannten ›Bewußtseins‹ zerstörerische Konsequenzen begünstigen. Daß sie in diesem Sinn (nicht bloß der Sache nach) etwas Leben-Unangemessenes und potentiell Leben-Feindliches haben. Es erscheint mir nicht nur sachlich falsch, den problematisch gewordenen Bereich ›Bewußtsein‹ an uns als Lebenden zu streichen oder mindestens für die erkennende und praktische Orientierung solchen Lebens irrelevant zu erklären. Es erscheint mir auch als potentiell zerstörerisch, weil damit charakteristisch menschliche Möglichkeiten von Zu sich Kommen, Wachsen, Mit sich einig Werden (so fragil und verlierbar dies sein mag) aus dem Feld der Orientierungsanstrengung, genannt Philosophie, widerstandslos herausfallen. Ähnliches gilt für charakteristisch menschliche Möglichkeiten, sich der stummen Stellungnahmen zu angemessenem oder unangemessenem *Handeln* zu versichern, die in einem elementaren Bereich eigenen Lebendigseins da sind, statt daß sie ihm von sonstwoher implantiert werden müßten. (Sie sind da in aller Fehlbarkeit, aber auch für *lebendige* Orientierung unverzichtbar.) Die zerstörerischen Konsequenzen des anderen Extrems, der Idealisierung von ›Bewußtsein‹ in Richtung auf Selbst-Durchsichtigkeit und metaphysische Freiheit beim Handeln, liegen am deutlichsten da am Tag, wo eine selbstgerechte Moral, verbunden mit einem zugeordneten Recht, verachtend und verunstaltend zurückschlägt, wenn sich eine Person angeblich ›frei‹ vergangen hat – statt zu fragen, was es mit eben dieser ›Freiheit‹ auf sich habe und zu fragen, was ein lebenangemessenerer Umgang mit Verfehlung unter Menschen *sein könnte* (gleich, ob solcher Umgang geradewegs eingeführt werden kann oder nicht).

Die hilflose Sprachgeste, die in dem Wort *Fragliches Leben* liegt, motiviert sich schließlich noch aus den Bedingungen der *Pax Horroris*, zu deren Zeit das Buch geschrieben wird. Das Fragliche Leben existiert (durch Abrüstung kaum gemildert) in einem globalen Bedrohungsgleichgewicht, aus dem es sich mit einer eskalierenden, schließlich von niemandem mehr kontrollierten Bewegung selbst herauskatapultieren kann. In diesem Fall würde die Frage nach einer menschlichen Weise, lebendig zu sein, auf dem schlimmstmöglichen Weg gegenstandslos.

5. Gang des Buchs

Das Buch gliedert sich in drei Stücke. Das erste heißt: *Im Gebiet des leeren Blicks*. Der Titel leitet sich ab von dem, was inzwischen als anerkannt gelten kann: Daß der Versuch einer Rückwendung auf eigenes ›Bewußtsein‹, buchstäblich mit der Erwartung vollzogen, daß hier ein Verhältnis wie zu einem innerlich Erblickten entstehen werde, auf wenig mehr führt als auf einen steifen, leeren Zustand, in dem entweder Beliebiges oder gar nichts für den da ist, der solchen Blickversuch unternimmt. Mit denen, die meinten, in dieser Situation doch etwas zu erblicken, findet keine Auseinandersetzung statt; das ist oft genug getan worden. Sie beschrieben etwas als das Analogon eines Erblickens, was *anders* beschrieben werden muß. Mit dem Philosophen, der uns durch seinen Bericht mit dem bezeichnenden Satz »Ich schaute steif vor mich hin« auf die Vexiererlebnisse und Fliegenglas-Situationen hinwies, in die der Versuch führt, sein ›Bewußtsein‹ aufzufinden, gibt es nur eine extrem knappe und indirekte Auseinandersetzung. Ich bestreite Konsequenzen, die er nahelegte, und Schlüsse, die einzelne Schüler oder Nachfolger zogen.

Im Gebiet des leeren Blicks, auf den jener Philosoph eindringlich aufmerksam machte, versucht das Buch, eine andere Weise zu finden, wie sich der Zugang Fraglichen Lebens zu sich selbst *als Zugang zu etwas Innerlichem und Relevantem* beschreiben läßt. Es beginnt mit absichtlich vereinfachenden Überlegungen über *Spüren*. Es versucht, im Bereich elementaren Spürens Gliederungserfordernisse zu unterscheiden, die notwendige Bedingungen dafür abgeben, daß das Fragliche Leben in ein Verhältnis treten kann zu einer Welt und auch zu sich selbst als einem, das sich in wichtiger Hinsicht *anders* findet als besagte Welt. Der Leser, der eine sogenannte ›Bewußtseinstheorie‹ erwartet oder eine Erkenntnistheorie als wohlgebaute Rekonstruktion unseres ›Verhältnisses zur Außenwelt‹, wird enttäuscht werden. *Im Gebiet des leeren Blicks* versuche ich nicht, zum wiederholten Mal steinchenweise nachzubauen, wie es denn kommt, daß Fragliches Leben sich in einer Welt findet, mit anderen und in einem eigentümlichen Verhältnis zu sich selbst. Ich halte ein solches Programm mit den wenigen Mitteln, die ich zu besitzen glaube, für nicht durchführbar. Ich halte es unangesehen der Armut meiner Mittel auch nicht für wünschenswert, dem Programm nachzuhängen. Denn es gehört einer *vergangenen Phase* im Verständigungshandeln des Fraglichen Lebens an; und es zeigt unverkennbar die Hybris jener Phase, vor allem die stille Annahme, unsere Weise, in der Sprache zu leben, die sich an unserem gemeinsamen Handeln in der Welt gebildet hat, sei ohne weiteres geeignet für schulmäßige Laubsägearbeit zum Nachbasteln des Mediums, in dem wir *spürend sind*, wenn wir uns in einer Welt, mit anderen und zu uns selbst zu verhalten suchen.

Im Gebiet des leeren Blicks wird also *definitiv nicht* die endlich perfektionierte Alternative zu den Fehlern, Lücken und Flackerlichtern der Vergangenheit konstruiert. Es wird ein Stück Zugang zu uns notdürftig beschrieben, von dem ich zunächst nur sagen kann, es ist für mich unter der Frage nach der menschlichen Weise, lebendig zu sein, spürend von größerem Gewicht als die dominante Thematik jener vergangenen Debatten. Ich halte es zwar für frei von den entscheidenden Fehlern des Alten, und auch nicht für den verkappten Report einer Fliege über ihr Wohnen im Fliegenglas. Aber beides ist unwichtig gegenüber der noch so schwachen Aussicht, in Ungehorsamer Forschung etwas herauszufinden darüber, was es vielleicht heißt, begrenzt und verlierbar zu sich zu kommen, in höherem Maß bei sich zu sein, in Berührung mit solchem, das das eigene Leben spürend ist, zu wachsen, ein erworbenes Wachstum in intermittierendem Zurückkommen auf eigenes Spüren begrenzt dauerhaft zu machen.

Daß wir in einem Zentralbereich unserer organischen Steuerung auf spürende Weise *sind*, kann dabei nicht in Frage stehen, solange wir solche Steuerung leisten und nicht als Stoffwechselleichen bloß noch ernährt werden. Auch nicht, daß wir die Möglichkeit privilegierten Zugangs zu je eigenem Spüren haben, kann sinnvoll in Frage stehen, denn wir *sind* dieses, schon indem wir das Stück Leben sind, zu dem es gehört. Wir sind die, die unser Spüren leben (das Herkommen sagte, sich mißverstehend: erleben). Gegenstand sinnvollen wissenschaftlichen Fragens kann sein, wie Spüren als Element von Selbstkontakt und Weltorientierung epistemisch funktioniert; Gegenstand sinnvollen philosophischen Fragens ist *eo ipso*, wie es spürendem Leben gelingen kann, mehr von sich für sich zu sein, sich in Entblindung partiell anzueignen und damit größer zu werden, statt blind dahinzugehen und in Schrumpftum eine charakteristisch verschärfte Form von Unfreiheit zu leiden.

Wohin sich das *zweite Stück* des Buchs aus dem ersten heraus entwickeln muß, ist mit der Rede über mögliche Schäden am Freisein schon vorläufig angezeigt. Das zweite Stück ist zunächst der Versuch, die lebendige Steuerung Fraglichen Lebens in der Welt, im Verhältnis zu anderen, im Verhältnis zu sich selbst zu relevantem Anteil als *spürend körperliche Steuerung* zu begreifen. Wieder sind die Möglichkeiten der Selbstdeutung Fraglichen Lebens, die ich als charakteristisch lebenverlassen und letztlich destruktiv ansehen muß, erkennbar: Das Deklarieren lebendigen Spürens und aller Leistungen, die darauf ruhen, als steuerungsirrelevant auf der einen Seite; die moralfrömmlerische Idealisierung Fraglichen Lebens zu einem Wesen mit der Fähigkeit von Superhandeln in kontrakausaler Freiheit auf der anderen.

Das zweite Stück heißt: *Es scheint wie die Spitze einer Nadel.* Der Titel geht, wie der des ersten Stücks, zurück auf eine Bemerkung des Philosophen, welcher der neueren Skepsis gegenüber der Wirklichkeit spürenden Sich-Lenkens fraglich lebendiger Organismen das größte Gewicht verlieh. Einiges daran scheint in der Tat wie die Spitze einer Nadel; die Konsequenz unter der leitenden Frage nach der menschlichen Weise, lebendig zu sein, kann schwerlich darin bestehen, die Rolle spürenden Lebens in Sachen unserer Handlungen zu streichen, allein, weil sie sich nicht innerlich beobachten läßt und sich solchem Versuch wie die schiere Erscheinung einer Nadelspitze entzieht. *Es gibt keine innere Beobachtung, wie es keinen Blick nach innen gibt.* Der Zugang zur Wirklichkeit seines Spürens, der Fraglichem Leben offensteht, ist anders beschaffen. Ihn benutzend, kann es in Berührung kommen mit *ihm eigenen* Instanzen spürender Handlungsorientierung. Sie in Anspruch zu nehmen, bei aller *Undurchdringlichkeit* und *Unfixierbarkeit*, in der das sogenannt Innere sich kundtut, kann entscheidend beitragen zu dem (nie festschreibbaren) Mit-sich-einig-sein, das Fragliches Leben als charakteristisch ›personales‹ Ziel kennt, und zu typischen Formen von spürender Befriedigung und Glück, solange es dauert. Sie in Anspruch zu nehmen, kann gleichfalls beitragen zu den ebenso verlierbaren, aber ähnlich mit Befriedigung und Glück verbundenen Phasen von Sich-zu eigen-sein im Handeln, die einem individuellen Höchstmaß charakteristisch menschlichen Freiseins entsprechen.

Es ist vielleicht jetzt klar, daß das *zweite Stück* des Buchs nicht etwa eine ›Handlungstheorie‹ an den unglücklichen Leser bringen will, wie sie unter diesem Titel während der letzten vierzig Jahre von Schülern und Nachfolgern jenes großen Philosophen, und erkennbar gegen dessen Bestimmung philosophischer Aufgaben, entwickelt wurde. Diese ›Theorie‹ scheint mir inzwischen in weiten Teilen zu einem Muster *Sitzender Philosophie* geworden zu sein. Soweit ich erkennen kann, leidet sie, die als ein Stück Verständigung über Handeln handeln wollte, indem sie über das Sprechen über Handeln handelte, inzwischen häufig nicht mehr an heimlicher Lebenverlassenheit, sondern an offener.

Das zweite Stück führt nach seinen Überlegungen über spürend körperliche Steuerung zu Themen und Formen der *Einheitsarbeit*, die Fragliches Leben zu leisten tendiert, und durch die es die eigentümlichen, nur bei ihm zu findenden Gestalten mit sich im Verhältnis stehender *Einheiten* ausbilden hilft, die herkömmlich ›Personen‹ heißen. Themen und Formen von Einheitsarbeit werden nicht erschöpfend beschrieben, aber doch so weit, daß ihr Beitrag zur Lebensarbeit der Individuen absehbar wird, und die Verschiedenheit der Grade und Weisen, in denen Individuen Fraglichen Lebens sich zu Einheiten in diesem Verständnis entwickeln (auch als solche verlieren) können. Der Gedanke von Einheitsarbeit als einer für Fragliches Leben kennzeichnenden Veränderungsanstrengung wird in einer Notiz über Therapien weitergeführt. Sie ist eine *Notiz*, weil sie extrem skizzenhaft bleibt, in noch stärkerem Maß als andere Teile des Buchs.

Den Schluß des zweiten Stücks bildet das im ersten angelegte Thema desjenigen *Freiseins* im individuellen Handeln, dessen Möglichkeit Fragliches Leben sich sinnvoll zuschreiben, für die es sinnvoll Lebensarbeit leisten kann, ohne sich dabei auf der einen Seite durch Mißverstehen seines eigenen Status als Teil einer gesetzmäßig organisierten Natur selbst zu behindern, und ohne sich nach der anderen Seite hin zu falscher Herrlichkeit mit destruktiver Nebenwirkung zu idealisieren. Es wird ein Vorschlag zum Ersatz herkömmlicher ›Verantwortlichkeit‹, die in diesem Herkommen an das Unterstellen metaphysischer Freiheit gebunden ist, gemacht.

Das *dritte Stück* befaßt sich nicht mehr mit Fraglichem Leben, wie es als individuelles spürend und tätig *ist*, sondern mit einem Bruchteil der Perspektiven, die sich von da aus für die Besonderheit fraglich-lebendiger Orientierung im Größeren entwerfen lassen. Die Hinsicht, nach der das geschieht, wird im Titel des dritten Stücks angegeben: *Früher standen hier Elefanten und Schildkröten*. Davon ist hier nur soviel vorwegzunehmen: Ein vollständiges Behandeln der spürend tätigen Weise Fraglichen Lebens, sich in der Welt zu finden und aus dem Bereich seines Spürens relevante Anteile seiner Orientierung zu beziehen, müßte unter anderem auch den Status von Orientierungsleistungen verschiedener Art bestimmen, die explizit für *viele* gelten wollen. Erkennbar liefe das hinaus auf die Neubearbeitung mehrerer klassischer Teildisziplinen von Philosophie unter den Prämissen, von denen hier ausgegangen wurde; erkennbar wäre das für dieses Buch ein zu großes Ziel. Es ginge im übrigen gegen eine stille Tendenz des Buchs: Mit dem Blick auf die menschliche Weise, lebendig zu sein, Ersten Gewißheiten keinen Primat einzuräumen gegenüber Ersten Quellen von Ungewißheit, Ersten Kenntnissen Fraglichen Lebens keinen Primat gegenüber Ersten Punkten seiner Selbst-Unkenntnis.

Das *dritte Stück* konzentriert sich zunächst auf den Beitrag spürender Orientierungsanteile zu dem, was *lebendige Vernünftigkeit* zu heißen das Recht hätte. Mir scheint, wir besitzen kein angemessenes Konzept dessen, was *Vernünftigkeit des Lebendigen als Lebendigen* wäre. Unter den Themen, die sich von der leitenden Frage dieses Buchs her für überindividuelles Sich-Zurechtfinden Fraglichen Lebens in seiner Welt und mit seinem Handeln ergeben, gehört der Gedanke lebendiger Vernünftigkeit an eine wichtige Stelle. Minimales dazu, konzentriert auf das Verhältnis zwischen spürender und sprachlicher Orientierung, wird zu Beginn des dritten Stückes ausgeführt.

Ich versuche in diesem Stück danach, mich ins Bild zu setzen über *Kunst* und *Philosophie*, beide genommen in der Rolle von Orientierungsversuchen weiteren Anspruchs, beide angesehen auf ihre Eigenschaft, Unternehmungen Fraglichen Lebens als eines spürenden zu sein, und beide bezogen auf die Situation Fraglichen Lebens *jetzt*, da es an absolut feste Gewißheiten, denen es früher sein weltliches Dasein zum Tragen übergab, nicht mehr glauben kann. Das verweist auf eine mögliche Anstrengung Fraglichen Lebens, die eintreten könnte, wo frühere Selbstverständlichkeiten ihre Tragfähigkeit verloren haben. Es ist die Anstrengung *größerer Einheitsarbeit*, mit der es ein lebenangemessenes Verständnis seiner und zugeordnete Handlungsweisen sich arbeitend erwürbe, in sprechender und tätiger Anstrengung, analog zur Einheitsarbeit der Individuen. Größere Einheitsarbeit des Fraglichen Lebens, wo es Fragmente davon gibt, ist bis auf weiteres nur *als zerfallene* wirklich.

Das *Scholion über Fraglichkeit*, das am Schluß des Buchs steht, enthält Nachträge dazu und Einzelheiten zu einer möglichen orientierenden Leistung von Fraglichkeit selber. Der Zugang zum Fraglichen Leben von seinem Spüren her ist behaftet mit charakteristischen Gewißheitsproblemen und stößt es selbst auch auf solche hin. Das Scholion stellt schließlich eine Überlegung darüber an, warum unter der leitenden Frage nach der menschlichen Weise, lebendig zu sein, ein an Spüren ausgerichteter Zugang auch aus Gründen der Fraglichkeit solchen Lebens *gerade ein Desiderat ist.*

Erstes Stück
Im Gebiet des leeren Blicks

I. Spüren

6. Sentire semper idem, et non sentire

»In irgendeinem abgelegenen Winkel des in zahllosen Sonnensystemen flimmernd ausgegoßnen Weltalls gab es einmal ein Gestirn, auf dem kluge Tiere das *Erkennen* erfanden.«* So begann ein Philosoph seine skeptische Geschichts-Skizze derjenigen Gattung des Lebendigen, welcher wir angehören. In dem Satz steht das Wort »flimmernd«. Der Philosoph nahm es von unserer Weise, bestimmte Effekte des sichtbaren Lichts wahrzunehmen. Wir dürfen unterstellen, daß das Weltall ohne Wesen, welche das darin sich bewegende Licht sähen, auch nicht flimmerte. Flimmern ist eine ›subjektive‹ Zutat. Die Körper des Universums und auch das Licht, das viele von ihnen aussenden, existieren unabhängig von einer Wahrnehmung der Tiere, die das Erkennen erfanden.

Nun mache ich mir eine Vorstellung, die in gewissem Verständnis das Bild eines Universums ohne Flimmern umkehrt. Ich nehme an, es gebe eine Welt, die nur aus einer Helligkeitsempfindung besteht, und aus sonst nichts. Sie möge beständig sein wie ein immergleicher Ton. Ich versuche, mir eine Welt vorzustellen, die ein einziges, beständig dauerndes Spüren von Helligkeit ist. Für eine so gedachte Welt hat die Philosophie die Frage erhoben, ob ihr Gedanke nicht einen Widerspruch enthalte. Die Frage ist versteckt in einem Satz, der vieles von der Verwunderung mit sich führt, welche den Beginn des neueren Nachdenkens über die Erkenntnisbedingungen jener Tiere begleitete: »Sentire semper idem, et non sentire, ad idem recidunt.« – »Immer dasselbe spüren, und nicht spüren, fallen in dasselbe zusammen.« Der Widerspruch wird offensichtlich,

* Die benutzten Zitate haben in der Regel nicht die Funktion historisch-philologischer Belege, sondern dienen vor allem als Ausgangs- und Haltepunkte der Überlegung sowie als Verdeutlichungen. Sie sind als fremde Texte ausgewiesen; ich habe aber, nach Abwägen vieler Gründe, darauf verzichtet, sie mit einem »Apparat« der Fundstellen zu versehen.

wenn man den Satz so versteht, daß beides gleichzeitig und in der gleichen Hinsicht stattfindet: *Sentire semper idem*, also *sentire*, und *non sentire*. Der Widerspruch müßte auch meiner gedachten Welt angelastet werden; denn sie besteht allein daraus, daß dies stattfindet: *sentire semper idem*. Der zuständige Autor würde hinzufügen, eben das laufe hinaus auf *non sentire*.

Das Glaubhafte an dem Satz liegt in einer einfachen Überlegung: Wenn wirklich immer dasselbe gespürt wird, ohne irgendeine Variation, dann ist dieses eine, sich beständig fortsetzende Spüren zwar vorhanden, aber es kommt mangels Kontrast, mangels Veränderung und mangels eines größeren Zusammenhangs, in dem es selbst wieder einen Platz hätte, nicht zu einer Form von Bekanntschaft. Es bleibt eine absolut eintönige Spürenswüste, die unter dem Gesichtspunkt möglicher Bekanntschaft mit ihr so gut oder schlecht ist, wie wenn nichts gespürt wird. Dies ist so *unter diesem Gesichtspunkt*: Freilich gibt es in Angelegenheiten der bloßen Existenz von etwas mit der Bezeichnung *»Spüren«* zwischen *sentire semper idem* und *non sentire* einen Unterschied; im einen Fall ist Spüren, im anderen Fall nicht.

Wenngleich das von jenem Autor Behauptete jetzt auf einen bestimmten Gesichtspunkt zurückgeführt ist, unter dem die Differenz zwischen *sentire semper idem* und *non sentire* vernachlässigbar erscheint, kann der Satz, der den Widerspruch unterstellt, nicht als problemlos durchgehen. Unter der stillen Voraussetzung, daß alles Spüren zu einer Form von Bekanntschaft kommt, muß es als widersprüchlich gelten, daß ein und dasselbe unter sonst gleichen Bedingungen statthaben soll: Spüren, also bekannt sein, und Nicht-Spüren, also nicht bekannt sein. Das erste »also« stammt aus einer charakteristischen Unterstellung: Wo gespürt wird – Hunger, Geschlechtslust, Hochgefühl – ist Bekanntschaft mit Hunger, Geschlechtslust, Hochgefühl. Anders bei Vorgängen, die in der Geschichte des Fraglichen Lebens »unbeseelt« genannt wurden; statt Spüren etwa Strahlen. Es ist ohne vergleichbaren Widerspruch eine Welt denkbar, deren beständiges Haupt-Ereignis das Emittieren einer Strahlung von einem geeigneten Körper wäre. Immer in gleicher Weise strahlen und nicht strahlen fallen nicht in dasselbe zusammen.

Wenn ich vom Spüren die Bekanntschaft seiner (oder des ›Gespürten‹) trenne: Ist dann ein beständiges Spüren in der jetzt relevanten Hinsicht wie ein beständiges Strahlen? Es fällt mir schwer, das anzunehmen, und es fiel vielen, die sich damit befaßten, ähnlich schwer. Spüren hat, auch in einer Welt, in der nichts als Spüren eines und desselben ist, eine Eigenschaft, die ich dem Strahlen in einer vergleichbar armen Welt nicht selbstverständlich beilege. Für diese Eigenschaft haben wir kein sicher eingebürgertes Wort. Ich nenne sie *Sich-Bekunden*. In einer Welt, die nichts ist als ein einziges Spüren von Helligkeit, bekundet sich etwas. Aber es ist in Sachen einer Bekanntschaft, die mit ihm bestehen könnte, ohne weitere Zutat so viel und so wenig wie etwas, mit dem es keine Bekanntschaft gibt, zum Beispiel ein Zustand, in dem kein solches Spüren existiert. *Sentire semper idem* ist ein beständiges Sich-Bekunden ohne das Vorliegen typischer Bedingungen für das Bekanntwerden eines solchen sich Zeigenden in einem Zusammenhang, in dem es einen Platz neben anderem hätte. Trivialerweise ist ein so Beschriebenes in Angelegenheiten der Bekanntschaft (und a fortiori der Kenntnis) seiner so gut wie *non sentire*; nicht aber ist es dies in Angelegenheiten des elementaren Sich-Bekundens.

»Sentire semper idem, et non sentire, ad idem recidunt« ist also falsch; der Autor, der die Behauptung aufstellte, betrachtete *sentire* unter dem Gesichtspunkt der Bekanntschaft und besaß nicht die Möglichkeit, zwischen einer elementaren Eigenschaft allen Spürens, dem Sich-Bekunden, und der Bekanntschaft oder gar Kenntnis dessen, von dem wir linkisch sagen, es werde gespürt, zu unterscheiden.

Ich habe die Eigenschaft des Sich-Bekundens eingeführt. Eine Mißdeutung ist von Anfang an fernzuhalten. Das Sich-Bekundende ist nicht ›für‹ ein anderes, und es ist auch nicht

›für‹ sich selbst; daß sich etwas bekundet, schließt nicht logisch ein, daß es ein Anderes gibt, dem bekundet werde, noch, daß der Adressat des Bekundens ›es selber‹ sei. Der jetzt relevante Unterschied zwischen dem sich bekundenden Spüren von Helligkeit, aus dem eine fremde Welt bestehen könnte, und dem ›physikalischen‹ Äquivalent der Helligkeit, das ›nur‹ eine elektromagnetische Schwingung ist, besteht nicht im Vorhandensein oder Fehlen eines ›Aufnehmenden‹. Es ist eine Not der Sprache, die in der Geschichte des Fraglichen Lebens für andere als die jetzigen Zwecke sich entwickelt hat, daß ihre Wörter dann, wenn sie dem hier als *sich bekundend* Eingeführten auch nur nahekommen, gewöhnlich das notwendige Mitvorhandensein von etwas, ›dem es bekundet wird‹, suggestiv heraufrufen. Das hat viele Verständigungsversuche in der Geschichte des Fraglichen Lebens zu Spekulationen verleitet, deren Charakter vom Kurzhalsigen bis zum Halsbrecherischen reicht. Ich gehe darauf nicht ein.

Anders ist es mit der Erwartung, daß es etwas geben möge, zu welchem das Sich-Bekundende ›gehört‹. Es gibt Philosophen, die der Phantasie von der hellen Welt ohne Sterne vorhalten würden, sie benötige mindestens noch etwas, ›an‹ dem das Sich-Bekundende auftritt. Dahinter stehen Motive, die sogar in einer bloß phantasierten und an die Grenze zur Eigenschaftslosigkeit hingedrückten Welt für ein Sich-Bekundendes zwar nicht ein ›Sehendes‹ fordern (oder ein ›Vorstellendes‹ oder dergleichen), aber doch zum Beispiel ein *Lebendes*, dessen Organismus zu gewissen Anteilen *spürend ist.*

7. Anders als der Schnee, der jetzt fällt

In der Verständigungsgeschichte des Fraglichen Lebens war bis vor kurzem anerkannt, daß dieses Leben *anders* sei als der Schnee, der jetzt fällt, der Tisch, an dem ich sitze, überhaupt anders als eine Klasse von Weltbestandteilen, welche das Fragliche Leben »Dinge« nennt. Nun war damit nicht gemeint, jenes Lebendige selber sei anders durch die Merkmale seines äußeren Gliederbaus, der sich vom Bau eines Tisches auf sehr platte Weise unterscheidet. Von vielen Unterschieden, die es hier gibt, war ein bestimmter ins Auge gefaßt, der darin bestehen sollte, daß gewisse Formen des Lebendigen mit ihrem Körper zugleich auch ein *Spüren* hätten. Daß an ihnen in einer staunenswerten Form von Innerlichkeit Sich-Bekundendes auftrete. Darüber hinaus wurde auch an die Fähigkeit gedacht, Sich-Bekundendes zur Bekanntschaft zu bringen. Die erstere, primäre Eigenschaft, sich bekundende Anteile zu haben oder *zu spüren*, wurde sehr verschieden gedeutet. Den meisten Deutungen war gemeinsam, daß sie das Sich-Bekundende aufs strengste unterschieden von solchem, das nicht von sich aus sich bekundet; zu diesem zählten die sich Verständigenden neben den unlebendigen Dingen auch ihren eigenen Körper, sobald ihrer Meinung nach das Spüren ihn verlassen, das heißt, sobald er seinen *Tod* gefunden hatte.

Dem strikten Trennen zwischen Spürendem und nicht Spürendem lag (neben anderem) die Beobachtung zugrunde, daß Fraglich Lebende ein Spüren immer nur ›an‹, die meisten sagten »in«, ihnen selbst zur Bekanntschaft bringen konnten. Es ist keinem Lebendigen gelungen nachzuweisen, daß ihm außer eigenem Spüren auch solches Sich-Bekundendes zur direkten Bekanntschaft kam, das ›an‹ (›in‹) *anderem* auftrat. Die Selbstverständlichkeit, mit der Fraglich Lebende einander alltäglich *Spüren* unterstellen, hat ein gutes Recht. Sie bildet aber keinen Fall direkter Bekanntschaft mit einem Spüren *in dem je anderen Lebenszusammenhang*, über den die Einzelnen dabei eine Gewißheit in Anspruch nehmen.

Die Dinge sind sowohl meinem Versuch, ein Spüren an ihnen zu entdecken, unzugänglich wegen der jetzt genannten Schwierigkeit, als auch besteht für mich kein Anlaß, aufgrund ihres Verhaltens bei ihnen von außen her ein Spüren zu mutmaßen. Die Dinge sind den Lebenden nicht sich bekundend; sie bilden das Paradigma des *Verstellten*. Die Bekanntschaft mit ihnen entsteht immer nur durch die Vermittlung hinzukommender Träger und ereignet sich nie mit der Unmittelbarkeit, welche die Bekanntschaft mit eigenem Spüren *haben kann*. Es gibt kein Spüren meiner, das selbst Schnee wäre; was ich als Schnee, der jetzt fällt, bezeichne, ist für mich eine Menge dinghafter Stücke außerhalb meiner, mit denen ich durch ihre Weise, das sichtbare Licht zu reflektieren, durch Ereignisse auf meiner Netzhaut, durch Fortpflanzung entsprechender Impulse in meinen Sehnerven bekannt werde; von dem Schnee, der sich jetzt auf dem Gras als weiße Schicht anzusammeln beginnt, sage ich nicht, er sei mein Spüren, sondern bestenfalls, ihm *entspreche* auf meiner Seite ein Sich-Bekundendes, das *als er fungiert*.

Der Sinn, in dem der Schnee als schütterer Schnee auf dem Gras vor meinem Fenster mir im Gegensatz zu meinem Spüren etwas prinzipiell *Verstelltes* ist, wird mir ein Stück deutlicher, wenn ich mir ein Spüren auf seiner Seite hinzuphantasiere. Selbst wenn es dergleichen gäbe, könnte ich es mir nicht zu direkter (untransportierter, unvermittelter) Bekanntschaft bringen wie Anteile meines eigenen. Ich kann nicht an einem anderen Ort, in einem anderen physikalischen Gebilde spüren. Vom Schnee trennt mich der Raum, seine Oberfläche und die einfache Tatsache, daß ich dieser Schnee *nicht bin*. Verstellt ist der Schnee für mich auch dadurch, daß seine Beschaffenheit durch die Träger, die mir seine Bekanntschaft übermitteln, immer in einigen Punkten verändert dargestellt wird. Die Träger bringen unweigerlich eine Zutat hinzu, die zuletzt ihnen, nicht der übertragenen Sache zuzuschreiben ist.

Spüren dagegen, wie ich es hier aufnehme, bekundet sich in meinem Lebenszusammenhang ohne Vermittlung eines zusätzlichen Trägers; es ist als es selbst unmittelbar da und gibt sich von sich aus kund. Es wäre für mich unsinnig, zu meinem Spüren hinzu prinzipiell einen Übermittler seiner zu hypostasieren, der die darin gelegene Nachricht immer noch irgendwohin bringen müßte, damit gespürt würde. Die Versuche des Fraglichen Lebens, das Elementarste, was ihm bekannt werden kann, sein eigenes, jetzt vorhandenes Spüren, so zu deuten, daß dieses Spüren stets noch durch einen Träger, Übermittler, zusätzlichen Wahrnehmungsvorgang erst transportiert und aufgenommen werden muß, sind aus einsichtigen Gründen mißlungen. Spüren ist die letzte Instanz aller Bekanntschaft. Aber nicht alles Spüren wird bekannt. Um Spüren zu sein und als Spüren sich zu bekunden, muß Spüren nicht noch weitergegeben, vermittelt, wahrgenommen, vorgestellt, rezipiert, innerlich gesehen werden – und was dergleichen Transportmittel sonst noch sind. Im Spüren der Lebewesen fallen Da-sein und Sich-Bekunden zusammen. Das gilt unbeschadet der Tatsache, daß Spüren, als Sich-Bekundendes, nicht eben dadurch schon immer bekannt ist, und erst recht nicht eben dadurch schon immer gewußt oder erkannt.

Jetzt kann wieder die Forderung in Erinnerung gerufen werden, daß es in der fiktiven Welt, bestehend aus einer immergleichen Helligkeitsempfindung, neben diesem Spüren doch noch ein Weiteres geben müsse, ›an‹ dem es auftritt. Die Natur des Hinzugeforderten wurde in unserer Welt bei Ereignissen des Flimmerns, der Lust, des Todeswunschs (alles sich Bekundenden) lange Zeit »Seele« genannt, manchmal auch »Geist«, »das Für-Sich« und was noch. Ich gehe davon aus, daß es ein *separates*, vom Körperlichen verschiedenes Substrat für Spüren in unserer Welt nicht gibt. *Daß vielmehr Spüren selbst körperlich ist*, also ein *organischer Vorgang*.

In einer bloß gedachten Welt könnte es vielleicht ein Spüren von Helligkeit geben, dem bloßer ›Geist‹ zugrundeliegt, was immer dies Wort bedeuten mag. In unserer Welt ist für mich die schwerst zugängliche Eigenschaft der Wesen, über die ich mich ins Bild setzen will, daß ich ihr Spüren als organisch ansehen muß, und das entsprechende Organische als spürend. Es gehört für mich zu den Bedingungen angemessener Verständigung über Fragliches Leben, das bis auf weiteres *Unverstandene* dieser Identität zu akzeptieren, statt es mit der ordinären Fixigkeit einer ›Theorie‹ für aufgelöst oder problemlos zu deklarieren.

Wenn ich versuche, einen Zug an meinem Spüren näher zu bestimmen: Was eigentlich, soll ich sagen, bekundet sich mir mit diesem Zug? Bekundet sich ein komplexer elektrochemischer Vorgang in meiner dominanten Großhirnhemisphäre? Bekundet sich mir ein Teil dessen, ›was ich eigentlich bin‹? Wenn das Spüren in irgendeinem Sinn ›getreu‹ sein soll, im Gegensatz zu den Bildern etwa, die ich mir von fremden Himmelsgegenden mache: Was ist es, das sich dabei ›getreu‹ zeigt?

Die Antwort ist zunächst augenfällig: Das Spüren zeigt *sich*, aber es gibt kein Bild des organischen (elektrochemischen, neuralen) Vorgangs, der es ist. Verstehe ich die Frage, ob es mich darstellt, wie ich ›wirklich‹ bin (oder ein Teil meiner ›wirklich‹ ist), als die Frage nach der kompletten Information über eben das Organische, das Spüren ist, dann lautet die Antwort: *nein*. Der Philosoph, der anläßlich des Versuchs, die Aufmerksamkeit auf sein Bewußtsein zu lenken, die Bemerkung vom steifen Vor-sich-Hinschauen notierte, wundert sich im gleichen Passus über »das Gefühl der Unüberbrückbarkeit der Kluft zwischen Bewußtsein und Gehirnvorgang« und stellt dabei fest: »Die Idee dieser Artverschiedenheit ist mit einem leisen Schwindel verbunden, – der auftritt, wenn wir logische Kunststücke ausführen.« Unangesehen der Gedanken, zu denen der Philosoph schließlich kam, und unangesehen seines Vergleichs mit dem Ausführen logischer Kunststücke trifft mich seine Erfahrung eines leisen Schwindels an einem Punkt, an dem ich ohne Aussicht auf Beschönigung ein Nicht-mehr-Passen meiner tiefsten Orientierungsmittel für die Welt und mein eigenes Da-sein in ihr erlebe, oder genauer: Ein Aufeinandertreffen grundsätzlich disparater Orientierungsmittel, und zwar so, daß sie aneinander vorbeifassen wie Werkzeuge, die jemand für eine und dieselbe Arbeit benutzen will, obwohl sie für ganz verschiedene Arbeiten gemacht sind (eine Lupe und ein Wagenheber).

Das Spüren bekundet sich, ohne sich zu dem Organischen hin, das es ist, zu öffnen. Es tritt auf, ohne daß der spürende Organismus sich seiner versieht; es ereignet sich *unversehens*. Dem Versuch, mehr von ihm zur Kenntnis zu bringen, als es zeigt, ist es *undurchdringlich*. Es scheint kein natürliches noch auch ein künstliches Instrument zu geben, welches sich dazu eignete, das Sich-Bekundende von seiner staunenswert innerlichen Oberfläche her zu öffnen und gleichsam hineinzusehen. Es gäbe auch kein Auge noch ein Äquivalent seiner, mit dem ein solches ›Sehen‹ auszuführen wäre.

Ich meine hier nicht die Schwierigkeit, einem Organismus Fraglichen Lebens mehr von dem Bereich seines Spürens zur Bekanntschaft zu bringen, sei es durch fremde oder durch eigene Anstrengung. Dafür gibt es *Verfahren*. Auch meine ich nicht die Schwierigkeit, komplexe Bildungen im Bereich des Spürens in einfachere und bisher nicht ausdrücklich unterschiedene zu differenzieren. Zur Bekanntschaft gekommenem Spüren kann ich auch im Unbekannten verharrendes zuordnen und behaupten, letzteres gehöre zu den ›Ursachen‹ des ersteren. Dies alles ist jetzt nicht Thema. Mit *Undurchdringlichkeit* meine ich eine kennzeichnende Eigenschaft allen Spürens, die es macht, daß das Sich-Bekundende das, was es kraft dieser Eigenschaft vor meiner Kenntnis abschirmt, unaufhebbar abschirmt. Ich kann ein Spüren nicht so untersuchen, daß eine Art Haut abgezogen würde und darunter liegende, andersartige Teile sich erkennen ließen, von denen her ich verstünde, warum die Haut vor dem Entfernen so und so ausgesehen hat. In ein Verstelltes, die Platte der Fensterbank, den Stamm der Pflanze im Blumentopf, die Leiche im Anatomiesaal, das Gehirn dieser, kann ich mit geeigneten Instrumenten eindringen, zerlegende und beschreibende Arbeit leisten, die Arbeit an herausgeschnittenen Teilen mit dem Mikroskop fortsetzen, schließlich Stücke erreichen, deren Größe unter dem Auflösungsvermögen des sichtbaren Lichts liegt, bis die Tätigkeit des Eindringens irgendwann Techniken der nuklearen Zertrümmerung verwenden muß.

Einige Philosophen haben Experimente phantasiert, deren Durchführbarkeit für die Zukunft vorausgesagt ist. Derart, daß ich, lebte ich in dieser Zukunft, mit einem Kephaloskop oder Hirnbetrachter ausgerüstet, sehen könnte, was in meinem Gehirn vorgeht. Ich hätte, sagen wir auf einem großen Monitor, die Informationen zahlreicher Meßgeräte, an die mein Gehirn angeschlossen wäre. Vor allem sähe ich auf dem Monitor ein eigentümlich bewegliches, an den Rändern wie im Innenbereich sich ständig veränderndes Feld, von dem ein Versuchsleiter mir mitteilen könnte, es entspräche meinem ›Bewußtsein‹. Den Veränderungen könnte ich (bekannte logische Schwierigkeiten wegphantasiert) nach einiger Übung genau das zuordnen, was im Bereich meines Spürens mir je bekannt wäre. Wieviel näher wäre ich mir gekommen?

Die Antwort sei, welche sie wolle. Es scheint dabei offenkundig: Ich hätte weder ein Spüren als Spüren auf ein gleichsam ›Tieferes‹ hin durchdrungen (seine Undurchdringlichkeit aufgehoben) noch schaute ich es durch das Kephaloskop *unverstellt* an. Ich hätte eine Zuordnung gewonnen, die mir viele Erkenntnisse liefern könnte, doch ich nähme weiterhin Verstelltes zur Kenntnis als Verstelltes, Spüren als Spüren. Ich spürte nicht auf dem Monitor mein Erschrecken, und in dem Spüren selbst, das mein Erschrecken ist, bekundete sich nicht ein neuraler Vorgang als dieser.

Ich phantasiere, jemand sagte mir, der ich vor dem Kephaloskop säße (es aufgeschnallt hätte, in es wie in eine medizinische Bombe hineingeschoben wäre): Hier siehst du dein Spüren, wie es eigentlich ist. – Ich müßte zurückfragen: Woher beziehst du die Gründe dafür, den mir verstellten, mir immer nur durch mehrfache Übertragung und Vermittlung zugänglichen Prozeß, den ich hier auf dem Monitor sehe, das ›Eigentliche‹ meines Spürens zu nennen? Damit meinst du doch wohl, es handle sich um das, was mein Spüren in Wahrheit ist; während du das Spüren selbst offenbar als etwas ansiehst, das irgendein ›Wahres‹ seiner verdeckt und verfälscht. Aber gerade, wenn ich annehme, Spüren sei ein organischer Vorgang dieses Lebewesens, das ich bin, muß ich auch annehmen, ich sei spürend so, wie Spüren sich in mir bekundet – während die Projektionsbilder und all die anderen Daten, mit denen der zugeordnete Körpervorgang im Kephaloskop mir präsentiert wird, immer nur übertragene Wiedergaben sind, die ein mit diesen Mitteln nicht originär Zugängliches in einem technischen Medium darstellen, mir sonstwie indirekt nahebringen sollen. Ich vermute, auch für alle Zukunft wird mein Spüren als Spüren ihm selbst stets ähnlicher sein als eine Wiedergabe seiner mit Mitteln des Verstellten; denn im Spüren tritt die Sache des Spürens selber auf, nicht Daten darüber, nicht ihr Bild, nicht eine Theorie ihrer oder ein Sonstiges, das kein Spüren ist.

Jetzt kann mein Gegenüber mich daran erinnern, daß ich mich über mein Spüren und erst recht über solches, das dadurch vermittelt werden mag, häufig täusche. Worauf ich sagen muß, daß ich das anerkenne, daß aber die Möglichkeit der hier gemeinten Täuschung erst beginnt, wo ich irgendeine Form von Gewißheit beanspruche, am deutlichsten ausgeprägt als Erkenntnis-Gewißheit. Das einfache Spüren, so getreu es sich bekundet, ist nicht einmal notwendig bekannt, geschweige denn erkannt. Dies Spüren ist bloß, sich bekundend, da. Es erhebt keine Ansprüche auf Gewißheit oder gar Wahrheit, es ist für sich genommen solcher Ansprüche nicht einmal fähig.

9. Wenn ich mich kämme, ist mir, als kämmte ich einen Tisch

Es wirkt ungelenk, das Wort »Spüren« so zu gebrauchen, daß kein Zusätzliches unterstellt ist, welches die Rolle des ›Spürenden‹ spielt. Es wirkt vergleichbar ungelenk, von einem Sich-Bekunden ähnlich wie vom Sich-Darbieten einer Nachricht zu sprechen, ohne daß man eine Instanz hinzudenkt, der die Nachricht dargeboten wird oder zukommt. Die Grammatik, in der wir leben, sagt immer: »Sieh her, ich zeige dir, wie die Dinge sind«. Sie ist ein schlechter philosophischer Führer; sie täuscht oder erhellt, wie es ihr eben beikommt.

Ich erinnere mich an die erkrankte Frau, die ausdrücken wollte, wie sie jetzt ihre Tage erlebt, und dabei sagte: »Wenn ich mich kämme, ist mir, als kämmte ich einen Tisch.« Sie meinte, vermute ich, damit einen Zug an der Weise, wie sie beim Kämmen (und auch sonst oft) *spürend ist*, der für sie und ihr jetziges Lebensgefühl große Wichtigkeit hat, auf den sie nicht hinzeigen kann wie auf ein äußeres Objekt, auch nicht wie auf ein inneres Objekt, und der ihr doch Angst bereitet.

In der Geschichte der Verständigungsversuche Fraglichen Lebens wurde dem Spüren regelmäßig auf der einen Seite etwas beigegeben, das das *Spürende*, auf der anderen Seite etwas, das das *Gespürte* sein sollte. Spüren faßte man dann auf als die Relation, die beide verbindet. »Selbst«, »Ich«, »Geist«, »Subjekt« sind Wörter für das Spürende, »Vorstellung«, »innerer Gegenstand«, »Datum« für das Gespürte; es gibt viele Ausdrücke dieser Art. Wo man unter der Forderung, ein solch innerliches Beziehungswesen glaubhaft zu machen, den Mut verlor, versuchten es einige mit dem Ausweg, daß Spüren sich selbst als Subjekt wie auch als Objekt habe, und zwar so, daß beide in einem und demselben Akt zusammenfielen oder immer schon zusammengefallen seien. Da schlugen dann tiefe Rätsel die Augen auf, an deren Ergründung sich Generationen von Philosophen abmühen durften. Für Gebrauch und Deutung des Wortes »bewußt« gilt sinngemäß dasselbe.

Mit dem Widerlegen dieses Denkens in Partnern und Beziehungen befasse ich mich nicht; seine Aporien sind bekannt; ich halte sie für unlösbar. Statt dessen gehe ich davon aus, daß Spüren als organischer Vorgang ursprünglich weder ein zusätzliches Subjekt hat, welches ›das Spürende‹ ist, noch ein zusätzliches Objekt, das ›gespürt wird‹. Genauso verzichte ich auf solche ursprünglichen Partner, wo ich von Sich-Bekunden spreche.

In der bloßen Grammatik kann ich einem Spüren etwas

zuordnen, das ›gespürt wird‹, und eine Person, die ›spürt‹. Es ist grammatisch möglich zu sagen: »Die Frau spürt beängstigende Fremdheit ihres eigenen Körpers, wenn sie sich kämmt.« Hier ist die grammatische Struktur »A spürt B« erfüllt. Es ist offensichtlich mit dergleichen noch *gar nichts* verstanden über die Sache des Spürens selbst. Spüren bleibt als charakteristisch dunkel und buchstäblich sprach-los machend immer noch zurück, auch wenn ich beliebig viele Male mich in der wohlfeilen Grammatik von Subjekt und Objekt ergangen habe.

Etwas besser als diese grammatische Partnervermittlung ist eine These begründet, die Spüren prinzipiell als *gerichtet* auffaßt. Sie tritt auf unter dem Titel *Intentionalität.* Die geschichtlich wirksamste Fassung dieser These (vor der Ausbildung einer schwächeren, die nur über die Logik bestimmter Sätze spricht) scheint mir zu sein: ›Psychisches‹ unterscheidet sich von ›Physischem‹ dadurch, daß ›Psychisches‹ immer *gerichtet* ist, und zwar auf ein Objekt, das es in sich selber enthält (ein ihm immanentes Objekt), so daß für die elementare Eigenschaft des *Gerichtetseins-auf* ... gleichgültig ist, ob ein entsprechendes Objekt in der äußeren Realität existiert oder nicht.

Die Belege, die aus typisch ›seelischen‹ Vollzügen des Fraglichen Lebens genommen sind (Urteilen, Lieben, Hassen, Wünschen, Glauben, Beabsichtigen), haben wohl Eigenschaften, welche es vertretbar erscheinen lassen, zunächst die intentionale Beschreibung zu wählen. Aber die Beschreibung führte schon bei dem Autor, der die neuzeitliche Arbeit am Konzept der Intentionalität einleitete, ohne Umschweife in die klassische Ausweglosigkeit des Subjekt-Objekt-Schemas, und das gleiche geschah mit vielen späteren Versuchen in dieser Richtung. Es hat etwas Zwangsläufiges, daß ein Philosoph, der von Ausdrücken anfängt, die das Gerichtetsein eines Vorgangs auf ein Objekt enthalten, sich auch genötigt fühlt, von einem Punkt zu sprechen, von dem der gerichtete Vorgang ausgeht; und ob er den Ausgangspunkt in einem zusätzlichen

›Subjekt‹ oder das gesuchte ›Subjektive‹ in dem Vorgang selbst sieht, ist, wenn er jenes Schema einmal angenommen hat, gleichgültig.

Mein Haupt-Widerstand gegen das Konzept der Intentionalität liegt noch an einer anderen Stelle: Ich kann nicht nachvollziehen, daß jedes Spüren gerichtet sein soll; ich kann auch nicht nachvollziehen, daß der Zielpunkt in jedem Fall ein immanentes ›Objekt‹ sein muß. Mir scheint, die Fraglich Lebenden kennen unbestimmtes Hochgefühl, unbestimmte Angst, unbestimmte Niedergeschlagenheit, unbestimmte Unruhe. Und ich habe jetzt Ausdrücke benutzt, mit denen das Fragliche Leben spürende Zustände schon handlich und mundfertig gemacht hat, die also einen Anteil der geschichtlich gewachsenen Subjekt-Objekt-Rede enthalten. Doch das zugrundeliegende Spüren selbst, von dem die Sprechenden schon vor aller Beschäftigung mit Philosophie im Alltag zugeben, es sei durch solche Wörter nur vage und unsicher getroffen, hat für meinen Versuch des Nachprüfens *kein* Objekt, es ist für diesen meinen Versuch auch *nicht* gerichtet. Das unbestimmte Spüren ist zum Beispiel beunruhigend, wie im Fall jener Frau, und ich mag geneigt sein, auch die Wörter »hilflos« und »orientierungslos« zu gebrauchen; aber die typischen Merkmale der Intentionalität finde ich dadurch nicht. Ich kann nur vermuten, sie seien dem Spüren angedichtet worden, weil einige, die über es sprechen wollten, die Struktur ihres Sprechens für die Struktur der Sache selbst hielten.

Ich kann mich ferner nicht damit zufriedengeben, daß die Intentionalitätsdoktrin die Fraglich Lebenden wie Wesen behandelt, die immer schon fertig waren. Ich glaube den Physiologen, daß ich als sehr kleines Kind noch keine Objekte wahrnahm, mich auch nicht innerlich auf solche richtete; daß sich mein Verhältnis zur Welt als ein Verhältnis zu Dingen, anderen Personen und was sonst noch ›Objekt‹ heißt, erst entwickelte; ich vermute aber, daß es in meinem damaligen Leben schon ohne Objekte und ohne Gerichtetsein *Spüren* gab; und ich vermute weiter, daß sich mein ganzes Verhältnis zu solchem, das der Intentionalitätsdoktrin ›Objekt‹ heißt, *erst darauf aufbaute.*

Das heißt: Ich betrachte Intentionalität, wo es sie geben mag, als eine entwickelte, aus Einfacherem erst sich herstellende, genetisch sekundäre Erscheinung im Leben der höheren Organismen. Das Wort *sekundär* versteht sich hier als ein Hintanstellen gegenüber einem sachlich wie entwicklungsgeschichtlich davor Liegenden, das ich als primär betrachte, eben *Spüren.*

Sicher hat mein Vorgehen inzwischen das Odium des verletzten philosophischen Anstands angenommen. Es scheint, als dürfe man am Ende meines Jahrhunderts in meinem Fach so nicht mehr sprechen. Der Niedergang einer philosophischen Arbeitsweise, genannt »Phänomenologie« (der in meinen Augen zu Recht erfolgte) und das Sich-Durchsetzen einer Philosophie des gesunden Menschenverstands mit dem Werkzeug der logischen Analyse unserer Sprache scheinen zusammenzuwirken zu dem Eindruck, daß ein einzelner auf private Erlebnisse seiner selbst (wie eben: ich kann Gerichtetsein da und da nicht nachvollziehen, ich finde kein Objekt an meinem Spüren) sich nicht mehr stützen darf. So zu reden ist unwissenschaftlich und unschicklich. Ich erinnere mich in diesem Zusammenhang an das Wort des Haupt-Anregers jener logischen Analyse der Sprache: »Was ist dein Ziel in der Philosophie? – Der Fliege den Ausweg aus dem Fliegenglas zeigen.« Das Mich-Berufen auf solches, das ich im Bereich meines Spürens zu finden (oder nicht zu finden) glaube, und die damit zusammengehende Ansicht, ich hätte daran auch gegen eine herrschende Lehrmeinung die glaubwürdige Basis für ein Argument, gehört bekanntlich zu den Symptomen für das Gefangensein im Fliegenglas. In dieser Sprache weitergeredet: Ich vermute, es gibt sehr umfassende Gläser. Ich vermute auch, es gibt mindestens eines, in dem wir uns nicht durch Torheit fingen, sondern in dem wir unser Leben im Schlimmen wie im Beglückenden zu bestreiten haben. Und was ist dann dein Ziel in der Philosophie?

Wenn ich davon rede, daß die Sonne aufgehe und untergehe, zwischendurch wandere und am nächsten Morgen zurückkomme, nimmt in meiner Kultur niemand mehr an, daß ich damit der Sonne ernsthaft eine Aktivität beilege, und es nimmt auch niemand mehr an, daß ich damit sagen will, die Sonne bewege sich objektiv auf einer durch diese Wörter angedeuteten Bahn. Zur Kennzeichnung der Tageszeiten und überhaupt zum Sich-Zurechtfinden auf einem erkalteten Teil des Universums, auf dem das Gedeihen der Organismen von der regelmäßigen Lichtzufuhr seitens eines strahlenden Himmelskörpers abhängt, war in der Geschichte des Fraglichen Lebens die Ausbildung einer Sprache sinnvoll, mit der sich die Bewegungen dieses Himmelskörpers, wie sie dem Auge sichtbar sind, beschreiben ließen. Wir wundern uns heute über die Zähigkeit, mit der in der Geschichte die Sache selbst nach den Vorentscheidungen gedeutet wurde, die sich von ihrer im Entwicklungsprozeß dieser Lebewesen entstandenen Beschreibungsweise her nahelegten.

Die Sprache der Intentionalität hat sich an den Vorgängen der äußeren Wahrnehmung und des Handelns in der Welt entwickelt. Es leistet einen guten Dienst zur Verständigung unter Fraglich Lebenden, von jemandem zu sagen »sie hat mich gesehen« oder »er haßt mich«. In den Zusammenhängen, in denen Sprache sich als unhintergehbare Form herausbildet, in welcher Organismen unserer Art miteinander existieren, ist es vollkommen zweckmäßig, die Unterstellung ›psychischer‹ Eigenschaften an den Individuen so vorzunehmen, daß diesen Eigenschaften ein Subjekt zugeordnet wird (das Individuum) und ein Objekt (das andere Individuum, die Tätigkeit, das Ziel), zu dem kraft jener Eigenschaften das erste Individuum eine bestimmte, für das gemeinsame Leben potentiell entscheidende Beziehung gewinnt.

Die Einzelheiten der Sprachgeschichte stehen hier zurück. Wichtig ist mir, daß ich die Sprache der Intentionalität auf nahezu alle Vorgänge ausgedehnt finde, an denen aus der Sicht der Fraglich Lebenden ein Spüren beteiligt ist (fremdes oder eigenes). Das gilt, wo möglich, noch in stärkerem Maß für alle höherstufigen Leistungen der entwickelten Organismen. Je näher die bezeichneten Vorgänge an Erkennen, Wissen, zielorientiertes Handeln heranreichen, desto sicherer ist jene Sprache eingebürgert, und desto größer ist auch für die erste Betrachtung ihre Plausibilität. Die intentionale Sprache (mit ihren bekannten logischen Besonderheiten) tut gute Dienste, solange man aus ihrer Beschaffenheit keine unkontrollierten Schlüsse auf die Beschaffenheit der Sache zieht, über die gesprochen wird. Sie führt irre, wenn man diese Vorsichtsregel nicht beachtet.

Überdies ist die Aufgabe, die mein Sprechen zu erfüllen hat, wenn ich mich nach dem Einfacheren frage, auf dem sich die entwickelte Intentionalität in der Geschichte der Art wie des Individuums erst aufbaut und das ihr (nach meiner Vermutung) ständig zugrundeliegt, eine *späte* Sprach-Aufgabe, und keine selbstverständliche. »Die philosophischen Probleme entstehen, wenn die Sprache *feiert.*« Dieser einflußreiche Satz, der eine mächtige philosophische Bewegung begründen half, ist gewiß falsch. Die philosophischen Probleme sind an der Wurzel seines Welt- und Selbstverhältnisses liegende, elementare Orientierungsbedürfnisse des Fraglichen Lebens. Aber es gibt philosophische Probleme, die in der Geschichte dieses Lebens spät auftraten, und wer sich mit ihnen befaßt, findet eine Situation vor, in der sein Sprechen durch frühere Zwecke, an denen es gebildet wurde, vorgeformt ist – so daß er es für die neu in den Blick gekommenen Zwecke verwenden muß, weil er kein anderes hat, es aber nur tölpisch und von Bedenken gehemmt verwenden kann, weil es seine Sache selbst zu verfälschen droht.

Die Sprache der Intentionalität ist, angewandt auf den Bereich des Spürens, eine *Sprache des Pseudo*. Das will sagen, sie verfährt so, als gebe es hier, wie beim äußeren Wahrnehmen und Handeln, ein Subjekt, ein Objekt und eine Relation zwischen beiden, welche im Wahrnehmen, Handeln usf. bestehe und beide, Subjekt und Objekt, auf spezifische Weise verbinde. Die *Sprache des Pseudo*, in der ich aufgewachsen bin und weiterlebe, bringt es mit sich, daß ich sage, gesagt habe, sagen werde: »mir bekundet sich ...«; »ich spüre ...«; »mir ist ... bekannt«; »ich habe Kenntnis von ...«; »ich erlebe ...«; »ich kenne ...«; »ich bin mir bewußt, daß ...«, und anderes. Diese Sprache suggeriert auch Einheitsbildungen, die nicht zwingend so vorgenommen werden müssen, wie sie verbal erscheinen (»der Schmerz« statt »das Schmerzen«; »das Gespürte« statt »das Spüren«).

Daß ich Wendungen aus der *Sprache des Pseudo* gebrauche, möge nicht als implizites Zurücktreten von meinen Thesen genommen werden. Es ist nur ein Zugeständnis an die natürliche Sprache als letzte Form von Verständigung unter Fraglich Lebenden. Selbst wenn wir wollten, könnten wir sie, wo wir Philosophie treiben, nicht gänzlich neu konstruieren (wie einige sich das dachten und noch denken). Dazu beitragen, daß die natürliche Sprache wächst, ist sinnvolle philosophische Tätigkeit. Darauf hinsteuern, daß sie komplett ausgewechselt wird, um Philosophie zu perfekter Reinlichkeit zu bringen, belegt ein Mißverstehen dessen, was Philosophie ist.

Die philosophischen Probleme als Probleme, die an der Basis unseres lebendigen Weltverhältnisses (einschließlich des Verhältnisses zu uns selbst) liegen, sind *eingelassen* in die Sprache, die ein an der Lebendigkeit teilhabendes, sich entwickelndes Stück dieses Weltverhältnisses ist. Aber sie sind nicht von vornherein in die Sprache eingelassen als Mißverständnisse, sondern als Züge unserer eigentümlichen Verfassung als Menschen. Die philosophischen Probleme sind, metaphorisch gesagt, Probleme von Verfassungsrang – nur daß die Verfassung, um die es geht, keine irgendwo nachlesbare ist, sondern eine, die mit der Entwicklung unserer Lebensform sich entwickelt hat und *mit dieser sich weiter verändert*. Es gehört zu unserer Situation als Fragliches Leben, daß wir sie teils erst in artikulierender Anstrengung kennenlernen müssen, teils leitende Stücke ihrer für die Zukunft selbst vorauszuwerfen haben.

II. Aufgeschlossenheit

11. Blöde gegen aufgeschlossen

Ich habe vorausgesetzt, es gebe einen Unterschied zwischen dem absolut eintönigen Spüren, das ich zu Anfang für eine gedachte, extrem eigenschaftsarme Welt in Anspruch nahm, und dem Bekanntsein von Spüren. Es scheint mir offensichtlich, daß der Gesichtspunkt, unter dem das *sentire semper idem* sich auf ein *non sentire* reduziert, für den Urheber jener Behauptung der Gesichtspunkt möglicher Bekanntschaft in einem Zusammenhang war, in dem dieses *sentire* eine Stelle haben und neben anderem sich bemerkbar machen könnte. Wie begründe ich die Unterscheidung zwischen Spüren und jenem Mehr, das *Bekanntschaft* heißen möge? Wie vollzieht sich ein eventueller Übergang? Was ist das Neue, das zum Spüren hinzukommt, um es, das sich bekundet, *bekannt* werden zu lassen?

Ich kann nicht versuchen, diese Fragen ganz zu beantworten. Die Absicht ist, aus einer Teilantwort Nutzen zu ziehen.

Die Welt, die aus einem immergleichen Helligkeitsempfinden bestünde oder aus einem nie sich verändernden Ton, hätte den Charakter des Stumpfsinnigen. Die absolut eintönige Spürenswüste, die ich phantasiert habe, müßte zwar nicht als tot oder empfindungslos gedacht werden, wie in der Tradition die Dinge. Sie wäre *Spüren*, aber kein irgendwie gegliedertes, sondern *blödes* Spüren. Das *Blöde* ist hier nicht genommen als Eigenschaft von unterentwickeltem oder zurückgebliebenem Lebendigen, sondern als ein gnoseologisch absolut Einfältiges. Wodurch könnte sich Blödes in Richtung auf ein Anderes fortbewegen, das *mehr* wäre als das *sentire semper idem*? Genügte das bloße Eintreten von Veränderung im Bereich des Spürens? Würde etwa *mehrfache* Veränderung, also eine Mannigfaltigkeit einander ablösender Spürenscharaktere, meine gedachte Welt zu einer Welt machen, in der es nicht nur blödes Spüren, sondern Bekanntschaft mit Spüren gäbe? Eine Welt vielfacher Spürens-Wechselfälle ohne Verbindung wurde in der Geschichte ein »vielfarbiges Bewußtsein« genannt, und der Erfinder dieses treffenden Ausdrucks ließ keinen Zweifel daran, daß er es als so gut oder schlecht ansah wie kein Bewußtsein. Eine Vielfalt einander folgender Spürenszustände, die aber nicht *als* verbunden oder *als* Vielfalt gespürt würden, sondern je für sich dahingingen, wäre eine Menge begrenzt ausgedehnter Spürenseinzelheiten, deren jede für sich, solange sie dauerte, den Charakter des Blöden hätte; und die bloße Häufung ihrer in der jetzt genannten Weise ginge über das Blöde jeder solchen Einzelheit *in dieser Sache* nicht hinaus.

Für meinen Phantasieversuch, der nicht auf eine genetische Theorie des entwickelten Spürens zielt, begnüge ich mich mit dem Unterschied zwischen *sich ereignender Veränderung im Spüren* und *gespürter Veränderung*. Die bloß sich ereignende Veränderung im spürenden Leben eines Organismus, geschieht sie wie eben beschrieben, läßt diesen Organismus auf der Stufe des Blöden. Die gespürte Veränderung, derart, daß im Spüren *ein Übergang sich bekundet* (von Flimmern zu Tönen etwa) stellt einen großen Schritt über das Blöde hinaus dar. Der Schritt setzt voraus, daß in einem und demselben Spürenszusammenhang mehrerlei spürend *da ist*, das jetzige Tönen zum Beispiel, und noch eine Spur des eben gewesenen Flimmerns, nun sich abschwächend und schließlich verschwindend. Diesen künstlich isolierten Schritt auf ein Reicheres und vom Blöden weiter Entferntes hin nehme ich als einfachstes Beispiel für spürendes Da-sein von Ordnung, für das Sich-Bekunden von Ordnung im Spüren. ›Ordnung‹ sagt hier nur, daß im Spüren selber solches, das ich durch künstlichen Eingriff als verschieden abstrahieren kann, *zugleich* sich bekundet; das Tönen zugleich mit einer Spur des vergehenden Flimmerns; das Tönen A zugleich mit einer Spur des eben gewesenen, verschiedenen Tönens B. ›Ordnung‹ läßt sich als Verhältnis von mindestens zwei abstraktiv unterscheidbaren Spürensqualitäten beschreiben, *in einem und demselben* Spürenszusammenhang. Die Arten solcher Verhältnisse sind unabsehbar vielfältig.

Jetzt kann ich zu sagen versuchen, worin mir ein wichtiger Unterschied zwischen dem Blöden (das im Extremfall dem *sentire semper idem* gleicht) und dem entwickelten, im Zentrum des sich vollziehenden Lebens gelegenen Spüren der höheren Organismen zu liegen scheint. Im entwickelten Spüren können Spürensqualitäten sehr verschiedener Art in Zuordnungen auftreten, in denen einige Spürensanteile prominenter, stärker hervortretend sich bekunden als andere, aber immer noch so, daß die schwächeren Anteile im Spüren da sind, als dasjenige, gegen welches das Stärkere im Bereich des Spürens selber sich hervorstellt. Der künstlich vereinfachte Phantasiefall kann es in ungelenker Form verdeutlichen helfen: Wenn Helligkeit plötzlich durch Tönen abgelöst wird, aber doch so, daß das eben Gewesene in einer schwächer werdenden, zurücktretenden Spur eine Zeitlang im gleichen Spürenszusammenhang *da* bleibt, ist nicht blödes Tönen, sondern Tönen auf dem Hintergrund von Helligkeit, ein als neu einsetzend Hervorgestelltes gegenüber einem gleichförmig Zurücktretenden; und in der (wie immer primitiven) Ordnung, die beide bilden, hat das neu Einsetzende eine Position, die eher bei Bekanntschaft anzusiedeln ist als bei blöder Helligkeit oder blödem Tönen.

Das Wort »Ordnung« hat bei dieser Annahme vieles zu tragen. Die Ordnung, in der die Spürensqualitäten stehen (die nur durch künstlichen Eingriff, nicht als reale Teilstücke voneinander isoliert werden können), macht es aus, daß für einen bestimmten Spürenszusammenhang und eine bestimmte Zeitstrecke gewisse ›Teile‹ sich hervorstellen, andere zurückbleiben. Für diesen Ausschnitt aus dem spürenden Leben eines Organismus nehme ich an, daß die sich hervorstellenden Anteile relativ zu den übrigen *bekannt* sind, die zurückbleibenden relativ zu den ersteren weniger bekannt bis *unbekannt*. In dem Augenblick, in dem der Ton B vor kurzem eingesetzt und den Ton A abgelöst hat, hieße für mich B bekannt, A weniger bekannt (weil jetzt zurücksinkend); eine gleichzeitige, sich in keiner Weise abwandelnde, für dieses spürende Leben *nie* wechselnde Helligkeit bliebe unbekannt.

Den Typ von Ordnung, kraft deren das Sich-Hervorstellen einiger Spürensanteile gegenüber anderen, zurückbleibenden möglich wird, nenne ich *Aufgeschlossenheit*. Aufgeschlossen ist ein Spürensbereich, wenn in einem und demselben Spüren Hervorgestelltes gegenüber Zurückbleibendem sich geltend macht, und zwar so, daß *das Ganze*, das Prominente mit dem Hintergrund, dem gegenüber es sich hervorstellt, sich bekundet. Bekanntsein eines ›Stückes‹ im spürenden Leben eines Organismus liegt vor, wenn unversehens (ohne Beobachtung oder Transport) sich Bekundendes in einem Halo von zurückbleibend sich Bekundendem steht und kraft dieser (durch das Wort »Halo« nur unzulänglich bezeichneten) Ordnung als ein Besonderes, relativ stärker sich geltend Machendes *da ist*. Kraft der Aufgeschlossenheit ist in einem Spürenszusammenhang Unterschied spürend da, statt Eintönigkeit; es ist Veränderung spürend da, statt Ereignislosigkeit (ein ins Unabsehbare sich dehnendes Ereignis wäre keines, und wäre auch nicht als solches bekannt).

12. Der sich aufdrängende Verdacht des Paradoxen

Mit stets neu sich formierendem Unterschied zwischen Hervorgestelltem und Zurückbleibendem tritt das Spüren aus der Blödigkeit heraus und *schließt sich von sich her auf*. Der Halo, gegen den sich das Bekannte als ein Hervorgestelltes geltend macht, stellt sich in der Ordnung nicht mehr als Umfeld des Bekannten eigens dar; der Halo ist in seiner Eigenschaft als Umfeld nicht hervorgestellt; darin bestehen die wichtigsten Unterschiede zu einem sichtbaren Halo (*hier gibt es nichts zu sehen*, die Ordnung, die es notdürftig zu kennzeichnen gilt, *ist anders*). Gäbe es dieser Ordnung gegenübersitzend einen Beobachter, dann könnte er den Halo betrachten. In der Spürenswirklichkeit, wie sie ist, kann sich der Halo nur verschieben; mit ihm verschiebt sich auch das Hervorgestellte. Wenn wir fälschlich denken, es stelle sich ein Halo *als solcher* von sich her hervor, täuschen wir uns mit einem Versuch, den einige »Introspektion in der Weise der Erinnerung« nannten. Der Halo ist prinzipiell unscharf. Es gibt in ihm wieder Teile, die, bildlich gesagt, dem Bekannten näher, und solche, die ihm ferner stehen.

Das Bekannte und seine Weise des Stehens in der Ordnung, die Bekanntschaft, sind in der Entwicklung des Lebendigen einfache, niederstufige Strukturen. Das mit großem Anspruch belastete Wort »Wissen« ist fernzuhalten. Es braucht für Bekanntschaft, wie hier gemeint, weder Sprache zu geben noch eine ausgebildete Präsentation der verstellten Ding-Umwelt im spürenden Bereich eines Organismus. Ein Hungergefühl, sich hervorstellend in aufgeschlossener Ordnung neben einer blassen Spur früherer Sättigung; ein Lustempfinden neben etwas Undeutlichem, das als Spur eben noch vorhandener Begierde linkisch beschrieben werden mag; eine sich auf das ganze Spüren ausdehnende Angst-Tönung mit einem verblassenden Halo beliebiger anderer ›Teile‹; dies könnten, die Hinzubringsel der entwickelten Sprache abgezogen, Beispiele für primitive, aber im Zentrum eines Lebensvorgangs wichtige Bekanntschaft sein.

Habe ich jetzt durch den Rekurs auf bloße *Ordnung* verschleiert, daß etwas qualitativ Neues entsteht? Wird mit der bloßen Rede vom Sich-Aufschließen der Sache schlau etwas angeklebt, was an ihr selbst nicht aufgewiesen wurde, auch nicht in dem Gang durch die Beschaffenheiten einer primitiven Phantasie, den ich zu nehmen versuchte? Führt die Rede vom Sich-Aufschließen, belastet mit dem ihr mitgegebenen Anspruch, nicht geradewegs ins Paradoxe?

Der Anschein des Paradoxen entsteht, wenn man die Natur des Sich-Bekundens vernachlässigt. *Daß* es sich Bekundendes *gibt*, und daß es sich von dem verstellten Schnee, der gefallen ist, auf eine prinzipielle, nicht verstandene Weise unterscheidet, mag jemand »unerklärlich« nennen. Gibt es aber sich Bekundendes, und hat es die unerklärte Eigenschaft, sich von sich aus zu zeigen, sich zeigend *da* zu sein, ohne daß es einen braucht, dem gezeigt würde – dann erscheint es zumindest *möglich*, daß auch ein geordneter, in sich Differenzen aufweisender Bereich von unversehens Daseiendem sich als dieser Bereich bekunden könne. Ist es ein Zug der sich bekundenden Ordnung, daß darin einiges hervorgestellt ist, anderes zurückgestellt bleibt, dann gibt es in dieser Ordnung einen ausgezeichneten Teil, der sich in der Weise des Hervorgestelltseins von sich her zeigt.

Das Angenommene hat die leicht nachvollziehbare Konsequenz, daß das ganze spürende Leben eines Organismus nie als dieses zur Bekanntschaft kommt; wer wir spürend im ganzen sind, stellt sich uns spürend nicht mehr dar; mit der Aufgeschlossenheit seines spürenden Lebens hat ein Organismus in sich eine sich bekundende Ordnung, aber nicht die komplette ›Helligkeit in sich selbst‹ gewonnen, und gewiß auch nicht die ›Sichselbstklarheit‹, auf die einige bei der Beschreibung ihres ›Bewußtseins‹ zurückgriffen. *Bekanntschaft* ist ein relativer Spürenscharakter gegenüber anderem Spüren, das diesen Charakter zum gleichen Zeitpunkt nicht besitzt; ich gehe davon aus, daß dies *unsere* Weise sein muß, auf primitiver Ebene mehr zu sein als das Blöde, und der Ausgangspunkt dafür, daß wir als *Fraglich Lebende*, nicht als metaphysisch aufgedonnerte Wunschwesen oder Quasi-Götter, in uns Leistungen ausbilden, die nach langer gattungsmäßiger und persönlicher Entwicklung »Wissen« und »Selbstbewußtsein« heißen können.

13. Die Einheit des Aufgeschlossenen

Der Verdacht des Paradoxen wird für mich gemildert dadurch, daß ich annehmen kann, bei aufgeschlossener Ordnung bekunde sich in *einem* Spüren Veränderung als Veränderung, Unterschied als Unterschied. Das setzt voraus, daß sich in den verschiedenen Positionen des Hervor- und des Zurückgestellten mehrerlei in einem und demselben Zusammenhang bekundet, etwa Helligkeit, als Spur sich abschwächend, und an der Stelle, an der eben noch Helligkeit war, Dunkelheit im Kontrast zu jener zurücksinkenden Spur. Mit meinen Denkweisen für Verstelltes kann ich mir ein Zusammen dieser Art nicht verständlich machen. Es scheint eine *spezifische Spürensleistung* zu sein, die dabei eintritt, ein besonderer, einzigartiger Steuerungsbeitrag des Spürens für die Weltorientierung der höheren Organismen.

Wo immer ich einen vergleichbar markanten Kontrast im Verstellten annehme (das Brennen einer Birne bei einer Experimentanordnung im Blickfeld eines Lebewesens, und die gleiche Birne im Zustand des Verlöschtseins), sehe ich mich auch genötigt anzunehmen, daß hier zwei verschiedene, durch raumzeitliche Individuation trennbare Ereignisse (Zustände) vorliegen. Auch wenn ich das Verlöschen der Birne denke als einen Vorgang kontinuierlichen (wenngleich sehr schnellen) Rückgangs vom Glühen zu dem Zustand, in dem der Draht kein sichtbares Licht mehr aussendet, kann ich im Prinzip jedes durch Messung isolierbare Stadium als verschieden von jedem anderen so heraustrennbaren identifizieren; und vor allem ist jedes dieser Stadien genau dieses und gewiß nicht zugleich eines der anderen. Und so typischerweise für Ereignisse, Zustände, Dinge im Bereich des Verstellten: In meinem Spürenszusammenhang bekunden sich jetzt die Pflanze auf dem Fensterbrett und dahinter die dunkle Scheibe, gegen die die Blätter sich abheben; es bekunden sich die Anschläge der Typenhebel auf der Walze derart, daß oft eine Reihe solcher Anschläge mir geordnet gegenwärtig bleibt (in der ›Präsenzzeit‹); es bekundet sich das immer neue Hochzucken des Farbbandes, so schnell geschehend, daß es gewöhnlich nur als Spur zusammen mit seinem Ruhezustand gegenwärtig ist. In jedem dieser Fälle muß ich nach meinen Denkweisen für die Verhältnisse im Verstellten sagen, daß sich hier bestenfalls ›für mich‹ Vorgänge oder Dinge zusammen präsentieren; ›als sie selbst‹ seien sie voneinander verschieden, und auch das Farbband lasse sich in seiner Bewegung mit den Mitteln, die wir für das Beschreiben von Bewegung haben, zu jedem gewählten Zeitpunkt mit seiner Position und seinen Bewegungseigenschaften als ein Bestimmtes isolieren. Die erwähnten Dinge beziehungsweise Ereignisse seien raumzeitlich außer einander, nicht seien sie ein sich bekundendes Zusammen, in welchem sich ihre Unterschiede *als diese* darstellen. Ähnlich muß ich sprechen, wenn ich an die organischen Vorgänge in meinem Gehirn denke, die mein Spüren ausmachen, ohne daß ich sie als organische kenne: Die elektrochemischen Aktivitäten von mehreren hundert Millionen Neuronen kommen zu einem physikalisch komplexen Vorgang zusammen, von dem mir meine Denkweisen für das Verstellte doch suggerieren, ein hinreichend beobachtungsfähiges und informiertes Wesen könne für jede einzelne Nervenzelle und jede einzelne Faser das darin je Geschehende als ein raumzeitlich von allen anderen Ereignissen dieser Art Verschiedenes isolieren; und die Ereignisse, die insgesamt mein Spüren ausmachen, seien deshalb bei ›genauerer‹ Betrachtung *aus dieser Perspektive* sehr viele verschiedene, die trotz ihres Zusammenwirkens zu einem größeren Vorgang stets außerhalb von einander blieben.

Was die Physik des Verstellten betrifft, so darf dies im Status der Vermutung gelassen werden. Wichtiger ist mir die beschriebene Eigenschaft des Spürenszusammenhangs, die ich verwunderlich finde, und der ich einen Teil der einzigartigen Leistung von *Spüren* beim Bestreiten meines Lebens zuschreibe. Ich nenne sie die *Einheit des Aufgeschlossenen*. Sie erlaubt es, daß ich, fliehend, einen Weg vor mir und an seinem Ende die Lichter eines Hauses sehe und gleichzeitig die

Schritte des Verfolgers hinter mir höre, aber so, daß ich jederzeit einschätzen kann, ob ich noch schneller laufen muß, weil er mir plötzlich näher kommt, oder ob ich mein Tempo beibehalten kann – statt daß die Spürensdarstellungen für Weg, Haus, Verfolgertritte und den Rhythmus meiner eigenen je getrennte Ereignisse wären, die zu *einem* Spüren nicht zusammenkämen.

Im letzteren Fall könnte ich mich gerade nicht aus dem Leben in *einer* gegliederten Spürenssituation heraus steuern; meine Weise, mich in einer Welt zu erhalten, müßte grundsätzlich anders (und vermutlich umständlicher, weniger direkt) erfolgen. Die künstliche Phantasie des Spürens ohne Einheit könnte hier etwa so lauten: Ich ginge auf dem Weg und spürte Gehen. Es gäbe ein unbestimmtes Angstgefühl. Es gäbe ein weiteres Spüren, das Tritte gegenwärtigte. Ferner wären da Lichter. Der Organismus hätte die blasse Vision eines anderen, der ihn bedroht. – Aber es gäbe nicht den einen Spürenszusammenhang, in dem diese Einzelheiten gemeinsam da wären, in einer Zuordnung, aus der heraus der Organismus sich geradewegs lenken könnte.

Warum übrigens ist die letztere Phantasie so künstlich? Weil ich nicht nur ständig in der Einheit des Aufgeschlossenen lebe, sondern weil alle Spürenseinzelheiten, die ich verbal unterscheide, erst in der Einheit des Aufgeschlossenen den Charakter gewinnen, den sie faktisch haben; diese Einheit als Spürensform bringt nicht etwa Fertiges zusammen; kraft ihrer erst werden die sogenannten Einzelheiten meines Spürens die konkreten Einzelheiten, die sie sind. Deshalb war auch der große geschichtliche Versuch, die Einheit des Aufgeschlossenen als »synthetische Einheit der Apperzeption« zu deuten, verfehlt. Die Einheit ist gerade nicht synthetisch, zusammensetzend oder zusammengesetzt, sondern bildet sich, *indem* sie ihre ›Einzelheiten‹ bildet.

Eine Menge von Spürenseinzelheiten ohne aufgeschlossenen Spürenszusammenhang, in dem sie sich als charakteristische, dem Wechsel unterworfene Konstellation bekundeten, wäre gleichbedeutend mit der Existenz einer entsprechenden Menge *blöder Einzelheiten*, jede für sich eintönig, isoliert und ohne größere Aussicht, im Zentrum eines organischen Lebensvollzugs für dessen Weltorientierung relevant zu werden.

Die Einheit des Aufgeschlossenen macht das Sich-Bekunden von Veränderung und Unterschied erst möglich. Sie ist deshalb bei jeder Unterstellung von Bekanntsein vorausgesetzt. Zusammen mit dem elementaren Charakter des Sich-Bekundens, der alles Spüren auszeichnet und vom Verstellten unterscheidet, macht die angenommene Einheit des Aufgeschlossenen plausibel, warum es für die Selbsterhaltung der damit ausgestatteten Organismen und ihre gesamte Entwicklung bis hin zu ihren schwierigsten Erkenntnisleistungen nicht überflüssig, sondern zweckmäßig, wirtschaftlich ist, ein *spürendes Zentrum ihres Lebens* zu haben, statt nichts dergleichen. Die Einheit des Aufgeschlossenen ermöglicht das simultane Sich-Darstellen verschiedener Einzelheiten in *einem* Spürenszusammenhang, und zwar so, daß sie weder noch einmal eigens zusammengestellt noch auch erst ›gelesen‹ werden müssen, sondern mit ihrem Sich-Bekunden unversehens in einem bestimmten Verhältnis zueinander sowie als Bestimmte *da sind*. Der Gewinn an Einfachheit und Direktheit im Zugang zur Lebenssituation des Organismus dürfte sehr groß sein. Ob ein vergleichbarer Gewinn *genau so* durch nichtspürende Erkenntniswesen, in unserer Zeit *die Geräte*, erbracht werden könnte, oder ob diese sich gerade prinzipiell anderer Mittel bedienen müssen, um ihre Leistungen zu erbringen, darf bis auf weiteres als unentschieden gelten.

Die Einheit des Aufgeschlossenen trägt entscheidend dazu bei, daß die spürenden Organismen, wenn sie eine gewisse Stufe der Entwicklung erreicht haben, imstande sind, die wichtigste Ordnungsform der Welt, in der sie leben, anschaulich darzustellen: Raum und Zeit. Die spürende Repräsentation räumlicher Verhältnisse in ihrer Räumlichkeit und zeitlicher in ihrer Ablaufsform des Nacheinander ist nur möglich, weil an der Basis des spürenden Umgangs mit Welt die Möglichkeit gegeben ist, verschiedene Spürensqualitäten *in einem* zu leben (der sitzende Rabe drüben auf der Fahnenstange, eine gewisse Strecke entfernt von dem Fensterrahmen, durch den ich dort hinsehe; und sein plötzliches Auffliegen neben dem jetzt leeren Mast, mit einer schnell absinkenden Spur seiner als eben noch sitzend). Das spürende Sich-Darstellen raumzeitlicher Verhältnisse im Zentrum des organischen Lebensvollzugs ist eine der wichtigsten Bedingungen für Orientierung in der Welt und für *Lebenbleiben*.

14. Ich schaute steif vor mich hin

So steuerungsrelevant Aufgeschlossenheit ist: Sie läßt sich als Spürensordnung, die Bekanntschaft erst ermöglicht, nicht im ganzen inspizieren. Ebensowenig gelingt es, das Sich-Bekunden als elementaren Charakter allen Spürens ›vor die Aufmerksamkeit‹ zu bringen. Über die Schwierigkeit, einen allgemeinen Charakter seines inneren Lebens, den er unter das Wort »Bewußtsein« faßte, in dieser Weise dingfest zu machen, spricht (neben anderem) der angeführte Philosoph in dem Passus vom leeren Blick: »Aber was kann das heißen: ›meine Aufmerksamkeit auf mein Bewußtsein lenken‹? Es ist doch nichts merkwürdiger, als daß es so etwas gibt! Was ich so nannte (denn diese Worte werden ja im gewöhnlichen Leben nicht gebraucht), war ein Akt des Schauens. Ich schaute steif vor mich hin – aber *nicht* auf irgendeinen bestimmten Punkt oder Gegenstand.«

Sowohl Sich-Bekunden als auch Bekanntschaft sind *nicht* in typischen Vollzügen einer nach innen gerichteten Aufmerksamkeit faßbar. Wonach der Philosoph bei seinem Vor-sich-Hinschauen suchte, war eine unterscheidende Eigenschaft seines gesamten spürenden Lebens im Gegensatz zu seiner Vorstellung eines Gehirnvorgangs. Als Kandidat für eine solche Eigenschaft käme Sich-Bekunden in Frage. Sich-Bekunden ist aber nicht ein Sich-Bekundendes neben anderem von dieser

Art und kann dergleichen nicht sein. Es verhält sich hier ähnlich (*aber nicht gleich*) wie mit der Farbigkeit. Farbigkeit ist nicht eine Farbe neben anderen, kann nicht als solche wahrgenommen werden, und tritt, wenn ich allein Farbiges vor Augen habe, nicht irgendwie isolierbar auf. Lediglich wenn es gelingt, einen Kontrast zu Farbigem überhaupt zu sehen, kann es sinnvoll erscheinen, nach einer Eigenschaft ›Farbigkeit‹ im Bereich des Gesehenen forschen zu wollen.

Sollte Sich-Bekunden als universelle Eigenschaft meines spürenden Lebens *bekannt* werden, so müßte es als diese Eigenschaft in die Position des Hervorgestellten in einer aufgeschlossenen Ordnung kommen. Es ist offensichtlich, daß das unmöglich wäre: Nur weil alle ›Teile‹ des geordneten Stückes sich bekunden, ist das Sich-Hervorstellen einiger gegen andere, die zurückbleiben, möglich. Das Sich-Bekunden tritt, weil es die aufgeschlossene Ordnung als Ganze mit ermöglicht, nicht in sie ein. Es kommt deshalb, da eine kontrastierende Darstellung in spürendem Material nicht möglich ist, beim Versuch direkten Ergreifens immer zu einer charakteristischen Enttäuschung.

Sollte der Philosoph mit seiner Suche nicht Sich-Bekunden angezielt haben, sondern Bekanntschaft, so hätte ein solches Unternehmen ebenfalls Hindernisse. Sie sind im Prinzip schon genannt. Bekanntschaft ist ein Charakter an allem, das in der Position des Hervorgestellten sich bekundet; es ist eine durch Position in aufgeschlossener Ordnung erzeugte Eigenschaft bestimmter Spürensanteile, nicht ein solcher, durch Abstraktion herausnehmbarer Anteil selbst. Im direkten Zugriff eines vermeintlichen inneren Schauens auf Bekanntschaft zu stoßen wie auf ein Bekanntes, ist unmöglich.

Der Unterschied zwischen Hervorgestelltem und Zurückbleibendem macht sich geltend wie eine Grenze, innerhalb derer das erstere liegt, und außerhalb ihrer das letztere. Die Grenze selbst in den Zentralbereich rücken zu wollen (die Aufmerksamkeit darauf zu ›richten‹), wäre nur möglich durch Neuformierung des spürenden Lebens in diesem Augenblick, mit einer *anderen* Grenze zwischen hervorgestellt und zurückbleibend, und Auflösung der alten Grenze. Das Zurückbleibende, dem gegenüber ein Hervorgestelltes *bekannt* heißen darf, ist wie ein sich immer neu formierender Schatten als Bedingung dafür, daß in dem nicht schattigen Bereich ein Anderes sich bemerkbar macht. Die Grenze zwischen beiden oder gar den Schatten selbst in den je umgrenzten Bereich hinein zu bringen, ist offenkundig unmöglich.

Sich-Bekunden und Bekanntschaft sind als solche ihrer Natur nach *unbeobachtbar*. Sie sind dies aus Gründen, die in ihrem besonderen Status als allgemeinere Charaktere spürenden Lebens liegen. Über die Unmöglichkeit, auch spürende Einzelheiten *als spürende* auf dem Weg innerer Beobachtung zu fassen, muß später gesprochen werden.

III. Konfrontation

15. Entäußerung, Entinnerung

Wenn ich zum Gestell meiner Gelenkleuchte hinsehe, die an der Kante des Schreibtischs montiert ist, fällt mein Blick auf den neueren Druck eines Stiches, der Michel de Montaigne darstellt. Ich habe den Druck mit Klebeband an das Gestell der Leuchte geheftet und etwas darunter auf einem Zettel Montaignes Bemerkung notiert: »Voire dea, il y a quelque ignorance forte et genereuse qui ne doit rien en honneur et en courage à la science, ignorance pour laquelle concevoir il n'y a pas moins de science que pour concevoir la science.« Wie gelangt mein spürendes Leben zur Bekanntschaft mit jenem Bild? Es gehört zu meiner täglichen Umgebung, ich sehe von Zeit zu Zeit zu ihm hin, ich wundere mich über die Einheit von Zuwendung und fester Ruhe, die in dem Gesicht zu liegen scheint; ich erlebe den im Stich etwas grob wiedergegebenen Blick des Mannes, trotz der ungelenken Arbeit dessen, der ihn porträtierte, als sprechend; es stellt sich, wenn ich den Druck betrachte, ein abgeleitetes, aber immer noch unaufdringlich bestärkendes Surrogat von Umgang her. Ich möchte die Gegenwart des Bildes nicht missen.

Wodurch habe ich als spürender Organismus ein Verhältnis zu Welthaftem außerhalb meiner? Wodurch bin ich in Berührung mit anderem Lebendigen, nicht als Gegenstand, sondern als etwas, das seinerseits ein spürendes Zentrum hat, von dem her eine ähnliche Aufmerksamkeit ausgehen kann, so daß einige Berührung (gleich durch welche ›Mittel‹) mir als wechselseitig, als wirkliches In-Verbindung-Treten zweier Spürender erscheinen kann? Wie ist das einfache, von mir im bisherigen Gang meiner Sätze wie in einer Ebene liegend beschriebene Spüren ›aus sich heraus‹ gelangt zum Kontakt mit Welt, mit anderm Selbst, sogar mit mir?

Ich nehme zunächst für den Fall der äußeren Wahrnehmung, zum Beispiel der Wahrnehmung von solchem, das im Alltag »Gegenstand« heißt, an, daß bestimmte Anteile aus dem spürenden Leben des Organismus *für* solches Äußere *stehen*, derart, daß sie im spürenden Leben *als* dieses Äußere *fungieren*. Einiges von meinem Spüren *fungiert als* die Gelenkleuchte hier an dem Schreibtisch, anderes *fungiert als* diese Münze hier mit der Aufschrift *Avorum non moritura virtus*, wieder anderes *fungiert als* Montaignes Bild. Diese Spürensanteile sind gerade nicht *als* Spüren da; sie sind *entäußert* in dem Sinn, daß sie für anderes, Äußeres stehen und darin ihre eigentümliche Rolle oder epistemische Funktion haben. Ich lebe nicht mit Daten über meine Schreib-Umwelt oder mit Nachrichten darüber, die ich erst mit aktiver Anstrengung verarbeiten müßte. Es gibt eine eigentümliche Leistung meines Spürens, die es macht, daß ich geradewegs *in* dieser Welt lebe. Die gleiche Leistung macht es, daß ich von einer sehr frühen Stufe meiner individuellen Entwicklung an schon immer *in* einer Umgebung und *mit* anderen gelebt habe, statt mit Informationen darüber, aus denen ich irgendwie die Existenz jener Welt und das Dasein der anderen erst rückgeschlossen hätte.

Ich kann freilich nicht annehmen, daß mein gesamtes spürendes Leben die genannte Rolle spielt. Einiges von diesem spürenden Leben steht *für anderes* oder *fungiert als anderes* und vermittelt damit meinem Organismus zum Beispiel ein Verhältnis zu seiner wahrnehmbaren Welt; anderes von meinem spürenden Leben spielt eine solche Rolle nicht. Wieder anderes spielt eine vergleichbare Rolle, aber für solches, das in meinem Körper angesiedelt ist, etwa den lokalisierten Schmerz. Bekanntlich tut mir in der Regel nicht mein Gehirn weh, sondern zum Beispiel mein Knie, obwohl ich nach den Aussagen der Physiologie annehmen muß, daß das Spürensereignis, das als dieser Knieschmerz da ist, bestimmten, der Physiologie auch im Prinzip bekannten Teilen meines Gehirns zugeordnet werden muß und im Knie gerade nicht geschieht.

Ich nenne die Erscheinung, daß einiges von meinem Spüren für anderes steht in der Weise, daß es ohne Umweg als dieses andere fungiert, *Konfrontation*. Das Wort möge auch mit bezeichnen, daß ein konfrontierter Anteil dem spürenden Zentrum des Organismus, zu dem er gehört, äußerlich oder innerlich in einem häufig, aber nicht notwendig räumlichen Sinn *gegenüber* gestellt ist. Es gibt ein Verständnis, in dem ich sagen kann, der Schmerz im Knie, obgleich es ein Zug meines spürenden Zentrums ist, der *als er fungiert*, trete in der inneren Räumlichkeit meines Körpers als etwas in Distanz Geschehendes auf, sei innerlich konfrontiert oder *entinnert*. Bei entäußerten, also gleichsam nach außen gestellten Anteilen des spürenden Lebens ist der Sinn von *Konfrontation* als ein Gegenüber-Stehen spürender Züge des eigenen Organismus, so daß sie *als anderes* da sind, am besten greifbar, weil, von einem bestimmten Stand der Entwicklung an, die Verschiedenheit des dort sichtbaren Gegenstandes von dem hier georteten eigenen Körper zwar nicht notwendig verbal, aber als ein komplexer Spürenszug *mit da* zu sein scheint.

Konfrontation ist das Fungieren eines Spürensanteils *als anderes*, welches andere nicht notwendig die Eigenschaft des Spürens aufweist und vor allem rückstand-los, *ohne Spur* dessen, daß ein Anteil des eigenen Spürens selbst so fungiert, für den Organismus als ganzen und seine Selbsterhaltung da ist. Nicht werden Stücke der Welt abgebildet, bezeichnet, wiedergegeben, erschlossen, sondern es sind Anteile des spürenden Lebens aus ihrem ursprünglichen Status als bloßes Spüren herausgetreten und spielen die Rolle von anderem. Das Lebewesen hat durch Konfrontation einen direkten Umgang gewonnen mit Teilen seiner Welt, mit anderen seiner Art, mit Ereignissen in der inneren Räumlichkeit seines Körpers.

Es scheint mir offenkundig, daß Konfrontation uns nicht durch ein epistemisches Wunder geschenkt wird, sondern daß es sich um eine in Entwicklung herausgebildete Leistung handelt. Die Fragen dieser Entwicklung, vor allem die nach ihren notwendigen und hinreichenden Bedingungen, muß ich überspringen. In jedem Fall halte ich das Sich-Bilden stabiler Konfrontationen für den entscheidenden Schritt von einem bloß spürenden, aber kontaktlosen Wesen zu einem, das ein Verhältnis zu einer weltlichen Umgebung hat (wie bescheiden die Menge ihrer Bestimmungen auch sein mag), und, auf unausdrückliche, unartikulierte Weise, auch zu Stücken seiner selbst.

Wie ich Fragen der Entwicklung hintanstelle, muß ich auch Fragen der detaillierten Analyse einzelner Konfrontationsweisen hintanstellen. Es genügt mir vorläufig, nur die zwei genannten zu unterscheiden: Entäußerung und Entinnerung. Das Entäußerte ist das nach außen Konfrontierte, einschließlich der Spürenszüge, die sich als Eigenschaften oder Teile des eigenen, verstellten Leibes bekunden. Das Entinnerte ist das nach innen, in »innerlich« genannte Partien des eigenen Körpers Konfrontierte. Dafür nehme ich etwa die Empfindungen der Propriozeption (ich spüre, wie meine Finger sich bewegen und auf die Tasten treffen, ich spüre, wie mein Rücken schief gegen die Lehne des Schreibtischstuhls drückt, weil ich schon müde bin) oder die philosophisch bis zum Verdruß diskutierten Formen des georteten Schmerzes. Weder erschöpfen Entinnerung und Entäußerung die Weisen von Konfrontation überhaupt, noch ist ihre Unterscheidung immer klar durchführbar. Die klaren Fälle klar trennen zu können, erscheint trotzdem nützlich. Über den Bereich meines *unkonfrontierten* Spürens versuche ich später zu sprechen.

Relevantes In Berührung Kommen mit mir selbst führt vielleicht ebensoviele Schwierigkeiten mit sich, wie es für mein Leben fruchtbare Konsequenzen hat, *gerade weil* relevante Berührung mit mir mein Spüren betrifft, wie es *einfach ist*, ohne durch Konfrontation gegenständlich, greifbar, vehikelhaft und in angebbarem Sinn mir fremd geworden zu sein. Unbeschadet dessen liefert mir Konfrontation in der Weise der Entinnerung einige der wichtigsten Nachrichten, die ich zum Überleben brauche; sie machen zusammen meine spürende Bekanntschaft mit der von meiner Haut umschlossenen inneren Beschaffenheit meines Körpers aus und zeigen mir aus dieser Perspektive, ›wie es mir körperlich geht‹.

Konfrontation kann auch beschrieben werden als eine höher entwickelte Weise, wie sich in der Einheit des Aufgeschlossenen einzelne Spürensanteile als besondere bilden, und zwar so, daß zum Sich-Bekunden ihrer Besonderheit mehr erforderlich ist als bloß das je Einzelne. Die Spürensstücke, die mir als Montaignes Bild fungieren, tun dies nur in einem aufgeschlossenen *Spürensganzen*, in dem ihnen ihre besondere Rolle und Qualität unter anderem dadurch zukommt, daß anderes, eher Zurückgestelltes, diese Rolle nicht spielt und als Spüren da ist, gegen welches sich das hervorstellt, was als jenes Bild auftritt. Der Bereich dieses gewöhnlich Zurückgestellten ist schwerer zu fassen, schwerer zu erkunden, aber auch mir ›näher‹ und unter Gesichtspunkten meines Zugangs zu mir selbst in der eben vorausgedeuteten Weise oftmals relevanter als das kraft Entäußerung ›greifbar‹ vor dem Auge Stehende.

16. Montaignes Halskrause oder ein Trick?

Einiges von meinem Spüren bekundet sich in Entäußerung als Montaignes Bild an der Gelenkleuchte. Es zeigt sich mit so sicherer Selbstverleugnung als Montaignes länglich wirkender Kopf, hohe Augenbögen, schlanke Nase, Schnurrbart, kurzes Barthaar und die auf allen Bildern, die ich kenne, ihm angemalte Halskrause, daß ich ein Anzeichen des sich Bekundenden als mir zugehörig nicht mehr entdecke. Es ist für mich Montaignes Bild.

Was ist, wenn ich mich täusche? Daß ich Montaignes Bild bloß halluzinieren könnte, ist bekannt. Daß ein geschickter Tricktechniker mich zum besten halten könnte, auch. Zeigt die eingestandene Möglichkeit, mich zu täuschen, nicht, daß es doch zweierlei gibt: Ein Bild an der Gelenkleuchte, auf dem zum Beispiel die charakteristische Halskrause dargestellt ist, und ein Bild seiner ›in meinem Kopf‹? Bin ich nicht, wenn ich letzteres ›habe‹, noch weit davon entfernt, des ersteren sicher zu sein? Zeigt nicht die am Anfang allen Nachdenkens über das Weltverhältnis des Fraglichen Lebens liegende Einsicht in die Täuschungsanfälligkeit der Sinne, daß ich noch einmal etwas *interpretiere*, wenn ich die gesehene Halskrause für die Darstellung der Montaigneschen Halstracht halte, dort auf dem Druck an der Leuchte? Und wird dann nicht ein Bild, ein Zeichen, eine ›Information‹ oder eine sonstige Nachricht von mir gelesen, in einer Weise, bei der ich mich auch irren kann?

Die Kriterien, nach denen ich entscheiden mag, ob ich es wirklich mit einem Druck des Philosophen aus dem Périgord zu tun habe, der real hier vor mir hängt, kommen erst ins Spiel, wenn ich *ohne Kriterien* eines schon für unzweifelhaft halte: Daß überhaupt etwas, das einem Druck ähnelt, hier in meiner Schreib-Umwelt real ist. Ich spüre nicht in bestimmter Weise und interpretiere mein Spüren dann als die auf Papier gedruckte Darstellung eines Mannes mit typischer Halstracht. Vielmehr bin ich kraft Konfrontation geradewegs in einer Welt, zu der wiederum etwas gehört, das wie ein Bild aussieht – über dessen Dargestelltes wie Bildcharakter überhaupt ich notorischerweise stets im Irrtum verfangen sein kann. *Nicht* kann ich mich täuschen darüber, daß ein Verhältnis zu Welthaftem für mich hergestellt ist – die Stücke meiner Welt mögen so kulissenhaft um mich her drapiert sein, wie sie wollen. Ob es ein Druck ist oder ein Spiegeltrick, ob es Montaigne ist oder Henri IV., ob ich träume oder halluziniere, kann erst sinnvoll gefragt werden auf der Basis des *Fungierens-als*, kraft dessen mein lebendiges Spüren aus sich herausgetreten ist, sich in Konfrontation entäußert hat zum Da-sein als Welthaftes. Weder ist Montaignes Bild ein Bild in meinem Kopf; es ist ein Reales draußen an der Leuchte. Noch sind die Fragen über das richtige Sehen dieses Stücks Papier Fragen über die Verläßlichkeit von Konfrontation; sie sind Fragen über die Verläßlichkeit meiner Wahrnehmung, die Konfrontation immer schon voraussetzt. Ob ich mich beim Sehen täusche und wie ich die Täuschung vermeiden kann, wird in der Regel erst gefragt, nachdem feststeht, daß ich sehend mit Gesehenem umgehe. Die Frage, wie dieser letztere Sachverhalt zustande kommt, und welches die Formungsleistungen des spürenden Lebens sind, die ihn ermöglichen, liegen offenkundig auf einer tieferen Ebene und bedürfen völlig anderer Mittel zu ihrer Beantwortung als die Täuschungsfragen. Vor allem aber: Diese tiefer liegenden Fragen nach den Bedingungen gegenständlicher Entäußerung können nicht dadurch beantwortet werden, daß man sagt, ich ›beziehe‹ mich auf etwas oder ›intendiere‹ es; denn es sind die Fragen eben nach der Möglichkeit solcher wahrnehmenden ›Beziehung‹ oder ›Intention‹ selbst. Wo ein Mich-Beziehen-auf-etwas als letzte Auskunft eingesetzt wird, ist das wahre Problem des lebendigen Verhältnisses zur Welt schon unterschlagen.

Dasselbe ist diesem Problem widerfahren, wo ich höre, daß ich mit der Welt und mir selbst in Kontakt komme, indem ich ›meine Vorstellungen unter Regeln bringe‹ oder ›gegebene Daten zu einer synthetischen Einheit zusammenfasse‹. Denn ich habe nicht ursprünglich Daten oder Vorstellungen, auch gibt es nicht ein ›Ich‹, das ordnend zu ihnen hinzuträte, sondern es gibt im Zentrum meines organischen Lebensvorgangs ursprünglich *Spüren* und eine bisher unverstandene Fähigkeit seiner, sich formend seiner primitiven Gestalt zu begeben und sich zu entäußern zum direkt, ohne Code oder Leseprozeß gegenwärtigen Da-sein als anderes. Verwandt mit der Vorstellungs-Synthese-Theorie, aber noch ein ganzes Stück verdrehter ist die Meinung, Gegenständliches entstehe für mich erst dadurch, daß ich in bestimmter Weise darüber spreche (mich zu einer entsprechenden Proposition verhalte). Es deutet alles darauf, daß die prädikative Struktur der Sprache sich überhaupt erst entwickeln konnte auf der Basis eines schon hergestellten, einfachen Weltverhältnisses und eines einfachen Handelns der Fraglich Lebenden in dieser Welt sowie miteinander. Ein Weltverhältnis mit anderer spürender Form, ohne Konfrontation zum Beispiel, hätte zu anderen tragenden

Strukturen der Sprache geführt. (Daß die Weise, wie wir sprechen, auf unsere Wahrnehmung der Welt beständig und massiv zurückwirkt, steht dazu nicht in Widerspruch.)

Es ist denkbar, daß die höheren Lebewesen ein gegenständliches Weltverhältnis nicht entwickelt hätten. Sie könnten sich theoretisch auch durch Signalsysteme steuern, die ihnen ein taugliches Verhalten erlaubten, ohne daß die Signale von sich selbst her *als* Gegenständliches da wären. So würde vielleicht ein *Gerät* arbeiten, das äußerlich dieselben ›Leistungen‹ erbrächte wie ich, das aber nicht spürte und also auch nicht in der Einheit des Aufgeschlossenen *konfrontieren* könnte. Daß ich mein Leben nicht mit ungegenständlichen Signalen zubringe, sondern mit Pflanzen, meinem Kind, Montaignes Bild und einem eigenen Leib, verdanke ich zu entscheidendem Anteil der Tatsache, daß in mir Spüren sich konfrontiert und *da ist als anderes.*

17. Mein wirklich drohendes Telefon

Vor einiger Zeit hatte ich einen Rechtsstreit gegen die Bundespost über die Zwangsveröffentlichung meiner Telefonnummer in deren Fernsprechbuch. Das Gericht hat mir nicht geglaubt, daß ich mein auf dem Schachtisch stehendes Telefon als ständige, reale Bedrohung erlebe, weil sich beliebige Personen damit einen Zugang in die Mitte meiner Tätigkeit verschaffen können.

Obgleich der Sinn des Wortes »subjektiv«, mit dem Herr Richter W. gegen meinen Antrag argumentierte, ein anderer ist als in Kontexten der Erkenntnistheorie, deutet die Episode doch gleichsam hin auf einen klassischen Einwand aus deren argumentativem Fundus: Zu den Bedenken gegen die Deutung des lebendigen Weltverhältnisses als *spürend* wird auch gehören, was ehedem gegen ›subjektive‹ Deutungen solchen Verhältnisses (arbeiteten sie mit ›Vorstellungen‹, ›Intentionen‹ oder anderem) vorgebracht wurde: Die Annahme, meiner

Wahrnehmung eines grünen Telefons liege mein eigenes Spüren zugrunde, müsse auch ein grünes Spüren unterstellen, ein telefonartig geformtes Spüren, ein Spüren, an dem eine Scheibe gedreht werden kann, ein Spüren, das als Spüren bedrohlich ist, weil es vielleicht gleich läuten wird, und weil nach unseren Gesetzen jederzeit ein sehr fremder Mensch wie mit einem Hirnbeitel durch dies Spüren in meinen Versuch, mich zu konzentrieren, einbrechen und ihn zunichte machen darf.

Es gehört zu den Eigentümlichkeiten spürenden Weltverhältnisses, daß diese Folgerungen nicht zutreffen. Ein Anteil meines Spürens bekundet sich als grünes, drohendes Telefon auf dem Schachtisch, ein anderer, davon nur abstraktiv trennbarer, als meine Schreibmaschine; keiner von beiden ist eigenschaftsgleich mit der Sache, als die er in meinem spürenden Leben da ist und meiner Steuerung zur Verfügung steht. Es gibt angebbare Unterschiede zwischen meinem Spüren, das als das grüne Telefon auf dem Schachtisch sich bekundet, und diesem Telefon selbst; diesen Unterschieden entspricht die Tatsache, daß ich ein und dasselbe Telefon einmal von vorn, einmal von hinten, einmal tastend im Dunkeln, einmal im streifigen Licht der Sonne, die durch die Jalousette scheint, erlebe. Mein Spüren, das als das Telefon sich bekundet, ist seinerseits nicht ein Gegenstand wie dieses; es ist für mich bestimmter Eigenschaften *nicht fähig*, die Gegenstände typischerweise haben.

Die Bekundungsleistung meines Spürens wird dadurch nicht dubios; sie zeigt sich nur in ihrer wirklichen Merkwürdigkeit. Zugleich zeigt sich das ganze Maß meines Nichtwissens über mein Spüren, das mir doch ›das Nächste‹ ist. Wenn ich ein grünes Telefon wahrnehme und seine Gegenwart beunruhigend finde, habe ich nichts im Kopf, an dem ich zehn Ziffern sehe, auch nichts, auf dem bis jetzt noch ein Hörer liegt. Weil ich mein Spüren in seiner Bekundungsrolle prinzipiell nicht zu beobachten imstande bin (darüber später), kann ich es auch nicht mit dem Telefon Eigenschaft für Eigenschaft vergleichen. Die Konfrontation, die es dem Spüren erlaubt, als anderes zu fungieren (als dieses andere da zu sein, ohne daß es mit ihm eigenschaftsgleich oder ihm beobachtbar ähnlich wäre), scheint eine bis auf weiteres gänzlich unaufgeklärte Besonderheit des höheren Lebens zu sein.

Freilich ist es so, daß meine Wahrnehmung des Telefons, auf ihren lebendigen Spürenskern hin analysiert, Raum gibt für eine Unterscheidung, die in der Geschichte des Verständigungshandelns in verwandter (nicht gleicher) Gestalt hinreichend oft auftrat: Die Unterscheidung zwischen dem Spüren, das sich als Telefon bekundet, und diesem Gegenstand selbst, mit dem ich dadurch in Kontakt komme. Daß beides nicht identisch ist, auch kaum als identisch vermutet werden kann, wo ich sogar das Telefon bloß träume oder halluziniere, versteht sich. (Auch das geträumte Telefon hat ein schwarzes Zuleitungskabel, das zu dem entsprechenden Spüren sicher nicht hinführt.) Ob mein Spüren, das sich als das Telefon bekundet, dadurch in eine Relation zu diesem eingetreten ist, und wie diese Relation zu beschreiben wäre, mag anderer Untersuchung vorbehalten bleiben.

Es gibt selbstverständlich neben dem Spüren, in dem sich mir ein Gegenständliches bekundet, in erforschbarer Form diesen Gegenstand, der auch durch andere spürende Anteile meiner in anderer Weise bekundet werden kann (das Telefon gesehen heute morgen, getastet gestern nacht). Es gibt eine spezifische Weise, wie das Organische aus dem ihm eigenen Material den Kontakt zu solchen Gegenständen aufbaut. Der Welterwerb auf der Basis dessen, was organisch zur Verfügung steht, hat eine persönliche wie phylogenetische Geschichte. Über das Spüren jedes Augenblicks hinaus existieren Strukturen, mittels deren das Lebendige seine unausgesprochenen Annahmen über die Unabhängigkeit der Gegenstände, ihre Identität in der Zeit, die fundamentalen Unterstellungen über einfachste Verhaltensweisen dieser Gegenstände ausbildet, und zwar *im organischen Spürensmaterial.* Dieses Material bringt es zustande, als räumliches Telefon sich zu bekunden, ohne selbst in vergleichbarer Weise räumlich geformt zu sein; die Härte des Bleistiftspitzers bekundend für mich da sein zu lassen, ohne selbst die Eigenschaft Härte zu haben; und so mit der Klebrigkeit des Tesafilms, dem Zittern des Schreibtischs, wenn draußen der Bagger die Rohre der Fernheizung eingräbt, der schon ins Fleisch gegangenen Trauer im Gesicht des arbeitslosen Nachbarn, der es übernommen hat, für alle Mieter die Treppe zu reinigen.

Es ist eine *Philosophie des lebendigen Weltverhältnisses* prinzipiell möglich, in der diese Strukturen ihre Aufklärung finden, auf der Grundlage dessen, was organisch (und das heißt hier spürend) zur Verfügung steht, nicht auf der Grundlage eingeborener oder sonstwie herbeigezogener Geistesprädikate, deren Herkunft zuletzt suspekt oder jenseitig bleibt.

Die Philosophie des lebendigen Weltverhältnisses ist das eigentliche Thema der Bemühungen, die unter dem Titel »Erkenntnistheorie« in der Geschichte des Verständigungshandelns seit langem und mit vielen Wechselfällen stattgefunden haben. Es ist charakteristisch für sie, daß sie ihr eigentliches Thema *nicht einmal als Thema erreichten*. Überdies wurden die meisten Unternehmungen dieser Art in Richtung auf verfehlte Vergleiche angestellt. Erst im Herausstellen der unvergleichlichen Züge, die spürenden Weltkontakt auf irreduzible Weise unterscheiden von den Beziehungen zwischen Wahrnehmbarem in dieser Welt selbst, liegt eine Aussicht, den Besonderheiten jenes Weltverhältnisses näher zu kommen, statt sie von vornherein durch die Mittel des eigenen Vorgehens zu deformieren.

Die Philosophie des lebendigen Weltverhältnisses wird in diesem Buch nicht ausgeführt. Es scheint mir aber auch kein unnützes Unterfangen, in charakteristischer Unwissenheit ihre Perspektive offen zu halten, statt dazu beizutragen, daß eben diese Perspektive beständig neu unter Fremdartigem (der menschlichen Lebendigkeit Fremdem) verschüttet wird. Diesem Offenhalten dient das Aufweisen einiger Elemente, die mir zentral und für ein gelingendes Verständnis lebendigen

Weltkontakts unabdingbar erscheinen, im gegenwärtigen Teil meines Versuchs.

18. Das Wichtigste tendiert zur Flüchtigkeit

Das organische Spüren gibt durch das Mittel der Konfrontation die Gegenstände jeder sinnlichen Beobachtung an die Hand. Beobachtungsgegenstand wird es qua Spüren in dieser Rolle nicht; es kann nicht gleichzeitig durch sein charakteristisches *Fungieren-als* einen beobachteten Gegenstand für mich gegenwärtigen und als Anteil meines eigenen spürenden Lebens seinerseits Beobachtungsgegenstand sein (es müßte dafür wieder durch anderes Spüren in Konfrontation gegenwärtigt werden, und so fort).

Auch das Entinnerte, über das ich im Zweifel sein kann, ob Sinnesorgane es mir anliefern, ist Konfrontiertes, und ich beobachte deshalb das Spüren selber, das mir etwa meinen Schmerz im Knie gegenwärtigt, *als diesen Zug meines spürenden Zentrums* gerade nicht. Immer, wenn ich auf den Schmerz im Knie konzentriert hinachte, steht mir etwas *im Knie* ›vor der Aufmerksamkeit‹, nicht jedoch ein Spürensereignis, das in der Einheit des Aufgeschlossenen *als* dieser Knieschmerz *fungiert*. Nur deshalb kann der Arzt mich bitten, die Entwicklung meines Schmerzes im Knie ›zu beobachten‹; der geortete Schmerz ist in seinem Verlauf verfolgbar, ich kann mit der Aufmerksamkeit bei ihm bleiben und ihn willentlich ›nicht aus der Acht lassen‹. Er ist kraft der Konfrontation, durch die er in meinem spürenden Zentrum als Knieschmerz da ist, zwar kein Gegenstand, aber doch einem Vorgang an Gegenständlichem ähnlich. Georteter Schmerz, obgleich in einer neueren Sitzenden Philosophie viele Bände über ihn gefüllt wurden, ist unter den Ereignissen und Zuständen an mir selbst, über die ich mir Fragen stelle, ein relativ zugängliches Thema.

Das schwierigere Thema ist das Unkonfrontierte, das nicht

als anderes fungiert. Es hat weder die für alle Beobachtung nötige Form, in Konfrontation gegenwärtigt zu sein, noch gibt es ihm gegenüber ein Beobachtungsorgan, mit dem ich es fixieren und wahrnehmend verfolgen könnte. Das ist einer der Gründe dafür, warum ich über meine Freude beim Wiedersehen mit meinem Kind wenig erfahre, wenn ich sie willentlich ›vor meine Aufmerksamkeit‹ zu bringen und danach zu beschreiben suche. Ich weiß nicht, wo ich nach ihr forschen soll, und ich weiß nicht, wie ich sie hinachtend und willentlich festmachen könnte, sollte ich auf sie treffen. Sage ich, wie Montaigne vom Blick in seinen Plutarch, von dem Kind: »Kaum habe ich es wiedergesehen, schon ist mir ein Bein oder ein Flügel gewachsen«, dann spüre ich, während ich rede, daß ich mir auf diese Weise mehr und Gewisseres mitteile, als wenn ich eine ›Freude‹ unterstelle und sie herkömmlich mit Eigenschaften kennzeichnen will.

Wende ich mich auf das *Unkonfrontierte* zurück, vermutend, daß es hier ein Inneres gebe, welches sich einer besonderen Art von Beobachtung stellt, dann schaue ich steif vor mich hin. Ich tue es nicht, weil etwa Freude ein stets vorhandener Charakter meines Spürens wäre wie das Sich-Bekunden. Es widerfährt mir vielmehr, weil ich wirklich festhaltbare, Schritt für Schritt bestimmbare Einheiten, den Gegenständen oder den durch entinnernde Konfrontation georteten Körperempfindungen vergleichbar, dabei nicht finde.

Da das unkonfrontierte Spüren nicht als anderes fungiert, nicht für anderes steht, nenne ich es das *Sichselbstgleiche*. (Damit impliziere ich nicht, das in Konfrontation fungierende Spüren sei hingegen ›nichtidentisch‹ oder etwas dieser Art, sondern nur, es stehe nicht als es selbst, vielmehr *als ein anderes* in meinem spürenden Leben.) Das Sich-Bekundende im Status der Sichselbstgleichheit entzieht sich dem fixierenden Zugriff auf systematische Weise. Das Sichselbstgleiche ist da, gehört zum spürenden Zentrum meines Lebensvorgangs, und, wie sich zeigen wird, es gehört dazu in wichtigster Rolle; aber es erfüllt nicht die Bedingungen für ein aufmerksames äußerliches oder ins Innere des körperlichen Raumes gerichtetes Achten-auf. Ich kann mir sagen: Achte auf deine Freude, wenn du an das Wiedersehen mit deinem Kind denkst. Und ich glaube, kaum denke ich an dieses Wiedersehen, auch etwas wie das Genannte zu spüren; aber will ich darauf hinachten, wie ich auf den Schmerz in meinem Knie achten kann, dann bringe ich es zu wenig mehr als einem tumben Herumsuchen. Wenn die Vermutung Sinn zu machen beginnt, daß hier etwas ist, das sich mir entzieht, während es zugleich zu meinem Wichtigsten gehört, dann aus dem Grund, daß dieses Wichtigste zum Sichselbstgleichen in meinem spürenden Leben zählt, und nicht zu dem durch Konfrontation gegenständlich oder gegenstandsähnlich in Distanz Gestellten. Ich freue mich strömend und heftig, mein Kind wieder zu sehen. Eine innere Gegebenheit ›Freude‹ beobachte ich dabei nicht.

Den Philosophierenden meiner Generation ist der Vorschlag bekannt, was ich hier suche und nicht gut finde, sei als Spüren gar nicht wirklich, denn es handle sich um eine *Disposition*. Der Vorschlag ist offenkundig unbrauchbar. Was ich meine Freude, mein Warten, mein Hoffen, meinen Ärger, meine Ungeduld nenne, ist spürend da. Ich entscheide über Fragen nach seinem Da-sein in aller Regel nicht, indem ich bloß auf mein Verhalten blicke, sondern ich bejahe oder verneine solche Fragen von der Weise her, wie ich spürend bin. Auch wenn sich an mir äußerlich keinerlei Zeichen für ein Warten sehen läßt, kann ich *spürend warten*; ich kann genötigt sein, mein Hoffen äußerlich mit aller Energie (und erfolgreich) zu verbergen und doch *spürend hoffen*. Daß mein Warten, während ich an anderes denke und mich dabei amüsiere, zeitweilig in den Status einer Disposition zurücktreten mag, räume ich ein. Aber daß es grundsätzlich und ausschließlich, zusammen mit Freude, Ärger, Ungeduld und allem, was diesen verwandt ist, eine bloße Disposition sei, stellt sich vor dem Spüren der Einzelnen als charakteristisch lebenverlassene Behauptung Sitzender Philosophie heraus.

Das Sichselbstgleiche tendiert systematisch zur Flüchtigkeit. Es bildet, obwohl wirklich, keine gegenstandsartigen Einheiten. Es hat nicht die für Gegenstände nötige Form, Konfrontation, sondern gehört ungegenständlich zu meiner Weise, spürend zu sein. Die substantivische Grammatik von »die Freude«, »das Warten«, »die Ungeduld«, »der Ärger«, »die Hoffnung« und vielem mehr verleitet auf der einen Seite zu erfolgloser Suche nach entsprechend kompakten inneren Einheiten. Sie verleitet auf der anderen Seite, wenn diese Suche in Frustration geendet hat, zum hartstirnigen Leugnen jeder spürenden Realität, die solchen Wörtern zugeordnet werden könnte. Letzteres gab sich als Ergebnis von ›Sprachanalyse‹ aus und ist doch selbst der nachrangige Effekt einer typischen *Irreführung durch Grammatik*. Sie trug dazu bei, daß das etablierte Nachdenken des Fraglichen Lebens über sich selbst in der entsprechenden philosophischen Schule für Jahrzehnte an der menschlichen Weise, lebendig zu sein, kraß vorbeiging.

19. Ohne Abfälschung der leere Blick

Es gibt einen Sinn, in dem ich bei *Konfrontation* vom Grenzfall einer Täuschung sprechen kann. Das konfrontierte Spüren steht im spürenden Leben des Einzelnen als ein anderes, das es qua Spüren nicht selbst ist. Mein Spüren, das mir das grüne Telefon in meinem lebendigen Zentrum gegenwärtig macht oder *gegenwärtigt*, ist nicht das Telefon; mein Spüren, das mir den Schmerz im Knie gegenwärtigt, ist nicht der Prozeß dort im Gelenk (was immer er sein mag), sondern eine konfrontierende Darstellung in meinem Lebenszentrum, die *als er* da steht. Wo mir konfrontiertes Spüren ein Verhältnis zu solchem verschafft, das außerhalb meines spürenden Zentrums liegt, ist Bedingung dafür ein Moment von Abfälschung. Es liegt darin, daß ein Spürensanteil meiner nicht als dieses mein Spüren auftritt, sondern im Modus des *Fungierens-als-anderes* unrückführbar und ohne mein willentliches Dazutun eine epistemische Vehikelrolle spielt. Das Spüren spielt die Rolle so ›gut‹, daß ich sie, auch wenn ich wollte, nicht von ihm nehmen und es, von dieser Rolle separiert, bloß als mein Spüren betrachten könnte.

Solche Abfälschung zeigt das Sichselbstgleiche *nicht*. Es ist in meinem spürenden Leben als das da, was es wirklich ist – nur gewinne ich kein fixierendes, wahrnehmendes Verhältnis zu ihm. Es ergibt sich die sehr merkwürdige Konsequenz, daß es für das Fragliche Leben wirkliche Beobachtung nur da gibt, wo ein täuschungsartiges Moment an der Basis liegt, während da, wo dieses täuschungsartige Moment fehlt, kein Beobachtungsversuch greifen kann. Das unabgefälscht Gegenwärtige, das sichselbstgleich (nicht *als* ein anderes) da ist, bleibt mangels tauglicher Konfrontationen unbeobachtbar; obwohl es dem Lebenden zum Wichtigsten überhaupt zählen mag, ist es ihm in den Formen, die dieses Lebende zum normalen Kontakt mit der Welt und seinem Körper entwickelt hat, *unzugänglich*.

Die *Unbeobachtbarkeit des Sichselbstgleichen* erstreckt sich auch auf das, was am Konfrontierten je mein Spüren ist. Ich kann mein Spüren in seiner Rolle, das Telefon zu gegenwärtigen, nicht noch beobachten, denn es *ist als das Telefon* da; versuche ich, es als Teil meiner, der nicht Telefon ist, zu studieren, dann unternehme ich einen Versuch, der das Zurückbildenwollen der Abfälschung impliziert. Wenn ich mich wahrnehmend auf mein Telefon konzentriere, kann ich die *grüne Maschine* beobachten; mein Spüren, das für sie da ist, beobachte ich damit nicht. Will ich das letztere tun, so verändert sich in entscheidender Hinsicht die Situation: Wie finde und fixiere ich das Spüren, das für mich das Grün ist? Wie finde und fixiere ich den Zug, der die Räumlichkeit beiträgt? Versuche ich so zu fragen und achtend meinen Fragen nachzugehen, dann verliere ich mich in dem leeren Blick, der auf Sichselbstgleiches zu gehen sucht und es nicht vor sich bringen kann.

Eine zu Recht niedergegangene philosophische Arbeitsweise, genannt »Phänomenologie«, versprach, »in immanenter Wahrnehmung« die »Konstitution« des Telefons aus spürendem Material zu untersuchen. Hier liegt ein Mißverständnis gleich am Anfang. Ich nehme mein Spüren nicht wahr, ich habe auch kein Verhältnis zu ihm, das wahrnehmungsähnlich wäre, *ich bin es.* Wo für mich Wahrnehmung ist, ist Spüren in der Form der Konfrontation, und das Wahrgenommene ist gerade nicht ein Zug meines spürenden Zentrums als dieser, sondern das spürend gegenwärtigte Andere. (Sogar Töne, die bekanntlich keinen Ort zu haben brauchen, sind, sobald ich sie *als Töne* nehme, da als typische Hör-Einheiten. Sie sind in Konfrontation gegenwärtigt, nicht aber mein Spüren *als* Spüren.)

Dies ist unsere Situation als Lebende: Unsere Beobachtung und unsere Erkenntnis überhaupt haben sich gebildet an der Welt um uns, einschließlich der Mitlebenden, an unserem gemeinsamen Handeln, und an unserem Verhältnis zum eigenen Körper, sei es in dessen verstellter Gestalt oder seiner inneren Räumlichkeit. Für das Lebenbleiben in der Welt waren die zugeordneten Spürensformen unentbehrlich. An ihrer Basis liegt Konfrontation als eine Weise des in angebbarem Sinn abgefälschten Sich-Bekundens von eigenem Spüren als anderes. Wo wir versuchen, das an uns zu fassen, was nicht durch Konfrontation gleichsam in Distanz zum spürenden Zentrum unseres Lebens gestellt ist, das Sichselbstgleiche und ›Nächste‹ also, versagen die Mittel der entwickelten Welt- und Körperorientierung. Die Aufgabe, uns selbst als Lebendige *anzueignen*, wie wir unent-stellt, un-konfrontiert *sind*, liegt noch vor uns. Zu meinen, solche Aneignung sei wegen ihrer typischen Schwierigkeiten und Gewißheitsmängel im Sinn wissenschaftlicher sowie persönlicher Erkenntnisreinlichkeit von vornherein zu unterlassen, wäre etwa vergleichbar der Haltung eines Kindes, das schon gut hört, aber noch (aus Gründen seiner Geschichte etwa) schlecht sieht, und das, von schrecklicher Perfektionspanik angefallen, sich die Augen aussticht.

IV. Innengrund

20. Das Andere des Konfrontierten

Ich hatte einen Anruf meines Kindes erhofft, das in einer anderen Stadt bei seiner Mutter lebt und sich manchmal von der Mutter meine Nummer wählen läßt. Nur dieser Hoffnung wegen hatte ich das Telefon nicht, wie sonst neuerdings während meiner Arbeit, in den Papierkorb gestellt und mit einem Kissen zugedeckt. Statt des Kindes rief eines der Individuen an, auf deren Anruf ich nicht gewartet hatte, und überdies eines von denen, die immer nur Forderungen an mich und meine Zeit stellen, mir aber dann, wenn ich ihnen endlich Zeit ›widme‹, gar nichts geben. Es kommt mit dieser Person regelmäßig nur zu gezwungenen, von mir als unergiebig empfundenen Begegnungen, und daß sie vorhin wieder anrief, um Druck auf mich auszuüben und eine Zusammenkunft zu erzwingen, hat mich wirklich geärgert. Jetzt schlage ich wieder in die Tasten der Schreibmaschine, aber etwas zu heftig, meine Finger verwirren sich dabei. Das könnte ein äußerer Beobachter, zusammen mit anderen Indizien, als Beleg dafür nehmen, daß ich mich noch immer über diesen Anruf ärgere.

Trotz seiner systematischen Unfixierbarkeit schätze ich vieles Unkonfrontierte aus dem Bereich meines Spürens als unentbehrlich ein, als solches, worauf ich lebend nicht verzichten will und auch nicht verzichten zu können glaube. Indem ich auf die Tasten schlug, fand ich eine Form, durch heftige Bewegung auf den Anruf zu reagieren. Über mein Spüren sage ich »ich ärgere mich immer noch« und auch »ich spüre mich als tätig, das befreit mich ein wenig«. Daß ich meinen Ärger, der spürend in mir da ist, und mein heftiges Tätigsein verbinden kann, trägt dazu bei, daß ich mein Hineinschlagen in die Tasten nicht als fremde Reaktion erlebe, sondern als *meine*, für mein Spüren hervorgehend aus dem, der ich jetzt so und so bin.

Das Konfrontierte ist, wie seine Bezeichnung nahelegt, nicht allein da; es zeigt sich in der Einheit des Aufgeschlossenen als ein anderes gegen einen ungreifbaren Mittelbereich. Verräumlicht, wie die am Räumlichen gebildete Sprache es will, wäre er mit etwa gleich schiefen Gründen als »Vorder-« oder als »Hintergrund« zu beschreiben. Ich lasse meiner Sprache ihre Verräumlichungsneigung in dieser Sache und spreche mit der Kautele, daß es sich um ein Stück Bildlichkeit handelt, von *Innengrund.* Der Innengrund ist das Andere des Konfrontierten, gegen das es entstellt ist, in der Regel nach außen oder in die innere Räumlichkeit meines Körpers. Alles Spüren im Innengrund gehört zum Sichselbstgleichen. Es unterliegt den typischen Zugangsbeschränkungen, die das Sichselbstgleiche auszeichnen, obwohl es zum Wichtigsten an mir zählt und mir Wichtigstes, nämlich führende Teile meines Verhaltens in der Welt, erst als *meine Handlungen* zu spüren gibt. (Ich verstehe mich als den Urheber einer Handlung nicht, indem ich die zuständige Bewegung an meinem verstellten Leib beobachte, sondern indem ich spürend tätig bin; ich bin es spürend in der Weise des Sichselbstgleichen im Bereich meines Innengrunds; darüber später.)

Ein wahrnehmendes Vermessen meines Innengrunds ist mir nicht möglich. So kann ich auch die überschneidende Verteilung von Hervorgestellt versus Zurückbleibend und Konfrontiert versus Sichselbstgleich nicht in irgendeine Form inneren Augenscheins nehmen. Mein Zorn und mein Ärger über die Telefonattacke gehören mir zum Bekannten; sie bleiben nicht zurückgestellt wie das Unbekannte; aber sie sind doch als bekannte Anteile meines spürenden Lebens entschieden anders da als das Telefon und die Stimme des fremden Individuums. Ich halte es für unwegbeschwörbar, daß ›Zorn‹ und ›Ärger‹ in meinem hiesigen Fall Wörter sind, die für mich auf aktuelles Spüren gehen, das im Modus des Bekanntseins noch immer da ist, so ungeschickt ich es auch zur Sprache hinbringen mag. Dem Versuch, die eigentümliche Gewichtsverteilung, die spürend hier besteht, wie die herumliegenden

Dinge auf meinem Schreibtisch zu inspizieren, steht die *Unfixierbarkeit* entgegen und die Unmöglichkeit, ein Spüren als solches zu beobachten. Ich bemerke zum wiederholten Mal, wie diese Situation mein Sprechen ins Tapernde und Linkische drängt. Was genau ist mein Ärger? Was genau ist mein Zorn? Wo genau liegt ihr Unterschied? Wären diese Wörter nur Ausdrücke für mein Verhalten oder Dispositionen dazu, dann wäre vieles leichter. Aber ich gebrauche sie für mich nicht auf Grund meines Verhaltens, und ich lehre sie meinem Kind gewiß nicht auf einer Verhaltens-Basis. (Ich lehre mein Kind, wie wir als Menschen über Spüren sprechen, indem ich in Berührung mit ihm bin *als einem spürenden;* mitnichten lehre ich das Kind in Sachen seines Spürens eine Verhaltenssprache.)

Der Innengrund, gegen den das Konfrontierte steht, ist nicht geortet als ›im Kopf‹. Er hilft, zusammen mit der Konfrontation, dem Lebendigen bei der Erschließung von Räumlichkeit; aber er gibt sich nicht von sich her als im Raum plaziert, sonst wäre er fixierbar. (Natürlich ist, vom Verstellten her gesehen, alles Spüren im Raum, denn es ist *organisch.* Aber darum geht es hier nicht.) Die Rede davon, daß etwas gegen einen Innengrund stehe oder sich gegen ihn abhebe, kann nicht das räumliche Gegeneinanderstehen typischer Konturen, wie vom Konfrontierten der sichtbaren Welt gewohnt, bezeichnen oder implizieren; vielmehr handelt es sich um besondere, noch lange nicht zureichend verstandene Verhältnisse in der Einheit des Aufgeschlossenen. Der Innengrund gehört trotz aller Schwierigkeiten beim Sprechen über ihn zu meinen wichtigsten Orientierungsquellen für ein menschliches Leben und ein Leben, das ich in ausgezeichnetem Sinn *meines* nennen kann.

Der Innengrund ist auf angebbare Weise ein Hauptsächliches an meinem aufgeschlossenen Leben. Hier stehen die Züge, von denen her das Konfrontierte seine Gewichte bekommt, manche sagen auch: seine ganze Farbe (wenn ich mich freue, sagen sie, »sehe ich die Welt anders«, als wenn ich ärgerlich bin, und wieder anders »sehe ich sie«, wenn meine Arbeit stockt und ich mich davon niederdrücken lasse). Es gehören in den Innengrund die spürenden Züge meiner selbst, kraft deren ich von mir ohne Beobachtung im konfrontierten Material sagen kann: »Ich will dieses Versprechen halten«, »ich habe die Absicht, am Wochenende zu meinem Kind zu fahren«. In der Weise des Sichselbstgleichen, also unfixierbar, gehören zu mir Züge meines Spürens, die mir nicht im Konfrontierten, sondern *in mir* vermitteln, wohin ich mit meiner Tätigkeit ziele. Daß es hier Schwierigkeiten der zugreifenden Erkenntnis gibt, gehört gerade so zum Charakter des Innengrunds, wie daß hier unfixierbar solches zu spüren ist, das an mir *zur Hauptsache* zählt. Ich bin zum Beispiel mit einigem an mir bekannt, das ich sprachlich mit den Wörtern »Wünschen« und »Wollen« zu fassen suche, das mir aber gerade nicht als mentaler Gegenstand gegeben ist (daher das Bedürfnis, mir die Festigkeit, mit der ich etwas wünsche oder gar will, durch die Gegenständlichkeit meiner Taten zu belegen).

Vom Innengrund her wird mir ein hoher Anteil der Prioritäten verständlich, die ich in der durch Konfrontation gegenwärtigten Welt für mich setze; in ihm glaube ich das spürende Da-sein von vielem zu haben, was mich ›in Bewegung hält‹. Durch das, was mir hier widerfährt, das heißt das, was ich hier *bin,* erreiche ich am besten ein Verständnis meiner besonderen Weise, in der Welt zu leben – wenn es mir gelingt, das hier Gelegene sprachlich zu fassen. (Daß einige Teile meines Verhaltens anderer, über mein Spüren im Innengrund hinausreichender Betrachtung bedürfen, um mir zugänglich zu werden, wird davon nicht tangiert.)

Der Innengrund als eine Instanz, von der her meine Weisen des Wahrnehmens im Bereich des Konfrontierten und meine Weisen des Handelns oder Reagierens in dieser Welt in hohem Maß ihre Gewichte bekommen und sich organisieren, ist mir zugleich das Nächste wie ein sehr Fernes. Das Nächste ist er mir in seiner Eigenschaft als unabgefälschtes, für nichts Fremdes stehendes, rein ›sich‹ zeigendes Spüren, das ich bin. Zum Fernsten gehört er mir da, wo ich versuche, seiner durch gewohnte Weisen der Vergegenständlichung habhaft zu werden, überhaupt in allen Situationen, in denen ich ihm erkennend nachspüren will. Seine epistemische Doppelschlächtigkeit hindert ihn nicht daran, der ›Teil‹ meines spürenden Lebens zu sein, den ich, zusammen mit meinem verstellten Körper, mit Vorrang anzuzielen versuche, wenn ich das eigenartige Wort »ich« gebrauche.

Wie dieses Wort zu den klassischen Vexierstücken des Redens über mich selbst gehört, gehören zum Innengrund einige Züge, die in der Geschichte des Verständigungshandelns den Status klassischer Vexierstücke haben. Die nicht gegenständlich zu machenden Gefühle, Absichten, Hoffnungen, Befürchtungen, die in mein Wahrnehmen der verstellten Welt eingreifenden Zustände meines Gespanntseins oder meiner Zufriedenheit sind Spüren, das zum Innengrund rechnet. Zugleich liegen bei ihnen die Wurzeln für einen guten Teil der Rätsel, die in der Geschichte des Verständigungshandelns unter Fraglich Lebenden mit der Vorstellung des ›Bewußtseins‹, das solches Leben auszeichnen soll, zusammengingen.

Der Innengrund zählt, zusammen mit den Wörtern für solches, das ich ihm zuordne, herkömmlich zu den Musterbildern des philosophisch *Äffenden.* Er äffte die, die sich aufmachten, nach den Objekten zu suchen, die jenen Wörtern (und einigen anderen) beizugeben sein sollten, nicht verstehend, daß in diesem Bereich die Erfassungsformen *andere* sein müssen als die, die man zum Erreichen eines ›objektiven‹ Bodens von Untersuchungen sonst verwendet.

22. Ungeschickt spreche ich mit den Wörtern, die ich gelernt habe

Es geht hier nicht um eine Annahme ›innerer Gegebenheiten‹, die bloß gemildert wäre durch einige Vorsichtsklauseln über die Unbeobachtbarkeit des Innengrunds. Meine Hoffnung, dieses Buch fertigzuschreiben (die ich jetzt zu spüren glaube), ist mir nicht *gegeben*; sie ist es ebensowenig wie meine Angst, sein Bestes zu verfehlen oder zu verhunzen (die ich im gleichen Augenblick zu spüren glaube). Die Unfixierbarkeit des im Innengrund Gelegenen hindert mich bereits an einer vis-à-vis dem ›Objekt‹ angestellten Musterung der sprachlichen Mittel, die ich für sein Erfassen von der Tradition geliehen bekomme (Ich wüßte nicht, ob ich für meine Hoffnung, die ich doch zu spüren glaube, »Gefühl«, »Bewußtsein«, »innerer Prozeß« oder anderes gebrauchen sollte. Weit weniger noch ist sie allerdings eine Disposition wie meine Jähzornigkeit, die ich gerade nicht spüre, sondern von der ich weiß, daß sie meine Eigenschaft ist, in bestimmten Situationen jäh zornig zu werden.)

Andererseits: Wie unsicher ich über mein Wünschen und vielleicht auch seine Verbindung mit seinem Ziel sein kann: Es handelt sich bei der Art, wie ich mich ihm annähere, nicht um ein Reden wie über einen unsichtbaren Stern, für dessen Existenz ich nur indirekt in den physikalischen Verhältnissen anderer Himmelserscheinungen einige Hinweise fände. Ich glaube, wenn ich an das Fertigschreiben dieses Buches denke, etwas zu spüren, das mit diesem Ziel in Verbindung steht. Etwas ist in mir da. Ungeschickt spreche ich darüber mit den Wörtern, die ich gelernt habe.

Es gibt das (leider bis zur Auszehrung ins Gängige übergetretene) Lied, in dem der Dichter den Versuch macht, seiner Trauer näher zu kommen: »Ich weiß nicht, was soll es bedeuten...« Wenn die Ungewißheit über die ›Bedeutung‹ des eigenen Gefühls so viel ist wie Ungewißheit über die vollständige Gestalt dieses Fühlens im Innengrund, wie auch seine Verknüpfung mit Anlässen oder Gründen, dann kann das Lied selbst gelesen werden als Versuch, die spürend vorhandene, aber durch fixierende Aufmerksamkeit nicht greifbare Trauer indirekt zu berühren. »Ein Märchen aus alten Zeiten, / Das kommt mir nicht aus dem Sinn.« Der Autor erzählt die Sage von der Lore-Ley; er versucht keine Deutung seiner Trauer, sondern stellt ihr nur jene Sage an die Seite; es entsteht ein Zusammenhang zwischen ihr und dem Inhalt der Sage, in der der Schiffer, gebannt vom Gesang der Jungfrau, der »gewaltigen Melodei«, das Führen seines Schiffes vergißt und in der Strömung umkommt.

Das Gedicht sagt nicht einmal »mir ist wie ...«; es stellt gar keine ausdrückliche Verbindung zwischen der zu Anfang genannten Trauer und der Sage her, die der Sprechende erzählt. Trotzdem gilt es zu Recht als der Versuch eines Fraglich Lebenden, sein Spüren *zur Sprache zu bringen,* statt mit der Sprache es direkt greifen zu wollen. Das weist zurück auf das schon Gesagte: Die am Konfrontierten und am Umgang der Fraglich Lebenden miteinander in der konfrontiert gegenwärtigten Welt gebildete Sprache eignet sich nur unzulänglich für den direkten Zugriff auf das Spüren im Innengrund. Dies Spüren scheint sich mangels Konfrontation nicht bloß systematisch jeder typischen Wahrnehmung zu entziehen, sondern auch der typischen Wahrnehmungs-Sprache.

Das Spüren des Innengrunds, das den Einzelnen manchmal zum Wichtigsten an ihrem Da-sein zählt, wird häufig nur auf Umwegen, in jedem Fall aber ohne die typische Ausweisbarkeit der Wörter an einer glatten Wahrnehmung, *zur Sprache hingebracht.* Eine Weise, dies zu unternehmen, die dem Fraglichen Leben stets Neues über sich mitteilt, ohne es geradewegs herauszusagen, fällt in den Bereich der *Kunst.* Die Kunst leistet vieles und Verschiedenartiges beim nicht endenden Versuch Fraglichen Lebens, seine Lebendigkeit für sich selbst in Artikulation aufzuschließen und mehr zu sein als deren unbezeugtes Dahingehen. Das im Innengrund gelegene Wichtige zur Sprache hinzubringen, wo bei umweglosem Pinzettengriff leicht sprachliche Unfälle das Ergebnis sind, gehört geschichtlich und bis auf weiteres in das Feld künstlerischer Absichten. Die Kunst bringt das, was an mir nicht beobachtet werden kann, wohl aber sich zeigt, in Formen vor die Aufmerksamkeit, deren Eigentümliches weniger ein gerades Formulierenwollen, als ein indirektes Sich-Zeigen-Lassen ist. Im Werk wird nicht über die Trauer kennzeichnend gesprochen; es wird eine Sage erzählt, an der sich über die Trauer *etwas zeigt.* Das Gedicht verzichtet darauf, dem sich Zeigenden wieder ein gegenstandsartiges Fazit anzuhängen. Es besteht darauf, daß bei seinem Versuch, die Trauer zur Sprache zu bringen, nicht wieder zum greifbaren Gegenstand rückgebildet werde, was kein greifbarer Gegenstand ist.

Der Innengrund als etwas vom schlechthin ›Subjektiven‹, nicht in die Stellung des Objekts zu Bringenden, bildet einen Haupt-Zielbereich bei den Versuchen der Lebenden, in Berührung mit sich selbst zu treten. Je mehr vom Spüren meines Innengrunds mir zugänglich wird, desto weiter eigne ich mich mir an, gewinne ich einen lebendigen Umgang mit dem, was ich unkonfrontiert, unabgefälscht, in gewissem Sinn ›wahrhaft‹ bin. Ich will dem gegenüber, das sich in mir spürend zeigt, nicht blind bleiben. Das In Berührung Kommen mit mir, mit etwas vom Wichtigsten, das ich habe, ist mit einer eigentümlichen Art von Befriedigung verbunden. Ich glaube, sie jedes Mal zu spüren, wenn ich einen Zug des Innengrunds ›treffend‹ zur Sprache hin gebracht habe. Es geht dabei nicht nur um Befriedigung: Mit mir in Berührung kommen zu können, ist für meine Sicht der eigenen Vergangenheit wie für meine Art, mich in die Zukunft vorauszuwerfen, sehr bedeutsam. Wenn ich in Berührung mit mir bin und bleibe, *lebe ich anders.* Ohne Berührung mit mir zu leben, führt dagegen zu innerer Vereinsamung; die ist schlimmer als äußere. Die *Tiere,* obgleich sie spüren, wahrnehmen, vielleicht sogar in einfacher Grammatik sprechen, scheinen innerlich restlos einsam zu sein. Je mehr von meinem Innengrund ich berühre, desto mehr von mir, von wichtigsten Stücken meines eigenen Lebendigseins, eigne ich mir an, desto weniger tierhaft geht mein Leben hin, desto reicher und für mein Handeln bestimmender wird die Gemeinschaft, die ich mit mir habe.

23. Welches Interesse haben die Irrlichter?

Hartnäckig habe ich darauf bestanden, daß der Innengrund unwegschwätzbar sei, und sogar gesagt, in ihm liege solches, das an mir zum Wichtigsten zähle. Ich habe aber meinen Zugang zu ihm nicht so ausgewiesen, daß ich einem anderen zumuten könnte, mir ohne Bedenken zu folgen. Außer daß das im Innengrund Gelegene sich auf eine besondere Weise bekunde (in der Einheit des Aufgeschlossenen sichselbstgleich da sei, ohne konfrontiert und als ein anderes ›vor‹ mir zu stehen), habe ich über die Möglichkeit seines Erschließens in diesem Versuch meiner Verständigung bisher nur wenig ausmachen können.

Der Innengrund bestehe nicht aus Gegenständen, wie ich sie sonst kenne, habe ich gesagt; er sei auch nicht wie geortete Körperempfindungen. Er stelle sich als ein Feld konstitutioneller Unsicherheit, konstitutioneller Irrtumsanfälligkeit dem Versuch entgegen, erkennend mit ihm umzugehen. Er liefere, mit den Wörtern betrachtet, die das Fragliche Leben für vermeintliche Einzelheiten dieses Bereichs fand, eine Sammlung klassischer Vexierstücke und Irrlichter. Hier könnten sprachliche Einheitsbildungen und Urteile nicht in den von der äußerlich wahrnehmbaren Welt her gewohnten Weisen eingesetzt werden; vielmehr sei schon vor aller Wahrheitsfindung über eventuelle Sätze das Grundmaterial meines sprachlichen Umgangs mit diesem Bereich meines spürenden Lebens problematisch.

Wenn dies alles so ist, warum verzichte ich nicht darauf, über den Innengrund philosophisch sprechen zu wollen? Warum halte ich mich nicht an Kunst von der eben beschriebenen Art? Warum soll das genannte Bedürfnis der Fraglich

Lebenden, mit sich in Berührung zu kommen, eine diskursive Sprache benutzen, wenn diese Sprache doch herkömmlich in Sachen des Innengrunds eine *Sprache des Pseudo* zu sein in Gefahr ist? Warum greife ich mit jenem Bedürfnis nicht zu anderen Mitteln als zu eben der Sprache, von der ich weiß, daß sie bei Anwendung auf unkonfrontiertes Spüren die erwähnten Vexiererlebnisse produzieren kann?

Gestern traf ich, sagen wir, in der Institution, in der ich tätig bin, eine junge Kollegin. Sie stellte sich auf der Treppe zu mir, und es schien mir, daß sie alles tat, um das Gespräch immer von neuem zu verlängern. Ich lud sie schließlich ins Café ein, und wieder schien mir, daß sie alles tat, damit das gemeinsame Sitzen und Sprechen weiter und weiter ging. Sie trug ein gelbes T-Shirt, dessen Halspartie sie in weitem Bogen abgeschnitten hatte. So war ein großes Dekolleté entstanden; wenn sie sich vorbeugte zu ihrer Tasse oder zu dem Buch, in dem wir gemeinsam lasen, konnte ich wie selbstverständlich ihre Brüste sehen; sie lagen ruhig, ohne scheues Getue des übrigen Körpers, in dem T-Shirt, bis in die Brustwarzenhöfe gebräunt von dem jüngsten Urlaub auf den Seychellen her. Ich mußte dann das Café verlassen, weil das Parkhaus geschlossen wurde, in dem mein Auto abgestellt war; sie kam mit, das Auto zu holen; und sie fand es einen guten Einfall, in meine Wohnung zu fahren, um den Kaffeeplausch dort fortzusetzen. Angekommen, verlangte sie viel Rum in ihren Tee, sie trank sehr rasch das starke Getränk; ich tat es auch. Als ich sie küssen und ihre immer noch genauso offen in meinem Blickfeld liegenden Brüste berühren wollte, wehrte sie ab: Sie habe nicht gedacht, »daß es zu so etwas kommen würde«.

Ich habe ein Ereignis des gestrigen Tages so umgeschrieben, daß niemand die dabei erwähnte Frau wiedererkennen kann; ich habe beiden Beteiligten, um ihren Konflikt stärker hervortreten zu lassen, auch entschieden fiktive Züge beigelegt. *Nicht fiktiv* sind mein Ärger, meine Enttäuschung, meine Zweifel über die Richtigkeit eigener Wahrnehmung und eigenen Verhaltens.

Wenn ich näher zu sagen versuche, was mit mir geschehen ist, benutze ich diese Ausdrücke: »Ich fühlte mich auf der Treppe schon angezogen«; »ihren Anblick im Café und ihre ruhige Art, meinen Augen standzuhalten, erlebte ich wie ein Signal«; »ich fühlte mich herausgefordert, denn sie nach diesem Signal (eigentlich einer ganzen Folge von Signalen) nach Hause gehn zu lassen, wäre mir wie ein Ausweichen vorgekommen«; »daß sie ohne Zögern in meine Wohnung mitging, erschien mir wie ein Zeichen von Bereitschaft für einen engeren Kontakt, als er bisher zwischen uns gegeben war«; »daß sie sofort Alkohol in ihren Tee verlangte, daß sie den starken STROH-Rum aus Österreich gierig in ihre Tasse goß, und mein eigenes Nachmachen ihrer Handlung, habe ich wie ein stilles Bündnis erlebt, gemeinsam die Grenzen zwischen Kollegen hinter uns zu lassen«; »ich erschrak ein wenig, als sich beim Anfassen ihrer Schultern unter meinen Händen plötzlich kleine Stücke verbrannter Haut abribbelten«; »als sie meinen Kuß nur zögernd erwiderte und meine vorsichtige Berührung ihrer Brust empört zurückwies, nachdem sie kurz vorher mein Massieren ihrer Schultern und ihres Nackens genießerisch sich hatte gefallen lassen, fühlte ich mich hereingelegt«. »Als ich mein Gefühl zur Sprache brachte und ihr sagte, daß sie mich doch mit vielen Zeichen zur Annäherung aufgefordert habe, lachte sie mich aus und wurde dann einfach böse.« »›Daß du ein ganz normales Verhalten als Signal auffaßt, empfinde ich als typisch männliche Vereinnahmung‹, sagte sie.« »Als sie endlich gegangen war, blieb ich voll Ärger und Zweifel zurück«; »jetzt fürchte ich auch, daß sie dies alles unter Kollegen und Studenten weitersagen und mir damit obendrein noch Schaden zufügen wird«.

Wie oft habe ich beim Versuch, mit meinem gestrigen Erlebnis zurechtzukommen, jetzt Verben gebraucht, denen ich einen klar faßbaren Vorgang (so faßbar wie das Anschlagen der Tasten, die ich nun wieder heftig bearbeite) nicht beigeben kann? Wie oft habe ich mit der Grammatik des Gegenständlichen Wörter für solches eingesetzt, dem ein ›Gegenstand‹ im normalen Sinn des Ausdrucks nicht zukommt? Was mir als wichtiges und lehrreiches Erlebnis des gestrigen Tages in Erinnerung ist, beschreibe ich mit Weisen von Rede, die an den Schlüsselstellen der Handlung in den Modus des Pseudo übertreten.

Stellte ich mir aber statt solchen Sprechversuchs nur die Auskunft zur Verfügung, daß ich jetzt beim Arbeiten öfter hochschaue, daß ich, wenn ich schreibe, stärker in die Tasten schlage, daß ich mit dem Fuß gegen die Wand, an der der Schreibtisch steht, gedrückt habe, daß ich mein Kinn beim Schreiben in den Kragen hinabpresse, dann brächte ich mein Erlebnis nicht zur Sprache. Ich hockte stumm, das Schiefe und Ungewisse des Pseudo verschmähend, und etwas arbeitete in mir, ohne daß ich mit mir darüber in Verbindung treten könnte.

Es gibt eine blinde Weise, wie der Innengrund in mir da sein und wirken kann, und es gibt eine verständigte Weise. Indem ich heute die taumelnde Sprache des Pseudo akzeptiere, kann ich mich über meine Erfahrung von gestern verständigen, statt sie stumpf dahingehen zu lassen; indem ich das Risiko eines ›unobjektiven‹ Sprechens akzeptiere, bringe ich den Nachmittag mit der Kollegin in eine Form, die mir das ausdrückliche Umgehen mit dem erlaubt, was er im Bereich meines unkonfrontierten Spürens hinterließ – statt daß die Überbleibsel des Nachmittags in mir dunkel weiterwirkten, wie sie in einer lebenden Einheit ohne Sprachbesitz weiterwirken müßten. Unangesehen ihrer Mängel ist mir die Sprache des Pseudo heute, wo ich zu meinen Gefühlen und zu meinem Tun von gestern ein Verhältnis ohne Groll und Beschädigung finden will, von unschätzbarem Wert; indem ich sie gebrauche und mich mit ihr anspreche, dränge ich den Anteil des quasi-mechanisch Wirkenden in mir zurück und vergrößere den Anteil dessen, wovon ich eine Art Kenntnis habe. Ähnlich wichtig ist mir dies alles für ein unverstelltes Verhältnis zu jener Kollegin in der Zukunft. Ich will sie ansprechen und darum bitten, daß wir unsere Gefühle über diesen Nachmittag austauschen, jedenfalls so weit, wie es einen offenen Umgang zwischen uns herbeiführen hilft. In diesem Sinn macht mich meine stümpernde Arbeit im Pseudo ein Stück freier und menschlicher, als ich es wäre, wenn ich sie in hochfahrendem Vollkommenheitsstreben unterlassen wollte.

V. Blindheit und Entblindung

24. Entblindung durch Artikulation

Ein einfach sich ereignender und, selbst in Bekanntschaft, dahingehender Zug meines Spürens kann *blind* genannt werden, wenn die spürende Einheit, zu der er gehört, ihn nicht *artikuliert.*

»Artikulation« ist hier so gebraucht, daß das Wort sowohl die verschiedenen Formen sprachlichen Bezugnehmens bezeichnen soll, als auch alle anderen Formen der transponierenden Darstellung. Grenzfälle der Artikulation sind das vollständig gelingende Herüberbringen eines Spürenszustandes in Sprache oder sonstige Wiedergabe auf der einen Seite (bekanntlich ein unerreichbares Ideal), und die bloße Zuordnung von Nummern, Namen, Registrierstellen oder Verwandtem auf der anderen (ein Verfahren, das das Wort »Artikulation« nur noch in augenfälligem defizientem Sinn erfüllt).

Blind heißen die unartikuliert hingehenden Spürenszustände platterdings nicht etwa, weil sie des Sehens ermangeln (es gibt kein Sehen im Feld meines Spürens), sondern weil die Artikulation ihnen ein *kognitives Mehr* hinzubringen kann, durch das sie im Leben des Fraglich Einzelnen wie auch seiner ganzen lebendigen Umgebung potentiell zu solchem werden, auf das die spürende Einheit beim Sich-Orientieren wie beim Handeln ausdrücklich zurückkommen kann. Mit »blind« statt der in diesem Gebiet trivialen Sehunfähigkeit einen charakteristisch kognitiven Mangel zu verbinden, ist ein Sprachgebrauch, den ich vorausgedeutet finde in dem bekannten Satz aus vergangenem Verständigungshandeln: »Gedanken ohne Inhalt sind leer, Anschauungen ohne Begriffe sind blind.« Dies ist nicht mein Gebrauch von »blind«, aber doch ein verwandter. (Der Autor wollte nicht etwa sagen Anschauungen ohne Begriffe seien unfähig zu sehen, sondern sie hätten ein typisches kognitives Defizit, das nur durch das hinzutretende

Mehr des Begriffs zu beheben sei). Das Spüren ohne hinzukommende Artikulation geht dem Lebewesen einfach hin. Das Lebewesen *ist es,* aber ohne Artikulation tritt es nicht zu dem, was es ist, in ein ausdrückliches Verhältnis. Spüren, dem eine Artikulation beigegeben wurde, gewinnt für das Lebendige dadurch zwar nicht Gegenstands-Charakter, aber doch in Gestalt der Artikulation ein besser handhabbares Äquivalent, dessen größter Vorteil sich da zeigt, wo es zur Mitteilung von Spüren an andere benutzt wird (wie unverstanden die Weise solcher Mitteilung im ganzen auch bis heute sein mag).

Artikulation setzt sich von Konfrontation zunächst dadurch ab, daß sie auf *meine Aktivität* zurückgeht. Konfrontation dagegen ist eine in Entwicklung herausgebildete, epistemisch relevante Spürensform, die ich weder durch Beschluß instituiere, noch durch Beschluß rückgängig machen kann. Weiter trennt sich Artikulation von Konfrontation dadurch, daß sie vom Artikulierten stets verschieden bleibt. Sie fungiert nicht *ohne Spur* ihrer Rolle (wie das Konfrontierte) als ein anderes, sondern behält stets einen Verweisungscharakter. Die Artikulation verweist auf das Artikulierte; nicht tritt sie als es selber auf. Das in Konfrontation ent-stellte Spüren hingegen verweist gerade nicht, sondern ist selbst da als das andere.

Das Artikulieren erlaubt der spürenden Einheit ein ausdrückliches Verhältnis zu den Themen solcher Artikulation. Sind diese Themen spürende Stücke ihres eigenen Lebens, dann läßt sich Artikulieren als eine Form *transponierenden Darstellens* beschreiben. In anderes Spürensmaterial transponiert, stellt die spürende Einheit für sich selbst (mit einer Vielheit formaler Möglichkeiten) ein Stück ihres eigenen Lebens dar. Mit der Darstellung wird dieses Stück ausdrücklich gegenüber dem sich bewegenden Spürensganzen ausgezeichnet. Es wird darauf markierend wie auch isolierend hingewiesen. Es gewinnt durch die Darstellung eine *artikulierende Bekanntschaft,* die in vielen Fällen eine flüchtige und gefährdete *spürende Bekanntschaft* (das einfache Sich-Hervorstellen in aufgeschlossener Ordnung) im gleichen Zug erst relativ stabil macht.

Beim Versuch des Sprechens über transponierende Darstellung von Zügen meines Spürens kümmere ich mich um den ontologischen Stellenwert solcher Züge wie auch ihrer Artikulation hier nicht. Es genügt mir, nach der Begegnung mit der Kollegin sagen zu können: »Ich fühle mich nicht gut, und ich möchte mit mir darüber sprechen«; oder nach dem Beginn dieses Abschnitts: »Ich fühle mich erleichtert darüber, daß ich einiges Wenige zum Unterschied zwischen Artikulation und Konfrontation notieren kann«. Wie ich mich fühle, ereignet sich in diesen Hinsichten nicht nur und geht vorbei; vielmehr entsteht mir, indem ich so spreche, ein Umgang damit; ich stelle die Weise, wie ich spürend bin, partiell noch einmal in einer Darstellung eigener Art hervor. Die Artikulation präsentiert mir noch einmal in anderem Material relevante Eigentümlichkeiten der Art, wie ich spürend bin; sie erlaubt mir auch, auf sie wie auf gleichbleibende Themen zurückzukommen. (Die Fehlbarkeit der Artikulation, ihr mögliches Schiefbleiben gegenüber ihrer Sache, ist stets zu gewärtigen, wird aber an dieser Stelle nicht diskutiert.)

Da die Artikulation willentlich wiederholbar ist, kann ich willentlich mit einem Zug meines Spürens als einem Thema von Artikulation umgehen, ohne daß dieser Zug selbst noch da zu sein braucht. Er mag sogar für die Erinnerung nur noch unbefriedigend zugänglich sein. Sage ich: »Ich spürte, wie die schwere Trauer über das Ungenügende meiner Arbeit sich für einen Augenblick lichtete«, dann mag diese Artikulation als sehr ungeschickt gelten, auch mag das ihr zugeordnete Spüren meiner willentlichen Erinnerung nur in charakteristisch ungreifbarer Weise zur Verfügung stehen: Es ist damit doch ein Zug meiner selbst in relativer Dauerhaftigkeit *ansprechbar* geworden; bei einem bestimmten, hoch entwickelten Typ von Artikulation, der spezielle (hier nicht behandelte) Kriterien erfüllt, kann ich sogar sagen: Ich habe nicht nur so und so gespürt; ich *weiß* auch davon.

Artikulation als das Allgemeinere, von dem das Wissen über mich selbst ein ausgezeichneter Sonderfall ist, macht die Spürensstücke oder -züge, die sie zum Thema hat, sowohl innerhalb der spürenden Einheit, die ich selber bin, in relativer Dauerhaftigkeit *als transponierte* handhabbar, als auch erlaubt sie, nach außen gewendet, den Versuch, solche Züge anderen spürenden Einheiten in verstellter Codierung mitzuteilen, obgleich die je artikulierte Spürens-Einzelheit diesen anderen nie als identisch dieselbe zukommen kann. Wenn ich artikuliere, wie ich spürend bin, gleichgültig, ob ich dazu spreche oder andere Formen benutze, schaffe ich erste Voraussetzungen für eine Darstellungs-Gemeinschaft mit anderen, in der im Fall des Gelingens solcher Mitteilung ein Zug meines Spürens *als Thema* da ist, zum Entstehen einer gemeinsamen Themen-Welt beiträgt, ohne daß er jedem Mitglied dieser Gemeinschaft selbst gegenwärtig zu sein braucht.

Innerhalb meines eigenen spürenden Lebens schafft Artikulation mir die Möglichkeit, für mich selbst Thema zu werden. Ich kann dann beginnen, aktiv dieses Thema, das ich für mich bin, zu erkunden und meine Artikulationsmittel mit der Sache selbst (so weit sie meiner Artikulation sich leiht) zusammenzuhalten. Erst auf der Ebene von Artikulation entstehen relativ stabile Gebilde, mit denen ich nach längerer Erwerbungsgeschichte (einem Prozeß des *Wachstums*) solches gewinnen kann, das in populärer Rede ein ›Bild von mir‹ heißt, eine ›Meinung über mich‹ oder eine begrenzte ›Kenntnis meiner‹. Auf dieser Ebene allein habe ich die Möglichkeit, Gebilde herzustellen, die mich, der ich spürend in ständiger Veränderung bin, als relativ stabiles Thema *vor mich bringen,* so daß ich wachsend mehr und mehr von dem Wesen zu artikulierender, aktiv verfügbarer Bekanntschaft bringen kann, das ich im entwickelten Zustand »ich« nenne.

Unbeschadet dessen, daß die perfekte Selbstgewißheit Fraglichen Lebens an keinem Punkt erreichbar ist, hat doch ein Zug meines Spürens, den ich zum Thema relativ verläßlicher Artikulation machen konnte, damit einen neuen Status gewonnen. Es ist ein Status, der gegenüber der einfachen Bekanntschaft, also dem spürenden, aber auch vergehenden Sich-Hervorstellen in der Einheit des Aufgeschlossenen, ein angebbares *kognitives Mehr* besitzt. Kann ich, nachdem die Kollegin gegangen ist, zu mir sagen: »Ich fühle mich getäuscht, und zugleich fühle ich mich unsicher, wem ich dafür die Schuld zusprechen soll«, dann habe ich in mir und mir gegenüber ein *kognitives Mehr* erworben. Ich fühle mich nicht bloß unsicher, ich spreche mit mir darüber. Einen Anspruch auf *Wissen* brauche ich mit meinem Sprechen noch nicht zu verbinden: Indem ich einen wichtigen Zug meines Spürens artikuliert habe, habe ich ihn dem bloßen Sich-Ereignen und stumpfen Vergehen entzogen; mein Organismus hat ein ausdrückliches Verhältnis zu ihm gewonnen; dies Spüren ist mögliches Thema weiteren Darstellens, Fragens, vielleicht Sprechens mit der Kollegin. Indem ich mir jenen Satz sagte, bin ich im kognitiven Verhältnis zu mir um ein Geringes größer geworden, und bin bereit für weiteres Wachstum. Ich bin in mir ein Stück weniger blind, oder anderes: Es ist mir gelungen, mein Spüren punktuell zu *entblinden*. Hervorgestellt in der Einheit des Aufgeschlossenen zu spürender Bekanntschaft, und in dem stets arbeitenden Geschiebe des Spürensprozesses angesprochen durch Artikulation, sind die solcherart entblindeten Züge meiner spürenden Einheit die Baustücke für meine (immer begrenzte, immer verlustanfällige) Selbst-Aneignung.

Das kognitive Mehr der Entblindung wird nicht nur erworben bei artikulierendem Bekanntwerden mit Stücken des Innengrunds. Die Artikulationsthemen einer spürenden Einheit, die ein Weniges darüber zu sagen versucht, ›wie es ihr wirklich geht‹, können zum Innengrund, zur inneren Räumlichkeit des eigenen Körpers, und auch zum konfrontierten Spüren gehören. »Schreib's auf, dann gehört's dir«, war die ausdrückliche Maxime des unangepaßten Tagebuchschreibers Hermann Lenz im letzten deutschen Krieg. Er hielt sich artikulierend nur wenig bei der eigenen Person auf. »Schreib's auf, dann kannst du's behalten«, lautet die Maxime an anderen Stellen seiner Bücher und zeigt in dieser Version, daß die Entblindung des Gegenwärtigen (stets nur partiell gelingend) mit der Aneignung von Stücken des eigenen Lebens und der konfrontiert gegenwärtigten Welt auch das ungewährleistete Auf-Dauer-Stellen solcher Stücke unternimmt.

25. Blindheit und kognitiv-liberatives Mehr

Es besteht die Gefahr, daß ich mich stumm und auf blinde Weise über den Nachmittag mit der Kollegin ärgere; diesen Ärger dann, ohne an ihm (wie gering immer) mir näher gekommen zu sein, auch blind vergehen lasse. Dann spüre ich in bestimmter Färbung, und diese Färbung tritt, zusammen mit Teilen der Konstellation, in der sie da war, nach einiger Zeit zurück, vielleicht gerade jetzt, während ich mich von neuem zu meinem Schreiben wende. Wenn nicht meine Erleichterung, mein Ruhigerwerden im Spüren hinreichend markant gegen eine verblassende Spur des eben vergehenden Ärgers stehen, liegt es nahe, daß auch der Übergang auf blinde Weise geschieht. Ich finde mich, wenn ich mich nachher auf mich zurückwende, vielleicht in der dem Innengrund eigentümlichen, ungegenständlichen Art ›wieder ausgeglichen‹, ohne daß ich mir artikulierte, gegen was sich dieses hellere Befinden ursprünglich durchgesetzt hat.

Wegen seiner verfassungsmäßigen Ungegenständlichkeit und Unfixierbarkeit hat der Innengrund mit allem, was an ihm in der Rede des Pseudo ›Einzelheit‹ heißen kann, eine natürliche Tendenz, sich der Artikulation zu entziehen. Die Weisen, die das Fragliche Leben für das Artikulieren seiner Spürenswelt (und letztlich seiner Welt überhaupt) sich erworben hat, sind genauso wie die Formungen des Spürens selber zunächst ausgebildet für die Zwecke des Lebenbleibens von Einheit und Gattung. Dieser Primat zeigt sich, ähnlich wie bei der Prominenz des Konfrontierten gegenüber dem Sichselbstgleichen, in Sachen Artikulation an der Prominenz der gegenstandsorientierten Rede (und verwandter Formen) gegenüber Artikulationsweisen, die eine solche Orientierung nicht besitzen. (Die alte Metapher von der Musik als Sprache der Seele hat hier ihre Basis: Einer künstlerisch organisierten Vielheit von Tönen, einem ›Werk‹, Gegenständliches als Darstellungsthema beizugeben, gilt als vulgär. Weil Musik des Typs, der hier in Frage kommt, nicht auf Gegenständliches als ihr Thema geht, ist so schwer zu sagen, *was* sie eigentlich darstelle, und ein auf suggestive Weise sich anbietender Kandidat in dieser Lage ist der Innengrund.) Der Innengrund ist ein natürliches Paradigma für solches, das mir zum Wichtigsten zählt, aber durch die typischen Formen gegenstandsorientierter Artikulation, wenn ich auf ihrem perfekten Passen insistiere, gerade verfehlt wird.

Die Artikulation von Innengrund-Zügen in der Sprache des Pseudo ist (weil die Sprache sich an anderen Zwecken entwikkelte) unter strengen Kriterien immer zu gewissem Grad zweifelsanfällig. *Trotzdem* wird von solcher Artikulation ein Entblindungseffekt beigebracht, der mit dem Erwerb des für gelingendes Entblinden typischen kognitiven und liberativen Mehr zusammengeht, wenn sie nur ihre Themen aus dem Bereich des Innengrunds nach Einschätzung der spürenden Einheit selber *trifft*, statt sie gänzlich zu verfehlen.

Wenn mich nicht zum Beispiel meine Freude über das Wiedersehen mit dem Kind schießend überfällt, so daß ich sie aufmerksam auszusprechen versuche; wenn nicht ein hockender Ärger über mich selbst und die Kollegin sehr aufdringlich in mir da ist, so daß ich entschieden gestört bin und die Störung beim Namen nennen will, tendiert der Innengrund zum Blindbleiben, und also auch zum blinden Weiterwirken dessen, was in ihm da ist und war. Dieser Bereich, von dem ich allen Anlaß habe zu vermuten, daß hier Wichtigstes zu meiner Steuerung beigetragen wird, macht es kraft seiner verfassungsmäßigen Ungegenständlichkeit, daß sein Steuerungsbeitrag mir oft hinterrücks widerfährt.

Die Entblindung einzelner Züge des Innengrunds, mag sie auch ohne Garantie perfekten Passens geschehen, macht mich deshalb stets ein Stück freier und rechtfertigt die Unterstellung eines *liberativen Mehr* trotz aller epistemischen Unvollkommenheit. Ich trage mich, so weit ich mich entblinden konnte, als einen weniger Unberechenbaren und als einen, der einen höheren Anteil seines Verhaltens für sich zur Disposition stellt, statt daß es ihm bloß geschähe, in das weitere Zusammensein mit anderen Fraglich Lebenden hinein. Je besser der Grad meiner Entblindung, desto geringer der Grad des Wirkens unbekannter Kräfte in mir und auf mich. (Über Weisen, mich freier zu machen, hoffe ich mich noch zu verständigen; punktuelle Entblindung des Innengrunds ist unbeschadet ihrer Schiefheit, wenn sie in der Sprache des Pseudo geschehen muß, eine davon. Blindes Weiterwirken unkonfrontierten Spürens, das trotz gegebener Mittel nicht zur Artikulation kam, ist als etwas, dessen Verhinderung in meinem Einflußbereich lag, eine Quelle *typisch menschlichen Unfreiseins*.)

Beim Versuch, die Spuren zu verfolgen, die der Nachmittag mit der Kollegin in mir hinterließ, ist es mir angesichts des kognitiven und liberativen Mehr, das ich dabei erwerben kann, unwichtig, daß der Versuch in der Sprache des Pseudo geschieht. Was ich *Berührung* mit etwas vom Wichtigsten an mir zu diesem Zeitpunkt nenne, zeigt unter anderem diese kleine Sequenz: Ich gebrauche für mich, sprechend, eine bestimmte Wendung, in diesem Fall »ich fühle mich getäuscht«; und ich glaube zu bemerken, daß der Wendung, kaum habe ich sie für mich gesprochen, im Innengrund eine Art Erleichterung folgt, eine positive spürende Reaktion wie Befriedigung darüber, daß ich mir hier ein Stück offener geworden bin. Es stört mich nicht, daß die Wörter, mit denen ich dies aufschreibe, nach den Kriterien des wissenschaftlichen Sprechens eine wiedergängerische Affinität zu den Irrlichtern haben. Es kommt mir beim Versuch punktuellen Entblindens darauf an, Kontakt aufzunehmen mit etwas Unkonfrontiertem, Unfixierbarem, das sich nichtsdestoweniger in mir zu stauen scheint, und dessen passives Wirkungsfeld ich zu werden drohe. Kaum ist der Kontakt hergestellt, fühle ich mich ein Stück leichter. Jetzt kann ich weiter an der Situation arbeiten, statt mich von ihren Effekten hinterrücks dirigieren zu lassen. Ich kann mich fragen, ob ich ein Recht darauf habe, mich so zu fühlen, woher ich dieses Recht ableite, wie mein eigener kausaler Beitrag hier beschaffen ist. Ich kann die Kollegin ansprechen und die ganz andere Sicht und Fühlweise, die ihr eigen ist, dazu hören. Wir können uns darüber austauschen, daß wir diesen Nachmittag mit sehr verschiedenen stillen Erwartungen begonnen haben, daß wir das Verhalten des je anderen je anders interpretierten als er/sie selbst, daß sich so eine abschüssige Bahn bildete, auf der wir in die Situation des Aneinandervorbeidenkens und -handelns hineinrutschten.

Der scheinbar von Schusseligkeit geschlagene Umgang, den ich mir durch die Sprache des Pseudo mit meinem Innengrund gewähre, macht meine Erlebnisse zu Zügen meines Lebens, die ich weitergeben, über die ich weitere Fragen stellen, auf die ich überlegt reagieren kann. Mein Spüren im Innengrund wird durch meinen Sprechversuch nicht fixierbar, es gewinnt niemals den Charakter eines inneren Gegenstands (auch nicht Zustands), den ich wahrnehmen oder gar beobachten könnte; seine konstitutionelle Tendenz, sich zu entziehen, kann ich nicht von ihm nehmen. Aber indem ich mit mir darüber spreche und für mich *treffend* spreche, das heißt so, daß etwas im Innengrund, als geschehe eine Berührung, positiv zu reagieren beginnt, wird ein Zug meines spürenden Lebens zum *Punkt der Verständigung*. Ich wähle diesen Ausdruck als Ersatz für innere Daten, Gegenstände und was sonst in der Sprache des Pseudo für Objekte meines rückgewandten Berührungsversuchs steht. Indem ich über Züge meines Innengrunds mit mir spreche, und nicht gänzlich an mir vorbeirede (was ich oft *spüren* kann), gewinne ich *Verständigungspunkte*, durch die mir mehr von mir selbst zugänglich und der Bereich des Blinden in mir ein Stück weit zurückgedrängt wird.

Je blinder ich bleibe, desto einsamer bin ich im Verhältnis

zu mir. Je mehr Punkte der Verständigung ich mir erwerbe, desto geringer wird mein Grad inneren Alleinseins, desto stärker erweitert sich meine innere Gemeinschaft. Montaignes ganzes Buch kann ich verstehen als einen Versuch, möglichst weit in Berührung mit dem zu kommen, was er spürend ist. Indem er sich artikuliert, lernt er sich kennen. Der Aufgabe, die er im Essai *Von der Schonung des Willens* für jeden die oberste nennt, der Führung des eigenen Lebens, schafft er beständig bessere Voraussetzungen. So entsteht das staunenmachende Ineinander von Verständigung über das Eigene und eigenem verständigtem Leben, als dessen Dokument Montaignes Buch vor mir liegt.

Wie ich im Treffen von Verständigungspunkten meine innere Einsamkeit mildern kann, so daß das Erlebnis nicht stumm in mir arbeitet und ich als sein Wirkungsfeld die Effekte ungewünscht hebelhaft nach außen weitergebe, kann ich von den gewonnenen Punkten her auch der Kollegin mein taperndes Sprechen anbieten. Indem ich nicht bloß in Richtung auf sie handle (ihr etwa »sichtlich«, aber ohne Worte ihr Verhalten übelnehme), sondern ihr die Punkte, die ich gewonnen habe, zur Erläuterung meines Gefühls vortrage, erschließe ich für mich trotz aller wissenschaftlichen Anrüchigkeit meiner Artikulationsmittel ein neues Gebiet, auf dem ich Isolation zurückdrängen und Gemeinschaft mit einer anderen spürenden Einheit fördern kann. Es würde der Kollegin nicht viel helfen, wenn ich ihr beschriebe, wie ich jetzt Gewalt gegen meine Schreibmaschine übe; etwas mehr vielleicht, wenn sie mich dabei sehen könnte; am nützlichsten dürfte es für ihr Verständnis meiner und ihre Verständigung mit mir sein, wenn ich ihr sagte, was ich spüre. Damit würden meine eigenen Verständigungspunkte, die ich der drohenden Blindheit entzogen hätte, genannt, und sie wäre eingeladen, Punkte, die sie für sich fand, ebenfalls zu nennen. Wir haben ungelenk *artikulierend* mehr Aussicht, das Großwerden einer sich mechanisch etablierenden Feindschaft zu verhindern, als wenn wir in epistemischer Risikomeidung stumm bleiben.

Über einzelne Verständigungspunkte in Berührung mit Zügen meines Innengrunds zu kommen und zu lernen, wer ich in diesem Bereich bin, kann ein sehr langer Vorgang sein. Es ist nicht unangemessen, ihm die Strecke zuzuordnen, die ›ein Leben‹ heißt, ohne daß ein dauerhaftes ›Ergebnis‹ erreicht werden müßte. Die Aussicht auf Täuschung ist überdies immer gegeben. Das Unkonfrontierte ist sprachabweisend, deswegen auch denkabweisend; mein Mich-Halten an einzelne Verständigungspunkte kommt aus prinzipiellen Gründen nie in den Status eines verläßlichen Kartographierens. Die Vermutung, daß ich mit mehr Verständigungspunkten in meinem Innengrund *mir mehr zu eigen werde,* und daß dies zu stärkenden Erlebnissen des Bei-mir-seins (wie auch, beim Verfehlen, zu Zuständen schmerzhafter Ichferne) führen kann, bleibt unbeschadet bestehen.

Trotz seiner Neigung zum Stellen von Vexierbildern, trotz seiner Unfixierbarkeit durch vorgebliches Quasi-Sehen liefert mir der Innengrund, wenn der Verständigungsversuch an relevanten Stellen gelingt, Maßgebendes für ein Verhalten in der Welt, das ich richtig finden, mir angemessen erachten kann. *Der Innengrund ist auskunftsfähig.* Es gibt Weisen, ihn zu befragen, und einzelnen Lebenden gelingt die Verständigung darüber so, daß sie sich zu entscheidenden Zeitpunkten davon leiten lassen wie von einem Erkenntnisorgan.

Der Autor von *Michael Kohlhaas,* der ursprünglich Wissenschaftler sein wollte, verlor durch ein radikales Verständnis der gerade aufkommenden Kantischen Philosophie sein Vertrauen in die Sicherheit wissenschaftlichen Erkennens. Die Biographen nehmen an, daß dies eine Neigung in ihm verstärkte, die darauf ging, Dichter zu werden. Es ist bekannt, daß einige der für die Erinnerung unauslöschlichen Figuren dieses Dichters an den Wendepunkten ihres Lebens *ihr Gefühl* befragen. Wenn dies nicht immer eindeutige, nicht einfach verfügbare Gefühl einmal den Grad von Deutlichkeit gewonnen hat, bei dem die Personen seiner sicher zu sein glauben, ist es diesen Figuren die wichtigste Orientierungshilfe für ihr Urteil und ihr Handeln in der Welt. Michael Kohlhaas, der zu Anfang seiner Geschichte mit offener Billigung des Erzählers sorgfältig prüft, ob ihm wirklich ein Unrecht widerfahren ist, bevor er, nach vergeblichem Versuch, den Gerichtsweg zu nehmen, selbst gegen den Junker Wenzel von Tronka Maßnahmen ergreift, hört bei der Prüfung an entscheidenden Punkten auf sein Gefühl. (Ähnlich hören darauf Penthesilea, die Marquise von O., der Prinz von Homburg, das Käthchen von Heilbronn.) Von Kohlhaas' spürendem Urteilsorgan heißt es neben anderem, daß es »richtig« und »vortrefflich« sei, und vor allem, daß es überaus genaue Auskünfte gebe; das letztere scheint enthalten zu sein in dem Satz: »Doch sein Rechtsgefühl, das einer Goldwaage glich, wankte noch; er war, vor der Schranke seiner eigenen Brust, noch nicht gewiß, ob eine Schuld seinen Gegner drücke...« Sicher ist die Erzählung, aus der dieser Satz stammt, kein Traktat über philosophische Fragen des Inneren. Sicher ist sie mir aber auch in der Darstellung eines leidenschaftlich seinem Rechtsgefühl folgenden Menschen so glaubwürdig, daß ich sie anführe als die überzeugende dichterische Präsentation eines Lebewesens, das sich gegen viele Widerstände der Umwelt von den Auskünften seines Innengrunds leiten läßt.

Der Innengrund spricht nicht wie ein innerer Tonträger. Er spricht überhaupt nicht. Wo von einer hinachtbar festzumachenden ›inneren Stimme‹ die Rede ist, geht es um anderes. Die Auskunftsfähigkeit meines spürenden Lebens, wie es ohne Konfrontationsrolle unabgefälscht *ist,* aktualisiere ich nicht wirklich durch ein Analogon des Hörens oder Aufmerkens. Eher, indem ich einem noch nicht in Worte Gefaßten eine Wortkonstellation anbiete und auf etwas wie das *Treffen* warte (ich erlebe es wie ein positives Reagieren im Bereich meines Sichselbstgleichen, *als sei etwas berührt*).

Der Innengrund als auskunftsfähiges Organ der Fraglich Lebenden scheint zur sachlichen Basis für eine Reihe philosophischer Positionen zu gehören, die wegen ihrer Artikulationsschwierigkeiten von jeher des Obskuren verdächtigt wurden. Das *Daimonion* des Mannes, dem wir in der Hauptsache unseren Beruf verdanken, mag noch als Sonderfall der ›inneren Stimme‹ behandelt werden – obwohl es schon die Position eines unfixierbaren Entscheidungsorgans wichtigster Stufe, sogar in Fragen von Leben und Tod, einnimmt.

Die *Vernunft* in derjenigen Philosophie, die nach dem Kategorischen Imperativ zu handeln lehrte, konnte zwar ihre oberste Maxime nach Meinung des Autors rational ausweisen. Daß der Kategorische Imperativ aber *als verpflichtend erlebt* wird, nach Meinung dieses Autors zweifelsfrei als verpflichtend im Gemüt auftritt, mußte dieser hinnehmen als das *Faktum der Vernunft.* Wo das höchste Leitungsorgan des vernünftigen Wesens nicht argumentiert, sondern gebietet, bezieht es den Impuls für entsprechendes Handeln nicht aus einer Deduktion, sondern tritt als etwas Faktisches auf. Die Details dieser Theorie können hier hintanstehen: Über diese Details wegsprechend vermute ich, daß die sachliche Basis für das Sittlichkeitserleben, in dem ein so denkender Mensch sich mit sich selbst zum Handeln nach der Pflicht zusammenschließt, in einem Innengrund liegt, in welchem etwas zugunsten der Verpflichtung positiv, wie ein mit dem richtigen Wort Berührtes, reagiert. Die *erlebte Achtung* vor dem Gesetz, die dieser Philosoph mit leidenschaftlichen Worten als ein Innerstes beschreibt, das ihm zur Erhebung seiner Person wie zur empirischen Triebfeder für das rechte Handeln gereicht, müßte nach meinem Gliederungsversuch dem Innengrund zugerechnet werden.

Diese Erinnerungen dienen nur als vorläufiger Hinweis darauf, daß die *Selbstvergewisserung* durch Wendung zu den Auskünften des Innengrunds in gleicher Wichtigkeit eine sehr alte Erfahrung des Fraglichen Lebens beim Umgang mit sich selbst und seiner lebendigen Steuerung ist, wie auch ein sehr altes, freilich oft kryptisch oder apokryph verhandeltes philosophisches Thema. Das in institutioneller Starre fest gewordene Verständigungshandeln, genannt Sitzende Philosophie, ist dabei, mit der Diskreditierung des Inneren einen Zug menschlichen Lebendigseins aus dem Auge zu verlieren, der am Anfang der Verständigungsversuche (vermutlich aller auf Selbstverständigung angelegten Kulturen, nicht bloß der westlichen) gegenwärtig war, in ihrer Geschichte immer wieder in emphatischer Haltung zur persönlichen wie sachlichen Berufungsinstanz gemacht wurde, bloß in unserem Jahrhundert sehr viel stärker als früher gegenüber den selbstinstituierten Sinngerichtsräten in eine Art Defensive geriet.

In eine Art Defensive, und nur in Sachen der Theorie: Der Innengrund verteidigt sich nicht. Es protestiert nichts in mir, wenn ich den artikulierenden Kontakt zu ihm verliere. Mein Leben wird in angebbarem Sinn ärmer; meine Orientierung in der Welt verlagert sich stärker auf subtiles Geleitetwerden durch fremde Einflüsse; die Dinge, die ich erreichen zu müssen glaube, treiben mich von einer Anstrengung in die andere, ohne daß ich von mir her verstehen könnte, warum; meine Zerstreuung haftet an den Reizen, die sich mir anbieten, ohne daß ich von einem mir eigenen Bereich her Gewichte setzte; es bekämpfen sich verschiedene Welt- und Wertorientierungen in mir, deren jede Anspruch auf Priorität erhebt; ich werde zum Streitplatz diverser, mangels Entblindung oft im Dunkeln gegeneinander schiebender, in meine Handlungen hineindrängender Befürchtungs- und Begehrungsmassen; immer ohne daß ich einen Punkt gewänne, auf den mich stellend ich imstande wäre, *mich* um Rat zu fragen statt einen der wohlfeilen Fremdexperten, die mit ihren Anweisungen immer auch ihre eigenen Interessen in meine Steuerung einbringen wollen.

Ein Philosoph, der in meinem Jahrhundert entschieden am Innengrund als einem personalen Auskunftsorgan festgehalten hat, schrieb ihm zu, daß er *im Schweigen* spreche. Das scheint keine völlig inepte Beobachtung zu sein. Eher als von einem explizit redenden Daimonion (das, wenn es nicht krankhaft ist, zu den Glücksfällen der inneren Steuerung gehört) werde ich von einem ›schlechten Gefühl‹ aufmerksam gemacht, wenn ich dabei bin, die Tendenz meines unkonfrontierten Spürens zu verletzen. Es ist nicht dasjenige schlechte Gefühl, das mir in meinen weltlichen Transaktionen den üblen oder betrügerischen Geschäftspartner markiert, sondern das andere, schwerer zu deutende, das mich selber im Verhältnis zu mir als einen solchen Partner ausweist. Jener Philosoph meinte, ob ich eine mir eigene Lebensmöglichkeit ergriffen habe oder ihr ausweiche, kann ich durch die Weise erfahren, wie der Innengrund *schweigend ist.*

Ich muß diese ›Auskunft‹ nicht annehmen; ich muß die Weise, wie im Innengrund eine schweigende Abmahnung spürend da steht, nicht einmal zu meiner Bekanntschaft kommen lassen. Der Innengrund, trotz seiner Auskunftsfähigkeit, ist nicht nur im Normalfall stumm, er ist auch konstitutionell übergehbar. Ich kann in der Regel, ohne daß äußerlich viel geschieht, an ihm vorbeileben. Verzichte ich darauf, mein unklares ›schlechtes Gefühl‹ zu *entblinden,* unterlasse ich den Versuch, ihm eine verbale oder sonstige Formulierung anzubieten, durch die ich es treffend berühren könnte: Dann lebe ich nur in essentieller innerer Vereinsamung weiter, ich leide das blinde Wirken der Vorgänge im Innengrund und den Mangel einer mit meinem Spüren abgestimmten Steuerung meines Tuns, beides, ohne es ausdrücklich bemerken zu müssen; mehr geschieht mir nicht.

Der Innengrund als auskunftsfähiges Organ, wie von Kohlhaas befragt, ist nicht eine Instanz der bloßen Lebenserhaltung in der Welt. Freilich ist der Innengrund an einem Leben in bloßer Selbsterhaltung beteiligt, aber eher als ein unangesprochener, nicht als Auskunftsquelle, und eher als Kampfplatz gegeneinanderstehender Motive, die in Blindheit ihre Konflikte ausmachen, denn als Ausgangspunkt von Entscheidungen, die dem eigenen Spüren angemessen, von ihm her gesehen in charakteristischer Weise stimmig wären. Deshalb dürfte die Entwicklung von Bedürfnis und Verfahren der Verständigung über den Innengrund ein *spätes* Produkt in der Entwicklung des Lebendigen sein. Wie auch die Entscheidung, ob ich bloß lebe oder auf eine meinem unkonfrontierten Spüren *angemessene Weise* lebe, meistens erst vor mich hintritt, wenn die schlichte Lebenserhaltung in der Welt in minimalem Umfang gesichert ist. Im Erwerb von *Verständigungspunkten* mit meinem Innengrund bin ich also nicht nur aus persönlichen Gründen, sondern auch aus Gründen der Gattungsentwicklung hinter der Ausführlichkeit und Exaktheit meiner Orientierung in der für's Überleben wichtigen Umwelt weit zurück – von den Schwierigkeiten des Darstellens, Worte Findens, immer von Rückschlägen bedrohten Kennenlernens noch abgesehen.

27. Entblindung nicht durch Theorie

Die Selbstvergewisserung als philosophisches Thema im Umgang mit unkonfrontiertem Spüren wird nicht nur von seiten derer angegriffen, die meinen, ein erkennender Kontakt mit dem spürenden Inneren, wenn es letzteres überhaupt gebe, sei prinzipiell unmöglich oder aber niemals zu einem erträglichen Grad von Sicherheit zu bringen. Es gibt auch, auf der anderen Seite gelegen, die Position, die meint, daß meine Entscheidungen, Stellungnahmen, Gefühle, überhaupt mein ganzes Verhalten in der Welt in beträchtlichem Umfang aus *›unbewußten‹* Konstellationen oder Prozessen hervorgehen, und daß ich keine Chance habe, mir ohne weiteres dieses ›Unbewußte‹ zugänglich zu machen. Vielmehr bedürfe es dafür, wenn solches überhaupt gelingen soll, sehr spezieller Verfahren, auf die ich bisher in diesem Buch nicht zurückgegriffen habe. Vor allem sei es auch so, daß, selbst wenn ich mit einem Innengrund an einzelnen Verständigungspunkten mit mir sprechend in Berührung komme, die eigentlich wirkenden Instanzen in mir, die mich letztlich steuern, noch gar nicht erreicht seien. Was ich in einem Bereich, genannt ›Innengrund‹, zu leben glaube, sei sehr häufig nur wiederum die Wirkung von Vorgängen in einem tiefer gelegenen Bereich, der einem Zugriff von der Art, wie ich ihn zu schildern versuchte, prinzipiell nicht sich leihe, weil er der Bereich des *›Unbewußten‹* sei. Verständigung über den Innengrund könne mir zwar auf mühsame und langwierige Weise, die sich wie Montaignes Selbstaneignung bis zum Lebensende hinziehen mag, etwas über mein Spüren vermitteln, aber wenig oder gar nichts über die tieferen Ursachen meines Stellungnehmens, Fühlens und Verhaltens.

Hier treffe ich zunächst keine Entscheidung. Ich versuche nicht zu untersuchen, wie das, was ich an einzelnen Verständigungspunkten berühre, wiederum Teil kausaler Zusammenhänge sein mag, die sich in andere Richtungen erstrecken. Es kommt mir auf eine kausale Analyse, die zu möglichst ›tiefen‹ Ursachen hinabstiege, *nicht an.* Die ›tiefste‹ solche Analyse müßte zu ihrem Gegenstand ohnehin *nicht* ein ›unbewußtes Psychisches‹ wählen, sondern die organischen Vorgänge in meinem verstellten Gehirn, zusammen mit dem Spüren, das in Einheit mit ihnen, oder einigen von ihnen, auftritt.

Unter der aus der Entfernung leitenden Frage meiner Arbeit erscheint mir die punktuelle Entblindung des Innengrunds von hohem orientierendem wie persönlichem Wert, ganz gleich, wie die kausalen Verhältnisse beschaffen sein mögen. Ich beobachte an anderen für mich zweifelsfrei, daß es für ihre konkrete Art, in sich und mit sich zu leben, von größter Bedeutung ist, wenn es ihnen gelingt, sich selbst *sich anzueignen.* Ein großer Teil dieses Aneignens geschieht, indem sie in verständigende Berührung mit dem kommen, was sie spürend in ihrem Innern *sind.* Der Gewinn an Bei-sich-Bleiben im Handeln, an schlichter innerer Gemeinschaft, an Fähigkeit zur Gemeinschaft mit anderen, an Fähigkeit, mit anderen auf angebbar echte und nicht blind verfestigte Weise zu existieren, scheint mir sehr groß zu sein. Ob er noch größer sein könnte, könnten sich die Personen mit einem ›unbewußt‹ genannten Bereich ihrer in Kontakt bringen, mag dahingestellt bleiben. Eine ins Auge springende Gefahr beim Schürfen in dem ›Unbewußt‹ Genannten ist freilich das Übersehen des Nächsten; ein Lebewesen, das sich aus einem seiner Bekanntschaft normalerweise dauerhaft *entzogenen* Zusammenwirken von Kräften versteht, und immer auf dergleichen hindenkt, verpaßt leicht den Zugang zu sich selbst da, wo es unabgeschottet, ›unzensiert‹ spürend ist. Was aus dem letzteren Zugang an Entblindung, Berührung des Eigenen gewonnen werden kann, wird im beständigen Sich-Fixieren auf ›Unbewußtes‹ gedankenlos verschenkt. Das hat zum Effekt, daß ich Fraglich Lebenden begegne, die mir eine ingenieurhaft durchgerechnete Theorie über sich präsentieren, mir aber nicht sagen können, was sie mir gegenüber fühlen – so daß ich wiederum an entscheidenden Punkten nie in relevanten Kontakt mit ihnen komme und vermuten muß, sie mit sich selbst genauso wenig. Sie sind im schönsten Besitz einer Theorie über sich selbst *in sich einsam;* deshalb an belangreichen Stellen nach außen hin auch.

Die Antwort (auch eine partielle) auf die Frage, *wie ich spürend bin,* bleibt für meine Verständigung und mein Verhalten von großem Wert, auch wenn ich die andere Frage, *warum ich so bin,* nicht durch eine Theorie in Vollständigkeit bewältigt habe. Und es gibt *keine* Theorie, die mir die Berührung mit der Art, wie ich spürend bin, einfach schenken könnte. Wollte ich, statt nach Verständigungspunkten zu suchen, an denen ich mit meinem unkonfrontierten Spüren in Kontakt komme und so meine Lebendigkeit punktuell *entblindet vollziehe,* mir eine kausale Theorie als Substitut anbieten, würde ich den Versuch machen, etwas Unersetzliches zu ersetzen. Ich kann nicht eine kausale Theorie an meiner Statt spürend lebendig sein lassen und glauben, mein Wissen von ihr sei der Kontakt mit mir selbst. Metaphorisch gesagt: Die Theorie berührt mich auf tote Weise; die lebendige Berührung mit mir, durch die und mit der ich mich lebend bewege und verändere, kann nur im Treffen eines *Spürens* gelingen oder gar nicht. Mein Jahrhundert sah nicht nur den Höhepunkt der falschen Selbstdeutung von ›Bewußtsein‹ als *Sichselbstklarheit, innere Beobachtbarkeit* auf der einen Seite und den Höhepunkt der Reaktion dagegen, die, grob gesprochen, meine Bekanntschaft mit mir allein auf die Bekanntschaft mit meinem beobachtbaren Verhalten gründen wollte. Es sah auch die doppelte Diskreditierung dessen, was ich spüre, der Art, wie ich spürend Stellung nehme, der Weise, wie ich spürend mit meinen Lebenswünschen bekannt werde, als Effekt ›tieferer‹ Vorgänge – seien diese nun ›psychischer‹ (wenngleich ›unbewußter‹) oder ›physischer‹ alias ›physiologischer‹ Art. Das in früheren Jahrhunderten im Lebendigsein wie im Philosophieren (unbeschadet aller nicht mehr akzeptablen Theorie) manchmal prägnant gegenwärtige Thema der *entblindenden Selbstaneignung* wurde für unbearbeitbar erklärt, stillgestellt und dann in Sitzender Philosophie vergessen.

VI. Berühren

28. In Berührung Kommen

Vor einiger Zeit machte ich den Fehler, ein Haus zu kaufen. Ich tat es, ohne mein unkonfrontiertes Spüren hinreichend sorgfältig zu befragen. Auch jetzt noch ist mir die Gruppierung sogenannter ›Motive‹, die dazu geführt haben, in keiner Erinnerung deutlich hervorgestellt. Immerhin glaube ich davon sprechen zu können, daß die Hoffnung auf Gewinn, die Vorsorge für mein Kind, weitere Gründe einer sogenannten »guten Anlage« eine treibende Rolle spielten. Jetzt höre ich freilich schon, wie ich innerlich zu mir sage: »Ich fühle mich mit dem Besitz dieses Hauses wirklich schlecht«; »meine neue Rolle paßt nicht zu mir, ich fühle mich dadurch in eine Richtung gezogen, in die ich nicht will«; »ich habe mich mit meinem Vorsorgebedürfnis zum Dauersorger dieses Objektes gemacht«; »ich spüre, wie ich mich dadurch beschädige«; »ich leide Schaden an etwas sehr Wichtigem«. Mir scheint, daß ich beim ersten Finden jeder dieser Darstellungen etwas wie eine spürende Reaktion im Bereich meines Innengrund erlebte (daß sich eine spürende Reaktion bekundete, ohne als konfrontierte faßbar zu sein). Das Verhältnis zu mir, das ich kraft dieser sehr beschränkten Menge von Verständigungspunkten gewinne, ist nicht durchweg erkennend; ich bin nicht einmal sicher, daß es primär erkennend ist.

Es ist nur notdürftig möglich, darüber zu sprechen, wie die Stücke des Innengrunds näher beschaffen waren, die die *spürende Reaktion* auf das Angebot einer treffenden Formulierung ausmachten. Einige Abschnitte zurück habe ich Ähnliches als befreiend und auch bei negativen Auskünften des Innengrunds als spontan erleichternd zu kennzeichnen versucht; erleichternd, weil ich mir damit ein Stück offener werde, ein Stück weiter zugänglich, ein Stück weniger blind, ein Stück mehr *gegeben* (*Gegebenes* existiert nur als Thema einer als gelingend empfundenen Artikulation; meine schlichte spürende Unmittelbarkeit im Hinleben als Gefangener der Haus-Sorge ist mir gerade nicht gegeben; solches Hinleben deswegen im Normalfall von seiner Blindheit gleichsam noch einmal vergittert. Das punktuelle Sich-Öffnen dieser, bildlich gesagt, Vergitterung scheint regelmäßig etwas dem plötzlich Atemholen Vergleichbares zu haben. Klobzungig bietet die Sprache dem spürenden Sich-freier-Fühlen derlei Transpositionen an).

Wichtig erscheint mir an der jetzigen Stelle: Die entblindende Selbstaneignung, wo sie gelingt, ist nicht bloß der Erwerb eines Stückes Gewißheit (für meine spürende Einheit, und *für sie* trotz aller epistemischen Mängel sehr fest), sondern auch ein Ereignis in meinem Leben, das zu arm charakterisiert wäre, wollte ich mit der Tradition sagen, es sei eine Instanz von ›Selbstbewußtsein‹ oder ›Selbstverhältnis‹. Was mir geschieht, wenn mir an entscheidenden Punkten ein Stück Innengrund-Entblindung gelingt, ist, eine schubartige Bewegung meiner spürenden Existenz, bei der sich auch Haltungen (Handlungstendenzen, Bewertungen) spontan verändern können, so daß ich mich mit der Entblindung in sehr relevanten Hinsichten plötzlich ›als einen anderen‹ finden kann oder auch als einen, *der in Bewegung ist.*

Das Gelingen relevanter Entblindung hat nicht nur eine ungegenständlich vielformige Wirkung, potentiell bis zu der Stärke, bei der ich zu sagen bereit bin: »Ich habe mich plötzlich verändert«. Es scheint auch an Bedingungen geknüpft oder mindestens durch förderliche Bedingungen erleichtert zu sein, die nicht im klassisch-epistemischen Bereich, sondern im Bereich spürender Einstellungen zu mir selbst liegen. Ich kann mir schwerlich zugeben »ich fühlte mich von dem Augenblick an, in dem ich Hausbesitzer wurde, schlechter«, wenn nicht als Bedingung für das *Mich-Treffen* mit dieser Darstellung in meinem sichselbstgleichen Spürensfeld ein Zug da ist, der von der hartstirnigen Sprache bezeichnet werden kann als spürende Bereitschaft, auf meinen Darstellungsversuch zu hören, mich ihm ohne sofortiges Gegensteuern ein Stück weit ruhig auszusetzen.

Relevante Entblindung von Zügen des Innengrunds hat nicht nur unmittelbar vielfältige Effekte, die der gegenständlichen Wahrnehmung und erst recht Ausweisung trotz häufig großer Relevanz sich nicht präsentieren; die Entblindung, und im folgenreichen Fall die *verändernde Entblindung*, ereignet sich auch unter *Spürensbedingungen,* welche für ein offeneres Weiterleben genauso relevant und genauso schwer verbal greifbar sind wie jene Effekte, die damit eintreten.

Das Studium solcher Bedingungen, durch die ich es mir erleichtere, für mich offener zu werden und mir meine partielle Entblindung für ein verändertes Weiterexistieren nutzbar zu machen, gehört in eine noch zu erwerbende Praktische Philosophie der menschlichen Weise, lebendig zu sein. In der hiesigen Betrachtung, die das Unvollständige und Notleidende philosophischer Deutungen des lebendigen Verhältnisses zu mir selbst, zu anderem Leben, zur Welt ein Stück weit korrigieren will, empfiehlt es sich, statt von einem von vornherein ins rein Epistemische hingezerrten und daher immer schon in essentiellen Hinsichten amputierten ›Selbstbewußtsein‹ davon zu sprechen, daß ich durch Entblindung die Aussicht habe, mit etwas vom Wichtigsten an mir in Berührung zu kommen. *In Berührung Kommen* ist nicht das bloße Aneignen eines Innengrund-Zuges als Thema von Artikulation, sondern ein größerer Prozeß, zu dem dieses Aneignen gehört. An dem Prozeß ist beteiligt unter anderem ein spürendes Hinexistieren auf die angestrebte Entblindung, das heißt die schon behelfsmäßig bezeichnete, *spürend* vorhandene Einstellung, die der eigenen Einheit, statt ihr für den Fall negativer Entblindungsergebnisse die sofortige Verurteilung anzudrohen, so viel Selbst-Annahme gewährt, daß sie sich auch das Entstehen eines problematischen, unter sonstigen Bewertungsgesichtspunkten ›negativen‹ Entblindungsergebnisses leisten kann. Je nagender ich mit mir über meine Handlung des Hauskaufs hadere, desto stärker scheint (in meiner spürenden

Einheit und freilich ohne Basis für Verallgemeinerungen) die Tendenz zu werden, diesen Kauf durch Zusatzmaßnahmen wie Verbesserung, Ertragserhöhungen, Vereinfachen der Verwaltung, wenigstens ins Profitable zu wenden. Das spürend vorhandene *Wohlwollen* mir gegenüber, das mir erlaubt, von meiner Verteidigung abzusehen und mir zur Artikulation zu bringen, daß ich, ohne es zunächst zu bemerken, einer beharrlichen Tendenz meines Innengrunds zuwidergehandelt habe, gewinne ich mit dem Verstärken meines Wirtschaftlichkeitsdenkens nicht.

Wie das spürend vorhandene, gleichsam vorschußhafte Selbstwohlwollen mein Hinexistieren auf einen kritischen Entblindungsvorgang fördert (das befreiende Sich-Ausbilden der Artikulation erleichtert, mit der ich mich an diesem Punkt kennenlerne, statt bloß dahinzuleben), so gehört zum Augenblick des ersten Mich-Treffens mit einer passenden Darstellung an einem jetzt und hier relevanten Punkt meines Innengrunds das schon provisorisch bezeichnete, schubhaft auftretende Spüren von Erleichterung (als atme etwas auf, indem ich mir ein Stück offener werde, gleich, welches die Ergebnisse sind), und es gehört dazu, wenn die plötzlich gewonnene Artikulation eines vielleicht kritischen Zuges aus meinem Innengrund (das neue Stück von Mich-Kennenlernen) nicht gleich wieder verfallen soll, die Fortsetzung des spürenden Wohlwollens gegenüber mir als dem, der diesen neu entblindeten Zug besitzt; andere sagen, es gehört dazu ein wohlwollendes Akzeptieren meiner mit oder trotz dieser frisch zur Artikulation gekommenen Eigenschaft – so daß ich beginnen kann, mich nach weiterem, das damit zusammenhängen könnte, zu fragen, oder einfach beginnen kann, gemäß dem neu Artikulierten ein Stück weit zu leben – statt daß die gerade eben gewonnene Darstellung durch gegenläufige Tendenzen, die es in mir auch gibt, sofort wieder aus dem Bereich des jetzt Hervorgestellten herausdrängt, wirkungslos gemacht und bald dann auch vergessen würde. Das spontane Sich-Ändern von Bewertungen, das plötzliche Neu-Sehen meiner Ziele oder meines Lebenslaufs, gespürtes In-Bewegung-Kommen lang verteidigter Haltungen, spürendes Sich-Bemerkbarmachen widerstrebender Tendenzen, deren Kampfplatz ich bin, die ich aber nie entblindend einander gegenüber gestellt habe, sind mögliche Ereignisse, die damit, daß ich an einem relevanten Punkt mit mir in Berührung komme, ebenfalls eintreten können. Der Versuch, die Menge spürend sich ereignender Veränderungen beim Prozeß des *In Berührung Kommens* mit mir im ganzen klassifizierend zu überschauen, würde mir nicht gelingen.

In Montaignes Buch ist mir die schreibende Aneignung der Weise, wie er in der Welt und auch in Teilen seines Innengrunds ist, als ein Stück Schrift-Artikulation manifest zugänglich. Von dem Gewinn, den er selbst mit seinem Buch hat (bei allem Herunterspielen der eigenen Wichtigkeit) lese ich einiges zwischen den Zeilen der Essais. Das lebendige In Berührung Kommen mit sich, das ich ihm, der so sich artikuliert, zuzugestehen bereit bin, entzieht sich trivialerweise meinem Hineintreten. Aber hätte ich das Glück gehabt, den Mann zu kennen, wäre mir in seinem Umgang vermutlich etwas von der Berührungsbereitschaft aufgefallen, eine ruhigere Offenheit gegenüber seinen Erlebnissen vielleicht, von der die Bedingungskonstellation, die sein In Berührung Kommen mit sich förderte, nur ein Sonderfall sein dürfte.

Mit sich in Berührung Kommen ist das auf ungegenständlichem Spüren fußende und gegenwärtig auch undarstellbar reiche Gegenstück, das die lebendige Realität der Individuen Fraglichen Lebens als die bessere Wirklichkeit des Philosophenwortes ›Selbstbewußtsein‹ bereit hält. Es ist natürlich nicht das, was in der Wirklichkeit *diesem* Wort entspricht; dem Wort als einem Ausdruck für Sichselbstklarheit oder Durchsichtigkeit oder auch nur unbezweifelbare Gewißheit bestimmter innerer Eigenschaften entspricht in der Wirklichkeit gar nichts. Wir sind uns nicht Augen, die sich selber sehen, Spiegel, die sich selber spiegeln oder auch nur reine Iche, die sich mit rückgewandtem innerem Wahrnehmungsstrahl als Zentren einer Welt konstituierender Akte und konstituierter Gegenstände im ›Bewußtsein‹ liegen sehen. Unsere Weise, mit uns selbst Verbindung aufzunehmen, ähnelt überhaupt nicht den Idealen der ins Phantastische gesteigerten Sehvorgänge, oder sonstigen optischen Mirakeln. Sie ist gänzlich anders aufgebaut.

›Selbstbewußtsein‹ als ein Wort, das die spürenden Einheiten zu in sich hineinjustierten Spiegelkabinetten mit dem Status epistemischer Götterschreine oder Schrein-Götter stilisiert, liegt in verlassenen Stücken der Philosophiegeschichte hinter uns. Das *In Berührung Kommen* mit Wichtigstem an der eigenen spürenden Einheit, durch das wir uns von unserem verfassungsmäßigen Blindsein freier machen und im Fühlen wie im Handeln (nicht zuletzt auch in einer spezifischen Weise der Erkenntnis) *wachsen* können, gehört als Thema sich entwickelnder Lebendigkeit zu einer offenen philosophischen Zukunft, von der wir noch kaum ein Fältchen in die Hand bekommen, geschweige denn auseinandergelegt haben.

29. In Berührung Bleiben

»Wir müssen uns ein Hinterstübchen aussparen, ganz für uns selber, ganz ungestört, in dem wir unsere wahre Freistatt und unsere hauptsächliche Zuflucht und Abgeschiedenheit errichten. Hier müssen wir unser tägliches Gespräch von uns zu uns selbst führen, so abgesondert, daß keine andere Geselligkeit oder fremde Beziehung darin Zutritt finde... Unsere Seele kann sich auf sich selbst zurückwenden; sie kann sich selbst Gesellschaft leisten; sie ist fähig, den Angriff zu führen, fähig, sich zu verteidigen, fähig, zu empfangen, und fähig, zu geben: fürchten wir nicht, in dieser Einsamkeit vor eintönigem Müßiggang zu verkümmern...«

Montaignes Empfehlung, in der Sprache der Tradition (und hier in der Übersetzung von H. Lüthy) vorgetragen, betrifft der Sache nach das Thema des *In Berührung Bleibens* mit sich, der Lebensform, bei der die spürende Einheit ihre Berührung mit leitenden Zügen ihres Innengrunds über längere Zeit hinweg wiederholt herzustellen und die einzelnen Instanzen solcher Berührung durch Erinnerungsbrücken zu verbinden sucht. Dabei kann sich eine Haltung im Weiterleben ergeben, die dem Individuum ein Gefühl fortschreitenden Zu sich Kommens, zunehmend reicheren (mehr Verständigungspunkte in eine Integrationsform bringenden) Bei sich Seins vermittelt. Die spürende Einheit, der es gelingt, von ihren eigenen Innengrund-Reaktionen, Tendenzen, Stellungnahmen so vieles wie möglich zur Artikulation zu bringen und die Einstellung wiederholbar zu halten, in der der Innengrund erfolgreich befragt werden kann, hat Aussicht auf eine weniger verstellte, weniger von außen überfremdete und in diesem Sinn echtere Lebensweise. Die Frage: *Was für ein Mensch bin ich?* und die zugeordnete Frage: *Was für ein Mensch will ich sein?*, die beide für das Führen der Sache, welche wir ›Leben‹ nennen, als höchst relevant gelten müssen, erhalten vom Innengrund her wertvolle Teilantworten. Sie können den Beitrag der Erfahrung, die ich mit mir *in der Welt* mache, nicht ersetzen; sie können der Gesamtorientierung der spürenden Einheit aber einen Grad von Direktheit und *spürender Sicherheit* geben, die anders nicht zustandezubringen wären.

Es gibt die These, wer ich sei, erfahre ich allein aus meinem Tun. Sie ist zwar nicht ausschließlich da beheimatet, wo man meint, ich erführe alles, was ich über mich erfahre, durch äußere Beobachtung und also aus dem Bereich des öffentlich zugänglichen Verstellten; aber sie korrespondiert auf glatte Weise der Auffassung, die mich als spürende Einheit gänzlich von meinem beobachtbaren Verhalten oder meiner ›Physis‹ im geläufigen Verständnis her deutet, auf die Annahme von Spüren überhaupt verzichtet und einer reinen Verhaltenswissenschaft oder einer halbzukünftigen Physiologie die Untersuchung, Erklärung, sogar Lenkung der spürenden Einheiten als Individuen wie auch als Gemeinschaften anvertraut. Die Personen, denen es gelingen sollte, sich in ihrem Umgang mit sich selbst so zu verstehen und zu verhalten wie besagte These es will, gingen einer Aussicht auf ungegenständlich spürende Vergewisserung ihrer selbst und ungegenständlich spürendes Zurückkommen auf etwas, das sie als ihren eigensten Bereich, ihre eigenste Instanz spürender Orientierung empfinden könnten, verlustig. Gegenüber der Art, wie Fraglich Lebende zu der ›subjektiven‹ Gewißheit kommen, mit einem Kern ihrer selbst in Berührung zu sein und gegenüber der zunehmend tiefer werdenden Befriedigung, die berichtet wird, wenn solche Individuen in sich ein Klima wiederholbaren Kontaktes mit einem spürenden Kernbereich ihrer selbst aufrechterhalten können, wirkt die These vom ausschließlichen Mich-Kennenlernen durch äußerlich Beobachtbares intuitiv wie ein Stück methodisch ausgedünnter Klügelei.

Beim Versuch, mit mir in Berührung zu bleiben, geht es auch nicht um ein ausweisbares, seinen Anteilen nach stabiles Selbst-Bild. Die nicht fixierende und *nicht fixierenwollende*, viel eher in durchgängiger Weise *wohlwollend freisetzende* Berührung mit Zügen des Innengrunds ist entwicklungsorientiert, nicht auf Stehenbleiben ausgerichtet. Je mehr die spürende Einheit Michel de Montaigne sich selbst darstellend Gesellschaft leistete, desto mehr wurde sie zu dem Menschen, der mit dem Wachsen seines Buches *sich stets weiter zu sich hin entwickelte.* »Zu sich hin« heißt hier nicht hin zu einer fixen oder auch nur fixierbaren Größe, sondern zu einer Lebensform, bei der die Person sich in wachsendem Maß von ihrem in Momenten der Berührung zugänglichen Innengrund her leiten läßt und dabei das unwegmethodisierbare Gefühl hat, zunehmend unabhängiger, stärker selbstgeleitet, mit ihrem Fühlen wie Stellungnehmen in höherem Maß ihrer eigenen inneren Wirklichkeit getreu zu werden. (Montaignes vielfach dargebotene Haltung, durch das nicht-normierende Gespräch mit sich selbst eine Orientierung vom Innengrund her zu gewinnen und diese Tendenz weiterzuführen zu einer sich lebendig entwickelnden Weise, in der Welt zu sein, hat einem ganzen Zeitalter als Beispiel für eine Form gedient, wie spürende Einheiten eine Orientierung von etwas Ungegenständlichem in ihnen selbst her suchen können. Obwohl nicht durchweg Montaignisch angelegt und ohne dessen gut bekundetes Gefühl, sich selbst über die Jahre hinweg in wiederholter Berührung immer mehr zu eigen zu werden, sind doch die großen Monologe, durch die Shakespeares Helden auf den Wendepunkten ihres Schicksals Verbindung mit sich aufzunehmen suchen, dem Vorbild Montaignes verpflichtet.)

»Nostre ordinaire entretien de nous à nous mesmes, et si privé que nulle acointance ou communication estrangiere y trouve place« – Montaignes Kennzeichnung des Umgangs, der zu seiner Geschichte wachsender Nähe zu sich selbst beiträgt, ist natürlich unvollständig. Er verstand sich als Mensch, der artikulierend mit sich in Berührung zu kommen und die damit gewonnene Weise, bei sich seiend in der Welt zu sein, mit zunehmender Intensität und Lust zu leben suchte; nicht aber als Theoretiker seines eigenen »entretien de nous à nous mesmes«.

Ein wirkliches Verstehen des *In Berührung Bleibens* nach seinen Bedingungen und Wirkungen hätte sich entschieden mit dem *spürenden Klima* zu befassen, das in Berührung mit sich zu kommen erleichtert, und das, von einer lebendigen Einheit im Lauf ihres prozeßhaft wachsenden Zu sich Kommens immer wieder aufgesucht, auch etwas wie eine im Spüren sich manifestierende Haltung dieser Einheit sich selbst gegenüber zeigen könnte. Es wäre kein dauerhaft vorhandener Spürenszug wie ein blödes Immergleiches, sondern eher eine vertraute und im Wachsen eingeübte spürende Neigung, den Bewegungen des Innengrunds Raum zu geben und ihnen ohne den Druck zum Passenmüssen Artikulationen anzubieten, deren Treffen oder Nicht-Treffen sich vom Innengrund her bekunden könnte. Die spürende Einheit, die sich in dieser Weise zu größerer Nähe mit sich selbst entwickelte, dürfte Erfahrung erwerben im Unterscheiden des Spürens, mit dem sich das Treffen (besonders das plötzliche, befreiende) einer Artikulation kundgibt, von dem anderen Spüren, bei dem das ungegenständliche Sichselbstgleiche eine Artikulation (so viele äußere Stützen sie auch mit sich führen mag) *nicht annimmt.*

Montaignes schreibendes Wachsen zu einem sichereren, ausgedehnteren, aber bewegungsbereiten ›Wissen‹ von sich ist nur ein historisches Beispiel. Die volle spürende Konkretion im Verhältnis einer lebendigen Einheit zu sich selbst bei den Phasen, in denen sie einen als Übung erworbenen Zugang zu sich aktuell wieder herstellt und dabei in den glücklicheren Fällen, ihr selbst unbezweifelbar, etwas wie schubartiges Sich-Anreichern der größeren Artikulation erfährt, die sie von sich hat (also schubartig ein Stück mehr Vertrautheit mit Wichtigstem an ihr gewinnt), ist mit gegenwärtiger Sprache, ohnehin eine des Pseudo, kaum vollständig zu fassen. Aber auch schon mangelhaft aufgeschriebenes Einzelnes über die Veränderungen, die eine mit sich in Berührung bleibende (wiederholt Berührung herstellende und von diesen Augenblicken her ihr Leben orientierende) spürende Einheit wachsend erfährt, dürfte das Bild, das viele traditionelle wie neuere Philosophie von der (wie es heißt) ›Einheit der Person in der Zeit‹ hat, an wichtigen Punkten korrigieren.

Wie beim *In Berührung Kommen* mit sich ein konkreter, reicherer Gegenstand dessen liegt, was die Philosophie unter dem Titel »Selbstbewußtsein« gesucht hat, liegt beim *In Berührung Bleiben* mit sich ein konkreter, reicherer Gegenstand dessen, was in ihr unter dem Titel »Einheit der Person in der Zeit« verhandelt worden ist. Die philosophischen Debatten zu der Frage, wodurch sich spürende Einheiten in der Zeit als identische selbst gewiß werden und anerkennen, haben bis heute etwas eigentümlich Lebloses. Betrachtet man sie über einen längeren Zeitraum, so stößt man auf Diskussionen über fiktive Menschen, die plötzlich als gänzlich andere aufwachen, reale Papageien, die wegen ihrer Sprach- und Erinnerungsfähigkeit analog zu Menschen traktiert wurden, fiktive Smiths und Millers, deren Gehirne jemand ausgetauscht hat und die jetzt versuchen müssen, sich als Miller oder Smith zu identifizieren, reale Menschen, die den völligen Erinnerungsverlust erlitten haben und sich die vielleicht äußerlichste Form von Einheit in der Zeit, die Identität unter einem gleichbleibenden Namen, wieder nachvollziehbar machen müssen, fiktive Menschenkörper ohne Großhirn und fiktive Großhirne, die in Töpfen leben (abgekürzt HiT, Hirn im Topf). Von dem, was Fraglich Lebende brauchen, um mit sich in Berührung zu kommen, und dem, was sie brauchen, wenn sie diese Berührung ausbauen wollen zu einer Weise von Lebendigsein, bei der sie sich wachsend stückweise näher kommen, wird dabei wenig gesprochen.

Die philosophisch zum Thema gemachte ›Einheit der Person in der Zeit‹ ist (bei aller Vieldeutigkeit dieses Ausdrucks) in neuerer Bearbeitung häufig eine Sache der primär verbalen Einheitsbildung, der Kriterien für die Anwendung bestimmter Ausdrücke, überhaupt ein Feld schwieriger Fragen über etwas, das vielleicht ›die Logik der Wörter, die man für sich selbst gebraucht‹ heißen könnte. Diese ›Logik‹ ist der jüngere Platzeinnehmer für das herkömmliche philosophische Diskussionsthema eines sich in der Zeit identisch erhaltenden ›Ich‹. Ihm unterstellten viele Philosophen, manchmal unter dem Namen eines ›reinen Ich‹, nicht nur das synthetische Zusammenfassen der ›Bewußtseinsinhalte‹ in jedem Augenblick, sondern auch das Stiften der Kontinuität in der Zeit, die den Einheiten Fraglichen Lebens zugeschrieben wird. Aber das reine Ich ist bis heute eine Konstruktion geblieben, und die Leistungen, die es kraft münchhausenhafter Gaben für die Fraglich Lebenden erbringen sollte, wurden ihm beigelegt, weil jeweils eine *Theorie* diese Leistungen zum Lösen ihrer Probleme brauchte. Einem Verständigungsinteresse der Individuen selbst, wenn sie etwa wissen wollten, wie sie bei sich bleibend und weiter zu sich kommend sich zu sich hin entwickeln könnten, wurde damit nicht gedient.

Das Thema der ›Einheit der Person in der Zeit‹ als eine Sache der entwickelten und weiter wachsenden Lebendigkeit liegt genauso nicht hinter, sondern *vor* der Philosophie wie eine am In Berührung Kommen orientierte Betrachtung, die das zum Thema hätte, was die Philosophie unter dem Titel ›Selbstbewußtsein‹ suchte, aber nicht fand.

30. Thema des alter ego

Das Selbstverhältnis der Fraglich Lebenden wird von der Tradition wie von gegenwärtiger Philosophie meistens parallel oder auch komplementär zu ihrem Verhältnis gegenüber anderen ihrer Art behandelt. Die Untersuchungen über die Weise, wie eine spürende Einheit Kenntnis von sich hat, treten oft in einem gedanklichen Entwicklungszusammenhang auf mit den Untersuchungen über die Weise, wie sie Kenntnis von anderen hat. Dem traditionellen Titel ›Subjektivität‹, dem die Frage nach einem ›Selbstbewußtsein‹ untergeordnet wird, entspricht der andere traditionelle Titel ›Intersubjektivität‹; er geht auf die Frage, wie die von der Tradition so genannten ›Subjekte‹ von ihresgleichen als solchen Subjekten Kenntnis erlangen können oder mindestens, wie sie dazu kommen, Teile ihrer Umwelt nicht als Dinge, sondern als Wesen ihrer eigenen Art aufzufassen. Gemäß den verschiedensten Annahmen über die gute oder weniger gute Zugänglichkeit der eigenen spürenden Einheit und weiteren Annahmen über mentale oder sonstige Entwicklung erscheint die Kenntnis der anderen als sekundär (vom Selbstverhältnis der eigenen Einheit abgeleitet), oder aber als primär (das eigene Selbstverhältnis überhaupt erst ermöglichend). Es gibt auch Vereinigungspositionen: Das Selbstverhältnis verschiedener ›Subjekte‹ entstehe ursprünglich in einem Zug mit dem der jeweils anderen; in einem und demselben Entwicklungsschritt entstehe ›Selbstbewußtsein‹ wie ›Fremdbewußtsein‹; ob gattungsgeschichtlich oder individualgeschichtlich oder nur im Gang einer theoretisierenden Rekonstruktion, bleibt dabei nicht selten offen.

Mit der auf das bloße Verhalten sich beschränkenden Umdeutung, die besonders in diesem Jahrhundert der herkömmlichen ›Subjektivität‹ widerfuhr, wurde gleichzeitig auch das

Verhältnis der Fraglich Lebenden zueinander (die Weisen von Zugang und Kenntnis, die sie füreinander haben mögen) auf bloßes, typisches *Verhalten* reduziert. Die neuere Höhenphase der Durchsichtigkeitsmetaphorik auf der anderen Seite, der das Innere der spürenden Einheiten wie ein klar vor ihnen (oder sich) selbst liegender Raum, in dem nichts verborgen bleiben kann, erschien, hielt für die Deutung des lebendigen Verhältnisses fraglich-lebender Individuen zueinander, speziell für das dramatische Ereignis des Entstehens solcher Beziehungen, *den Blick* parat. Es war ein als wechselseitig gedachter Blick, durch den ich mit einem Zug zum anderen als eigenständigem Subjekt wie zu mir selbst als einem vom anderen Erblickten, und also zu mir als einer Person unter anderen kommen sollte.

Die Parallelität der Themen blieb auch in der philosophischen Schule, die die Analyse von ›Subjektivität‹ gegen die Analyse der Ausdrücke tauschte, mit denen über sie gesprochen wird, erhalten. Dem sprachanalytisch zu behandelnden Thema ›mind‹ liegt parallel das Thema ›other minds‹, wie traditionell dem Thema ›Subjektivität‹ das Thema ›Intersubjektivität‹.

Wie unter der jetzt leitenden Perspektive des *In Berührung Kommens* das Verhältnis meiner eigenen spürenden Einheit zu unkonfrontierten Zügen ihrer selbst sich neu darstellt, dürfte sich auch mein Verhältnis zu anderen spürenden Einheiten neu darstellen, wenn es auf die konkrete und vollständige Spürenswirklichkeit ankommt, nicht auf ein epistemisch zusammengedörrtes Verhältnis.

In Berührung mit mir zu kommen ermöglicht mir, mich vom Innengrund her neu zu orientieren, indem ich bisher blindes Spüren für mich zur Artikulation bringe. In Berührung Kommen und In Berührung Bleiben sind Themen einer sich zu größerer Nähe mit sich selbst hin entwickelnden und damit in emphatischem Sinn der Wörter *zu sich kommenden* Lebendigkeit.

In Berührung mit einer anderen spürenden Einheit zu kommen kann unter dieser Perspektive nicht bloß das Wahrnehmen des anderen *als* eines anderen sein, wie nahezu alle Versionen der Intersubjektivitäts-Theorie (einschließlich, mutatis mutandis, derjenigen, die die zuständigen Ausdrücke analysiert) es halten. Vielmehr muß es sich um einen, wenn auch noch so kurzen (im Augenblick immer unvollständigen) Prozeß des von beiden Seiten her geschehenden *Zu sich Kommens* handeln, das sowohl ein In Berührung Kommen mit Zügen des eigenen Innengrunds ist, wie auch ein Hinkommen zum Anderen als einem Spürenden, der in diesem Augenblick gleichfalls ein Stück Berührung mit sich erfährt.

Ich versuche, diese sofort des Schwellköpfigen verdächtigen Wörter für mich mit etwas zusammenzubringen, das ich spürend nachvollziehen kann. Montaignes Buch, obgleich es einige Jahrhunderte von mir entfernt ist, läßt mich etwas nachleben von einem *spürenden Klima*; ich habe schon vermutet, daß auch die Begegnung mit dem historischen Menschen Montaigne dieses Klima ein Stück weit übertragen hätte. Es scheint etwas zu tun zu haben mit der ungegenständlich manifestierten, aus den Wörtern eher indirekt herauszulesenden Bereitschaft, sein Spüren bedingungslos hinzunehmen, wie es ist; gerade das scheint seinen Lebenslauf von Beginn der *Essais* an zu verändern zu dem Prozeß wachsenden Zu sich Kommens, als der er fast urbildhaft klar in die Geschichte eingegangen ist. Die volle Charakteristik der spürend manifestierten Haltungen, die sich von Montaigne her andeutungsweise auf den Leser übertragen, und die seine Art lebendigen Wachsens möglich machten, muß hier hintanstehen. Entscheidend erscheint mir, daß das Buch, in dem sich der Mann aus dem Périgord artikuliert und dabei an zahllosen Punkten lebendiges Berühren vor-lebt, zum Weiterleiten eines Klimas tendiert, in dem etwas dergleichen angeregt (in glücklicheren Fällen punktuell wiederholbar gemacht) wird.

Dies ist kein paradigmatischer Fall des In Berührung Kommens mit einem alter ego. Gerade weil hier die Gegenwart des Anderen aber fehlt und ein Buch ihn mir vertreten muß, gewinnt mein Erlebnis, daß sich etwas punktuell überträgt, daß ich mich in Montaignes Klima *anders fühle* und meine kleine Aussicht, mir ein Stück näher zu kommen, sich zu vergrößern scheint, um so mehr Gewicht. Liegt hier vielleicht ein unvollständiger, durch geschichtliche Distanz gestutzter Fall für einen Erlebnis-Typ vor, dessen vollständige Gestalt sich herstellen könnte, wenn mir jemand wie Montaigne in einem für ihn wie für mich offenen Moment gegenüberträte?

Ich habe keinen zur Verfügung, den ich mit Montaigne vergleichen könnte; aber ich versuche, mir jetzt zu phantasierender Bekanntschaft zu bringen, wie es wäre, wenn mir mit jener Frau, die ich als Kollegin eingeführt habe und von der ich mich (aus ihrer Sicht zu Unrecht) getäuscht fühlte, ein Gespräch gelänge; ein Gespräch mit einer Chance auf mehr Inhalt als bloß den Austausch von Standpunkten, Vorwürfen und was solche Entfernungs-Hersteller mehr sind. Ich phantasiere, ich könnte ihr sagen, wie schroff für mich der erlebte Kontrast war zwischen ihrem (aus meiner Sicht) einladenden, sexuell auffordernden Verhalten und ihrer entschiedenen Empörung, als ich sexuell darauf reagierte; daß ich mich nicht nur abgelehnt fühlte, sondern geradewegs genasführt; daß das vermutete Moment von Doppeldeutigkeit auf der Ebene ihres bloßen Sich-Bewegens mich schließlich zornig machte, als sei ich auf unfaire Weise angegriffen worden.

Mehrerlei könnte geschehen, und ich nehme an, zwei *Extreme* wären etwa: Sie wiese meine Darstellung ihres Verhaltens als Falschwahrnehmung zurück und erklärte das, was ich spürte, für völlig unberechtigt, vielleicht überdies als Ausdruck einer von mir geheim verwendeten Männer-Frauen-Schablone, in die ich sie hineinpressen und damit wie ein Ding behandeln wolle, gerade nicht als spürendes Wesen und erst recht nicht als sie, wie sie ist. Sie stellte mir die Diagnose, daß ich mich ihr mit einer Diagnose genähert und ihr dadurch schon vorwegnehmend Unrecht getan hätte; meine unpassenden Reaktionen und erst recht meine jetzt geäußerten Klagen seien nur die traurige und im übrigen selbst verdiente Folge.

Auf der anderen Seite einer imaginären Skala: Sie hörte meine Äußerungen an; sie versuchte nicht sofort, eine Beurteilung oder sonstige Einordnung zu finden; sie förderte vielleicht mein eigenes Mich-Entblinden, indem sie mir Formulierungen anböte, die es mir erleichterten, mehr von dem, was ich spürte, zur Artikulation zu bringen; sie begänne nicht wie im Gegenzug, sondern in zugeordnetem Berührungsversuch zu erkunden, wie ihr eigenes, ungegenständliches Spüren reagierte; sie fände dabei etwas ihr selbst Neues (wie ich auch einiges mir Neue gefunden, das heißt zu meinem eigenen Überrascht-sein in die Artikulation gebracht hätte); es stellte sich zwischen uns und mit uns für einige Zeit ein Vorgang her, indem jeder angeregt würde, mit Zügen seiner in Berührung zu treten und sie artikulierend zu entblinden, die ihm vorher nicht in ausdrücklicher Darstellung gegeben waren; es wäre zeitweise (oder abwechselnd) der Ausdruck *Zu sich Kommen* erfüllt als Wort für eine Form von Lebendigkeit, die sich fortentwickelt (größer wird, mehr von sich selbst für sich selbst *ist*), und zwar hier als ein Ereignis, an dem als treibende Kräfte und förderliche Organe *zwei* spürende Einheiten beteiligt wären. Im günstigen Fall löste für einige Zeit jeder neue Schub von gespürtem und artikuliertem Freierwerden, wie er typisch für gelingendes In Berührung Kommen ist, in der anderen spürenden Einheit einen ähnlichen Vorgang und also ein ähnliches Stück Zu sich Kommen aus. Die Frage, wer recht und wer unrecht hatte, wäre nicht gegenstandslos geworden; aber ihre Behandlung wäre zeitweilig zurückgestellt zugunsten des von beiden Seiten her unternommenen Versuchs, an der kleinen Begebenheit ein Stück Wachstum zu gewinnen.

Letzteres ist die *Richtung*, vermute ich, die ein philosophisches Untersuchen lebendiger Gemeinschaft zwischen Fraglich Lebenden und also lebendiger ›Intersubjektivität‹ einzuschlagen hätte. Wieder wäre das wahre, seit längerem verfolgte, gewöhnlich bloß in charakteristischen Verarmungsformen angesprochene Thema allein angemessen zu behandeln, wenn die Philosophie bereit wäre, über die reiche, prinzipiell ungegenständliche und also geradezu sprachwidrige (beobachtungswidrige, beweiswidrige) Konkretion inneren Lebens, die jeder an seinem Innengrund hat, *doch zu sprechen.* Es ist nämlich nicht Aufgabe der Philosophie, sich durch epistemische Verdübelung in etwas vermeintlich Unzweifelhaftem möglichst viel Sicherheit zu verschaffen, sondern im *Unsicheren,* auch scheinbar *Unbegehbaren* die Punkte aufzusuchen, kraft deren die Selbstverständigung der Menschengattung über das, was ihr lebend geschieht, ein Stück weiter gebracht, also auch in der Dimension der Gattung ein Stück *Zu sich Kommen* erworben werden kann.

31. Das Berühren und die Kontakte

Gespürtes Zu mir Kommen, gespürtes Näherkommen gegenüber einer anderen spürenden Einheit, indem ich Zeuge und förderliches Organ (früher hätte man den Hebammentopos verwendet) für ihr eigenes Zu sich Kommen bin, und umgekehrt im gleichen Vorgang sie für meines, und sie spürend, daß sie mir dabei näher kommt, das heißt, daß sich mit zunehmender Offenheit eines jeden für sich auch zunehmende Offenheit zwischen den Beteiligten herstellt, weil beides einander fördernd vorwärtsbewegt: Darin könnten wesentliche Züge für ein ideales Modell des In Berührung Kommens mit einer anderen Einheit Fraglichen Lebens bestehen. Sie wären auch wesentliche Züge für ein ideales Modell lebendiger ›Intersubjektivität‹ als ein Stück auf beiden Seiten geschehenden und von beiden Seiten her geförderten Wachstums. Dies Wachstum ereignete sich auch mit der durch die spürenden Einheiten neu hergestellten, ganz andersartigen Einheitsbildung, ihrer *Gemeinschaft.*

Die Gemeinschaft zwischen spürenden Einheiten, welche miteinander umgehen, kann flach und umfangsarm sein oder, davon durch ein Spektrum von Möglichkeiten getrennt, weit in die spürende Wirklichkeit der Individuen hineinreichend und also umfangreich, vieles von dieser Wirklichkeit als *dargestelltes* in sich begreifend, zu dieser Wirklichkeit auch wieder vieles beitragend. Im flachen Zustand tendiert sie zu flachem Austausch, festen, unausgesprochenen Regeln, die das Erreichen sensibler Teile des jeweils anderen Innengrunds verhindern; auch zum Flachbleiben, das heißt zu ihrer eigenen Wachstumshemmung. Eine solche Form der Gemeinschaft zwischen Fraglich Lebenden kann sich selbst gegen ihr Größerwerden vergittern durch das stille Etablieren gegenseitiger Darstellungs- und Selbstdarstellungsgrenzen; die neue, andersartige Einheit, die zwei spürende Einheiten miteinander formen können, wird von den Beteiligten in diesem Fall nicht weitergebaut, sondern immer nur in ihrem Ist-Zustand verstärkt. Die Gründe (oder auch unerkannten Ursachen) dafür liegen dem Typ nach weit auseinander.

Auf der anderen Seite können spürende Einheiten am Größerwerden ihrer Gemeinschaft ein in ihnen selbst hervorgestelltes Interesse nehmen. Dann nehmen sie auch ein Interesse daran, zum Wachstum der Gemeinschaft die Teile des eigenen Innengrunds beizutragen, ob für sie selbst bereits entblindet oder nicht, die für die Weise, wie die Gemeinschaft geführt werden soll, irgend relevant sind. Ich kann mich der Kollegin gegenüber wieder auf den förmlichen Umgang zwischen zwei Personen, die an ein und derselben Institution lehren, zurückziehen; ich kann versuchen, mit ihr etwas zwischen uns und in dieser Institution Neues zu gründen, eine Form von Austausch, der uns und das, was wir zusammen bilden, wie oben gesagt, größer werden läßt (sicher ohne das Erfordernis der Art von Basis, auf der wir ursprünglich aneinander gerieten). Freilich kann die Art von Gemeinschaft, die wir so zustandebrächten, auch wieder verfallen, so daß ein früheres Maximum an Reichweite nur noch erinnert würde. Wie die spürenden Einheiten auch je in sich selbst ihre Weise der Berührung halten, entwickeln oder verfallen lassen können; beim letzteren steht dann die Erinnerung an eine vergangene Phase des freier und größer Werdens in Kontrast zu dem, was die spürende Einheit jetzt und hier als sich selbst findet.

Es gibt wachstumsfördernde und wachstumsfeindliche Formen der Gemeinschaft unter Fraglich Lebenden. Das angeregte oder verhinderte Mehr Werden bezieht sich auf die Berührung der Einzelnen mit sich selbst wie untereinander, als andersartige, größere Einheit. Da die jetzt angenommene Form des Größerwerdens auch eine charakteristische (wenngleich nicht die einzig mögliche) Weise von Freier Werden mit sich führt, können Gemeinschaften spürender Einheiten in dieser Hinsicht auch freiheitsfreundlich oder -feindlich heißen. Ich kann mit der Kollegin in eine Form des Umgangs hineingeraten, die mein und auch ihr Freier Werden in Sachen unentblindeter Tendenzen des Innengrunds hemmt; ich kann mit ihr eine Form der Berührung herstellen, die uns beiden an diesem Punkt einen Freiheitszuwachs bringt. Das Wachsen spürender Einheiten zu größerer Nähe in sich wie unter einander hat immer etwas mit Freier Werden zu tun; ihr Schrumpfen in beiderlei Respekt immer etwas mit Freiheitsverlust. Der geschieht ihnen in charakteristischer Form – ihr stehen andere Formen von Freisein und Freier Werden gegenüber, die ich manchmal mit dem Schrumpfenlassen einer bestimmten Gemeinschaft fördern wollen kann. (Wenn du mich festlegen willst, mit dir zu leben, und wenn ich dafür meine Ausbildung zum Geiger, von der ich mir Wichtigstes erhoffe, abbrechen soll, dann will ich unsre Gemeinschaft mindern und will, im Sinn einer ganz bestimmten Freiheit, weg von dir.)

Deshalb ist die Feststellung, zwei Individuen Fraglichen Lebens (und erst recht eines in sich selbst) einigten sich mit der Weise ihrer Gemeinschaft auch auf Grade ihres gemeinsamen Wachstums und einer bestimmten Art von Freiheit, nicht normativ zu nehmen: Es kann Gründe geben, die in Sachen einer Gemeinschaft zwischen solchen Einheiten gerade das Sich-Abschotten für jede einzelne zeitweilig sinnvoll machen. Es kann sogar Gründe geben, die einer spürenden Einheit nahelegen, auf das jetzt gekennzeichnete Wachstum in und an sich selbst zeitweise zu verzichten; daß es *gute* Gründe gibt, diesen Verzicht *dauerhaft* anzustreben, halte ich für unwahrscheinlich. Der Versuch, *mehr von sich selbst für sich selbst zu sein,* scheint (wie sich an der klar hervorgestellten Befriedigung bei einem erwünschten und gelingenden Stück Berührung zeigt) einer Tendenz des Fraglichen Lebens zum entblindenden Wachstum in sich und mit anderen zu entsprechen.

Es ist seit längerem absehbar, daß sich einiges von dem, was über die Gemeinschaft zwischen zwei spürenden Einheiten gesagt wurde, auch auf größere Gemeinschaften zwischen solchen Wesen übertragen läßt. Die Gruppe, in der ich beruflich lebe (die Kollegen, mich eingeschlossen) hat sich auf blinde Weise für eine Form von Umgang entschieden, in dem wachstumsfördernde Klimasignale zwar vorgezeigt werden (zum Beispiel wird wohlwollendes Akzeptieren durch brillante Variationen der kollegialen Gesichtsgestik bis zum Überdruß nahegelegt); faktisch finden Prozesse des Wachsens aneinander und zu einem gemeinsamen Mehr aber höchst selten, oder sagen wir ruhig: *gar nicht,* statt. Wir wollen gar nicht zu einer Gemeinschaft werden, die mehr von unseren spürenden Einheiten umfaßt, denn wir haben Angst voreinander, und an vielen Punkten mögen wir einander auch nicht, und wir vermuten, wenn wir noch mehr voneinander in Artikulation geboten bekämen, würden wir uns noch weniger mögen. Natürlich fürchten wir, daß das entblindende Darstellen von Zügen des eigenen Innengrunds, das mit unvorhersehbarer *Bewegung* dieses Grundes einhergeht, uns, wenngleich in uns selbst freier, doch von außen her leichter verletzbar machen wird. Da wir gelegentlich auch verschiedene Interessen gegeneinander austragen müssen, und sowieso, wie unter Gelehrten üblich, jeder eines jeden Konkurrent sind, fürchten wir solches Verletztwerden durch die umgebogene eigene Offenheit auch zu Recht. Wir müßten erst sehr viel mehr Vertrauen zueinander herstellen, ehe wir bereit wären, in dieser Art Gemeinschaft das Wagnis des stückweisen Zu uns Kommens, das zugleich ein stückweises Zu einander Kommen sein könnte, zu unternehmen. Weil Vertrauen sich aber gerade nicht herstellt durch phantasiereiche Amateurdiplomatie, zu der wir blind gefunden haben, sondern (unter anderem) durch die Form von Umgang, die wir miteinander eben *nicht ausüben können,* bleibt alles, wie es ist. Und schriebe ich nicht just darüber, wäre dies alles mir als ein Fall versäumten Wachstums auch gar nicht zur Gegebenheit gekommen. Ich stellte eben für mich fest, daß einige Personen darunter sind, *mit denen es sich lohnen würde,* und ich fange an zu vermuten, daß ich in dieser mittelmäßigen Großkleinstadt, in der ich lebe, an deren freierem Umgang einiges von dem Wenigen hier hätte, womit ich mein Schrumpfen verlangsamen könnte. Ich vermutete schon vorher, daß wir mit unserer gewandten Fassadenarbeit diejenigen, auf die es in unserem Beruf vor allem ankommt, nämlich die, die von uns lernen wollen und sich uns unwillkürlich als Modelle nehmen, unsere Studenten also, der Tendenz nach zu etwas Ähnlichem ausbilden, wie wir es geworden sind. Daß wir typische Wachstumssperren ihnen eher (für alle Teile der Artikulation entbehrend) weitergeben, statt ihnen die Orientierung auf etwas Freieres hin zu öffnen, scheint mir jetzt das Schlimmste zu sein.

Größere Gemeinschaften, bis hinauf zu den Menschen ganzer Landstriche, können sich dem Ankömmling durch ein spürbares Klima von Wachstumsfreundlichkeit zu erkennen geben; sie können auch einen sich übertragenden Impuls zum Einschrumpfen ihm entgegenbringen. Fahre ich von außen her über die Grenze eines bestimmten Landes in der Mitte Europas, das ich ganz gut kenne, und habe ich, wenn ich eine zeitlang weggewesen bin, mich für diese Zeit in einem wachstumsfreundlicheren Klima aufgehalten, dann trifft mich von den Gesichtern der ersten spürenden Einheiten, die ich hier sehe, den Lenkgewohnheiten und Signalen der Fahrer auf der breiten Doppelstraße, ihren Profilen, die ich im Vorbeiziehen wahrnehme, spätestens aber beim Hinunterbringen der ersten Tasse Kaffee unter anderen Eingeborenen in einer Eil-Gaststätte ein bis in meinen Körper hinein zu spürender Schrumpfimpuls; er setzt sich, je tiefer ich in das Land hineinkomme und je mehr Kontakte sich zwischen seinen Menschen und mir abspielen, fort. Ich *spüre* den Schrumpfimpuls, wenn ich nur aufmerksam meinem Innengrund Raum gebe, und ich spüre meinen Zorn und meine Trauer darüber noch für mehrere Tage, manchmal Wochen nach dem Grenzübertritt. Dann habe ich mich wieder *akklimatisiert.* Ich erwarte wenig Berührung, und ich gebe vermutlich wenig Impulse dazu nach außen weiter. Ich begegne anderen und der Tendenz nach auch mir selbst wieder wie ein Mensch dieses Landes in der Mitte Europas. Das Land, das ich in manchen anderen Punkten durchaus schätze, hat zur Berührungsgeschichte der Menschengattung nicht in hervorragender Rolle beigetragen. Es ist nicht eines der großen Länder dieser Form des Wachstums; es liegt, obgleich seine Menschen mit ihrer Tradition zu den ›großen Kulturvölkern‹ gehören, in Sachen des berührend-befreienden Wachsens in einem formlosen Mittelfeld; ich höre, in Ostasien gebe es kluge Völker, unter denen das Berühren noch entschieden weniger erwünscht sei.

Das Gegenstück zur wachstumsauslösenden Berührung zwischen Fraglich Lebenden sind natürlich *die Kontakte.* Sie beherrschen jetzt, wo ich seit mehreren Monaten wieder hier, gut akklimatisiert die ersten freundlichen Einladungen des beginnenden Halbjahres von der Post angeliefert bekomme, einen erheblichen Teil meiner Zeit. Ich bemühe mich, sie gering zu halten, weil ich mir zu artikulierender Bekanntschaft gebracht habe, daß sie statt Wachstum Schrumpfung fördern, statt inneren Freier Werdens ein ständiges Mich-Beschäftigen und Botschaften Senden nach außen hin, ohne daß den Botschaften (die oft sogar verbal einiges über mein Spüren sagen) etwas von wirklicher Innengrund-Relevanz entspräche. Oft dienen diese Botschaften nur äußeren Zwecken, die ich in der Welt erreichen oder deren Erreichung durch andere ich zum eigenen Nutzen (und sei es nur den des reibungslosen ›Zusammenlebens‹) tolerieren will. Dabei ist es zweckmäßig, die

Kontakte durchaus mit einer signifikanten Menge ›persönlicher‹, also das Sprechen über den Innengrund nach außen hin vorzeigender Botschaften zu würzen. Sonst handelt es sich nicht um *Kontakte*, sondern um *sachliche Verhältnisse. Sachliche Verhältnisse* sind verpönt, weil sie als ›unpersönlich‹ gelten. *Kontakte* dagegen sind erwünscht, weil sie in einem Klima allgemeinen Schrumpfungsdrucks das gefahrlose So Tun, als komme man gerade oder sei schon lange in Berührung, möglich machen. Daß ein Bedürfnis nach Berührung und Wachstum besteht, scheint sich am Bedürfnis nach *Kontakten* deshalb noch einmal zu zeigen: Das essentielle Moment der *Kontakte* ist die *Berührungsimitation.*

Sie ist in der Sache zugleich ein *Berührungsverschnitt.* Es wird nämlich nicht einfach imitiert im Sinn totaler Schauspielerei, ich lüge gar nicht sonderlich direkt, wenn ich der Gastgeberin (nehmen wir an, der Gattin des Rektors) sage: »Ich freue mich über Ihre Einladung«. Ich freue mich in der Tat; bloß ist das alles andere als die ganze relevante Wirklichkeit dessen, was im Innengrund in diesem Augenblick, mit diesem Ereignis zusammenhängend, auf Entblindung wartet und durch Verharren in der Blindheit meinem Verharren in geschrumpfter Unfreiheit Vorschub leistet. Ich bin nicht bereit, der Rektorsfrau gegenüber weiter zu gehen als zu dieser korrekten, auf relevante Weise unvollständigen Äußerung, die aber in ihrer Unvollständigkeit doch eben ein Rudiment von Berührung, das zutreffende Artikulieren eines Zugs im Innengrund, vorzeigt. Wirklich wichtig ist mir bei der Sache und *spürend* etwas anderes, das mit der Einladung verbundene Signal nämlich, daß ich plötzlich zu einer Art innerem Kreis der Kollegenschaft zu gehören scheine. Die Einladung markiert für mich ein Stück Aufstieg, über das ich mich halb freue, das ich auch halb fürchte und ablehne; dem gegenüber ich also zuletzt eine starke, aber ambivalente Innengrund-Reaktion habe. Es gibt in mir ein Bedürfnis, sie für mich selbst, vielleicht unterstützt durch eine Person, zu der ich Vertrauen fassen kann, auf die Ebene von Artikulation zu bringen, um zu wissen, *was mit mir lebend hier geschieht,* und um in der neuen Situation, an diesem Abend und später in der Kollegenschaft überhaupt, eine Orientierung zu finden, die mir, dem, was ich spürend bin und wohin ich spürend will, entspricht – statt daß ich durch Karrierefreude überfremdet Dinge tue (mich zu Dingen verpflichten lasse), von denen ich in einem Augenblick zu spät kommenden Wachstums dann sagen müßte: Sie passen nicht zu mir.

Die Kontakte sind erstens dem äußeren Leben in vieler Hinsicht förderlich, am schönsten durch das mitgebrachte Vorwärtskommen, Geschäfte einleiten und so. Sie sind zweitens ausgesprochen risikoarm, weil bei ihnen nur das vom Innengrund zur öffentlichen Darstellung gelangt, was sowieso akzeptiert ist und außerdem auch im Prinzip niemandem neu, also der (immer riskanten) Entblindung als ein erstmaliges Zur-Artikulation-Kommen gar nicht bedürftig. *Geschrumpft bleiben ist sicher bleiben.* Drittens entsprechen sie auf glatte Weise einem Berührungsbedürfnis ohne Berührung, und einem Wachstumsbedürfnis ohne Wachstum, und sie machen deshalb viertens einfach Spaß. Die Kontakte sind für das Fortbestehen der Gattung aus leicht einsichtigen Gründen unentbehrlich, gehören also zum Leben selbst. Sie sind dafür *erforderlich.* Ihre Eigenschaft, Verschnitt zu sein, schützt den einzelnen vor der Ausbeutung seines Innengrunds durch potentielle Feinde und bringt ihn ›in Kontakt‹ mit potentiellen Freunden, aus denen Wachstumspartner werden könnten. *Die Kontakte* sind da, wo sie nicht einfach unentbehrlich sind, auf jeden Fall *von Nutzen.*

Unerwünschtes in Berührung Kommen und vor allem unerwünschtes In Berührung Kommen Wollen durch einseitig entblindende Selbstartikulation sind *peinlich.* Peinlichkeit entsteht in verschiedensten Bereichen der Verhältnisse zwischen Fraglich Lebenden; kommt sie auf als Effekt unerbetenen und in der Gemeinschaft abgelehnten Darbietens artikulierender Innengrund-Darstellung durch eine spürende Einheit, die das Klima falsch eingeschätzt hat, dann heißt sie *die Peinlichkeit des ungewollten Wachstums.* Es läßt sich nicht verhindern, daß meine Gemeinschaft mit einem Kollegen, der meine Berührungsfurcht falsch eingeschätzt hat, für kurze Zeit wächst, wenn er mir etwas Unerbetenes von sich mitteilt und mir damit ein Angebot macht, das ich nicht annehmen kann. Ist der Kollege sensibel genug für mein in der Gesichtsgestik abgeschicktes Zusammenzucken, dann ist er auch oft Akrobats genug, um im Gegenzug durch seine Gesichtsgestik und allerhand sonstige Nachträge die peinliche Botschaft zurückzunehmen: Die hinterhergeschickte Selbstironie ist gegenüber der glatten hinterhergeschickten Selbstverleugnung das glücklichere Mittel. Sie zieht die geschehene Berührung ins Uneindeutige zurück und bringt das Verhältnis der spürenden Einheiten wieder auf die gleichermaßen sichere wie förderliche Ebene *der Kontakte.* Die Peinlichkeit des ungewollten Wachstums wird so, einmal erkannt, durch die geschickteren Kontaktpartner minimal gehalten; ich habe nur auf die nachgeschobene Selbstironie des Kollegen passend zu antworten, sagen wir, auch durch Ironie, und wir haben in blindem Einverständnis uns vor dem Wachstum unserer Gemeinschaft, das für einen Augenblick real war und sich fortzusetzen drohte, geschützt.

Es scheint erkennbar, daß im faktischen Umgang der Fraglich Lebenden hier und jetzt die Gesichtspunkte potentiellen Wachstums und gekonnter Wachstumsverhinderung eine wichtige Rolle spielen. Der Grad zugelassenen Wachsens und also auch der Grad erforderlicher Wachstumshemmung werden nicht auf der Ebene von Artikulation ausgehandelt. Ich depeschiere dem Kollegen mein Zusammenzucken per Gesichtsgestik *blind* hinüber; und in der Geschwindigkeit, mit der er zu reagieren hat, damit uns beiden das nicht gemeinsam gewollte Wachstum auch erspart bleibt, kann er kaum anders, als blind seine Maßnahmen zu treffen. In blinder Erleichterung wiederum biete ich ihm das schützende Einstimmen in den mit der Rückrufmaßnahme angeschlagenen Ton. Daß wir uns über die Weise, in der wir unsere Gemeinschaft führen wollen, und den Grad von Wachstum, den wir ihr zugestehen, irgendwann in artikulierter Form einigten, kommt praktisch nie vor. Nicht nur bleibt also ein erhebliches Stück unserer spürenden Lebendigkeit bei unserem Umgang im Blinden; wir signalisieren einander auch im Blinden, wie wir es mit den Grenzen halten wollen, die wir gemeinsam der eventuell entblindenden Berührung zwischen uns auferlegen.

So hat sich auch jenes Land in der Mitte Europas niemals in offener Artikulation seiner Bewohner zu dem Niveau relativer Schrumpfung entschieden, die in ihm den Einzelnen angetragen wird. Die Herausbildung dieses Niveaus ist ein Stück Naturgeschichte des Lebendigen in einem gewissen Teil der Erde. Freilich ist die Naturgeschichte des Lebendigen überall mit der Geschichte seiner Formen von Gemeinschaft verknüpft, und erst recht gilt das für das Lebendige in Gestalt der Individuen Fraglichen Lebens. Das Studium der Formen von Vergemeinschaftung unter dem Gesichtspunkt blind ausgehandelter Wachstumsoffenheit oder ebenso ausgehandelten stabilen Schrumpftums ist natürlich ein vernachlässigtes wissenschaftliches Feld.

Wenn man annehmen darf, daß zur menschlichen Weise, lebendig zu sein, auch in zentraler Rolle die Entscheidung über Wachstumsfreundlichkeit oder -feindlichkeit der Formen von Vergemeinschaftung dieses Lebendigen gehört, gibt es als Teil seiner Natur- und Gemeinschaftsgeschichte selber das Thema der entblindenden Verständigung über gemeinsames Wachstum oder Schrumpftum. Man versteht das richtig: Es gibt dieses Thema *praktisch nicht*. Denn es wird praktisch nicht verhandelt. Es ist nicht Teil einer bestehenden Praxis von nennenswertem Umfang. Es wäre, wollte man es auf irgendeine Tagsordnung setzen, auch mit dieser Handlung schon durch die Peinlichkeit ungewollten Wachstums ausgezeichnet. Freilich gibt es dies Thema doch wiederum, nämlich in der Form, in der blinde Verhältnisse auf blinde Weise ihrer möglichen Artikulation Themen anbieten. Es gehört mit einer Reihe anderer Themen zu dem, was die Fraglich Lebenden und ihre Gemeinschaften vor sich bringen können, wenn sie sich nach der genannten Weise, lebendig zu sein, bei ihrer eigenen spürenden Realität erkundigen. Es ist also ein mögliches, auf blinde Weise naheliegendes und auf blinde Weise hintangestelltes Thema. Als solches gehört es auch zu einer immerhin *möglichen* Geschichte, von der man sagen dürfte, daß das Lebendige überhaupt in ihr ein Stück weiter *zu sich käme*.

32. Und spannte ihre Flügel aus

Gegenüber der Welt ist *Berühren* die Weise, die eigene Wahrnehmung zu einer Artikulation zu bringen, bei der zugleich, ähnlich wie beim Berühren einer anderen spürenden Einheit, Züge des eigenen Innengrunds entblindet werden, so daß ich an meiner entblindeten Wahrnehmung auch selbst ein Stück Wachstum erlebe. Gewöhnlich habe ich beim gegenständlichen Wahrnehmen ein Welt-*Verhältnis.* Seine eingeübte, für die Zwecke, die ich in der Welt blind verfolge, zugerichtete und durch Verteidigung weitgehend bewegungslos gewordene Form ist der *Realitätskontakt.* Zu diesem wieder gehört als eine (von einer psychologischen Schule für lebenswichtig erklärte) Ausprägung die *Realitätskontrolle.*

Über die Zwecke, nach denen der wahrnehmende Realitätskontakt organisiert ist, hat die Forschung sehr vieles herausgefunden. Wir wissen auch mit nennenswerter Genauigkeit einiges über die Weise, wie unsere Wahrnehmung nach gegebenen Bedürfnissen (Interessen usf.) das in der Wahrnehmung Hervorzustellende auswählt. Es kommt beim Realitätskontakt schon zu spürender Bekanntschaft gewöhnlich nur ein irgendwie für die eigenen Zwecke in der Welt *Relevantes.* (Ob solche Zwecke blind bleiben oder nicht, ist dafür ohne erstrangige Bedeutung.) Wo überhaupt hinzukommende Artikulation von der eigenen Wahrnehmung ausgelöst wird – es geschieht nur bei einem Bruchteil dessen, was mir vor die wahrnehmenden Sinne kommt und von ihnen her in meiner Spürenswirklichkeit sich hervorstellt – orientiert sich die Selektion der Artikulationsthemen wieder an dem, wozu die Artikulation dienen soll. »Ihre Haut ist so braun«, sagte ich zu der Kollegin, und daß ich genau dies von meiner Gesamtwahrnehmung zu artikulierender Darstellung brachte und mitteilte, hatte seinen Platz im Kontext meines fehlgegangenen Versuchs, herauszufinden, ob ich dieser Kollegin körperlich näher kommen dürfe.

Der Realitätskontakt ist, da zunächst nur auf der Ebene spürender Bekanntschaft vollzogen, also auch zunächst blind, und meistens bleibt er es. Das Entblinden steht dabei dem Typ nach zunächst im Dienst ähnlicher Zwecke wie die Auswahl, die die Wahrnehmung schon für sich vornimmt. »Ach, Sie haben noch einen kleinen Jungen«, sagte die Gemüsehändlerin, ihre Wahrnehmung gezielt entblindend, als ich mit meinem Kind zum Einkaufen kam, denn sie unternimmt es seit langem schon durch hie und da angebrachte Fragen, diesen merkwürdigen Kunden beruflich und sozial zu orten, der ich bin und der für ihren Blick nie zu arbeiten scheint, weil er zu den verschiedensten Tageszeiten ihren Laden betritt, für einen Arbeitslosen aber auch wieder deutlich zu viel Geld dort läßt.

Entblindende Aufmerksamkeit auf Züge des eigenen Innengrunds ist beim Realitätskontakt selten erforderlich. Der wichtigste Fall dieser Art ist der der Orientierungskrise, in der ich mich vis-à-vis einer wahrgenommenen Situation und meinen mir bekannten Zwecken plötzlich auf mich selbst zurückgeworfen fühle und mich fragen muß, was und wohin ich eigentlich will. Dann beginne ich, wenn ich Glück habe und den Bewegungen meines Innengrunds Raum geben kann, in Berührung mit etwas anderem zu kommen, als was mir täglich, zur Handlung auffordernd, vor anderen Handlungen abschreckend, von der Wahrnehmung angeliefert wird. Gelingt es mir, die Richtung, die ich in der Welt nehme, von meinem unkonfrontierten Spüren her neu zu bestimmen, dann kann es dem Realitätskontakt geschehen, daß er sich nach der vom

Innengrund aus neu etablierten Orientierung umschichtet: Ich nehme partiell anders wahr und entblinde andere Teile meiner Wahrnehmung als zuvor. »Seit ich das Kind habe, sehe ich viele Dinge ganz neu«, sagt die Mutter; und mit »Dinge« meint sie offenbar sowohl die Dinge der Welt als auch die ›Dinge‹, über die sie sich, weil diese eigentlich steuerungsrelevante Vorgänge zwischen spürenden Individuen um sie herum und im Bereich ihrer Stellungnahme sind, ein Urteil bilden muß.

Das während der Orientierungskrise in Bewegung gekommene Weltverhältnis kann schnell wieder *fest* werden; es kann mir geschehen, daß ich eine Phase der Beweglichkeit, die zugleich für mich eine Phase der Berührung mit mir selber war, weil ich mich auf mich zurückwenden mußte, nur noch blaß und mit dem Gefühl des Verlusts erinnere, während ich jetzt wieder mich scharf eingespannt finde in *die Kontakte* und *den Realitätskontakt.* Sie fügen meine Wahrnehmung wie große Teile meines Verhaltens in ein Schema mit Nullwachstum, innerhalb dessen ich der verschiebbaren Vielfalt von Zielen, Interessen, die ich in der Welt ›habe‹, nachzugehen getrieben bin.

Die mit Wachstum verbundene Weltberührung ist das liberative und kognitive Gegenstück zu all diesem. Sie geschieht in Zuständen, in denen mich meine Schemata des zu Erreichenden, zu Fürchtenden, zu Versichernden und so fort zeitweise allein lassen und ich bereit und fähig werde, meine Wahrnehmung von Welthaftem an neuen Punkten zu entblinden, genauso wie neue Stücke meines Innengrunds im gleichen Zusammenhang. »Ich sehe die Dinge ganz neu« ist eine unvollkommene Kennzeichnung dieses Zustands; ich nehme anders wahr, ich bin fähig, meine Wahrnehmung auf neue Weise zur Artikulation zu bringen, ich mache gleichzeitig neue Erfahrungen mit mir im unkonfrontierten Bereich meines spürenden Lebens. Ich kann konstatieren, daß ich in diesen Phasen mich freier fühle; weniger, weil äußere Handlungshindernisse sich wegräumten, als vielmehr, weil Entblindungshindernisse (mir selbst oft nicht in Artikulation zugänglich und also ihrer eigenen Wirkungsweise nach *blind*) zurücktreten und ich ein Stück weiter zu mir komme: Zu meiner Wahrnehmung von Welthaftem und zu dem Ungegenständlichen, aber von innen her Wichtigen, das dem Konfrontierten als das Andere, ein unabgewandelt *meines,* gegenübersteht.

Die Phasen im Leben einer spürenden Einheit, in denen sie in artikulierende Berührung mit Stücken ihrer Welt und gleichzeitig mit solchen ihres Innengrunds geraten kann, sind eher selten. Weil in ihnen der Tendenz nach *Neues* aus Wahrnehmung und Innengrund zur Artikulation kommt, tendieren sie auch ihren berührten ›Inhalten‹ nach zur Unwiederholbarkeit. Das Zurückfahren an einen Ort, an dem ich gegenüber einem Stück Welt den mehr oder weniger plötzlichen Druckverlust meiner Realitäts-Schemata erfuhr und mich im Entblindungsversuch freier und mehr werden fühlte, liefert gewöhnlich nur noch den Erinnerungsabzug eines vergangenen Stückes Glück. Das schale Gefühl beim Mißlingen solcher Unternehmen ist oft beschrieben worden. Die früher gefundenen Wörter mögen noch verfügbar sein, aber das spürende Klima eines Schubs von Wachstum im Erwachsenenalter stellt sich erst dann wieder her, wenn es mir gelingt, in der reproduzierten Situation noch einmal etwas zu finden, das *neu* auf die Ebene meiner Artikulation tritt und mich also noch einmal an einem unvorhergesehenen Punkt neu *zu mir* und *zu meiner Wahrnehmung* kommen läßt.

In dem Umfang, in dem In Berührung Kommen zugleich Darstellen ist, tendieren ausgezeichnete Momente der Berührung mit der Welt zur Artikulation in den Formen der *Kunst.* Die Kunst ist eine Darstellungsweise, deren Feld da beginnt, wo die wachstumsblockierenden Schemata des Realitätskontakts im Verhältnis zwischen einer spürenden Einheit und ihrer Welt verlassen werden können und die spürende Einheit sich gegenüber den neu zur Artikulation drängenden Stücken ihrer Erlebnisse sich zu neuen Formen der Entblindung und Selbstentblindung herausgefordert fühlt.

Das In Berührung Kommen mit der Welt ist die reichere Weise, mich zu dem zu verhalten, was ich wahrnehme. Es ist die vollere Gestalt von Wahrnehmung, die zugleich ein Verhältnis zwischen dem eigenen Innengrund und dem Wahrgenommenen mit sich führt. Das zeitweilige In Berührung Sein mit der Welt ist *in Sachen Wahrnehmung* wegen des kognitiven und liberativen Mehr gegenüber dem ›Realitätskontakt‹ die menschlichere Art, meine Lebendigkeit zu vollziehen.

Das Zu sich Kommen während einer nicht willentlich herbeirufbaren und nicht einfach reproduzierbaren Zeitstrecke in Berührung mit Stücken ausgezeichneter Wahrnehmung hat mit den Worten der Tradition die unvergleichliche artikulierende Form gefunden in der Schlußstrophe eines gut bekannten dichterischen Dokuments.

> Und meine Seele spannte
> Weit ihre Flügel aus,
> Flog durch die stillen Lande,
> Als flöge sie nach Haus.

Ich lese (vielleicht anders als der romantische Christ Eichendorff es für sich selbst meinte) das in der Weise einer Metapher eingeführte nach Hause Fliegen der Seele, deren Flügel sich in überraschter und zugleich ruhig machender Weltwahrnehmung aufgespannt haben, als ein *Zu sich Kommen.* Daß die Seele zu sich kommt, indem sie in möglichst großem Reichtum die Wahrnehmungen der Nacht vor sich bringt (durch die Lande *fliegt*), scheint mir zu zeigen, daß es dasjenige Zu sich Kommen ist, das sich *in Berührung mit der Welt* ereignet.

Daß die Kunst die ausschließliche Form für das Entblinden berührenden Umgangs mit der Welt sei, kann nicht behauptet werden; sie ist nur eine *ausgezeichnete* Form; und angesichts ihrer eigenen Tendenz, das aufzusuchen, was in der Wahrnehmung sich den für Kontaktzwecke ausgebildeten Schemata entzieht, liegt eine natürliche Nähe zu dem, was in Berührung stattfindet. Sie ist vielleicht die passendste, dem Entblindungsbedürfnis des Fraglichen Lebens am glücklichsten entsprechende Darstellungsform für die gesuchten (unangesehen von ›schön‹ oder ›häßlich‹), Wachstum realisierenden, eine sehr eigentümliche Befriedigung auslösenden Erlebnisse unter dem Titel des *In Berührung Seins*.

Daß die Kunst auch auf der Seite derer, die sie aufnehmen, ein *Zu sich Kommen* (zugleich mit dem zeitweiligen Druckverlust der Kontaktschemata gegenüber Welthaftem, sich selbst und anderen) auslösen kann, ist anerkannt. Sie bietet in ihren Weisen der Darstellung die Artikulation von Einzelheiten, die *so* sonst nicht dargeboten werden und oft *erst so* das Niveau menschenerworbener Ausdrücklichkeit erreichen (für einzelne Fraglich Lebende, für Kulturen von solchen, manchmal für die Geschichte des Lebendigen überhaupt). Die Kunst schafft damit den aufnehmenden Individuen ein *Klima*, ähnlich wie es zwischen zwei Personen oder in einer spürenden Einheit allein sich herstellen kann, in welchem In Berührung Kommen, das immer zugleich Zu sich Kommen ist, *naheliegt* (vorgelebt, angeregt wird).

Es tut der Kunst nicht gut, wenn sie sich wiederholt. Der Übergang einer künstlerischen Weise der Weltdarbietung *ins Verfügbare* kann auch gedeutet werden als ihr Übergang auf die Seite der Kontaktschemata. Die aufnehmenden Individuen erleben, wenn sie genug von einer Weise künstlerischen Darstellens gesehen haben, nicht mehr den Druckverlust der allgemeinen Präformierungen; und deren Bekräftigung in immer neuer Freude mag zwar auch befriedigen, aber *auf andere Weise* als das Berühren, und ohne die charakteristischen Formen des kognitiven und liberativen Mehr, die für dieses typisch sind.

Es versteht sich, daß die Kunst, wenn sie der Weltberührung eine in hohem Maß angemessene Darstellungsweise zur Verfügung stellt, eine ähnliche Rolle für die gelingende, in besserem Sinn lebendige ›Intersubjektivität‹ spielen kann und für das nicht epistemisch ausgedünnte Zu sich Kommen der

Einzelnen, das das wahre Thema des Wortes ›Selbstbewußtsein‹ ist.

Es versteht sich auch, daß ihre hier genannten, Entblindung dokumentierenden wie Entblindung fördernden Leistungen nicht die einzigen sind, die ihr in Angelegenheiten des menschlichen Weltverhältnisses zukommen. Über eine umfassendere Entblindungsleistung der Kunst *in und an diesem Verhältnis* versuche ich später zu sprechen. Die eben erwähnte Rolle der Kunst hält sich demgegenüber noch in einem relativ engen Rahmen.

33. Fertigwirklichkeit

Der *Realitätskontakt* ist (im Gegensatz zu *den Kontakten*) nicht notwendig eine Berührungsimitation. Er gehört, ohne Berührungsanspruch ausgeübt, in Angelegenheiten meiner Beziehung mit der wahrgenommenen Welt zu den *sachlichen Verhältnissen.* Es ist offenkundig, daß mir ein guter Realitätskontakt ohne Trübung durch Herumfühlen von großem Wert sein muß. Ich will mich nicht über meine Umwelt täuschen, und ich will mich nicht über mich selbst täuschen. Auf der Ebene meines Lebenbleibens und im Sinn eines elementaren Bedürfnisses, meine Sachen in dieser Welt richtig zu machen, liegt mir sehr viel an einem gut ausgebildeten sachlichen Verhältnis zu dem, was mich umgibt, zu anderen Fraglich Lebenden und zu mir.

Jede Betrachtung über *In Berührung Kommen* hat sich deshalb abzugrenzen gegen eine charakteristische Modifikation des Welt- und zuletzt auch Selbstverhältnisses, den Umgang mit *Fertigwirklichkeit.* Im Gegensatz zu *den Kontakten,* bei denen Berührung zwischen spürenden Einheiten imitiert und in artig verschnittener Form auch ausgeübt wird, ist der Genuß von Fertigwirklichkeit zwar oft eine kollektive Erscheinung (siehe unten), aber weniger oft eine, auf die das Fortkommen der Einzelnen so glücklich sich stützen kann wie auf *die Kontakte*; er wird auch weniger oft zu diesem Ende unternommen. Ähnlich wie *die Kontakte* es nebenher tun, dient er freilich, und vielleicht sogar vorzüglich, einem inneren Zweck, nämlich dem Bedürfnis nach Berührung ohne Berührung und Wachstum ohne Wachstum. Es ist fast müßig zu sagen, daß die dabei gesuchte Befriedigung durch Formen von Pseudoberührung und Pseudowachstum beigebracht werden muß; daß diese Befriedigung auch sich von dem schwer verkennbaren Spüren, daß ich zum Beispiel mit einem Schub beim Entblinden eines Stückes aus dem Bereich meines Innengrunds freier werde (gleich ob ich etwas ›Positives‹ oder etwas ›Negatives‹ fand), durch eingebaute Sicherheit unterscheidet: Es kann mir nämlich nichts dabei passieren; ich erfahre Befriedigung, aber ich verändere mich nicht.

Die Fertigwirklichkeit wird, passend zu ihrem Sicherheitsgrad, auch ziemlich oft *im Sessel* genossen (aber nicht ausschließlich; ich kann mir das *So Tun als ob* ich etwas erführe und dabei in Berührung mit etwas käme, auch anders leisten). Daß der Sessel hier erwähnt werden muß, hängt mit seiner sprichwörtlichen Rolle in der Geschichte wie in der Gegenwart dieser Erscheinung des Lebendigen zusammen. Die Sparte der Möbeltischlerei stellte ihn früher mit besonderer Ausstattung zum anstrengungsarmen Lesen her, heute mit besonderer Ausstattung zum anstrengungsarmen *Fernwahrnehmen.*

Das Fernwahrnehmen, mit dem gegenwärtig die Sinne des Gehörs und Gesichts verlängert werden, verdrängt langsam die klassische Gewohnheit, sich durch Konzentration auf konfrontierte Stücke des eigenen Spürens, die die Gestalt von Buchstaben haben, in eine von diesen übermittelte ›Welt‹ zu ›versetzen‹. Das Sich-Versetzen alias Sich-Hineinbegeben in eine geleitete Phantasie ist nicht mehr erforderlich, weil die Stücke der Welt, mit der das In Berührung Kommen nahegelegt wird, der verlängerten Wahrnehmung fertig angeliefert werden.

Das Wort *Fertigwirklichkeit* ist (unter anderem) gewählt,

um da, wo es um das Aufnehmen solcher Produkte geht, ein Moment von *Passivität* auszeichnend hervorzuheben gegenüber dem am *Berühren* beteiligten *aktiven Entblinden,* welches hier gerade dem im Sessel vor dem Gerät Sitzenden erspart wird. Das Fernwahrnehmen, das zufällig und unschuldigerweise mit einigen seiner Gestalten hier zum Paradigma der Fertigwirklichkeits-Kultur dient, liefert nämlich oft in charakteristischer Kombination ein Stück ›Realität‹, dessen Wahrnehmen unterstützt wird durch eine gleichzeitig gelieferte, partielle *Fertigentblindung.* Die darstellenden Impulse der spürenden Einheit im Zustand des Fernwahrnehmens, die bei typischen Berührungsvorgängen die wachstumsnotwendige Artikulation hervorbringen helfen, sind hier nicht angesprochen. Bei den reinen Fällen der in die Wohnzimmer hineingeäfften Fertigwirklichkeit wird ihre Arbeit durch die Fertigentblindung ersetzt. Wie alle Organe des Lebendigen, deren Tätigkeit nicht mehr gefordert ist, tendieren die darstellenden Impulse dann zunächst zur Tätigkeitsreduktion und schließlich zu ihrer eigenen Rückbildung. Die spürenden Einheiten, die sich ein hinreichendes Maß an Fertigentblindung zuführen können, befriedigen damit für sich das generelle Entblindungsbedürfnis des Fraglichen Lebens und können auf eigene Entblindungsversuche zunehmend verzichten.

Auch hat das Fernwahrnehmen den Vorzug, daß es die Auswahl, welche gewöhnliches Wahrnehmen gegenüber den in seiner Reichweite liegenden Einzelheiten der Welt immer treffen muß, schon für die Fraglich Lebenden weitgehend mitleistet. Zwar treffen die dann bei ihrer je individuell sich vollziehenden Abnahme von Übergabegerät noch einmal eine Auswahl, weil sie halt verschiedene spürende Einheiten sind (auch verschiedene Knöpfe drücken können). Der Bereich, innerhalb dessen sie sich auswählend zu orientieren haben, ist aber durch die per Gerät angefahrene Fertigselektion von vornherein sehr viel weniger groß, also auch sehr viel weniger schwer zu bewältigen, als ohne diese Einrichtung.

Daß Fertigselektion und Fertigentblindung von den Fraglich Lebenden gut aufgenommen werden, hängt mit einem weiteren essentiellen Moment der neutralen Technik beim Realitätsumgang per FW zusammen. Dies essentielle Moment ist der *Schnitt.* Bekanntlich wird beim Fernwahrnehmen das eigene Sich-Fortbewegen von einem Gegenstand der Wahrnehmung zum nächsten durch den Schnitt praktisch ersetzt. Eigene Entblindungsversuche, die die spürende Einheit unnötigerweise vielleicht gerade angefangen hat, werden mit dem Übergang zum nächsten Bild ihrer Basis entledigt; die Einheit erlebt durch den Schnitt am eigenen Spüren, daß selbst in Gang gesetzte Prozesse in Richtung auf Artikulation bei dem, was hier geschieht, sowohl beschwerlich als auch nicht erforderlich sind, denn zu dem nach dem Schnitt sofort neu Angelieferten gehört der Tendenz nach auch die neue Fertigentblindung. Daß letztere, wie jede Entblindung, immer nur partiell sein kann, tut ihrer Effizienz keinen Abbruch. Fertigselektion und Fertigentblindung erfolgen synchron und zeigen sich damit auf natürliche Weise *besser angepaßt* als die Darstellungsversuche, die die fernwahrnehmende Einheit in momentaner innerer Abkoppelung vom Übergabegerät vielleicht unternehmen könnte.

Es ist oft beobachtet worden, daß mit FW auch neue Formen der Gemeinschaftsbildung unter Fraglich Lebenden ihre Förderung erfahren. Hier seien nur erwähnt die *Hockschaft* (Gemeinschaft derer, die in einem Raum sich an ein Übergabegerät angeschlossen haben) und der *Sendestall* (Gemeinschaft derer, die sich, obschon als Individuen über ganze Landstriche verteilt, zum Fernwahrnehmen eines und desselben ›Programms‹ verbinden). Es ist klar, daß die zu einer Hockschaft Zusammengeschlossenen ziemlich wenig von dem, was in ihnen selbst wichtig ist, zu dieser ihrer Gemeinschaft noch beitragen müssen, die im Sendestall Sitzenden zu ihrer speziellen, raumüberspannenden Gemeinschaft gar nichts. Obwohl im letzteren Fall das Gegenteil auch kaum erwartet werden kann und gegenwärtig sogar noch minderrangige technische Probleme hätte, darf doch festgehalten werden, daß es sich bei Hockschaft und Sendestall unter dem Gesichtspunkt potentiellen Wachsens einer Gemeinschaft als Gemeinschaft um Formen handelt, die in vergleichsweise sicherem Schrumpftum aufgehoben sind. Ihre nähere Betrachtung gehört in einen anderen Zusammenhang.

Es ist erkennbar, daß unter die jetzige Charakteristik weder alle Stücke von FW fallen, noch daß FW das Bedürfnis, dem es entgegenkommt, ursprünglich hervorgebracht hat. Es war schon vorher da, wird durch FW nur verstärkt. Mit den vielfältigen Erleichterungen, die das Fernwahrnehmen für die Suche nach Berührung ohne Berührung und Wachstum ohne Wachstum bereitstellt, ist es bloß in jüngeren Jahren zum idealen Partner der Suchenden geworden. Wenn man in veralteter Sprache von jener Suche als einer Sorge reden will, kann man FW in dieser Hinsicht als die gegenwärtig effizienteste Weise kostengünstiger Versorgung für ein ursprüngliches Berührungs- und Wachstumsbedürfnis Fraglichen Lebens ansprechen.

Die Lebensgestalt des Sich-Bewegens in Fertigwirklichkeit wird die jetzige Form von FW überdauern; insofern ist diese jetzige Form auch langfristig gleichgültig. Zwischen den *sachlichen Verhältnissen*, auf die sich das Fragliche Leben für seine Zwecke in der Welt gut stützen kann, und den Zeitstrecken, in denen es – vielleicht sogar gegen ein vordergründiges Behauptungs- und Überlebensinteresse – *Berührung* herzustellen versucht sowie dabei Erfolg hat, liegt ein gewachsenes Spektrum von Umgangsweisen (in jeder der genannten Hinsichten), in denen sich Stücke unentblindeten Spürens, vergangener und stabil gewordener Entblindungserrungenschaften, neu zur Artikulation stehender Lebensanteile mischen. Es gibt unter Fraglich Lebenden, denen die Darstellungsform des Sprechens zugänglich ist, weder die totale Blindheit noch die totale Entblindung. Die Fertigwirklichkeit als taugliches Mittel, für bestimmte Teile der eigenen Zeit eine treffliche Spielart präformierten Realitätskontakts zusammen mit einem Stück Berührungsillusion zu leben, hält vielleicht in einigen Fällen auch das Bedürfnis nach der Berührung selber lebendig. Die Punkte, an denen eine angelieferte Fertigwirklichkeit von der spürenden Einheit ihres Charakters spontan überführt würde, wären Stellen des Erfolgs in einer solchen scheinbar absichtslosen Strategie des Wachstums, die der Organismus trotz allem verfolgt, und Übergangsstellen zu möglicher Berührung.

Berührung wurde hier emphatisch beschrieben als eine Form des Lebendigseins, die eine herausgerückte Stellung einnimmt in einem Feld von anderen Formen. *In Berührung Bleiben* ist der Versuch, die Errungenschaften dieser Stellung über einige Zeit hinweg gegenüber der eigenen spürenden Einheit beizubehalten, wenigstens so, daß andersartige Zwischenstücke durch Erinnerung überbrückt werden, so daß ein Klima stückweisen Wachstums entstehen kann. Wachstum, ein Vorgang, bei dem die spürende Einheit mehr von sich selbst für sich selbst zu sein lernt und dabei, im Artikulieren wie zugleich in ihrer Handlungsorientierung, zunehmend zu sich kommt, hat vermutlich mindestens in gleichem Maß wie die hier beschriebenen Deformationsgestalten lebendigen Weltumgangs ein reales Bedürfnis Fraglichen Lebens für sich. Ob sich auf lange Sicht die Tendenz zum Wachstum stärker durchsetzen wird oder die Befriedigungskraft der zuletzt besprochenen Surrogatformen und ihrer künftigen Analoga, darf als fraglich stehengelassen werden.

VII. Körperlichkeit

34. Je näher man ein Wort ansieht, desto ferner sieht es zurück

Entblindung in der Weise gelingenden In Berührung Kommens bedarf der gegenüber Konfrontation andersartigen Mittel von *Artikulation.* Konfrontation ist eine kognitive Leistung, die die höheren Formen des organischen Lebens im Lauf ihrer kollektiven wie individuellen Entwicklung ausgebildet haben. Sie wird von den spürenden Einheiten unwillkürlich erbracht; sie entzieht sich der willkürlichen Rückbildung. *Artikulation* gehört zu den aktiven, der willentlichen Entscheidung verfügbaren Leistungen des Fraglichen Lebens; sie hängt in ihrem Fungieren sehr oft von Konventionen ab; die Elemente einer Artikulation sind dem willkürlichen Umsetzen in andere Kontexte, dem Ablösen von einem Artikulationsthema und dem umdefinierenden Zuordnen zu einem anderen Thema prinzipiell zugänglich.

Was ist Entblindung über das bis jetzt Gesagte hinaus, nicht qua Artikulieren (woran sich die Frage wiederholen müßte), sondern gesehen von einem Gesichtspunkt her, der außerhalb dieser Klassifikationen liegt? Was ist Entblinden als eine Tätigkeit spürender Einheiten, durch die sie sich in transponierender Artikulation eine höherstufige, dauerhaftere Form des Umgangs mit Teilen ihrer Wirklichkeit (ihres Lebendigseins überhaupt) verschaffen? Was ist Entblinden, betrachtet als eine Leistung im Zentrum einer Einheit Fraglichen Lebens, die zur Steuerung dieser Einheit Entscheidendes beitragen kann, die ihr aber nicht einfach durch die Geschichte des Organischen geschenkt wird, sondern für die spürende Einheit selbst Teil ihrer eigenen Lebensanstrengung sein kann und also auch ein gut Teil der Befriedigungen beitragen kann, die sie sich lebend verschafft? (Und diese Befriedigungen sind nicht irgendwelche, sondern oft kognitiv-liberative Instanzen von Wachstum und Zu Sich Kommen).

Es ist deutlich, daß diese Fragen für eine sinnvolle Behandlung in meinem Kontext zu groß sind. Ich will versuchen, mich einer engeren Version zu nähern, indem ich mich auf dasjenige Entblinden beschränke, das mir wegen seiner Reichweite, Synthesefähigkeit, Eindeutigkeitstendenz, Verfügbarkeit den meisten Gewinn bringt, das sprachliche. Dabei ist nicht noch einmal ein Stück sattsam standardisierter ›Sprachphilosophie‹ angestrebt, sondern ein Versuch, mein sprachliches Entblinden anzusehen auf seine Eigenschaft hin, zuletzt, in seiner letzten Form, die mir als Organismus zugänglich ist, zu meinem eigenen spürenden Leben *zu gehören.*

Was tat ich, als ich zu der Kollegin sagte: »Ich finde Sie anziehend?« Was tat sie, als sie in dem Augenblick, wo der Tee vor ihr stand, verlangte: »Haben Sie nicht was Stärkeres zum Reinschütten?« Mit »Was tat ich bzw. sie« ist dabei nicht unser damit sich vollziehendes Handeln in unserer sich gerade zum Schiefen hin entwickelnden Gemeinschaft gemeint; daß Sprechen Handeln in der beteiligten Gemeinschaft (und sei es derjenigen mit mir selbst) ist, kann als selbstverständlich gelten. Was tat ich mit bestimmten, ausgezeichneten Anteilen meines spürenden Lebens, als ich die Frage äußerte? Was tat ich mit solchen Anteilen, als ich die Frage innerlich formulierte? Was tue ich mit solchen Anteilen, wenn ich für mich selbst jetzt sage: »Ich empfinde, während ich darüber schreibe, immer noch einen Rest der Anziehung, die sie auf mich ausübte«; »Es kommt wieder etwas in mir hoch von dem Provozierenden, das ihre frei sich öffnende Oberbekleidung für mich besaß«?

Beim Schreiben über Konfrontation habe ich Sprachliches von gegenständlicher Konfrontation unterschieden. Sprachliches ist Konfrontiertes, aber anders; wenn ich spreche, im einfacheren Fall für mich selbst spreche, ohne Laute zu äußern, stehen Anteile meiner spürenden Wirklichkeit nicht als Gegenstände da, aber doch *als Wörter.* Sie gegenwärtigen nicht dingliche Teile der Welt, in der ich zu leben habe, oder dinganaloge Partien meines verstellten Leibes, sondern die *andersartigen* Einheiten, mit denen ich mein Sprechen vollziehe.

»Anziehend« bezeichnet eine Eigenschaft, die ich der Kollegin von meinem Innengrund her zuschreibe, bei Gelegenheit meiner neuerlichen Erinnerung an den gemeinsamen Nachmittag. Es ist ein Wort für das Wahrgenommene in seinem Verhältnis zu mir. Das Wort »anziehend« ist Konfrontiertes, zweifelsohne, denn hier und jetzt sind es Anteile meines spürenden Lebens, die *als* das Wort *da sind* (nicht noch einmal ›es bedeuten‹ oder ›es bezeichnen‹). Die Anteile gegenwärtigen mir dieses Wort; andere Anteile gegenwärtigen mir das grüne Telefon; die Weisen der Gegenwärtigung sind verschieden, aber ihr Gemeinsames ist, daß es sich nicht um ein Bezeichnen, Abbilden etc. handelt, sondern um Konfrontieren.

Konfrontiertes ist das Andere des Sichselbstgleichen; es ist aus dessen Status gleichsam *herausgerückt;* nicht umsonst sind die Grundformen der Konfrontation Entäußerung und Entinnerung. »Anziehend« als Wort scheint im Vergleich zu dem Wahrgenommenen, dem ich das Wort als Prädikat zuordnen kann, noch ein Stück weiter vom Sichselbstgleichen entfernt zu sein. Will ich das metaphorische Entfernungsmessen fortführen, kann ich sagen: »Anziehend« hat als spürende Basis einen Anteil meines Sich-Bekundenden, der es gegenwärtigt; das Gegenwärtigte seinerseits ist sprachliches Zeichen für eine Eigenschaft, die ich Wahrgenommenem zuspreche. Sich-Bekundendes ist konfrontiert als »anziehend«, »anziehend« im faktischen Gebrauch nicht aufgefaßt als dieser Laut, sondern als Zeichen für ein Weiteres, die Weise, wie ein Körper sich trägt, in meinem Blickfeld und gegenüber mir als dem, der ihn sieht.

Sehr vertraut scheint die Spürenssequenz, die ein Schriftsteller meiner Zeit entblindet hat mit der Notiz: »Je näher man ein Wort ansieht, desto ferner sieht es zurück.« Ein Wort zum bloßen, gesprochenen oder still nachgeformten Laut zusammensinken lassen: Ich sage es stets neu vor mich hin oder starre unverwandt auf seine Schriftgestalt; dann wird die Verbindung von »anziehend« und anziehend flüchtig, was mit »anziehend« gemeint war, zieht sich von dem Wort gleichsam zurück; was mir bleibt, sind neun Buchstaben in festgelegter Ordnung oder eine artikulierte Folge von Lauten, die so ausgeleert beim realen oder innerlichen Sprechen vor mir stehen, daß ich mich wundern muß, wie ich zuvor etwas Sinnvolles damit beginnen konnte. Aber sie stehen als Konfrontiertes vor mir; ich kann die geäußerten Laute hören und die innerlich gesprochenen wie die Hör-Phantasie eines Hör-Gegenstandes ablaufen lassen. Noch eindeutiger beim geschriebenen Wort: Löst sich die Verbindung mit etwas, wofür es Zeichen war, dann *nehme* ich es weiter *wahr;* ich bleibe mit einem Konfrontierten, das auf einmal seine bisherige Rolle in der Welt verloren hat, allein. Dies Konfrontierte jedoch weiter zurückzubilden, zum Sichselbstgleichen etwa, gelingt mir nicht. Versuche ich es, dann stoße ich auf die gewachsene Festigkeit einer Entwicklungserrungenschaft der höheren Lebewesen. Einiges von ihrem Spüren tritt konfrontiert auf und gegenwärtigt anderes. Als dies andere fungiert es im spürenden Zentrum der Organismen und trägt zu deren unverwechselbarer Weise, sich in der Welt zurechtzufinden, bei. Daß »anziehend« für eine Eigenschaft steht, die ich unter bestimmten Bedingungen zuschreibe, beruht auf einem Gebrauch, der in meiner Sprachgemeinschaft sich geschichtlich gebildet hat. Auf eine Änderung des Sprachgebrauchs kann die Gemeinschaft der Sprechenden im Prinzip aktiv hinwirken; auf Abbau oder Änderung von Konfrontation prinzipiell nicht.

Dies liefert einen Sinn, in dem Konfrontation die *letzte Form* meines Umgangs mit der Welt und mir selbst heißen kann. Das Konfrontierte ist ein Geformtes durch Ent-stellung, also durch Herausgerücktsein aus dem Status von Sichselbstgleichem. Dadurch erst entstehen fixierbare Einheiten, auf die sich der Organismus wahrnehmend richten und die er durch erinnerte Wahrnehmung mit relativer Sicherheit wieder in Anspruch nehmen kann. Auf Konfrontation bauen andere Steuerungsmittel und schließlich auch »Erkenntnis« und »Wissen« erst auf. Ohne sie wäre ich vielleicht Spüren, vielleicht auch wechselndes Spüren, aber es gäbe kein Handeln als Antwort auf gegenständlich bestimmte Situationen, kein Sprechen, kein Mich-Finden als eines unter mehreren Wesen, es gäbe gewiß nicht ›mich‹, sondern nur ein spürendes Ereignisfeld, eventuell, wie eine Karikatur aus Sitzender Wissenschaft es will, mit Reizen und Reaktionen, doch ohne Bildungen dinglicher, sprachlicher, geschweige denn persönlicher Art.

Artikulation, genommen als eine aktive, der Willkür zugängliche Leistung von Fraglich Lebenden, hat stets Artikulationsthema und Artikulationskörper. Sprechen als ein Fall von Artikulation hat als Artikulationskörper die in Konfrontation äußerlich oder innerlich gegenwärtigte Lautgestalt des Gesprochenen. Konfrontation als das, was den Artikulationskörper des Sprechens liefert, ist damit auch die *letzte Form* dieser Weise meines Umgangs mit der Welt und mir, freilich eine Form, auf der sich die charakteristischen Formen des Sprechens selbst erst aufbauen. (Ohne mich der hoffnungsverlorenen Phänomenologie zu verpflichten, kann ich in dieser Sache von *Aufbau* reden; es gibt einen genetischen wie auch einen in den Augenblicken des Sprachgebrauchs vorhandenen Aufbau von Spürensformungen; deren gröbste Unterteilung ist hier die konfrontiert gegenwärtigte Lautgestalt und deren im gleichen Zug nahezu immer schon geschichtlich etablierte Rolle als Artikulationskörper für ein Sprechen, das sich ereignet). Konfrontation ist natürlich auch die letzte, wenngleich nicht einzige Form, die an dem beteiligt ist, was ich als Entblindung an einzelnen Punkten meines Lebens erfahre und als einen Grund sehr eigentümlicher Befriedigung immer wieder suche. (Sie wird nicht vorausgesetzt als Form des zu Entblindenden, liefert aber stets die letzte Form der artikulierenden Mittel, die die Entblindung leisten).

Zu der Frage, was Entblinden als eine Tätigkeit meiner, der ich spürend lebe, sei, ist zwar nun jene Form in Erinnerung gerufen; das Interesse, das mit der Frage zusammenging, ist damit aber nicht stillgestellt.

35. Modifizierte Konfrontation, freie Konfrontation

»Je näher man ein Wort ansieht, desto ferner sieht es zurück«: Nehme ich das Wort »Wort«. Der Satz spricht ja nicht über ein konkretes Wort, sondern über Wörter überhaupt, mit der zuletzt in Anführungsstriche gesetzten Bezeichnung. Es ist nicht so, daß auf das Konfrontierte, welches ein Laut (ein phantasierter Laut, eine Buchstabengestalt) ist, ohne weitere Umstände der Gebrauch seiner als Zeichen für einen bestimmten Gegenstand gelegt wird. Das mag so geschehen bei »Montaignes Bild«, wenn ich dieses bestimmte Bild Montaignes an der Gelenkleuchte meine; und auch hier ist die Möglichkeit, kraft der sprachlichen Wendung den Gegenstand zu ›bezeichnen‹, nicht erbracht durch eine einfache Zuordnung dieses Artikulationskörpers zu diesem Artikulationsthema aus meiner Welt, sondern hängt entscheidend an der Reichweite des Wortes »Bild« als einem Artikulationskörper, der auf sehr viel mehr Exemplare bezogen werden kann als auf ein einziges Bild, und gerade deshalb sich eignet als Hilfsmittel zur schreibenden Aussonderung dieses einen nachgedruckten, hier aufgehängten Stiches für den Leser.

Das Wort »Wort« nehme ich im gleichen Augenblick, wo ich mit seiner Hilfe sage »Je näher man ein Wort ansieht...«, nicht als Artikulationskörper für ein konkretes, individuelles Wort; ich gebrauche ein Abstraktum. Den entäußerten oder jetzt phantasierten Laut beziehe ich nicht auf etwas Einzelnes, und auch nicht auf die Menge aller Einzel-Exemplare, auf die jenes zutreffen mag, schon gar nicht auf die Menge der dieser letzteren Menge gemeinsamen Eigenschaften; vielmehr hat das Artikulationsthema des Artikulationskörpers »Wort« in seiner abstrakten Verwendung einen höchst eigenartigen Status, von dem ich vermute, daß ihn noch niemand wirklich aufgeklärt hat. Daß es sich hier um eines der Rätsel handelt, die sich die Tiere, welche das Erkennen erfanden, mit eben diesem eingehandelt haben, ist bekannt.

Das Rätsel (das sicher nur unter Berücksichtigung unserer

Natur als spürender Wesen, die gerade keine Dummy-Götter sind, sich lösen lassen wird) beiseitegesetzt, bleibt unter dem Gesichtspunkt der lebendigen Basis, auf der ich allein mit meiner Welt umgehen kann, das Besondere, daß ich die konfrontierten Laute »Wort« und »Bild«, nachdem ich meine Sprache einmal gelernt habe, ohne Umweg, wie in einem Sprung, verwende als Artikulationskörper für jene Themen, ohne daß ich je alles, was unter sie fällt, noch auch alle Eigenschaften, durch die sie definiert sein mögen, mir zur Bekanntschaft, geschweige denn artikulierenden Gegebenheit gebracht haben müßte. Ich erinnere mich auch nicht an irgendeinen früheren Lernvorgang, ich finde mich als einen, der »Wort« und »Bild« als geformte Artikulationskörper zu gebrauchen weiß; sollte es wahr sein, daß die kleinsten Einheiten des Sprechens Sätze bestimmter Art sind, weiß ich auch unter Mithilfe jener Artikulationskörper solche zu bilden, ohne daß ich die ›Stufen‹, in denen sich dies alles in meiner Geschichte entwickelt hat (oder die anderen, in denen es jetzt eben ›aufgestuft‹ ist), wiederum in artikulierender Bekanntschaft besäße. Wenn es eine ›Konstitution‹ gibt, die zu den Artikulationsthemen von »Wort« und »Bild« führt, ist mir nichts davon in irgendwie hervorgestellter Weise gegenwärtig.

Ich gebrauche »Wort« und konfrontiere den Laut in einem Zug so, daß er in meinem spürenden Leben steht für das Artikulationsthema von »Wort«. Ich gebrauche die Lautgestalt des Satzes »Je näher ...«, und konfrontiere direkt, ohne Sich-Hervorstellen eines ›Aufbaus‹, so, daß als Artikulationsthema dieser Lautfolge etwas wie ein Sinn des zugeordneten Satzes in meinem spürenden Leben da ist.

Diese Weise der Konfrontation spürender Anteile meiner selbst ist durch Lernen im Zusammenleben mit anderen Fraglich Lebenden entwickelt. Sie ist *modifizierte Konfrontation*, eine soziale, wenn man will: kulturell ausgebildete, individuell lernend zu eigen gemachte Formung und Funktionsweise von Spürensanteilen. Von der einfachen Entäußerung und Entinnerung als natürlichen Grundformen der Konfrontation unterscheidet sich die *modifizierte Konfrontation* als erstes durch ihre partielle Rückbildbarkeit. Ich kann sie phantasierend partiell zurückbilden, und ich kann zurückbilden durch Kündigen der Regeln, die ich lernte, als ich lernte, den Laut »Wort« für das Artikulationsthema Wort zu nehmen. Entäußerung und Entinnerung als Grundformen der Konfrontation sind zunächst invariant gegenüber kulturellen Unterschieden; die durch Verschiedenheit der Sprachen miterzeugten Verschiedenheiten von Details der Weltwahrnehmung sind gegenüber der konfrontierenden Tendenz des organischen Spürens sekundär; sie stellen eine Rückwirkung des in Gemeinschaft Erworbenen aufs organisch Herausgebildete dar.

Die *modifizierte Konfrontation,* speziell die beim Sprechen in Anspruch genommene, ist in sehr hohem Maß kulturabhängig: Ich habe ein Repertoire solcher Konfrontationen, das sich von dem eines Koreaners zum Beispiel erheblich unterscheidet. Deshalb ist modifizierte Konfrontation nicht nur auf dem Konfrontieren einer einfachen Lautgestalt aufgestufte Konfrontation; sie ist auch nicht mit all ihren Anteilen das, was als Konfrontation eingeführt wurde: Naturerscheinung des Lebendigen. Sie enthält (die versimpelnde Gegenüberstellung, auf deren Stehvermögen es hier nicht ankommt, einmal akzeptiert) einen naturgeschichtlich entwickelten und einen kulturell entwickelten Anteil; der letztere zeigt einzelne typische Züge der natürlichen Konfrontation nicht, dafür aber eigene, an denen deutlich wird, daß Konfrontation qua *modifizierte* nicht einfach ein Analogon sein kann zu Entäußerung und Entinnerung.

Eine in modifizierter Konfrontation verfügbare Spürensformung eignet sich als Artikulationskörper und wird im Normalfall von der artikulierenden Einheit als solcher eingesetzt. Spreche ich von den Wörtern, die man nicht zu nah ansehen darf, weil sie sonst aus um so größerer Entfernung zurücksehen, dann stelle ich aus verfügbaren Artikulationskörpern (indem ich sie auf ein bestimmtes Fungieren festlege) einen neuen Artikulationskörper zusammen, der das jetzt relevante, neue Thema in meinem spürenden Leben gegenwärtigt – *aber auf gänzlich andere Weise und mit gänzlich anderem Status als die mein Schreiben von Zeit zu Zeit unaufdringlich unterbrechende Konfrontation, die Montaignes Bild für mich gegenwärtig macht.*

So erscheint mir die modifizierte Konfrontation als das zentrale Mittel meiner jetzigen Tätigkeit; ständig benutze ich nachdenkend Teile meiner, die nicht als wahrgenommene (oder phantasierte) Einzeldinge fungieren, sondern qua Artikulationskörper Themen gegenwärtigen, die mehr und Andersartiges sind denn einzelne Wahrnehmungen. Mit der modifizierten Konfrontation bin ich von der Ebene des Konfrontierens einzelner Exemplare, an denen ich als vielfach bedürftiges Spürenswesen zu haften tendiere, übergegangen auf eine Ebene neuer, nicht mehr an solches Einzelne gebundener Themen. Sie kann ich nicht mehr greifen, essen, liebend genießen, aber ich kann kraft ihrer bei mir ausfindig zu machen suchen, was Greifen, Essen, liebend Genießen als Handlungen meiner sind. Ich kann ihnen nichts übelnehmen (anders als mir selbst), aber ich kann durch sie mit mir darüber sprechen, was es bedeutet, daß ich mir selbst etwas übelnehme.

Die modifizierte Konfrontation, wo sie sich von der Ebene des Einzelnen gelöst hat, vermittelt den Zugang zu etwas in angebbarem Sinn Freierem. Die am Einzelnen haftende Entäußerung (beim Wahrnehmen zum Beispiel) kann als *gebunden* unterschieden werden von der *freien*, das heißt nicht gebundenen Weise, in der ich die Themen der Artikulationskörper »Wort«, »Bild«, »Rätsel«, »ungebunden« gegenwärtige (vorausgesetzt, ich gebrauche diese Artikulationskörper nicht allein für einzelnes jetzt Präsentes, sondern zur Gegenwärtigung von Themen, unter die solches Einzelne fallen kann). Deshalb heißt dieser Sondertyp modifizierter Konfrontation *freie Konfrontation.*

Daß ich in freier Konfrontation mit Themen von größter Komplexität und zugleich Abstraktheit Umgang haben, daß ich (unter anderem) Wissenschaft treiben und eine Form von Kenntnis suchen kann, die bestimmten Kriterien der Verläßlichkeit, Mitteilbarkeit und Prüfbarkeit entspricht, kraft deren sie unter Fraglich Lebenden *Erkenntnis* heißen darf, ruht auf der Verwendung von Artikulationskörpern, die geformte Anteile meines spürenden Lebens sind. Die beiden elementaren Abkürzungs- und Vereinfachungsleistungen, die zum einzigartigen Wert des organischen Spürens als Orientierungs- sowie Steuerungsinstanz des entwickelten Lebens beitragen, nämlich die *Einheit des Aufgeschlossenen* und das in der Konfrontation geschehende *Fungieren-als*, liegen noch an der Basis der höchststufigen, scheinbar spürensfernsten Operationen, die ich bei meinen Versuchen von Erkenntnis unternehmen kann. Könnte ich nicht konfrontieren und das dadurch Gegenwärtigte kraft der Einheit des Aufgeschlossenen mit anderem zusammenstellen (z. B. sprachliche Zeichen zu Sätzen, die ein wahrnehmungsunabhängiges Thema auftreten machen), dann verliefe mein Leben vermutlich weit unter dem Niveau, auf dem ich mir allgemeinere Fragen stellen, Antworten suchen, mit mir über das Richtigmachen meiner ganzen Lebens-Sache hier und jetzt reden kann. Das von Platon hochgehaltene Sprechen der Seele mit sich selbst (λόγος ὃν αὐτὴ πρὸς αὑτὴν ἡ ψυχὴ διεξέρχεται) könnte sich nicht ereignen. Es ist hier nicht die Frage, ob Orientierungs- und Steuerungsleistungen gleichen äußeren Effektes auch durch andere Mittel erbracht werden könnten; es geht um die Weise, wie die Lebenden qua Lebende sie erbringen; und sie erbringen sie zuletzt, indem sie in bestimmter Formung *spüren*.

Die ›Tiere, die das Erkennen erfanden‹, unterschieden, seit sie sich selbst zum Thema des Fragens und der möglichen Kenntnis wurden, ihre eigenen Fähigkeiten des Erkennens von den Fähigkeiten potentieller Wesen, die sie als ›höher‹

einstuften denn sich selbst. Sie hatten früh ein Bewußtsein der eigenen Begrenztheit.

Indem ich Stücke meiner in modifizierter Konfrontation verwende und einräume, daß dies für ein Wesen wie mich zu den notwendigen Bedingungen von Erkenntnis gehört, räume ich auch einen Zug ein, der mich von bestimmten andersartigen Wesen, die sich jene Tiere als ›höher‹ vorstellten, unterscheidet. Was ich für eine spürende Einheit meiner Art »Kenntnis« und »Erkenntnis« nenne, ist *notwendig körperlich* in dem Sinn, daß es für mich nicht entstehen, sich erhalten oder wieder heraufgerufen werden kann, ohne daß Stücke meines Sich-Bekundenden dabei in konfrontiertem Status als *Körper* der Artikulation fungieren. Weil ich guten Grund für die Annahme habe, daß ohnehin allen ›Teilen‹ meines Spürens ein Körperliches, hier in dem Sinn eines organischen Vorgangs oder Zustands, entspricht, indem es damit identisch ist, und weil alles, was ich an Themen höherer Abstraktheit und Komplexion mir aneigne, auf spürenden Artikulationskörpern in modifizierter Konfrontation aufruht, ist die Eigenschaft der *Körperlichkeit* meinem ganzen kognitiven Weltumgang, ob in schlichter oder modifizierter Konfrontation geschehend, in doppeltem Verständnis zuzuschreiben. Offenkundig dürfte das eine Eigenart aller kognitiven Orientierung von Wesen sein, die nicht als gottähnlich von uns nur gedacht oder phantasiert werden, sondern die *spürend leben wie wir.* Ob etwa Fledermäuse konfrontieren und die Welt, durch die sie fliegen, also in Gestalt äußerlich wahrgenommener Hör-Gegenstände dinghaft vor sich haben, wie wir unsere Welt in Gestalt von Seh- oder Tast-Gegenständen, können wir schwer entscheiden; daß sie als Formen des Lebendigen *körperlich* und auch *spürend körperlich* ihre kognitiven Errungenschaften gewinnen, darf hingegen als relativ wahrscheinlich gelten. Gott, wie eine bestimmte Tradition ihn sich vorstellt, müßte *unkörperlich* erkennen; denn er *lebt* nicht körperlich, ebensowenig wie er im Denken dieser Tradition *stirbt*; wenn es ihn gibt, existiert er in einer grundsätzlich anderen Weise.

Zu den Bedingungen von Kenntnis und Erkenntnis, welche ein Lebewesen sich aneignet, gehört, daß solche Kenntnis, so intensiv und genau sie sein mag, immer einen Anteil enthält, dem gegenüber sie selbst blind bleibt. Dieser Anteil ist ihr eigener *Körper*, das Spüren, das in schlichter Konfrontation zum Beispiel die Lautgestalt eines Satzes gegenwärtigt, in freier Konfrontation zum Beispiel eine allgemeine Aussage über die Erkenntnismittel von Wesen meiner Art. Das Sich-Bekundende ist seinen elementaren Eigenschaften nach allein *da*; nicht etwa durchschaut oder analysiert es sich immer schon kraft solchen Da-seins; es ist da, indem es sich bekundet und bekundet sich, indem es da ist, sonst nichts. In dieser sich selbst gegenüber zunächst blinden und auf ein Tieferes hin stets undurchdringlichen Weise sind die Basis-Stücke von Kenntnis und Erkenntnis ebenfalls schlicht da; daß sie auf ein anderes ihrer hin konfrontiert sind und in dieser Rolle dazu dienen, jenes andere zu gegenwärtigen, befreit sie nicht aus ihrer elementaren Unbekanntschaft und Unkenntnis *in Sachen ihrer selbst*, vertieft diese vielmehr, weil die konfrontierten Spürensanteile als das, was sie unangesehen dieser Rolle sind, gerade nie zur Bekanntschaft kommen, solange sie die Rolle spielen. Sie sind hervorgestellt (im spürenden Leben zur Bekanntschaft gebracht) *als anderes*; aus logischen Gründen können sie nicht im gleichen Zug hervorgestellt sein als sie selbst.

Das gilt für spürende Bekanntschaft wie für Artikulation gleichviel. Die Körperlichkeit aller Kenntnis, die einem Lebendigen allein möglich ist, läßt die Selbstentblindung eines und desselben spürenden Anteils *als dieses Einzelnen* nicht zu. Freilich kann ich abstrakt über alle Fälle von Entblindung sprechen; ich kann nicht im gleichen Vollzug den spürenden Körper meiner Äußerung als dieses eine Individuelle irgendwie zu kennzeichnen und daran ein Stück Entblindung zu leisten versuchen.

»Je näher man ein Wort ansieht, desto ferner sieht es zurück«: Solange ich fähig bin, den Satz als Aussage über Wörter zu nehmen, verharre ich in Blindheit gegenüber den einzelnen, sich bekundenden Artikulationskörpern. Nehme ich die modifizierend erworbenen Eigenschaften des Konfrontierten durch ›Zu nah Hinsehen‹ zurück, gewinne ich Bekanntschaft mit diesen Körpern als schlicht konfrontierten Stücken meines Spürens und verliere jene Aussage, die das Thema der modifizierten Konfrontation war. Gelänge es mir, die schlichte Konfrontation auch noch zurückzunehmen (was ich nicht kann), entstünde mir Bekanntschaft mit etwas, das zum Sichselbstgleichen zählte; ich könnte es aber nicht einmal mehr wie eine gehörte Gestalt festhalten, denn es wäre keine solche, *und es wäre unfixierbar.*

Das Thema der rückgewandten Selbstreduktion der Erkenntnis ist in der Geschichte des Fraglichen Lebens alt. Sobald die sich verständigenden Einheiten über die Basis ihrer Kenntnis reflektierten, stießen sie, wenn sie dabei (in anderer Terminologie und mit Unterstellung hochfliegender Fähigkeiten) an ihr Spüren dachten, auf das Problem der epistemischen Selbst-Einnahme. In einigen Verständigungsversuchen der Tradition *nimmt das Erkennen sich selbst ein* wie eine Festung, die es zuvor oder gar im gleichen Zug aufgebaut hat. Die Frage nach der epistemischen Selbsteinnahme stellt sich auch dem Versuch, in *spürender Körperlichkeit* einen nicht hintergehbaren Grundcharakter des *lebendigen Erkennens* (des Erkennens *Lebender*) zu sehen.

37. Lebend versus tot und göttlich

Ich schreibe zu einer Zeit, in der das Erkennen des Lebendigen dabei ist, von dem ›Erkennen‹ des Leblosen eingeholt, auch überholt zu werden. Die Intelligenz der *Geräte* hat an einer Reihe von Punkten ihre Überlegenheit gezeigt; in Fragen der Leistung sehen viele für dieses ›Erkennen‹ weniger enge Grenzen als für unser eigenes, mindestens in hinreichend weit hinausgesetzter Zukunft.

Das ›Erkennen‹ des Leblosen ist wie das Erkennen des Lebendigen körperlich. Es braucht einen (physikalisch beschreibbaren) Körper, und alle Vollzüge oder sonstigen Eigenschaften dessen, was an ihm als ›Erkennen‹ zustandekommt, haben ein physikalisch beschreibbares Pendant. So gelten für das leblose ›Erkennen‹ auch die Grenzen, die sich mit Gründen der Logik für jedes körperliche Erkennen bestimmen lassen.

Das als *göttlich* postulierte Erkennen kann ich mir nach den in vollem Menschenehrgeiz strahlenden Prädikaten, die dem Göttlichen in der Geschichte meiner Kultur zugeschrieben wurden, bestenfalls in der Phantasie als ein Erkennen unvollständig skizzieren; natürlich ein Erkennen, das nicht in die Grenzen des lebendigen, auch nicht in die des leblosen Erkennens eingeschlossen ist. Es gilt nicht als körperlich, weil Körperlichkeit eine Grenze bedeutet. Vor allem das Prädikat der ›Allwissenheit‹ setzt es über jedes körperliche Erkennen hinaus. Da Spüren ein Körperliches ist, erkennt ein so gedachter Gott nicht spürend. *Wie* er jedoch erkennen soll, ohne Erkenntniskörper und unbegrenzt, scheint nicht näher sagbar zu sein. Will ich nicht nur die übergroße Fähigkeit zum oft wiederholten Mal rühmend bezeichnen, sondern versuchen, die Weise solchen Erkennens Schritt für Schritt zu rekonstruieren, stoße ich darauf, daß ich etwas dergleichen nicht konkret denken kann, weil ich mich beim Versuch des schrittweisen Ausführens in Widersprüche verwickle. Das Göttliche als das absolut Überlegene, das an die Grenzen körperlicher Intelligenz nicht gebunden ist, erweist sich zugleich als das Widersprüchliche für die Denkmöglichkeiten der ersteren; deshalb versichern wohl auch einige, es sei für das Fragliche Leben vermessen, die geistige Struktur eines Über-Wesens nachzeichnen zu wollen. Dieses sei vielmehr das *ganz Andere.*

Die Geräte des leblosen ›Erkennens‹ wurden von Lebenden konstruiert und dürften ihnen demnach auch rekonstruierbar sein. In der jetzigen Fluchtlinie ist nicht eine Debatte ›Geist versus Maschine‹ erforderlich (oder wie diese Titel heißen), sondern nur eine kurze Erinnerung an die Verschiedenheit der Erkenntniskörper. Ob die Geräte, um die es geht, irgendwie und irgend etwas spüren oder nicht, kann sogar hintanstehen. Entscheidend für ihr ›Erkennen‹ ist, daß sie kein Spüren *als Erkenntniskörper* verwenden. Die Apparate des leblosen ›Erkennens‹ werden gebaut nach den Erkenntnissen der Physik. Ihre ›intellektuellen‹ Strukturen gehören in die Informatik. Physik wie Informatik sind Wissenschaften, in denen zumindest gegenwärtig Spüren als etwas, das unversehens sich bekundet, nicht auftritt. Ebenowenig treten darin auf die in spürendem Material mit der Grundeigenschaft des Sich-Bekundens erst möglichen Ordnungsformen der Aufgeschlossenheit (durch die *Bekanntschaft* entsteht), der schlichten Konfrontation (durch die unter anderem eine direkte Gegenwärtigung objekthafter Umwelt möglich wird) und der modifizierten Konfrontation (durch die das kulturell erworbene Ablösen von der je einzelnen Wahrnehmung möglich wird und der Übergang zu Themen, welche mehr und anderes unter sich begreifen als das sinnlich Gegenwärtige). Wollte man die Strukturen des leblosen ›Erkennens‹ mit denen des lebendigen im Detail vergleichen, müßte man eine Informatik der Maschinen und eine noch nicht erworbene ›Informatik‹ der lebendigen Erkenntnis einander gegenüberstellen (das im Wohlfeilen erblindete Wort ›Information‹ für jetzt einmal toleriert).

Der Umgang, den ich durch lebendiges Erkennen mit der Welt und mir selbst gewinne, ist durch viele Züge einzigartig; der hier relevante besteht darin, daß es in doppeltem Sinn spürender Umgang ist: Spüren ist das letzte Material aller meiner Artikulationskörper und das letzte Material auch aller kognitiven Erwerbungen, die auf oder noch unter dem Niveau von Erkenntnis liegen mögen. Spüren gehört weiterhin sichselbstgleich unfixierbar zum Innengrund als ein Komplement alles Konfrontierten, die Beziehung zwischen spürender Einheit und dem von ihr Erkannten (auch dem schlicht Entäußerten oder Entinnerten) einfärbend. Ins Sichselbstgleiche fällt auch die zunächst unkonfrontierte Gegenwart meiner Handlungsimpulse vis-à-vis dem, was ich als Welt erlebe. Es ist zwar nicht zwingend, aber faktisch unabweisbar, daß die einzigartige Körperlichkeit des lebendigen Erkennens in erheblichem Maß auch einzigartige *Formen* mit sich führt; ihr Studium mit dem Ende der Selbstentblindung unseres lebendigen Weltumgangs in seiner tiefsten Ebene hat noch kaum begonnen.

Die doppelte Beteiligung von Spüren an dem letzteren macht es möglich, daß *Berührung* als ausgezeichneter Fall solchen Umgangs entstehen kann. *In Berührung Kommen* mit einer anderen spürenden Einheit oder einfach mit einem plötzlich entblindeten Weltstück und im gleichen Zug einem ebensolchen Stück seiner selbst, wäre weder einem allwissenden Gott möglich, noch dem leblosen ›Erkennen‹, dessen Geräte uns in stets wachsender Zahl umgeben. *Gemeinschaft* in dem vorhin eingeführten Sinn gibt es gleichfalls nur unter Spürenden. Dasselbe für *Wachstum* und *Zu sich Kommen*, wenn an *Berührung* gebunden. Sollte es richtig sein, daß eine der Quellen für das Bedürfnis nach *Kunst* im Artikulationsbedürfnis und den Darstellungsengigkeiten spürender Wesen liegt, bestünde für gottgleiche Wesen (erst recht natürlich für das Leblose) dieses Kunstbedürfnis *nicht*, und nicht die daraus hervorgehende Befriedigung beim gelingenden Erfahren eines Werks der Kunst.

38. Das Ganze uneinnehmbar

Artikulation ist durch ihren Körper an solches Spüren gebunden, das zu einer eigenen Artikulation im gleichen Vollzug nicht gelangt. Sie zeigt sich damit der schlichten Bekanntschaft verwandt. In der für das Weltverhältnis höheren Lebens kennzeichnenden Ordnung der Aufgeschlossenheit, mit der erst ein dem Blöden potentiell noch nahestehendes (wenngleich schon veränderliches) Spüren sich so formt, daß einiges davon gegen anderes *hervorgestellt* ist, bedingt das Zurückstehende, daß es (metaphorisch und in der Sprache des Pseudo gesagt) etwas wie *relative Prominenz* gibt. Bloßes Spüren, immer weiter sich ereignend ohne im Spüren sich bekundenden Unterschied, wäre, auch wenn es sich faktisch veränderte, in seiner kognitiven Relevanz dem blöden *sentire semper idem* nicht wesentlich voraus; erst mit dem Sich-Hervorstellen von Einzelnem gegen anderes, Zurückbleibendes entsteht Bekanntschaft.

Entblinden als ein Vollzug von Artikulation führt wie spürende Bekanntschaft ein kognitives Mehr mit sich, relativ zu Primitiverem, das Entblindung in unverzichtbarer Rolle erst möglich macht und dieses Mehr nicht besitzt. Auf einer spürend-körperlichen Basis mit der essentiellen Eigenschaft der *Undurchdringlichkeit* erwirbt das Lebendige Formungen, die ihm einen vielfältig gliedernden Umgang mit seiner eigenen, speziell seiner entäußerten und entinnerten Wirklichkeit erlauben. Bei hohem Integrationsgrad (bei hoher Leistung des Differenzierens und Übergreifens) erzeugen sie die Hoffnung des irgendwann möglichen, wenn nicht die Illusion des schon gegenwärtigen Selbst-Erfassens. Was faktisch erreicht wird, ist aber nicht das sich selbst sehende Sehen, das sich selbst denkende Denken, sich selbst erkennende Erkennen, die sich selbst wissenschaftlich machende Wissenschaft, sondern eine Lebensleistung, die ein Mehr an Zugänglichkeit, Verfügbarkeit erzeugt auf dem notwendigen Hintergrund von solchem, das *diese* Zugänglichkeit und Verfügbarkeit nicht erlangt.

Das Thema der epistemischen Selbstvereinnahmung hat in der Geschichte des Fraglichen Lebens eine stattliche Reihe von Varianten. Zwei davon sind die *Analyse* und die *schrittweise Täuschungsaufdeckung*.

Das Programm der Analyse erkennender Leistungen des Lebendigen ist sehr alt. Die Analyse sollte in diversen Spielarten dieses Programms, die sich auf sehr verschiedene Phasen oder Mittel der Erkenntnis bezogen, zum Isolieren einfachster Anteile führen, welche wegen ihrer Einfachheit manchmal

»atomar« genannt wurden. Mit der Erkenntnis der einfachen Elemente und ihrer Weise der Zusammensetzung sollte zuletzt eine Selbst-Erkenntnis des Erkennens erreicht werden, eine Selbst-Einnahme nach Art des Umgangs mit einem Land, das man methodisch in Besitz nimmt. Es ist kennzeichnend für den letzten großen Versuch in dieser Richtung, daß sein Autor das System, mit dem er »die Probleme im Wesentlichen endgültig gelöst zu haben« glaubte, in späteren Jahren verwarf und die Vollzüge des lebendigen Erkennens zuletzt unauflöslich eingebunden sah in den Lebenszusammenhang derer, die es leisten; die Schlüsselformen der Erkenntnis sah er an als *Lebensformen*, hinter die verständigend noch steigen zu wollen ein Unterfangen sei, welches für die Fraglich Lebenden, die es unternehmen, zu »schlichtem Unsinn« führe und zu »Beulen«, die sie sich beim Anrennen gegen ihre eigene letzte kognitive Form, eine *Lebensform*, holten.

Das Programm der *schrittweisen Täuschungsaufdeckung* ging davon aus, daß jede faktisch vorgezeigte Erkenntnis-Errungenschaft bei näherer Betrachtung Anteile aufweist, die *als anderes ihrer selbst* fungieren und also bei jener näheren Betrachtung auch sich als dieses andere zeigen können. Damit zeichnete sich ein Weg der etappenweise gegliederten Aufdekkung solcher ›Täuschungen‹ vor, an dessen Ende das über sich selbst absolut aufgeklärte Wissen stehen sollte. Das auf den ersten Blick Plausible dieses Programms liegt in der Annahme, daß Erkennen an ein gleichsam abgefälscht Fungierendes gebunden ist, welches in einem bestimmten Verständnis der Wörter einen Kern von ›Täuschung‹ mit sich führt. Wenn aufgedeckt, läßt dieser die Sache als ein anderes erkennen denn das, wofür sie sich ausgab. Ein apartes Nebenergebnis war, daß unterstellt werden mußte, ›das Wahre‹ sei nicht in direktem Anlauf zu gewinnen, sondern immer nur durch ein mühsam aufdeckendes Durchschreiten einer Täuschungsreihe; allein schon das Aufstellen des Themas solcher Arbeit setze einen Zustand des partiellen Getäuschtseins voraus. Nach dem Wahren auf sinnvolle und erfolgversprechende

Weise suchen könne nur, wer sich in dem aufzudeckenden Falschen befinde. Die megalomanische Form, die dieses Täuschungs-Durchschreitungs-Programm historisch annahm, ist hier gleichgültig; absurd und als ein Unternehmen des Fraglichen Lebens gänzlich unglaubwürdig wurde es da, wo es schließlich verkündete, es habe das über sich selbst absolut aufgeklärte Wissen in der Tat erreicht.

Das Ganze des lebendigen Erkennens ist sich selbst kognitiv uneinnehmbar. Es entspricht freilich einer Tendenz des Fraglichen Lebens, die Entblindung, die es versucht, so weit reichen lassen zu wollen, wie möglich. Dieses Leben hat ein *Entblindungsbedürfnis*. Das Entblindungsbedürfnis steht in Korrespondenz zu einem *Freiheitsbedürfnis*. Beiden Bedürfnissen wurde ein schlechter Dienst erwiesen durch Programme der (mindestens potentiellen) Totalentblindung und (oft sogar als gegeben unterstellten) Totalfreiheit. Seinem Charakter als *Leben* wäre es besser angemessen, im Erkennen wie im Handeln seine charakteristische Gebundenheit zu akzeptieren und ihr existierend zu entsprechen, statt der völligen Lösung vom Blinden hinterherzuphantasieren und der kompletten Freiheit von jeglichem in ihm selbst, über das es seinerseits nicht mehr verfügen kann. Was hier ›Gebundenheit‹ heißt, bestimmt sich dadurch, daß wir Wesen sind, die in unablegbarer Weise körperlich erkennen und körperlich unser Handeln in Gang setzen. Allein in Anerkenntnis der spürenden Körperlichkeit und der durch sie bedingten Beschränkungen können wir die uns als Fraglich Lebenden *eigene Weise* von Leistung im Erkennen und Freisein im Handeln angemessen verstehen.

39. Kind vor dem Spiegel

Daß es ein *Bedürfnis* nach Entblindung gibt, gehört zu der besonderen Körperlichkeit des Fraglichen Lebens. Bedürfnis ist gespürte Entbehrung. Das in einen strukturlosen Denkraum hinein postulierte göttliche Erkennen wäre keiner Entblindung bedürftig, denn für ein solches Wesen soll es Blindheit nicht geben und Bedürftigkeit gleich wenig. Das leblose ›Erkennen‹ hat kein Entblindungsbedürfnis, weil es Bedürfnisse als spürende Anteile seiner selbst nicht kennt, genausowenig wie die besonderen Ordnungsformen und die besonderen Weisen des Erwerbs von kognitiv-liberativem Mehr, die auf Eigenschaften eines spürend lebendigen Materials zurückgehen. Auch das *Freiheitsbedürfnis* als ein Stück Spüren käme den leblosen Aktionserzeugern von ihrer Natur her nicht zu.

Es besteht Grund für die Vermutung einer *erhöhten Körperlichkeit* beim lebendigen Erkennen. Der Grund ist: Sich-Bekundendes selber ist sich bekundendes Körperliches. Bei spürender Bekanntschaft ist nicht nur relevant, daß es ein Ereignis gibt, welches im Ganzen des spürenden Organismus bestimmte andere Ereignisse auslöst oder auslösen kann, sondern daß dies ein Ereignis von unverwechselbarer Spürensqualität ist. Ob ich beim Versuch, mich schreibend einem reicheren Entblinden dessen zu nähern, was es eigentlich heißt, hier zu sein und zu leben, Trauer über meine Unzulänglichkeit empfinde oder augenblickliche Befriedigung darüber, daß ich mir im Moment ein Stück offener geworden bin, ist mir nicht allein wichtig wegen seiner unterschiedlichen Wirkungen in meinem Steuerungssystem. Es gibt mir vielmehr beim Entblindungsversuch durch körperlich verschiedene Spürensqualität ein Mehr an Selbst-Bekanntschaft, das ich nicht erreichte, wenn es auf die Züge meines Spürenskörpers nur in der Rolle von Effektauslösern und Rechenelementen ankäme und sie allein in dieser Rolle kognitiv fungierten. Es wäre denkbar, daß die Signale, die mein Körper mir als Schmerzen sendet, als Lust gesendet würden und die anderen, die er als Lust sendet, als Schmerz. Es wäre denkbar, daß mein Steuerungssystem wie bei einer durchgeführten Vorzeichenumkehrung im ganzen auch auf Schmerz reagierte wie jetzt auf Lust und auf Lust wie jetzt auf Schmerz. Es wäre denkbar, aber es wäre *unwahrscheinlich*. Denn Schmerz hat eine *Spü-*

rensqualität, die das Vermeiden nahelegt, Lust eine *Spürensqualität*, die das Wieder-Aufsuchen und Wieder-Holen suggeriert. Wäre mein Selbstverhältnis das eines leblosen Erkenntniswesens, dann wären Schmerz und Lust als steuerungsrelevante Ereignisse (Zustände) durch einfache Konstruktions- oder Programmänderung in ihrer Steuerungsrolle austauschbar. Ich kann nicht anders als zu vermuten, daß sie dies für mich als einen *Lebenden* gerade nicht sind, denn sie haben im Sich-Bekunden markant verschiedene Qualität, und deretwegen meide ich das eine, suche das andere. Es besteht kein Anlaß, das spürende Erkennen von den Gesetzen der Physik, so weit sie auf es als ein Organisches Anwendung finden, auszunehmen. Zusätzlich scheint es aber auch (in voller Vereinbarkeit mit den ersteren) den Gesetzen einer entschieden reicheren Körper-Wissenschaft zu folgen, die wir noch nicht besitzen und auf lange Zeit hin nicht besitzen werden: Sie wäre die Wissenschaft vom Spüren als einem Körperlichen, das der Weise, wie wir uns als Lebende in der Welt erhalten und mit ihr (wie auch mit uns selbst) Umgang haben, zugrundeliegt. Die These vom höheren Relevanzgrad der Erkenntniskörper beim spürenden gegenüber einem leblosen Erkennen gehörte wahrscheinlich hier hin.

Das zur Körperlichkeit spürenden Weltverhältnisses gehörende *Bedürfnis* nach Entblindung (nach einem Darstellen, das zugleich Aneignen wie Freier Werden fördert) kann nicht auf normierte Formen, in denen es sich befriedigen soll, festgelegt werden. Als mein Kind gerade stehen und ein wenig laufen, aber noch nicht sprechen konnte, kletterte es über ein Kissen auf den niedrigen Tisch, der mit seiner langen Seite dem Sofa, mit seiner schmalen Seite der Vorderwand des Spiegelschranks gegenüber steht. Dort angekommen, stand das Kind auf, reckte seinen Körper in die Höhe und betrachtete sich, diesen Körper hin- und herwendend und mit gedrehtem Kopf auch die Seitenansicht studierend, in dem großen Spiegel. Es lächelte, und mir schien, daß es, in der grobschlächtigen Erwachsenensprache zu sagen, erfreut und stolz lächelte.

Es verschaffte sich eine Darstellung seiner, indem es sich sein Spiegelbild verschaffte, und es gewann, indem es für sich unverbal, aber doch *aktiv* und mit einer bestimmten, rudimentären Ausdrücklichkeit sein *Stehenkönnen* entblindete, charakteristisch spürende Befriedigung über diese neue Errungenschaft. Zugleich gewann es das Mehr an Zugang zu sich selbst als einem Lebendigen in einer Welt, das vor dem Erwerb der Wörter schon die Züge des *kognitiven Mehr* trägt und auch die zusätzliche Genugtuung erzeugt, die dieses mit sich führt.

Die Weisen des Darstellens, die das Lebendige findet, sind unvoraussagbar. Eine bestimmte Art, wie es seinem Bedürfnis von Entblindung nachzugehen habe, kann nicht festgeschrieben werden; das hängt mit der Vielfalt der spürenden Darstellungskörper, deren es sich bedienen kann, zusammen. Eine spürende Einheit anders behandeln, das heißt, ihr die Weisen ihres Darstellens (Sich-Artikulierens) vorschreiben zu wollen, heißt, sie an einer Tätigkeit, mit der sie lebendigen Zugang zu sich und ihrer Welt erwerben kann, eher hindern als sie darin fördern. Das gilt für das Einschließen in einen Typ von Artikulation (›Kunst‹, ›Philosophie‹, ›Wissenschaft‹) gleich so wie für das Einschließen in bestimmte Normen eines gegebenen Artikulationsgebietes (›Philosophie hat nur ausweisbare Sätze zu gebrauchen. Ausweisbare Sätze in dem Feld, auf das sich der Philosoph zu konzentrieren hat, ergeben sich nur durch analytische Arbeit an dem Gegenstandsbereich Sprache. Also ist alle Philosophie Sprachanalyse‹).

Das Einschließen in verordnete und genehmigte Typen des Darstellens gehört faktisch zu den häufigsten Beschränkungen, die Fraglich Lebenden von anderen ihrer Gattung auferlegt werden; sie sind um so wirksamer, als ihre Einrichtung im Regelfall unausdrücklich erfolgt. Freiheitsberaubung im Darstellen macht die spürende Einheit an einem sehr nah bei ihrem Zentrum gelegenen Bedürfnis zu einer Art Krüppel, werde sie offen verhängt (als Freiheitsentzug, zum Beispiel durch Entzug der Mittel: der Schriftsteller darf nicht schreiben) oder auf stille Weise verfügt. *Niedrig gehalten werden*, ein angestrebtes kognitiv-liberatives Mehr nicht auf die gewünschte Weise erwerben dürfen, erzeugt im Spürenskörper der Einheit die in der Qualität unverwechselbare Reaktion von Sich-gedemütigt-Fühlen. Die Darstellungsfreiheit als ein Recht des Fraglichen Lebens scheint sich geradewegs aus dem Gedanken ihrer als Entwicklungsbedingung zu ergeben; die Fraglich Lebenden wurden zu dem, was sie sind, durch kollektive und individuelle Entwicklung, unter anderem im Darstellen; ihnen hier mit Zwang begegnen, heißt, sie in dem, wodurch *alle* Beteiligten wurden, was sie sind, einseitig behindern. Das Lied von den Gedanken, die frei seien, drückt das nur unvollständig und sich in Furchtsamkeit selbst auf einen speziellen Entblindungstyp zurückziehend aus.

Dem im Spüren und also *körperlich* gegenwärtigen Entblindungsbedürfnis, dem genauso gegenwärtigen Demütigungsgefühl beim Entzug der Entblindungsfreiheit entspricht die *Scham* beim Entblindungsverzicht. Das Fragliche Leben kann sich auch selbst niedriger machen; es kann ohne Not eine erworbene Artikulationsmöglichkeit verfallen lassen, es kann ohne Not auf den Erwerb einzelner Entblindungsleistungen, die ihm zugänglich wären, verzichten. Ein einflußreicher Philosoph der Neuzeit schrieb: »Es ist die natürliche Tendenz des Menschengeschlechts, bei lebendigem Leibe zu verfaulen«; und in den Lebensbereichen, die er dabei wahrscheinlich vor sich hatte, könnte er als erste Formen des Angesprochenen den Verzicht auf die gedankliche Entblindungsarbeit in modifizierter Konfrontation gemeint haben, an Stellen, wo diese Arbeit doch möglich und gefordert wäre.

Demütigung und Beschämung bei Freiheitsentzug und Freiheitsverzicht in Sachen des Entblindens können als zusätzliche Belege dienen für die ausgezeichnete *Körperlichkeit* des lebendigen Erkennens gegenüber dem als göttlich postulierten wie dem leblosen. Das als göttlich postulierte ist unkörperlich und ohnehin als grenzenlos proklamiert. Demütigung und Beschämung sind unter diesen Prämissen unvorstellbar. Das leblose ›Erkennen‹ spürt nicht, also auch nicht die genannten Qualitäten, und es ist höchst unklar, ob es Freiheitsrechte hat; denn wie es als Einheit von sich aus ein Handelndes sein kann (nicht bloß ein Bewirktes und Bewirkendes), ist nicht zu sehen. Freilich wird damit für die Verständigung, die ich hier versuche, die Frage nach dem *Handeln* der Fraglich Lebenden nun immer dringlicher.

40. Eingeschlossenheit und Unverfügbarkeit zuletzt

Die ausgeprägte und im Material einzigartige Körperlichkeit ist *eine* Bindung, die das Erkennen Fraglichen Lebens nicht vollends zurücklassen kann. (›Erkennen‹ hier, wie in den letzten Zusammenhängen überhaupt, in sehr weitem Sinn genommen für kognitive Leistungen gleich welcher Art.)

Eine andere Bindung, die für seine Situation als das Erkennen eines Lebendigen ebenso bezeichnend ist, hängt zusammen mit seiner *Undurchdringlichkeit.* Undurchdringlichkeit ist die Unmöglichkeit, Sich-Bekundendes auf ein Tieferes hin, das ihm zugrundeliegen könnte, zu durchstoßen, eine Haut von diesem Tieferen abzuziehen und es zu betrachten. Das lebendige Erkennen kann in zweierlei Sinn nicht in sich hineinsehen: Es gibt keine innere Beobachtung mangels der dafür nötigen Form, Konfrontation, wie auch mangels eines dafür nötigen, inneren Wahrnehmungsorgans; und es gibt kein Entfernen einer innerlichen, spürenden ›Oberfläche‹ zu einem Hypokeimenon hin, an dem zu ›sehen‹ wäre, was Spüren organisch ist. Das lebendige Erkennen ist sich, so viel es von der eigenen Struktur und seiner Wahrnehmung der Welt auch für sich offenlegen mag, in einigen essentiellen Eigenschaften verschlossen; es kann diese Eigenschaften nicht auf direktem Weg erkennend in Angriff nehmen wollen; es ist sich selbst in diesen Hinsichten *kognitiv unverfügbar.*

Ebensowenig kann es sich selbst *übersteigen.* Es kommt nie in eine Position, aus der es auf sein Ganzes herunterblicken könnte, es bleibt sich notwendig mit einigen durchaus spürenden Zügen unbekannt. Dieser in der Epistemik des Spürens liegende und also für lebendiges Erkennen unvermeidbare Sachverhalt begründet die notwendige Mitexistenz eines, *außerphilosophisch gesagt*, ›Unbewußten‹ neben allem ›Bewußten‹. Damit, daß sich das lebendige Erkennen nicht über sich stellen und in anderem Material seine Spürensgesamtheit in Augenschein nehmen kann, ist es in sich *eingeschlossen*. Es ist dies von Natur aus auch in dem einfacheren Sinn, daß es zum Spüren anderer spürender Einheiten nicht hinaus kann; das Glück des In Berührung Kommens mit einer anderen Einheit Fraglichen Lebens beruht *als Glück* auf der kostbaren Erfahrung wechselseitiger und wechselseitig geförderter Entblindung; sie erzeugt berührende Gemeinschaft als gemeinsames, wechselseitig förderndes *Wachsen* wie *Zu sich Kommen*; der Seltenheitsgrad dieses Ereignisses vergattert rückwirkend die Spürenden auf ihre eingeschlossene Normalität; und natürlich hebt diese besondere Gemeinschaft die Eingeschlossenheit nicht auf, sondern beruht nur auf einem Erlebnis, in dem jene Normalität sich zur freisetzenden Ausnahme hin verändert und eine Möglichkeit ausgeschöpft wird, die in der Beschaffenheit Fraglichen Lebens, seiner Eingeschlossenheit zum Trotz, angelegt ist.

Auch mein *Handeln* sehe ich nicht entstehen, wie ich den Bau eines Hauses, das ich Stein auf Stein errichte, Stein für Stein verfolgen kann. Ich handle und habe damit spürend Bekanntschaft; aber ich handle nicht noch einmal die Züge meiner, die in mir solches Handeln in Gang setzen. Wie sich das lebendige Erkennen in seinem eigenen Feld nicht selbst kognitiv einnehmen kann, kann sich das lebendige Handeln in seinem eigenen Feld nicht handelnd einholen. Dem letzten, nach der Epistemik des Spürens notwendigen Nicht-Erkennen-Können im Erkennen entspricht (nicht gleich geartet, aber doch analog) notwendig ein letztes Nicht-Handeln im Handeln. Das Wort *Unverfügbarkeit* steht für beides. Es trifft charakteristische Grenzen im Selbstverhältnis Fraglichen Lebens als eines lebendigen.

Zweites Stück
Es scheint wie die Spitze einer Nadel

VIII. Tun

41. Tun scheint kein Volumen der Erfahrung zu haben

»Aber vergessen wir eines nicht: wenn ›ich meinen Arm hebe‹, hebt sich mein Arm. Und das Problem entsteht: was ist das, was übrigbleibt, wenn ich von der Tatsache, daß ich meinen Arm hebe, die abziehe, daß mein Arm sich hebt?«

Schon vorher schrieb der Autor: »*Tun* scheint selbst kein Volumen der Erfahrung zu haben. Es scheint wie ein ausdehnungsloser Punkt, die Spitze einer Nadel. Diese Spitze scheint das eigentliche Agens.«

Die Sätze enthalten die klassische und durch die Schuldiskussion der breiten Sitzenden Philosophie, welche sich an jenen Autor anschloß, inzwischen auch nach unübersehbar vielen Richtungen gedrehte Formulierung der Frage, was meinem äußerlich wahrnehmbaren Tun als ›innerliches‹ Gegenstück, wenn möglich als sein movens, entspricht – wenn es ein solches ›innerliches‹ Gegenstück, im Sinn eines Zugs an meinem Spüren, kraft dessen mein Arm sich hebt, überhaupt gibt.

Eine Standardantwort lautet nämlich, ein innerliches Gegenstück zu meinem Handeln gebe es als einen gespürten Anteil meiner *nicht*. Vielmehr sei das ›Wollen‹, von dem ich bei ›willentlichen‹ Bewegungen meiner zu sprechen versucht bin, entweder gar nichts oder nichts im Spüren Auftretendes, sondern eine Disposition. Das Aktuelle, das der Disposition im Augenblick des Sich-Herstellens ihrer auslösenden Randbedingungen korrespondiert, sei die von mir körperlich ausgeführte Bewegung selbst, nicht ein Ereignis oder sonstiger Zug im Gebiet meines Spürens. In dem, was an (›in‹) mir *sich bekundet*, komme von meinem Wollen nichts vor, auch nichts von meinem Auslösen der Bewegung, oder wie bescheiden ich den Faktor, der das Armheben einleitet und steuert, formuliere. Nach diesem Faktor im Bereich meines Spürens suchen zu wollen, führt gemäß jener Standardantwort sachlich in die Irre, sprachlich ins Sinnlose.

Die ältere, durch die Arbeit des zitierten Autors zu Recht unglaubwürdig gewordene Meinung sprach dagegen von ›Willensakten‹, die als eine besondere Klasse innerer (im Spüren auffindbarer, sogar durch innere Wahrnehmung studierbarer) Vollzüge den äußeren Anteilen meines Tuns entsprechen und sie eigentlich auslösen sollten. Ich vollziehe den Willensakt, meinen Arm zu heben, und darauf oder damit hebt sich mein Arm. So dachte man. Die Frage, was übrig bleibe, wenn ich von der Tatsache, daß ich meinen Arm hebe, die abziehe, daß mein Arm sich hebt, war überaus berechtigt: Jene innerlich wahrnehmbaren Akte ließen sich bei sorgfältigerem Nachforschen im Spürenszentrum der Fraglich Lebenden von diesen selbst nicht bestätigen; ich kann einigermaßen gut meinen Schmerz im Knie orten, begrenzen, in seinem Verlauf verfolgen; ›Willensakte‹ als ähnlich verfolgbare und hinachtbar festzustellende Ereignisse kommen mir nicht zur Bekanntschaft.

»Es scheint wie ein ausdehnungsloser Punkt, die Spitze einer Nadel. Diese Spitze scheint das eigentliche Agens.« Der Autor, der die philosophierende Arbeit in diesem zu Ende gehenden Jahrhundert wie kein anderer beeinflußte, schien selbst also noch an *irgendeine* Form spürender Gegenwart von etwas, das »das eigentliche Agens« meiner willentlichen Bewegung sei, zu glauben. Nur schien ihm dies Gegenwärtige von der Körperlosigkeit, also auch Ungreifbarkeit eines ausdehnungslosen Punkts zu sein.

Die Bemerkung hat etwas Angemessenes: Wenn ich nach einem spürend Ausgedehnten suche, das sich neben andere Anteile meines Spürens wie Streichwurst neben Cervelatwurst halten lassen soll, finde ich einen Kandidaten, welcher für das jetzt kommende, willentliche Anschlagen des großen A als ›eigentliches Agens‹ figurieren könnte (für das Senken meines linken kleinen Fingers und alles dann Folgende), *nicht*. Die Lage, die entsteht, ist längst bezeichnet. Ich schaue ein weiteres Mal steif vor mich hin; ich dränge meine ›Aufmerksamkeit‹ inwärts und sporne sie an, immer schwächere und ätherischere Teile meines sich bekundenden Gebietes zu erreichen, bis das, was sie wahrzunehmen aufgefordert ist, einen Grad von Unwirklichkeit gewonnen hat, der der Verflüchtigung gleichkommt. (Kant über die Metaphysiker: Sie dächten ihre Gegenstände als etwas immer Feineres, so daß über dem stetigen Raffinieren die Sachen selber schließlich sich bis zur baren Nichtigkeit verdünnten).

Der Grund für die so entstehende Lage ist auch schon bezeichnet: Wir können nicht annehmen, daß alle Züge am Gebiet unseres Spürens den Stellenwert des Wahrnehmbaren haben (zum Beispiel innerlich oder äußerlich zu gegenständlichen oder verwandten Einheiten konfrontiert sind). Unterstellen wir das trotzdem, dann verfestigen wir das Flüssige, wir verdinglichen das Ungegenständliche, wir wollen beleuchten, wo es kein Licht gibt, sehen, wo wir keine Augen haben, mit dem Finger deuten, wo das Ziel des Deutens durch räumliche Koordinaten nicht bezeichnet werden kann.

Die spürende Gegenwart von etwas, das im ›Inneren‹ dem äußeren Anteil des Tuns entspricht, ist in keinem Fall eine *wahrnehmbare* Gegenwart, denn wir haben kein Konfrontiertes vor uns. Trotzdem kann ich zweifelsfrei ohne äußere Beobachtung unterscheiden, ob mein Arm sich gehoben hat, weil er durch Fremdes, zum Beispiel durch geschickt montierte Fäden, emporgezogen wurde, oder ob *ich* meinen Arm *hob*. Und während der ganzen Zeit, die ich für ein aktives Heben meines Armes brauche, gibt es ungreifbar und unwahrnehmbar die spürende Gegenwart von etwas, das dies steuert. Ich kann den Arm auf viele verschiedene Weisen heben. Kontinuierlich steuernd ist, wenn ich der Urheber der Bewegung bin, auch irgendetwas da, das von diesen Weisen (wenigstens im Ungefähren) eine realisiert. »Tun scheint kein Volumen der Erfahrung zu haben«: Gewiß nicht einer Erfahrung, die auf innerer Wahrnehmung beruhen könnte. Aber es gibt noch das unfixierbare, unwahrnehmbare, doch gegenwärtige Spüren im Innengrund, das nicht erfahren wird (weil nicht wahrgenommen), sondern *da ist* ohne konfrontierende Rolle zur Gegenwärtigung eines anderen. Hier könnte das innere Gegenstück zu meinem äußeren willentlichen Tun sich ereignen, und *trivialerweise* für das absichtsvolle Nachsuchen so schwer auffindbar wie die Ausdehnung eines ausdehnungslosen Punkts oder die Fläche einer Nadelspitze, weil *trivialerweise* unfixierbar und keiner Wahrnehmung zugänglich.

Da ich keine Typenlehre dessen unternehme, was in meinem Spüren *sichselbstgleich* bleibt und dem Konfrontierten, also auch meiner wahrnehmbaren Armbewegung, wenn ich jetzt nach meiner Riesen-Kaffeetasse greife, im Pseudo gesprochen, spürend ›gegenüberliegt‹, besteht kein Erfordernis, dasjenige näher zu beschreiben, was mir spürend die Sicherheit gibt, daß *ich aktiv* nach der Tasse gelangt habe und nicht bloß meine Hand sich dorthin streckte. Wenn ich an der Schreibmaschine sitzend meine auf- und abgehenden Finger sehe, oder sie mit geschlossenen Augen auf- und abgehen spüre, brauche ich mir kein inneres Ereignis (keine innere Ereigniskette) zu fixieren, um spürend damit bekannt zu sein, daß ich aktiv schreibe, statt daß meine Finger passiv geführt würden. Es mag sein, daß es Innengrund-Anteile gibt, die unfixierbar jedem einzelnen Anschlag entsprechen; es mag sein, daß es statt dessen eine übergreifende Innengrund-Einstellung gibt, von der her ich den Gesamtvollzug meines jetzigen Schreibens als meinen steure und so erlebe; es mag sein, daß die Bewegungen der Finger als Konfrontierte nur zusammen mit einer Tönung in meinem spürenden Gebiet sich bekunden, die wie eine Spürensfarbe auf einem Spektrum, das vom entschieden Aktiven zum entschieden Passiven reicht, angesiedelt ist und meinen spürenden Gesamtzustand gleichsam einfärbt – so daß ich damit bekannt bin, bei meinen jetzigen Fingerbewegungen tätig zu sein statt leidend.

Was bleibt übrig, wenn ich davon, daß ich meinen Arm hebe, dieses abziehe: Daß mein Arm sich hebt? In den Ordnungsmustern entäußerter oder entinnerter Gegenständlichkeiten ist das Übrigbleibende *nichts*. Höre ich zwei Töne gleicher Höhe und Dauer einmal von der Geige, einmal von der Oboe, weiß ich sie gut zu trennen und nenne als einen der trennenden Faktoren eine Klangfarbe (es gibt noch andere Faktoren). Bekunden sich von der Spürensseite her meine sich bewegenden Finger einmal als mein eigenes Anschlagen, einmal als ein Geführtwerden durch fremden Mechanismus, glaube ich den Unterschied so unverkennbar zu spüren wie den zwischen dem Spiel jener Instrumente, ja noch täuschungsfreier; aber ihn ähnlich wahrnehmungsfest, das heißt an wahrgenommenen Einzelheiten mit beobachtbaren Prädikaten fest zu machen, gelingt mir nicht. Zum *äußeren* Sich-Heben meiner Finger gehört die Spürenstönung meines Aktivseins nicht; sonst bliebe bei der Subtraktion des Philosophen ein isolierbares Ereignis zurück oder ein Unterschied wie der zwischen Sirene und Kuhglocke, den wir alle wahrnehmen könnten. Zum Sich-Bekundenden an diesem Vorgang, so weit es entinnert (als Druck-, Tast- und kinetische Empfindung verfolgbar geworden) ist, kann die aktive Spürenstönung gehören oder nicht: Hier hört meine Fähigkeit zum trennenden Auseinanderhalten bereits auf. ›Gehört‹ die Tönung zu Anteilen meines Innengrunds (einem ›Auslöseerlebnis‹ vielleicht, einem ›Lenkerlebnis‹, wenn man dieses Wort gebrauchen will), wird sie das *Beobachtenwollen* ohnehin nicht greifen.

So viele Weisen bieten sich an, in dem Experiment des Philosophen das Übrigbleibende als *unversehens spürend da* zu vermuten, ohne daß es sich der Beobachtung je präsentieren müßte. Der Schluß, den seine vereinfachenden Fortsetzer zogen – ein Sich-Bekundendes, an dem meine Tätigkeit mir als meine bekannt werde, existiere nicht – hat sich bis zum Übermaß als voreilig erwiesen.

Zur Weise, in der jemand vor einer in Bekanntschaft und mit Absicht unternommenen Handlung *spürend ist*, gehört oft etwas, das die Tradition ›Entscheidung‹ oder ›entschieden sein‹ nennt. Das ist ein wenig anders gedacht als das innerliche correspondens beim simplen Armheben. Vor der Entscheidung kommen oft Überlegungen, die dorthin führen, Kämpfe, aus denen sie als Resultat hervorgeht; die Entscheidung einer Einheit Fraglichen Lebens zugunsten einer Handlung, die sie dann ausführen will, hat oft eine Geschichte; mit ›Entscheidung‹ scheint mehr, Gewichtigeres und Auffälligeres gemeint zu sein als das spürende Korrelat einer absichtlichen Körperbewegung, die ich genauso gut auch hätte unterlassen können.

Die Verständigung über das Sich-Entscheiden scheint allerdings auch von den Quisquilien des Schreibtischs weiter entfernt zu sein als die über das Armheben, weil ich bei sehr relevanten Ereignissen meines Lebens ausdrücklich sage: »Ich habe mich dazu *entschieden*« – und daraus wieder fließen Konsequenzen, von denen ich sage, daß ich sie »also tragen muß«.

Wieder ist kein Stück einer Typenlehre spürender Anteile ins Auge gefaßt: Es scheint allerdings, als eigne sich das von der Tradition so genannte ›Sich-Entscheiden‹ wegen der dabei unterstellten relativen Auffälligkeit besser zur Verständigung über spürende Antezedenzien meines Tuns als die nadelspitzenartige Gegenwart (oder nicht?) eines spürenden Anteils, der mir bekundet, daß mein Armheben das *meine* und *aktiv* ist.

Ich trug mich eine zeitlang mit Überlegungen, die mir klären helfen sollten, ob ich jenes erwähnte Haus, an dem ich jetzt keine Freude habe, kaufen sollte. Die erwünschten Seiten der Sache (Versuch, ein Moment von Vorsorge für mein Kind und seine Mutter zu schaffen) gingen mir genauso ›durch den Kopf‹ wie die unerwünschten (Zwang zum Vermieten, um die

Zinsen zu bezahlen; das mir Widerstrebende einer Rolle als Vermieter, in die ich mich zwangsläufig begeben muß). Ich erwog mit normaler Sorgfalt die Vor- und Nachteile.

Über den Augenblick, in dem ›die Entscheidung fiel‹, kann ich nach allem, was mir zur Bekanntschaft gekommen ist, nur sagen: *Plötzlich fand ich mich entschieden*, nicht natürlich die Entschiedenheit in mir wahrnehmend wie die Eigenschaft eines Konfrontierten; vielmehr war es ein unzweifelhaft vorhandener, aber auch unfixierbarer, seinem Entstehen nach nicht rückwärtig verfolgbarer, *unversehens* aufgetauchter Spürenszug, den ich meinem Innengrund zurechnen muß. Ich konnte dann in gängiger Redeweise auch sagen: »Ich bin entschieden« oder »ich habe mich entschlossen« oder »ich will« oder anderes mehr. Das Neue, das ich in der Gesamtheit meines Spürens fand, war so *unversehens* aufgetreten, wie alles Spüren zuletzt die Eigenschaft hat, da zu sein, ohne daß ich mich dessen versehe.

Ich habe meine Entscheidung vorbereitet, indem ich Gründe gegeneinander abwog. Vielleicht habe ich auch eine Anordnung von Sätzen gefunden, in denen Motive und Tatsachen zusammengestellt und als geeignete praktische Folgerung daraus dieser (in Wahrheit törichte und mir widerstrebende) Hauskauf errechnet wurde. Das Rechenergebnis war dann nicht mein unversehens auftretendes Entschiedensein, vielmehr kam dieses, ohne daß ich irgendeine zwingende Verbindung zu meiner Bekanntschaft bringen könnte, dazu. Der rückgewandte Entblindungsversuch für die Geschichte meiner Entscheidung liefert mir die Darstellung einer Faktorenkonstellation, zu der sogar etwas ›Logisches‹ oder ›Überzeugendes‹ gehören mag; da ich aber genug Fälle in Erinnerung habe, in denen ich mich trotz solcher Gründe unversehens gegen sie entschieden fand, kann ich auch hier nicht davon sprechen, daß ich jetzt wirklich ohne Rest in Bekanntschaft verfolgt hätte, wie meine Entscheidung (mein unversehens da seiendes Entschiedensein) entstanden ist. Es war da, und ich war, unter anderem, dieses. Aber nicht habe ich das, was

›meine Entscheidung‹ heißen mag, herbeigeführt wie ich einen Bau aus Steinen aufführen oder jenes Haus Stein für Stein bis zu der erwünschten Erdbodengleichheit abreißen kann.

Für die Weise, in der ich als Fraglich Lebender mein Existieren in der Welt und in mir selber zu bestreiten habe, scheint dies wichtig zu sein: Ich behaupte von mir, daß ich entscheide, entschieden habe, eine Entscheidung suche, noch unentschieden bin, mich notgedrungen bald entscheiden muß. Ich als spürende Einheit finde mich aber nicht in der Weise als Hersteller, Macher oder Architekt der Entscheidung, daß ich sie verfolgbar und schrittweise erzeugte, wie ich diese Seite hier tippe. Alles anderes als das: Ich finde mich mit oder ohne Entscheidungsvorbereitungen, von guten Gründen gestützt oder sie gerade in den Wind schlagend, unversehens entschieden. Und das Spüren, das im Innengrund solche Entschiedenheit zur Bekanntschaft bringt, oder besser gesagt, *ist*, spottet nicht nur jeder Wahrnehmung (es ist kein Konfrontiertes), sondern es spottet erst recht dem Versuch, es mir außer dem Herunterhaspeln der Gründe, das oft armselig genug ausfällt, *als einen Spürensanteil* noch weiter zu zerlegen: Es ist, wie alles Spüren, *da* und zugleich *undurchdringlich*.

Daß ich mich bald wieder um-entscheiden mag, daß ich andere Gründe mir zur Gegebenheit bringen und die Revision meiner Entscheidung erwägen kann, daß ich einfach den Zustand der Entschiedenheit verlieren kann, daß ich imstande sein mag, eine *rationale Rechtfertigung* oder eine *rationale Verwerfung* meiner Position zu liefern, appellierend an allgemeine Sollenssätze, vorausgesetzte Ziele und beste Informationen über den Lauf der Welt: all dies ändert nichts an der Tatsache, daß das, was ich an meinem Spüren, der relevanten Instanz von Bekanntschaft mit mir selbst, als *Entscheidung* oder *Übergang zum Entschiedensein* bezeichne, nicht nur unkonfrontiert ist, dem Beobachten nicht zugänglich, sondern vor allem auch unversehens da (oder wieder fort), unfixierbar und undurchdringlich.

43. Mein Tun mir zugehörig

Der Undurchdringlichkeit steht nicht die Feststellung entgegen, daß es sich um *meine* Entscheidung handelt, und daß ich dieses Gehören zu mir, andere sagen im Pseudo das *Mich-Identifizieren* mit der Entscheidung, sehr intensiv verteidigen kann. Freilich ist in dem Augenblick, in dem unversehens mein Entschiedensein eintritt, dieser mein Organismus der Entschiedene; es wäre sehr unsachlich, von dem, den ich mit dem Wort »ich« bezeichne, meine Entscheidung (ihren Spürensstatus getrost dahingestellt) als etwas gleichsam Neutrales abtrennen zu wollen; wenn es überhaupt etwas gibt, was mir jetzt und hier aufs engste zugehört und den Organismus, der ich jetzt und hier bin, besonders treffend zu kennzeichnen erlaubt, dann das, wozu, und die Weise wie ich jetzt entschieden bin – speziell dann, wenn ich eben jetzt bereits mich anschicke, den ›Gegenstand‹ der Entscheidung, das zuständige Handeln in der Welt, auszuführen.

Entschiedensein als undurchdringlicher, unversehens aufgetretener Zug meines Spürens verliert diese Eigenschaften auch nicht, wenn ich ein eher distanziertes Verhältnis zu ihm entwickle. Es gibt Entscheidungen, die ich für mich mit Skepsis, öfter noch mit dem Eindruck, ein kleineres von mehreren Übeln zu wählen, betrachte; hinter denen ich also nicht ›voll stehe‹, wie man in geläufiger Bildersprache sagt. Weder werde ich damit allein schon den Spürenszug los, der bekundet, daß diese bestimmte Handlungsweise jetzt die von mir gewählte ist, noch durchdringe ich ihn auf ein tieferes Hebelwerk hin, durch das er vielleicht zustande kam.

Der Übergang vom indifferenten oder noch abwägenden Zustand zum Entschiedensein führt definitiv eine Spürensfärbung mit sich, die ihn ausweist als ein Ereignis, worin dieser Organismus, der ich bin, sich eher *aktiv* verhält als hinnehmend. Selbst bei von außen her erzwungenen Entscheidungen (zum Beispiel weil ich verhindern muß, daß andere für mich meine Lebenslinien festlegen) bleibt das so.

Daß dies ein Regelfall ist, zeigt sich an den schmerzhaften Spürensumständen, die vor allem bestimmte Kranke von einem Teil ihrer Handlungen und Entscheidungen berichten. Müssen die Fraglich Lebenden ihr Tun oder Entschiedensein in ihrem eigenen Spüren hinnehmen wie ein Fremdes, das ihnen von innen her widerfährt, ohne daß sie es hindern können, dann erleben sie es *nicht* mehr als eigenes; sie erleben zugleich sich selbst nicht mehr durchgängig als Urheber oder Lenker ihres Tuns; beim Versuch einer Übersicht über längere Strecken der eigenen Biographie kommt es zu Unterscheidungen wie »das habe ich getan« – »das hat ein anderer (eine andere) in mir getan«. An den Auskünften solcher Spürender belegt sich schwer nachvollziehbar, aber auch nicht fortzudiskutieren, punktuell ein Gegenbild zu der Art, wie Fraglich Lebende ›normalerweise‹ sich entschieden und sich tätig finden: Mit einem Spürenszug, dessen ontologischer Status hier nicht näher bestimmt werden muß, der aber doch in der Einheit des Aufgeschlossenen die Entscheidung ausweist als *eigene*, dieser spürend tätigen Einheit zugehörige, *aktive* Option zugunsten eines bestimmten Handelns (nicht ein als fremd Erlebtes und nicht ein bloßes Hinnehmen).

Die Fraglich Lebenden spüren sich in der Regel als Instanzen, von denen Tätigkeit ausgeht, sei es nadelspitzenhaft knapp, wie wenn ich jetzt ohne weitere Vorbereitung den Wagen der Maschine zurückfahre, um die eben vergessene Klammer noch einzufügen, sei es als erleichterndes Übergehen vom Unentschiedensein ins Entschieden-Haben, wenn ich nach längerer Zeit der Unzufriedenheit mich dazu ›durchringe‹, mich unter Verlusten von dem gekauften Haus wieder zu trennen. *Spüren*, wie von mir Tätigkeit ausgeht, gehört in zentraler Rolle zu der Weise, wie ich überhaupt bin. Mein spürendes Leben sähe gänzlich anders aus, müßte ich die Spürenszüge wegdenken, die mich für mich als Instanz von Tätigkeit ausweisen. Nur in der Phantasie, nicht einmal im experimentierenden Nachvollzug, ist mir eine Spürens-Gesamtheit zugänglich, zu der spürende Züge eigenen Tuns *nicht* gehören. Das *Sich als tätig Spüren* trägt zu den ›personalen‹ Einheitsbildungen, die das Fragliche Leben kennt, in unverzichtbarer Funktion bei. Wäre ich nicht auf sehr vielfältige Weisen tätig, in der konfrontiert gegenwärtigten Welt, in modifizierter Konfrontation mit darstellenden Spürenskörpern und -formen, in Versuchen der Erinnerung und Phantasie (um weniges aufzuführen), dann wäre ich ein gänzlich anderes Wesen. Der *völlige Verlust* eigenen und als zueigen gespürten Tätigseins würde zugleich den Verlust wichtigster integrierender Funktionen bedeuten: Ich wäre im Fall dieses völligen Verlusts keine charakteristische *Einheit* Fraglichen Lebens mehr, und höchstens noch in denkbar ausgedünntem Sinn ein Mensch.

Es fiel denen, die ein Interesse am Leugnen der Existenz spürender Züge eigenen Tätigseins hatten, leicht, diese abzustreiten, weil sie nur das Beobachtbare (also das in Konfrontation Gegenwärtigte) als einen direkten Beleg von Existenz anerkannten. Daß es unkonfrontiertes Spüren, für das Lebendigsein der Individuen äußerst relevant, aber *unbeobachtbar*, geben könnte, kam für diese Verständigungsversuche nicht in Betracht – wahrscheinlich, weil sie den für die Selbsterhaltung wie auch das Selbstverhältnis Fraglichen Lebens extrem belangreichen Unterschied zwischen dem Konfrontierten und dem Sichselbstgleichen vernachlässigten.

Es ist trivial, daß das »Entscheidung« Genannte, wenn ich mich einmal entschieden habe und dabei bleibe, aus der Spürenswirklichkeit verschwinden und eine *Disposition* an seine Stelle treten kann. Wenn ich mich entschieden habe, das Haus wieder zu verkaufen, bin ich nicht während der jetzt kommenden Wochen beständig spürend einer, der das Haus verkaufen will. Dergleichen anzunehmen wäre einfach lächerlich. Wohl aber bin ich *disponiert*, bei tauglichen Gelegenheiten (wenn ich eine Annonce lese, in der jemand ein häßliches, unwirtschaftliches, Ärger bereitendes, teures Haus sucht) im Sinn meiner Entscheidung zu reagieren. In diesem Verständnis ist auf keinen Fall zu leugnen, daß »entschieden sein« und auch »wollen« Wörter sind, die für eine Disposition stehen *können*. Aber dies ist nicht alles, und im Bestreiten dessen, was wir unser *Leben* nennen, *ist es auch gewiß nicht alles Relevante*.

44. Ich oder ein Fremder

Wodurch erkenne ich eine Entscheidung als meine? Wenn es schon so ist, daß mein Entschiedensein in mir auftritt, ohne daß ich es stückweise mache oder auf ein Zugrundeliegendes hin durchdringen kann: Handelt es sich dann nicht eher um ein objektives Weltereignis, das ich mir zwar gewohnheitsmäßig zueigne, das aber mit mir (besonders, wenn ich an seine Ursprünge denke, die weit in der Vergangenheit liegen könnten) nichts zu tun haben muß? Sollte etwas, das ich als meine Entscheidung anzuerkennen bereit bin, nicht durch mehr ausgezeichnet sein als bloß dadurch, daß das zugehörige Spüren, in welcher Form auch immer, zweifelsfrei in mir auftritt?

Ich nehme diese Fragen noch einmal auf, sowohl, weil sie ein geschichtliches Gewicht haben, als auch, weil einfachere Äquivalente ihrer sich im argumentierenden Selbstverhältnis von Fraglich Lebenden als typische Verwirrungsanlässe bemerkbar machen können.

Wenn ich das Personalpronomen »ich« als ein Wort auslege, dessen Anwendung das Zurückgreifen auf etwas schon als »ich« Bekanntes und das Identifizieren des jetzt Gemeinten mit jenem vorher Bekannten notwendig mit sich führt, gelange ich von diesen Annahmen aus direkt zu der Unmöglichkeit, irgendetwas als mir zugehörig auszuweisen. Denn jeder Versuch dazu endet unter diesen Bedingungen in einem unendlichen Regreß. Auch wenn ich das Wort »ich« bescheidener auffasse, nämlich als ein Wort, das kraft der Situation seines Gebrauchs, die zum Verstehen seiner ›Referenz‹ in bestimmten Grundzügen bekannt sein muß, etwas *auszeichnet* oder *aussondert* (mich in einer Gruppe als den jetzt Sprechenden etwa), bleibt bei Ausdrücken wie »meine Entscheidung« im Gegensatz zu »eine Entscheidung, deren Spürensgestalt in mir auftritt« ein Moment, das stutzig macht.

Bei den Ausdrücken »meine Entscheidung« versus »eine Entscheidung, deren Spürensgestalt in mir auftritt« beobachte ich diesen Unterschied: Die erste Wendung rechnet die Entscheidung *zu mir*, die zweite setzt sie insofern in Distanz zu mir, als eine bloß räumliche Zuordnung, aber nicht das direkte Anerkennen als *meine* stattfindet. Die zweite Wendung kann dann suggerieren, daß zum Anerkennen einer Entscheidung als die meine noch *mehr* erfordert wird, als daß dieser Organismus, der ich bin, sie unkonfrontiert lebt oder gelebt hat und sich anschickt, das entsprechende Tun auszuführen.

Es gibt paradigmatische Spürensweisen des Entscheidens. Die kranke Frau, die sagte: »Wenn ich mich kämme, ist mir, als kämmte ich einen Tisch«, könnte vielleicht auch berichten: »Wenn ich mich entscheide, ein Kleid zu kaufen, ist mir, als entschiede in mir etwas, das ich nicht kenne und das ich nicht bin.« Mir scheint, diese Beschreibung für ein Entscheidungserlebnis wäre der Frau zuzugeben; sie könnte aber schwerlich als die typische oder paradigmatische Weise gelten, in der Fraglich Lebende über ihre Entscheidungen berichten. Jene Form des Berichtens über innere Korrelate des Tun gilt vielmehr als Anzeichen für bestimmte Entwicklungen, die unter den schwierigen Titel ›Krankheit‹ fallen.

Als paradigmatisches Element beim Bericht über das unkonfrontierte Erleben des Mich-Entscheidens scheint »meine Entscheidung« eher zu gelten denn die unpersönliche Version. Sage ich »Gestern hatte ich die in mir auftretende Entscheidung, das Haus zu verkaufen«, dann führe ich einen Sprachgebrauch für »ich« und seine Derivate ein, der von dem Standardgebrauch abweicht und eben dadurch zu ziemlich verstiegenen Fragen führt. Sie setzen allesamt voraus, daß ich meine Entscheidungen nicht *eo ipso* zu dem rechne, den ich mit »ich« anspreche, sondern daß ich für diese Zuordnung noch besondere Maßnahmen und sogar Kriterien gebrauche. Das Wort »ich« wird aber *nicht so verwendet*. Ich gebrauche das Wort für ein bestimmtes, aus seiner eigenen Perspektive unverwechselbares Lebewesen, und die Entscheidungen dieses Lebendigen gehören ihm gemäß eigenem Spüren in zentraler Weise zu, sie sind keine Randerscheinungen wie Manschettenknöpfe oder Sockenhalter. Ich mag lange nach dem Ursprung, den Ursachen oder sonstigen Hintergründen meiner Entscheidungen fragen; der Standardgebrauch von »ich« ist derart, daß ich die Entscheidungen des von mir so bezeichneten Organismus ohne weiteres als *meine* anspreche. Ich frage nicht, was sie »zu meinen macht« – ich fasse das Wort »ich« und seine Derivate nicht so auf, daß diese Frage (von Fällen der Krankheit und anderer Störung der lebendigen Spürensform abgesehen) nötig wäre. Den hier als konkurrierend genommenen Gebrauch, bei dem ich von einer in mir auftretenden oder aufgetretenen Entscheidung berichte und damit nahelege, es sei noch fraglich, ob sie als meine gelten dürfe, halte ich sowohl für *eindeutig verschieden* vom täglich ausgeübten Gebrauch des Wortes »ich« bei Entscheidungen, die *dieser Organismus hier* ungegenständlich erlebt, als auch für *künstlich*. »Denn die philosophischen Probleme entstehen, wenn die Sprache *feiert*«. »Die Verwirrungen, die uns beschäftigen, entstehen gleichsam, wenn die Sprache leerläuft, nicht wenn sie arbeitet.« Die Frage, woran ich meine Entscheidungen als meine erkenne, gerade so wie die Frage, woran ich mein Spüren als meines erkenne, gehören zu den raren Fällen, in denen der Philosoph, der das Jahrhundert beherrscht, *recht behält*: Sie entstehen durch eine Sonderverwendung des Personalpronomens der ersten Person und seiner Ableitungsformen, die ein Fragender erst künstlich eingeführt und mit der er dann seine Probleme formuliert hat. In diesem Fall gilt wirklich, was sonst die *Ausnahme* ist: »Die Ergebnisse der Philosophie sind die Entdeckung irgend eines schlichten Unsinns ...«

Daß ich von einer Entscheidung, die ich getroffen habe, denken kann, sie sei mir durch Motive nahegelegt worden, die mir *fremd* sind, bleibt durch diese Klärung unberührt. Zu der Entscheidung, das Haus zu kaufen, trug hinterrücks eine Hoffnung auf materiellen Gewinn bei; dieser Organismus, der ich bin, hoffte auf schnelle Wertsteigerung des gekauften Gegenstandes und die Möglichkeit, ihn, wenn nötig, zugunsten von Kind und Mutter, aber doch auch mit saftigem Gewinn verkaufen zu können. Die Marktentwicklung lief auf das Gegenteil hinaus; das Haus ist jetzt weniger wert als zum Zeitpunkt seines Einkaufs; das Wieder-Verkaufen wird einen Verlust einbringen statt eines Gewinns. Ernüchtert auf meine damalige Entscheidung zurückblickend sage ich: Ich habe mich von etwas lenken lassen, das *nicht zu mir gehört*; die wichtigen Entscheidungen meiner sonstigen Vergangenheit habe ich ohne Rücksicht auf das Geld getroffen; hier hat sich ein Beweggrund Einfluß verschafft, der mir fremd ist; in diesem Sinn ist diese Entscheidung in der Geschichte meiner spürend tätigen Einheit ein Fremdkörper.

Es ist augenfällig, daß jetzt nicht mehr gefragt wird: Habe ich die Entscheidung getroffen?, sondern: Paßt die Entscheidung, und passen vor allem ihre Beweggründe, zu meiner sonstigen Handlungsweise? Erkenne ich in der Entscheidung die Handlungsart dessen wieder, als der ich mir erinnerbar und in Artikulation (wie stückchenhaft und täuschungsausgesetzt immer) gegeben bin? Paßt die Entscheidung zu der richtigstellenden Auskunft, die ich gewinnen kann, wenn ich *in Berührung* meinen Innengrund befrage? Das Unbestochene, das sich vom Innengrund her nicht-konfrontiert, aber doch jetzt unüberredbar meldet und gegen den Hausbesitz Stellung nimmt, legt mir nahe zu sagen: Etwas in mir ist damals überrannt oder zum Schweigen gebracht oder einfach nicht zur Bekanntschaft zugelassen worden, und so habe ich eine Entscheidung gefällt, die ich im ganzen als mir fremd erkennen muß. Daß ich sie getroffen habe, und daß ich es bin, der sich jetzt mit dem klaren (obgleich unverbalen) Nein des Innengrunds auseinandersetzen muß, bleibt bestehen. Ich finde mich vor der Aufgabe, mit mir sprechend mich für kommendes Handeln neu zu bestimmen, also ein neues Verhältnis zu mir zu gewinnen: Ich muß mit meiner jetzt als unakzeptabel anerkannten Entscheidung für mich ›fertig werden‹. Aber es wäre unehrlich und zerstörerisch, es wäre im vollen antiken Sinn *faule Vernunft* als ein gewaltiger Selbstbetrug, wollte ich das Fertigwerden so leisten, daß ich die damalige Entscheidung zur Gänze einer fremden Instanz, die in mir oder durch mich hindurch wirkte, zuschieben und mich damit auf leichte Weise von ihr distanzieren. Zum Erkennen und Anerkennen dieses Einfachen brauche ich die diversen Labyrinthe, in die das Wort »ich« samt seinen Derivaten führen kann, nicht noch eigens zu analysieren.

In dem erwähnten Bereich haben die Ausdrücke »Überfremdung« und »Entfremdung«, wenngleich nicht in ihrer sonst gewohnten Bedeutung, für die menschliche Weise, lebendig zu sein, ein besonderes Recht: Es ist denkbar, daß ich ständig Teile meines mir eigenen, vom Innengrund her zu gewinnenden Richtig- und Falschfindens zum Stillhalten bringe oder im Unbekannten verharren lasse. Es ist auch denkbar, daß diese Form des Schrumpftums durch äußeren Einfluß hervorgerufen und stabilisiert wird. Wie stark ich davon betroffen bin, kann ich ohne weiteres nicht einmal beurteilen, denn die Stellungnahme meines Innengrunds ist nicht an einer in mir angebrachten Digitalanzeige ablesbar. In Berührung mit mir kommen und das zur Artikulation bringen, was als stumme Tendenz des Innengrunds sich gegen äußerlich nahegelegte Handlungs- und Urteilsweisen geltend macht, ist keine willentliche Schnellaktion wie das Heben meiner Hand zum Aufschlagen einer Buchseite. In Berührung Kommen setzt einen Prozeß voraus, der dahin führt, indem er die förderlichen Bedingungen dafür schafft (daß es augenblicklich, unverhofft geschehen mag, spricht dagegen nicht). Es zu erreichen, auch nur an einzelnen Punkten, ist Glück (in der Bedeutung von Glückssache zu Malen, in der von Beglükkung immer). Es kann mir geschehen, daß ich das Unglück habe, die förderlichen Bedingungen sehr selten zu erleben, so daß mein Verhältnis zu der Weise, die ich im Innengrund spürend bin, arm und oberflächlich bleibt. Wieder können es äußere Faktoren sein, die mich in so hohem Maß beständig von außen her unter ihrem Druck halten, daß ich in einen Zustand, in dem das Relevante vom Innengrund her sich hervorstellen könnte, nicht gelangen kann. Immer noch wäre es dann sinnvoller, sollte mir einmal die nachträgliche Analyse einer unter solchen Bedingungen getroffenen Entscheidung gelingen, zu sagen: Ich habe so gehandelt, weil dies bestimmte (oder diffuse) Fremde mich beeinflußt hat, statt zu sagen: Ich habe gar nicht gehandelt, sondern etwas anderes in mir. (Von jenen Fällen der Krankheit abgesehen, die als spürendes Gespaltensein der Handlungsbekanntschaft gedeutet werden können).

45. Nicht rückführbar

Es gehört zu den ersten Zügen des Fraglichen Lebens, daß es mit sich als einem *unversehens* und *undurchdringlich* Entscheidenden umzugehen hat. Seine Entscheidungen sind ihm überdies selbst in angebbarem Sinn *unrückführbar.*

Ich kann Faktoren namhaft machen, die mich bewogen haben; ich kann einzelne davon als ›entscheidend‹ einstufen; ich kann eine Theorie über das Zustandekommen meiner Entscheidung beibringen, vielleicht sogar eine kausale; ich kann eine Reihe von Gründen angeben, vielleicht sogar rationale, die ›zwingend‹ die beschlossene Handlung zur ›Konsequenz‹ hatten.

Welche zu der undurchdringlichen Wirklichkeit des Spürens gehörige Gesamt-Geschichte zu meinem Entschiedensein geführt hat, weiß ich zunächst und wiederum zuletzt nicht. *Zunächst* weiß ich es nicht, weil ich unversehens entschieden *bin*, nicht aber den Übergang von der Indifferenz zum Entschiedensein noch schrittweise mache oder schrittweise beobachte. Bei längerer Entscheidungsgeschichte kann ich zwar sagen: »Ein wichtiger Schritt war meine Distanzierung von der Absicht, Gewinn zu erzielen; ein weiterer wichtiger Schritt war der Erwerb artikulierender Entblindung darüber, daß dieser Besitz mich in einem Maß beschäftigt, welches ich nicht will und welches ich als Hineinwachsen eines Fremden in mein ganzes Denken erlebe.« Ich sehe bestimmt richtig, daß dies extrem relevante Faktoren beim Zustandekommen meiner neuerlichen Verkaufs-Entscheidung waren; warum ich in just diesem Augenblick unversehens entschieden bin mit dem deutlichen Spüren, daß ich jetzt aktiv Stellung beziehe, statt passiv zu erleben (wie wenn mich einer sticht), habe ich dadurch höchstens partiell und vielleicht mit sehr wichtigen Anteilen, gewiß *nicht* vollständig zur Darstellung, geschweige denn Erkenntnis gebracht. Ich habe mir Gründe für mein Entscheiden genannt, hier in einer lückenhaften historischen Folge. Fast immer kann ich, wo ich mich entschieden finde, Gründe dafür nennen. Gründe sind Instanzen, die in ihrem Zusammenhang mir das Handeln als geraten, richtig, geboten, sogar unabdingbar darstellen können. Aber es ist bekannt, daß eine Liste guter Gründe im Denken eines Individuums nicht das von ihm bevorzugte Tun in der Welt zur naturgesetzlichen Folge hat – genauso wie es bekannt ist, daß ich dann, wenn ich eine Handlung aus überzeugenden Gründen tue, damit über die *Ursachen* meines Tuns noch nicht zureichend aufgeklärt zu sein brauche. Die Gründe für meine Entscheidung liefern mir ein Mittel, das die Entscheidung potentiell als richtig, oft auch bloß als nachvollziehbar darstellt. »Nachvollziehbar« heißt spürend nacherlebbar unter *Spürenden*, nicht in Transparenz durchschaubar unter Phantasiegottheiten.

Zuletzt weiß ich nicht, was zu meinem Entschiedensein geführt hat, weil ich eine ursächliche Rekonstruktion meiner Geschichte *in befriedigender Vollständigkeit* nicht besitze. So weit vergangene Entscheidungen betroffen sind, sprächen Einwände aus der bloßen Logik, vermute ich, gegen eine solche Rekonstruktion nicht. Und kausalistische Erklärungs-Modelle mit ›psychischen‹ oder/und ›physischen‹ Antezedenzbedingungen sowie entsprechenden Gesetzmäßigkeiten gibt es in hinreichender Zahl. Je weniger platt die dabei benutzten Aussagen, desto mehr teilt mir eine solche Erklärung auch über mich mit. Aus einigen, deren allgemeineres Schema ich gehört oder gelesen und auf mich angewendet habe, konnte ich viel lernen. Ich möchte das Gelernte nicht missen. In bestimmten Hinsichten kann ich jetzt frühere Stücke meines Lebens mit späteren regelhaft verbinden. Wo es um Entscheidungen geht, die ich treffe und über die ich mich zu verständigen suche, hebt sich dadurch aber weder deren charakteristische Undurchdringlichkeit auf; sie bleiben unversehens eintretende Veränderungen in meinem Spüren, die ich lebend bin, ohne mich in meinem inneren Funktionieren betrachten zu können. Noch befriedigt mich im ganzen das regelhafte Verbinden ihrer mit vorausliegenden Umständen; denn dieses Verbinden muß zu vieles überbrücken. Wie ich meinem Kind sage: »Das Auto ist angesprungen, weil ich diesen Schlüssel hier gedreht habe; der Schlüssel hat nämlich den Anlasser betätigt; und der Anlasser ist ein Elektromotor, der den Benzinmotor in Gang setzt. So geht das bei den meisten Autos.«

In einem vorläufigen Sinn habe ich das Anspringen des Motors für das Kind auf Vorausliegendes zurückgeführt. Aber ich fürchte mich bei dieser Auskunft schon vor seiner nächsten Frage; denn vieles, das mir für ein befriedigendes Verständnis des Vorgangs unabdingbar erscheint, weiß ich gerade nicht; ich habe meine Wissenslücken nur durch schematische Konstruktion überbrückt. Daß mein spürendes Entschiedensein zu einem gegebenen Augenblick für mich unrückführbar sei, heißt nicht, daß ich nie eine Erklärung dafür hätte (Erklärungen habe ich ziemlich oft). Es heißt nur, daß meine sämtlichen Erklärungen *erkennbar lückenhaft* bleiben, unter anderem, weil ich meine Spürensgeschichte über kürzere wie längere Zeiträume nie so vollständig zur rückführenden Darstellung bringen werde, daß ich sagen könnte: Es gibt nach meinem Ermessen keinen für das Entstehen dieses eben eingetretenen Entschiedenseins relevanten Faktor mehr, den ich ausgelassen hätte. Just solches Ausgelassenhaben wird immer zu vermuten sein. Denn zu keinem Zeitpunkt ist mir auch nur mein Spüren (geschweige denn mein Organismus) ganz zugänglich. Zu den Bedingungen jeder spürenden Bekanntschaft gehört notwendig das je unbekannte Spüren, das in der Ordnung der Aufgeschlossenheit das Sich-Hervorstellen des Bekannten durch sein eigenes Zurückbleiben erst möglich macht. Und daß im je Unbekannten gerade auch steuerungsrelevante (die Entscheidung ›mitbestimmende‹) Spürensanteile liegen können, ist *immer* in Rechnung zu stellen.

46. Unverfügbarkeit

Am verfehlten und zu Recht den Ungereimtheiten zugezählten Gedanken des ›Willensakts‹ als innerem Vorgänger oder correspondens der Handlung läßt sich der gleiche Mißgriff nachweisen, den eine lange Tradition des Verständigungshandelns beging, als sie unterstellte, daß wir uns innerlich beobachten oder gar in besonderer, unvergleichlicher Weise sehen könnten. Das letztere kam zustande dadurch, daß das, was in herkömmlicher Darstellung die ›Subjektivität‹ nach außen hin vollzieht, das Wahrnehmen, zum Zweck des Erklärens solcher Wahrnehmung der Struktur nach im Innern noch einmal vorausgesetzt wurde – mit dem Effekt, daß die essentielle Leistung jener ›Subjektivität‹ durch eine in die spürenden Wesen hineinoperierte, weitere Instanz ihrer eigenen Sorte wiederum zu erläutern war. Die gedanklichen Grützbeutel, welche aus dieser Konstruktion hervorwuchsen, sind bekannt. Das erstere, die Instituierung innerlich ablaufender ›Willensakte‹, gelang den Schulfüchsen, indem sie nicht Wahrnehmung, sondern *Handlung* noch einmal innerlich wiederholt dachten. Wie die gedanklichen Maßnahmen, so waren auch die Folgen analog: Weder konnten unbefangene Spürende das Unterstellte nach-erleben, noch erklärten Annahmen dieses Typs irgendetwas, denn sie forderten sofort zu der Frage nach der nächst höheren oder nächst vorausliegenden Instanz auf, welche bei dieser Art des Denkens zwangsläufig vorauszusetzen war. Die Schlangenwindungen, in denen man sich dann mitzubewegen hatte, wurden allgemein als unangenehm empfunden. So waren auch die radikalen Reaktionen analog: In der Phase der schärfsten Gegnerschaft der Denkweisen, zu Beginn wie dann wieder kurz vor der Mitte des Jahrhunderts, wurde von den Ungläubigen das Spüren als Beitrag zur Wahrnehmung und das Wollen als Beitrag zum Handeln, sofern es sich um innerlich sich bekundende Anteile des Lebens handeln sollte, einfach gestrichen.

Daraus ist zu lernen, daß ich das *Mich aktiv Spüren* (im Gegensatz zur Erfahrung eines Fußtritts), wenn ich unversehens sagen kann, daß ich mich jetzt entschieden habe, *nicht* gleich oder analog setzen kann der nadelspitzenhaft ungegenständlichen Spürensqualität, die mir beim Handausstrecken bekundet, daß ich eben wieder die Hand nach meiner mächtigen Kaffeetasse strecke – statt daß sie von einem an meinem Körper montierten Automaten dorthin ausgefahren würde. Ich führe mein Handausstrecken herbei in dem Sinn, in dem ich sagen kann, daß ich alle meine willentlichen Körperbewegungen herbeiführe. *So* führe ich mein Entscheiden *nicht* herbei, und auch *nicht* noch einmal das, was beim Handausstrekken das im Innengrund ungegenständlich sich bekundende Spüren ausmacht, welches mein Aktivsein anzeigt.

Wenn ich mich unversehens und undurchdringlich als entschieden spüre, ist das mit ungelenker Sprache so bezeichnete Moment von Aktivität nicht eines, in dem sich mir bekundet, daß ich die Entscheidung herstelle oder in Gang setze. Ich handle nicht innerlich, sondern ich *bin* mit meinem spürenden Zentrum die Instanz, in der sich, wenn ich mich entscheide, jetzt das Mich-Festlegen auf ein bestimmtes Handeln ereignet. Ich bin an zentraler Stelle meiner selbst das Sich-Bilden einer unkonfrontierten Spürensform, die ich dann, notgedrungen ins Pseudo fallend, mit essentieller Krückenbedürftigkeit bezeichne durch »ich habe mich entschieden«. (Gerade so wie das Pseudo die Redeweisen des äußeren Wahrnehmens auf die Ebene überträgt, wo ich spürend *bin* und nur deshalb etwas Bestimmtes wahrnehme, überträgt es die Redeweise des nach außen gerichteten Handelns auf die Ebene, wo ich spürend zu einem *werde*, der sich auf ein bestimmtes Handeln festlegt).

Das Wort, welches das eigentümliche Sich-Ereignen des Entscheidens in mir in seinem Gegensatz zu dem, was ich direkt machen kann, trifft, ist einmal mehr: *Unverfügbarkeit*. Ich bin mein Entscheiden; spürend werde ich zu dem, der so und so handeln wird; nicht aber verfüge ich in direktem Zugriff noch einmal über das, was ich »mein Entscheiden« nenne. Mein Entscheiden ist nie ein Handeln und auch nie einem Handeln analog. Es ist innerlich-praktisches Optieren oder spürendes, aktives Mich-Binden zugunsten eines bestimmten Handelns in der Welt. Obgleich es sich unversehens und unverfügbar ereignet, widerfährt es mir gerade nicht als etwas, das ich bloß registriere wie, daß mir das Knie wehtut oder daß ich traurig bin. Daß ich mich eben jetzt entscheide, bekundet sich unverwechselbar als Zug meines aktiven Lebendigseins, nicht als das Sich-Ereignen eines Neutralen, welches mir zu eigen sein kann oder auch nicht. Es ist dem, den ich »ich« nenne, so zentral, daß ich, wenn ich nicht krank bin oder mich in Sophistereien verliere, mit Selbstverständlichkeit sage, *ich* habe mich entschieden, statt, etwas Fremdes habe in mir eine Entscheidung gefällt.

Obgleich mein Entscheiden mir im Augenblick je unverfügbar ist, wie mir im Augenblick je unverfügbar ist, wer ich jetzt bin, kann ich doch aus zeitlicher Distanz und auf indirektem Weg versuchen, mein *zukünftiges* Entscheiden zu beeinflussen. Diese Art langfristig einigenden Umgangs mit mir selbst wird als etwas, *das mir offen steht*, bald zu besprechen sein. Hier liegt eine Möglichkeit selbst eingeleiteten Freier Werdens. Sie ist für die menschliche Weise, lebendig zu sein, als stets offene Möglichkeit tief kennzeichnend, genauso kennzeichnend wie die Unverfügbarkeit spürenden Da-seins überhaupt in seinem eigenen Augenblick.

47. Verwunderungslos

Eine alte Ansicht sagt, Ursprung des Verständigungshandelns, welches die Fraglich Lebenden *Philosophie* nennen, sei das Verwundern. Andere strebten das Nicht-Wundern als eine Haltung an, mit der das Bestreiten des Lebens gleichmäßiger und glücklicher gelingen solle.

Augenfällig ohne die letztere Absicht in spürender Bekanntschaft oder Artikulation zum Motiv zu haben, verhalten sich die Fraglich Lebenden ihrem eigenen Entscheiden gegenüber mit einer Verwunderungslosigkeit, die selbst getrost zum Gegenstand des thaumazein gemacht werden darf. Das undurchdringlich auftretende, aus der eigenen Perspektive nur oberflächenhaft, nicht aber irgendwie vollends rückführbare Entscheiden wird von den Spürenden in der Regel verwunderungslos hingenommen als zentraler Anteil ihrer eigenen Natur. Die Verwunderungslosigkeit gehört gewöhnlich sogar zum Vor- und Nachfeld des Entscheidens selbst; denn ob ich jetzt schon wieder nach der Kaffeetasse greifen oder es lieber mit Rücksicht auf Gründe der Gesundheit unterlassen soll, erwäge ich in einer Einstellung, die verwunderungslos mein Noch-Zögern, mein prinzipielles Greifenkönnen und mein selbstverständliches Erwarten, daß ich diese kleine Entscheidung sehr bald und in gebührlicher Glätte getroffen haben werde, hinnimmt.

Ein Anlaß zum Sich-Wundern ist in der Tat, daß die Verwunderungslosigkeit zu einem Selbstbild des Fraglichen Lebens (nicht allen aber doch vielen solchen Lebens) geführt hat, das mit bestimmten Anteilen über das, was die Einzelnen bei ihrem Entscheiden *spürend sind*, weit hinausgeht. Ich meine das sogenannte ›Freiheitsbewußtsein‹, das als ›intuitive‹ (sprich anschauliche, aus Anschauung zu belegende) Kenntnis darüber aufgeführt wird, daß ich bei meinem Handeln (Entscheiden) von vorausliegenden oder sonstwie im Augenblick verborgenen Ursachen *frei* sein soll.

Mein Spüren belegt eine These dieser Art und Reichweite

in, vor oder nach den Augenblicken des Entscheidens (Handelns) *nicht* und *kann* sie nicht belegen.

Das reale Spüren, sich in zentraler Funktion in meinem Organismus ereignend, wenn ich handle oder mich zu einer erst kommenden Handlung entscheide, belegt einen klaren Unterschied zwischen Zuständen, die ich gut mit *Mich gezwungen Fühlen* und *Mich nicht gezwungen Fühlen* kennzeichnen kann. Zu den ersteren Zuständen gehören die, bei denen Äußeres mich zwingt oder drängt, und solche, bei denen ein Zwang innerlich spürend da ist. Da ich für meinen Fall ein innerliches Gezwungenwerden in hervorgestellter Rolle nur sehr zweifelhaft zur Bekanntschaft oder Erinnerung an solche bringen kann (obwohl ich einigen Kranken, die ich kennenlernte, den Bericht über derartige Bekanntschaft *glaube*), ist für mich der Satz »ich fühle mich gezwungen« typischerweise erfüllt, wenn ich bei oder vor einem Handeln mit *etwas in der Welt* bekannt bin, das *Zwang* (Druck, Beschränkung) auf mich ausübt. Ist mir etwas dergleichen, wenn ich handle, nicht bekannt, dann halte ich in Sachen dieses Handelns typischerweise den anderen Satz für angemessen: »Ich fühle mich nicht gezwungen«. Ich sage dann auch ohne Bedenken »ich fühle mich frei«, und meine dasselbe wie mit dem vorigen Satz.

Der eigentliche Skandal der Verwunderungslosigkeit und also des genuin unverständigten, in hochfahrendem Schrumpftum über sich bloß bramarbasierenden Lebens liegt darin, daß auf der schmalen Basis solchen *Sich nicht gezwungen Fühlens* eine sehr viel weiter reichende Aussage für *intuitiv*, also *anschaulich* gewiß behauptet wird, nämlich: »Ich bin bei meinem jetzigen Handeln von vorausliegenden Ursachen jeglicher Art unbeeinflußt und in diesem Sinn frei.«

Das Spüren meiner eigenen Einheit Fraglichen Lebens kann hier dahinstehen: Wenn das spürende Auftreten des Handelns oder Entscheidens für kommende Handlungen im Zentrum eines Organismus nur die gut gesicherten Eigenschaften der Undurchdringlichkeit (auf ein Tieferes hin), Unrückführbarkeit (auf ein vollständiges System ursächlich relevanter Umstände) sowie Unverfügbarkeit (durch direkten, nochmals steuernden Eingriff) hat, ist die Aufblasung der berechtigten Aussage »ich fühle mich nicht gezwungen« zu der sehr viel anspruchlicheren Aussage »ich bin im Entscheiden und Handeln vom Einfluß vorausliegender Ursachen frei« nicht nur unberechtigt, sondern schlicht nie zu begründen. Allein die *Undurchdringlichkeit* des Spürens genügt, um jeden Begründungsversuch in entscheidender Weise lückenhaft zu machen.

Das spürende Sich-Bilden einer Entscheidung im Zentrum eines Organismus führt nicht die eigene kausale Analyse mit sich, es schraubt auch nicht an sich selber ein Guckloch auf zum Einblick in das Organische, das es ist, und es setzt sich, abgesehen von seinem Geschehen, nicht noch einmal zusätzlich in Gang; es geschieht schlicht als ein Stück spürender Wirklichkeit. Der Organismus spürt sich in unkonfrontierter Weise *aktiv* (er kennt den Unterschied zwischen Handeln und Getretenwerden), aber es *kann* in ihm kein Spüren geben, das sich bekundete als *unverursacht* – schon allein, weil »verursacht« und »unverursacht« gar keine Wörter für Spürenszüge sind, sondern theoretische Mittel, mit denen das Fragliche Leben sich in modifizierter Konfrontation bestimmte Deutungen seiner selbst und der Ereignisse in der Welt zur Diskussion stellt. Themen wie das der Verursachung oder ihres möglichen Gegenteils treten im unkonfrontierten Spüren nicht auf und können dies nicht; sie treten auch nicht in irgendeiner Beobachtung von Weltereignissen auf; sie gehören zu den Erklärungsversuchen, die die Fraglich Lebenden über solche Ereignisse anstellen.

Überdies gibt es ein inneres Wahrnehmen, das das Wort »intuitiv« in seiner Bedeutung von »anschaulich« rechtfertigen könnte, nicht. Die Weise, wie sich mein Entscheiden spürend bekundet, ist unkonfrontiert und deshalb unwahrnehmbar, erst recht nicht anschaulich wahrnehmbar. Die (freilich selten in voller Prunksucht hervortretende) Aufforderung, jeder möge sich seiner Freiheit, im Sinn des Unverursachtseins seiner Handlungen, durch inneres Wahrnehmen vergewissern, treibt den Skandal der Verwunderungslosigkeit noch ein Stück weiter, aber auch schon ins Lächerliche.

IX. Tun des Fraglichen Lebens spürend körperlich

48. Körperlichkeit

Schon der oberflächliche Vergleich des lebendigen Tuns mit lebendig-kognitiver Orientierung ergibt im Hinnehmenmüssen eines *Unverfügbaren* eine klare Verwandtschaft. Die Unverfügbarkeit besteht unter anderem darin, daß beide Leistungen des Lebendigen Anteile enthalten, welche für das Zustandekommen dieser Leistungen unabdingbar sind, aber im Augenblick des Leistens selber nicht ihrerseits in Bekanntschaft oder für das Entscheiden zur Verfügung stehen können. Der Versuch, rückschreitend oder aufstufend über sämtliche spürenden Anteile eigenen, lebendigen Erkennens und Handelns kognitiv wie praktisch zu *verfügen*, führt in die Irrgärten. Es gibt eine Tendenz des Fraglichen Lebens, möglichst vieles von sich zur Bekanntschaft und Artikulation, sowie möglichst vieles vom eigenen Tun in den Bereich eigener langfristiger Verfügung zu bringen. Beides hat zu tun mit einem *Wachsenwollen*, das zu den kennzeichnenden Zügen des Fraglichen Lebens gehört. Aber das Wachsenwollen (über das ich noch im folgenden zu schreiben hoffe) hat in der körperlichen Natur des Lebendigen überhaupt, und also auch des Fraglichen Lebens als eines spürend erkennenden und spürend handelnden, eine prinzipielle Grenze.

Wichtiger als der Abweis geläufiger Selbstprojektionen ins Bildsäulenhafte ist die Frage nach Art und Leistung des *spürenden Körpers* beim Tun der Fraglich Lebenden.

Ich versuche, mich in einen Studenten zu versetzen, der manchmal meine Vorlesung hört. Er will nach seinem ersten Studium, das er mit dem Staatsexamen abgeschlossen hat, noch ein zweites durchführen. Er hatte in dem Beruf, den ihm das erste Studium eröffnete, gute Chancen auf eine gewöhnlich ›sicher‹ und ›attraktiv‹ genannte Laufbahn; er hatte die Möglichkeit, bald und problemlos ein stabiles Einkommen zu erhalten; er hatte vor allem die Aussicht, einen sicheren Arbeitsplatz zu erwerben. All dies hat er in der neuen Laufbahn, die er mit seinem zweiten Studium einschlägt, nicht. Noch ungünstiger: Während er das zweite Studium durchführt, verliert er die Möglichkeiten, die sich ihm in seinem ersten Beruf boten; die Plätze werden von anderen eingenommen; ihre Menge ist beschränkt und ihre Verteilung an ein bestimmtes Alter gebunden; er weiß, wenn das Zweitstudium beendet sein wird, wird es in seinem ersten Beruf für ihn keine Chance mehr geben. Obendrein sind konkrete Aussichten auf eine Anstellung in dem *zweiten* Beruf kaum vorhanden. Er kann gemäß aller Wahrscheinlichkeit nicht erwarten, daß er mit seinem Zweitstudium nach dessen Abschluß einen Arbeitsplatz in dem von ihm gewählten Feld finden wird; er studiert ohne greifbare Aussicht auf spätere Beschäftigung oder auch nur auf ein gesellschaftlich anerkanntes Ausüben des Berufs, den er mit seinem Zweitstudium gewählt hat. Sein Verhalten ist unter Gesichtspunkten beruflicher Laufbahn und späteren Einkommens charakteristisch irrational. Das Zweitstudium ist das Studium der Philosophie; das erste Studium war das eines Faches für die Laufbahn der Gymnasiallehrer.

Obwohl das Handeln des Mannes, über den ich spreche, unter Zwecksetzungen einer stabilen beruflichen Zukunft *unvernünftig* ist, findet er sich nicht allein: Es gibt in seiner und erst recht in der darauf folgenden Generation eine nennenswerte Zahl von Studenten, die so handeln.

Ich nehme an, daß der Student, wenn er sich selbst Rechenschaft über sein Tun ablegt, zurückgreift auf Züge seines spürenden Lebens, in denen sich etwas wie *Befriedigung* bei den Tätigkeiten seines neuen Studiums manifestiert, im Gegensatz zu einer gleichfalls spürend gegenwärtigen Abneigung, vielleicht einem spürenden Gelangweiltsein oder Sich-abgestoßen-Fühlen beim Gedanken an den sicheren Beruf, den er sich in voller Kenntnis der Umstände hat entgehen lassen, vielleicht auch beim Gedanken an die konkreten Tätigkeiten, die dieser Beruf von ihm verlangt hätte. Es gab bei seinem Sich-

Festlegen nach meiner Vermutung ein Stück Innengrund-Einfluß in wichtigster Rolle. Was ich sprachlich als ›Abneigung‹ oder ›Hoffnung auf Befriedigung‹ zu fassen suche und im spürenden Zentrum des Organismus dem Innengrund zurechne, war an der schließlich sich bildenden Entscheidung *beteiligt*; der Student, nehme ich an, versuchte in den Phasen, in denen er seine Studienwahl für sich selbst zur Diskussion stellte, in Berührung mit einem Inneren an sich selbst zu kommen, um von dorther eine Orientierung über das zu gewinnen, worauf es ihm als diesem besonderen Organismus in seinem Leben ankommt. Und, sein unterschiedliches Spüren gegenüber den konkurrierenden Studien- und Lebenslaufgedanken entblindend, brachte er sich einiges ihm Wichtige aus der spürenden Wirklichkeit seines Da-seins zur Gegebenheit: Daß er es mehr *liebe*, Philosophie zu studieren, als jetzt Gymnasiallehrer zu werden.

Auch ohne die begrenzte Ausdrücklichkeit, die durch Artikulation, hier in Form des Mit-sich-Sprechens, hergestellt wurde, hätten die verschiedenen Weisen des Spürens gegenüber den zur Wahl stehenden Möglichkeiten nach verbreitetem Selbstverständnis des Fraglichen Lebens auf die Entscheidung »einen Einfluß gehabt«. Ich kann, mich an meine eigene Studienwahl erinnernd, sagen: Von einem bestimmten Punkt an war mir der Studiengegenstand Philosophie *spürend wichtiger* als der Studiengegenstand Medizin; es gab etwas im steuernden Zentrum meines Organismus, das für das eine und gegen das andere Studium spürend Stellung nahm; und noch bevor ich diese Stellungnahme mir zu artikulierender Gegebenheit brachte, handelte ich schon danach, indem ich alle Studientätigkeiten für das Medizinfach vernachlässigte, die für die Philosophie dagegen intensiver und intensiver betrieb.

Wir nennen die Rolle spürender Anteile bei Entscheidungen des Fraglichen Lebens herkömmlich »Einfluß«. Wir sprechen von ›Motiven‹ als ›Beweggründen‹. Ob ich die spürenden Antezedenzien zur Wahl jenes Studenten in meinem künstlichen Ausschnitt richtig oder falsch rekonstruiert habe, ist gleichgültig: Wichtig ist der selbstverständliche Rückgriff auf eine Rolle spürender Züge seines steuernden Zentrums beim Sich-Herstellen seiner Entscheidung. Das Deuten dieser Rolle erfolgt gewöhnlich nach Modellen, die aus unserem Deuten der konfrontiert-gegenständlichen Welt genommen sind, wie Bewegung und Kraft, Kampf und Sieg, Aktion und Reaktion, kurz: nach Modellen, die Sonderfälle der allgemeineren Idee eines kausal geordneten Weltlaufs darstellen.

Der Student, der das Studium der Philosophie mehr liebt als das Eintreten in eine vorgeformte Laufbahn, und der seinem Spüren gemäß handelt (gleich, ob in Artikulation zur Gegebenheit gebracht oder nicht), ist ein Organismus des Fraglichen Lebens mit *spürend körperlicher Steuerung*. Dieser letztere Ausdruck soll heißen, daß Spüren, das *immer* körperlich ist, einen wesentlichen Anteil zur Steuerung dieses Organismus beiträgt. Es wird damit auch gesagt, daß die Steuerung anders ausfällt, wenn das Spüren bei sonst gleichen Bedingungen in hinreichend hohem Maß *anders ist*. Hätte er die Philosophie als Ungehorsame Forschung verachtet und außer seiner Verachtung keine sonstigen, eher positiven Spürenszüge zugunsten dieses Faches in aufgeschlossener Ordnung unkonfrontiert erlebt, dann hätte er anders gewählt.

Wie das Erkennen des Fraglichen Lebens grundsätzlich eines *Erkenntniskörpers* bedarf, der zuletzt aus spürendem Material besteht, bedarf das Handeln des Fraglichen Lebens, die Bewegung des verstellten Leibes und die physiologischen Vorgänge, die zu ihr hinleiten, abgezogen, eines Zuges im spürenden Leben des Organismus, kraft dessen dieser selbst Anstoßinstanz des einzelnen Handelns sowie im Ausführen die dabei bleibende Lenkinstanz *spürend ist* – wenn er bereit sein soll, die Handlung als *sein Tun* anzuerkennen und nicht als etwas ihm bloß Widerfahrendes oder gänzlich Fremdes. Dieser Zug kann spürend körperlich genannt werden, obgleich der Versuch, ihn durch Beobachtung dingfest zu machen, an seiner Unfixierbarkeit scheitert, und obgleich selbst das tastende Nacherlebenwollen in der Erinnerung nur etwas systematisch Vexierendes in den Bereich der Aufmerksamkeit bringt. Zu Recht gebrauchte der Philosoph für dies Unfixierbare das Bild von der Ausdehnung einer Nadelspitze. Nicht im Besitz einer Typenlehre oder deskriptiven Ontologie des spürenden Lebens, und ohne es auf ein solch weitreichendes Unternehmen auch nur abzusehen, halte ich es doch für augenfällig, daß dieser Zug, wenn er zum Spüren gehört, kraft der unabschüttelbaren Körperlichkeit allen Spürens auch *körperlich* sein muß.

Wenn der Student sagt, er studiere Philosophie, weil er das Fach liebe, und damit ein Spüren meint, das vielleicht ähnlich ist wie mein damaliges Gefühl, die Philosophie *gebe* mir mehr als die Medizin, spricht er nicht das nadelspitzenhafte ›eigentliche agens‹ einzelner Handlungen an, auch nicht die spürend körperliche Basis *allen* Umgangs mit der Welt, sondern etwas vom Innengrund her Stellung Nehmendes. Dies Stellung Nehmende, unbeschadet seiner Unfixierbarkeit und aller Schwierigkeiten, es zu treffender Artikulation zu bringen, öffnet besondere, ausgezeichnete Möglichkeiten der menschlichen Weise, lebendig zu sein. Ihr Erschließen, Verfehlen, halbherziges Wahrnehmen oder Verschütten unter Fremdem gehört in das Feld der unverwechselbaren *Lebensarbeit*, die Einheiten Fraglichen Lebens so oder so zu leisten haben, die sie nicht verweigern können, zumal die Sterbensarbeit dazu gehört, und durch die sie sich als *Einheiten* besonderer, nirgendwo sonst zu findender Art selbst zum Thema von Verständigung und Handeln werden.

Bevor darüber gesprochen werden kann, ist noch weniges Nötige zur spürend körperlichen Steuerung zu klären.

49. Was sagt dein Gefühl?

Jemand, der mir in einer Situation, welche an Tragweite der jenes Studenten vergleichbar war, zur Klärung verhelfen wollte, fragte mich hartnäckig: *Was sagt dein Gefühl?* Er wollte mich dazu veranlassen, daß ich mir angesichts mehrerer Handlungsalternativen meine ihnen gegenüber je verschiedene Art *zu spüren* zur Gegebenheit brachte. Es ging ihm darum, daß ich meine spürenden Innengrund-Stellungnahmen für mich zu entblinden suchte, damit sie nicht nur auf heimliche Weise mitwirkten, sondern in der artikulierten Form zu meinem Entscheidungsprozeß beitragen konnten, welche die von außen auf mich eindrückenden Erwartungen, Hochrechnungen, Ratschläge ohnehin schon besaßen. *Was sagt dein Gefühl?* ist die Frage, die sich der Student ebenfalls gestellt haben könnte, wenn man annehmen darf, daß er versucht hat, seine Studienwahl durch sprachliches Aushandeln mit sich selbst vorzubereiten (dabei ist das bloße Wort »Gefühl« und sind die Differenzen über seinen Gebrauch hier nicht wichtig).

Die Steuerung der Fraglich Lebenden hat in der spürenden Körperlichkeit des Innengrunds ein zentrales Orientierungsmittel. Es hilft ihnen unter anderem zur Orientierung über ihre von innen her sich geltend machenden Präferenzen. Handeln ohne Bekanntschaft mit den Gewichtungen, die das eigene Spüren setzt, tendiert dazu, von äußerlich angebotenen Möglichkeiten oder Forderungen überfremdet zu werden. Daß, in Kenntnis jener Präferenzen, das eigene Handeln rational überlegt und entworfen werden kann, steht dazu nicht in Widerspruch; es ist vielmehr so, daß ein wirklich *vernünftig* zu nennendes Handeln Fraglich Lebender ohne Berücksichtigung der Gewichte, die ihr eigenes Spüren setzt, nicht auskommt. Dabei spielt keine Rolle, ob einzelne dieser Gewichte, eine allgemeine Maxime oder Sonstiges schließlich den Vorrang gewinnen. Eine lebendig handelnde Vernünftigkeit, die ihr eigenes Spüren abdeckte, um es überhaupt nicht zur Kenntnis nehmen zu müssen, wäre selbstbetrügerisch, also unvernünftig, und auch selbst-untergrabend. Denn das praktische Überlegen wird zur bloßen Rationalisierung, wo es Spüren, das am Entstehen eigener Entscheidungen immer beteiligt ist, unterschlagen will.

Die spürend körperliche Steuerung hat ihre eigene Ökonomie durch das Zusammentreten verschiedener Spürenszüge in der Einheit des Aufgeschlossenen. Der Student konnte die Weise, wie sich für ihn die Aussicht auf den Berufsweg des Gymnasiallehrers (metaphorisch gesagt) anfühlte, ›neben‹ die Weise halten, wie sich die in Phantasie ausgemalte, unsichere Zukunft eines Philosophiestudenten (ebenso metaphorisch ausgedrückt) anfühlte. Im Zentrum seines Organismus konnte durch *spürend sich bekundenden Unterschied* eine Entscheidung angebahnt werden. Wenn es überhaupt so ist, daß steuernde Maßnahmen des Fraglichen Lebens im Bereich seines Spürens und unter *Beteiligung* seines Spürens zustandekommen, statt daß ›Physikalisches‹ hier nur ein paar wirkungslos verrauchende Nebeneffekte setzte, wird die besondere Leistung dieser Steuerungsweise nur zu verstehen sein, wenn der spezielle Beitrag des organischen Spürens angemessene Aufklärung findet.

Zu dem, worüber der Student sich spürend ins Bild zu setzen suchte, gehört natürlich auch, was einige bezeichnen als »das, was er eigentlich will«. Es kann sein, daß es die spürende Gegenwart einer Tendenz zu handeln in ihm gab, die er in Artikulation zur (stets täuschungsanfälligen) Gegebenheit brachte als »ich will mit Gedanken umgehen«; »ich will zur Klarheit über das kommen, was ich in dieser Welt eigentlich zu schaffen habe«; »ich will wissen, was unter Menschen Gerechtigkeit ist«; »ich will herausfinden, was das rechte Leben ist«; »ich will verstehen, was es überhaupt heißt, am Leben zu sein.«

Was die Sprache des Fraglichen Lebens »Wollen« nennt, ist oft eine *spürende Handlungstendenz*; sie in angemessene Artikulation zu überführen und ihr Gewicht neben anderen Handlungstendenzen richtig einzuschätzen, kann für das Bestreiten des eigenen Lebens große Tragweite haben.

Zur spürend körperlichen Steuerung gehört es, daß ich mich über das, was ich will, primär spürend körperlich ins Bild setzen muß; ich entnehme es nicht einem universellen

Tafelwerk über die Einheiten des Fraglichen Lebens; ich beziehe es nicht aus einem Rechner; ich lese es nicht in einem Lebensbuch, das ein höheres Wesen genau für mein Leben geschrieben hätte und mir zur Verfügung stellte; ich erfahre es nicht zuverlässig von anderen. Die Aussagen über ›das, was ich will‹, die sich auf Grund von Langzeit-Beobachtung meines faktischen *Handelns*, auch durch Fremde, ergeben können, werden mir dabei sehr nützlich und manchmal auch genauer (in der Auszählung verläßlicher) sein als das, was ich im Berührungsversuch an meinem eigenen Innengrund entblinden kann. Das ändert nichts daran, daß für mich als ein Stück Leben mit der Steuerungsweise, die ich habe, eine Tendenz zu handeln, die man »Wollen« nennen mag, vor der Handlung selber primär *spürend* sich bekundet. »Primär« heißt hier sowohl *in einfacher Bekanntschaft*, als auch *vor weiterführender Überlegung und Berechnung*. Als mein Kind in der Nacht vom letzten Samstag auf den Sonntag, bei mir zu Besuch und nicht weit entfernt von mir in seinem Bett liegend, aufwachte und sagte: »Ich will was trinken«, sagte es das, weil es in bestimmter Weise *spürte*, und nicht, weil es sein Handeln in der Welt über längere Zeit beobachtet hatte und aus der Beobachtung jetzt diesen Schluß zog. Noch deutlicher fast im negativen Fall. Als ich dem Kind sagte, ich würde gern ein neues Spiel mit ihm spielen, antwortete es »ich will nicht«. Die Basis für diese artikulierte Ablehnung war *spürende Ablehnung*; es wäre fast lächerlich, zu vermuten, das Kind hätte die Kenntnis über sein Nicht-Wollen aus äußerer Beobachtung früheren, eigenen Verhaltens bezogen.

So bei nahezu allem, wovon ich sage, daß ich es will: Ich spreche den zuständigen Satz aus auf der Basis spürend körperlicher Bekanntschaft mit einem Zug in mir. Das Überprüfen und vielleicht Korrigieren des Satzes durch systematische, längerfristige Beobachtung meines faktischen Tuns ist dem gegenüber etwas Sekundäres, trotz manchmal größerer Verläßlichkeit. (Alles Überführen spürender Bekanntschaft in Artikulation, das ich, über mein Spüren *sprechend*, notwendig leisten muß, kann Fehler enthalten; jedes Überführen dieser Art ist vor allem den Vexierstücken des Pseudo ausgesetzt; das schwierige Wort »wollen« ist an der Vulgärontologie des Handelns in der Welt, nicht an einer – noch gar nicht verfügbaren – Ontologie des Spürens orientiert, daher erzeugt es beständig Verwirrungen. Das Wort »wünschen«, mit seinem klassischen, aber auch ziemlich dogmatisch etablierten Unterschieden gegenüber »wollen«, lasse ich absichtlich auf sich beruhen.)

Zur spürend körperlichen Steuerung gehört, daß die Entscheidung des Studenten sich, unbeschadet des hilfsweisen Heranziehens von Beobachtung und Berechnung, zu relevantem Anteil auf der Basis spürender Züge im Zentrum seines Organismus ergibt. Es sind Züge, die er für sich mit seinen Worten als typische *Verständigungspunkte*, manchmal von fast trigonometrischem Rang, in Anspruch nehmen kann, wenn man ihn fragt: »Was sagt dein Gefühl?« oder, in schwierigerer und durch die Schuldebatten noch einmal verzerrter Sprache: »Was willst du eigentlich?« Über die Weise, wie Züge seines spürenden Lebens, die die Sprache als ›verschieden‹ unterscheidet, in einen Wirkungszusammenhang treten und schließlich zu der Wahl, die er trifft, beitragen, kann mit den Ansprüchen einer Quasi-Mechanik oder gar Seelenphysik nicht gesprochen werden. Auch »Ursache«, »Verursachung«, »Wirkung« sind nur *Wörter*, für deren Deutung das Fragliche Leben bei seinen philosophischen Versuchen bisher nicht einmal in Denkmodellen der verstellten Welt ein *verbindliches* Muster gefunden hat, geschweige denn eine an Eigenschaften des Spürens entwickelte, bindende Verwendungsweise für die *sich bekundenden* Anteile in ihm selbst.

50. Was ist dein Ziel in der Philosophie?

»Was ist dein Ziel in der Philosophie?« – Die Frage und die zuständige Antwort »Der Fliege den Ausweg aus dem Fliegenglas zeigen« stehen wie eine Überschrift über einem ganzen Stück Verständigungsgeschichte in diesem Jahrhundert. Es war manchmal eine Verständigung von trauriger Gestalt, die in unmittelbarer *Nachfolge* des großen Mannes getrieben wurde, und dem Fraglichen Leben nicht immer erhellend, deshalb auch in wachsendem Maß gleichgültig. Den Philosophen selbst ausnehmend, sage ich von den Tätigkeiten seiner unmittelbaren Schüler und Nachfolger: Diese Art der Arbeit mir als einziges philosophisches Ziel zu setzen, würde mir spürend widerstreben.

Ich habe zu meinen Zielen ein *spürendes Verhältnis*, auch zu meinen Zielen in der Philosophie. Ziele sind mögliche Sachverhalte, im konfrontierten Material als etwas, das ich herbeiführen oder nicht herbeiführen kann, gegenwärtigt. Habe ich ein Ziel mir zu eigen gemacht, dann ist mein spürendes Verhältnis zu ihm anders als zu einem potentiellen Ziel, das ich nur erwäge und vielleicht in der Einheit des Aufgeschlossenen neben andere ›halte‹, um zur Bekanntschaft zu bringen, wie ich gegenüber diesen verschiedenen Zielen spüre. Die Weise, wie ich spüre, hilft mir zu einer begrenzten Klarheit in dem Prozeß, in dem ich schließlich dazu komme, das eine Ziel als meines zu nehmen, ein anderes, dem gegenüber ich ganz anders spüre, nicht.

Das Thema der Ziele gehört also zum Thema der spürend körperlichen Steuerung. Die unvermittelte, nicht durch Überlegungen zusätzlicher Art beeinflußte Entscheidung eines fraglich-lebenden Organismus für ein Ziel und gegen ein anderes, das diesem zuwiderlaufen würde, kann unmittelbar spürend erfolgen und erfolgt oft so. Auch wo meine Entscheidung zugunsten eines gewissen Zieles so ausfällt, weil dieses in den Gesamt-Zusammenhang meiner Ziele besser paßt als ein gegenläufiges, kann ich zu meiner Stellungnahme kommen, indem ich mich spürend der übergeordneten Ziele wieder versichere, und mich ebenso versichere, daß sie *meine* sind.

Im Spüren bekundet sich gegenüber einem Ziel demnach zweierlei oder *kann* sich mindestens bekunden: Wie ich ihm gegenüber spüre im Gegensatz zu einem anderen – das kann mir zum Herausbilden meiner Entscheidung *helfen*; und ob ein Ziel bereits meines ist oder war – das bekundet, der nadelspitzenhaft ungreifbaren Bekundung meines Aktivseins beim Tun vergleichbar, die spürende Gegenwart meines Optierens für dieses Ziel; sie ist bei längerfristig vor mir liegenden Zielen nicht unablässig spürend da, kann aber spürend aktuell gemacht werden; ich kann mich spürend zu versichern suchen, ob ein Ziel noch meines ist oder inzwischen gegenüber einem anderen für diesen meinen Organismus in den Hintergrund rückte – wobei eben dies erst jetzt zu meiner Bekanntschaft kommen mag.

Generell scheint zu gelten: Mein Verhältnis zu untergeordneten Zielen kann ich notfalls durch praktische Überlegung berechnen, indem ich übergeordnete Ziele und relevante Weltumstände durch die zuständigen Sätze in einen logischen Zusammenhang bringe und herausfinde, was im untergeordneten Bereich ›konsequenterweise mein Ziel sein muß‹. Mein Verhältnis zu meinen übergeordneten, einige würden sagen, *Ersten* oder *Letzten* Zielen kann mir durch Berechnung nicht abgenommen werden; ich muß es durch eigene Stellungnahme finden, auch da, wo ich mich auf der Ebene weitreichender Konzepte meines Lebens in dieser Welt fremden Feststellungen beuge (mich ihnen unterstelle; unbemerkt meine Entscheidungen nach ihnen modle).

Zur Frage der *Intentionalität* und ihrer Rolle beim zielgerichteten Handeln läßt sich vom Gesichtspunkt der spürend körperlichen Steuerung her mindestens dies sagen: Es versteht sich von selbst, daß solches Handeln in *intentionalen Ausdrücken* beschrieben werden kann, und daß Sätze mit diesen wiederum sich in logischer Hinsicht wesentlich anders verhalten als Sätze ohne sie. Da inzwischen bekannt ist, daß auch die planmäßige Aktivität von Leblosem (eines geeigneten *Gerätes*) in intentionalen Ausdrücken wiedergegeben werden kann, sagt die Verwendung solcher Ausdrücke über die konkrete Weise, wie sich das Handeln oder die Entscheidung zum Handeln in der lebendigen Einheit bildet, und auch über die Art, wie Entschiedensein zum Handeln in einer solchen Einheit konkret gegenwärtig ist, augenfällig extrem wenig. Die intentionale Sprache ist eine *Weise des Redens*. Sie gehört zur Sprache des Pseudo. Sie ist gebildet am Modell des Verhältnisses zwischen beobachtbaren Einheiten des Fraglichen Lebens und möglichen oder wirklichen Sachverhalten in der verstellten Welt. »Er will mich betrügen« ist im Lebenszusammenhang einer spürenden Einheit ein sinnvoller und wichtiger Satz; »das Kind will etwas trinken« genauso; »mein Student will ein hohes Risiko auf sich nehmen« ebenfalls. Spreche ich von mir selbst, füge ich mich in diese Weise des Redens zwanglos ein und teile damit Wichtiges über das Handeln oder die Handlungsneigung dieser meiner Einheit Fraglichen Lebens mit. »Ich will in der Philosophie auf keinen Fall nur Mißverständnisse aufklären«; »die Beulen an allerlei Köpfen interessieren mich nicht«; »wenn ich mich damit befasse, dann eher zu untergeordneten Zwecken«; »ich wollte schon immer etwas anderes, und ich weiß bis heute nicht, wie ich es erreichen soll«.

Die intentionale Sprache funktioniert als ein Mittel der Verständigung unter Fraglich Lebenden, und als dieses Mittel hat sie ihr Recht. Sie erlaubt keine Rückschlüsse auf die Beschaffenheit des eventuell damit angesprochenen Spürens; sie ist kein Wegweiser zu einer Ontologie seiner; die Tatsache, daß sie in der Vergangenheit oft als Wegweiser dazu genommen wurde, hat in hohem Maß zu den Mißverständnissen beigetragen, in denen sich die einschlägigen Verständigungsversuche wie Fliegen im Fliegenglas fingen.

Die Gefahr, die von der Sprache der Intentionalität für ein unbefangenes Betrachten spürend körperlicher Steuerung ausgeht, ist vor allem, daß sie fertige Muster mit sich führt, die dem, der sie fraglos akzeptiert, durch sein eigenes Sprechen die Zwangsjacke anziehen.

Eine moderne Form davon ist die These, das Fragliche Leben steuere sich *nicht* spürend, oder höchstens marginal, denn es orientiere sich beim Handeln an Maßstäben, Regeln, Normen, die nicht den Status von Realem, schon gar nicht den von Spüren hätten. Dasselbe gelte für seine Ziele, die ja *als zu verwirklichende* in der Zukunft lägen und zum Zeitpunkt des Handelns noch gar nicht real seien, also auch gewiß nicht Teil einer spürenden Wirklichkeit. *Daß* das Fragliche Leben sich an solchem orientiere (sich beim Tun intentional auf solches richte), das zu diesem Zeitpunkt als *nicht real* eingestuft werden muß, zeige sowohl die Steuerungs-Irrelevanz seines jeweiligen Spürens, als auch liefere es sogar die Basis für den *Beweis*, daß das Handeln Fraglichen Lebens *nicht von vorausliegenden Ursachen durchgängig bestimmt* sei. Kühnere Denker dieser Richtung sagen dann, das Fragliche Leben erhebe sich durch sein *freies* Handeln (im Sinne eines aus vorausliegenden Ursachen nicht gesetzmäßig hervorgehenden Tuns) weit über die sonstige belebte Natur, ja über alles, was in der Welt außer ihm noch vorkommt. Es sei eine metaphysische Ausnahmeerscheinung; es sei *ontologisch anders* als das übrige Leben in der Welt, und als die Dinge sowieso.

Es ist hier zunächst offenkundig, daß spürend körperliche Steuerung das Sich-Orientieren (zum Beispiel) an abstrakt ausgedrückten, in freier Konfrontation gegenwärtigten Normen nicht ausschließen muß. Es gibt allerdings *viele* Normen für mögliches Handeln, und viele davon sind gegenläufig zu anderen; das heißt, verschiedene Normen sind prinzipiell geeignet, in einer konkreten Situation verschiedene Handlungen zu gebieten. Der Student, der sich überlegt, ob er seine bürgerliche Existenz durch ein philosophisches Zweitstudium gefährden soll, sieht sich mehreren normativen Mustern gegenüber, von denen zwei besonders prominente das Prinzip der beruflichen Sicherheit und das Prinzip der Verfolgung eigener

Bildungswünsche heißen können. An welches er sich bindet, das heißt, woran er sich faktisch orientiert, kann nur er selbst entscheiden. Und er entscheidet es, wenn er weise ist, *nicht ohne* daß er sich fragt: Was sagt dein Gefühl?

Das bloße Faktum einer Handlungsorientierung an abstrakten Prinzipien (oder anderem ontologisch Besonderen) spricht noch nicht gegen die These von der spürend körperlichen Steuerung. Denn es gibt einen Unterschied zwischen Zielen, Prinzipien, Normen (sowie dem sonstigen ontologisch Besonderen) auf der einen Seite, und dem *Sich-Binden* an solche Instanzen, auch dem, was die Umgangssprache nennt: Sich-ihnen-Verpflichten. Es gibt immer *konkurrierende* Normen, Ziele, Handlungsmaßstäbe. Welche Norm von mehreren konkurrierenden ich befolge, ist selbst eine Sache meines Optierens. Und dies wieder hat definitiv spürenden Status. Es ist in typischer Unfixierbarkeit spürend da und bereitet sich in seinem Entstehen spürend vor. *Auch* wo ein Mich-Verpflichtet-Fühlen von mir gar nicht bis zu seiner Entstehung verfolgt werden kann (zum Beispiel durch frühe Erziehung angelegt wurde), tritt es in spürender Bekanntschaft auf. Das Verpflichtende einer Norm *für mich* macht sich *spürend* bekannt; aus der bloßen Formulierung und Begründung der Norm mag ich einen Verpflichtungsanspruch zwar abstrakt ersehen, etwa bei Normen, die als allgemein verbindlich auftreten. Ob ich mich diesem Anspruch *für mein eigenes jetziges Handeln* anschließe oder ihm gerade zuwiderhandle, ergibt sich für mich auch *spürend*, in der Weise, wie auch mein Mich-Entscheiden sich für mich spürend kundtut. Es ergibt sich gerade nicht aus der *bloßen* Existenz einer Norm. (Sonst wäre ein moralischer Satz, könnte man ihn als allgemein verbindlich begründen, dadurch auch schon allgemein erfüllt; eine wirklich hybride Idee unter *Lebenden*).

Das jetzt Ausgeführte soll nicht sagen, daß ich mich etwa *ohne Überlegung* an meine Ziele binde (oder binden möge). Die Weise, wie sich meine Entscheidung, auch die zum Mich-Richten nach einer Norm oder dem Verfolgen eines Zieles, spürend formt, bedarf, um alles daran zu verstehen, einer Analyse auf mehreren Ebenen. In diesem Abschnitt sind die rationalen Entscheidungsbegründungen, die Fragliches Leben kennt und zu Recht seinen wichtigsten Mitteln typisch menschlichen Existierens zuzählt, zurückgestellt geblieben gegenüber den für ihr faktisches Wirksamwerden *unabdingbaren*, gewöhnlich aber hochfahrend vernachlässigten, genuin spürenden Vollzügen, mit denen alles Rationale in lebendigen Organismen allein erst Kraft und tätige Wirklichkeit erlangt.

Was die Thesen über einen idealen oder sonstigen Sonderstatus handlungsleitender Konfrontationen, zum Beispiel Normen und Ziele, betrifft, so können solche Thesen zwar helfen, die Seinsweise besonderer Orientierungsmuster, die das Fragliche Leben sich erworben hat und immer neu erwirbt, besser zu verstehen. Werden solche Thesen umgeschrieben zu Thesen über eine ontologische Abtrennung des Fraglichen Lebens selber von den übrigen Gestalten des Lebendigen, und wird faktisch versucht, dem Fraglichen Leben damit die Fähigkeit eines freien (kontrakausalen oder außerkausalen) *Superhandelns* zuzuschreiben, dann liegt ein Sich-Herausprojizieren aus den Bedingungen von Lebendigkeit überhaupt vor, wie es kennzeichnend ist für die Versuche der *Fraglichkeitsausräumung*, die die Geschichte der Selbstdeutung Fraglichen Lebens durchziehen und immer wieder zu charakteristisch unmenschlichen, Menschliches gerade zerstörenden Positionen geführt haben. Theorien dieser Art scheinen das Gegenteil lebenangemessener Philosophie darzustellen. Ihre Ziele machen ein negatives Gegenbild aus zu den in der Entfernung liegenden Zielen angemessener Einheitsarbeit des Fraglichen Lebens zur Verständigung über sich *als fragliches*.

51. Alles Theater?

»Nun, wenn ich z. B. meine Aufmerksamkeit in bestimmter Weise auf mein Bewußtsein lenke und mir dabei staunend sage: DIES solle durch einen Gehirnvorgang erzeugt werden! – indem ich mir gleichsam an die Stirne greife.«

Die auch mit ihrem Umfeld schon mehrfach in Anspruch genommene Bemerkung des Philosophen dient hier dazu, noch einmal auf die einzugehen, die das Sich-Entscheiden und das Tun des Fraglichen Lebens gänzlich aus Vorgängen in seinem verstellten Gehirn erklären möchten, wenigstens im Prinzip. Sie vertreten die These: Was immer das Fragliche Leben als Spüren, Aufgeschlossenheit, Bekanntschaft, Entschiedensein, gleich mit welchen inneren Anteilen seiner selbst, *zu sein glaubt*, trägt zu seiner Steuerung nichts bei. Seine Steuerung ist nicht *spürend* körperlich, sondern allein *verstellt* körperlich, alias rein ›physikalisch‹ oder rein ›physiologisch‹. Radikalere Versuche leiten daraus die zusätzliche These vom Nichtvorhandensein des Spürens und alles Zugehörigen im Fraglichen Leben her nach der Maxime: Was zur Erklärung der Weltereignisse nicht nötig ist, kann gestrichen werden.

Das erste ist die These von der essentiellen *Theaternatur* aller Erlebnisse, die das Fragliche Leben sich zuschreibt: Sie seien nicht das Finden von Entscheidung, sondern das Theater solchen Findens; sie seien nicht der Ort, an dem ich um die Richtigkeit meines Handelns mich bemühe, sondern ein Film, in dem das Gegeneinander verstellter Kräfte sich als Bemühung um die Richtigkeit meines Handelns bloß noch einmal darstelle. Das zweite ist die These, daß wir als Erkennende aus der Überflüssigkeit und Folgenlosigkeit des Films auch zu der Annahme übergehen können, daß er gar nicht läuft. Der Glaube an die Existenz eines Films, der zur Steuerung *entbehrlich* ist, sei selbst *entbehrlich*.

Im voreiligen Sich-Entscheiden zugunsten der Theaterthese oder der Entbehrlichkeitsthese zu einem Zeitpunkt, wo das

Fragliche Leben eine anerkannt sichere Menge empirischen Materials in einer Größenordnung, die zur angemessenen Diskussion beider ausreichte, noch nicht besitzt, scheint mir die gewaltsame *Fraglichkeitsausräumung* auf der nicht-idealistischen Seite zu bestehen. Sie ist das gegenläufige Komplement zur hochfahrenden Deutung unserer selbst als freier Superpersonen, wie eben besprochen. Es gehört in charakteristischer Rolle zur Situation des Fraglichen Lebens überhaupt, daß seine Weise, sich als tätiges Spürenswesen und tätiges Körperwesen *in einem* zu finden, vom Beginn seiner Verständigungsversuche an auf Schwierigkeiten führte. Die Natur des Lebendigen, das sich die Frage nach dem Zusammenhang zwischen seinem *Spüren* und seinem *Körper* stellt, scheint gerade dadurch gekennzeichnet zu sein, daß es hier, im vertrautesten Bereich seiner selbst, spürend auf die eigene *Undurchdringlichkeit* stößt und denkend bisher auf *Unlösbares*. Das letztere ist dabei nicht verwunderlich, sondern erwartbar: Denn die Sprache, die das Fragliche Leben bei seinem Denken über sich benutzt und nicht wegwerfen kann, entstand nicht zu Zwecken des Versuchs, das Verhältnis seines Spürens zum verstellten Körper noch einmal zu verstehen; die Sprache funktioniert in diesem Verhältnis, aber sie steht nicht darüber; *dies* könnte nur eine andere Sprache tun, die wir als spürende Körperwesen bisher nicht haben.

Es ist extrem schwer vorstellbar, daß das Fragliche Leben auf der Basis rein theoretischer Motive dazu kommen könnte, seine spürende Weise, sich in der Welt zu finden, nicht nur für überflüssig zu halten, sondern auch dies in seinem Spüren zu *vollziehen*. Es müßte sich dazu spürend von seinen erlebten Entscheidungen als einem bloßen Theater oder schlechterem distanzieren. Das heißt zum Beispiel, es müßte im frei konfrontierenden Versuch, sein rechtes Handeln durch Überlegung zu entwerfen, dies Überlegen selbst zugleich als *praktisch irrelevant* einstufen. Es müßte im spürenden Ausfechten eines Kampfes mit sich den Kampf zugleich wie einen bloßen Film anschauen. *Das geht nicht*. Das spürende, durchgängige

Sich-Distanzieren von der eigenen Lebensarbeit wäre eine andere Lebensform oder gar keine Form von *Leben* mehr. Unter den Bedingungen, unter denen das Fragliche Leben sich findet, bedeutet am Leben sein (von Krankheit und Zerstörung abgesehen) so viel wie spürend sich zu lenken und lenken zu müssen. Die Haltung des bloßen Betrachtens oder Geschehenlassens, durchgängig eingenommen, wäre auf elementare Weise im Spüren und Vollziehen *anders*. Man kann nicht zugleich sich anstrengen und dieser seiner Anstrengung, von ihr als irrelevanter Illusion sich absetzend, zuschauen. Das heißt, das phantasierende Konstrukt einer Lebensform, die den Forderungen jener Thesen wirklich entspräche, führt entweder auf etwas Widersprüchliches, das es nicht geben kann, oder auf eine gänzlich andere Weise der Lebendigkeit, von der sehr unklar ist, ob sie dem, was wir als Organismen kennen, noch in relevantem Umfang ähnlich wäre. Sie wäre in Sachen spürenden Tätigseins etwa dem Rückfall in ein *sentire semper idem*, das heißt dem Rückfall in die *praktische Blödigkeit* vergleichbar. Eine der wichtigsten Formungserrungenschaften des Fraglichen Lebens, die *spürend tätige Einheit*, die sich durch ihr eigenes Tätigsein qua *Einheit* befestigt oder beschädigt, hätte auf dieser Basis keine Aussicht zu entstehen.

Die Konkurrenz der Auffassungen ist deshalb da, wo es um die innere Realität der Fraglich Lebenden geht, nicht durch gewöhnliche Vorzüge und Nachteile von *Theorien* entscheidbar. Wir sprechen, wenn wir über Spüren und spürendes Tätigsein reden, nicht über Theorieelemente wie das Phlogiston oder den Äther, die beim Auftreten einer besseren Theorie einfach gestrichen werden können (und in der Geschichte der Wissenschaft ohne Beweis ihrer Nichtexistenz gestrichen wurden, als man sie nicht mehr brauchte). Wir sprechen über unsere eigene primäre Wirklichkeit. Eine Theorie, die dem Fraglichen Leben ansinnt, sich auf weitreichende, unvoraussagbare Weise im Erleben nahezu jeden Augenblicks zu verändern, auf daß es einer theoretisch gefundenen ›Wahrheit über sich selbst‹ entspreche, muß Gründe von ungeheurem

Gewicht für sich haben, und meine Vermutung ist, daß keine Theorie, solange sie *Theorie* ist, dieses Gewicht aufbringen *kann*. Formen des Lebendigseins, die so elementar sind wie spürendes Tätigsein, haben ein größeres Gewicht im Vollziehen des Lebens selbst als Theorien über dieses. Sie können nur durch vergleichbar starke Formen des Lebendigseins verdrängt werden. Veränderungen in den Bedingungen von Leben überhaupt könnten dergleichen vielleicht auslösen. Vielleicht sind noch andere auslösende Umstände denkbar. Zu dem, was fähig wäre, derart elementare Formen des Lebendigseins auf Dauer zu verändern, gehören bloße Theorien *nicht*.

Die Aussichten sind also: Die Diskussion Sitzender Philosophie über die Beteiligung oder Beteiligungslosigkeit des Spürens beim Handeln des Fraglichen Lebens wird noch lange weitergehen, mit sich ablösenden Theoriemodellen und gleichbleibender Ferne vom Sich-Vollziehen dieses Lebens selbst. Das Fragliche Leben wird den Versuch der *Fraglichkeitsausräumung* in dem Sinn, daß sein spürendes Tätigsein bloßes Theater und/oder entbehrlich sei, nicht akzeptieren, solange nicht *Lebendigeres* als eine Theorie es dazu bewegen. Die Einheiten Fraglichen Lebens, die versuchen werden, allein auf Grund von Theorie ihre Entscheidungen und ihr Handeln rein distanziert zu erleben, statt sich *als Tätige* anzuerkennen, werden den Versuch entweder aufgeben oder mit einem *gespaltenen Spüren* weiterleben.

X. Freigesetzter Innengrund

52. Zurückkommen

»Im Vergleich zu den meisten Menschen werde ich von wenigen Dingen berührt, oder besser gesagt, gepackt: denn es ist richtig, daß sie uns berühren, vorausgesetzt, daß sie nicht von uns Besitz ergreifen.« Und etwas später im gleichen Essai *De mesnager sa volonté*: »Ich bin ganz anderen Sinnes geworden. Ich halte mich an mich und begehre gemeinhin nur lässig, was ich begehre, und begehre wenig; beschäftige und ereifere mich ebenso: selten und gemächlich.«

Montaignes Versuch, im Alter wenigstens sich selbst zu besitzen, statt sich in Miete zu geben, wie er es nennt, diene hier als Beispiel für das Artikulieren einer spürenden Tendenz, die das Fragliche Leben *auch* kennt. Sie muß erwähnt werden, wenn es um die sich bekundende Gegenwart des eigenen Tätigseins als vorrangigen Zuges der spürenden Lebendigkeit geht, die ich für Fragliches Leben bisher als kennzeichnend genommen habe.

Wer ich jetzt bin, bringe ich mir in sehr wichtiger Hinsicht zur artikulierenden Gegebenheit, indem ich mir darstelle, zu welchem Tun ich spürend hinstrebe. Mein Tun, mein Entschiedensein zu Handlungen, die ich ausführen will, meine Bindung an Ziele, vor allem an langfristige, sind geeignet, die Basis für eine relativ gute Charakteristik meiner Einheit Fraglichen Lebens abzugeben. Tätigsein und die Formen seiner spürenden Steuerung sind für das Bestreiten der eigenen Existenz, auch der eigenen Entwicklung in der Zeit so zentral, daß von da her das Besondere eines spürend tätigen Individuums oft am besten zu fassen ist. »Welchen Zielen willst du in diesem Jahr nachgehen, und was willst du heute konkret zu ihrem Verfolgen tun?« ist eine Frage, deren zugeordnete Antwort (mitsamt entsprechenden Handlungen) den, der ich heute bin, besser als viele andere Zugangsweisen zu treffen geeignet ist. Was die Fraglich Lebenden in konstruierender Rede ›Selbst‹ oder ›Ich‹ nennen, dürfte mit einem spürend aktiven Zentrum in ihnen zumindest eng zusammenhängen, wenn es nicht vor allem dies ist, was die Sprache des Pseudo mit solchen Wörtern anzuzielen sucht.

Umso merkwürdiger berührt beim ersten Kontakt die These, das ›Ich‹ oder ›Selbst‹ werde gerade im zeitweiligen *Sich-Trennen* von Zielen, im *Zurücktreten* von Tätigkeit und solchem, das sie auslösen kann, zugänglich: Im *Zurücktreten* also von Bedürfnissen, Wünschen, Erwartungen, Projekten, überhaupt solchem, von dem die spürende Einheit täglich und in jeder Stunde meint, sie müsse es erreichen, befriedigen, realisieren und so fort. Die Verwendung der Wörter »Ich« und »Selbst« hier ruhig dahingestellt: Die These appelliert an eine Spürensgestalt, in der die Fraglich Lebenden, die solches berichten, ein auf überzeugende Weise Eigenes spürend zu gewinnen glauben, indem sie gerade sich des Tätigseins und alles dorthin Führenden, kraft dessen sie sich gewöhnlich besonders sicher als Unverwechselbare zu treffen meinen, *enthalten*.

Ich nenne das Erlebnis des absichtlich eingeleiteten oder plötzlich sich herstellenden *Freiwerdens* von Zielen, Absichten, sonstigen Dingen, die die Einzelnen normalerweise zur Tätigkeit von innen oder außen her ›drängen‹ (durch die sie sich selbst zur Tätigkeit steuern), das *Zurückkommen auf den freigesetzten Innengrund*. Der Innengrund ist in solchen Zuständen weitgehend *freigesetzt* von seiner normalen Beteiligung an der kurz- und langfristigen Steuerung dieser besonderen Einheit Fraglichen Lebens. Er ist *weitgehend* freigesetzt heißt: Es findet nur ein Minimum spürend körperlicher Steuerung statt, zum Beispiel dasjenige Minimum, durch das die Einheit sich in den Zustand der *Lösung* von den Tageszielen und -besorgnissen gerade hineinzubringen versucht. Dem Wort »freigesetzt« entspricht die gut bezeugte Spürensform der zeitweiligen *Trennung* von den Zielen – im weitesten Verständnis –, an die die Einheit Fraglichen Lebens sich sonst kraft eigener Stellungnahme, oder ohne daß sie es nur weiß, *gebunden fühlt*, nach denen sie sich *streben spürt* in der charakteristisch unfixierbaren und selbst bei klar spürender Bekanntschaft auch dem direkten Zugriff unverfügbaren Weise, die dem Auftreten ihrer eigenen Tätigkeitstendenz in ihr selbst eigen ist.

Das Zurückkommen auf den freigesetzten Innengrund ist nichts unaufhellbar Mystisches oder Außerrationales. Es ist allen Fraglich Lebenden möglich. Es hat in dieser Kultur hier, der ich angehöre, zwar wenig Tradition. Und in einem strikt wissenschaftlichen Bild Fraglichen Lebens wird nicht oft davon als einer Möglichkeit lebendiger Orientierung und Selbst-Aneignung seiner Einheiten gesprochen. Dafür gehört es dem Typ nach zu den Grunderlebnissen vieler Religionen, vieler persönlicher Erleuchtungen, vieler Glückslehren, vieler Weisen, einen ›Weg ins Innere‹ aufzutun. Es wäre ein bißchen töricht, vom Standpunkt einer ›wissenschaftlichen Philosophie‹ her die Innengrund-Zeugnisse ganzer Kulturen a limine für abtuenswert zu erklären. Ohnehin wirkt *in dieser Sache* die neuere ›wissenschaftliche Philosophie‹, verglichen mit der thematischen Weite und Durchdringungskraft der in jenen Kulturen enthaltenen Stücke von Verständigungshandeln des Fraglichen Lebens, wie ein blasses, nach engen Kriterien zusammengeschnittenes Fähnlein, das einem seltsam traurigen Heer akademischer Fröner vorangetragen wird.

Der Innengrund wird nicht in der bezeichneten Weise freigesetzt, wenn ich bloß untätig bin. Untätigkeit allein ist ein auf die Grenze zur Passivität heruntergebrachter Zustand des verstellten Leibes und ein entsprechender Spürenszustand, was eigenes, jetziges Tun angeht. Ich kann untätig sein und mich untätig spüren, wenn ich nur mich müde auf einen Stuhl geworfen habe und dort zu bleiben wünsche. Bloße Untätigkeit ist nicht so viel wie frei zu sein von spürend sich geltend machenden Ansprüchen, Absichten, Zielen, Befürchtungen und sonstigem, was geeignet ist, die Einheit Fraglichen Lebens zu irgendeiner Tätigkeit hin zu drängen oder zu zerren.

Der freigesetzte Innengrund ist sichselbstgleiches Spüren, auf das ich zurückkommen kann, wenn es mir gelingt, meine innere Bindung an solches, das mich sonst in Bewegung und Hatz hält, zeitweilig zu lösen, so daß jetzt auch spürend gegenwärtig ist, was in verfassungsmäßig hudelndem Notsprechen heißt: Freigewordensein, Unabhängigkeit, Ruhe. Dies sind nur Wörter: Das Bezeichnete ist so unverwechselbar und zugleich als es selber unfixierbar wie alles nicht konfrontierte Spüren. Deshalb sind die Einheiten des Fraglichen Lebens, die ernsthaft Erlebnisse dieser Art berichten oder sogar darin, wie einige sagen, Zentren der Ruhe für ihren ganzen Tag finden, das kulturgegebene, will sagen durch die Geschichte der Menschengattung in unserer Kultur angelieferte Gespött derer, die sich diese Gestalt des Lebendigseins nicht erschlossen haben. Das Gespött ist freilich ein Gespött ohne gedankliche Kosten. Es erfolgt ohne Nachdenken über die elementaren Spüreneigenschaften Fraglichen Lebens, die ein zeitweiliges Sich-Lösen von Zielen, oder was sonst ›zu erreichen‹ und ›zu vermeiden‹ ist, erlauben, und ohne Nachdenken über die Eigentümlichkeiten des Innengrunds überhaupt.

Die gut bezeugte Möglichkeit, wenigstens zeitweise von der sonst für die Fraglich Lebenden gerade kennzeichnenden Bindung an Handlungsziele und Vergleichbares zurückzutreten, von ihr in einem sehr speziellen Sinn *frei* zu werden, deutet auf einen neuen Aspekt an der spürenden Gegenwärtigkeit von Handlungseinstellungen. Spürend gegenwärtig ist meine Bindung an ein bestimmtes Ziel, wenn ich sie als meine aktuelle Tendenz zu handeln spüre (wenn sie nicht in den Status der Disposition zurückgetreten ist). Spürend gegenwärtig ist ebenfalls die zeitweilige Distanzierung von einem Ziel, *ohne* daß ich die konfrontierte Gestalt des Ziels, zum Beispiel seine Phantasie, in den Halo des Unbekannten abdrängen müßte. Das spürende Distanznehmen ist mit den Wörtern, welche das Fragliche Leben zum Beschreiben dieser Erlebnisse benutzt, genauso unzureichend, aber trotz allem genauso legitim getroffen, wie sonst seine inneren Referenten von »Wollen«, »Wünschen«, »Begehren« und mehr. Ich nehme die Beschreibungen über Freier Werden oder Sich-Lösen beim Zurückkommen auf den freigesetzten Innengrund als charakteristische Fälle von *Verständigungspunkten*, an denen sich die lebendigen Einheiten, die solches berichten, ein Stück weit in einer Spürensweise entblinden, die ihnen wichtig und stärkend ist, ohne daß sie eine Theorie darüber haben müßten. An den Verständigungspunkten *treffen* sie ihr ungegenständliches Spüren; sie fühlen sich für das Gelingen der Verständigung nicht verpflichtet, einen beobachtbaren Sachverhalt aufzuweisen, den sie etwa als Beleg benutzten.

Das Zurückkommen auf den freigesetzten Innengrund wird, wenn mit einzelnen Punkten gelingender Verständigung der Einheit in sich selbst zusammengehend, zu einem guten Paradigma des *In Berührung Kommens* mit sich. Genauso wird die wiederholte Rückkehr zum freigesetzten Innengrund, von der spürende Einheiten, denen daran gelegen ist, manchmal zu sprechen versuchen, zu einem guten Paradigma des *In Berührung Bleibens* (immer unterbrochen durch die zu verrichtende Tätigkeit und alles andere, was der Tag zu handeln gebietet, aber auch bei einigen Individuen sicher eingerichtet als tägliche Gelegenheit des Rückzugs von all diesem). In Berührung Kommen und In Berührung Bleiben sind Instanzen des Wachstums. Je mehr Anteile ihrer selbst die Einheit Fraglichen Lebens für sich selbst in Entblindung trifft, desto größer wird ihre Gemeinschaft mit sich, desto berechtigter wird es sein zu sagen, daß diese spürende Einheit sich in höherem Maß zu eigen wird (oder macht), und desto größer dürfte die Aussicht darauf sein, daß ihre spürend körperliche Steuerung sich zunehmend an Stellungnahmen orientiert, die auch beim Sich-Lösen aus dem Geschiebe von Druck und Zug *als eigene* in der Bekanntschaft bleiben (statt sich bei wiederholtem spürendem Distanznehmen als Fälle der Überfremdung durch Äußeres bloßzulegen).

53. Nicht das Gezerre

Wenn das Zurückkommen auf den freigesetzten Innengrund, wie eben geschehen, in Verbindung gebracht wird mit dem potentiellen Erwerb einer weniger fremdbestimmten Handlungs- und Lebensorientierung, entsteht zunächst scheinbar ein Paradox: Wie soll dieses Zurückkommen, das gerade als handlungslos eingeführt wurde und als ein spürendes Distanznehmen von Handlungszielen überhaupt, seinerseits zu einer anderen Auswahl oder Gewichtung solcher Ziele und also zu einer anderen, der Einheit Fraglichen Lebens in höherem Maß eigenen Handlungsorientierung beitragen? Ist hier nicht Unvereinbares, nämlich das spürende Sich-Lösen von Zielen einerseits, das spürende Sich-neu-Orientieren andererseits, zusammengebracht? Wird nicht der freigesetzte Innengrund hier wieder in ein Handlungsmuster eingebaut, das der mit dem Wort »freigesetzt« angezeigten Besonderheit gerade zuwiderläuft? Ist der zur Orientierung auf ein weniger überfremdetes Leben hin gebrauchte ›freigesetzte Innengrund‹ nicht in dieser Rolle ein trockenes Wasser, eine aschene Flamme oder Verwandtes?

Es braucht hier nichts über die Ontologie der Spürensrealität entschieden zu werden, kraft deren Fraglich Lebende im Zustand freigesetzten Innengrunds noch Bekanntschaft mit ihren gewöhnlichen Zielen (oder sonstigen handlungsrelevanten Eigenschaften) haben: Es scheint unbezweifelbar, daß mit dem Distanznehmen, mit dem zeitweiligen Sich-Lösen dessen, was hier ›Bindung‹ hieß, nicht die Bekanntschaft mit Zielen überhaupt verschwindet. Das Zurückkommen auf den freigesetzten Innengrund ist nicht das Versinken in ein mirakulös verschiedenes spürendes Leben, das Ziele, die konfrontierte Phantasie möglicher Handlungen und ähnliches nicht mehr kennt. Naiv und im Pseudo gesagt: Die Ziele sind spürend da oder können es wenigstens sein, aber dadurch wird kein Drängen ausgelöst; im Zustand freigesetzten Innengrunds hat die fraglich-lebende Einheit potentiell oder aktuell

Bekanntschaft mit ihren Zielen ohne das Spüren von Druck und Zug, alias *Gezerre*, das viele Spürensphasen vor oder bei alltäglichem Handeln sonst beherrscht. Die Freiheit vom Gezerre bei erhaltener, aber distanzierter Gegenwart der Ziele (auch erhaltener, aber distanzierter Heraufrufbarkeit des jetzt gerade in den Bereich möglicher Erinnerung Abgesunkenen) ist charakteristisch für das gelingende Zurückkommen auf den freigesetzten Innengrund.

Deshalb können in diesem Zustand und vielleicht auch in Erinnerung an ihn die für das eigene Wachstum förderlichen Fragen besser, weil unter geringerem Druck, gestellt werden als sonst. Und sie können besser beantwortet werden, weil die Antwort nicht im Gezerre gefunden werden muß. (Die Frage »Was sagt dein Gefühl?« ist nur eine mögliche davon).

Das Distanznehmen von den Zielen, das beim Zurückkommen auf den freigesetzten Innengrund geschieht, ist nicht ihre Abtötung als Ziele, auch nicht die zeitweilige. Sie bieten sich, weiter im Pseudo gesprochen, als Ziele unverändert an; nur ist es der Einheit Fraglichen Lebens gelungen, sie gleichsam eine ganze Strecke weit von sich zu schieben, so daß dieser Mensch für begrenzte Zeit nicht mehr unter ihrem ›normalen‹ Druck und Zug lebt.

Die Überlegung zum freigesetzten Innengrund kann deshalb etwas zur Verständigung bringen, was philosophische Handlungstheorien, so viel ich weiß, selten in den Blick bekommen (oder nicht bekommen wollen). Daß nämlich viele spürende Einheiten und ganze Kulturen von solchen (die der unseren allerdings fern liegen) die höchsten Zustände der Selbstfindung Fraglichen Lebens nicht in Phasen gespannter Tätigkeit, sondern in Phasen meditativer Ruhe sehen. Von diesen Phasen kann eine Orientierung für Handeln und Leben in der Welt ausgehen, die dem, was die spürenden Einheiten als ihr Eigenes anzusprechen bereit sind, deutlich näher bleibt als ein stets schnelles Sich-Entscheiden, welches im Gezerre, wie durch eine Mechanik von Druck und Zug, zustande kommt. Der Unterschied zwischen der Auffassung, die höchsten Zustände des ›Selbst‹ seien die der gespannten Tätigkeit, und der anderen, die unterstellt, Zustände, welche als ›höchste‹ bezeichnet werden können, seien die des Zurückgezogenseins von Tätigkeit und allem, was dazugehört, tritt nicht notwendig mit gegeneinander gesetzten Wörtern oder gar in Wortgefechten zutage. Es ist ein Unterschied unverbal angelegter Formen des Lebendigseins, denen Formen verschiedenen Umgehens mit der eigenen spürenden Einheit zugrundeliegen. Im Zustand freigesetzten Innengrunds diskutiert man nicht; und eine Weise, in der Welt zu sein, die darin ihre erschließenden Erlebnisse findet, wird zur verbalen Auseinandersetzung mit anderen Weisen oder gar zur theoretisch-kämpferischen Debatte nicht von sich aus tendieren. Daher rührt die eigentümliche philosophische Hilflosigkeit, aber auch Gleichgültigkeit gegenüber der Theorie, die bei spürenden Einheiten beobachtet wird, welche eine Lebensweise des In Berührung Bleibens mit sich durch intermittierendes Zurückkommen auf den freigesetzten Innengrund entwickelt haben. Aus der gleichen Differenz im Interesse an Theorie und verbalem Disput stammt zu hohen Anteilen die Kostenlosigkeit des Gelächters, mit dem die argumentreichen, aber berührungsarmen Einheiten Fraglichen Lebens, die als Champions wissenschaftlicher Philosophie leben wollen, bereits über die ungeschickten *Wörter* der anderen Seite sich hermachen.

Zurückkommen auf den freigesetzten Innengrund ist nicht an eine bestimmte *Technik* gebunden. Kulturen mit einer meditativen Tradition mögen zwar ein größeres Repertoire der typisch indirekten Maßnahmen haben, mit denen sich Fraglich Lebende dem zeitweiligen Sich-Freisetzen nähern können. Aber auch die Kulturen des Westens kennen eigene Zeugnisse von Haltungen, die jenem Zurückkommen entsprechen oder es zu fördern geeignet sind. Schon die Philosophenschulen des Hellenismus zeigen in dem, was überliefert ist, Spuren davon. Vermutlich ist mit dem Bild von der beruhigten Meeresoberfläche, deren Gestalt die Seele sich annähern möge, nicht nur ein Gleichmut gegenüber den Geschehnissen des Lebens angezielt, sondern auch die eigentümliche Ruhe, die beim inneren Sich-Trennen von dem entsteht, was die Seele im Gezerre will, meidet, wünscht, fürchtet. Exklusivansprüche einzelner Verfahren, die den freigesetzten Innengrund zu erschließen versprechen, kommen gewöhnlich mit einem eigenen dogmatischen Apparat daher, verlieren eben dadurch an Glaubwürdigkeit. An normierte Techniken kann sich der Umgang von Fraglich Lebenden mit sich selbst dauerhaft *gar nicht binden lassen*. Denn als eine charakteristische Möglichkeit der menschlichen Weise, lebendig zu sein, ist solcher Umgang zusammen mit den Formen dieses Lebendigseins überhaupt *prinzipiell in Bewegung zu denken*. Diese Bewegung ist genauso unfestlegbar wie unvoraussagbar.

54. Einigend und aufrichtend

»O meine Seele! Wirst du denn nicht endlich einmal gut und lauter und einig mit dir selbst? Wann wirst du sichtbarer werden als der dich umhüllende Leib? Willst du nicht endlich einmal das Glück genießen, die Menschen zu lieben und zu erfreuen?«

Den Ausruf des Marcus Aurelius Antoninus nehme ich als Ausdruck des in antike Sprache gefaßten Wunsches nach *Einigkeit*, *Sich-Aufrichten* und *Angemessenheit*.

Das Zurückkommen auf den freigesetzten Innengrund ist *einigend*. Die Einheit Fraglichen Lebens, die im Gezerre zu Handlungen greift, die sich nicht vereinbaren lassen, bis hin zur geläufigen Erscheinung des *Handlungsjagens*, kann im Zustand freigesetzten Innengrunds die Punkte finden, von denen her sich ihr Tun in der Welt für sie selbst neu ordnen läßt. »Wann wirst du einig mit dir selbst?« lese ich, vielleicht anders als Marc Aurel selber, als die Frage: »Wann findest du eine Ordnung deines Tuns von deinen selbst gespürten Gewichten her, mit der du als ganzer dich einig fühlen – sie als etwas dir Entsprechendes billigen – kannst, statt so zu leben, daß du fühlen mußt, von einer Ordnung in die andere zu tölpeln.«

Es wird nicht das strikte Passen jeder Handlung einer Einheit Fraglichen Lebens in ein selbst entworfenes Bild oder Schema ihres Gesamt-Tuns propagiert. Es ist bekannt, daß bei diesem Versuch Konstrukte entstehen können, die geeignet sind, die Person in sehr starre Formen ihres Tuns und bei der Selbstverständigung über dieses Tun in Gestalten der Ichlüge zu treiben.

Das Zurückkommen auf den freigesetzten Innengrund sei *einigend*, heißt deshalb auch, es sei geeignet, der Einheit Fraglichen Lebens das oft widersprüchliche Ganze dessen, was sie von sich aus spürt und will, zu einer weniger schiefen Bekanntschaft zu bringen, als es ihr im Gezerre gelingen kann. Es heißt weiter, dieses Zurückkommen sei geeignet, der Einheit ein Klima in sich selbst zu schaffen, in dem sie fähig wird, das vielfältige Beieinander von Passendem und Nichtpassendem, das sie selber spürend ist, als erstes zu akzeptieren, statt einiges davon sofort zur Seite oder aus dem Bereich ihrer Bekanntschaft hinauszudrängen. Eine Form des nicht zwanghaften Verbindens eigener Handlungstendenzen zu finden, mit der sie sich einig spüren kann, und sie im Tun zu bewähren, ist Sache prozeßhaft ausgedehnter *Lebensarbeit*. Sie kann am freigesetzten Innengrund ihr wichtigstes Hilfsmittel wachsender Selbst-Bekanntschaft und zunehmenden Einigwerdens haben. Sie ist nicht Sache augenblicklichen Beschlusses, und gewiß nicht glatter Widerspruchsausräumung durch Abdrükken des Nichtpassenden.

Das Zurückkommen auf den freigesetzten Innengrund ist *aufrichtend* in Verbindung damit, daß das Fragliche Leben die aufrechte Haltung und den aufrechten Gang als etwas ihm Gemäßes schätzt. Das *Sich-Aufrichten* in einer Phase gelingender Orientierung am freigesetzten Innengrund wird von einigen beschrieben als Erwerb einer *eigenen Haltung*, mit der das Individuum, von sich selbst her unterstützt, in die Welt des Gezerres zurückkehren kann. Der aufrechte Gang ist dafür nur ein Bild.

»Durch diese schöne Anstrengung mit sich selbst bekannt gemacht, hob sie sich plötzlich, wie an ihrer eigenen Hand, aus der ganzen Tiefe, in welche das Schicksal sie herabgestürzt hatte, empor. Der Aufruhr, der ihre Brust zerriß, legte sich, als sie im Freien war, sie küßte häufig die Kinder, diese ihre liebe Beute, und mit größter Selbstzufriedenheit gedachte sie, welch einen Sieg sie, durch die Kraft ihres schuldfreien Bewußtseins, über ihren Bruder davon getragen hatte.« Die oft als *kostbar* angesprochenen Sätze in diesem Passus belegen wohl nicht ohne Umweg die aufrichtende Wirkung des freigesetzten Innengrunds; es kann bei der Marquise ja von einem Zurückkehren in handlungsloses Befragen ihrer selbst vor dem alles entscheidenden mutigen Schritt nicht gesprochen werden. Aber es wird gesprochen von ihrem *»schuldfreien Bewußtsein«*. Dessen handlungsorientierende Stellungnahme habe im Augenblick der Tat der Marquise die Kraft gegeben, dem mit dem Befehl des Vaters auftretenden Bruder zu trotzen und gegen alle in ihrer Umwelt akzeptierten Regeln buchstäblich *sich aufrichtend* das eigene, von jenem »schuldfreien Bewußtsein« als richtig bekundete Verhalten durchzusetzen. Sie stützte sich auf eine stellungnehmende Instanz in sich selbst und stärkte sich an ihr bis zum Bruch mit dem ganzen Normenbestand und den Personen ihrer traditionsgefangenen Familie. Es scheint deutlich, daß der Erzähler zumindest über ein *Zurückkommen* auf Spüren im Innengrund berichtet, und über ein Sich-Aufrichten an dem von dort ausgehenden Für-richtig-Finden. Sein Bericht liefert auch ein Beispiel des *noch einmal* stärkenden Effekts, den das geradewegs ausgeführte Handeln gemäß der Stellungnahme des Innengrunds auf die tätige Einheit ausübt: Mit sich selbst als einer Frau, die *so* spürt und *so* handelt, bekannt gemacht, »hob sie sich plötzlich, wie an ihrer eigenen Hand, aus der ganzen Tiefe, in welche das Schicksal sie herabgestürzt hatte, empor.«

Ich nehme an, man darf sagen, daß Kleists Heldin mit ihrer

Handlung des Sich-Aufrichtens, die *noch einmal* aufrichtend wirkt, in der Sache auch den Wunsch erfüllt, den Marc Aurel ausdrückt mit der Frage an die Seele: »Wann wirst du sichtbarer werden als der dich umhüllende Leib?« Sichtbarer als der umhüllende Leib wird das Eigene des Innengrunds, wenn es sich im Handeln gegen das, was die Leiber Fraglichen Lebens in dieser Lage sonst zu tun tendieren, durchsetzt, demnach sich als Instanz von innen her gebilligten Anders-Handelns zu erkennen gibt.

Das Lebendige, das am Spüren des freigesetzten Innengrunds die Stellungnahmen aufsucht, die es als seine eigenen anerkennen kann, erwirbt sich die Bekanntschaft mit einer möglichen Form zu leben, die es gleichfalls als die seine anerkennen würde. Und annehmend, daß jeder Organismus Fraglichen Lebens eine Tendenz (ein spürendes Bedürfnis) hat, *in seiner eigenen Weise größer zu werden*, kann der freigesetzte Innengrund als Orientierungshilfe und Energiereservoir für ein Sich-Aufrichten angesprochen werden, auch wo das Bild vom rein körperlichen Sich-Aufrichten zu dürftig ist.

Die Frage nach der *Täuschungsanfälligkeit* des Innengrunds beim Finden einer eigenen Form zu leben wird hier zunächst den Problemen der Schreibstube zugerechnet. Es gibt keine absolute Täuschungsfreiheit; so auch nicht für die Antworten auf Fragen an den freigesetzten Innengrund. Allerdings gibt es *Verläßlichkeit unter Bedingungen des Lebendigen*, die zum Handeln ausreicht, auch wenn sie nicht als Täuschungsfreiheit ausgewiesen ist (und nicht so ausgewiesen werden kann). Der Gedanke der täuschungsgefeiten Erkenntnis gehört zu den Projektionen ins Gottähnliche oder zu den in ein ideales Funktionieren hochphantasierten Strukturen des leblosen Erkennens. Den Bedingungen von Lebendigkeit läuft er zuwider.

Ein anderes Problem beim Sprechen über das Eigene, das der Innengrund spürend zu erschließen helfe, besteht in der Unterstellung, es gebe für jede Einheit Fraglichen Lebens ein und nur ein Eigenes, die »eigenste Möglichkeit«, und das Finden oder Verfehlen dieses einen Eigenen entscheide über Gelingen oder Mißlingen des Lebens überhaupt. An dem Gedanken ist zunächst der Umfang dieser »eigensten Möglichkeit« im Handeln oder auch in der Handlungsorientierung völlig unklar. Wie vieles wird dadurch festgelegt? Kann ich mein Eigenstes mit der Berufswahl verfehlen? Oder schon mit der allmorgendlich wiederholten Wahl der Sockenfarbe? Oder ist eine alles einfärbende Haltung gemeint, die ich lebend finden oder verfehlen kann? Oder Sonstiges? Darüber hinaus ist das Unterstellen einer spürensunabhängigen, in angebbarem Sinn fixen, zu findenden oder zu verfehlenden »eigensten Möglichkeit« ein typisches Stück Denken in den Strukturen der Fraglichkeitsausräumung. Das unabhängig von der spürend tätigen Einheit Feststehende, welches ergreifend zu finden oder zu verfehlen ein Thema höchster Wichtigkeit in ihrem Leben sein soll, erscheint in dieser Perspektive wie ein fremdes, lebloses Un-Ding.

Spürend und tätig zu sich kommen, sich im Stellungnehmen, Handeln, Ziele-Haben zunehmend zu eigen werden, ist auch dann stets ein unabschließbarer Prozeß, wenn die Einheit Fraglichen Lebens sich durch intermittierendes Zurückkommen auf den freigesetzten Innengrund ein besonders glückliches Mittel dazu erworben hat. Dieses Zurückkommen ist kein mentaler Supertrick, durch den sich der Einzelne bei aller verfassungsmäßigen Unwahrnehmbarkeit seines Spürens doch auf einmal wie ein freies Feld vor einem inneren Auge läge. Was das Individuum von sich her, ungezerrt spürend, für erstrebenswert hält, wie es von sich her ungezerrt spürend Stellung nimmt, läßt sich bei freigesetztem Innengrund *leichter entblinden* als im Gezerre. Aber weder läßt es sich auf einen Schlag vollständig entblinden, noch wird mit solchem Entblinden die spürend tätige Einheit ihrer für alles menschliche Lebendigsein charakteristischen Aufgabe von *Einheitsarbeit* irgendwie enthoben. Was ich als dieser eine, Unverwechselbare von innen her bejahen kann, und was ich ablehnen muß, bietet mir der freigesetzte Innengrund nicht einfach wie in einem aufgeklappten Spürenszettelkasten dar. Daß ich in langsamer Arbeit lerne, wer ich von innen her Stellung nehmend, eigene Ziele bildend und fremd sich aufdrängende abweisend bin, wird mir von nichts, auch nicht vom freigesetzten Innengrund, einfach geschenkt. *Noch weniger* (wenn hier eine Steigerung möglich ist) wird mir geschenkt die *Einheitsarbeit durch eigenes Handeln*, mit der ich mich immer nur schrittweise auf ein Lebendigsein als *spürend tätige Einheit* zubewegen kann, das im gelingenden Fall mir mehr und mehr (aber nie endgültig und nie perfekt) entspricht; statt daß die Instanzen des Gezerres zu meinem ohnmächtigen und meist auch noch blinden Schmerz mein Spüren und Tun offen oder hinterrücks dominieren.

Gemessen an dem vollen Umfang dessen, was charakteristisch menschliche Einheitsarbeit als lebenlanger Vorgang ist (und worüber noch zu sprechen sein wird), wirkt die Idee von der einen eigensten Möglichkeit, die jeder finden und ergreifen möge, wie ein Stein der je persönlichen Weisheit, um den man nur entschlossen genug die Faust krallen muß, dann hat man ihn. Das gibt es im Märchen, ja.

55. Angemessenheit

Die Stellungnahme des freigesetzten Innengrunds, wenn unter möglichst geringem Einfluß zerrender Faktoren und eigener fixer Ziele (von denen sich die Person durch Freisetzen des Innengrunds gerade zeitweilig zurückzuziehen sucht) zur Entblindung gebracht, hat etwas *Richtigstellendes*. Sie kann die Gewichtsverteilung richtigstellen, die sich im Handeln und wertenden Urteilen einer Einheit Fraglichen Lebens manifestiert. Marc Aurel: »Sieh nach innen. Von keinem Dinge entgeh' dir die wahre Beschaffenheit und der Wert.« Da wird die Frage an den Innengrund, ich interpretiere: den freigesetzten Innengrund, zum Mittel des richtigen Urteilens über Eigenschaften und Werte des Weltlichen überhaupt genommen.

Historische Zeugnisse dahingestellt: In möglichst großer

Freiheit vom Gezerre behutsam zu deutlicherem Spüren gebracht, bekundet der freigesetzte Innengrund nicht nur solches, das die Einheit Fraglichen Lebens als ihr Eigenes anerkennen kann, sondern auch Stellungnahmen zu Situationen, Dingen, Taten, möglichen Handlungsweisen in der konfrontiert gegenwärtigten Welt, die über das Individuelle hinausreichen und mit dem Gefühl, allgemein richtig zu sein, auftreten. Das ist ein scheinbar widersinniger Ausdruck: »Gefühl, allgemein richtig zu sein«. Das Wort »Gefühl« herausgenommen, bleibt doch ein spürendes Votieren, das ich als *Für-richtig-Halten* anspreche und das oft über das eigene Individuum hinausreicht und eine Stellungnahme mit dem Anspruch abgibt, auch für andere zu gelten, sie seien, wer sie wollen. (Die Frage, ob der Ausdruck Für-richtig-Halten bei einem bloßen Spüren am Platz ist, führt auf ein weiter reichendes Problem, das ich nachher kurz bezeichnen werde. Dies allein sagt gegen die Existenz eines stellungnehmenden Spürens in mir jedoch *nichts*, auch nichts gegen die Möglichkeit, daß solches Spüren als *richtigstellend* in meiner ganzen Handlungsorientierung großes Gewicht gewinnt).

Da hier über ›objektive‹ Richtigkeit nicht gesprochen wird, erübrigt sich auch das Absetzen spürenden Richtigstellens gegen diese. Die Einheit Fraglichen Lebens, der es gelingt, ihren Innengrund in Freiheit vom Gezerre zu deutlicherem Spüren zu bringen, kann von da her bei gelingender Berührung Stellungnahmen in Artikulation überleiten, die ihr nahelegen, nicht nur zu sagen: »Diese Handlungsweise in dieser Situation ist für mich passend«, sondern: »Diese Handlungsweise in dieser Situation *ist richtig*.«

Um den Objektivitätsanspruch der Wörter »richtig« und »Richtigkeit« nicht beständig in seine Grenzen stellen zu müssen, spreche ich bei dem, was der freigesetzte Innengrund mit einer Tendenz, es auch anderen anzusinnen, bekunden kann, von *Angemessenheit*. Den Bedingungen spürender Lebendigkeit in dieser Welt *angemessen* sei diese oder diese Wertung, diese oder diese Handlungsweise – das scheint der freigesetzte Innengrund bekunden zu *können*, und einige Einheiten Fraglichen Lebens befragen ihn darüber, indem sie intermittierend in einen Zustand weitgehenden Freigesetztseins zurückzukommen und dadurch intermittierend Berührung mit sich herzustellen suchen.

Etwas Plausibles hat die Bekundung von *Angemessenheit* unter der Voraussetzung, daß im Zustand freigesetzten Innengrunds die Einheit Fraglichen Lebens sich nach Möglichkeit vom unmittelbaren Druck und Zug der Ziele, Interessen, Absichten, aufgedrängten Objekte des Erreichenmüssens *distanziert* hat. Die ›normale‹ Tages- wie auch Nachtwelt des Fraglichen Lebens ist überwältigend dicht vollgestopft mit Tätigkeits-, Unterlassungs-, Begehrens-, Strebens- und Vermeidungsschildern von kollektivem oder individuellem Anspruch, in deren Wirrwarr sich die Einheit zurechtzufinden hat, und denen spürend das *Gezerre* entspricht. Noch in den Träumen zuckt unter dem Kalottendach die Hirnmasse im codierten Rhythmus des Hin und Her, dem die Einheit im wachen Gezerre, ohne ihn je ganz zu verstehen, ausgesetzt ist. Das Gezerre zeitweilig wenigstens zu mildern, im Idealfall zeitweilig außer Kraft zu setzen, bringt die Einheit Fraglichen Lebens potentiell zu deutlicherem Entblinden ihrer Stellungnahmen im Innengrund. Die »Goldwaage der innersten Empfindung« (Kleists Ausdruck) kann weniger beeinflußt von dem, was typischerweise »Einfluß« heißt, befragt werden. Die Einheit hat bessere Aussicht, eine Antwort zur Artikulation zu bringen, die für ihr eigenes Urteil von dem, was typischerweise ver-zerrend wirkt, frei bleibt (von ihr selbst für weitgehend frei *gehalten werden kann* – das ist unter Lebenden ein Hinweis auf mögliche Richtigkeit für sie *als Lebende*). Die Einheit Fraglichen Lebens, die bei freigesetztem Innengrund zu einer Stellungnahme kommt, hat guten Grund zu glauben, daß *eine* Haupt-Fehlerquelle für das Stellungbeziehen des Fraglichen Lebens überhaupt in relevantem Maß zurückgedrängt ist. Sie hat deshalb Grund zu glauben, daß sie hier etwas entblinden kann, das unter Bedingungen solchen Lebens überhaupt Aussicht hat, angemessener zu sein, verläßlicher zu gelten als das, was die Fraglich Lebenden im ›normalen‹ Gezerre für richtig, wahr, gut, schön und so fort halten.

Eine stille Voraussetzung machen Fraglich Lebende, die vom freigesetzten Innengrund her zu größerer Angemessenheit zu kommen suchen, bei all diesem: Daß es unter Lebenden dieser Art eine fundamentale Ähnlichkeit gebe, und zwar nicht eine der verstellten Leiber, die trivial ist, sondern eine der lebensteuernden Spürensweise, welche nicht trivial ist. In das stille Voraussetzen dieser Annahme, ohne daß sie irgendwann zur Artikulation gebracht oder gar als Gegenstand ausdrücklicher Befragung aufgestellt werden müßte, wachsen die Fraglich Lebenden hinein. Das Sich-Verhalten, Handeln, spürende Stellungnehmen mit dieser stillen Voraussetzung gehört von einem sehr frühen Zeitpunkt an zu der Form von Lebendigkeit überhaupt, die mit dem Fraglichen Leben in der Welt entstanden ist und mit jeder Einheit Fraglichen Lebens neu sich vollzieht. Daß der Andere in einem vor aller Individuation liegenden Bereich ähnlich spürt wie ich, ist in Form einer epistemischen und praktischen Disposition, die ich nie zur Ausdrücklichkeit zu bringen brauche, ein kennzeichnender Zug der menschlichen Weise, lebendig zu sein. So *werden* wir, indem wir *mit anderen* und *durch* die Gemeinschaft mit ihnen uns zu je besonderen Einheiten Fraglichen Lebens entwikkeln. Wir können als Individuen solchen Lebens nicht im Ernst hinter die bestimmende Form von Lebendigkeit, in der wir uns finden und in der wir zu denen wurden, die wir sind, zurück. Die Annahme, daß es unabhängig von aller Individuation einen Minimalbereich von Gemeinsamkeit gibt, in dem der Andere ähnlich spürt wie ich, gehört deshalb zu den Verständigungs-Stücken, die, weil sie Teil unserer eigenen *Form zu leben* sind, von jeglicher Theorie nur schwer angegriffen werden können. Mich hinzusetzen und, wie in der Geschichte Sitzender Philosophie geschehen und noch geschehend, mich aus rein theoretischen Motiven zu fragen, wie ich denn meinen Glauben an die spürende Existenz des Anderen rechtfertigen könne, wäre törichter Selbstfraß von Gedankenenergie. Es ist hier wie bei meinem spürenden Tätigsein: Die Motive der Theorie sind zu schwach, um diese meine Weise, mich in der Welt lebend zu spüren, ernsthaft in Frage zu stellen. Die Motive, die mich dazu bringen könnten, einen mit mir umgehenden Anderen im Ernst für vollkommen unähnlich spürend oder für gar nicht spürend zu halten, müßten aus gravierenden Ereignissen im Vollzug des Lebens selber stammen; durch bloße Schwierigkeiten der Theorie bin ich in meinem stillschweigenden Fürwahrhalten und spürenden Stellungnehmen hier nicht beeinflußbar.

Deshalb ist der Anspruch auf *Angemessenheit*, mit dem einige Stellungnahmen des freigesetzten Innengrunds die eigene Weise zu spüren auch den anderen Einheiten Fraglichen Lebens ansinnen (wenn sie nur in die Situation kämen, ihren Innengrund freigesetzt befragen zu können), nicht ohne jeden Grund von der Hand zu weisen. Denn als Fraglich Lebende sind wir spürend in der Welt mit einem relevanten Bestand an Gemeinsamkeit. Die stille Annahme eines solchen Bestandes gehört zu unserer Form, uns wachsend zu entwickeln und das Leben zu vollziehen, und ist deshalb zunächst vor dem Auftreten allerschwerster Gegeninstanzen in eben diesem Sich-Vollziehen menschlicher Lebendigkeit *für uns wahr*. Wie weit dieser Bestand an Gemeinsamkeit (gemeinsamer Spürensform) reicht, mag eine Streitfrage sein. Sein Umfang entzieht sich dem exakten Beziffern. Wo ich bei freigesetztem Innengrund ohne weiteres, durch schlichte Form zu leben, glaube, daß eine zur Entblindung gebrachte Stellungnahme meines Spürens in den Bestand dieser elementaren Ähnlichkeit fällt, daß also andere *auch so* spüren werden, *wenn* sie sich nur vom Gezerre freimachen können, kümmere ich mich nicht um die Schwierigkeiten der Theorie, sondern nehme mein Spüren selbst bis auf weiteres als Maßstab für die Angemessenheit, die ich suche. Die Fraglich Lebenden haben an ihrem freigesetzten Innengrund eine Orientierungsinstanz, die ihnen nicht nur je Eigenes, sondern im Bereich der lebend unterstellten

Ähnlichkeit aller auch solches zur Entblindung anbietet, das als für alle *angemessen* auftritt. Das ist ein Stück *spürender Basis* für den Anspruch auf ›Richtigkeit‹, ›Verbindlichkeit‹, ja sogar ›Allgemeingültigkeit‹, mit dem die Fraglich Lebenden bestimmte, ausgezeichnete Stellungnahmen ihrer erleben, aussprechen, und schließlich miteinander diskutieren.

Für die Stellungnahmen, um die es jetzt geht, ist das *sprachliche* Artikulieren die typische Entblindungsform, und vor allem die Form, die es mir erlaubt, solche Stellungnahmen auch anderen zu unterbreiten, mich mit ihnen überlegend darüber zu verständigen, mich gegebenenfalls zu berichtigen. Dabei ist auch auf eine prinzipielle Grenze des Sich-Orientierens am Spüren im Innengrund hinzuweisen. Die Grenze wurde schon genannt, aber hier muß sie wieder erinnert werden. *Der Innengrund spricht nicht. Spüren ist qua Spüren nicht schon in Worte gefaßt.* Die Worte kommen *immer*, ob ich äußerlich wahrnehme, mit wissenschaftlichen Instrumenten beobachte oder aber freigesetzt mein sichselbstgleiches Spüren einfach da sein zu lassen versuche, *dazu*. Es *gibt* spürendes Stellungnehmen im Innengrund, und es zu entblinden gehört in allerwichtigster Rolle zu meinen Mitteln für mögliches Wachsen und Zu mir Kommen, auch zum Herausfinden dessen, was ich von mir her, vor möglicher Korrektur durch Überlegung und Diskussion mit anderen, *angemessen* finde. Aber in mir selbst wird eine Stellungnahme erst zu etwas relativ Festem, aus der Unfixierbarkeit Herausgehobenem, zu begrenzter Eindeutigkeit Gebrachtem, wenn ich sie entblindend artikuliert habe.

Hier stoße ich auf einen Hiatus zwischen verschiedenen Orientierungsmustern, die an der Basis meines Welt- und Selbstverhältnisses liegen. Die verschiedenen Orientierungsmuster sind in aller Vereinfachung: *Spüren* und *Sprechen*. Der Hiat besteht darin, daß Spüren und Sprechen *prinzipiell heterogene* Organisation und Funktionsweise haben. Die Heterogenität ist nie ganz ausräumbar, der Hiat ist nie perfekt zu überbrücken. Jedes artikulierende Entblinden eines Spürenszuges, mag es für mich selbst noch so deutlich das spürende

Signal des *Passens* mit sich führen, bleibt fehleranfällig und möglichem Zweifel an der Richtigkeit der damit vorgenommenen Zuordnung ausgesetzt.

Wieder erhebt sich hier, wie von selbst, der schon einmal angedeutete Einwand, Stellungnahmen von der angenommenen Reichweite *könnten* in bloßem Spüren gar nicht auftreten. Auch abgesehen von dieser Reichweite sei Spüren nur Spüren, niemals Stellungnehmen über Richtigkeit, Passen, Angemessenheit. Wieder ist zu antworten, was bereits eingeräumt wurde: Mein Spüren redet nicht innerlich und teilt mit, dies und das sei für mich oder für alle angemessen. Ich artikuliere ein Spüren meiner bloß so. Nur leider gilt hier, was für alle Leistungen fraglich-lebendiger Weltorientierung, im Theoretischen wie im Praktischen, gilt: *Sprechen ohne spürende Stützung ist leer, Spüren ohne Artikulation ist blind*. Es gibt keine Norm, die ich von mir her vertreten könnte, ohne daß sie in mir spürend gestützt wäre. Und es gibt kein Spüren meiner, mit dem ich eine klare Forderung an andere herantragen könnte, ohne daß ich es in Artikulation entblindet hätte.

Dies ist nicht bloß ein Problem im Umgang mit dem Innengrund. Es kann nicht beiseitegestellt werden als verdiente Strafe für das Sich-Befassen mit unerlaubten Themen. Fragliches Leben ist nicht bloß bei ein paar Einzelnen (die man als Innerlichkeits-Freaks abtun könnte), sondern immer und typischerweise *Leben mit heterogenen Orientierungsmustern*. Wegen ihrer Heterogenität können Spüren und Sprechen nie aneinander gekuppelt werden wie aufeinander zugefräste Werkstücke. Der unverzichtbare Versuch, sie zu verbinden (den Hiat zu überbrücken) führt immer nur zu einem *losen Andocken* mit Raum für Verschieblichkeit, Ungenauigkeit, sogenannte Fehler. Dies, als unausmerzbarer Zug fraglich-lebendiger Orientierung in der Welt und in sich selbst hinterläßt seine Markierung auf allem, was das Fragliche Leben an Vernünftigkeit, Erkenntnis, Wissenschaft, Kunst, Moral und auch zerbrechlichem Selbst-Sein zustandebringen mag. Später mehr darüber.

Angemessenheit als Eigenschaft spürender Stellungnahmen, die auf Weisen zu handeln bezogen sind, gerät, wenn damit die Erwartung zusammengeht, daß im Prinzip alles Fragliche Leben in dieser Sache ähnlich spüre (vorausgesetzt, daß sich die jeweilige Einheit nur von selbstischem wie äußerlich herangebrachtem Gezerre frei machen könne), in die Nähe des Vermögens, das noch vor nicht langer Zeit *praktische Vernunft* hieß. Angemessenheit als Eigenschaft Erster, orientierender Stellungnahmen über solches, das der fraglich-lebenden Einheit für *wahr* und weiter, das Praktische einbegreifend, für *richtig* gilt, gerät in Verbindung mit einer ähnlichen Erwartung in die Nähe des traditionellen Konzepts von Vernunft überhaupt.

Nun ist so gut wie anerkannt, daß es ein spezielles *Vermögen* der Vernunft in den Fraglich Lebenden nicht gibt. Was das Verständigungshandeln solchen Lebens gegenwärtig als *Vernünftigkeit* in der Konkurrenz verschiedener Entwürfe herauszuarbeiten sucht, ruht nicht auf der Basis eines dem Fraglichen Leben von Geburt mitgegebenen Vermögens, sondern wird aufgefaßt als eine Sache der *Verfahren*, mit denen die Einheiten solchen Lebens bei Stellungnahmen ankommen können, die das Prädikat »vernünftig« verdienen und deshalb für alles ihnen untergeordnete Stellungnehmen eine richtungweisende Rolle spielen können – und zwar durchaus mit dem alten Anspruch auf potentielle Zustimmung allen Fraglichen Lebens überhaupt.

Über die Konkurrenz dieser Verfahren wird hier nichts entschieden. Unter der aus der Entfernung leitenden Frage scheint es mir nur sinnvoll, mich daran zu erinnern, daß Individuen wie Gemeinschaften des Fraglichen Lebens (seien sie wirklich oder ideal) bei ihren ›vernünftig‹ genannten Stellungnahmen zuletzt auch *als Spürende* ankommen müssen, und daß sie den Versuch, dorthin zu gelangen, *unter anderem* auch als Spürende durchzuführen haben.

Speziell für die Anerkennung Erster Normen, die als Kandidaten für oberste Leitlinien des Handelns aller Einheiten Fraglichen Lebens *vernünftig* gefunden werden sollen, scheint mir die spürende Stellungnahme, die *Angemessenheit* (einer Handlung oder Handlungsweise) bekundet, für die Einzelnen wie für eine Gemeinschaft von solchen immer *auch* erforderlich zu sein. Es gibt keine Richtigkeit menschlichen Handelns, die ihre Basis *allein* in einem Kalkül (oder einem Analogon von dergleichen) hätte. Die verpflichtende Kraft, die eine durch regelhaftes Operieren gefundene Norm für das Handeln der spürend Tätigen gewinnen mag, gewinnt sie nur aus der spürenden Anerkennung einzelner Elemente, die in den Prozeß eingehen und auch aus einer spürenden Anerkennung (einem spürenden Angemessen-Finden) der Vorgehensweise selber. (Ich finde es spürend angemessen, wie du mit mir redest, und ich bin *deshalb* bereit, mich in meinem Leben und nicht bloß in der Theorie den Handlungsregeln zu unterwerfen, bei denen wir durch diese Weise des Miteinander-Sprechens ankommen. – *Das geht.* – Aber *nicht* geht: Ich unterwerfe mich dem, was wir sprechend als Normen unseres Handelns herausfinden, allein weil unser Verfahren ›rational‹ heißt. Da wird eine Vorweg-Unterwerfung unter das ›Rationale‹ vorausgesetzt, die für die Fraglich Lebenden, die wir faktisch sind, ohne Zwang und Trick nur wieder aus zusätzlichen Quellen gerechtfertigt werden könnte.)

Daß ich eine Weise, wie ich mich verhalten soll, nicht nur gut ausgerechnet finde, sondern sie auch als für mich und andere verbindlich anerkenne, braucht natürlich nicht auf einen Zustand freigesetzten Innengrunds zurückzugehen. Es ist möglich, daß ich an der Handlungsweise oder der Art ihres Gewinnens zwei Eigenschaften wiederfinde, die für die Bekundung von Angemessenheit bei freigesetztem Innengrund auch kennzeichnend sind: Das Zurücktreten vom Gezerre einzelner Ziele, speziell solcher, die einer oder mehreren Einheiten Fraglichen Lebens im Gegensatz zu anderen eigen sind, und die stille, aber aktualisierbare Voraussetzung, daß die Individuen in einem vor aller Individuation liegenden Bereich *ähnlich spüren*. Auf dem letzteren scheint eine elementare Solidarität mit *allen anderen meiner Art* zu beruhen, die mich nicht in einem Beweisgang, sondern in meiner spürenden Wirklichkeit dazu bringt, bestimmte Handlungen angemessen (das heißt ausführlicher: den Bedingungen Fraglicher Lebendigkeit überhaupt gemäß) zu finden, und andere nicht. Ich nehme an, ohne eine spürende Basis dieser Art käme für mich nur die Bestätigung, daß eine Norm des Handelns mit Argumenten korrekt ausgerechnet sei, zustande, nicht aber das spürende Akzeptieren ihrer als Maßstab für mein Tun und die zugeordnete Stellungnahme, dergleichen sei für Fraglich Lebende überhaupt bindend.

57. Alte Verbindung

Die oft hergestellte Verbindung zwischen dem Guten und dem Schönen in der Geschichte des Verständigungshandelns hat Gründe in der Sache; sie haben gelegentlich bis zum Zusammenfassen dieser beiden mit einem Wahren geführt. Einer der sachlichen Gründe liegt in der richtigstellenden Tendenz, die dem Zurückkommen auf den freigesetzten Innengrund eigen ist. Angemessenheit als ein Maß, das Fraglich Lebende bei diesem Zurückkommen zu finden glauben, scheint von solchem, das im Herkommen »schön« hieß, zwar nicht direkt angeliefert, aber doch mit erschlossen zu werden. Die Möglichkeit, in der Bekanntschaft mit etwas, das im vollen Wortsinn »schön« genannt wird, auch eine Offenlegungsform für das Richtige (in mehrerlei Bedeutung) zu sehen, führe ich auf die oft beobachtete, freimachende Wirkung dessen, was das Fragliche Leben so nennt, zurück.

Diese Wirkung wird hier nicht eigens belegt. Ich halte mich an die geschichtlich überkommenen und von Zeit zu Zeit wieder bestätigten Berichte über ein Gefühl von *freier werden* zugleich mit einem Gefühl von *richtiger werden* bei intensiv spürender Bekanntschaft mit solchem, das in der Tradition »schön« hieß. Das Freier Werden scheint ein zeitweiliges Sich-Trennen von dem, was das Fragliche Leben alltäglich erreichen will, den gewöhnlichen Zielen von Streben oder Fliehen, zu sein. Das Richtiger Werden, den absurd klingenden Komparativ absichtlich zugelassen, scheint in der dabei sich aktuell oder der Tendenz nach herstellenden Neuorientierung mit anderen, vom Innengrund her bestätigten Gewichten, zu bestehen.

Es ist dabei nicht die Schuld eines Einzelnen, daß *›das Schöne‹* kaum noch anders denn in Anführungsstrichen erwähnt werden kann. Jede in freier Konfrontation erworbene Möglichkeit zu sprechen, die etwas Wertendes mit sich führt, kann in sachfremdem Ausmaß benutzt und dadurch vernutzt werden; die nachlebbare Basis mag dabei verloren gehen oder aber bestehen bleiben; über ihr Schicksal ist mit dem Schicksal eines bloßen Wortes nichts entschieden. Ebenso ist es nicht Schuld eines Einzelnen, daß das, was *›Kunst‹* heißt, und gegen alle Begründungsschwierigkeiten und Urteils-Unterschiede den Fraglich Lebenden sehr wichtig ist, beim Versuch des Sprechens darüber auf ähnliche Bedenken führt wie das Schöne. Die Kunst hat in neueren Verständigungsversuchen den Gegenstandsbereich des Wortes »schön« nicht durchgängig besetzt; oft wird sie auch außerhalb seiner angesiedelt; in der frei machenden und dabei richtigstellenden Tendenz der intensiv spürenden Bekanntschaft mit gelungenen Arbeiten der Kunst scheint mir jedoch eine klare, alle kulturabhängigen Einzelstellungnahmen zu ›Schönheit‹ versus ›Häßlichkeit‹ überwiegende Verwandtschaft zwischen dem, was wir ›Kunst‹ nennen, und dem, was die Tradition ›das Schöne‹ nannte, zu bestehen.

Die freisetzende Wirkung führt dabei gerade nicht notwendig auf Stellungnahmen, die im Werk selbst vermittelt werden oder vermittelt werden sollen. Die Kunst wird von den Fraglich Lebenden als ein Orientierungsmittel eigener Art geschätzt. *Eine* Weise, wie sie orientierend wirken kann, besteht darin, daß sie die Einzelnen zeitweise vom Gezerre freizusetzen imstande ist. So kann sie dazu beitragen, daß sich deren Innengrund-Stellungnahmen erschließen. Das direkte Insinuieren von Stellungnahmen hingegen, auf dem Weg der Einbettung in ein seinsollendes Werk der Kunst, wird von Fraglich Lebenden, die das Werk *als solches* nehmen, oft für sachfremd bis peinlich empfunden. Mindestens gehört der Versuch, einen Orientierungsvorschlag im Werk selbst direkt niederzulegen, zu einer Konkurrenz orientierender Instanzen für die fraglich-lebende Einheit, welche sich das Werk zu intensiver Bekanntschaft zu bringen (sich seiner charakteristischen Wirkung *als Kunst* auszusetzen) sucht. Die im Werk insinuierten Stellungnahmen und die ihres freigesetzten Innengrunds *müssen* nicht gegeneinanderlaufen. Aber die Absicht, durch das Werk direkt Orientierung weiterzugeben, und die andere Absicht, mit dem Werk einen Gegenstand zu liefern, an dessen Betrachtung die spürende Einheit eine Orientierungsinstanz in sich selbst erschließen kann, laufen gegeneinander. Die Hoffnung und die sachliche Möglichkeit, daß beide Instanzen zu gleichen Ergebnissen kommen, trägt die wenigen gelungenen Arbeiten der Kunst, in denen direktes Orientieren versucht wird. Wo diese wenigen geglückt sind, sind sie es kraft ihrer freisetzenden, nicht kraft ihrer insinuierenden Tendenz.

»Ich habe freundliche Träume sogar von denen, die mir den Tod gewünscht haben, und spüre oft die Kraft zu einer bleibenden Versöhnung. Ist es vermessen, daß ich die Harmonie, die Synthese und die Heiterkeit will? Sind Vollkommenheit und Vollendung meine Zwangsidee? Ich erlebe es als eine Pflicht, besser zu werden: besser ich selber zu sein. Ich möchte gut sein.« Im Zusammenhang der neueren Erzählung, in der diese Sätze stehen (*Langsame Heimkehr*), stellen sie ein Teilstück der dort mit großer Entschiedenheit bekräftigten Verbindung dar zwischen der *Kunst* (die der wahre Gegenstand des Erdform-Wissenschaftlers Sorger ist), der Suche nach der eigenen Weise, in der Welt zu leben, und dem Anspruch, damit auch ein *Gutes* zu finden, das allgemein, als eine

Lebensform für alle, Bestand hat. Das scheint die in der Sache sehr alte, in der Selbstverständigung Fraglichen Lebens früh aufgetretene Verbindung zu sein zwischen dem, was die Einheiten solchen Lebens herkömmlich *schön* nannten, und dem, was sie in unverzerrter Berührung mit sich *angemessen* finden konnten. Die Verbindung als historische ist unbestritten; ihre Basis in der spürenden Eigenart der menschlichen Weise, lebendig zu sein, bisher nicht aufgeklärt. (Wieder ist bei all diesem im Gedächtnis zu halten: Für die Bekundungen des freigesetzten Innengrunds, sei es beim gelingenden Aufnehmen von Kunst, sei es bei anderer Gelegenheit, gibt es nicht die Unterschrift eines höheren Treuhänders. In dem Bereich, in den für die Spürenden ihre Ersten Stellungnahmen gehören, noch einmal wieder Garantien zu fordern, Verfahren anzuleiern, die zur *perfekten Unbezweifelbarkeit* führen sollen, ist töricht, indem es den Bedingungen der lebendigen Verfassung zuwiderläuft. Es gibt immer die Möglichkeit, eine Stellungnahme in Frage zu ziehen, zu prüfen, Argumente aufzunehmen, zu anderen Stellungnahmen zu kommen. Mit den totalen Sicherheiten, die viele in einem obersten Lenkungsorgan des Fraglichen Lebens als eingeborenes epistemisches Wunder unterstellten, hat das spürende Angemessen-Finden schon allein kraft seiner Lebendigkeit nichts zu tun.)

XI. Spürend tätige Einheiten

58. Nicht körperlos, nicht ohne Tun, nicht allein

»Durch diese schöne Anstrengung mit sich selbst bekannt gemacht...« Wie erwähnt: Die Marquise gewinnt im Zurückkommen auf eine ausrichtende Instanz im eigenen Spüren und im Handeln gemäß dem, was sie von ihrem Spüren her angemessen findet, Bekanntschaft mit *sich*. Sie liefert zugleich ein historisches Beispiel für spürend tätiges Sich-Aufrichten zu einer eigenen Gestalt im Stellungnehmen und Handeln. Spürende Bekanntschaft mit einem Innerlichen und spürend körperliche Steuerung gemäß der bekundeten Angemessenheit erzeugen zusammen ein Stück neuer Bekanntschaft mit sich selbst als spürend tätiger Einheit in einer Welt; diese Bekanntschaft ist nicht allein auf Innerliches bezogen, nicht einmal primär. Sie bringt für das Individuum es selbst mit einem Bereich seines Innengrunds und zugleich mit einem (für die eigene Wahrnehmung vielleicht überraschenden) Handeln in der Welt, am ersteren ausgerichtet, zu einem einheitlichen Bild. Die volle Bekräftigung von einigem, was die Einheit Fraglichen Lebens im Modus der Unfixierbarkeit an sich als tätigem Wesen erlebt, erfolgt erst im Ausführen der Tätigkeit; die alte Beobachtung, daß ich über mich als einen Tätigen vieles glauben kann, das aber auf relevante Weise unvollständig bleibt, solange ich über mein Ausführen nichts weiß, findet sich bestätigt. Die Bekanntschaft, die die Marquise mit einer für sie höchst wichtigen Beschaffenheit ihrer selbst erwirbt, erreicht ihre Vollständigkeit als ein Stück Bekanntschaft mit ihr als *spürend tätiger Einheit* erst mit dem realen Sich-Aufrichten, Aufheben ihrer Kinder und Abfahren.

Es illustriert sich daran, daß *spürend tätige Einheiten des Fraglichen Lebens* nicht nur zu ihrer Bildung als *Einheiten* die Verbindung von Spüren und spürendem Einleiten von Tun, sondern auch die Wirklichkeit solchen Tuns in der Welt (wie immer es gelingt oder vom Gelingen entfernt bleibt) und die konfrontierende Bekanntschaft mit ihm als einem Weltlichen brauchen. Dies liefert keine vollständige Kennzeichnung der spürend tätigen Einheit Fraglichen Lebens; es erinnert aber beiläufig an das Selbstverständliche, daß wir uns weder in passiv spürender Bekanntschaft allein, noch auch in Innerlichkeit allein zu den Wesen, die wir sind, ausbilden könnten. Als spürend tätige Einheiten sind wir innerlich und weltlich in einem sowie Spüren und spürendes Tun in einem.

Dieses bei der allerersten Form von Bekanntschaft, mit der wir uns selbst zu fassen suchen, schon vorhandene *Ineins* von innen und außen sowie Spüren und spürend Tätigsein liegt an der Basis der Weise, wie wir uns als Individuen Fraglichen Lebens entdecken, entwickeln, wiederentdecken und erhalten. Sie liegt den besonderen Ausbildungen von ›Erkenntnis‹ einerseits, ›Handeln‹ andererseits als Leistungen, welche von charakteristischen *Einheiten* erbracht werden, zugrunde, genauso wie der Bekanntschaft einzelner Züge, mit denen diese Einheiten sich als individuelle, von anderen unterschiedene, kennenlernen. Daß die konfrontiert gegenwärtigte Welt, deren Gestalt in jedem Einzelleben wieder neu aufgebaut und mit festen Formen ausgestattet wird, sich für dieses Einzelne nur in relevantem Ausmaß bilden kann, wenn es ein Minimum eigener Tätigkeit in dem Bereich erbringt, der sich konfrontiert vor es hinstellt, kann als gesichert gelten. Es gibt kein ausschließlich rezeptives ›Bewußtsein‹, das zugleich menschlich wäre, wie es keine menschliche Tätigkeit gibt, die den vollen Sinn dieses Wortes erfüllte und doch ohne spürende Bekanntschaft mit eigenem Aktivsein auskäme.

Zusammen damit scheint mir deutlich, daß zu uns als spürend tätigen Einheiten des Fraglichen Lebens von einem sehr frühen Punkt an auch das konfrontierende Gegenwärtigen anderer solcher Einheiten *als anderer* gehört, die gleich uns selbst die genannte Verbindung von spürend und verstellt, spürend und spürend tätig aufweisen. Der Punkt liegt *so früh* (im methodischen Aufbau einer Sentirik Fraglichen Lebens wie in seiner gattungsmäßigen und individuellen Entwicklungsgeschichte), daß zu Recht vermutet werden kann, die Bekanntschaft mit mir als einem Einzelnen entstehe entweder im gleichen Zug mit der Bekanntschaft anderer für mich oder sogar erst *durch sie*; die anderen dann als andere hervorgestellt in einem zusätzlichen Schritt. (Die jetzt erwähnten Annahmen brauchen nicht irgendwie als Annahmen bekundet zu sein, auch nicht ›nonverbal‹; sie können als epistemische Dispositionen gekennzeichnet werden, welche die Standardform ihrer Aktualisierung erst gewinnen, wenn die Einheit Fraglichen Lebens spricht, und sprechend, laut oder still, sich mit sich über die elementaren Eigenarten ihrer Weise, lebendig zu sein, verständigt. Der wirkliche Kaspar Hauser wäre nach diesen Voraussetzungen im Augenblick seines Gefundenwerdens bloß dem *Fraglichen* Leben nicht zugehörig, weil er dessen Individuen nicht als seine Anderen unterstellte; aber er hätte *andere*, unter denen er aufgewachsen wäre, und hätte an ihnen die Muster, nach denen er sich selbst sehr früh als einen unter mehreren zur Bekanntschaft brachte, unbeschadet seiner Sprachlosigkeit.)

Spürend tätige Einheiten des Fraglichen Lebens zeichnen sich demnach nicht zuerst *allein* durch beobachtbare Eigenschaften aus. Welches immer solche Eigenschaften sein mögen; sie gewinnen diese Art von Auszeichnung nur da, wo beobachtet werden kann. Das spürende Sich-Bekunden der (einfach gesagt) Zugehörigkeit eines Tuns zu dieser meiner, das heißt spät mit dem Wort »ich« belegten Einheit, oder spürende Sich-Bekunden meines eigenen Aktivseins im Tun, gehört zum Unfixierbaren, das der Beobachtung nicht zugänglich wird. Die menschliche Weise, lebendig zu sein, hat als einige ihrer zentralen Züge die spürende Anwesenheit von Unbeobachtbarem, das trotzdem handlungsrelevant ist, in den Instanzen der spürend körperlichen Steuerung. Geht man darüber hinweg, um sich ans Beobachtbare zu halten, dann wird jene Weise, lebendig zu sein, gerade nicht erreicht; ihr

Studium ähnelt dann dem Studium von morsenden Anemonen oder geht über in das Studium von Leblosem, wie die dienstfertigen Geräte es sind.

Den spürend tätigen Einheiten Fraglichen Lebens nähert man sich freilich auch nicht durch die vernutzten Formen der Gratis-Idealisierung mit vergöttlichendem Tenor, zu denen die feste Annahme einer eingeborenen ›Vernunft‹ gehört, die kontrakausale ›Freiheit‹ und auch der zusätzlich zu allem Spüren gedachte Inhaber seiner, genannt »das Ich«, der angeblich ohne Wechsel besteht und dadurch die von den Strukturen der verstellten Welt her nicht zureichend erklärliche *Einheit* stiften soll, zu der das stets wechselnde Spüren und im glücklicheren Fall auch das über die Jahre wiederkehrende *Tun* der fraglich-lebenden Individuen *zusammenkommt*.

Ich will versuchen, auf weniger idealisierende Weise etwas von dem zu verstehen, wodurch wir als Fraglich Lebende *Einheiten von einzigartiger Beschaffenheit und Leistung* sind; Einheiten, die mit Wörtern wie »Subjekt«, »Individuum«, »Selbst«, »Person« nur schematisch, manchmal irreführend bezeichnet werden. Ich hoffe, einiges von dem Komplex-Einheitlichen zur Artikulation zu bringen, das wir kraft naturgeschichtlicher Entwicklung in Phylogenese und Ontogenese als Erwachsene schon sind, wie auch einiges von den Themen charakteristisch menschlicher *Einheitsarbeit als Lebensarbeit*, durch die wir uns noch einmal als Einheiten von besonderer und je unverwechselbarer Form selbst begegnen, fördern, bewahren, verlieren, wiederherstellen können, ohne Besitzstandsgarantien und solange *in Bewegung*, bis wir auch ans Ende unserer *Sterbensarbeit* gekommen sind.

Ich beginne mit der kurzen Erinnerung an einen alten *falschen Zauber*, durch den cleveres Verständigungshandeln Fragen nach der lebendigen Einheit, die wir sind, schnell beantwortbar und Lebensarbeit als Einheitsarbeit an ein inneres Superwesen delegierbar machen wollte.

»Die Sprache spielt uns *solche* Streiche.« Gewiß gehört zu den schönsten davon die in der Grammatik praktisch aller Verben für Wahrnehmung und Tätigkeit mitgeführte Unterstellung, da sei zusätzlich zu dem *Vorgang* noch ein davon auf angebbare Weise verschiedener Eigentümer, ein Subjekt oder eine sonstwie zusätzliche Instanz, welcher der Vorgang in einem mehr als bloß grammatischen Sinn zugehöre und ohne die (den, das) er sich nicht ereignen könne. Das, was sich hier zwanglos einsetzen ließ, wurde in der Philosophie oft »das Ich«, manchmal auch das »reine Ich« genannt.

Das Ich als grammatisch gestützte Fiktion war gut genug, sich zusätzlich zur Grammatik eine Reihe unabhängiger Daseinsgründe zu sichern, indem es mehrere Rollen zu spielen verstand, die so beschaffen waren, daß andere Spieler von vornherein versagten. Die Rollen, welche das Ich spielt, sind *schwierig* und also auch des Danks der Zuschauer gewiß, weil sie allesamt ein für unmöglich Gehaltenes möglich zu machen scheinen: Das entwicklungsgeschichtlich Sprachferne zur Sprache zu bringen und das Unwahrnehmbare in Strukturen darzubieten, die der Wahrnehmung täuschend ähnlich sehen. *Das Ich macht alles leichter*.

Die Reihenfolge ist unwichtig. Die erste Rolle sei hier die eben erwähnte: Das Ich stiftet Einheit, wo ein Einheitliches ist, das auf andere Weise nur schwer verstanden werden kann. Das Ich stiftet solche Einheit in zweierlei Sinn: Es wird in der Verständigung eingesetzt als die einheits*bildende* Instanz, und es stiftet (= schenkt) das scheinbar glatte Verständnis dieser Einheit dem, der die Annahme seiner Existenz so gebraucht. Im Zentrum spürend körperlicher Steuerung stellt sich ein spürendes Zusammen von Zügen her, und zwar so, daß die Einheiten Fraglichen Lebens nicht bloß etwas Kombinationsähnliches wahrnehmen, sondern daß sich Unterschiede *als* Unterschiede hervorstellen, in einem und demselben Ereignis von Bekanntschaft. (Draußen das eben ins Bild getrudelte

Blatt neben dem Lüftungsschacht und als verschieden von ihm; das plötzliche Zurückgehen des Schmerzes neben der Spur seiner früheren Stärke als Neues neben dem Bisherigen; mein Wunsch, dies Buch zu schreiben und mein Wunsch, mit dem Kind spazierenzugehen; die durch Tipp-Ex hier gelöschte Stelle als verschieden von den anderen Buchstaben, die noch stehen). Die *Einheit des Aufgeschlossenen*, deren vereinfachender Steuerungsbeitrag früh bemerkt wurde, widerstrebt den Strukturen des am äußerlich Wahrnehmbaren gebildeten Sprechens und Denkens: Was verschieden ist, ist raumzeitlich außereinander (einige sagen auch: dadurch ist es verschieden). Was identisch ist, ist raumzeitlich gleich. Lüftungsschacht und herabgefallenes Blatt sind verschieden und kommen nur in *eine* Bekanntschaft zusammen in einem Dritten, jetzt eben meiner eigenen Einheit Fraglichen Lebens. Aber in diesem Dritten, in dem das wahrnehmende Spüren vermutet werden muß, wie kommen die verschiedenen, für Blatt und Lüftungsschacht als zwei Dinge stehenden Spürenszüge in *eine* Bekanntschaft? Indem sie in meinem Schädel liegen wie in einer Büchse? Natürlich nicht. Indem sie sich sehr nah beieinander ereignen, im Prinzip wie das Anschalten des Lichts in der Küche und das Ausschalten des Lichts im Flur, nur eben sehr, sehr nah beieinander? Also derart, daß Flur und Küche sehr eng zusammenliegen oder sehr, sehr klein sind, so daß man sie kaum noch unterscheiden kann? Auch nicht. Indem sie ein und dasselbe physikalisch zu beschreibende Ereignis in meinem Gehirn sind? Schwerlich, denn wie stellt sich in diesem einen Ereignis die Verschiedenheit von zweien dar, ohne daß das Ereignis sich wieder aufgliedert in Teilereignisse, welche bei genauer Betrachtung als raumzeitlich außereinander angesehen werden müssen, und also zuletzt doch wie zwei Geschehnisse in einer Büchse, eins neben dem anderen oder danach? *Das Ich löst dies alles auf*: Es nimmt die verschiedenen Züge seines Spürens (genannt Vorstellungen, Sinnesdaten, Ereignisse des Bewußtseinsstroms und was noch) innerlich wahr, wie ich dort draußen Blatt und Schacht wahrnehme.

Das zu Erklärende wird zum Modell, kraft dessen die Erklärung erklärt. Nicht nur erklärt man auf diese Weise nichts; es wird zusätzlich die Eigenart der spürend körperlichen Steuerung, zu der die Einheit des Aufgeschlossenen in hervorragender Rolle gehört, stillschweigend geleugnet und gegenüber weiterem Verwundern abgedeckt. Auch wo man in modernen Zusammenhängen nicht mehr vom Ich spricht: Der Gedanke eines *Eigentümers*, der zusätzlich zum Spüren existiert und die durch Spüren beigebrachten Daten ›hat‹, löst die gleichen Probleme mit den gleichen Tricks und führt auf die gleichen Widersinnigkeiten.

Wie das Ich als Ursprung von Zusammenfassung sich eignet (oder nicht), so eignet es sich als Quelle von Tätigkeit (oder nicht). Es ist dieselbe gedankliche Maßnahme: Was ich erklären will, meine Tätigkeit in der Welt, erkläre ich, indem ich in mir wiederum Tätigkeit denke und einen, der sie in Gang setzt. Wie ich den nenne, ob »Ich«, »Subjekt«, »Person«, »Seele«, »Akteur« oder wie noch, ist für das Erklärungsmuster unwichtig. Wieder wird die sehr eigentümliche Steuerungsleistung, die im Zusammenkommen verschiedenartigen Spürens in einer Bekanntschaft, dem Sich-Bekunden verschiedener Gewichte, einer möglichen Stellungnahme zur Angemessenheit, dem Sich-Bilden von *Entschiedensein* und dem Sich-Ereignen spürenden Tuns besteht, eher abgedeckt als irgendwie verständlich gemacht. Das Ich (auch unter moderneren Namen) macht hier dasselbe möglich wie beim Wahrnehmen: Die Sprache und die Denkmuster, die das Fragliche Leben für die verstellte Welt, in der es sich erhalten muß, entwickelt hat, zu übertragen auf das Betrachten und Deuten seiner eigenen spürend körperlichen Steuerung. Daß die aus Gründen, welche sogar ›logisch‹ heißen dürfen, *anders* sein muß als von diesen Mustern suggeriert, wird von vornherein übersehen.

Auch hier gilt, daß das Ersetzen des Ich durch Instanzen anderen Titels (neuerdings vor allem ›der Akteur‹ oder ›die Person‹) nur solange nicht ins Widersinnige gerät, wie diese

Ersatzfiguren von typischen Ich-Taten frei bleiben. Solche Taten sind: Das Zusammenfassen mehrerer Beweggründe in einem gemeinsamen Ereignis von Bekanntschaft *durch einen Dritten*, der ihre verschiedenen Gewichte vergleicht und dann zwischen ihnen wählt; das Koordinieren verschiedener Handlungen in kürzeren und längeren Zeitstrecken eines Lebens durch eine Instanz, die selbst durch das Entstehen von Entscheidung und Handeln nicht verändert wird (also unabhängig davon Bestand hat); das spontane, von vorausliegenden Bedingungen unabhängige Auslösen oder Machen von Wahl, Entscheidung, Handlung, nach dem Muster eines ersten Bewegers, der seinerseits nicht zu solchem Machen bewegt wird (höchstens das stille Drängen von ›Beweggründen‹ erlebt, seine volle Unabhängigkeit behaltend). Wenn es in einigen modernen Versuchen der ›Handlungstheorie‹ heißt, natürlich sei nicht ein mirakulöses Ich oder Subjekt der Auslöser von Handeln, wie die Vergangenheit meinte, sondern ›die Person‹, aber *die* genauso unabhängig, alias *frei*, wie man es früher von jenen dachte, geschieht eben dies: Unter anderem Namen wird den spürend tätigen Einheiten Fraglichen Lebens zur Verständigung über ihre Weise, lebendig zu sein, an einem sehr entscheidenden Punkt wieder dem Typ nach die gleiche *Superleistung* anphantasiert wie das *reine Ich* sie erbringen sollte – und erbringen konnte, da es niemals wirklich war. Hinter dem Glanz dieser Superleistung verschwindet, worum es jenen Einheiten beim Verständigungsversuch über ihr Tun in der Welt eigentlich geht: Die Bedingungen besser zu verstehen, unter denen sie ihr Leben zu leben haben, und Einsichten zu erwerben, mit deren Hilfe sie als Tätige in höherem Maß mit sich einig und in höherem Maß sich zu eigen werden können.

Schließlich (aber nicht zuletzt) wurde das Ich auch bemüht, um den Einheiten Fraglichen Lebens ihren eigenen Status als *Einheiten in der Welt* zu erklären. Die einfachste Erklärung, die aus der raumzeitlichen Kontinuität eines menschlichen Körpers, galt als doch zu dürftig, und sie zeigte sich lückenhaft überall da, wo es um die Selbst-Zuschreibung und Anerkennung von Handlungen als *eigener* ging (zwei Philosophen, beide Perücken tragend und sinnierend über einen Mann, der sich eines Morgens als Kaiser von China fand, aber keine Erinnerung an seine früheren Tage und Jahre mehr besaß). Das Ich half, solange man daran glauben konnte. ›*Die Person*‹, eingeführt ohne nennenswerte Reflexion über ihre spürend tätige Steuerung, *hilft heute noch*, mit den gleichen gedanklichen Maßnahmen und mit der gleichen Besitzer-Haltung gegenüber den Einzelfällen eigener Tätigkeit, wie das Ich es so schön konnte. Die typischen *Einheitsfragen*, die man damit lösen will, bleiben unbeantwortet.

60. Elementare Einheit

Es gibt wenig Festes an den Einheiten Fraglichen Lebens, das sich so veränderungsarm in der Zeit erhielte wie das Urmeter. Vor Gericht wird Identität durch's Gebiß erwiesen; freilich ist das fast immer die Identität von *Toten*. Die von Lebenden durch Fingerabdrücke, Anthropometrie, Fotos nachzuweisen, ist oder war eingebürgert; doch das zugrundeliegende Konzept von Selbigkeit ist rein körperlich und unterscheidet sich von der Gebiß-Identität im Grundsatz nicht. Glücklicher wäre bereits, die Identität eines Lebenden durch seine Stellung als Phase in *einem und demselben Lebenszusammenhang* zu verstehen. Eine Einheit Fraglichen Lebens weiß etwa (oder denkt von sich), daß sie vor sechsundvierzig Jahren geboren wurde, daß sie gewachsen ist, Höhepunkt, scheinbaren Stillstand, Rückgang von Entwicklung erfährt, und daß sie den *gleichen* sich bewegenden Zusammenhang, der vor ihrer Geburt begann, zu Ende bringen wird und zu Ende zu bringen hat. Es gibt einen in den Eigenschaften des Lebendigen überhaupt liegenden Sinn, in dem es eines und dasselbe Wesen ist, das mit der Vereinigung der Keime entsteht und mit dem biologischen Tod endet.

Diesen sich bewegenden Zusammenhang nehmen wir demnach auch für anderes Lebendige an; die darin gelegene Weise, in der Zeit ein und dasselbe Wesen zu bleiben, ist für das Fragliche Leben nicht spezifisch. Ähnlich unspezifisch dürfte der bloße Besitz von Erinnerung sein, solange sie nicht zur artikulierenden Gegebenheit gebracht wird. Wenig über das innere Leben der sogenannten Tiere wissend, wäre es doch töricht, den höheren davon die Erinnerung zu bestreiten. Es gehört zu unserem eigenen Leben, daß wir mit Tieren umgehen *als spürenden*; die einschlägig angebotene Entschuldigung für das Verletzen tierischer Spürensrechte unter Ausdrücken wie »der, die, das spürt ja nichts« rechnet schon bei den Kindern, die in sogenanntem Spiel über tierische Opfer so reden, zum un-menschlichen Verhalten. Daß das Spüren höherer Tiere nicht *blöde* sei, unterstellen wir in der eigenen Weise, lebendig zu sein, auch. Die Annahme, daß sie sich an einzelne Teile ihrer spürenden Vergangenheit erinnern können, liegt nahe und wird beim Umgang mit Tieren, auch bei ihrer ›Dressur‹ oft vorausgesetzt. *Bloße Erinnerung* als Basis für einen sich damit bildenden Zusammenhang scheint für die besonderen Einheitsbildungen des Fraglichen Lebens nicht auszureichen; die neuerdings phantasierten Experimente über Gehirnaustausch (oder Körperaustausch) geben, wie auch die Gedankenversuche der Substanzphilosophen im 17. Jahrhundert, die auf dasselbe zielten, über Einheitsbildungen, die dem Fraglichen Leben *eigen* und ihm im Bestreiten seiner je einzelnen Existenz wichtig sind, wenig Auskunft.

Unter den Gesichtspunkten dieses Buches sind die Formen von Einheitsbildung des Fraglichen Lebens, die in Soziologie und Psychologie erforscht werden, von Gewicht, aber auch nicht Thema dieser Arbeit. Es kann hier nicht eine Übersicht über alle Mittel versucht werden, mit denen das Fragliche Leben in seinem Gang von Geburt zu Tod überhaupt dazu kommen kann, von Selbigkeit bei Einzelwesen seiner Art zu sprechen.

Die Basis elementarer und kaum bezweifelbarer Unterscheidung ihrer selbst von anderen Einheiten derselben Gattung des Lebendigen haben die Individuen Fraglichen Lebens schon an den konkreten Weisen, wie sie je für sich die ursprünglich untrennbare Einheit von spürend und verstellt, spürend und spürend tätig *sind*. Es ist Bestandteil ihrer lebendigen Entwicklung (ihres natürlichen Wachstums), daß sie nicht nur spürend so sind, sondern bald nach ihrer Geburt in vorsprachlicher Form für sich sind. Die konfrontierte Gegenwart von Stücken des eigenen Leibes gehört für sie zu dem Spüren, das in der Erwachsenensprache Tastempfindung, Schmerz, Propriozeption heißt; und die konfrontierte Gegenwart ihrer absichtlichen Bewegungen gehört genauso für sie zu dem Spüren, das in nadelspitzenhafter Unfixierbarkeit das Spüren von Aktivsein ist. Ob es von dieser Form elementarer spürender Einheit aus noch einen besonderen ›Schritt‹ braucht zu dem vor aller Sprache oder gar Theorie sich herstellenden Unterschied zwischen dem eigenen und dem anderen, konfrontiert gegenüberstehenden Einzelwesen, oder ob vielmehr ich *vor* allem Sprechen dieser besondere bin durch Gegenwart des anderen und umgekehrt, kann hier offenbleiben. In jedem Fall geht es um Stücke natürlichen Wachstums. Bevor sich die Einheiten Fraglichen Lebens überhaupt um ihre Einheitlichkeit kümmern können, *sind* sie in einem elementaren Sinn bereits Einheiten und beherrschen die Kunst, sich selbst von anderen lebenden Einheiten zu unterscheiden. Sie haben diese Disposition gebildet, und das aktualisierende Zurückkommen auf sie ist ihnen selbstverständlich. Die Vexierspiele der sprachlichen Selbstbeziehung kommen, wenn sie kommen, *danach* und tangieren diese Selbstverständlichkeit nicht. Die Erlebnisse der Schizophrenie gehören zum Schmerzhaftesten, was den Einheiten Fraglichen Lebens widerfahren kann, weil sie eine *elementare*, der ganzen späteren Form des Lebendigseins *zugrunde liegende* Bildung von innen her zerstören.

Vor Erlebnissen solcher Art und vor den Fragen der Selbstverständigung gehört zu der Disposition, mit der die Einheiten Fraglichen Lebens sich früh *als Einheiten* zu nehmen wissen, daß eine Einheit, die sich bei einem Tun *aktiv* spürt, dieses Tun *sich zuordnet*. Die elementar für sie selbst gebildeten und von ihnen selbst gegenüber Fremden unterscheidbaren Einheiten Fraglichen Lebens sind mit ihrem Entstehen qua elementare Einheiten schon *tätige* Einheiten und Einheiten von Tätigkeit. Meine Hand jetzt ausstrecken, mich dabei in dieser Bewegung aktiv spüren und die kleine Handlung dem spürend tätigen Wesen zuordnen, das gerade eben diese Hand ausstreckte, gehören zu einer und derselben Verbindung von Aktivität und Disposition. Das Sich-Entwickeln eines Bildes seiner selbst als in der Zeit ausgedehnt und Zeitstrecken mitsamt den darin vollzogenen Handlungen durch Erinnerung verbindend, kommt später und *ruht* auf der elementaren Einheitsbildung im Bau einer Sentirik Fraglichen Lebens *auf*. Dieser Bau beschäftigt mich hier nicht, und also auch nicht das vielfältige Hinzutreten neuer Eigenschaften verschiedenen Typs, durch welches das Lebewesen mit der genannten elementaren Einheitsbildung körperlich, spürend und in Tätigkeit *heranwächst* zu einer schließlich *erwachsenen* Einheit Fraglichen Lebens, die in einem Kontext mit anderen solchen Einheiten (sei es auch als Einsiedler oder Solipsist) lebt.

61. Sich finden wollen, sich erfinden können

Es gibt viele Eigenschaftsbereiche, innerhalb deren mir eine Eigenschaft im Gegensatz zu anderen Eigenschaften zukommt (oder manchmal die eine, manchmal die andere) und bezüglich deren ich mir Fragen stellen kann wie: Bin ich noch derselbe, der ich vor zwei Jahren war? Werde ich in so und so vielen Jahren noch derselbe sein? Bin ich mir treu geblieben? Kann ich, was die Zukunft angeht, für mich gutsagen? Ist meine Gegenwart gegenüber dem, der ich einmal war, ein Auseinanderfallen? Und wenn ja, zu welchem Grad? Soll ich sagen: Ich weiß, wer ich bin, aber ich lebe oft nicht danach; oder soll ich sagen: Nach der Art, wie ich lebe, weiß ich nicht mehr, wer ich bin? Natürlich bin ich mit meinen Meinungen über die Philosophie nicht mehr derselbe wie vor zwanzig Jahren, aber was haben diese Meinungen mit *mir* zu tun? Ich bin bei allem Wechsel doch wohl gleich geblieben, oder nicht? Und nun sage bitte, wer da gleich geblieben ist? Habe ich mich überhaupt jemals gefunden, oder habe ich mich verfehlt? Und wenn das eine oder das andere: Woran merkst du das?

Die Einheit Fraglichen Lebens kann sich in beliebig vielen Hinsichten die Frage nach ihrer Einheitlichkeit stellen; sie kann beliebig kleine oder große Toleranzen für die Beantwortung mit ›ja‹ oder mit ›nein‹ festlegen; sie hat beliebig viele Eigenschaftsbereiche, in denen sie nach dem, was *ihr selbst* zu eigen sei, forschen kann und auch nach dem, worin sie sich selbst verwirklicht oder verfehlt sehen will. Einmal akzeptiert, daß die Frage nach Gleichheit oder Verschiedenheit zu ihrer Beantwortung zunächst einer Bestimmung der Eigenschaft oder Hinsicht, um die es gehen soll, bedarf, sowie der Kriterien von Gleichheit versus Verschiedenheit in diesem Bereich, die oft auch Festlegungs-Angelegenheiten sind, und einmal akzeptiert, daß das Wort »ich« mit seinen Verwandten von jeder Einheit Fraglichen Lebens gebraucht werden kann, also von sich aus für das Ableiten individuierender Eigenschaften nicht taugt, dann scheinen die Fragen nach meinem Gleichbleiben versus Auseinanderfallen und dem Mich-Finden versus Mich-Verlieren der nahezu perfekten Willkür überantwortet. Und ist es nicht auch so, daß ich mir oft Geschichten zurechtlege über mich selbst, wie dieses und dieses mein Verhalten zu verstehen sei und in diesem Verständnis zu mir passe, von mir und meiner ganzen Vergangenheit und Gegenwart her seine Richtigkeit habe – um dann später zu sehen, daß es *Geschichten* waren? Ganz ernsthaft: Sind nicht das Herstellen von Einheitlichkeit in meinem Lebenslauf und die damit zusammenhängende Antwort auf Fragen wie die nach dem Gleichgebliebensein versus Zerstreutwerden und mein Eigenes gefunden versus das Wichtigste verloren Haben, in Wahrheit und unwiderruflich Angelegenheiten der *Ge-*

schichtskonstruktion? Und hängt dann nicht eine bestimmte, sehr wichtige Zufriedenheit oder Unzufriedenheit mit mir und meinem ganzen Leben, daher auch das, was ich für mich selbst an einer bestimmten Art von Glück oder Enttäuschung spürend gewinne, vor allem davon ab, wie gut meine Fähigkeiten als *rückwärtsgewandter Konstrukteur meiner Geschichte*, alias *Vergangenheitserfinder*, funktionieren? Gegen diese Bedenken ist kein guter Einwand, daß ich meine Vergangenheit und Gegenwart ja nicht frei erdichte, sondern vorfinde. Es ist bekannt, daß es ein durchgängiges objektives Finden von Vergangenheit nicht gibt, und es ist offensichtlich, daß noch so viele Fakten die blinden oder artikulierten Festlegungen über Auswahl, Kriterien oder Verbindungsmuster nicht ersetzen können, die ich treffen muß, wenn ich aus meinen kreuz und quer erinnerten Stücken von Vergangenheit eine Geschichte machen will, nämlich *meine Geschichte* als Geschichte dieser unverwechselbaren Einheit Fraglichen Lebens, die ich jetzt, in der Gegenwart, noch bin. So daß ich mich von meiner Geschichte her als ganze Gestalt in dieser Gegenwart klarer sehen kann, wie auch umgekehrt meine Vergangenheit besser von dieser Gegenwart her.

Eine Antwort behauptet hier wirklich: »Alles ist Interpretation.« Sie ist eine billige Antwort, weil sie aus leicht aufweisbaren Schwierigkeiten kostenlos folgert, *daß dies alles sei*, und die Folgerung schnell verbindet mit einem zeitgemäßen Schlagwort, das sich über den verständigend-handelnden Umgang der Einheiten Fraglichen Lebens mit sich selbst als Titel schreiben läßt, *wenn* dies alles ist.

Eine andere Antwort schlägt vor: Wir mischen uns in das, was die Fraglich Lebenden über sich selbst denken oder fühlen, besser nicht ein; am besten reden wir gar nicht über dergleichen, weil es zu nichts führt. Statt dessen beobachten wir, wie diese klugen Tiere im Lauf der Zeit sich verhalten. Wir können durch kontrollierte Methoden, angefangen beim einfachen Zählen von Ereignissen wohldefinierten Typs, und auf solches immer wieder zurückgehend, Aussagen machen über das, was bestimmte Fraglich Lebende oder Gruppen von solchen in ihrem Verhalten bevorzugen, im Gegensatz zu anderem, das sie hintanstellen. Wir können daraus entnehmen, wohin, in diversen Hinsichten, die Verhaltenstendenz dieser Individuen oder Gruppen geht. Es ist, dies einmal festgestellt, sehr leicht, abweichende Vorfälle im Verhalten eines Einzelnen, seiner Gruppe oder seiner gegenüber der Gruppe als Abweichungen zu diagnostizieren. Und je nachdem, wie konsequent ein Organismus Fraglichen Lebens eine bestimmte Verhaltenstendenz manifestiert, nennen wir sein Verhalten in dieser Hinsicht mehr oder weniger *einheitlich*. Wir können Grade angeben. Darüber hinaus können wir auch eine Vielfalt wichtiger Verhaltenstendenzen von Einzelnen und Gruppen beobachten sowie die Verträglichkeit der dabei zusammenkommenden Verhaltensweisen untereinander betrachten. Aus den Häufigkeitswerten der Befolgung einzelner Tendenzen, zusammen mit den Werten, welche die gute oder schlechte Verträglichkeit dieser Tendenzen untereinander messen, ermitteln wir ein Gesamtbild des Verhaltens dieser Einheit oder Gruppe, zum Beispiel unter dem Gesichtspunkt der Einheitlichkeit. Das Wort ist *Integration*. Wir unterscheiden in einer Darstellungsweise, die überall auf kontrollierter Beobachtung fußt, die Individuen Fraglichen Lebens nach dem Grad ihrer Integration; die Gruppen lassen sich ebenso darstellen. Bessere Integration bedeutet, daß ein solches Individuum bei einmal herausgebildeten Verhaltensweisen besser bleibt und sein Verhalten im ganzen besser (zweckmäßiger) verbindet. Schlechtere Integration bedeutet im einzelnen wie im ganzen das Gegenteil. Es besteht kein nennenswerter Anlaß zum Zweifel daran, daß wir hier ein objektives und sogar in Graden ausdrückbares Maß für das gefunden haben, wonach die Fraglich Lebenden unter Titeln wie Sich-Gleich-Bleiben versus Auseinanderfallen, Sich-Finden versus Sich-Verlieren mit seltsam wiederkehrender Insistenz zu fragen scheinen. Leider tun sie das naturwüchsig in ziemlich unklaren Ausdrücken und mit noch unklareren Mitteln für eine Beantwortung; aber gerade diese Mängel stellen wir ab. – So könnten die Vertreter dieser Position sprechen.

Es gehört zu den auszeichnenden Zügen Fraglichen Lebens, Fragen der genannten Art zu stellen. Es ist sich in seinem Gelingen *nicht unfraglich*, und es bemißt die Antwort nicht allein nach biologischen Kriterien wie Lebenbleiben oder Sich-Fortpflanzen. Das Fragliche Leben hat nach der Befriedigung bestimmter Grundbedürfnisse, zu denen auch einige soziale zählen, noch Bedürfnisse anderer Art, die unter den Titel *Einheitsbedürfnisse* fallen. Dazu gehören sowohl die, die in mehrerlei (und von Individuum zu Individuum verschiedenen) Hinsichten Einheitlichkeit anstreben, als auch die, die das Sich-Realisieren eines Eigenen oder als eigen Empfundenen zum Ziel haben. Die Bedürfnisse, die die fraglich-lebende Einheit qua *Einheit besonderer Art* hat, sind ihr selbst normalerweise weniger deutlich hervorgestellt als etwa die Bedürfnisse, die eben ›biologisch‹ genannt wurden. Es scheint allerdings zweifelhaft, ob man die typischen Einheitsbedürfnisse von einer ›biologischen‹ Sphäre total abtrennen kann. Die Einheitsbedürfnisse können allesamt verstanden werden als besondere, bei Einheiten des Fraglichen Lebens auftretende Bedürfnisse nach Wachstum hin zu einer sich bewegenden und trotzdem zueigen gespürten Gestalt von Entfaltung. Wachsenwollen, am Körper, in den Fähigkeiten, in Erwerb und Verteidigung eines eigenen Lebensbereichs, scheint eine Eigenschaft des Lebendigen überhaupt zu sein. Nur daß das Fragliche Leben, obgleich je verschieden, *mehr* und *Andersartiges* dabei zu wollen scheint. Überdies kennt Fragliches Leben durch seine Zugehörigkeit zu geschichtlich herausgebildeten Gemeinwesen und Kulturen immer auch schon besondere Wachstumsziele als möglich oder naheliegend, die aus seinem körperlichen Lebendigsein, wie Biologie und physiologische Chemie es zu beschreiben hätten, nicht abzulesen wären. Innerhalb solcher Gemeinwesen und Kulturen können sich jedoch auch die Einheitsbedürfnisse von Individuen, wenn sie nicht in die gegebenen Strukturen passen, mit so großer Kraft gegen diese geltend machen, daß ihre Herkunft aus der Modifikation eines biologisch Angelegten vermutet werden darf, welches sich nur extrem schwer und gewöhnlich nur auf Zeit unterdrücken läßt.

Das Fragliche Leben ist sich in seinem Gelingen nicht unfraglich, und es fragt deshalb danach. Wo es die Frage stellt, sieht es sich der genannten Vielzahl möglicher Gesichtspunkte und Kriterien sowie dem schlichten Erfordernis, in Grenzen seine eigene Geschichte zu erfinden, gegenüber. Der Hinweis auf die Auszählbarkeit seiner Handlungen und Errechenbarkeit eines Integrationsgrades würde ihm, hätte es seine Frage nicht selbst gestellt, vielleicht helfen. Das einzelne Leben, das über sein eigenes Gelingen oder Mißlingen eine Verständigung begehrt, ist sich aber nicht wie eine Katze im Labor oder auch nur wie ein Mensch in demselben; es gehört zu ihm als spürend tätiger Einheit auf elementare Weise innen und außen, spürendes Aufnehmen und spürendes Aktivsein. Es ist für sich selbst in Angelegenheiten seiner Einheitsbedürfnisse eine erste Autorität, weil die konkreten Bedürfnisse, die es für sich qua individuelle Einheit hat, aus seiner biologisch-physiochemischen Gestalt wie auch aus seinem faktischen Verhalten kaum verbindlich (heißt hier: für sein eigenes Spüren *bindend*) extrahiert werden können. Michel de Montaigne etwa hatte mehr als die Hälfte seiner Zeit hinter sich, als er eine Weise zu leben und zu schreiben fand, die ihm im späteren Rückblick dann, vermute ich, als die für ihn ›richtige‹, ihm selbst im eigenen Urteil am ehesten gemäße erschien. Der zu einigen Teilen krasse Unterschied zwischen der Zeit vor jenem Finden und der Zeit danach würde für seine selbstgeschriebene Geschichte, vermute ich, jedoch nicht als Bruch der Integration, also Zeichen des Zerfallens, sondern als spürendes und tätiges Zu sich Kommen gelten. Ähnliches kann sich *von außen her unpräjudizierbar* im Lebenslauf einer jeden fraglich-lebenden Einheit ereignen; es braucht dazu keine so auffälligen Veränderungen wie in dem jetzt gewählten historischen Beispiel.

Es zeigt sich daran für mich, daß es keine von der spürend tätigen Einheit selbst unabhängige, diese Einheit aber bindende Stellungnahme zu ihren Einheitsbedürfnissen und deren Erfüllung gibt. Es zeigt sich für mich auch daran, daß die spürend tätige Einheit Fraglichen Lebens nicht befriedigend durch Mittel begriffen werden kann, die an ihren Einheitsbedürfnissen schlicht vorbeigehen.

Die Fragen, die das Fragliche Leben über sein Gelingen zu stellen neigt, können auch unterbleiben. Die Einheit Fraglichen Lebens kann so leben und vielleicht sogar mit leidlicher Zufriedenheit leben, daß sie sich derartige Fragen nicht zur Artikulation bringt. Es ist eher die Eigenschaft von Wachstumskrisen, bis hin zu der letzten, aus der ein *verständigtes Sterben* hervorgehen kann, daß in solchen Zeiten die Einheit Fraglichen Lebens versucht, mit sich einen Klärungsversuch zu beginnen über das, was es alles ist, sein soll und gewesen ist.

Es ist ein Klärungsversuch in dem Sinn, daß sich das Spüren über Vergangenheit, Gegenwart, Zukunft der eigenen Bewegung in der Zeit *klären* muß. Dieses Spüren ist im normalen Zustand, zu dem das Existieren im Gezerre gehört, unklar. Ich kenne meinen Namen, meinen Beruf, mein Kind, mein Haus, meinen Körper, mein Gesicht im Spiegel. Vieles mehr kenne ich, darunter meine jetzigen und viele vergangenen Handlungen, auch einige Absichten für die Zukunft, denen ich mit umsichtiger Vorbereitung schon dauernd nachgehe. Worum es mir *im ganzen zu tun ist*, wüßte ich erst zu sagen, wenn ich noch einmal unter klärungsfördernden Bedingungen mein Spüren befragte und eine glaubwürdig entblindende Antwort erwürbe. Ähnlich für die Frage, ob ich in einer Hinsicht, die das ungefähr kontinuierliche Weiterwachsen oder jetzt schon Hinablaufen meines Körpers, den ungefähr verläßlichen Zusammenhalt meiner Erinnerung, die begrenzte Gleichförmigkeit, auch Konsequenz meines beruflichen Curriculums und einiges andere *schon voraussetzt*, von mir zu sagen bereit bin, ich sei in einem *für mich gewichtigen Sinn* noch derselbe wie vor dreizehn Jahren, oder ob ich mich gerade von dem, der ich damals war (und den ich für seine Taten liebte und hochschätzte) in entscheidendem Maß entfernt habe, so sehr, daß ich spüre, wie ich mit der eingetretenen Veränderung nicht zufrieden bin und nicht zufrieden mit dem, als den ich mich jetzt finde. Erst recht kann ich mich als fragwürdig betrachten unter der Perspektive, die sich durch Verlängern meines jetzigen Zustands in die Zukunft ergibt: Will ich, vom Ende her betrachtet, in der Hauptsache als dieser gelebt haben, der ich jetzt auch bin, oder gibt es Züge, denen gegenüber ich das allerentschiedenste Bedürfnis spüre, sie möchten für den Rückblick aus der kommenden Sterbensarbeit her stärker da stehen, mich stärker bestimmt haben, und andere statt dessen bis zum Verschwinden schwächer? Die Einheitsbedürfnisse des Fraglichen Lebens können sich auf vieles ausdehnen, was bei äußerlicher Betrachtung gleichgültig erscheint, und sich von solchem zurückziehen, das für eine Sicht von außen, zum Beispiel einjustiert auf die Stellung im sogenannt sozialen Kontext, als höchst wichtig gelten müßte. (Dein Vater wollte stets, daß du *Erfolg hättest*; viele machen mit ihren Vorderen diese Erfahrung).

Zweifelsohne ist der Beitrag der äußeren Beobachtung für das, worüber die Einheit Fraglichen Lebens ins Klare zu gelangen sucht, nicht belanglos. Es teilt mir etwas Relevantes mit, wenn mir ein Beobachter meiner Tätigkeiten sagt, ich sehe beim Lesen von Aufsätzen, die in philosophischen Zeitschriften erschienen sind, oft auf; ich nehme, was sich am Überschlagen von Seiten zeige, solche Aufsätze manchmal nur unvollständig zur Kenntnis; ich lege mich auf meine Arbeitspritsche und trinke in scharfem Gegensatz zu meinen sonstigen Gewohnheiten einigen Rotwein, wenn ich, dann im Liegen arbeitend, für einen akademischen Vortrag oder das Vorbereiten meiner akademischen Lehre eine größere Zahl solcher Aufsätze gründlich durchlesen muß. Ich kann beim

Versuch meiner Verständigung über meine Einheitsfragen an den Beobachtungen, die andere über mich machen, nicht willkürlich vorbei. Ich kann an meinen eigenen spürenden Stellungnahmen bei allen relevanten Punkten meines Klärungsunternehmens ebenfalls nicht willkürlich vorbei.

Die Bestände äußerer Beobachtung, auch der, die andere an mir leisten, können in einer Einstellung zur Kenntnis genommen werden, die leichter verfügbar ist als die andere Einstellung, in der ich versuchen muß, meine eigenen Stellungnahmen zu finden. Hier ist Klärung der über eine Zeitstrecke ausgedehnte Versuch, in zureichender Kenntnis *äußerer* Eigenschaften (oder in intermittierender Aufnahme ihrer) die *inneren* Eigenschaften, alias Spürenszüge, hervortreten zu lassen und zur Artikulation zu bringen, die als meine Stellungnahmen entscheidende Punkte des Bildes, das entstehen soll, beibringen. Es scheint deutlich, daß das Verfügenkönnen über diesen Vorgang Grenzen hat, die enger sind als das willentliche Verfügen über Anstrengungen der wahrnehmenden Sinne.

Was die Einheiten Fraglichen Lebens zustande bringen müssen, um die für sie, für Vollzug ihres Lebendigseins und Verständigung darüber relevanten Einheitsfragen (nicht die ihnen oft fremden oder sogar verstiegenen irgendeiner je gängigen Theorie) in einem Klima möglichen Antwortfindens zu stellen, ist *In Berührung Kommen* mit sich. Ich kann nicht aus meinen nachweisbaren Lebensleistungen und den von willentlicher Erinnerung wieder hervorgestellten Zielen, die ich hatte, ausrechnen, ob ich als Einheit Fraglichen Lebens ›mich gefunden‹ oder ›mich verfehlt‹ habe. Solche Berechnung führt nur zu einem äußerlichen Urteil über meine (und jede andere) Einheit; es fehlt die Frage nach den spürenden Gewichten, die sich im Leben der Einheit von innen her geltend machen und die über ihre eigene Anerkennung solcher Konstruktionen entscheiden. (Ich kenne einen fleißigen und halbwegs erfolgreichen Mann, und kenne ihn sogar ziemlich gut, der von den Zielen, die in seinem Lebenslauf erkennbar sind, einige erreicht hat, und der sich doch selbst als gescheiterte Existenz bezeichnet. Ich kenne eine Frau, die in ihrem Beruf mehr vollbracht hat als der jetzt genannte Mann, die von allen, welche sie kennen, in höchstem Maß *integer* genannt wird, und die in Augenblicken berührender Rede mit schrecklicher Bitterkeit sagt, sie sei nicht, was sie sein müsse.)

Das führt noch einmal auf den Punkt, daß es *verbindliche Konzepte*, nach denen die Einheiten Fraglichen Lebens sich äußerlich wie innerlich abzuchecken und auf der damit gewonnenen Datenbasis ihre Einheitsfragen zu beantworten hätten, nicht gibt. Die Hinsichten und Formen, in denen Klarheit des Lebendigseins versus diffuses Dahinleben, Sich-Gewinnen versus Sich-Verlorenhaben oder gar Sich-Verwirklichen versus Sich-Verfehlen gesehen werden können, lassen sich nicht in fixe Konzepte fassen.

»Zwei Dinge erfüllen das Gemüt mit immer neuer und zunehmender Bewunderung und Ehrfurcht, je öfter und anhaltender sich das Nachdenken damit beschäftigt: *Der bestirnte Himmel über mir, und das moralische Gesetz in mir.*« Das war einmal die Formel, mit der große Philosophie über die spürende Gegenwart einer im Inneren gelegenen Instanz sprach, von der her sich auch Einigkeit oder Uneinigkeit *mit sich* für die Einheiten Fraglichen Lebens bemessen sollte: Die *Pflicht* als oberste und zugleich innerste, selbst gesetzte, den Kern des tätigen Selbst mit ausmachende Handlungsregel wurde genommen als das Maß, kraft dessen der Einzelne entscheiden konnte, wie weit er mit sich eins sei oder nicht.

Schon kurz nach dem Auftreten dieses wirkungsmächtigen Vorschlags in der Verständigungsgeschichte des Fraglichen Lebens erhob sich neben entschiedener Zustimmung auch entschiedener Protest. Er führte über mehrere neue Vorschläge in stupender Schnelligkeit zum Sich-Durchsetzen eines gänzlich anderen Bildes fraglich-lebender Einheiten, das zwar nicht wörtlich, aber doch sinngemäß suggerierte, die eigentümlich menschlichen *Einheitsfragen* seien gewiß *anders* zu beantworten als durch Rekurs auf ein den Kern des Selbst mit ausmachendes Anerkennen einer in jedem Menschen gleichermaßen von ihm selbst her sprechenden, für alle geltenden Pflicht.

In dem jetzt zu Ende gehenden Jahrhundert gab es ein paar Jahre, in denen das Wort »Identität« zu großer Beliebtheit kam. Bald nach seiner Einführung als Terminus gänzlich unbestimmbar geworden, stellte der Ausdruck doch für viele Einzelne, die noch leben und deren erste Klärungsversuche und Kämpfe für das, was sie »ihre Identität« nannten, für sie noch in der Erinnerung hervorstellbar sind, das zentrale Wort dar, unter dem wie unter einem programmatischen Titel die Selbstverständigung ihrer frühen Erwachsenenjahre stattfand. Noch während der Hochkonjunktur des Wortes »Identität« traten andere Vorschläge zur Verständigung über das unverwechselbar Menschliche auf, die in jenem Wort nicht einen Ausdruck sahen, unter dessen Überschrift die Einheiten Fraglichen Lebens zu sich kommen könnten, sondern einen, durch dessen Verinnerlichung sie gerade sich selber einen von außen insinuierten Zwang antäten. *Nicht* Identität, *das Gegenteil* (aber welches?) müsse die Losung sein, unter der das Fragliche Leben so lebe, wie es ihm gemäß sei.

Weniges könnte deutlicher demonstrieren, daß die menschliche Weise, lebendig zu sein, *in Bewegung zu denken ist* und sich nicht in fixierte Formen packen lassen wird, als eine noch nicht geschriebene *Geschichte der Einheitskonzepte*, die den Menschen für das regelhafte Umgehen mit ihren Einheitsbedürfnissen und Einheitsfragen in den langen Zeiträumen des Verständigungshandelns angeboten, gelebt, durch andere abgelöst wurden.

63. Nicht in Beliebigkeit

Die Unmöglichkeit, das Gewicht bestimmter Einheitsfragen für die individuelle Einheit Fraglichen Lebens oder gar eine präformierte Weise des Beantwortens von außen festzulegen, und die Unmöglichkeit, eine *allgemeine Form* auszustanzen, in der die Einheit diese Aspekte ihrer verfassungsmäßigen Fraglichkeit für sich selbst zu einer Lösung (sei sie nur zeitweilig) zu bringen hätte, *bedeuten nicht die komplette Beliebigkeit für das Deuten meiner Geschichte, das Ausrichten meiner Gegenwart, das Entwerfen meiner Zukunft.* Nicht der wendigste Lebenstexter seiner selbst ist die Einheit Fraglichen Lebens, die in höchstem Maß mit sich einig ist. Die günstigsten Voraussetzungen hat eher die Einheit, die in möglichst intensiver und vollständiger Weise berührend zu sich kommen kann und dabei an sich zu entblinden fähig wird, was sie unangesehen aller zeitläufigen Theorie von innen her für sich *angemessen* finden kann.

Das *Tun* des Fraglichen Lebens scheint sich über einmal entblindetes Angemessen-Finden leichter hinwegzusetzen als das *ungezerrte Spüren*. Ich kann, wenn das Gezerre über mich herfällt, freilich schnell aus der Haltung herausgeraten, in der ich Berührung mit einer Stellungnahme meines Innengrunds habe; sie macht sich dann nur noch geltend als ein normativer Satz (gleich ob für mich allein Anspruch erhebend oder für alle), und Sätze scheinen in den Spürensbewegungen, in denen sich mein Entschiedensein für ein Tun bildet, als *bloße* Sätze nicht sehr einflußreich zu sein. In der Regel gilt: je weiter ich von dem entfernt bin, was ich ungezerrt im Innengrund spüre (je fester das Sich-Bilden meiner Entscheidung von den spürenden Stellungnahmen meines Innengrunds in diesem Augenblick abgeschottet ist), desto schlechter werde ich. Sätze sind durch geschicktes Bilden anderer Sätze in Zweifel zu ziehen, als jetzt unanwendbar zu erklären, als unbegründet zurückzuweisen, als untergeordnet hintanzustellen. Ein normativer Satz ohne Spürensunterstützung hat wenig bewegende Kraft. Die schnell zur Hand kommenden Ad-hoc-Sätze, die im Gezerre sich als neue Gründe anbieten, umgehen ihn mit Leichtigkeit; und wenn diese Sätze zurücktreten, umgehen später kommende Sätze aus neuem Gezerre heraus ihn ebenso.

Die *Überlegung*, zu der das Fragliche Leben sich durch Handlungsaufschub fast immer zwingen kann (was gegenüber den Tieren eine seiner kostbarsten Erwerbungen ist), gilt als das klassische Mittel, mit dem solches Leben sich gegen die gleichfalls ihm eigene Tendenz zum Selbstbetrug im Gezerre zur Wehr setzen kann. Aber wenn die Überlegung nicht nur eingreifen soll, indem sie Widersprüche oder sonstige Fehler an den zerrensgeborenen Sophistereien im Kontext einzelner Wünsche, Befürchtungen, Begehrensgegenstände aufdeckt – was bekanntlich *nicht* genügt – braucht sie eigene feste Sätze, auf denen sie stehen kann. Da, wo es um die Einheitsfragen und Einheitsbedürfnisse von Fraglich Lebenden geht, sind Sätze, die den zuvor schon in Entblindung gefundenen und intermittierend wieder aufgesuchten *Verständigungspunkten* des Einzelnen, das heißt den Punkten seiner relativ zerrungsfreien Verständigung mit sich über sein Spüren im Innengrund, *entsprechen*, auch für das Mittel seiner Überlegung zum Sich-Bewahren im Gezerre die günstigste Basis.

Je reicher ich meine innere Gemeinschaft gemacht habe, durch berührendes Zu mir Kommen und den Erwerb artikulierender Entblindung von Spürenszügen, auf die ich als Verständigungspunkte zurückkommen kann; je öfter ich mich in solchem Zurückkommen ihrer versichert habe; desto zerrenswiderständiger wird in mir das zugeordnete Spüren; desto mehr tendiere ich dazu, mich auf die verbale Gestalt seiner Entblindung als einzelne Sätze, die ich als gut gestützt und in Wiederholung befestigt erinnere, auch zu *verlassen*, wenn ich im Gezerre das Mittel der Überlegung zur Abwehr typischer Zerrens-Sophistereien einsetzen muß, wo in der Situation selbst schwerlich daran zu denken ist, den freigesetzten Innengrund zu befragen.

Das Orientierende, das ich an Stellungnahmen meines Innengrunds habe, in der Weise von Verständigungspunkten, die ich im Spüren wieder aufsuchen kann, scheint die wichtigste Basis jeder für mich glaubwürdigen Beantwortung von Fragen zu sein, die für diese fraglich-lebende Einheit, die ich bin, als *meine eigenen Fragen* sich geltend machen. Das Finden sowie Deuten meiner Geschichte und das Herstellen eines Zusammenhangs, in dem meine Gegenwart zusammen mit meiner Vergangenheit und meiner angestrebten Zukunft für mich einen bestimmten *Sinn macht*, kann eine typische *Einheitsaufgabe* für mich sein. Die Einheitsaufgaben können sich als Einheitsaufgaben in formulierter Gestalt hervorstellen; sie können aber auch als schlichtes Gefühl von Unklarheit oder buchstäblich als Gefühl von Fragwürdigkeit der eigenen Lebensweise *da sein* und nicht zur Formulierung kommen.

Es ist schon gesagt, daß die fraglich-lebende Einheit bei aller Wichtigkeit ihrer Verständigungspunkte für das Beantworten ihrer Einheitsfragen über das, was sie faktisch tut und getan hat, doch nicht in Willkür hinweg kann. Sonst stellt ihr Tun die Weise, wie sie sich als eine bestimmte zu kennen glaubt, augenfällig in Frage. Ich kann nicht von mir denken, ich sei eines von den modischen Subjekten, in denen ›die wildesten Gegensätze verträglich beieinander liegen‹, wenn ich bloß jeden Morgen brav wieder zu meinem Schreibtisch gehe und mit Stetigkeit während der besten Stunden des Tages an einem Buch arbeite, das meine Kräfte übersteigt, auch die meisten meiner Abende noch schreibend verwende. Umgekehrt kann ich den Sinn meines Existierens über Tage und Wochen hin nicht darin sehen, ein Buch zu schreiben, das ich wichtig finde, wenn ich mich mit dem Arbeiten daran nur hie und da befasse, statt dessen aber an vielerlei teilnehme, was die Stadt mir bietet, ohne einen für mich glaubwürdigen (vom Innengrund her zerrensfrei bestätigten) Zusammenhang mit diesem Buch. Das Gleiche für Einheitsantworten über größere Strecken: Was meine Geschichte mit Gegenwart und Zukunft zusammenbindet, kann für mich schwerlich meine philosophische Tätigkeit sein, wenn ich nicht frei vom Gezerre (auch frei von dem typischen Zerrenswunsch, eine ›Identität‹ vorzuzeigen) finden kann, hier liege ein spürendes Gewicht sehr hohen Ranges für mich, *und* die Aussage über's Tatsächliche, die mit einer solchen Einheitsantwort offeriert wird, passe zu meiner handelnden Wirklichkeit in der Welt.

Daß ich mir gefallen lassen muß, daß die anderen mich dabei korrigieren, ist ebenfalls schon anerkannt: Sobald sie mir Material vorlegen, das ich ungezerrt nicht wegschwätzen kann, habe ich ungezerrt nur die Möglichkeit, es aufzunehmen und mich neu zu bestimmen. Darin liegt die unverzichtbare Rolle der in Berührung mit mir tretenden anderen für meine Einheitsantworten. Helfen mir die anderen dazu, Züge meines Innengrunds zu entblinden, die ich vorher nicht in Artikulation mir angeeignet hatte, dann können sie mich in eine Krise bringen. Sie können mir zugleich zu einer getreueren Beantwortung entscheidender Fragen über *meine* fraglichlebende Einheit verhelfen. Sie können den Vorgang, in dem ich meine Einheitsfragen neu stelle und angemessener beantworte, durch ihre Mitteilungen und Stellungnahmen erst in Gang bringen. Ihr Einfluß ist nicht auf das In-Bewegung-Setzen neuer Berührung mit meinem Innengrund beschränkt, und auch nicht auf den günstigen Zustand wechselseitigen In Berührung Seins. Die gröberen, in Distanz oder in Feindseligkeit gemachten Mitteilungen über mich und mein Verhalten können mir genauso ›die Augen öffnen‹, wenn ich sie an mich heranlasse (heißt, mich selber ohne Gezerre, auch ohne selbst erzeugtes, frage, ob ich angesichts dieser Mitteilungen einzelne meiner Einheitsantworten noch stimmig finden kann). Ich kann von den anderen nicht verlangen, daß sie mir, wenn sie mir ›eine Wahrheit über mich‹ sagen, auch das *Klima* mitliefern, in dem ich das Gesagte in Berührung aufnehmen und mich (in meinem Verständnis als Einheit und in meinem Tun) *verändern* kann. Ich kann höchstens meinerseits versuchen, ein solches Klima zu erzeugen, wenn ich in die Lage komme, das Einheitskonzept eines anderen durch Material zu ergänzen, von dem ich denke, daß es dieses Konzept eventuell in Bewegung bringen wird.

Ein Einheitskonzept kann weit ausgebildet und formuliert sein, oder auf wenige Züge beschränkt und bloß in Disposition nachweisbar; die Einheiten Fraglichen Lebens unterscheiden sich nach dem Grad, zu dem sie sich als Einheiten *vollziehen*. Der Unerreichbarkeit des total Sicheren (welches die Fraglichkeitsausräumung und das Sich-Anphantasieren von Gottähnlichkeit wäre) unbeschadet, gibt es mehr und weniger beständige, mehr und weniger gut das *Zurückkommen* vertragende und auch mehr oder weniger gut auf *Zu sich Kommen* gestützte Weisen, für sich selbst die Fragen zur Einheit zu beantworten.

Es ist hilfreich (es wird als stärkend beschrieben), ein Einheitskonzept zu haben, das sich an Instanzen von Erschütterung stabilisiert oder zum Stabileren hin verändert hat. Das Leben mit einem unverläßlichen Einheitskonzept, dessen Antworten beständig von solchem, an dem die Einheit nicht vorbei kann, umgeworfen werden, ohne daß sich verläßlichere und vom Innengrund her akzeptierte Neu-Antworten bildeten, wird als beschämend, teilweise als quälend *gespürt*.

Der Erwerb von Antworten auf charakteristische Einheitsfragen, einmal als Fragen anerkannt, scheint zum Bereich der *Lebensarbeit* für Individuen dieser Gattung des Lebendigen zu gehören. Sämtliche möglichen Fragen dieses Typs ins Belanglose zu schieben und die eigene Existenz gänzlich untangiert von ihnen zu führen, auch die eigene Geschichte völlig untangiert davon zu beschreiben, ist Individuen des Fraglichen Lebens vermutlich nur bei konsequenter Wachstumsverweigerung (also auch konsequentem Blindhalten jeglicher typischen Einheitsbedürfnisse) möglich.

Ich vermute, daß es die in Sachen solcher Bedürfnisse *ohne Rest* saturierte Einheit Fraglichen Lebens nicht gibt. Es gibt die sich saturiert glaubende. Sie hat in voreiliger oder beständiger Spürensfurcht Züge ihres Innengrunds gegenüber möglicher Bekanntschaft abgedeckt, die unbeschadet aller Manöver solcher Art zu ihr doch als Stellen, an denen etwas ungelöst ist, aber auf Lösung drängt, gehören.

64. Ichbetrug und Eigenschau

»O Herr, gib jedem seine eigene Schau«, könnte in unfreundlicher Absicht eine bekannte Dichter-Zeile abgewandelt werden. Die Schau, die das Ich darbietet, eindeutiger auch seine ihm eigene Show zu nennen, gehört für das Ich qua theoretisches Subjekt aller Bekanntschaft in die Philosophiegeschichte; für ›das Ich‹, als das die Einheiten Fraglichen Lebens sich gelegentlich auch bezeichnen, ist das Sich-Darbieten in einer Show, welche die gewünschte Einheitlichkeit vorspielt, eine wichtige, zeitweilig zum Überleben im Gezerre sogar unabdingbare Beschäftigung.

Zunächst zum Ichbetrug oder Betrug des letzteren ›Ich‹ durch sich selbst in Sachen seiner Einheitsfragen. Wer bin ich eigentlich? gehört in ausgezeichneter Rolle zu den Fragen, die diesen Komplex ausmachen; sie kann als übergreifender Titel über eine Reihe dieser Fragen, in weitem Verständnis sogar über sie alle, gesetzt werden. Ich betrüge mich über den, der ich eigentlich bin, wenn ich mir selbst Einheitsantworten gebe, die unstimmig oder unvollständig sind; die ich auch als unstimmig oder unvollständig erkennen könnte, *wenn* ich bereit wäre, eine Prüfung zuzulassen, etwa durch einfaches Befragen der relevanten Anderen; oder durch schlichtes, möglichst weitreichendes Überführen der ganzen Art, wie ich mich verhalten habe und mich verhalte, in artikulierende Darstellung; oder durch das schwierigere, weil nicht per Beschluß direkt verfügbare Abgleichen am freigesetzten Innengrund. Ungefähr in der durch diese Instanzen gegebenen Ordnung staffeln sich, in juristischer Metapher, die minder schweren Fälle des Ichbetrugs zu den schwereren hin. Minder schwer scheint der Ichbetrug zu sein, den ich vollziehe, indem ich die Ohren vor dem verschließe, was andere mir sagen könnten; es ist der öffentlich zugängliche Bereich meines Verhaltens, über den ich mich täusche (von dem ich relevante Teile nicht zur Kenntnis nehme), um mich mit Einheitsantworten über Wasser und bei mir selber akzeptiert zu halten, die andere schon als unstimmig zu erkennen imstande wären. Als etwas schwerer und auch technisch aufwendiger kann der Ichbetrug gelten, den ich leiste, indem ich die volle Bekanntschaft mit meinem Verhalten und meinen der Bekanntschaft zugänglichen (nicht etwa sogenannt ›unbewußten‹) Absichten verweigere. Ich bewerkstellige das, indem ich es unterlasse, den vollen Bestand meines Verhaltens und meiner Absichten in einer bestimmten Lebens-Sache zu meiner Bekanntschaft, sprich hervorgestellter Position in aufgeschlossener Ordnung, kommen zu lassen. Kämen alle in dieser Hinsicht relevanten Züge meiner selbst dahin, dann stellten sich die Gegenläufigkeiten, wenn nicht Widersprüche meines Verhaltens von sich aus mit hervor, und ich hätte es entschieden schwerer, *so* weiterzuleben. Technisch am leichtesten, den Folgen nach in der Regel am schwersten ist der Ichbetrug durch partielles Verblenden des Innengrunds. Ich kann über bestimmte Stellungnahmen meines Innengrunds hinwegleben, für eine ziemlich lange Zeit, und vielleicht, wenn ich nie manifest auf einen Widerspruch gestoßen werde, immer. Bekanntlich gehört der Innengrund zum Sichselbstgleichen, seine Züge sind unfixierbar, unbeobachtbar und verfassungsmäßig sprachfern. Ich brauche mich nur ›entschlossen‹ genug im Gezerre und im Verfolgen meiner im Gezerre ausgeprägten Ziele zu betätigen, und es wird mir gelingen, mich vergleichsweise gut *beschäftigt* zu halten. Die Züge des Innengrunds, die mit meinen Beschäftigungen nicht zusammenpassen, weil darin gegenläufige und vielleicht sehr kritische Stellungnahmen enthalten sind, kann ich, bildlich gesagt, in ihrer konstitutionellen Blindheit bestärken, das heißt *verblenden*, und zwar so, daß diese Behandlung nicht zu meiner spürenden Bekanntschaft oder Artikulation kommt. Der Innengrund kann, freigesetzt und ohne Manipulation stückweise entblindet, zu meiner wichtigsten Instanz von Unbestechlichkeit werden, soweit diese Eigenschaft in einem Fraglichen Leben überhaupt verwirklicht werden mag. Der Innengrund gehört aber auch wegen seiner Ungegenständlichkeit und stummen Unaufdringlichkeit zu den Bereichen meiner selbst, von denen ich unangenehme Teile besonders leicht, unter Druck und Zug meine ›Interessen‹ verfolgend, in Blindheit halten kann. Das In-Blindheit-Halten ist immer nur partiell; ich *brauche* auch im Gezerre eine Bekanntschaft mit bestimmten Absichten, Freuden, Hoffnungen, Gefühlen von Ärger; aber ich lasse, mich so verhaltend, störende Partien des Innengrunds in Blindheit zurück. Natürlich ist Ichbetrug in dieser wie in allen seinen Formen eine Gestalt des Schrumpftums; Schrumpftum ist nicht notwendig eine Rückbildung, sondern liegt bereits vor, wenn ich Züge meiner, an denen ich wachsen könnte, beharrlich nicht entblinde, so daß mir ein Stück Entfaltung verloren geht; verschärftes Schrumpftum hat sich hergestellt, wo ich Züge meiner wie durch innere Sperren verblendet halte.

Die jetzt gebrauchte Redeweise kann als ein Lehrstück gelten, um zum wiederholten Mal etwas in Erinnerung zu rufen, das für alles Sprechen über mich wie über jemanden gilt, der sich gegenüber innere Maßnahmen irgendwelcher Art ergreift. Die Redeweise ist dem in die natürliche Sprache eingelassenen Areal von Pseudo-Sprache verpflichtet; die Sprache des Pseudo hat als einen Grundzug, daß sie ihre am Verhältnis des Fraglichen Lebens zu Äußerem gebildeten Mittel auf das Verhältnis dieses Lebens zu sich selbst überträgt, das heißt im Inneren ein Vorliegen ähnlicher Strukturen suggeriert, wie es sie nur nach außen hin gibt. Eine sehr wirkungsmächtige psychologische Deutung des Menschen, über die bald zu sprechen sein wird, leidet an diesem Fehler. Es ist klar, daß bei der jetzt beschriebenen Technik des Ichbetrugs die ganze Einheit Fraglichen Lebens Züge ihres Innengrunds verblendet hält in dem Sinn, daß sich im Vollziehen ihres Lebens eine *Weise, lebendig zu sein*, ausbildet, bei welcher diese Innengrund-Züge blind bleiben und bei welcher im Lauf der Zeit immer dann abschirmende Ereignisse (zum Beispiel *Angst*) auftreten, wenn die im spürenden Zentrum des Individuums sich anbahnenden Prozesse von Bekanntwerden zu nah an einen Zug des

Innengrunds geraten, dessen Bekanntschaft, erst recht Entblindung, die einmal stabilisierte Weise, lebendig zu sein, entschieden stören würde. Die angemessene Sprache für das ›Verhältnis‹ der Einheiten Fraglichen Lebens zu ihrem Spüren, also auch in hervorragender Rolle ihrem Innengrund, kann nicht eine Substanz-Akzidens-Sprache, nicht eine Wahrnehmungs-Sprache, nicht eine Handlungs-Sprache sein, sondern nur eine noch nicht verfügbare *Sprache des spürenden Lebens*. Die vorgebrachten Aussagen über den Ichbetrug verstehen sich ausdrücklich so, daß mit ihrer Grammatik keine Hinweise auf die Beschaffenheit der Sache selbst verbunden sind. Es gibt keine inneren Blenden, die ich mir einzöge, um bestimmte Innengrund-Züge von spürender Bekanntschaft und möglicher Entblindung fern zu halten, und auch keine realen Akte von Zensur, die ich ausübte, um einiges zur Bekanntschaft zuzulassen, anderes nicht. Wenn ich mich über mich selbst betrüge und betrogen halte, ist das eine Weise, lebendig zu sein, die sich mit der Geschichte dieser meiner Einheit Fraglichen Lebens entwickelt (und zu der hin sich diese Einheit verwickelt) hat. Um so deutlicher ist, daß das Auflösen fest gewordenen Ichbetrugs nicht durch Beschluß von jetzt auf gleich danach erfolgen kann. Ein solcher Beschluß, das heißt ein sich bildendes Entschiedensein zu nichtverblendendem Verhalten in und zu sich selbst, kann höchstens den Anfang eines Prozesses darstellen, in dem sich das Individuum zu einer anderen Weise, sein Leben zu vollziehen, hin entwickelt. Der Prozeß enthält einzelne Instanzen und größere Strecken von Wachstum durch Zu sich Kommen. Der immer neu angestrebte Erwerb von kognitivem und liberativem Mehr, das Entwerfen und Sich-Ereignen anderen Tuns gehören zu einem in der Zeit erstreckten (potentiell sehr lang erstreckten) Verlauf von *Einheitsarbeit*, in deren Gang sich meine Weise, lebendig zu sein, langsam zu einer wahreren und deshalb auch *besseren* entwickeln kann.

Die vorhin erwähnte Eigenschau gehört zu den nach außen hin in sozialen Profit umgesetzten Formen des Ichbetrugs.

Die Show, die die Einheit Fraglichen Lebens darbieten kann, indem sie eine Weise des Lebendigseins nach außen voräfft, ist eine typische Eigenschau, wenn in ihr showmäßig vorgezeigt wird, wie gut, befriedigend, ihr selbst und der Umwelt vorteilhaft ihre Einheitsfragen gelöst seien. Das Betrügerische liegt dabei teils in der Sache (die Einheitsfragen sind so glatt nicht gelöst, das Gegenteil ist der Fall), teils in der Form (befriedigend gelöste Anteile werden showmäßig herausgestellt, nicht oder schlecht gelöste bleiben in der Spürenskulisse zurück).

Jeder muß sich vorzeigen. Das *Vorzeigen* gehört für das meiste Fragliche Leben partiell auch zu der geschichtlich ausgebildeten Gestalt seines Gemeinwesens. Über das Vorzeigenmüssen zu jammern, wäre müßig. Es erfüllt, wie *die Kontakte* es tun, in den Gemeinwesen des Fraglichen Lebens eine nützliche Funktion durch das Vereinfachen von Wahrnehmung und Umgang. Wenn jeder mir per Eigenschau die Weise an die Hand gibt, wie er von mir gesehen werden, und die *Einheit*, als die er behandelt werden will, komme ich potentiell glatt mit ihm aus. Freilich kann es geschehen, daß Züge seiner Eigenschau mit solchen der meinigen in Konflikt geraten. Dann müssen wir einander meiden oder einen Schaukampf ausfechten. Schaukämpfe erscheinen hart, sehen aber gefährlicher aus, als sie sind. Verliere ich den Kampf, brauche ich in den Kontakten, in denen man von meiner Niederlage weiß, nur ein Stück meiner Eigenschau durch ein anderes zu ersetzen. Ich brauche nicht näher in Berührung mit mir zu kommen, und im *Gezerre*, zu dem das Ausfechten der Kämpfe um Bestand oder Veränderung der Eigenschau gehört, liegt Berühren ohnehin nicht nahe. Auch der andere, mit dem ich um das Durchsetzen eines Eigenschau-Anteils kämpfe, strebt nicht nach Berührung (kraft deren er in die Situation geraten könnte, daß sich an ihm selbst von innen her Veränderung in Gang setzt), sondern nur nach Inhalten der Schau. Es geht, wenn fraglich-lebende Einheiten mit unverträglicher Eigenschau aufeinandertreffen, nicht um potentielles Wachstum, auch nicht um das einer Gemeinschaft zwischen ihnen, sondern es geht um das kämpfende Regulieren des Vorzeigens. Deshalb hält sich das Ergebnis der Kämpfe gewöhnlich auch auf dieser Ebene. Das Ergebnis pflegt zu sein, daß einer sich in den relevanten Kontakten anders vorzeigt, oder, wenn die Kämpfer keine komplette Sieg-Niederlage-Einigung erreichen, daß beide sich in herausgekämpfter Weise anders vorzeigen.

Berührung, Wachstum, Zu sich Kommen ereignen sich in der Regel höchstens *nach* solchen Kämpfen, wenn eine Einheit, öfter die unterlegene, zu partiellem Heraustreten aus dem Gezerre gelangt und also in einen Zustand, in dem sie Stücke ihrer Eigenschau auf Zusammenstimmen mit Stellungnahmen ihres Innengrunds befragen kann. Leichter noch geschieht es, daß eine im Vorzeigekampf unterlegene Einheit bestimmte manifeste (also beobachtbare) Eigenschaften ihrer selbst nicht länger mit den Mitteln des Ichbetrugs von ihrer verbal gefaßten Kenntnis fernhalten, den Betrug dann auch an diesen Punkten nicht länger glauben kann; dieses Erlebnis kann zum Beginn einer Neuorientierung an den Stellungnahmen des Innengrunds (auch zum Sich-Bilden neuer Stellungnahmen über Gestalt und Weg der eigenen Einheit) führen und also zum Beginn eines Stückes Wachstum. Wenn das Wachstum sich mit *Einheitsarbeit* ergänzt und (unter Bedingungen intermittierenden Berührens) weiter fortsetzt, kann es geschehen, daß die ursprünglich im Gezerre unterlegene Einheit später mit einem reicheren und verläßlicheren Einheitskonzept dem früheren Vorzeige-Feind gegenübertritt. Weil sie jetzt das erzwungene Vorzeigen mit geringerem Anteil von Ichbetrug vollzieht, kann sie sich leicht als die weniger erschütterbare und überlegene erweisen. Darin liegt ein selten erwähnter, besonderer Sinn des philosophischen Mythos von Herr und Knecht in Fragen der menschlichen Weise, lebendig zu sein: Der Sieger im Vorzeigekampf tendiert dazu, seine Eigenschau zu glauben und in Schrumpftum zu verharren. Der Unterlegene wird, wenn er sich in Berührung angemessen versteht, auf Einheitsarbeit verwiesen und kann an solcher Arbeit sich verändern zu einer Einheit, in deren besondere Weise, lebendig zu sein, weniger betrügerische und also weniger *faule* Anteile eingelassen sind. Bei neuem Aufeinandertreffen kann es leicht geschehen, daß er dem früheren ›Herrn‹ dessen in der Eigenschau enthaltenen Ichbetrug aufdeckt und die Schau an diesem Punkt floppen läßt. Chancen auf ein Wachstum dieses *neu* Unterlegenen sind wieder auf gleiche Weise nicht in den Haltungen des Kampfs, sondern in denen des Berührens zu suchen. Deshalb ist der Vorzeigekampf trotz gelegentlich positiver Effekte im ganzen für die beteiligten Einheiten Fraglichen Lebens eher wachstumshemmend und im ganzen *nicht* das Muster gelingender Fortbewegung zu sich selbst und zu wachsender Gemeinschaft.

Das Vorzeigenmüssen eingeräumt, ist doch auch festzustellen, daß dieser geschichtlich-kollektive Zug der menschlichen Weise, lebendig zu sein, im ganzen nicht auf stets sich erneuernde, mit Ichbetrug versetzte Eigenschau hinauslaufen muß. Wir kennen die Beispiele derer, die sich vorzuzeigen versuchten, wie sie waren, um den anderen den angemessenen Begriff von sich an die Hand zu geben. Vielleicht ist der Mann, dem das Verständigungshandeln des Fraglichen Lebens seine frühe und an Überzeugungskraft immer noch nicht vernutzte Form der *philosophia* verdankt, trotz seiner als Mittel eingesetzten Ironie ein lebendiger Beleg dafür, daß dergleichen möglich ist. Im Vorzeigekampf wirkt das Sich-Vorzeigen, wie man ist, auf die Gegenseite *entwaffnend*; das heißt auch: potentiell Schauverhalten abstellend und in Berührung bringend. Es *muß* nicht als Trick oder zur Überrumpelung gebraucht werden.

65. Einheitsarbeit 1

Einige Denker meinten noch im letzten Drittel des Jahrhunderts, das Sich-Befreien von bestimmten, in den Einheiten Fraglichen Lebens, aber auch in ihren Gemeinwesen fest gewordenen Zwängen könne im wesentlichen durch Überführung der Ursachen solcher Zwänge in entblindende Artikulation geschehen. Das Wort hieß ›Bewußtmachung‹. Die bestimmte Klasse von Zwängen, auf die dieses Verfahren passen sollte, war gedacht nach einem Modell, bei dem zwanghaftes Verhalten entsteht durch Un-Bekanntschaft mit wichtigen Zügen, zum Beispiel triebhaften Anteilen der eigenen Einheit Fraglichen Lebens, und zwar so, daß die unbekannt gehaltenen Anteile zwanghafte Erscheinungen, genannt Symptome, hervorrufen, in denen ihnen eine partielle und verschobene Durchsetzung gelingt, wenngleich in einer Gestalt, die die betroffene Einheit nicht versteht und als Korrelat unbekannter Züge ihrer selbst auch nicht anerkennt. Überführung des Mechanismus in entblindende Artikulation sollte die Unbekanntheit solcher Kräfte in der eigenen Einheit beseitigen und damit auch ihre Tendenz zu indirekter Durchsetzung, ergo auch die Erscheinungen zwanghaften Verhaltens, die daraus hervorgehen. Und so ebenfalls bei vergleichbar strukturierten Zwängen im Leben ganzer Gemeinwesen.

Es stellte sich bald heraus, daß mit diesem Modell von Befreiung etwas nicht stimmte. *So* funktionierte es nicht; weder bei den Einheiten, die über zwanghafte Symptome klagten, noch bei den Gemeinwesen, in denen analoge Zwänge angeklagt wurden. Es schien etwas zu *fehlen*.

Was fehlte, war *Veränderungsarbeit*. Die Befreiung von zwangbeladenem Handeln wird den Fraglich Lebenden nicht durch bloß kognitive Vollzüge geschenkt. Sie erfordert *Tätigkeit*. Zur Erinnerung: Wir sind in der elementaren Form von Verbindung, mit der wir uns früh als *Einheiten* nehmen (obgleich wir es nie zu formulieren brauchen) *in einem* spürende und verstellte, spürend rezeptive und spürend tätige Wesen. Freier Werden im Tun ist auch (und vielleicht vor allem) eine Sache des Tuns, nicht allein eine der ›Erkenntnis‹.

Einheitsarbeit ist die Arbeit, durch die Einheiten Fraglichen Lebens dazu kommen können, mit sich im Handeln in höherem Grad einig und in höherem Grad sich zu eigen zu sein.

Das Thema der Einheitsarbeit deutet voraus auf eine spezifisch menschliche Form von Freisein (mehr oder weniger gelingend, mehr oder weniger weit reichend), das in denkbar entschiedenem Gegensatz steht zu der kontrakausalen ›Freiheit‹ alias ›Willensfreiheit‹ alias ›liberum arbitrium indifferentiae‹, die ein fehlgeleitetes Verständigungshandeln unserer Gattung des Lebendigen zum Effekt der partiellen Gottähnlichkeit in langen Zeiträumen andichten wollte und durch einzelne Autoren noch immer andichten will (mit Konsequenzen für Recht und Alltag, die menschen-unangemessen sind, nicht nur in dem Sinn, daß sie typische Fälle von *Fraglichkeitsunterdrückung* ausmachen).

Mit den gescheiterten Befreiungstheorien hat Einheitsarbeit gemeinsam, daß sie das kognitiv-liberative Mehr sich zunutze macht, welches durch Berührung mit solchem entsteht, das an der eigenen Einheit bisher unbekannt war, aber auf relevante Weise dazugehörte. Das kognitiv-liberative Mehr des In Berührung Kommens, besonders des intermittierenden Zurückkommens auf Zustände der Berührung, ist aber weder in kognitiver Hinsicht alles, noch in liberativer Hinsicht auch nur der tätige Anfang von Veränderung. Dieses Mehr, das beim In Berührung Kommen erworben wird (mehr von sich selbst für sich selbst sein), ist in kognitiver Hinsicht ein Stück Entblindung für steuerungsrelevante Teile des Innengrunds. In liberativer Hinsicht kann es helfen, die Möglichkeit *anderen* Verhaltens und Handelns sichtbar zu machen; nicht jedoch ist es eo ipso schon dieses. Der liberative ›Anteil‹ im kognitiv-liberativen Mehr, gewonnen beim stückweisen Entblinden des Innengrunds, ist, genauer gesagt, zunächst *potentiell liberativ* in dem Sinn, daß Stellungnahmen, Wünsche, Gefühle entblindet werden, die sonst blind in das Sich-Bilden von Entschiedensein und dann auch in das Entstehen von Handeln eingehen könnten. Hat die fraglich-lebende Einheit ein Mehr an verhaltensrelevanten Zügen ihres Innengrunds in treffender Artikulation als Verständigungspunkte zugänglich, dann kann sie sich besser verstehen und besitzt bessere Voraussetzungen zum Formen von Handlungsentwürfen, die ihr eher gemäß sind als das, was bisher blind oder partiell blind zustandekam. Das Handeln selber erfolgt damit noch nicht, und noch weniger das Sich-Festmachen einer *Handlungsweise*, die die Einheit Fraglichen Lebens langfristig intermittierend ausüben, als sich zugehörig anerkennen und auch außerhalb des Gezerres, von ihrem freigesetzten Innengrund her *angemessen finden* kann. (Zu den Wörtern: es ist erkennbar, weshalb hier ›Verhalten‹ einerseits und ›Handeln‹ oder ›Tun‹ andererseits nicht strikt getrennt werden: ein und dasselbe Ereignis an meinem verstellten Körper kann, je nach Bekanntschaftsverteilung der Innengrund-Züge, die an seinem Entstehen beteiligt sind, in herkömmlicher Sprache ›Handeln‹ oder ›Verhalten‹ heißen. Es kann auch eine Handlungsweise sich in ›Verhalten‹ manifestieren, eine Verhaltensweise in ›Handeln‹. Beides sind Wörter einer kategorisierenden ›Handlungstheorie‹, die in diesem Buch keine tragende Funktion ausübt).

Einheitsarbeit ist kognitiv-liberative Veränderungsarbeit, in Richtung auf einen höheren Grad von Mit-sich-einig-sein und Sich-zu-eigen-sein. Der kognitive Anteil beschränkt sich nicht auf das Entblinden von Innengrund-Zügen in geglückter (und oft als Glück erlebter) Berührung. Er bezieht sich vielmehr auf alles, woran die fraglich-lebende Einheit beim Versuch der Antwort auf ihre Einheitsfragen nicht vorbei kann. Damit ist der Anteil von *Arbeit* besser erkennbar, das Recht des Wortes besser zu sehen: Es ist Arbeit, das zu möglichst relevantem Umfang in die verbal gefaßte Kenntnis meiner aufzunehmen, was die Anderen mir über mich zu sagen haben. Es ist genauso Arbeit, mir einen Überblick über mein faktisches Verhalten in der Welt zu erwerben, der mehr enthält, als was ich zum Beispiel in erfolgreicher Eigenschau den Partnern des *Großen Vorzeigens* darbiete.

Diese Themen von Einheitsarbeit scheinen, wenn ich sie verfolge, zum Affizieren ihrer Sache selbst noch nicht zu führen. Der Eindruck ist unvollständig: Jedes Erkunden des Innengrunds, auch in möglichst weitgehender Trennung von

Tätigkeit, *verändert* ihn; es gibt die Bewegungen des Mich-Getroffen-Fühlens, wenn ich mir an einem Verständigungspunkt die richtige Formulierung für ein unfixierbar gegenwärtiges Spüren anbiete (oft beschrieben wie ein Aufatmen des Spürens oder wie ein spürendes Leichterwerden von Last, *auch* wo ich etwa treffend entblinde, daß ich mich in meiner jetzigen Situation, gebunden an diese Ziele, in dieser Laufbahn etc. unerfüllt und deshalb geradezu gedrückt fühle). Es gibt weiter die Bewegungen des Sich-Hervorstellens von Neuem, das zu dem eben Entblindeten ergänzend gehört, das Bild vollständiger macht, auch wo es Gegensätze hinzubringt. Der Innengrund, auch wenn unter den idealen Bedingungen des Freigesetztseins erkundet, ist verfassungsmäßig, als nichtblödes Spüren eines Lebendigen, *in Bewegung*, und es ist nicht Arbeit als äußeres Handeln, wohl aber Handlungs-Enthaltungs-Arbeit, mit der das wertungsfreie, nicht drängende oder zerrende Anbieten von Formulierungen und der Erwerb neuer Verständigungspunkte erfolgen muß, mit denen ich bisher an mir nicht bekannt war, vielleicht, weil ich sie niemals zuvor anerkennen wollte. Es ist auch Akzeptierens-Arbeit, indem ich mich eines eingeübten schnellen Wegdrückens oder sofortigen, interpretierenden Glattstellens enthalte und *annehme*, was sich im Innengrund von sich selbst aus (immer unfixierbar und fluchtbereit) hervorstellt.

Die Weisen der Arbeit zum Aufnehmen dessen, woran ich bei meinen Einheitsfragen nicht vorbei kann, die Weisen der delikaten Arbeit zum Entblinden des Wichtigen, das ich spüre, aber nur nach geduldigster Annäherung genau bezeichnen kann, sind in jüngerer Zeit durch *Verfahren* zum Erwerb von kognitiv-liberativem Mehr bereichert worden, die in sehr verschiedenen Gestalten daherkommen, sehr verschiedene ›Methoden‹ für sich in Anspruch nehmen, und oft auch von ›Arbeit‹ sprechen. Damit ist das *Arbeiten* von Einheiten Fraglichen Lebens in Therapien oder Therapiegruppen gemeint, wenn sie als individuelle Einheiten zeitweilig vor die Aufmerksamkeit anderer treten und mit deren Hilfe in einer neuartigen Form von Öffentlichkeit (auf die das oben eingeführte Wort *Gemeinschaft* besser paßt) ihr Spüren zu erkunden suchen. Über Therapien überhaupt wird noch gesprochen. Hier geht es mir nur um einen Zug, der den wenigen seriösen unter ihnen gemeinsam zu sein scheint: Das intensive Durchleben (Wieder-Durchleben, vielleicht zum ersten Mal Durchleben) eigenen Innengrund-Spürens in erzählten, phantasierten, simulierten oder sonstwie behelfsweise hergestellten Schlüsselsituationen des eigenen Lebens, seien sie einmaliger oder sich wiederholender Natur. Die Arbeit ›bringt etwas‹, wenn sie das intensive, nicht gleich weggedrängte Spüren eines Innengrund-Zuges auslöst (hervorstellen hilft), mit dem die arbeitende Einheit Fraglichen Lebens bisher nicht in dieser Klarheit bekannt war, oder den sie bisher nicht anerkannte. Es ist klar, daß diese Art von Arbeit die ganze einmal stabilisierte Organisation einer lebendigen Einheit erschüttern kann (deshalb ist sie anstrengend und nicht ungefährlich), aber auch in neu orientierende Bewegung bringen kann (deshalb ist sie als *Einheitsarbeit* potentiell fruchtbar). Das Schema ist dabei: Einheitsarbeit durch Sich-Hineinsteuern in Situationen, in denen, gefördert durch die berührende Gegenwart eines oder mehrerer anderer, Züge des eigenen Innengrunds entschieden intensiver als sonst spürend sich hervorstellen – das heißt zu spürender Bekanntschaft kommen. Sie bieten sich damit der möglichen Artikulation an, welche potentiell ein Entblinden leistet und das kognitiv-liberative Mehr in eine begrenzte Form von Dauerhaftigkeit und Verfügbarkeit bringt, wie sie in den Grenzen Fraglichen Lebens zugänglich ist.

Das muß hier genügen, um darauf hinzuweisen, daß (stets mehr oder weniger weit reichendes) *Mit-sich-Einig-Werden* und *Sich-zu-Eigen-Werden* in kognitiv-liberativer Hinsicht in der Regel *Arbeit* voraussetzen; es ist Arbeit in verschiedenerlei Bedeutung des Wortes, mit extrem verschiedenen Verfahren, aber allemal typische *Einheitsarbeit*. Den fraglich-lebenden Einheiten wird ihre mögliche Aneignung und ihre mögliche Einigkeit mit sich nicht nachgeworfen. Eine geschenkte

Antwort auf meine Einheitsfragen ist fast immer eine schlechte Antwort, und sie erweist sich an den Lebenspunkten, an denen ich sie brauche, meist als unverläßlich. Selbst wo die geschenkte, zum Beispiel von außen insinuierte Antwort *angemessen* heißen darf, nützt sie mir nichts, denn will ich mich auf sie stützen, so gibt sie nach, weil ich ihre Angemessenheit nicht spürend vollzogen habe und weil ich im kritischen Augenblick meine *eigene* Stellungnahme nicht durch Schnellverfahren nach-wachsen lassen kann (es würde ja heißen, daß ich selbst im Schnellverfahren nach-wüchse; nur hängen Wachstum und Einheitsarbeit so eng zusammen, daß die zweite nicht durch ein Mirakel zugunsten des ersten übersprungen werden kann). Es gibt kein Zauber-Wachstum unter Einheiten Fraglichen Lebens, und keine Zauber-Einheit. Nur die Figuren des Großen Vorzeigens sind natürlich zauberhaft. Aber eben falsch.

66. Einheitsarbeit 2

»Keine Selbsterfahrung mehr« war der Slogan vieler Enttäuschter, die aus Erlebnissen in bestimmten Gruppen (oft genannt ›Selbsterfahrungsgruppen‹) als praktisch Unveränderte hervorgingen, das heißt in den Zusammenhängen des Gezerres und des Großen Vorzeigens nach kurzer Übergangszeit wieder mitkämpften, wie wenn nichts gewesen wäre. Der Slogan drückte das Ablehnen künstlich eingeleiteter Berührung ohne praktische Folgen aus. Noch schroffer demonstrierten den Unterschied zwischen dem Berühren und dem realen Sich-Verändern diejenigen, die die Techniken des Erzeugens von Nähe in den Dienst ihrer eigenen Interessen stellten und jetzt allenthalben das Gezerre ein bißchen wärmer machen, indem sie ihre Zerrungs-Partner dazu bringen, sich teilweise zu öffnen, weil es wohltut – dann aber umso härter, weil kundiger, zuschlagen, wenn der Zeitpunkt des *cash in* gekommen ist. Abgesehen davon, daß jede Form des

Freier Werdens in der Geschichte des Fraglichen Lebens auch ihre Profiteure gefunden hat, demonstriert speziell die Klasse der von jüngerer Gruppenmode Enttäuschten, daß gelingende Einheitsarbeit mehr ist als bloß das schnelle Vollziehen typisch kognitiver Komponenter ihrer. Diese Komponenten führen zwar ein kognitiv-liberatives Mehr stets mit sich. Dieses Mehr aber in dauerhafterer Aneignung, auch relevanter Teile des eigenen Verhaltens, zu einer Art lebendigen (obschon stets verlierbaren) Besitzes der fraglich-lebenden Einheit werden zu lassen, bedarf es noch anderer als der bis jetzt genannten Mittel.

Einheitsarbeit ist in wichtigen Hinsichten *Veränderungsarbeit* in dem Sinn, daß blind entwickelte Weisen zu handeln verändert, das heißt neue Weisen zu handeln erlernt und als dispositionelle Eigenschaften der fraglich-lebenden Einheit relativ stabil gemacht werden müssen. Wenn ich in Berührung mit den Stellungnahmen meines Innengrunds zu keinem Weg komme, mich als einen Handelnden, wie ich mich ohne Abblenden von Teilbereichen in der Vergangenheit sehe, auch für die Zukunft im Gesamt meiner Handlungsweisen angemessen zu finden, habe ich die Wahl, mich als unangemessen weiterlebend zu akzeptieren (was schwer und spalterisch ist, weil *unangemessen* heißt, zentralen Stellungnahmen meines Innengrunds zuwiderlaufend), oder aber an einzelnen Punkten anderes Handeln zu versuchen mit dem Ziel, diese neuen, von innen her angemessen gefundenen Handlungsweisen *zu den meinen* werden zu lassen, also: mich zu verändern. Vor allem weiteren ist deutlich, daß Veränderung dieser Art, wenn sie sich denn ereignet, die zwei charakteristischen Züge von Einheitsarbeit überhaupt erfüllen muß: In höherem Maß *mit sich einig werden* (einiger im Tun mit den Stellungnahmen des Innengrunds, auch diese Stellungnahmen besser einig untereinander), und in höherem Maß *sich zu eigen werden* (sich nicht bloß kognitiv aneignen, wie die eigene Einheit Fraglichen Lebens ist, sondern sich aneignen *im Tun*, indem das Tun mehr und mehr an den Leitlinien des selbst von innen her angemessen Gefundenen ausgerichtet, in diesem praktischen Sinn also zunehmend *zu eigen gemacht* wird).

Es ist deutlich, daß der Gedanke schrittweisen, wie in einer Art Handlungswachstum langsam zu erwerbenden Besitzes neuer und von innen her stärker gebilligter Weisen zu handeln die Einheiten Fraglichen Lebens entschieden unter ihrer Besonderheit als *Lebende* betrachtet, statt sie wie blitzartig sich zu neuem Tun hin verändernde Minigötter anzusehen oder wie leblose Bewegungserzeuger, die man neu einstellt oder die sich selbst in der Weise, wie das Leblose lernen kann, neu einstellen.

Es ist auch so, daß das Handlungswachstum gemäß den am eigenen Innengrund in schrittweisem Prozeß entblindeten Stellungnahmen nicht an sie angebaut wird wie etwas Neues und Zusätzliches; als hätte der Innengrund ein Konzept geliefert, nach dem jetzt trainiert wird. Die Einheitsarbeit mit der Komponente der tätigen Veränderung kommt zur entblindenden Einheitsarbeit hinzu – so viel ist richtig. Aber sie kommt derart hinzu, daß sie vom wiederholten Entblinden und wiederholten Zurückkommen auf die Stellungnahmen des Innengrunds ihre stärkste Unterstützung erfährt. Einheitsarbeit in der Weise der Veränderungsarbeit, wenn sie nicht entleertes ›Willenstraining‹ werden soll, wie man es von früheren Einheitskonzepten des Fraglichen Lebens in schiefer Erinnerung hat, setzt *In Berührung Bleiben*, das heißt intermittierendes Zurückkommen auf den (und sei es auch nur teilweise) freigesetzten Innengrund voraus. Der Organismus Fraglichen Lebens, welcher Einheitsarbeit als Veränderungsarbeit leistet, braucht eine Art Rhythmus von zeitweiligem Heraustreten aus dem Gezerre, Vergewisserung und Verständigung anhand der Stellungnahmen, die sich vom Innengrund her bekunden, und Wieder-Eintreten in den handelnden Zusammenhang mit anderen, um Neues zu erproben und Erworbenes weiter zu stärken. Die Unterstützung des angemessen gefundenen Handelns vom Innengrund her hat etwas charakteristisch Bestärkendes. Je öfter und intensiver die Einheit spürt, wie sie Stellung nimmt (was sie angemessen findet), desto leichter wird es nach allen Zeugnissen, in der Richtung zu handeln, die der spürenden Angemessenheit entspricht. Der spürend stellungnehmende Innengrund ist nicht bloß ein Kompaß (er zeigt nicht bloß eine Richtung an); er scheint auch ein Kraft-Reservoir zu sein.

Das Sich-Bilden von Entschiedensein und des nadelspitzenhaft unfixierbaren Auslösens von Handlung im spürenden Zentrum fraglich-lebender Organismen werden beim Gedanken der Einheitsarbeit in der Rolle von Veränderungsarbeit als Stücke spürender Realität in Anspruch genommen. Die eigentümlich kräftigende Rolle des in Berührung entblindeten Angemessen-Findens im Innengrund mit ihrem klaren (und klar immer wieder bezeugten) Einfluß auf das Handeln Fraglich Lebender zwar kein *Beweis* der spürend körperlichen Steuerung – aber sie ist ein mit Erfahrungen, welche als kostbar berichtet werden, verbundener kollektiver *Verständigungspunkt*, über den das Fragliche Leben im Ganzen bei seinem Versuch, ein Verständnis seiner als eines immer noch wesentlich Dunklen in einer immer noch wesentlich dunklen Welt zu erwerben, schwerlich dauerhaft hinwegleben wird. (Darüber hinwegleben wäre, eine Theorie machen und sie aus Gründen theoretischer Vorzüglichkeit dem lebendigen Spüren voransetzen – so daß dieses sich gleichsam gar nicht mehr bemerkbar zu machen traut. Das ist versucht worden und darf als mißlungen gelten).

Einheitsarbeit als Veränderungsarbeit führt in den Individuen, die sie unternehmen, durchaus den Gedanken ihrer als sich bewegende Ganze, in denen es wiederum ursächliche oder als ursächlich deutbare Verhältnisse gibt, mit sich. Die Einheit, die sich zur Gegebenheit gebracht hat, daß sie nur durch Stücke von Handlungswachstum dem einigend und aneignend näher kommen kann, was von ihrem Innengrund her sich als das für sie (und gegebenenfalls für alle) Angemessene bekundet, versteht sich zugleich als ein Stück *Natur*, das, wie alle Natur, als regelhaft oder gesetzmäßig beschrieben werden kann. »Natur ist das Dasein der Dinge unter Gesetzen«: trotz des andersartigen Naturkonzepts, das der Autor dieses Satzes hatte, und trotz der neuerlichen Anerkennung von nicht-gesetzmäßigen Verläufen an der Basis des Lebens selbst, wäre es ein glattes Stück apotheotischen Ichbetrugs, wollte die Einheit Fraglichen Lebens, die sich vor einer Veränderungsarbeit sieht, diese Arbeit einem Nicht-Gesetzmäßigen und in diesem Sinn Übernatürlichen in sich selbst überlassen. Das wäre gleichbedeutend damit, die Einheitsarbeit qua Arbeit sein zu lassen und in markanter Ähnlichkeit mit der typischen Lebenslüge die inneren Heinzelmännchen für *real und tätig* zu halten.

Das Ziel von Veränderungsarbeit an den Punkten, an denen eine Einheit Fraglichen Lebens sie als ihre Einheitsarbeit anerkennt, wäre (vom Vollbringen einzelner Taten, die auch Einheitsarbeit sein können, abgesehen) das Übergehen der neu zu erwerbenden Handlungsweise in eine Form von Verläßlichkeit, die der Disposition entspricht. Sie wäre dann ein begrenzt auf Dauer gestelltes Stück der individuellen Weise, lebendig zu sein, die diese Einheit Fraglichen Lebens sich erworben hätte. Freilich wäre sie ein Stück, das in Berührung mit dem eigenen Angemessen-Finden intermittierend überprüft und gegebenenfalls richtiggestellt werden könnte. Die *spürensfern* ausgeübte und fest gewordene ›Identität‹ (auch die ›Sittlichkeit‹) läuft Gefahr, zum Vorzeigekostüm zu werden, aus dem das reale spürende Leben der zuständigen Einheit sich auf stille Weise mehr und mehr zurückzieht. Ein Fall *heimlicher Lebenverlassenheit* wäre die Folge. Über deren Auftreten im Größeren, als Krankwerden ganzer Institutionen des Fraglichen Lebens, hoffe ich im dritten Stück dieses Buchs noch einiges Wenige sagen zu können.

67. Einheit in Bewegung

Die Einheiten Fraglichen Lebens sind den Zügen nach, durch die sie sich als individuelle auszeichnen, nicht fest, sondern *in Bewegung*. Die Bewegung bezieht sich dabei nicht nur auf zufällige Eigenschaften, die *auch* zur Individuierung im jeweiligen Zeitpunkt benutzt werden können, sondern sie erstreckt sich potentiell auf alles, wodurch die Einheit sich als eine besondere von anderen unterscheidet. Sie unterscheidet sich nicht durch die elementare Verbindung von spürend und verstellt, rezeptiv spürend und spürend tätig; die macht ein Gemeinsames dieser Einheiten aus.

Potentiell in Bewegung sind die Einheiten Fraglichen Lebens deshalb auch in der Art, wie sie ihre Einheitsfragen für sich beantworten. Das heißt, sie haben ihr Leben zu bestreiten mit Einheitskonzepten, die keine Petrefakte sind, sondern *sich verändern können*. Daß es überhaupt Einheitsarbeit gibt, daß den Einheiten Fraglichen Lebens solche Arbeit sich von ihrem Spüren her aufgibt, hat zwar die Beweglichkeit der Weise, wie die Einheit sich als eine besondere versteht, nicht zur hinreichenden Bedingung, aber zur notwendigen.

Die Antworten auf Einheitsfragen als ganzen Komplex festdübeln zu wollen, so daß der Einheit in diesen Dingen ›nichts mehr passieren kann‹, wäre ein eklatantes Stück Fraglichkeitsunterdrückung. Nach innen wie nach außen hin käme dieser Versuch in die Nähe des Ichbetrugs.

Mit dem Anerkennenmüssen prinzipiell möglicher Bewegung scheint das Selbstverständnis von fraglich-lebenden Einheiten wieder in die Nähe von Beliebigkeit zu geraten. Die *Moden der Einheitskonzepte*, die wie die Moden der Eigenschau kommen, gehen und in zeitgemäß angepaßter Form wieder kommen, kennen Aussagen wie »ich bin ein Prozeß«; »ich dulde an mir nichts Festes«; »ich will nicht versprechen, wie ich in einem Jahr handeln werde, denn es paßt nicht zu der Weise, wie ich sein will, ich will nämlich *ein Fluß* sein«; »ich tue alles, was ich tue, so, daß ich es auch sofort fallenlassen kann«.

Die Sätze drücken durch Einheitskonzepte begründete Beständigkeitsweigerungen aus. Es ist das Konzept dieser Fraglich Lebenden, gerade nicht Einheit im Sinn irgendwelcher sich durchhaltenden Eigenschaften oder Handlungsweisen zu sein, sondern Einheit durch Verweigerung gewohnter Formen des Sich-Durchhaltens.

Es ist zunächst augenfällig, daß ein Einheitskonzept, wie durch die Beständigkeitsweigerung ausgedrückt, aus der Tatsache, daß die Einheiten Fraglichen Lebens immer *Einheiten in Bewegung* sind, nicht kraft logischer oder sentirischer Strukturen einfach folgt. *Einheit in Bewegung* sein und sein müssen heißt, daß an den Fraglich Lebenden in Sachen ihrer Einheitskonzepte immer einiges nicht festliegt, sei es im Bereich des Konzepts (eine Einheitsantwort etwa), sei es im Bereich des Tuns und also im Verhältnis zwischen Tun und Einheitskonzept (etwa eine Handlungsweise), und daß *Entwicklung* zu ihrem Verfaßtsein gehört. Einheit in Bewegung sein und sein müssen heißt nicht, daß die menschliche Weise, lebendig zu sein, keine Züge von Stabilität, Zurückkommen auf ein Verläßliches im eigenen Tun und Angemessen Finden kennt oder kennen sollte. Im Gegenteil: Einzelne Züge von Verläßlichkeit, auf die die Einheit Fraglichen Lebens bei heftigen Veränderungen ihrer Existenz oder ihrer relevanten Umwelt zurückkommen kann, scheinen in gewissem (nicht näher festlegbarem und von Individuum zu Individuum auch verschiedenem) Umfang lebensnotwendig zu sein. Der völlige Verlust von Sicherheit qua Beständigkeit im Bereich der Einheitsfragen und -antworten, also auch der völlige Verlust von Sicherheit in Sachen von Handlungsweisen, die die Einheit als eigene anerkennen kann, führt zum Übergang in eine als durchgängig fremd empfundene Lebensform, die solche Menschen oft veranlaßt, *den Tod* zu suchen. Es scheint, als könnten sich die Individuen, einmal in diesem Maß sich selber ungreifbar, der menschlichen Weise, lebendig zu sein, nicht mehr im vollen Sinn zurechnen. Die Aussage »ich bin gar kein Mensch mehr«, als Ausdruck von Schmerz und Verzweiflung gegenüber der fliehenden Handlungsverfassung, in der das Individuum sich findet, ohne sich halten zu können, stammt manchmal aus dieser Erfahrung.

Das Konzept totaler Prozessualität, nach außen hin präsentiert als Lebens- und Einheitsform bestimmter Fraglich Lebender, ist entweder ein Stück schmerzhaften Verfallens in eine modifizierte Weise, lebendig zu sein, die »schwer gestört« und »krank« heißen darf, oder es ist (wie bei der propagandistisch herausgekehrten Selbst-Flüssigkeit immer zu fürchten) eine Instanz von Ichbetrug und Eigenschau.

Erinnert werden muß daran, daß die fraglich-lebenden Einheiten in mehrerlei *trivialem* Verständnis immer ›im Fluß sind‹. Sie können immer mit den Mitteln der Erforschung und Darstellung verstellter Welt beschrieben werden als beständige Veränderung einer sehr komplexen Menge von Zustandsgrößen. Sie können und müssen, was die Gesamtheit ihres Spürens angeht, als ständig in Bewegung angesehen werden. Viele ihrer biologischen und physiologischen Merkmale, aus den physikalischen herausgegriffen, sind ständiger Veränderung unterworfen und müssen es sein, weil sonst das Leben stillstünde, das heißt *endete*. In diesen (und einigen anderen) Hinsichten die Fraglich Lebenden als stets im Fluß zu betrachten, versteht sich von selbst.

Nicht von selbst bewältigt sich hingegen das Erfordernis, für jede einzelne fraglich-lebende Einheit, bei gegebener Unbetonierbarkeit ihres Einheitskonzepts zwischen einer Form von Einheits-Härte, der sie selbst im Handeln nicht gerecht werden kann, vor der sie also in sich stets von neuem ›schuldig‹ wird, und einer Form von Einheits-Flüssigkeit, bei der sie das Gefühl hat, ›das Leben rinne ihr durch die Finger‹, hindurchzusteuern und ihre eigene Form von *Einheit in Bewegung* zu finden.

Es kann mehrfach geschehen, daß ihr Lebenslauf, speziell die Erfahrung mit dem eigenen Tun und Tun-Können, sie nötigt, ein früher gewonnenes und geliebtes Einheitskonzept zu revidieren. Vor dem Erfordernis solcher Revision ist niemand geschützt. Es gehört zu den kennzeichnenden Zügen Fraglichen Lebens, daß es als individuelle Einheit nicht ohne einen Komplex von Antworten (auch vorläufigen) auf Einheitsfragen auskommt. Die Antworten können getrost die Form dispositionell fest gewordener Meinungen über sich und den eigenen Platz in der Welt haben. Genauso kennzeichnend ist die Erschütterbarkeit des Komplexes. Einzelne dieser Einheitsdispositionen können beim Erschüttertwerden zum ersten Mal überhaupt zur Artikulation kommen, just zu dem Zeitpunkt, wo die Einheit genötigt ist, sie fallenzulassen. Auf der anderen Seite steht die Möglichkeit, daß neue Erfahrung mit dem eigenen Tun und Tun-Können ein tentativ geformtes, in keiner Weise als verläßlich eingeschätztes Einheitskonzept bekräftigt und die Einheit nach eigener Beobachtung wie nach der aller relevanten Anderen dazu bringt, sich als stärker zu betrachten, denn sie (dispositionell) vorausgesetzt hatte.

Die *weiter* reichenden Fragen zur Einheit in Bewegung richten sich nicht auf das Zurechtkommen mit beobachtbarer Erschütterung oder beobachtbarer Bestärkung, sondern auf die Instanzen, vor denen außer der Beobachtung, die auch Fremde beitragen können, eine Einheit Fraglichen Lebens sich als in Bewegung befindliche zu vollziehen, das heißt prinzipiell: bis zu ihrem Ende als Einheit sich zu *entwickeln* hat. Es scheint unabweisbar, daß, herausgetreten aus dem Gezerre und zeitweilig frei von den Erfordernissen des Großen Vorzeigens sowie der Eigenschau die Leistungen des spürenden *Lebens mit dem Einheitskonzept*, also die Leistungen des spürenden Sich-Zurechtfindens mit sich selbst, von den orientierenden Stellungnahmen des Innengrunds ausgehen. (Daß die eine Einheit zur Selbst-Ablehnung stärker *herangewachsen* sein kann, die andere eher zur Selbst-Annahme, ist anerkannt. Dieser Gesichtspunkt wird hier nicht verfolgt.)

Bei allem, an dem die Einheit Fraglichen Lebens in ihrer erst mit dem Tod zu Ende kommenden Einheitsentwicklung nicht vorbei kann, und das nicht wiederholt zu werden braucht, liegt die Entscheidung darüber, ob sie in der Krise ein bisheriges Konzept für sich selbst glaubwürdig aufgibt, oder ob sie ein durch eigenes Fehl-Handeln erschüttertes Konzept für sich selbst glaubwürdig festhält mit dem Entschluß, dafür Veränderungsarbeit, sprich Lebensarbeit, zu leisten, bei den Stellungnahmen zur Angemessenheit des ihr Eigenen, die sie zuletzt nur im Bereich ihres Innengrunds finden kann.

Die Fraglich Lebenden sind in den nicht-trivialen Angelegenheiten ihrer Einheit sich entwickelnde Wesen, ohne daß die Entwicklung einsinnig sein müßte. Sie können in einer eingeschlagenen Wachstumsrichtung zurückfallen, wieder »an sich Anschluß herstellen«, ihre Entwicklung dadurch vollziehen, daß sie die Richtung ändern, sie auch dadurch vollziehen, daß sie nach anreichernden (oder als zerstreuend gespürten) Abschweifungen ›wieder zu sich zurückkommen‹. Die Entwicklung durch bloßes, kostenfreies Umdefinieren des Einheitskonzepts steht freilich im Verdacht der Schau, nach außen wie nach innen.

Als Wesen, die Einheitsarbeit qua Lebensarbeit zu leisten haben, behalten die Individuen Fraglichen Lebens auch hier ihre Stellung als Lebende, die bestimmte Züge von Fraglichkeit und Fraglichbleiben nicht ausräumen können. Gottgleiche Wesen brauchen keine Einheitsarbeit; es mag sein, daß sie sich entwickeln, aber die schwierige Aufgabe, immer von neuem herauszufinden, spürend und spürend tätig zu erkunden, *wer sie sind*, bleibt ihnen erspart. Zur menschlichen Weise, lebendig zu sein, gehört es offenbar, typische Einheitsfragen zu stellen, sie in Einheits- und Lebensarbeit immer neu zu einer näherungsweisen Lösung bringen zu wollen, in Entwicklung darauf gefaßt sein zu müssen, daß jede von innen her für angemessen befundene Lösung auch wieder problematisch werden kann. Es ist klar, daß die Individuen dieser Gattung des Lebendigen an den Wechselfällen ihrer sich entwickelnden Einheit und an dem nie ausschließbaren Erfordernis neuer Einheitsarbeit zum Zweck spürender und tätiger Neubestimmung eine nicht von der Hand zu weisende Instanz von Unfestigkeit, aber auch Auszeichnung ihrer Lebensform haben. Die zu den Einheitsfragen in hervorragender Position gehörende und nicht-trivial aufgefaßte Frage »Wer bin ich?« wird von den Individuen, die sie in Berührung mit dem, was sie angemessen finden können, zu beantworten suchen, beweglich, aber nicht beliebig, durch Entwicklung veränderbar, aber in der Veränderung auch Wachstum realisierend, und nie ohne ein Moment von Gefaßtsein auf neuen Wechsel, bis hin zu der letzten Lebensarbeit, die Sterbensarbeit ist, beantwortet.

68. Spürensschatz, Sprachschatz, Handlungsschatz

Für die sich bewegende Einheit, die, auf neue Wechselfälle gefaßt und nie im Stand des totalen Für-sich-Gutsagens, ihr Leben zu bestreiten hat, scheinen Spüren, Sprechen und Tun eine besonders wichtige Rolle für die Reichweite und die innere Glaubwürdigkeit ihres Einheitskonzepts zu spielen. Wenn das so ist, spielen sie diese Rolle auch für die *Verläßlichkeit* meiner für mich selbst; für die zusammenfassenden Ereignisse eines untrivialen Mich-Wiedererkennens, über Jahre hinweg, als dieses so spürende und so handelnde Individuum; für die Ereignisse des Auf-mich-Zurückkommens, durch die ich mich spürend wie tätig mit mir zusammenschließe, mich gleichsam mit mir Rücken an Rücken stelle, um als mit mir einig einer Umwelt gegenüberzutreten, die vielleicht anders denkt und anderes von mir erwartet.

Je besser es mir gelingt, die relevanten Stellungnahmen meines Innengrunds in hervorgestellter Weise spürend da sein zu lassen (deutlich spürend so zu *sein*), desto klarer bildet sich meine Orientierung von innen her aus. Einheitsarbeit enthält als Komponente den Versuch, spürenden Stellungnahmen des Innengrunds Raum zu geben, so daß sie sich möglichst ausgedehnt und möglichst intensiv hervorgestellt entfalten können.

Daß das nicht durch direkte Verfügung geht, sondern eher eine Angelegenheit des nicht-verfügenden Umgangs mit mir ist, wurde gesagt. Wo ich mir Anweisungen geben will, berühre ich *nichts* und lebe mich mit mir auseinander. Wo ich eine Weise finde, mein unkonfrontiertes, zur Flüchtigkeit tendierendes Spüren durch Bereitstellen günstiger Bedingungen hinreichend klar und fluchtbereit-dauerhaft werden zu lassen, so daß ich ihm Formulierungen anbieten kann, mit denen ich mich *verständige*, habe ich eine Chance, in diesem Augenblick an diesem Punkt zu mir zu kommen und in der Dauer meines Lebens auf mich an Punkten gleicher Art zurückzukommen.

Dies ist keine Abhandlung über die *Technik* im Umgang der Einheiten Fraglichen Lebens mit sich selbst. Es ist aber anerkannt, daß diese Einheiten sich nicht innerlich einfach gegeben sind. Alles andere als das. Es scheint auch offensichtlich, daß es Erwerb von Nähe zu sich und Verlust von Nähe zu sich gibt, und daß der Erwerb sowie das Festhalten seiner von Einheit zu Einheit und innerhalb derselben von Lebenszeit zu Lebenszeit verschieden gut gelingt. Jede Einheit Fraglichen Lebens hat eine Geschichte ihres In Berührung Tretens mit sich, die von *ihren eigenen Weisen*, solches zu fördern oder zu verstellen, entscheidend mitgeformt wird. Demnach gibt es Geschichten des Erwerbs und Verlustes, Geschichten des schubweisen Wachsens, Geschichten des totalen Verhinderns, Geschichten des Findens und Behaltens. In jedem Fall gehört es zu Lebensarbeit des Fraglichen Lebens, zum unfixierbaren Spüren des Innengrunds Verständigung herzustellen. Auch die Verweigerung dieses Teils der Lebensarbeit stellt eine Form ihrer Ausführung dar. Jede fraglich-lebende Einheit hat mit orientierenden Punkten des ihr eigenen, unkonfrontierten Spürens, auf die sie in Verständigung zurückkommen kann, einen *Spürensschatz*. Er ist in Ausdehnung und Beweglichkeit verschieden. Er kann auch gegen Null gehen, ohne daß das Spüren Null wäre.

Wie gut ich mit mir Verständigung aufnehme, hängt unter anderem davon ab, wie gut ich mein Spüren sprechend treffen kann. Es mag mir geschehen, daß ich es mit Formulierungen überfalle, die ich von früher her oder von außen kenne, und die ich mir im Augenblick in einer Tendenz, schnell mit mir fertig zu sein, aufklebe, obgleich sie nicht passen. Ob sie passen oder nicht, sagt mir das Spüren selbst, aber nicht, indem es spricht, sondern indem sich spürend etwas wie *Passen* oder ein Richtig-Finden dieser jetzt angebotenen Wörter hervorstellt. Es fällt mir freilich leicht, über das Fehlen spürender Bestätigung für meine Verständigungsversuche hinwegzuleben. Dann lebe ich der Tendenz nach mit falschen Wörtern; mit ihnen lebt es sich oft *gut*, wenn sie nämlich die Wörter der Welt sind, in der ich einen Platz haben möchte. Ich passe dann gut in diese Welt, und zwar dadurch, daß in mir etwas an der eigenen Sache vorbeigeht. Schleichend entsteht mir dabei ein Bereich innerer Einsamkeit, in dem ich mich nicht wirklich verständige, weil ich das Passen nach innen hin durch die Tauglichkeit der Wörter im Kontext eines Außen ersetzt habe.

Sprechen in der Rolle von Darstellen gehört in den Verfügungsbereich ›willentlicher‹ Aktivität; es gehört in solcher Rolle auch in den Bereich dessen, was ›die Natur‹ mir nicht einfach mitliefert; es ist *gelernt*. Bekanntlich spreche ich von Zeitpunkt zu Zeitpunkt verschieden gut oder treffend, und bekanntlich tun das alle, die Einzelnen verglichen mit anderen Einzelnen und jeder Einzelne verglichen mit sich zu verschiedener Zeit.

Zur Entblindung des Innengrunds sind auch andere Darstellungsmittel als Sprache denkbar. Der Musiker, der etwas in sich durch Spielen findet und wieder findet, ist *nicht lächerlich*. Auch nicht der Maler, der im Malen seine intensivsten Momente von Nähe zu sich hat und behauptet, damit vor allem komme er immer wieder zu sich zurück. Die Sprache hat demgegenüber das Besondere, daß mit ihr in freier Konfrontation *eo ipso* Universalien verfügbar sind. (Das *eo ipso* ist akzentuiert, weil es auch künstlerische Universalien geben kann; nur gibt es sie heutzutage nicht von vornherein mit dem

Ausüben von Kunst, und nicht von vornherein so ausgedehnt wie in der Sprache, die Teil unserer Weise von Lebendigsein ist). Das Entblinden durch Sprache hat kraft ihrer besonderen Leistungen einen Vorrang an Deutlichkeit gegenüber anderen Weisen des Darstellens. Ich *lerne* in der Regel mehr über mich, wenn ich mir einen Satz anbiete und ihn passend finde, als wenn ich zu dem gleichen Berührungs-Zweck singe und vom Singen finde, es sei dem Spüren angemessen. Mit dem Passend-Finden eines Satzes bestätige ich mir eine Aussage über mich; mit dem meines Gesanges in der Regel nicht.

Das sprachlich erworbene, kognitiv-liberative Mehr scheint deshalb größer zu sein als das in anderer Darstellung am gleichen Spürenszug erworbene. Meine Fähigkeit, mein Handeln in der Welt ein Stück eigener und in diesem Sinn freier zu machen (einen bisher blinden Anteil seiner in den Bereich meiner praktischen Überlegungen und meiner Entscheidung zu holen), wird durch das Angemessen-Finden eines Satzes gewöhnlich in stärkerem Maß gefördert als durch Angemessen-Finden einer andersartigen Darstellung. Ich kann mit mir darüber sprechen, wie ich handeln will und soll; schwerlich mit mir darüber summen.

Damit wird die unterschiedliche Fähigkeit zu sprechen, die die Individuen Fraglichen Lebens besitzen, zu einem sehr relevanten Faktor für ihre Einheitsarbeit als Teil von Lebensarbeit. Es ist freilich kein Faktor, an dessen numerischen Wert (angenommen, es gäbe ihn) der Erfolg von Einheitsarbeit irgendwie direkt gebunden werden könnte: Es gibt ähnlich relevante andere Faktoren, deren Vernachlässigung gerade den eloquentesten Ichbetrug kennzeichnet. Wie Sprechen ein gutes Mittel zum Treffen ist, ist es auch eines zum systematischen Vorbeireden und Vorbeihandeln. Aber es ist das letztere nur kraft einer ursprünglich zentralen Stellung beim Selbstentblinden des Fraglichen Lebens. Nur weil dem Sprechen das Entblinden zugetraut wird, kann es zum Betrügen eingesetzt werden.

Unangesehen der Weise, wie ich mein Sprechen verwende,

gibt es doch vor Berührung oder Betrug einen Schatz sprachlicher Mittel, von deren Reichtum, Differenzierung und Entwicklungsfähigkeit mein eigenes Wachstum mit abhängt. Ich kann schwerlich da optimal wachsen und das im Wachstum zu erwerbende kognitiv-liberative Mehr ausschöpfen, wo mein Sprechen an seine Grenze gekommen ist. Daher auch: Je kleiner der Bereich meines Sprechens wird, desto kleiner wird der Bereich meines möglichen Wachstums. Mit Umsicht *vergröbernd* und die übrigen Faktoren zurückstellend kann ich sagen: Je schlechter meine Verständigungs-Sprache, desto ärmer der Tendenz nach meine Verständigung, desto beschränkter der Tendenz nach meine Einheitsarbeit, desto geringer der Tendenz nach meine *Freiheit*.

Natürlich gilt das auch für die mögliche Gemeinschaft unter Fraglich Lebenden und für das Fragliche Leben überhaupt in seiner ganzen Geschichte. Der Niedergang der Sprache als Verständigungsmittel dieser Gattung des Lebendigen wäre auch ein Stück Verlust typisch menschlicher (im Gegensatz zu gottgemodelter) Freiheit.

Das liberative Mehr, durch Entblinden erworben, wird zu größerer Freiheit im Handeln, wenn es dazu dient, blind wirkende Anteile zurückzudrängen und das Handeln zu höherem Maß in die eigene Verfügung der Einheit Fraglichen Lebens zu bringen. Der Bereich eigener Verfügung ist dabei der Bereich solchen Handelns, das die Einheit in artikulierender Bekanntschaft ihrer ›Beweggründe‹ mit sich aushandeln und *tun* kann – statt daß solche ›Beweggründe‹ von sich aus zum Handeln führten, ohne daß die Einheit sich mit sich über ihr Angemessen-Finden verständigt hätte.

Die Schwierigkeiten des Wortes »Freiheit« und auch die seines besonderen Gebrauchs an diesem Platz auf später hinausgeschoben, ist doch eines jetzt schon erkennbar: Das liberative Mehr, das eine fraglich-lebende Einheit sich mit dem Entblinden relevanter Züge ihres Innengrunds (ihrer spürend hervorstellbaren Absichten, Wünsche, Befürchtungen, heimlichen Ziele, heimlichen Schrecken) erwirbt, bleibt in Sachen ihres mehr oder weniger freien Handelns so lange ein bloß potentielles Mehr, wie die Einheit eine freiere Weise zu handeln nicht ausübt. Die Rolle desjenigen Teils von Einheitsarbeit, der auf den Erwerb von Handlungsweisen geht, ist ebenfalls erkennbar: Es nützt nichts, einen heimlichen und mich aus dem Hintergrund mit-steuernden Wunsch endlich spürend hervorzustellen, mich als den in Berührung anzuerkennen, der *dies* wünscht, aber das Handeln, das ich im Besitz solchen Wissens angemessen finden kann, nicht auszuführen (gehe es in die Richtung eines solchen Wunsches oder gegen ihn).

Und es gibt die glücklichere und weniger glückliche Umsetzung dessen, was ich angemessen finde, in die Tat: Ich kann die Absicht, meinem Kind eher durch Vorbild als durch direkte Anweisung ein Stück Erziehung zu liefern, sehr tapsig ins Werk setzen, mit zerstörerischen Effekten für das Kind – und ich kann sie gelingend ins Werk setzen. Es ist eine Frage meines eigenen Wachstums im Erkennen wie im Tun, ob ich die Mannigfaltigkeit von Handlungsweisen, an denen sich das Kind mit Glück orientieren könnte, selbst zu erwerben und vorzuleben imstande bin, oder ob mein konkretes Tun prinzipienreiterisch, self-conscious oder sonstwie schief ausfällt.

Um aus dem in Sachen des Handelns oft erst potentiell liberativen Mehr der Entblindung ein aktuelles zu machen, bedarf es der Einheitsarbeit als Beitrag zu meinem *Handlungsschatz*. Der Handlungsschatz ist die Menge von Handlungsweisen, die ich gemäß dem, was ich spürend angemessen finde, erworben habe – teils ohne Mühe und wie selbstverständlich, teils als Stücke von Anstrengung, Überwindung, daher Arbeit. Der Handlungsschatz, in Vergleichung gesetzt mit dem, was ich im ganzen für mein Handeln angemessen finde, also in Übereinstimmung mit mir selbst wollen kann, zeigt mir den Grad an, zu dem ich mir mein Handeln angeeignet habe. *Unangeeignet* bleibt Handeln, das ich zwar, wie es dahingeredet heißt, »mit Absicht« tue, das ich aber, herausgetreten aus dem Gezerre, nicht mehr billigen, also auch nicht mehr spürend angemessen finden kann. Einiges von meinem Handeln ist *angeeignet* und gehört in spürender Bestätigung gleichsam zu mir, weil ich es langfristig und unabhängig von Druck und Zug in Übereinstimmung mit mir wollen kann. Wo es als *Handlungsweise* verfügbar ist (nicht mit Ungewißheit in einer ersten schwierigen Realisierung gerade erworben oder, bei andauernder Ungewißheit, durch Wiederholung fest gemacht werden muß), gehört es zu meinem *Handlungsschatz*.

Getreu dem Vernachlässigen gängiger Handlung-Verhalten-Rubrizierungen in diesem Buch zähle ich zum Handlungsschatz auch Weisen des Tuns, die nicht jedesmal ›mit Absicht‹ geschehen. Zum Beispiel scheint es zu einem Teil meiner Lebensarbeit dem Kind gegenüber zu gehören, daß ich auszuführen versuche, was ich spürend angemessen finde, nämlich mich ihm gegenüber primär akzeptierend zu verhalten – ich bringe das nicht immer zustande. Ich halte es, so weit ich aus dem Gezerre heraustreten kann, für das Angemessene, das Kind auch da zu akzeptieren, wo ich Schwierigkeiten mit ihm habe. Da mir das nicht immer gelingt, strebe ich danach, den Anteil des Akzeptierens zu vergrößern, den des Ablehnens zu verkleinern. Aber ich strebe *gewiß nicht* nach dem Effekt, daß ich jedesmal, wenn ich ihm gegenüber etwas tue, es ›mit Absicht‹ akzeptierend tue. Im Gegenteil, ich denke, das würde mehr Schaden als Nutzen stiften. Zu meinem Handlungsschatz möge gehören, daß ich meinem Kind ein akzeptierendes Klima biete, *ohne* das jedesmal eigens ›zu beabsichtigen‹ oder ›zu wollen‹.

Es ist klar, daß der Handlungsschatz nicht ein Bereich absoluten Garantierens für mich selbst ist. Es zeichnet die Fraglich Lebenden aus, daß es ein solches Garantieren nicht gibt, höchstens ein begrenztes Gewähr-Leisten, das heißt eine tätige Bereitschaft zu bestimmten Arten des Beantwortens selbstgemachter Fehler (darüber später). Natürlich ist der Handlungsschatz genauso in Bewegung wie die Fraglich Lebenden immer Einheiten in Bewegung sind. Viele Einheitsprobleme haben zu tun mit einer verfassungsmäßigen Unsicherheit über die Grenzen des Handlungsschatzes. Es scheint stets einzelne Handlungsweisen zu geben, deren sich die Einheiten Fraglichen Lebens sicher zu sein glauben, die sie aber bei hinreichend starkem sowie verwirrendem Druck und Zug nicht realisieren. Andere gehören eine Zeitlang zum Handlungsschatz und gehen dann verloren, so daß die Einheit sich plötzlich ins Unklare über sich selbst zurückgeworfen fühlt, in einer Sache, in der sie sich ihr Handeln *zu eigen gemacht* zu haben glaubte.

Den Handlungsschatz erweitern ist ein Stück Freier Werden. Das Schrumpfen des Handlungsschatzes oder auch nur sein Abbröckeln an einzelnen Punkten leiden müssen, ist das partielle Verlieren typisch menschlicher Selbst-Aneignung, also Freiheit. Der *Zusammenbruch* eines Handlungsschatzes ist gleich dem Zusammenbruch jeder Verläßlichkeit des eigenen Tuns für die betroffene Einheit Fraglichen Lebens; er ist dem Zurückfallen in Unfreiheit gleichzusetzen.

Es ist deutlich, daß der Handlungsschatz zusammen mit dem Spürensschatz und dem Schatz sprachlicher Mittel zu den wichtigsten Instanzen gehört, kraft deren sich die Einheiten Fraglichen Lebens als *Einheiten in Bewegung* selbst verstehen, auch ihrer begrenzten und beweglichen Einheitlichkeit tätig vergewissern können. Dies gilt unbeschadet der Beweglichkeit (Unfestlegbarkeit) dieser Instanzen selber.

69. Personbegriff und Anthropometrie

»*Wer* ist aber der, der zu seinem Innengrund in ein Verhältnis tritt?«; »*Wer* ist der, für den durch das Entblinden einzelne Züge des Innengrunds zur Gegebenheit kommen?« Freilich ist es nicht ein Ich, auch nicht ein bloßer Eigenschaftsträger wie ›das Selbst‹ – aber scheint es nicht doch innerhalb des Zentrums, das die spürend körperliche Steuerung des Fraglichen Lebens leistet, noch Unterschiede zu geben zwischen verschiedenen Knotenpunkten, gleichsam Unter-Zentren, zum Beispiel einem Aktivitäts-Zentrum, einem Sprach-Zentrum, einem Gefühls-Zentrum (das vielleicht ein Teil des Innengrunds ist)? Die Antwort muß hier lauten: Das mag so sein oder nicht. Dies Buch ist keine physiologische Untersuchung. Die Physiologie in ihrer speziellen Rolle als Wissenschaft vom verstellten Gehirn wird noch viele Aufschlüsse liefern über verschiedene Orte und Organ-Teile, in denen sich verschiedene Züge des spürenden Lebens abspielen, und sie hat schon erstaunlich reiche Aufschlüsse über dergleichen geliefert, die hier nicht berücksichtigt wurden.

Für die Sentirik und Handlungslehre Fraglichen Lebens erscheint entscheidend nicht die Aufteilung des Spürens überhaupt in verschiedene Instanzen, sondern die Weise, wie verschiedenartige Spürenszüge in der Einheit des Aufgeschlossenen zusammenkommen, um die eigentümliche und im Spüren selber sehr komplexe Weise von Steuerung abzugeben, mit der die Fraglich Lebenden sich als Einheiten in Bewegung verstehen und erhalten. Daß das Spüren, welches den Schnee des jetzt angekommenen neuen Winters gegenwärtigt, anders beschaffen ist als meine Freude, das Kind übermorgen wieder zu sehen, kann ich mir artikulierend zur Gegebenheit bringen. Schon da beobachte ich nicht, sondern stütze mich auf den spürend sich bekundenden Unterschied zwischen konfrontiert (anderes gegenwärtigend) und unkonfrontiert (sichselbstgleich). Bereits indem ich mir solches, das im Spüren da ist, zur Gegebenheit bringe, können mir Fehler unterlaufen (es ist eine Übersetzungsarbeit, besser: Arbeit des Fassens in Sprache). Unter-Zentren dagegen, kraft deren sich einzelnes Spüren ereignete, spüre ich nicht; sie sind als Unter-Zentren nicht spürend da; sie könnten höchstens zu Zwecken der Theorie postuliert werden; und die Zwecke der bloßen Theorie sind für die Fraglich Lebenden sekundär. So ist auch der Innengrund nicht eine Art Unter-Zentrum, sondern wird gebildet durch diejenigen Spürensanteile, die nicht konfrontiert sind. In sich mögen diese Anteile wieder unterschiedlich sein;

es ist eine sentirisch, nicht institutionell begründete Unterscheidung, die dem durch Konfrontation Gegenwärtigten, Beobachtbaren den Innengrund als das nicht Konfrontierte, Unbeobachtbare gegenüberstellt.

»Wer ist aber der, der zu seinem Innengrund in ein Verhältnis tritt?« Zugrunde liegt eine Relation in der Einheit des Aufgeschlossenen: Es gibt einen Satz, der als Entblindungsangebot auftritt gegenüber einem noch unklaren Spüren; es kann sein, daß wie eine Bestätigung des Satzes *spürendes Passen* sich ereignet, und spürende Erleichterung wie wenn ein Bedürfnis, daß etwas Bestimmtes zur Sprache kommen möge, jetzt erfüllt sei. Es gibt nicht zusätzlich dazu noch einen, für den dies alles geschieht. Der Vorgang gehört zu der sich bewegenden Einheit Fraglichen Lebens und macht sie als Einheit mit aus, zusammen mit vielem anderen. Die Einheit Fraglichen Lebens als *Einheit in Bewegung* ist nicht ein summenmäßiges, sondern durch die Einheit des Aufgeschlossenen qualifiziertes (mit der an der verstellten Welt gebildeten und in die natürliche Sprache eingelassenen Offizialontologie in seiner Struktur nicht verstehbares und deshalb bis auf weiteres auch unverstandenes) Zusammen von Spürensereignissen und -zügen, das wieder wie als einen Grundzug die elementare Verbindung von spürend und verstellt, spürend rezeptiv und spürend tätig zeigt.

Wer zu seinem Innengrund in ein entblindendes Verhältnis tritt, ist niemand, der separat davon existierte oder auch nur existieren könnte; wenn die Sprache hier ein grammatisches Subjekt fordert, eignet sich zum Einsetzen am ehesten die individuelle *Einheit in Bewegung*, als welche die Organismen Fraglichen Lebens ihre Existenz zu vollziehen haben. Setzt man so ein, hat man in Erinnerung zu halten, daß die entstehende Relation zuallererst ein Stück Grammatik ist.

Der Standard-Kandidat für das gesuchte grammatische Subjekt in der jüngeren Philosophie ist jedoch ›die Person‹. Das Wort scheint seine Haupt-Rolle in den Gemeinwesen des Fraglichen Lebens da zu haben, wo einzelne Individuen angesprochen werden als solche mit einem bestimmten Entwicklungsstand, einer nachprüfbaren, also stark am verstellten Körper orientierten Identität, einer prinzipiellen Fähigkeit zur Erinnerung, einer Fähigkeit zu handeln und die Handlungen, auch vergangene, als eigene anzuerkennen. Der wichtigste Zusammenhang, in dem Personen dieses Typs in Anspruch genommen werden, ist der des Rechts: Sie sind dort Träger von Rechten, Verpflichtungen, Subjekte von Verträgen, Objekte von Bestrafung.

Das, worum es den Fraglich Lebenden beim Bestreiten ihrer Lebensarbeit als Einheiten in Bewegung geht, tritt in den rechtlichen und philosophischen Erörterungen zum ›Personbegriff‹ so gut wie nicht auf: Es geht nicht aus meinem Person-sein hervor, daß ich als ein Individuum Fraglichen Lebens wissen will, wer ich in meinem Handeln verläßlich bin, wie ich mit mir vereinbare, dies und dies getan zu haben, wie für mich die tätige Antwort auf mein als unangemessen empfundenes Tun aussieht. Es geht nicht aus meinem Person-sein hervor, daß ich mich als einen finde, der Einheitsarbeit als Lebensarbeit zu leisten hat, weil ich verfassungsmäßig dazu tendiere, über mich bestimmte Fragen zu stellen, genannt Einheitsfragen, und Antworten darauf im Sprechen wie im Tun *erwerben* will. Gewiß nicht gehört begrifflich zu meinem Person-sein, daß ich mich als bewegliche Einheit partiell verlieren, wieder finden, wieder verlieren kann mit einem nie gänzlich ausräumbaren Betrag an Unsicherheit über mich selbst, der zu meiner Fraglichkeit gehört, und daß ich unter solchen Bedingungen Lebensarbeit leistend meinem Tod entgegenzugehen habe.

Der Begriff »Person« ist deshalb für entscheidende Züge der menschlichen Weise, lebendig zu sein, unfruchtbar, obwohl der Ausdruck oft mit der Suggestion auftritt, hier seine Kardinalanwendung zu haben.

Das moderne Identifizierungsmittel für Personen ist das Lichtbild. Auch nach dem Niedergang des Anthropometrie ist es *anthropometrisch*. Die Idee des *Fingerabdrucks* als nahezu unanfechtbares Mittel rechtsverbindlichen Identifizierens wurde noch, mitten im Zerfall der Anthropometrie geboren, vom Erfinder dieses Verfahrens in ihrer Bedeutung erkannt, und er hat uns, wie um sich für das Nicht-Funktionieren seiner Messungen schadlos zu halten, unsere Weise, Personen dingfest zu machen, mit Erfolg empfohlen. Dabei ist die Basis der rechtlichen Stellung einer Person weniger darin zu suchen, daß sie einen bestimmten Körper, als darin, daß sie ein bestimmtes spürendes Leben hat. Der Grund dafür, daß ich meine Schreibmaschine nicht rechtlich verletzen kann, wenn ich sie wegwerfe und eine neue kaufe, liegt darin, daß sie nicht spürt und nicht spürend Lebensarbeit leistet, die durch das Weggeworfenwerden brutal abgebrochen, ja auch in ihren bisherigen Ergebnissen zunichte gemacht würde. Die abgebrochene Säule als Symbol für das in der Mitte durch den Tod zerrissene Leben deutet nicht nur auf das vorzeitige Ende eines organischen Wachstums, sondern auch auf das abrupte, gewaltsame Ende eines möglichen Spürenswachstums und spürenden Wachstums im Handeln, auf das die Einheiten Fraglichen Lebens sich angelegt glauben oder mindestens hoffen, solange sie Lebensarbeit leisten.

Sogar, daß *Tiere* Rechte haben (Rechte des Lebendigen, nicht solche des Kodex), geht nicht darauf zurück, daß sie körperlich greifbare Organismen sind, sondern daß sie *spüren*. Daß dafür niemand einen strikten Beweis hat, stört gar nicht: Die stille Annahme, daß Tiere spüren, gehört zu den Zügen unserer eigenen Weise, lebendig zu sein, über die wir nicht einfach hinwegleben können. Wollen wir es trotzdem tun, brauchen wir *beruhigende Mittel*, in diesem Fall Argumente, die zum Beispiel sagen: Niedrigere Organismen spüren Schmerz auch in niedrigerem Grad oder, wie eine Laborärztin, die ihre Mäuse stets nach dem Experiment durch Genickbruch zu töten hatte: »After a while you come to think that they don't mind.« Die Tradition der waidgerechten, also *rechten* Jagd, eines hoch ritualisierten Tiertötens, fußt auf zwei zentralen Sätzen: Daß dies Töten im ausgeübten Umfang notwendig sei (angeblich, unter anderem, zum Umweltschutz), und daß es nur recht sei, wenn es schnell erfolge, so daß das Tier möglichst wenig *spürt.*

Das Recht, als etwas, das die Fraglich Lebenden für das Regeln ihres Zusammenlebens entworfen haben oder dem sie eine solche Zwecksetzung doch unterstellen, bezieht seine Glaubwürdigkeit, wo es sie besitzt, zwar nicht völlig, aber doch zu erheblichem Anteil aus der Tatsache, daß die Fraglich Lebenden spürende Wesen sind und spürend ihre Einheits- und Lebensarbeit zu vollbringen suchen. Verletzungen des eigenen Rechts werden als Verletzungen eines besonderen Typs *gespürt.* Wo ich annehmen kann, etwas, das ich zu tun im Begriff bin, ›tut doch niemandem weh‹, setze ich mich über rechtliche Widerstände leichter hinweg, als wenn ich das Gegenteil vermuten muß. (Institutionen betrügen ist *spürend leichter* als Individuen betrügen; ich sehe die Individuen, die letztlich doch verletzt werden, nicht, oder kann glauben, die Verletzung verteile sich zu unspürbar kleinen Anteilen auf sehr viele.) Noch die Rechte der Toten gehen zu Teilen darauf zurück, daß unterstellt wird, sie wollten und müßten Stücke von Lebensarbeit noch nach dem Tod vollbringen, etwa das von ihnen angemessen gefundene Weiterreichen ihrer Erwerbungen an Nachkommen oder andere Empfänger. Es wird ihnen eine zum partiellen Abschließen ihres eigenen Lebens und der darin enthaltenen Arbeit entworfene Handlungsabsicht unterstellt, und in Vertretung führen die Institutionen des Rechts diese Absicht für die gestorbene Einheit aus. Es besteht auch die Fiktion, der Gestorbene werde nachträglich betrogen und, lebte er noch, in seinem Spüren verletzt, wenn man seinen letzten Willen mißachtete. Personen sind demnach nicht kraft des bloßen Sprachgebrauchs Rechtsträger, sondern werden zu solchen, weil neben anderen unterstellt wird, daß sie spüren, spürend handeln und spürend bestimmte, für ihre eigene Einheit Fraglichen Lebens relevante Arbeit verrichten wollen. Das Recht der juristischen Person geht auf das der natürlichen Personen, die ihre Mitglieder, rechtlichen Nutznießer, Schutzbefohlenen usw. sind, mittelbar zurück.

Zu dem Philosophenwort »Selbstbewußtsein«, das neben dem Wort »Person« bei der Frage, *wer* denn mit seinem Innengrund in ein Verhältnis trete, noch ins Spiel gebracht wird, ist über das weiter oben schon Gesagte hinaus noch anzumerken: Es soll gar nicht bestritten werden, daß der Versuch, sich vom Gezerre zu lösen und in Berührung mit Anteilen der eigenen Einheit zu gelangen, die eine angemessenere und eigene Orientierung des Lebens vorzeichnen können, rein äußerlich als ein Fall von ›Selbstbewußtsein‹ bezeichnet werden kann. Bloß daß bei dem Wort herkömmlich fast immer auch von spontan geschehenden und in der Verfügung, manchmal auch mirakulösen Verfügung der Einheit Fraglichen Lebens stehenden Akten die Rede war, vor allem solchen, die ihr eine unabweisbare Gewißheit über sich selbst, von Theorie zu Theorie mit verschiedenem Inhalt, liefern sollten.

Selten scheint in herkömmlich-philosophischen Theorien des ›Selbstbewußtseins‹ und der ›Person‹ die Rede zu sein von dem Bedürfnis des Fraglichen Lebens nach Wachstum und Zu sich Kommen, Berührung mit solchem, das es als sein Eigenes (im Gegensatz zu äußerlich Aufgedrängtem) empfinden kann, dem Versuch, an dem, was spürend angemessen gefunden wird, das eigene Handeln langfristig zu orientieren im Erwerb eines Handlungsschatzes, überhaupt von dem Lebens-Irrgarten, in dem Fragliches Leben sich immer zunächst als ein so und so Beschaffenes findet und *dann* versuchen muß, mit sich als diesem so Beschaffenen *einig* und *sich zu eigen* zu werden, indem es berührend, deutend, handelnd sich auf eine je besondere Form beweglicher Einheit hinarbeitet.

70. Notiz Therapien

Dies ist die Zeit der Psychotherapie. Steuerlos geworden, und auch nicht wissend, wohin sie steuern sollte, treibt die Seele der westlichen Kulturen wie ein großes Schiff, das Ruder,

Karten und jeglichen Blick auf einen Himmel verloren hat, ins dritte Jahrtausend post dominum natum. Begleitet wird es von Schwärmen kleinerer Wasserfahrzeuge, die mit Löschfontänen und einem nicht endenden Konzert ihrer Nebelhörner auf sich aufmerksam machen, jedes beanspruchend, der wahre Hochseeschlepper zu sein, der das taumelnde Großschiff ans Tau nehmen und sicher durch alle Gefahren der Küsten und Meere dieser Welt geleiten könne. Wer das Schauspiel betrachtet, sieht von Zeit zu Zeit einzelne Gruppen von Passagieren mit entschiedenen Rufen ein Rettungsboot zu Wasser lassen, das gleich, nachdem es noch ein paar mit oder ohne Rettungsreifen im Wasser Strampelnde, die sich auch von dem Schiff trennen wollen, aufgenommen hat, von einem herbeieilenden Schlepper, viel zu leichtes Gewicht für ihn, schäumend davongezogen wird, die Insassen in schnellem Jubel, manche ihren Besitz wegwerfend, andere auch ihre Kleider; wieder andere, die Brust auf den schmalen Bord geklemmt, erbrechen sich in die Bugwelle hinein. Das Schleppboot, nach einigen Runden, die seine Stärke und Pracht demonstrieren sollen, entschwindet in Richtung auf einen nahen, dunstigen Horizont. Manchmal kommt auch eines zurück und liefert die Geschleppten wieder ab. Zu sehen, wie sie auf das Großschiff zurückklettern oder gehievt werden, ist genauso lehrreich wie das Beobachten ihres vorherigen Abgangs.

Daß es viele Therapien gibt und wenige, die als seriös angesehen werden können, und auch wenige Therapeuten, die die seriösen Verfahren glaubwürdig ausüben, hat sich herumgesprochen. Aber der Bedarf an Therapien und Heilslehren, die den Fraglich Lebenden in einer Phase, in der die Verfassung der Fraglichkeit, unterstützt durch das Heraustreten aus der Hut der Religionen, manifest geworden ist, sagen könnten, wohin die Reise geht, oder mindestens, wie man auf ihr spürend körperlich mit sich zurechtkommt, ist ungebrochen und wächst. Das muß kein schlechtes Zeichen sein. Es kann auch heißen, daß die Fraglich Lebenden beginnen, als die zu leben, die sie sind, statt als solche, für die sie von einem System des

Fürwahrhaltens und Tuns ausgegeben werden, in das sie blind hineinwachsen. Es wird noch lange den besagten Bedarf geben, hoffentlich abnehmend als Bedarf für eine Lehre, zunehmend als Bedarf für eine methodische Unterstützung, die den Individuen Fraglichen Lebens beim Finden derjenigen Weise, lebendig zu sein, hilft, die ihnen von innen her *je angemessen* ist.

Da in diesem Buch vieles zu dem Philosophen angemerkt wurde, der das Jahrhundert beherrscht, ziemt es sich in dem jetzigen Abschnitt, mit dem *Psychologen* anzufangen, der auf seinem Gebiet diesselbe Stellung hat. Der Erfinder der Psychoanalyse soll ein erfolgreicher Seelenarzt gewesen sein. Er war es und konnte also Einheiten des Fraglichen Lebens dazu helfen, daß sie *heil* wurden, trotz der Tatsache, daß es in seiner Theorie von Ungereimtheiten wimmelt, angefangen mit den uralten, längst vor ihm schon abgelebten Metaphern vom ›Bewußtsein‹ als einem Licht oder Scheinwerfer, der bestimmte Teile des Seelenlebens erhelle und dadurch ›bewußt‹ mache (nun wem denn?) bis zu phantastischen Annahmen über ein einheitliches, natürlich nach Geschlechtern getrenntes Sexualstreben der Kleinkinder mit den wunderlichsten Spürenszügen vom Typus genau bestimmter Wünsche, Ängste, Neide und was noch. Aber es geht hier nicht um das Wahre (das in erstaunlicher Menge auch vorhanden zu sein scheint) oder Falsche an der psychoanalytischen Theorie. Sie wird als ein großer *Mythos der modernen Seele* noch lange bei uns bleiben und erst zu den Mythen der Vergangenheit eingehen, wenn das Fragliche Leben in sehr langsam fortschreitender Arbeit sich Mittel der Verständigung über das spürende Innere seiner selbst im Zusammenhang mit seinem gewollten oder ungewollten Verhalten erworben hat, die für die relevanten Gruppen von Wissensgierigen glaubwürdiger und für die relevanten Gruppen lebensgestörter Einheiten zusammen mit ihren Helfern oder Ärzten bei der gemeinsamen Einheitsarbeit förderlicher sind als die Psychoanalyse in ihrer jetzigen Form.

Daß wir von einem solchen Zeitpunkt ziemlich weit entfernt sind, hängt zusammen mit der Diskrepanz zwischen dem Erfolg jenes Psychologen als Seelenarzt und der Tatsache, daß er sich in der Theorie von einer bestimmten Phase seiner Entwicklung an schlicht gehen lassen konnte, ohne daß das Wieder-Heilwerden seiner Patienten darunter (so weit man weiß) gelitten hätte. *Die Theorie scheint gar nicht so wichtig zu sein.* Daß wir auf diesem Feld keine bessere von vergleichbarer Reichweite besitzen, markiert unsere Entfernung von einem verläßlicheren Ersatz für die Aussagen dieses Psychologen, die im ganzen von großem Wert zu bleiben scheinen, obwohl sie im Detail oft als recht krude anerkannt sind. Daß es dem Mann trotzdem möglich war, seinen Patienten beim langsamen Prozeß ihrer Wiederherstellung als lebensfähige, bewegliche Einheiten auslösend und begleitend zu helfen, deutet auf *ein mögliches Gemeinsames* von rechtmäßig so zu nennender *Therapie* unbeschadet der Tatsache, daß mehrere, als extrem verschieden auftretende ›Therapien‹ oder Therapieformen daran Teil haben. Dieses Gemeinsame hat der Erfinder der Psychoanalyse in seiner Praxis zum Teil oder ganz *getroffen* und *ausgeübt*, während die zugehörige Theorie mehr und mehr in die Richtung kostenloser Spekulation davonwucherte.

Schon in den tragenden Partien der Psychoanalyse, die nicht einfach ausgewechselt werden können, fehlt eine angemessene Deutung dessen, was dort ›Bewußtsein‹ heißt und im Gegensatz zu einem ›Unbewußten‹ im Modell des ganzen Seelenlebens fraglich-lebender Einheiten eine entscheidende Rolle spielt. Die oben angedeuteten Mängel zeigen sich bei näherer Lektüre als durchdringend: Sie durchdringen die Beschreibungen des Verhältnisses zwischen ›Bewußtem‹ und ›Unbewußtem‹ so weit, daß immer neue verdeutlichende Mittel eingeführt werden müssen, die stets *bloße Metaphern* sind, bis hin zu Wächtern, Grenzkontrollen und Zensur. Unbehindert tritt auch das gute alte *Ich* als seelische Einrichtung wieder auf, wenngleich in veränderter Rolle, und es werden ihm mit dem Es und dem Über-Ich zwei neue Einrichtungen an die Seite (manche sagen darunter und darüber) gestellt. Es ist einzuräumen, daß in diesem Teil der psychoanalytischen Theorie nicht mit spekulierender Willkür, sondern aus Verständigungsnot gehandelt wird. Die Psychoanalyse hat keine adäquate Weise, über ›Bewußtsein‹ zu sprechen. Ihr Sprechen über das ›Unbewußte‹ wie auch das Seelische überhaupt ist davon in hohem Maß tangiert. Trotzdem war es besser und historisch *richtig*, einmal gemachte Beobachtungen mit einer metaphorisch operierenden Theorie zu verbinden statt mit gar keiner.

Was könnte das *mögliche Gemeinsame von Therapie* sein, das die Psychoanalyse mit ihrem Verfahren trifft oder an dem sie mindestens Teil hat, und dessentwegen sie trotz der niedlichsten Gespinste, die einzelne ihrer Vertreter sich, die Spekulation des Meisters noch reichhaltig überbietend, ausdenken, im großen und ganzen doch als ein förderliches Mittel bei therapeutisch unterstützter Lebensarbeit *funktioniert?*

Es wäre nicht sinnvoll, hier eine vollständige Aussage über jenes mögliche Gemeinsame anzuzielen. Der Versuch würde auch in ein anderes Buch gehören. Hier kann es nur um eine Vermutung über Teile des möglichen Gemeinsamen von Therapie gehen, in der Tat eine bloße Vermutung, auf der Basis der Überlegungen zur Eigenart spürend tätiger Einheiten des Fraglichen Lebens, die in diesem Buch angestellt wurden.

In dieser Perspektive ist zunächst auffällig, daß eine Psychoanalyse als ein Stück Arbeit besonderer Art *lange dauert*. Es ist weiter auffällig, daß sie trotz dieser Dauer die durch sie Gegangenen selten als *glatt geheilt*, im Sinn von dauerhaft beschwerdefrei, entläßt, vielmehr öfter ihren Erfolg gerade daran hat, daß diese Einzelnen jetzt besser als vorher mit sich und ihrer Welt zurechtkommen. Und es fällt rein äußerlich auf, daß es in der ganzen Verständigung über ihr eigenes Verfahren und seinen Erfolg einen zentralen Ausdruck namens *Durcharbeiten* gibt, dessen Gewicht seit der Zeit des Erfinders entschieden gestiegen ist und vielleicht auch innerhalb der Schule noch steigt. Vielleicht. Ich beanspruche nicht, genau zu sagen, was die Analytiker damit meinen. Unangesehen der psychoanalytisch-theoretischen Selbstdeutung, und in den weiteren Kontext von Lebens- und Einheitsanstrengungen gestellt, scheint es dabei zunächst darum zu gehen, daß Fraglich Lebende, wenn sie zum Beispiel einen Zug des Verhältnisses zu einer Figur ihrer Kindheit, die auch noch Figur ihrer Gegenwart ist, ›durcharbeiten‹, mit einer Mannigfaltigkeit von Mitteln *ihr Spüren zu erkunden suchen* (die einfache Erinnerung, die Arbeit an Träumen, das irreale Wieder-Erleben, das aktuelle Eintreten und Wieder-Eintreten in stärkste seelische Spannungen dienen mindestens auch *dazu*).

Die Individuen leisten typische Einheitsarbeit als Versuch, ein für sie relevantes Spüren unüberlebbar stark zu *sein* und die für sie benennbaren Züge daran zur artikulierenden Darstellung zu bringen. Je überraschender solches Spüren auftritt, je stärker es die fraglich-lebende Einheit erschüttert, weil seine Bekanntschaft nicht in ihr Konzept von sich und ihrer Welt paßt, desto wertvoller ist die gelingende *Entblindung*, desto mehr neue entblindende, umorientierende Arbeit kann sie auslösen. Desto größer ist demnach in der Tendenz das kognitiv-liberative Mehr, das die Einheit sich mit diesem Stück Entblindung erwirbt. Ob dabei ein Spüren, das die fraglich-lebende Einheit zum ersten Mal, so weit ihre Erinnerung reicht, *ist*, oder seit langer Zeit von neuem ist, vorher in einem ›Unbewußten‹ real war oder aus einem ›Unbewußten‹ plötzlich ins ›Bewußtsein‹ einbricht, ist für die gesuchten Teile eines *Gemeinsamen von Therapie* gleichgültig. In jedem Fall ist das Spüren, um das es geht, zu seinen entscheidenden Anteilen *nicht konfrontiert*, es gehört in erheblichem Maß zum Sichselbstgleichen, das kraft seiner Unfixierbarkeit im Normalzustand, speziell im Gezerre oder unter dem Druck eines wie aufgestempelt festgewordenen Einheitskonzepts *sehr leicht blind bleiben kann*. Es mag da sein und wirken, aber es kommt nicht zu unüberlebbarer Intensität, solange eine ›normale‹ Druckverteilung weiterbesteht, die zum ›normalen‹ Leben gehört. Über ihr Schrumpftum ist die Normalität, solange sie *funktionieren* kann, nicht besorgt. In bestimmten Hinsichten *nicht zu wachsen* kann eine einmal ausgebildete Lebensform stabil halten und ihr Vollziehen – trotz der darin vielleicht eingebetteten Störungen – *leicht* machen.

Das Unkonfrontierte, also leicht blind zu Haltende (wenn es nicht unüberlebbar sich hervorstellt) ist auch dasjenige, zu dem Gefühl, Wunsch, Begehren, Angst, Haß, Verletztsein gehören, *obgleich* sie in Verbindung mit Teilen der konfrontierten Welt auftreten können und meist auftreten. Ich sehe meine Liebe nicht an dem geliebten Menschen haften, und mein Verletztsein nicht an dem, der mich schnöde übergangen hat. An kleinen Angelegenheiten, alltäglich, damit bekannt zu werden, daß ich mich verletzt fühle, und zur Artikulation zu bringen, von was oder worüber ich mich verletzt fühle (eine Verbindung zwischen dem Unfixierbaren und dem Beobachtbaren herzustellen), ist eine Entblindungsleistung, die das kognitiv-liberative Mehr mit sich führt, welches ich auch nach seiner liberativen Seite gleichsam heimzubringen suchen kann, indem ich mit dem, gegenüber dem ich so fühle, darüber rede.

Wie mit den kleinen, heimlich in meine spürend körperliche Steuerung eingreifenden Spürenszügen, so mit den sogenannt ›großen‹: *Therapie überhaupt* hat als *ein* Stück des allem, was so heißen kann, Gemeinsamen, daß durch förderliche Verfahren, zu denen in entscheidender Rolle das ganze Verhalten des Therapeuten selbst gehört, die Bekanntschaft mit eigenem, unkonfrontiertem Spüren auf seiten des ›Patienten‹ oder ›Klienten‹ an relevanten Punkten entschieden erweitert und zur entblindenden Darstellung gebracht wird. Wo die Entblindung im Artikulieren durch sprachliche Mittel besteht, ist das Finden der rechten *Wörter*, wo sie im Darstellen durch andere Mittel besteht, ist dort das Finden der rechten *Darstellung* der Anteil, der das Entblinden zu einer Form bringt, die sich festhalten läßt, und auf die das Individuum in weiterer Arbeit zurückkommen kann.

Es scheint deutlich, daß therapeutische Arbeit im Bereich des aller Therapie Gemeinsamen *auch* typische *Einheitsarbeit* zum Entblinden unkonfrontierten Spürens ist und zum Erwerb des kognitiv-liberativen Mehr, das mit Entblinden zusammengeht. Einiges Entblindete wiegt leicht, ist leicht ›hervorzuholen‹, und liefert einen Anstoß zum Freier Werden für den Tag. Anderes Entblindete wiegt schwer, wirkt schon sehr lange oder wird schon sehr lange im Wirken blockiert, ist sehr schwer ›hervorzuholen‹, und liefert einen Anstoß zum Freier Werden für das Leben. Dazwischen liegen alle Abstufungen und Kombinationen. Der Therapeut kann ein Einzelner sein, mehrere, einer unter mehreren, oder auch die fraglich-lebende Einheit selbst, die sich gegenüber die Haltungen einzunehmen und die Handlungen auszuführen versucht, die zu einer bestimmten Therapieform gehören.

Therapie ist demnach zu belangreichem Anteil das methodisch geförderte Erweitern des *Spürensschatzes*, der Tendenz nach ein Erweitern an Punkten, an denen steuerungs- und lebensrelevantes Spüren bisher blind blieb oder immer wieder in Blindheit fällt. Die Relevanz des zu Entblindenden kann in heimlichem Wirken, gleichsam im Rücken der mit sich bekannten Einheit, aber ihr Handeln mit steuernd, bestehen, oder auch in heimlichem Wirkungslos-Bleiben, weil anderes stärker drückt. Das Wirkungslos-Bleiben widerfährt oft den tiefsten *eigenen* Spürens-Stellungnahmen der Einheit zu ihrer Welt, zu sich, zu ihrer Form von Lebendigkeit. (Ob Wirkungslos-Bleiben oder Blockiertsein nicht zwangsläufig heißt, auf schiefe, verdrehte Weise wirken, und also selbst eine Form heimlichen Wirkens im Rücken der eigenen Einheit darstellt, kann offen bleiben.)

Natürlich gehören zu dem, was de facto durch Therapie in Bekanntschaft und Entblindung überführt wird, sehr oft vergangene Situationen oder Ereignisse der konfrontiert gegenwärtigten Welt, auch des Traumes, und von ihm ausgehend auch eines, wie es heißt ›unbewußten Vorstellens‹, das als gegenständlich, also konfrontiert, beschrieben wird. Ich vermute trotzdem, daß das eigentlich Schwierige, aber auch in besonderem Maß Fruchtbare an der in Therapie zu leistenden kognitiven Arbeit die Entblindung der zu solchen Situationen oder unbewußten ›Vorstellungen‹ gehörenden, *unkonfrontierten* Spürensanteile ist. Was die fraglich-lebende Einheit vor allem kennenlernen muß, um freier zu werden, ist das, was unfixierbar, aber steuerungsrelevant in ihr liegt (und herkömmlich »Wunsch«, »Angst«, »Hoffnung«, »Bindung«, »Gefühl dieser und dieser Art« genannt wird). Nicht, daß ich mich in einer Situation sehe, in der ich mein Kind wegschiebe, ist für sich genommen interessant, sondern daß ich eventuell, zu meinem Schrecken, damit bekannt werde, daß ich es wegschieben *will*.

Zum Entblindungs-Anteil der in Therapie zu leistenden Einheitsarbeit gehört auch das Entwickeln eines neuen Einheitskonzepts gemäß dem, was der Einheit an sich zu entblinden gelungen ist. Unabdingbar ist dabei, daß sie mit diesem Konzept als einem vom eigenen Spüren her bestätigten und im eigenen Handeln bewährten leben kann, statt davon wie von einer Form der Lebens-Behinderung zu einer speziellen Art Krüppel gemacht zu werden. Der Tatsache, daß die Fraglich Lebenden *Einheiten in Bewegung* sind, und in ihrem eigenen Spüren ihre letzte Basis eines Stellungnehmens haben, das für sie selbst dauerhaft glaubwürdig und auch glaubwürdig revidierbar sein soll, entspricht es *nicht*, daß sie sich eine Theorie über sich aneignen, um sie dann als ihr Einheitskonzept vor sich herzutragen. Wo das geschieht, ist nicht erfolgreiche Einheitsarbeit geleistet, sondern ein typisches Surrogat eingepflanzt worden, eine Lebens-Krücke für die gebliebene Lebens-Behinderung, die leicht bei einem unerwarteten Mißgeschick zu Bruch gehen kann, ohne daß der Einzelne gelernt hätte, wie er beim Brechen seines Einheitskonzepts wieder *zu sich kommt*. Phantasiereiche Therapeuten (Analytiker und andere), die in solcher Surrogat-Transplantation ihre Leistung sehen, sind eigentlich Krüppelärzte.

Das zweite Stück des Gemeinsamen, das wahrscheinlich aller rechtmäßig so zu nennenden *Therapie* zukommt, kann wieder durch die Erinnerung daran eingeführt werden, daß eine Psychoanalyse *lange dauert*. Freilich taucht dieses Stück von Gemeinsamkeit in der psychoanalytischen Theorie in noch höherem Maß *bloß spurenhaft* auf als das vorige, und in einigen anderen Therapie-Theorien gar nicht. Es hat zu tun mit dem handlungsmäßigen Aktualisieren und Festmachen des liberativen Anteils, der mit dem kognitiv-liberativen Mehr der Entblindung zunächst immer nur im Status des Potentiellen erworben wird. Es könnte sein, daß die Erfolge der Psychoanalyse nicht allein auf das zurückgehen, was sie selbst zu tun glaubt, sondern auch darauf, daß mit ihrer langen Dauer auch ein lang dauerndes Verhältnis zwischen Einheitshelfer und der Einheit hergestellt wird, die ein neues Konzept (eine neue, eigene Weise, lebendig zu sein) in Berührung mit dem eigenen Spüren zu entwickeln und in ihrem Handeln als Erweiterung ihres *Handlungsschatzes* zur Verläßlichkeit zu bringen sucht. Vielleicht heimlich, ohne es selbst so zu verstehen, ist der über Jahre hinweg gegenwärtige und beim Entblinden methodisch helfende Analytiker auch ein stützender Begleiter des *Wachstums im Handeln*, das die fraglich-lebende Einheit vollziehen muß, wenn sie lernen will, der geleisteten Entblindung gemäß zu leben, und das sich nicht mit einem Schlag durch bloße Erkenntnis ergibt, sondern schrittweise, mit Rückfällen, Neu-Orientierungen, Probehandeln, vielfach erneuerter Anstrengung zu erwerben ist.

Die Psychoanalyse auf sich beruhen lassend, vermute ich: Ein zweites Stück des Gemeinsamen aller rechtmäßig so zu nennenden Therapie ist die *stützende Begleitung* des Stückes von Lebensarbeit qua Einheitsarbeit, in dem die Einheit Fraglichen Lebens ihre am eigenen entblindeten Spüren orientierte, eigene Weise, lebendig zu sein, in ihrem Handeln unter Erkundung und Berücksichtigung ihrer Handlungsmöglichkeiten relativ stabil zu machen versucht. Relativ stabil heißt: So weit als Erweiterung oder Neu-Formung des Handlungsschatzes verläßlich, daß die Einheit, wissend, daß sie verfassungsmäßig immer in Bewegung ist, doch die ihr vom neuen Einheitskonzept her wichtigen Handlungsweisen als selbst angeeignet, als für den Bereich ihrer Verfügung bis auf weiteres (ein kommendes Alter, in dem die Kräfte nachlassen, zum Beispiel) *erworben* betrachten kann – für sie selbst angesichts aller Informationen, über die sie mit ihrer Meinung von sich nicht hinwegleben kann, *glaubwürdig*. Dies zweite Stück des Gemeinsamen aller rechtmäßig so zu nennenden Therapie ist also *die stützende Begleitung des liberativen Anteils von Einheitsarbeit, wie er von dem kognitiven Anteil der in Therapie zu leistenden Einheitsarbeit her sich vorzeichnet*. Wieder ist es für den Gedanken von Therapie überhaupt unwichtig, ob ein einzelner Therapeut, eine Gruppe von Individuen oder eine fraglich-lebende Einheit sich selbst gegenüber diese stützende Begleitung methodisch zu leisten versucht. Da der liberative Anteil aus dem kognitiven weder fertig herausspringt, noch auch seinen Konturen nach vom kognitiven her einfach festgelegt werden kann, vielmehr in ständiger erkundender Arbeit an den Grenzen des Handlungsschatzes in Verbindung mit intermittierender Berührung des eigenen Spürens sich in Richtung auf eine eigene, freiere Weise, lebendig zu sein, *entwickeln* muß, fordert das Ganze, wie alles Wachstum im Handeln, *Zeit*, und zwar mehr Zeit, als die meisten Therapien des Marktes den Einzelnen, die sich ihnen unterwerfen und sie bezahlen, zuzugestehen bereit sind.

Auch unabhängig vom Faktor der Zeit ist jetzt zu erkennen, daß den meisten Therapie-Formen, die sich im marktgängigen Angebot finden, am einen oder anderen Ende etwas Entscheidendes fehlt. Schon der Psychoanalyse als einer Therapie, die sehr viel Zeit fordert und bereitstellt, fehlt das angemessene Verständnis ihrer selbst, besonders auf der liberativen Seite. Der Analytiker ist stützender Begleiter des liberativen Anteils von Einheitsarbeit, ohne im ganzen Umfang zu wissen, was er tut – und da er den vollen Sinn seiner Aufgabe nicht kennt, widerfährt es ihm oft, daß er den kognitiven Erfolg seiner Sitzungen (›alles durchgearbeitet‹) mit dem liberativen Zu-Ende-Kommen einer wirklichen Therapie, das noch lange nicht erreicht ist, verwechselt. (Daß es ein Zu-

Ende-Kommen mit unrevidierbaren Ergebnissen nicht gibt, versteht sich von selbst und stellt keinen Einwand dar.) Die Mehrzahl der Therapien mit kürzerer Zeitdauer, hier ungemein äußerlich zusammengefaßt, leidet an einem vergleichbaren Mangel, nur in stärkerem, manchmal einfach erschreckendem Maß: Das Fragliche Leben kennt eine Reihe tauglicher Verfahren (besser: therapeutischer Verhaltensweisen) zur helfenden Einleitung des Entblindens und In Berührung Kommens mit solchen Anteilen des Spürens, die in Gefahr sind oder der Gefahr erlegen sind, blind zu bleiben. Es gibt Therapieformen, die über eine detaillierte, sorgfältige, verantwortliche Verhaltensbeschreibung für ihre Therapeuten verfügen, über Methoden zum Aneignen solchen Verhaltens, über Kriterien zum Ermessen, wie weit ein Entblindungsprozeß schon gekommen ist, über Kriterien, an denen sich vom Blickpunkt des Therapeuten her das dramatische, gleichgewichtstürzende Entblinden wichtigster Spürenszüge auf seiten des Individuums, das freier werden will, erkennen läßt. Aber die begleitende Unterstützung zum wirklichen Erwerb (zum Aktualisieren, Ausformen und Festigen) des liberativen Mehr, das auch mit den größten Entblindungsleistungen erst nur als ein Potentielles angelegt ist, kommt häufig zu kurz oder fehlt ganz – sowohl in den Therapie-Konzepten als auch in den Therapie-Ausführungen. Daher gibt es neben denen, die solches Mehr selbst hinzuzuleisten imstande waren, inzwischen auch schon ganze Heere von Fraglich Lebenden, die das Erlebnis freiester Berührung mit ihrem Spüren, auch extrem relevantem, potentiell umorientierendem Spüren hatten und in ihrer Weise, lebendig zu sein, am Ende doch ziemlich gleich geblieben sind. Die Augenblicke des gleichgewichtstürzenden Entblindens stehen wie Momente von Glück und Freiheitsversprechen in der Erinnerung – aber das Glück der Berührung ist vorbei, und das Freiheitsversprechen wurde nicht eingelöst. Feindseliges Ressentiment ist die praktische conclusio einer Minderheit, die sich nach derartigen Erfahrungen von dem Typus der liberativ unfruchtbaren Entblindung abwandte und bereit ist, alles, was potentiell entblindend wirken könnte, als halben Betrug zu verspotten. Zu ihr gesellen sich auch solche, deren Stabilität auf dem strikten Blindbleiben einiger steuerungsrelevanter Spürensanteile buchstäblich ruht, und spotten noch viel giftiger mit, natürlich.

Auf der anderen Seite, in deutlich geringerer Zahl, gibt es die Therapien, die eine Erweiterung des Handlungsschatzes bieten, aber ohne nennenswertes kognitives Wachstum. Der Handlungsschatz kann durch Training erweitert werden, auch an Punkten, wo schwere Spürenswiderstände eine bestimmte Weise des Handelns bisher unmöglich machten. Verfahren und Theorien des Trainings sind verschieden, die Tendenz gleich: Es wird in methodischem Aufbau, von kleinen zu größeren Schritten fortgehend, eine Handlungsweise eingeübt (oder abgestellt, das heißt es wird ein Unterlassen eingeübt), der Handlungsschatz wird an diesem Punkt wirklich vergrößert, aber die steuerungsrelevanten Spürensanteile, die eben dieses Handeln bisher verhinderten, bleiben blind. Die Befürworter sagen, das ist Vermittlung von Lebenkönnen ohne metaphysischen Klimbim, die Gegner sagen, es ist Drill ohne Erkenntnis. Sicher ist es Training ohne relevantes kognitives Wachstum. Das relevante Wachstum wäre nämlich in kognitiver Hinsicht das In Berührung Kommen mit den Anteilen der eigenen Einheit, die spürend da sind und irgendwie bisher Zwang erzeugt, also auf die Steuerung eingewirkt haben, und zwar hinter dem eigenen Rücken. Ihre Entblindung, so sehr sie das Gleichgewicht in Gefahr bringen mag, wäre notwendige Bedingung für den Erwerb eines Einheitskonzepts, das nicht für die Zukunft ständig in Gefahr ist, hinterrücks wieder von eben diesen blinden Zügen der eigenen Einheit durchkreuzt zu werden, wenngleich an anderen Punkten als denen, an denen das Training eine begrenzte Sicherheit geschaffen hat. Die einfache Erweiterung des Handlungsschatzes ohne relevantes entblindendes Wachstum führt vielleicht noch weniger zu einer der jeweiligen Einheit angemessenen, also von ihr auch als ein Eigenes spürend anerkannten Weise, lebendig zu sein, als die Therapien mit der anderen, der kognitiven Schlagseite.

71. Notiz Revolutionen

Wie in der Geschichte individueller Einheiten Fraglichen Lebens, so stehen auch in der Geschichte einiger Gemeinwesen bestimmte Stücke der Vergangenheit für die Erinnerung da als Zeiten des schubweisen Freier Werdens, begleitet (manchmal auch ausgelöst) von nie vorher gekannten Zuständen des In Berührung Kommens mit dem, was die zusammenlebenden Einzelnen eigentlich wollen, und einem Versprechen dauerhafterer Freiheit sowie dauerhafterer Selbstaneignung des Gemeinwesens.

Mitten in den Versuch, ein Gemeinwesen in diesem Sinn menschlicher zu machen, ist oft die verschärfte Unmenschlichkeit eingebrochen in Gestalt von Gewaltmaßnahmen und Formen der Gewaltherrschaft, die die Fraglich Lebenden in großer Anzahl dann als schlimmer empfanden denn die Weisen kollektiven Enteignetseins, gegen die man sich ursprünglich auflehnte. »Le mariage républicain« hieß die perverse Weise neuer Gemeinschaft zwischen Individuen, die ein Revolutions-Unterführer seinerzeit in Nantes verhängte, indem er Männer und Frauen, die für Feinde der Revolution befunden wurden, zu zweit aneinander gefesselt massenweise auf Kähne bringen und diese Kähne in der Loire versenken ließ. Das Volk, in dessen Namen und zu dessen größerer Freiheit solches unternommen wurde, schaute vom Ufer her zu.

Hier ist nicht der Ort für eine allgemeine Erörterung der Revolution als Verfahren historischen Vorwärtskommens; es ist höchstens der Ort für eine minimale Anmerkung zu dem häufig beobachteten Phänomen des Zurückfallens einzelner Revolutionen in Formen von Gewaltherrschaft, also kollektiver Unfreiheit, die den unmittelbar vorhergehenden, welche durch Revolution beseitigt werden sollten, in den Grenzen einer Vorzeichenvertauschung ähnlich sahen oder gar für schlimmer erachtet wurden.

Auch die Gemeinwesen des Fraglichen Lebens bestehen aus spürend tätigen Einheiten, und sie stellen qua Gemeinwesen je eine besondere Weise der Verbindung solcher Einheiten dar, die ihrerseits eine nicht bloß summenartige, sondern qualifizierte, *sich bewegende Einheit* genannt werden kann. Damit ist erkennbar, daß es nicht bloß für Individuen, sondern auch für Gemeinwesen *Einheitsarbeit* gibt – anders zu vollziehen als da, wo es nur um Einzelne geht, aber doch so, daß die spürenden Einzelnen, um deren Zusammenleben es zu tun ist, gemeinsame Entblindung und gemeinsamen Erwerb eines kollektiven Handlungsschatzes zu leisten haben, wenn das kognitiv-liberative Mehr, das in Augenblicken plötzlicher gemeinsamer Bekanntschaft mit dem gewonnen wird, was die Individuen in ihrem Zusammenleben spürend wollen, auch nach seiner liberativen Seite handelnd ausgeformt und als eine Reihe gemeinsamer *Handlungsweisen* zu relativer Stabilität gebracht werden soll.

Das Übersehen dieses Gesichtspunktes oder das Einschätzen seiner als etwas, das sich beim rechten Selbstverständnis eines Gemeinwesens schon von selbst ergebe, führt in ähnlicher Weise zum erneuten Freiheitsverlust wie bei den Einzelnen, die in großäugigem Berührungsrausch alles Vergangene von sich genommen glauben und dann bei der Rückkehr in ihren Alltag schmerzhaft erfahren müssen, daß dies nicht so ist. Das nachträgliche schale Gefühl über den eigenen vorschnellen Glauben an die Möglichkeit blitzweiser Veränderung ist beiden Erlebnis-Typen gemeinsam. Das Vorschnelle ist eigentlich der Glaube daran, *daß Einheitsarbeit geschenkt werden könne* oder gar durch irgendein befreiendes Ereignis *schon geschenkt sei.*

Es ist erkennbar, daß daraus nicht für sich schon ein Argument gegen Revolution als Schritt zum Wachstum von Gemeinwesen abgeleitet werden kann. Es ist aber auch erkennbar, daß in dem Augenblick, wo sich eine Revolution nach ihrem *Sieg als Umsturz* darauf verläßt, historisch ›richtig‹ zu sein oder einfach auf der Seite des Rechten zu stehen, und weitere Arbeit an sich selbst als einem Stück Entwicklung für unnötig hält, so daß als vordringliche Gemeinschaftsaufgabe nur noch das restlose Ausschalten der ›Feinde der Revolution‹ und restlose Beseitigen der von ihnen dominierten Verhältnisse im Blick steht, die Unterstellung der geschenkten Einheitsarbeit schon heimlich da ist.

Daß die Revolution sich pervertiert und den kognitiv-liberativen Gewinn der großen Tage, in denen der äußerliche Sieg erfochten wurde, nicht nur nach der liberativen Seite nicht heimbringt, sondern ihn zu wichtigen Anteilen überhaupt verspielt, wird ablesbar in dem Augenblick, wo sie die Gewaltsamkeit des Umsturzes verlängert in jenen Kampf gegen die immer irgendwo noch vorhandenen ›Feinde‹ ihrer und jene immer auch noch irgendwo in Resten vorhandenen ›Verhältnisse‹, die von den Feinden geschaffen oder beherrscht wurden. Das ist der Ersatz von Einheitsarbeit durch innere Feindbekämpfung. Gegen die wahren oder vermeintlichen Feinde erlaubt sich die Revolution Mittel, die sie eigentlich verabscheut, und mit ihrem Einsatz beginnt gerade das offene Verfehlen, die Selbstvereitelung ihrer noch ausstehenden Arbeit zum liberativen Wachstum des Gemeinwesens.

An einigen Revolutionen in der Geschichte des Fraglichen Lebens ist geradewegs abzunehmen, daß die innere Feindbekämpfung nicht zufällig, sondern systematisch an die Stelle der zu leistenden Einheitsarbeit trat. Es gehörte offenbar zu den historischen Bedingungen einiger Revolutionen selbst, daß sie zur Einheitsarbeit unfähig waren, und daß sie, da das Volk spürend mehr erwartete als bloßen Machtwechsel, nämlich das Realisieren eines liberativen Mehr in Gestalt *spürend angemessenerer* Formen des Lebens als Gemeinwesen, das Verfolgen angeblicher, jetzt zu Teufeln stilisierter ›Feinde‹ und das absolut spurlose Ausmerzen entsprechender ›Verhältnisse‹ planmäßig (wenngleich nicht in entblindender Artikulation ihrer Lage) an die Stelle von Einheitsarbeit setzen mußten. Die Ursachen für solch systematisch angelegtes Sich-Pervertieren von Revolutionen können verschieden sein; gemeinsam ist einigen Fällen, daß den Führern das Erfordernis von Einheitsarbeit, zusammen mit der Tatsache, daß bei jedem Versuch, ein liberatives Mehr zu relativer Stabilität zu bringen, nicht der Zweck die Mittel heiligt, sondern die Mittel den Zweck korrumpieren, nicht in den Blick kam.

Ein Seitenstück zum Ersetzen von Einheitsarbeit durch innere Feindbekämpfung ist ihr Einsatz durch das Bekämpfen äußerer Feinde. Dieser Ersatz vollzieht sich in Stufen und führt zuletzt oft zum gleichen Ergebnis wie der sofortige Kampf nach innen hin. Die Stufen können sein: Stornieren von Einheitsarbeit im Krieg, wo befohlen und gehorcht wird, und Unterlassen der Einheitsarbeit nach dem Krieg; mit dem letzteren auch Übergang zum inneren Weiterkämpfen, sobald den zusammenlebenden Einheiten spürend sich hervorstellt, daß durch einen gewonnenen Krieg für die Lebensform des Gemeinwesens noch nicht viel gewonnen ist. Es gibt vielfache Kombinationsmöglichkeiten. Bekannt ist die Steigerung des Kampfs gegen innere Feinde bis zur offenen Manie, wenn der Kampf gegen die äußeren, der zunächst als Einheitsarbeits-Ersatz angeboten wurde, ins Stecken geraten ist oder langsam, für alle sichtbar, verloren geht.

Je weiter die Selbstverständigung einer Revolution (die meist da ist, bevor die Aktion beginnt, und sie eigentlich, zusammen mit dem Angemessen-Finden der spürend tätigen Einheiten, als umstürzendes Handeln erst möglich macht), von einer Erkenntnis über das *Erfordernis von Einheitsarbeit* entfernt ist, je stärker diese Selbstverständigung dazu tendiert, in Sachen Einheitsarbeit an eine Automatik zu glauben – was immer der Glaube an Geschenke einer Geschichtsfee ist –, desto größer muß die Wahrscheinlichkeit für die Selbstperversion einer solchen Revolution eingeschätzt werden.

XII. Freisein und Veränderndes Antworten

72. Nicht auf den schrägen Schaufeln

»Napoleon begann den Krieg mit Rußland, weil er nicht anders konnte als nach Dresden gehen, nicht anders konnte als sich durch die ihm erwiesenen Ehren und Huldigungen verblenden lassen, nicht anders konnte als eine polnische Uniform anziehen und sich der Einwirkung des zu Unternehmungen verlockenden Junimorgens überlassen, und weil er Kurakin und später Balaschow gegenüber seinen Jähzorn nicht zu beherrschen imstande war.« ... »Sobald wir es aber als eine innere Notwendigkeit betrachten, daß die Völker Europas unter Napoleons Führung in das Innere Rußlands eindrangen und dort umkamen, wird die ganze, in sich widerspruchsvolle, sinnlose, grausame Tätigkeit der an diesem Krieg beteiligten Menschen für uns verständlich.«

Zunächst ist weniges in Erinnerung zu rufen. Wenn ich mich zu einem Tun entscheide und, damit bekannt, zu diesem Tun übergehe, gibt es einen Spürenszug, den einiges Herkommen als inneren Akt mißverstand und mit dem schwierigen Wort »Wollen« verband. Mein Mich-Entscheiden ist mir, wie meine Freude, undurchdringlich, systematisch unfixierbar und entzieht sich jeder nach innen gewandten Beobachtungsabsicht. Ich bin unversehens und doch spürend der Entschiedene, als der ich ein so und so beschaffenes Handeln ins Werk setzen will; und ich fühle mich dabei im typischen Fall (die diversen Arten pathologischer Sonderfälle also beiseitegesetzt) nicht gezwungen und in diesem Sinn auch ›frei‹. Ähnlich wie ich bei kognitiven Leistungen stets ein dabei beteiligtes Spüren akzeptieren muß, das nicht in Erkenntnis oder auch nur Bekanntschaft ›aufgelöst‹ ist, muß ich beim Tun stets einen Zug spürenden Aktivseins akzeptieren, zu dem ich mich nicht noch einmal direkt, im gleichen Augenblick, aktiv bestimme. Es gibt in jeder Bekanntschaft ein körperlich spürendes Letztes, das der Bekanntschaft dieses Augenblicks unverfügbar bleibt; es gibt in jeder Entscheidung zum Handeln ein körperlich spürendes Letztes, das dem, der sich so entscheidet, in diesem Augenblick unverfügbar bleibt.

Es besteht eine weitere, oft bemerkte Ähnlichkeit zwischen der Bekanntschaft mit Konfrontiertem und dem Sich-Entscheiden zu einem Tun in der konfrontiert gegenwärtigten Welt: Bei beiden ist der sogenannte Gegenstand ihrer spürend hervorgestellt oder kann das wenigstens sein; bei beiden ist der sogenannte Gegenstand in der Regel beschreibbar, fixierbar (und sei es in der konfrontierenden Phantasie), relativ stabil – während die spürenden Züge des Innengrunds, denen er in populärem Verständnis ›*gegenüber steht*‹, gerade unfixierbar bleiben, beim Versuch aufmerksamer Rückwendung zur Unauffindbarkeit tendieren und *schwer* zu beschreiben sind.

Die Unverfügbarkeit, deren konkreter Bereich sich für jeden Augenblick spürend tätigen Lebens neu formieren kann, trägt dazu bei, daß in Angelegenheiten des Tuns für die Fraglich Lebenden das Lebensthema des *Sich zu eigen Werdens im Tun* Wichtigkeit gewinnt; in Angelegenheiten dessen, was in die Sphäre des vagen Obertitels »kognitiv« fällt, das Lebensthema des *Sich zu eigen Werdens in Bekanntschaft und Selbstartikulation*. Die zugeordneten Stücke von Lebensarbeit als Einheitsarbeit liegen stets von neuem *vor uns*; sie sind nie endgültig erledigt.

Das Thema des Sich zu eigen Werdens im Tun wird weiterhin mit vorgegeben durch die angemessene Verständigung über die Art, wie die Einheiten Fraglichen Lebens sich als Instanzen von Entscheidung und Handeln finden. Sie zeigen ein Bedürfnis, in dem ganzen Kontext, der sich dabei öffnet, *mit sich ins Reine zu kommen* beziehungsweise *mit sich im Reinen zu sein*. In den Bereich der Verständigungsversuche hierzu gehört unter anderem die alte Frage, ob und welchem Sinn die Fraglich Lebenden bei ihrem Tun und dem zugeordneten Sich-Entscheiden einen ›freien Willen‹ respektive einen ›unfreien Willen‹ hätten.

Einer der Hauptgegenstände von Tolstois *Krieg und Frieden* ist der Kontrast zwischen dem Selbstverständnis bestimmter Individuen, die in seiner Darstellung am Verlauf von Napoleons Rußlandzug beteiligt waren, und, auf der anderen Seite, stets von neuem vorgetragenen Analysen, die eben dieses Selbstverständnis der Handelnden als *falsch* darstellen. Die Tendenz, die Urheberschaft der Fraglich Lebenden gegenüber ihrem Tun in Frage zu ziehen und dieses Tun einem Zusammenwirken von Umständen oder anderen, letztlich außerhalb der tätigen Einheiten liegenden Ursachen zuzuschreiben, gehört zur Standardkonstellation der Diskussionen über die genannte Frage in ihrer traditionellen Form. Ein anderes Stück dieser Standardkonstellation sind die Wörter »frei« und »determiniert« sowie die Behauptungen, die das eine oder andere den typischen Fällen von Sich-Entscheiden und Tun bei den Individuen Fraglichen Lebens zuschreiben. Ein weiteres Stück jener Konstellation stellen die vor langer Zeit schon begonnenen, nur in diesem Jahrhundert intensivierten Versuche dar, die Wörter, mit denen gestritten wird, genauer zu betrachten und für jede dabei entdeckte oder eingeführte Gebrauchsweise eine verständliche Fassung zu bestimmen. Ziel ist dabei ebenfalls eine (manchmal nur für ferne Zukunft ins Auge gefaßte) Erkenntnis darüber, ob jene tätigen Einheiten bei ihrem Tun in näher zu bezeichnendem Sinn einen ›freien Willen‹ haben oder nicht. Zur gleichen Konstellation gehören Betrachtungen, die herausfinden wollen, ob und in welchem Verständnis einer bestimmten ›Freiheit‹ oder ›Unfreiheit‹ eine dadurch mitbegründete (im Prinzip begründbare) ›Verantwortung‹ der Fraglich Lebenden für individuelles Tun entspricht. Bejaht man diese ›Verantwortung‹ in einer von mehreren möglichen Gebrauchsweisen des Wortes, dann gliedern sich der genannten Konstellation neue Fragen an. Sie richten sich zum Beispiel auf das, was im Namen jener Verantwortung den Einzelnen fairerweise strafend oder belohnend angetan werden kann, und was nicht.

Diese Konstellation von Fragen und Diskussionen wird

hier nicht als ganze ausgefaltet werden. Sie gehört auch nicht als ganze in den Bereich des Buchs, das mit dem jetzigen Stück seinen Gang weiter bringen soll. Ich bin ausgegangen vom Fraglichen Leben als einem *spürenden* und habe die Meinung vertreten, über diesen elementaren Charakter könne das Fragliche Leben nicht durch Streichung oder Vernachlässigung hinwegleben. Spüren gehöre in so zentraler Rolle zur menschlichen Weise, lebendig zu sein, daß ein systematisches Absehen davon und ein dadurch gewonnenes philosophisches Bild dieser Gattung des Lebendigen keine Aussicht habe, von den Fraglich Lebenden selbst *dauerhaft angenommen* zu werden.

Unter der leitenden Frage nach jener Weise, lebendig zu sein, erscheint es mir auf dem jetzigen Punkt meiner Überlegung wichtig, weniges herauszufinden über eine bestimmte, vermutlich *menschliche* Art des Freiseins, die ich unangesehen jener Kontroversen und in aller Vorläufigkeit zu kennzeichnen hoffe. Dazu gehört eine ebenso nicht den gottgemodelten Phantasiewesen, auch nicht den *Geräten*, sondern den *Fraglich Lebenden* eigene Möglichkeit, über vergangene Taten mit sich und anderen ins Reine zu kommen. Diese dem *Freisein* als *menschenmöglich* zugeordnete Verhaltensweise nenne ich *Veränderndes Antworten*.

Zur Vorbereitung dieser Themen ist schon einiges notiert worden, das hier nur in Erinnerung gehalten werden muß: das Spüren einer fraglich-lebenden Einheit, das in der Vorgeschichte einzelner Handlungen, die sie getan hat, erwähnt werden kann, liefert von sich aus weder einen Beleg für das Verursachtsein menschlichen Handelns im allgemeinen, noch eine Basis für die *befriedigende* (nicht augenfällig lückenhafte) kausale Erklärung jener einzelnen Handlungen im besonderen, noch gar, auf der anderen Seite, irgendeinen brauchbaren Hinweis auf ›Freiheit‹ im Sinn kontrakausalen und außerkausalen Hervorbringens von Handlungen durch Menschen. Heißt es demnach über Napoleon, daß er »nicht anders konnte« als so zu handeln, wie er handelte, und daß die Ereignisse, die einige an seinem Krieg Beteiligte ihrer freien Entscheidung zuschrieben, in Wahrheit kraft »innerer Notwendigkeit« geschahen, dann sind dies Aussagen über Begebenheiten des Feldzugs, die als Aussagen trotz ihrer Vagheit einen hohen theoretischen Anteil enthalten, welcher in der wahrnehmbaren Welt sehr schwer und im Spüren der Beteiligten mit Sicherheit *nicht* ausgewiesen werden kann; letzteres so wenig wie ihr kontradiktorisches Gegenteil.

Andere Aussagen Tolstois über Napoleon sind nach allem, was in der Arbeit des Verständigungshandelns inzwischen zu relativer Klarheit gebracht worden ist, fehldeuterisch bis falsch: »Auch ohne seinen Befehl hätte sich das vollzogen, was in Wirklichkeit gar nicht ein Produkt seines Willens war und was er nur anordnete, weil er meinte, daß man von ihm Befehle erwartete. Und nun versetzte er sich wieder in seine künstliche Welt mit dem Phantom von Größe und begann wieder (wie das Pferd, das auf den schrägen Schaufeln der Tretmaschine geht, sich einbildet, etwas in seinem eigenen Interesse zu tun), gehorsam die grausame, traurige, schwere, unmenschliche Rolle zu spielen, zu der er prädestiniert war.« Die Behauptungen klingen wie Versionen der fatalistischen *Fehldeutung* eines ansonsten begrenzt plausiblen Weltbildes, nach dem sämtliche Ereignisse gesetzmäßig aus vorausliegenden Bedingungen hervorgehen. Auch wenn letzteres Bild zutreffend sein kann (faßt man statistische Regelmäßigkeiten noch unter das Wort ›gesetzmäßig‹, dann hat es gute Aussicht, unter Fraglich Lebenden zutreffend gefunden zu werden), folgt nicht, daß die Einzelnen sich in eine vor ihrem Tun schon festgelegte Zukunft just so fügen müßten wie ein Pferd in das von ihm wohl überblickte Tretwerk. Es folgt auch nicht, daß das Sich-Entscheiden der spürend tätigen Einheiten zu dem einen oder anderen Tun, und ihr Tun selber, gegenüber einem vorbestimmten Weltlauf belanglos seien (wie angeblich dieser Befehl des Napoleon). Die Fraglich Lebenden gehören selbst zur Welt; was sie tun, kann deren Gang in entscheidendem Maß beeinflussen – ganz gleich, ob und wie das Tun seinerseits ursächlich hergeleitet werden mag. Die spürend tätigen Einheiten und ihr Sich-Entscheiden zum Handeln machen das, was ›Welt‹ heißen kann, *mit aus*. Es ist *nicht* so, daß hier ein starr zusammengeschraubter Weltlauf als Tretwerk steht, und dort, wie Pferde hineingebunden und machtlos, die Fraglich Lebenden, die vergeblich versuchen, etwas anderes zu wählen und zu tun denn das durch Maschinerie erkennbar Festgelegte.

73. Ohne Sonderstellung

Wie begründet, gehe ich davon aus, daß das Sich-Entscheiden der Fraglich Lebenden zur Realität der Welt gehört und in dieser Realität Veränderung hervorruft, in paradigmatischer (aber nicht der einzigen) Weise dann, wenn es zu einem *Tun* kommt. Ich gehe auch davon aus, daß ihr Sich-Entscheiden in der Regel (wenngleich nicht immer) zustandekommt unter relevanter Beteiligung eigener Spürenszüge, die sehr verschiedene Gestalt haben können. Vage, beim Benennungsversuch immer wieder wegrutschende Gefühle können genauso dazugehören wie das in Bekanntschaft und Artikulation präsente Sich-Verpflichtet-Spüren gegenüber einem idealen Maßstab richtigen Lebens. Ferner nehme ich an, daß Sich-Entscheiden zum Tun und das Tun selber bei den Fraglich Lebenden *im Prinzip* nach systematisch ähnlichen Mustern gedeutet werden können wie das Zustandekommen anderer Ereignisse in der Welt, und besonders anderer Ereignisse an höheren Organismen. Eine Sonderstellung des Fraglichen Lebens, die es erlaubte, seine Individuen in Sachen ihres Sich-Entscheidens und Handelns grundsätzlich und endgültig von den Erklärungsmustern auszunehmen, welche für die übrige Welt und das übrige höhere Leben gefunden wurden, kann ich nicht anerkennen. Ich habe an anderer Stelle versucht, einen Überblick über solche Sonderstatus-Theorien neueren Datums zu erwerben: das Ergebnis näherer Prüfung war nach allem, was ich einsichtig finden kann, für jene Theorien extrem ungünstig, oft blamabel. Ich gehe auf die Details hier nicht wieder ein.

Es scheint mir nicht nur sinnvoll, sondern unter bestimmten Gesichtspunkten auch geboten, von dem Tun des Fraglichen Lebens anzunehmen, daß seine Entstehung im Prinzip nach Erklärungsmustern gedeutet werden kann, die auf alles Leben und zuletzt auf alle Vorgänge der Welt überhaupt anwendbar sind. Besonderheiten, die durch den Umgang des Fraglichen Lebens mit Gebilden entstehen, welche in freier Konfrontation nur ihm zugänglich werden (zum Beispiel sprachlich formulierten Normen), sind bei den Erklärungsmustern für die Taten solchen Lebens zu berücksichtigen. Sie begründen aber keine irreduzible und endgültige Ausnahmestellung gegenüber der prinzipiellen Möglichkeit einer gesetzmäßigen (auch statistisch-gesetzmäßigen) Verbindung der Taten Fraglichen Lebens mit vorausliegenden oder gleichzeitigen Ereignissen und Umständen, unter denen in gewohntem oder abgeschwächtem Sinn die ›Ursachen‹ solcher Taten zu vermuten sind. Der Gesichtspunkt, von dem her mir das Ausgehen von einer grundsätzlichen Gemeinsamkeit des Lebendigen überhaupt geboten erscheint, ist der der Fairneß gegenüber den Schwächeren: Solange kein *Beweis* existiert für eine Ausnahmestellung des Fraglichen Lebens in Angelegenheiten des gesetzmäßigen Hervorgehens seiner Taten aus bestehenden Umständen (zu denen auch die ursprünglich nicht selbst erzeugte Beschaffenheit des Individuums gehört), ist bei der Bemessung von *Folgen*, die für einzelne Taten verhängt werden, davon auszugehen, daß die Tat gesetzmäßig (auch zu verstehen als statistisch-gesetzmäßig) zustandekam, und nicht ›spontan‹ alias ›frei‹. Andernfalls schafft ein System von zu verhängenden Folgen unter den Fraglich Lebenden nicht eine Form von Gerechtigkeit, sondern verschärft noch einmal die von Natur und Geschichte her bestehenden Ungleichheiten. Auch dazu habe ich an jenem anderen Ort eine ausführlichere Stellungnahme zu erwerben versucht und schreibe meine Gründe nicht noch einmal auf.

Mein ›subjektives‹ Motiv, Entscheidungen und Taten des Fraglichen Lebens *im Prinzip* genauso anzusehen wie andere Ereignisse an und in höheren Organismen, will ich nicht versteckt halten: Es ist ohne Beweis und ohne Beweisabsicht die schlichte Überzeugung, daß das Fragliche Leben eine Erscheinungsform des Lebens überhaupt darstellt; daß es durch Entwicklung und Existenzbedingungen des Lebens überhaupt in stärkerem Maß bestimmt ist, als es sich dies oft eingesteht; daß alles, was es sich als ›Kulturleistung‹ oder ›Gesellschaftsleistung‹ anrühmt, zuletzt *auch* auf Modifikationen des organisch-körperlichen *Spürens* fußt; daß eine Betrachtung von diesem Spüren her mehr verspricht als eine Betrachtung, die von vornherein oder hintenherum eine prinzipielle, nicht überwindbare Kluft unterstellt zwischen dem Lebendigen überhaupt und einer Sonderform seiner, genannt »aus freiem Willen handelnder Mensch«. Zu der Überzeugung gehört auch, wie schon mitgeteilt, daß es dem Fraglichen Leben als einem Stück *Leben* besser angemessen ist, bei aller Freiheitsleistung im Erkennen wie im Handeln seine Punkte nicht ausräumbarer Gebundenheit anzuerkennen und ihnen existierend Rechnung zu tragen, statt der völligen Lösung von einem Unverfügbaren in sich nachzuphantasieren und der absoluten Freiheit von sonstigen Faktoren, die es nicht selbst bestimmen kann.

Der enorme Widerstand gegenüber einer *lebenangemessenen* Einschätzung menschlichen Entscheidens und Handelns geht auf vielerlei Faktoren zurück. Zu denen, die bloße Mißverständnisse sind, gehört neben dem vorhin bei Tolstoi aufgewiesenen auch die Befürchtung, das Aufgeben des ›freien Willens‹ im Selbstverständnis Fraglichen Lebens sei gleichbedeutend mit dem Übergang zu einem Bild der spürend tätigen Einheiten als prinzipiell ›fremdbestimmt‹, ›außengeleitet‹, ›maschinenhaft‹, ›blinder Auswurf der Materie‹ und mehr. Die Befürchtung hängt mit dem schon mehrfach als willkürlich, sachunangemessen und irreführend kritisierten Separieren des Organismus von seinen eigenen Entscheidungen und

Handlungen zusammen. Auch das oft gebrauchte Bild von der kopernikanischen Wende im Welt- und Selbstverhältnis, die uns hier abverlangt werde, insinuiert in unglücklicher Interpretation die unrichtige Folgerung, wir hätten uns, wenn wir auf kontrakausale ›Willensfreiheit‹ verzichten, nicht mehr als Urheber unseres Tuns, sondern im Gegenteil als passives Spielmaterial eines letztlich blinden Weltprozesses zu verstehen. Wie übrigens die Wende des Kopernikus nur wegen der dogmatischen, mit massiven außersachlichen Interessen verknüpften Verhärtung der Gegenposition ihre Dramatik und scheinbare ›Unnatürlichkeit‹ gewann, so entsteht auch wegen durchaus ähnlicher Faktoren für einige Verständigungsversuche ein unglückliches Zerrbild der einfachen und in der Sache alten Ansicht, das Fragliche Leben gehöre grundsätzlich zu den Formen des Lebendigen überhaupt und sei gewiß nicht, wo es um sein Entscheiden und Tun geht, wie ein ontologisches Weltwunder von anderem Lebendigen unüberbrückbar geschieden.

74. Selbstartikulation und Selbstaneignung

Analog zur Artikulation eigenen Spürens gibt es, bezogen auf eigenes Entscheiden und Handeln, den Versuch *praktischer Selbstaneignung*. Die Artikulation ist eine aktive Leistung, die spürend in Bekanntschaft Präsentes, zum Beispiel durch sprachliches Darstellen, den Fraglich Lebenden in angebbarem Sinn besser verfügbar macht, als das bloße Spüren es in der Regel sein kann. Ähnlich, auf Sich-Entscheiden und Tun gehend, gibt es den Versuch, diese Stücke aktiven Lebens stärker in den Bereich eigener langfristiger Verfügung und vielleicht auch begrenzten Gutsagens zu bringen, als sie es beim Agieren nach je gegenwärtigen Bedürfnissen, Impulsen, Beweggründen aller Art gewöhnlich sind. Die Parallelen wie auch die klaren Unterschiede zwischen Artikulation und dem Versuch praktischer Selbstaneignung drängen sich auf. Beide sind Vollzüge, die oft als ›höherstufig‹, ›auf einer höheren Ebene liegend‹ beschrieben werden. Sie dienen dazu, auf ›niederer Ebene‹ Liegendes in die kognitive oder praktische Verfügung des Individuums zu bringen. Der Versuch praktischer Selbstaneignung ist wesentlich auf Zukunft orientiert, die Zukunft eigenen *Tuns*. Ich kann mein Fortexistieren in unversehens und unkoordiniert auftauchenden Handlungsimpulsen und zugeordnetem Tun sinn-los, selbstentleerend finden und daher mein Handeln stärker in den Bereich meines langfristigen Verfügens bringen wollen (es genügt auch zu sagen: in den Bereich meines langfristigen inneren Übereinstimmens mit dem eigenen Tun). Ein Motiv für mich, solches Ordnen wenigstens begrenzt zu unternehmen, kann auch sein, daß ich als spürend tätige Einheit das Gefühl gewinnen will, meines Tuns auf absehbare Zukunft im Rahmen charakteristischer Fraglichkeit doch *verlierbar sicher* zu sein.

Der Versuch praktischer Selbstaneignung kann dadurch eingeleitet werden, daß ich mich zugunsten einzelner Handlungsweisen *entscheide*, auf die ich mich in dieser Form für die Zukunft festlegen will. An solchen Beschlüssen, künftig in bestimmten Dingen so und so zu handeln, macht sich vor allem der geläufige Gedanke fest, es finde hier ›auf höherer Stufe‹, und bezogen auf zukünftige Aktivität der ›niederen Stufe‹, etwas statt, was gewöhnlichem Mich-Entscheiden oder ›Wollen‹ analog, nur eben ›höherstufig‹ sei.

Hier besteht die Gefahr, eine Denkschablone auf die Sache zu legen: Meine Versuche praktischer Selbstaneignung für die Zukunft, mögen sie auch als solches auftreten, das ich ungeschlacht mit dem gewohnten Wort ›entscheiden‹ beschreibe, sind von erkennbar anderer Struktur als die Weise, wie ich mich jetzt und hier zu etwas, das ich gleich ausführen kann, entscheide. Der Versuch praktischer Selbstaneignung für die Zukunft mündet offensichtlich nicht in direktes Vollbringen dessen, worauf ich mich jetzt vielleicht ›auf höherer Stufe‹ festlege – während typisches Entscheiden ›auf niederer Ebene‹ für ein Tun in der Welt oft auch im gleichen Zug dieses Tun einleitet. Es kann geschehen, daß ich mich jetzt, wo meine Schreibtätigkeit sich schon vom frühen Morgen an ohne Pause bis in den anfangenden Nachmittag hingezogen hat, auf einmal entscheide, essen zu gehen, und dies auch sofort ausführe. Das ist unversehens auftretendes Mich-Entscheiden und das zugeordnete Handeln. Angenommen, ich versuche, mich darauf festzulegen, daß ich stets erst dann essen gehe, wenn der Streifen des am Jalousettenrand hereinfallenden Sonnenlichts die auf dem Fensterbrett liegende Muschel (die ich als Marke liegenlassen will) erreicht hat. Dann optiere ich spürend dafür, mir eine *Handlungsweise* anzueignen. Der Versuch kann zwar durch sofortiges Tun begonnen werden (jetzt weiterschreiben, bis der Streifen bei der Muschel steht); aber ich kann ihn mitnichten gleich vollenden wie den Gang zum Essen. Der Versuch praktischer Selbstaneignung ist deshalb nicht bloß eine Angelegenheit ›höherer Ebene‹ als einfaches Mich-Entscheiden; er ist von diesem durch sein Verhältnis zum Ausführen wie auch durch eine Reihe anderer Züge klar unterschieden. Er ist, wenn es dabei einen nennenswerten Erfolg geben soll, darauf angewiesen, daß ein nadelspitzenhaft ungreifbares Spüren des Entschiedenseins für lange Strecken unterbrochen wird durch Zurücktreten in Dispositionsartiges. Er erschöpft sich, auch wo ich unmittelbar ihm gemäß handle, gerade nicht in dem augenblicklich spürend sich Bekundenden, das der Philosoph voll Skepsis ›eigentliches Agens‹ nannte. Er ist auf Langfristigkeit angelegt und braucht, um zum wirklichen Ausführen zu kommen, eine langfristige Weise, sich wieder geltend zu machen. Der Status der ›höherstufig‹ genannten Teile des aktiven Lebens, die als mögliche Formen des Versuchs praktischer Selbstaneignung gelten können, ist gegenwärtig noch wesentlich dunkler als derjenige der ›niederstufigen‹, welcher bis auf die entschiedene Bekundung von *etwas* im Spüren, das mit dem zugeordneten Tun in der Welt eine kaum wegdekretierbare Verknüpfung hat, auch nicht eben ›hell‹ oder ›aufgeklärt‹ heißen kann. Der Gebrauch paralleler Wortbildungen darf nicht darüber hinwegtäuschen, daß das Fragliche Leben über den Unterschied beider Weisen, sich aktiv, von sich her in den Gang der Welt eingreifend (in früherer Ausdrucksweise ›wollend‹) zu finden, wenig Sicheres ausgemacht hat.

Versuche praktischer Selbstaneignung, die auf Weisen zu handeln gehen, können herkömmlich mit verschiedenen Wörtern verbunden werden. An den Verschiedenheiten zeigt sich das Vielgestaltige wie im ganzen auch Unaufgeklärte dieser Möglichkeit langfristiger, selbstentworfener Steuerung, die Fragliches Leben besitzt. Ich kann, wie schon aus populärer Rede aufgenommen, mich entscheiden, künftig in bestimmten Situationen so und so zu handeln (täglich schreiben, bis der Streifen die Muschel erreicht hat). Ich kann, in charakteristischer Weise auf mein künftiges Tun bezogen und doch nicht mit der spürenden Bündigkeit, die dem typischen Sprachgebrauch von »entscheiden« entspräche, *wollen*, daß ich meinem Kind gegenüber stets die Wahrheit sage, auch wo ich es zu seinem eigenen ›Vorteil‹ mit einer Notlüge besser lenken könnte. Ich kann bemerken, daß ich im Umgang mit dem Kind tatsächlich dieser wiederkehrend sich geltend machenden Maxime nachzukommen suche, ich strenge mich an dafür; aber wie ›das Wollen‹, die ›Einstellung‹, angeblich auf höherer Stufe angesiedelt, des näheren beschaffen ist, wüßte ich nicht zu sagen. Dabei handelt es sich mit Sicherheit nicht allein um eine Disposition; ich erfahre, daß ich dies will, nicht allein aus meinem Handeln, wenn ich einmal wöchentlich das Kind besuche. Ich glaube, mich einer kurzen Verständigung im inneren Sprechen mit mir sogar zu erinnern, bei der ich mir die Frage nach den Notlügen stellte, Gegengründe fand und dann, ein unüberlebbar da seiendes Spüren entblindend, ungefähr sagte: »nein, ich will es anders machen.« Eine Freundin berichtet, daß sie, um sich einzelne, einmal vom Innengrund her für richtig befundene Handlungsweisen zu eigen zu machen, Verträge mit sich schließt. Andere sagen, daß sie zur festeren Aneignung einer Handlungsweise sich nur möglichst oft wieder das Spüren nachlebbar zu machen suchen, in welchem sie zugunsten solchen Handelns vor aller Artikulation votieren, es von innen her als angemessen ›empfinden‹.

Trotz solcher Dunkelheiten, die durch die Rede von einem ›Wollen höherer Stufe‹ (oder ähnlich) noch einmal zugedeckt werden, zählen die Versuche des selbst eingeleiteten Erwerbs von Handlungsweisen, auf Wegen dieser Art unternommen, zu den wichtigsten Mitteln, mit denen die Fraglich Lebenden sich vom Beliebigen hin- und herspringender Handlungsimpulse entfernen und eine tätige (wenngleich nie vollständige) Aneignung, ein begrenztes *Sich zu eigen Machen* ihres Handelns in der Zeit zustandebringen können.

Die Fähigkeit einfachen Entscheidens zwischen mehreren Alternativen, die sich in einer konkreten Situation anbieten, scheinen alle höheren Organismen mit bestimmtem Entwicklungsgrad zu besitzen. Bei Abwesenheit von äußerem sowie krankhaft-psychischem Zwang und sonstigen Hindernissen dem unversehens auftretenden, spürenden Sich-Entscheiden folgen zu können, macht zwar einen realen und unentbehrlichen, aber unter dem jetzigen Gesichtspunkt nicht vorrangigen Sinn des Wortes »frei« aus. Es besteht guter Grund, uns selbst (von schmerzhaften Ausnahmefällen abgesehen) *nicht* für Wesen zu halten, die wie Pferde in Tolstois Tretmühle sind. Es besteht aber gleichfalls guter Grund, davon auszugehen und bis auf weiteres dabei zu bleiben, daß das Fragliche Leben als Teil der Natur und der Welt überhaupt auch mit den Prozessen, in denen sich (für es selber partiell oder gänzlich undurchdringlich) sein momentanes Entschiedensein für die eine oder andere Handlung bildet, eine Instanz gesetzmäßiger (sei es auch statistisch-gesetzmäßiger) Verbindung von Ausgangsbedingungen und daraus resultierenden Ereignissen abgibt. Daß es dabei im paradigmatischen Fall stets aktiv, sich selbst als Lenker seines Tuns spürt, steht dazu in keinem Gegensatz; dieser oder gar ein ›Widerspruch‹ zwischen beidem entsteht nur durch verquere Interpretation.

Der Versuch *praktischer Selbstaneignung* kann in dieser Perspektive beschrieben werden als das Unternehmen, die eigene fraglich-lebende Einheit qua Naturwesen dem Einfluß momentan auftretender Impulse und Beweggründe teilweise zu entziehen und in begrenztem Umfang zu einer Form *eigener Steuerung* zu bringen, orientiert an dem, was sie selbst als ihr ungezerrtes, wiederkehrendes Angemessen-Finden entblindet hat. Daß der Versuch solcher *Selbstaneignung* von treffender *Selbstartikulation* in hohem Maß gefördert wird, erscheint einleuchtend. Selbstartikulation und Selbstaneignung weisen nicht nur als aktive Leistungen Fraglichen Lebens einzelne Parallelen auf; *sie greifen hier ineinander*. Damit fällt das Sich-Entwickeln einer Einheit Fraglichen Lebens in Richtung auf wachsende praktische Selbstaneignung zusammen mit dem Gang ihrer *Einheitsarbeit* in Richtung auf Erweitern des je eigenen Spürensschatzes, Sprachschatzes, Handlungsschatzes. Und daran wieder läßt sich leicht ablesen, daß die reichere Wirklichkeit dieser Selbstaneignung nicht durch philosophisches Sich-Konzentrieren auf ›Entscheidungen‹, ›Volitionen‹, ›Dispositionen‹ *höherer Stufe*, wie es heißt, in den Blick kommt, sondern nur durch den Versuch, den ganzen Umfang typisch menschlicher Einheitsarbeit besser zu sehen und besser zu verstehen.

75. Etwas über Freisein

Es gibt Phasen der eigenen Lebenszeit, in denen Fraglich Lebende sagen, »ich werde einfach getrieben« oder »ich lasse mich einfach treiben«, auch »ich komme irgendwie nicht dazu, das zu tun, was ich für gut halte«; »ich bin wie ein Stück Papier auf einem Autodach, aber eigentlich möchte ich *fester* stehen.« Mit solchen Aussagen teilen die Sprechenden nicht primär mit, ihr Handeln unterliege der gesetzmäßigen Verbindung von Ausgangsbedingungen und daraus sich ergebenden kausalen Folgen, die wir im großen und ganzen überall beobachten. Sie meinen etwas anderes, nämlich daß es ihnen nicht gelingt, ihre vielen Erlebnisse des momentanen Sich-Bildens von Entscheidungen mitsamt ihrem entsprechenden Tun auf eine größere Linie zu bringen, welche sie selbst von den Stellungnahmen ihres Innengrunds her angemessen finden und auf die sie sich begrenzt verlassen können. Sie billigen bei einer über die jeweiligen Auslösungs- und Reaktionsphasen hinausreichenden, längerfristigen Betrachtung wichtige Stücke ihres Handelns *nicht*. Sie sind aus dieser zeitlich größeren Perspektive *nicht mit sich einverstanden*, und sie fühlen sich nicht gut dabei. Sie können, besonders im Kontrast zu anderen Teilen ihres Lebenslaufs oder einer immer wieder in der wünschenden Phantasie entworfenen, doch nicht realisierten Lebensweise sagen, sie fühlen sich »ziemlich wenig frei« oder einfach »unfrei«. Damit streiten sie sich in der Regel nicht das prinzipielle Wählenkönnen im jeweiligen Augenblick ab, sondern für die gemeinte Lebensphase die Fähigkeit, ihr vielfältiges momentanes Wählen in Angelegenheiten, die ihnen wichtig sind, auf eine gemeinsame Form zu bringen, die sie von sich her billigen können.

So zu leben, daß dieses Billigen für relevante Bereiche nach einer Phase handelnder Anstrengung eintritt, ist oft begleitet durch spürendes Sich-Bekunden von Glück (dem Berührungs-Glück verwandt). Gelingt es mir, herauszukommen aus einer lange erduldeten Abhängigkeit von einem bestimmten Bedürfnis, das mitnichten die dramatische Gestalt der ›Sucht‹ zu haben braucht, das ich aber außerhalb vom Gezerre nie billigen konnte, weil es anderem, das ich von innen her richtig finde, zuwiderlief, dann werde ich über eine stark positive Empfindung, wo ich an solches *Gelingen* denke, kaum achtlos hinwegexistieren. Handeln die Fraglich Lebenden so, daß sie ihr Tun in langfristiger Betrachtung, am klarsten bei freigesetztem Innengrund, durch dessen spürende Stellungnahmen *angemessen* finden können, und haben sie im Versuch praktischer Selbstaneignung ein aktiv eingeleitetes *Übergehen* zu solchen Handlungsweisen aus Zuständen des früheren Hin und Her *heraus* erlebt, dann berichten sie oft über ein unverkennbares Spüren von Befriedigung oder Erleichterung. Im

Kontext moralischer Diskussionen (der nicht der hiesige Kontext ist) lieferte das schon bei sehr frühen Versuchen des Verständigungshandelns einen Grund für die Feststellung, es gebe für das rechte Handeln einen ›inneren Lohn‹. Daß diese Formel häufig im Dienst aufgesetzter, den Fraglich Lebenden von außen her diktierter oder eingeflüsterter Moralen mißbraucht wurde, ändert an dem bezeichneten Spüren beim aktiven und gelingenden Übergang zu einem Stück Selbstaneignung und Selbst-Einigkeit nichts. Auch scheint es, daß in den Fällen, wo das schubartige Sich freier Fühlen bei solchem Übergang nach früherem, hilflosem *Mal so Mal so* anläßlich des Gelingens von Handlungen eintritt, die *moralisch richtig* heißen, das Konformsein mit einer existierenden Moral nicht das Primäre ist. Was bei Übergängen der bezeichneten Art als Befriedigung und Glück gespürt wird, scheint nicht zuerst auf ein Übereinstimmen mit gegebener Sittlichkeit zurückzugehen, sondern auf ein *Übereinstimmen mit sich selbst*. Nur, wo die tätige Einheit bei freigesetztem Innengrund das von den anderen ›sittlich‹ genannte Handeln selbst als das angemessene bestätigen kann, kommen das Tun des moralisch richtig Geltenden und das Aneignungsglück zusammen.

Das vorhin benutzte Wort *Freisein* möge für das zeitweilige oder länger dauernde Angeeignethaben einer oder mehrerer Handlungsweisen stehen, die die fraglich-lebende Einheit, herausgetreten aus dem Gezerre, von ihrem Innengrund her spürend angemessen finden kann. Freisein ist demnach immer ohne letzte Sicherheit bestimmt durch Bezug auf Arten möglicher Handlungen. Es ist stets begrenzt und *stets brüchig* sowie *verlierbar*. Es gibt für die Einheit Fraglichen Lebens keinen Beweis seiner Haltbarkeit; es gibt höchstens einen Beweis für die Unmöglichkeit einer entsprechenden Garantie.

Wegen seiner nie perfekt versicherbaren Erstreckung auf Handlungsweisen in der Zeit ist das *Freisein* der Fraglich Lebenden immer eine Sache ihrer potentiellen Anstrengung, Befürchtung, Arbeit. Es sind ihm spezifische Klassen von Hochgefühl und Beschämung zugeordnet. Wegen seiner Brüchigkeit und Verlierbarkeit, auch wegen der Unmöglichkeit, sichere Voraussagen zu machen, gehört *Freisein* in seinen verschiedenen Erstreckungen zu den Lebensthemen jeder Einheit Fraglichen Lebens. Als solches Thema braucht es in der Selbstverständigung der Einheit nicht unter diesem oder verbal verwandtem Titel zu figurieren. Wie ohnehin die Fraglich Lebenden ihre Lebensthemen dem Typ nach (nicht den Details nach) aus einer größeren Gemeinsamkeit des Spürens beziehen – wobei die Wörter, die sie im Sprechen mit sich selbst und über sich selbst gebrauchen, weniger wichtig sind.

Es ist anzumerken, daß weder alles Freisein im jetzt angenommenen Sinn auf praktische Selbstaneignung zurückgehen muß, noch alle Aneignung dieser Art notwendig auf etwas hinzielt, das zu Recht *Freisein* heißen kann. Einige mir verfügbare und von mir in Zuständen freigesetzten Innengrunds auch stets von neuem richtig befundene Handlungsweisen habe ich früh gelernt, ohne sie selbst mit der Frage, was für ein Mensch ich sein oder wie ich leben will, zum Gegenstand meiner Einheitsanstrengung gemacht zu haben. Einen Teil meines Freiseins verdanke ich den helfenden Individuen meiner Einheitsgeschichte. Es ist erkennbar, daß hier eine der Hinsichten liegt, nach denen die Fraglich Lebenden durch Faktoren, die ihnen selber unverfügbar sind, zu *mehr oder weniger freien Handlungsträgern* werden, unbeschadet der Tatsache, daß sie die Resultate ihrer Einheitsgeschichte im Weg praktischer Selbstaneignung *zu verändern suchen können*.

Auf der anderen Seite kann es auch geschehen sein, daß ich mir selbst Handlungsweisen zugelegt habe, die ich zu meinem Freisein nicht zähle und nie zählen wollte. Die letztlich gar nicht mehr als Gestik meines Gesichts, sondern nur als ein Grimassieren anzusprechende Höflichkeit, mit der ich in der Vergangenheit einige Personen behandelt habe, von denen ich abhing, während ich sie zugleich verachtete, war vielleicht in trauriger Aneignung eingearbeitet (ich erinnere mich nicht, aber es könnte sein); doch spürte ich mich dabei alles andere als frei.

Dies zeigt, daß *Freisein* als ausgezeichnete und bei der Erwerbung mit *gespürtem Glück* zusammengehende Möglichkeit Fraglichen Lebens definitiv etwas anderes ist als erfolgreicher Drill, Trainingslohn, Erfüllen einer vorgesetzten Pflicht und so fort. Freisein als längerfristige Aneignung eigenen Tuns unterscheidet sich von der funktionierenden Kontrolle (oder ›Selbstbeherrschung‹) und ihren vielerlei Spielarten auf unverkennbare Weise – ähnlich unverkennbar wie von Selbst-Veränderungsprogrammen, die die *Geräte* entwickeln mögen, wenn sie von ihrer Konstruktion her etwa auf stetes Aufspüren eigener Fehler und Umstellen des eigenen Verhaltens zur künftigen Vermeidung derselben angelegt sind.

Der Faktor, der *Freisein* als Ziel partieller und nie vollkommener Selbstaneignung Fraglichen Lebens mit einem charakteristischen Sich-Bekunden von Befriedigung zu etwas werden läßt, dem die Einheiten solchen Lebens jenes Wort zugestehen, scheint das *Zusammenstimmen* der erworbenen Handlungsweise mit dem in Berührung entblindeten Stellungnehmen des eigenen Innengrunds oder spürenden Angemessen-Finden zu sein. Kann ich mir in begrenztem Umfang sicher sagen, daß ich einer bin, der in dieser und dieser Hinsicht tut und tun wird, was er unabhängig von allem Gezerre angemessen findet und aus diesem Grund zu tun begehrt, dann unterstelle ich auch, daß mein Tun in eben dieser Hinsicht zu mir gehört, von mir langfristig gebilligt wie auch mir in den Grenzen meiner Lebens-Fraglichkeit verfügbar ist; daß für mich in Sachen dieser Handlungsweise so etwas wie Bestimmung meiner durch mich selbst (Bestimmung meiner handelnden Augenblicke gemäß langfristigem Für-richtig-Halten und langfristigem So-und-so-sein-Wollen) stattfindet. Daß dabei immer die prinzipielle Möglichkeit kausaler Herleitung *auch* meiner Aneignungsversuche offenbleibt, und daß ich mich durch diese dem Fraglichen Leben zugängliche Weise praktischer Selbst-Bestimmung nicht kraft ontologischer Schwarzkunst (oder Weißkunst) aus den Bedingungen, unter denen alles Leben gelebt zu werden hat, heraushexe, versteht sich von selbst. In den Umständen, die an den Versuchen praktischer Selbstaneignung wie auch am Zugang zu den Stellungnahmen des eigenen Innengrunds kausal beteiligt sind, in den Bedingungen, die das wiederkehrende Realisieren einer vom Innengrund her für angemessen befundenen Handlungsweise gesetzmäßig so oder so beeinflussen, liegen weitere potentielle Ursachen für verschiedene Grade individuellen Freiseins unter Fraglich Lebenden.

76. Verlierbarkeit, Täuschbarkeit

Es gibt für das Fragliche Leben kein Grundbuch, in welchem sein Selbst-Besitz ein für allemal eingetragen wäre und aus dem er nur bei Tod oder urkundlicher Selbstaufgabe gestrichen würde. Wie die Einheiten solchen Lebens konstitutionell Einheiten in Bewegung sind, ist die Reichweite ihres Freiseins, sprich Angeeignetseins ihrer Handlungen, immer der Veränderung ausgesetzt. Die Fraglich Lebenden haben ihre Einheitsarbeit als Form kognitiv-liberativen Wachsens, Erhaltens oder Wiederherstellens nie endgültig hinter sich, solange sie lebendig sind. Freisein ist nie eine konstante Eigenschaft, auch nicht als physiologisch-organische Beschaffenheit (obgleich es mit Sicherheit in dieser anderen Betrachtung auch ein genauso Veränderliches, das ihm entspricht, geben muß). Brüchigkeit und Verlierbarkeit treffen auf alles Freisein fraglichlebender Einheiten zu, ähnlich wie im Prinzip die Wiederherstellbarkeit.

Wegen der Koppelung glaubwürdig so zu nennenden *Freiseins* an die orientierenden Stellungnahmen des Innengrunds scheiden aus dem Verwendungsbereich jenes Wortes, ähnlich wie bloßer Drill, auch alle Formen des Funktionierens nach einem inneren oder verinnerlichten Verhältnis von bloßem Befehl und bloßem Befolgen aus. Das Wort »bloß« soll dabei das Fehlen einer in Berührung gewonnenen Bestätigung vom Innengrund her anzeigen. Unter »Befehl« und »Befolgen« fallen Strukturen sehr verschiedenartiger Herkunft, von verinnerlichten Geboten der Religion über ähnliche Gebote der Eltern und sonstigen Umwelt des Kindes oder Erwachsenen, bis zu einer, wie man sagt, rational ausgerechneten Pflicht, wenn die oder deren Herleitungsprämissen keine solche Bestätigung finden.

Die Bindung des Freiseins an das Angemessen-Finden vom Innengrund her setzt jenes denselben epistemischen Einwänden aus, die für dieses schon als relevant eingeräumt wurden. Ich kann mir, unter anderem wegen der Undurchdringlichkeit meines Spürens, nie absolut sicher sein, daß ich an einer orientierenden Stellungnahme, von der ich mich leiten lasse, nicht den bloßen und mir bei Betrachtung meiner Einheit Fraglichen Lebens *im ganzen* auch fremden (zu anderen Stellungnahmen meiner nicht passenden) Effekt von Umständen habe, die in meiner Geschichte kausal wirksam waren. Die Bestätigung vom Innengrund her ist notwendige, aber nicht hinreichende Bedingung dafür, daß eine im praktischen Selbstaneignungsversuch entworfene und für mich festgelegte Handlungsweise mich in der Tat freier macht, statt weniger frei. *Ich kann mich über mich täuschen*, auch über das, was ich an mir momentan als das Vertrauteste und mir in stärkstem Maß Eigene erlebe.

Die Anerkennung der Täuschbarkeit setzt nicht alles Freisein nachträglich in den Status des Beliebigen zurück. Zu der Einheitsarbeit, mit der Freisein erweitert, verteidigt, wiederhergestellt werden kann, gehört als Wachstums-Orientierung wie als Mittel zum Zurückdrängen von Täuschungen der Versuch, relevante Züge der eigenen fraglich-lebenden Einheit in möglichst großem Umfang artikulierend zu entblinden. Je weiter ich bei meiner kognitiven Selbstaneignung komme, desto geringer wird meine Täuschungsanfälligkeit da, wo ich Handlungsweisen als *meine* in den Bereich eigener Verfügung, im Gegensatz zu unerkannt durch mich hindurchwirkender Fremdbestimmung, zu bringen suche. (Das Wirken von Fremdem überhaupt kann ich nicht verhindern, das *unerkannte* Wirken solcher Art in begrenztem Maß doch).

Brüchigkeit und Verlierbarkeit bedeuten nicht ständiges Brechen und ständiges Sich-Verlieren. Täuschbarkeit bedeutet nicht ständiges Getäuschtwerden. Es gibt für das Fragliche Leben nichts, von dem der Status absolut täuschungsfreier Gewißheit absolut täuschungsfrei vorgewiesen wäre. In Sachen dessen, was ich vom Innengrund her angemessen finden kann, gehört es zu meiner Lebensarbeit, wie auch zu möglichem Lebensglück, meinen Spürensschatz, an dem ich mich zu orientieren imstande bin, reicher zu machen und so zugänglich zu halten, daß ich von pseudo-selbstverständlichen Gewichtungen, zwanghaft wiederkehrenden Anweisungen, spürensfremd fixierten Vorsätzen und dergleichen nicht beliebig überrumpelt werde. Wer ich spürend bin, ist nicht zugänglich und aufschlagbar wie das Telefonbuch. Wer ich mit den Spürenszügen meines Innengrunds, die gewöhnlich zurückgestellt bleiben, bin, kann ich nur in wiederholtem Berührungsversuch, von Verständigungspunkt zu Verständigungspunkt stückweise Entblindung treibend, erkunden. Wie eine Innengrund-Stellungnahme zur Sprache hingebracht wird, wie ein Verständigungspunkt erworben wird, wie die spürende Einheit in ihren ungezerrten Augenblicken das Starre vom Lebendig-Beweglichen, die Spürensschablone von dem einmaligen Klima des jetzt sich Bekundenden unterscheidet, ist Sache des unterschiedlichen, aber auch erweiterungsfähigen Berührungs-Geschicks. Daß solches Geschick selbst Gegenstand von Entwicklung und Wachstum ist, teilt es mit dem gänzlich anderen Geschick, kraft dessen die Fraglich Lebenden in der verstellten Welt die Standardleistung des Beobachtens erbringen. (Beobachten kann gelernt werden; Stellungnahmen des Innengrunds aufnehmen *auch*).

Vielleicht wegen der Tatsache, daß es sich bei Freisein immer um ein Stück relativen Wachstums (Gewachsenseins) heraus aus Blindheit und Quasi-Mechanik handelt, gehört seine Realisierung zu den stärksten Anlässen für gespürte Befriedigung und gespürtes Glück. Die beiden letzteren, wenn durch Erwerb von Freisein ausgelöst, stellen charakteristisch menschliche Formen der Lust dar. Selbst wenn der von einigen geglaubte Gott wollte, könnte er *dieses Glück* nicht *spüren*. Daß ihr Freisein brüchig und verlierbar ist, daß sie dabei täuschungsanfällig sind, ist den Fraglich Lebenden oft ohne weitere Theorie selbst deutlich.

Brüchigkeit, Verlierbarkeit, Täuschbarkeit zeigen bei näherer Betrachtung, daß Freisein in erheblichem Maß beeinflußt ist durch die Arten von *Gemeinschaft*, die die Einheit Fraglichen Lebens mit sich selbst wie mit relevanten Anderen eingehen kann.

Es gibt wenige Freiheitshelden in der Isolation. Gegen eine zum Schrumpftum tendierende Umgebung (die immer auch eine Umgebung ist, welche dazu neigt, ihr eigenes Schrumpftum stillschweigend von allen zu fordern) fällt isoliertes Wachsen zu größerer innerer Gemeinschaft und das Realisieren von Handlungsweisen, die im Versuch praktischer Selbstaneignung entworfen werden, *schwer*: Damit eine Gruppe von Fraglich Lebenden freier wird, müssen Einzelne ihr oft voraus sein; der eigenen Gruppe in einem Maß voraus zu sein, das diese definitiv nicht wünscht, wird von der Gruppe stillschweigend bekämpft, auch wenn sie selbst von den Techniken ihres Druckausübens keine artikulierende Kenntnis zu haben braucht. Die Individuen Fraglichen Lebens, die in der geschichtlichen Erinnerung der Gattung wie ›Helden‹ des jetzt beschriebenen Freiseins stehen, nutzten neben dem, was von ihnen selbst kam, oft auch ein Minimum förderlicher Bedingungen ihrer historischen Situation im Da-sein mit anderen.

In Berührung Kommen mit sich wie auch mit anderen ist partiell eine Sache der Wechselwirkung zwischen Fraglich Lebenden; Ähnliches gilt für die Selbstaneignungsversuche, die sich an dem in Berührung Entblindeten orientieren, und für das Verwirklichen der damit entworfenen Handlungsweisen. Das Wort »partiell« ist hier eingefügt, um daran zu erinnern, daß die Gemeinschaft mit anderen nie alle Faktoren bereitstellt, aus denen die Spürensgeschichte der Einzelnen hervorgeht. In früherer Sprache: Sie ›determiniert‹ nicht alles Spüren der Einzelnen; es gibt sowohl andersartige Faktoren, als auch wird sie selbst von gegenläufigen Ereignissen des ungenehmigten Angemessen-Findens und ungenehmigten Wachsens zu größerem Freisein ihrerseits beeinflußt; es kann sein, daß sie eben dadurch *anders* wird (Athen vielleicht zu Sokrates' Zeit ein Stück freier als vor ihm; Deutschland in den ersten Jahren der Reformation vielleicht gleichfalls ein Stück anders; und erst durch Krieg und Gewalt das Freiere wieder niedergemacht).

Diese unvollständigen Bemerkungen dienen nur dazu, die Betrachtung auf ein Thema einzustellen, das mit der herkömmlichen Verbindung des ›Freien Willens‹ zu einer entsprechenden ›Verantwortlichkeit‹ für eigene Taten vorläufig bezeichnet ist. Selbst sehr hochfahrende Theoretiker der Tradition pflegten zu konzedieren, daß Einschränkungen der Freiheit solchen ›Willens‹ auch Einschränkungen der ›Verantwortlichkeit‹ mit sich brächten. Die ›Verantwortlichkeit‹ war im wesentlichen gedacht wie ein Haftenmüssen für eigenes Tun; weniger ein dingliches Haftenmüssen für Schäden (obwohl das auch beteiligt war), als ein moralisches und rechtliches Haftenmüssen im Sinn des *Verdienens* bestimmter, genormter wie heimlicher Folgen eigenen Tuns.

Unter diesem groben, doch in sehr haltbaren Institutionen fest gewordenen Gesichtspunkt gewinnt die Rolle, die Individuen solchen Lebens *für einander* in Sachen ihres Freiseins spielen können, ein neues Gewicht. Es ist für die Art, wie ich mit den anderen leben kann, nicht gleichgültig, welchen Grad entblindender Berührung ich in innerer Gemeinschaft verwirkliche (oder in innerer Einsamkeit, mir selber stumpf bleibend wie das grüne Telefon hier, verfehle). Es ist genauso wenig gleichgültig, welchen Grad von Berührung mit ausgezeichneten *Anderen* ich gewinne, so daß ich an und mit solcher Berührung zu wachsen beginne (oder mangels ihrer mein eigenes und das allgemeine Schrumpftum verstärke). Und natürlich ist für diese Perspektive nicht gleichgültig, welche Handlungsweisen ich in entblindender Artikulation, oft überraschend, angemessen finde, und welche davon wieder ich mir brüchig und verlierbar *zu eigen* machen kann. Das bisher vor allem mit Blick auf die individuelle Einheit Fraglichen Lebens gekennzeichnete Freisein als relative Aneignung ihres Tuns (verbunden mit Entblindung, Wachstum, Zu sich Kommen, spürender Befriedigung) hat auch die Seite des freieren oder weniger freien Lebenszusammenhangs mit anderen.

Jemanden zum Freier Werden aufzufordern oder zu ermahnen, erscheint allerdings nur begrenzt nützlich. Das ungezerrte In Berührung Kommen mit dem Innengrund als Bedingung für Freisein ist schwerlich durch drängende Eingriffe von außen zu erreichen, die selbst Stücke von Gezerre herstellen. Es am Ende durch Zwangsmaßnahmen fördern zu wollen, ist ein selbstdestruktives Unternehmen. Wie überall in Fragen individueller oder kollektiver Einheitsarbeit sind die Mittel von entscheidendem Einfluß auf den zu erreichenden Zweck. Stellen sie selbst Zwangsmittel dar, dann infizieren sie schon im Anfang das, was durch sie erreicht werden soll, mit ihrer eigenen zwanghaften Beschaffenheit.

Mache ich mir also Sorgen darüber, daß mein Kind jetzt schon, als nicht einmal Vierjähriges, über Dinge, die es augenfällig bedrängen, mit verlegenem Schweigen oder ebensolchem Lachen hinweggeht (mein schwierig und leider auch feindselig gewordenes Verhältnis zu seiner Mutter, bei der es lebt), und will ich meinerseits hier etwas *tun*, dann erfahre ich beim Versuch, das Kind durch direktes Fragen zum Sprechen über seine Gefühle zu bringen, immer eine Niederlage. Es will von meinen Fragen nicht noch einmal gezerrt werden, und es dichtet sich gegen solche Versuche mit perfekten Weigerungsformen ab. Es bleibt mir nichts als zu vermuten, daß ich in Gefahr bin, auch über den Augenblick hinaus bei ihm eine Tendenz zum schweigenden Hinwegleben über Einzelheiten, die zu seinem Wichtigsten gehören, stark zu machen – statt einer Tendenz zur Entblindung (in den gar nicht engen Grenzen eines Vierjährigen) und zum Wachstum. Während ich mit ihm in dieser schwierigen Phase unserer sporadischen Gemeinschaft umzugehen suche, wird mit klar, daß ich ihm zu Stücken *seines* Freiseins nach allem, was ich zu erkennen fähig bin, vor allem verhelfen kann durch Stücke *meines* Freiseins, die ich in diesem Fall offenkundig erst erwerben muß. Es fällt mir nämlich meinerseits schwer, ihm zu sagen, wie es mir geht. Ich spiele lieber mit ihm und helfe mir selbst dabei durch das gemeinsame Getobe über das Erfordernis hinweg, zu dem Kind über solches, das zu meinem unkonfrontierten Spüren gehört und das Kind betrifft, *sprechen zu lernen*. In dieser Weise sprechen können, wäre ein Stück Freisein auf meiner Seite (eine selbst als angemessen und nötig gespürte Art des Handelns in den Bereich meiner ungarantierten Verfügung gebracht haben). So mag es, wird mir jetzt klar, durchaus sein, daß ich zu den ebenso prompten wie undurchdringlichen Manövern, mit denen das Kind meine Versuche, mit ihm ins Sprechen zu kommen, übergeht, selbst beigetragen habe. Es geschah durch eigenes, hoffentlich nur partielles Unfreisein in eben den Dingen, in denen ich mir für das Kind und für seine bessere, weniger blindgesteuerte Zukunft größeres Freisein wünsche. Dies kann ich am wirksamsten fördern, indem ich reales Entblinden meines Spürens und zugeordnetes Tun gemäß dem in Entblindung Gefundenen zusammenbringe. Das absichtlich und in pädagogischer Einstellung Vorgemachte hingegen, das meiner spürenden Wirklichkeit jetzt und hier nicht oder nur auf hingezwängte Weise korrespondiert, scheint das Kind durch rätselhafte Kanäle als *Taktik* wahrzunehmen. *Es atmet das Taktische durch die Haut ein.* Seine

Reaktion darauf ist wie die Reaktion auf einen unzulässigen Beeinflussungsversuch. Ich vermute also: Je mehr von mir ich für mich sein und dem Kind gegenüber, ohne Verfälschung durch lenkende Absicht, glaubhaft darstellen und handelnd leben kann, desto besser sind die Aussichten, daß ich für ein Freier Werden des Kindes förderlich bin.

Ich nehme an, daß sich Wichtiges davon auf alle Gemeinschaft Fraglich Lebender übertragen läßt. Die Weise, wie andere im Umgang mit mir eigenes, wirklich so zu nennendes Freisein zeigen, fördert meine Fähigkeit, die spürenden Orientierungsquellen eigenen Freiseins mir entblindend zugänglich zu machen und anzufangen, punktweise anders zu werden, eben *freier*. Die ausgezeichneten Situationen des In Berührung Kommens mit einer freieren Einheit Fraglichen Lebens liefern glückliche Bedingungen für das Auslösen der Vollzüge auf meiner Seite, die mein eigenes Freier Werden einleiten können. In Berührung Kommen mit anderen als ein Prozeß, der bei seiner vollen Realisierung wechselseitiges Einander-Fördern zu weiterem Wachstum enthält, kann nicht einfach verlangt werden. Es gehören auch günstige Umstände dazu, genauso wie die gegenseitige Freiwilligkeit im Sinn von Un-gezwungenheit. *Berührungsdruck*, offen oder in Blindheit ausgeübt, führt zwangsläufig zu subtilen, in ihrer Spürens-Bizarrerie höchstens noch vom Einfallsreichtum des sich verweigernden Kindes übertroffenen Formen der Scheinberührung und des Scheinwachstums.

In Berührung Kommen wird hier nicht eingesetzt als idealtypisches Denkraster. Es ist eine reale Möglichkeit des Lebendigseins in Gemeinschaft, wenngleich eine, die nicht oft ausreicht, um die zur Zeit ihrer Dauer entworfenen, neuen Handlungsweisen auch alltäglich zu begrenzter Stabilität zu bringen. Daß dem Fraglichen Leben in seiner Geschichte bis auf heute die *Institutionen* fehlen, die ein wirklich so zu nennendes Freier Werden über längere Zeit begleiten und begrenzt verläßlich machen helfen, wird noch zu besprechen sein. Unangesehen der Glücksfälle von Berührung scheint für die menschliche Weise, lebendig zu sein, allgemein zu gelten: Freisein und Freier Werden einer spürend tätigen Einheit können von außen her optimal gefördert werden durch gelebtes Freisein und Freier Werden anderer solcher Einheiten. Sie können durch die gegenteiligen Weisen, ein Leben zu bestreiten, in ebenso hohem Maß blind behindert werden. Freisein tendiert zum Fördern von Freisein; blindes Unfrei Bleiben tendiert zum Fördern blinden Unfrei Bleibens.

Es versteht sich, daß die in der geschichtlichen Erinnerung der Gattung hochgehaltenen Einzelnen, die gegen Widerstände einer behindernden Umwelt ein besonderes Maß oder eine besondere Weise von Freisein verwirklichten, nur eine Teilklasse der Individuen sind, die gegen offene oder blinde Unfreiheitsverordnung der relevanten Anderen dem Spüren ihres Innengrunds folgten und diesen Anderen, *sie zunächst gegen ihren Willen fördernd*, ein Stück Freisein vorlebten. Die geschichtliche Erinnerung ist unvollständig, und die Gattung braucht, um Freisein zu erweitern und erworbenes Wachstum im Spüren wie im Tun nicht zu verlieren, stets mehr als die Wenigen, über die irgendwann geschrieben wird. Die Klasse freiseinfördernder Einheiten Fraglichen Lebens schließt in der Perspektive auf bessere Zukunft *potentiell jeden* ein. Es wäre ein typisches Stück Ichbetrug, wollte irgendwer für sein eigenes zukünftiges Spüren und Handeln jegliches Freier Werden ausschließen und bestehendes Unfreisein in bestehendem Schrumpftum festschreiben. Die Erweiterung von Freisein, im einzelnen wie im ganzen, ist für die je vorausliegende Zukunft die Sache *aller*, deren Leben auf diese Zukunft hinläuft.

Da es hier nicht um eine Ethik geht, werden charakteristische Konsequenzen aus diesem Sachverhalt nicht ausgeführt. An eines ist aber noch zu erinnern: Sehr viele negativ bewertete Taten, welche eine sich in die Höhe phantasierende Tradition der Philosophie und ein (neuerdings etwas unsicher gewordenes) Selbstverständnis des Rechts dem ›freien Willen‹ zuschrieben, sind offenkundig durch mangelndes oder schwankendes Freisein der ›Täter‹ mit bedingt. Daß solches mangelnde oder schwankende Freisein wieder durch wachstums- und freiseinshinderlichen Einfluß ihrer Umgebung mit hervorgerufen ist, kann schwerlich allgemein geleugnet werden. Zur freiseinsrelevanten und im entscheidenden Fall -hinderlichen Umgebung eines ›Täters‹ gehören in einem Gemeinwesen mehr oder weniger direkt oder indirekt *alle*, am deutlichsten durch die nähere Form ihres kollektiven Lebens. Weil niemand sein Freisein im absoluten Alleingang verwirklicht oder verliert, kann mit der ausschließlichen Fixierung der ›Verantwortlichkeit‹ auf den ›Täter‹ – wenn sie mehr sein soll als ein dogmatisch-juristisches Konstrukt – etwas nicht stimmen.

78. ›Verantwortlichkeit‹

Das jetzt Gesagte gegen die Einrichtungen gehalten, in denen Fraglich Lebende von seiten ihrer Gemeinwesen de facto für einzelne ihrer Taten ›zur Verantwortung‹ gezogen werden, fällt auf, daß diese öffentlich unterstellte ›Verantwortung‹ oder ›Verantwortlichkeit‹ mit dem *Freisein* der Beteiligten sehr wenig zu tun hat. Weder wird *Freisein* bei solcher ›Verantwortlichkeit‹ vorausgesetzt, noch wird es durch die Maßnahmen, die in ihrem Namen verhängt werden, glaubwürdig vermittelt. Freier Werden als eine charakteristische Möglichkeit des Fraglichen Lebens zum Wachstum im Erkennen wie im Tun scheint durch die im Namen von ›Verantwortlichkeit‹ verhängten Maßnahmen nur in geringem Umfang überhaupt berührt zu werden.

Diese Feststellungen bedürfen einer kurzen Erläuterung. ›Verantwortlichkeit‹ der Einzelnen für eigene Handlungen tritt zwar in den Texten der Gesetze, nach denen jene potentiell oder faktisch ›zur Verantwortung gezogen‹ werden, nicht notwendig auf; sie bildet aber im Gerüst der Rechtfertigung solcher Maßnahmen der Sache nach (gleich, wie die Wörter lauten) eine wichtige Voraussetzung. Diese Sache der ›Verantwortlichkeit‹ ist gewöhnlich (wenngleich nicht ausschließlich) gedacht als ein *Verdienen,* rechtlich und moralisch richtiges *Zu-Dulden-Haben* bestimmter öffentlich verhängter Folgen, von denen der paradigmatische Typ die *Strafe* ist. Zu den klassischen Entschuldigungsgründen, die praktisch alle Rechtssysteme in einem Kernbereich anerkennen, gehört auch ein nachweisliches Nicht-Können im Sinn einer nachweislichen Unfähigkeit, dem rechtlich Geforderten handelnd nachzukommen. Daraus ergibt sich, daß da, wo *nicht* entschuldigt, also ›Verantwortlichkeit‹ angenommen und Strafe verhängt wird, auch immer die Unterstellung stattfindet, der ›Täter‹ habe in der entscheidenden Situation *anders* handeln können, nämlich so, wie es dem Recht gemäß gewesen wäre.

Über den detaillierten Sinn dieses Anders-handeln-Könnens will ich hier nicht schreiben; fest scheint zu stehen, daß ihn keiner genau kennt. Es gibt an der Basis gegenwärtiger Strafrechts-Systeme eine offenkundige Unsicherheit über den genauen Sinn des Anders-handeln-Könnens, das man beim Bestrafen dem ›Täter‹ unterstellt. Weil Anders-handeln-Können wiederum einen Sinn des Wortes »Freiheit« ausmacht, ist diese Unsicherheit zugleich eine Unsicherheit über die Art von ›Freiheit‹, die das Recht, wo es *straft,* als notwendige Bedingung für ein Rechtfertigen der dabei in Anspruch genommenen ›Verantwortlichkeit‹ voraussetzen muß. Gemäß den verschiedenen Positionen, die sich angesichts solcher Unsicherheit gebildet haben, gibt es verschiedene Deutungen des Rechts öffentlicher Strafe und des Sinnes öffentlicher Strafe, mitsamt diversen Formen des Kombinierens solcher Deutungen. Begrenzt glaubhaft scheinen mir davon nur die Auffassungen zu sein, die Strafen als eine Weise der Selbstverteidigung von Gemeinwesen Fraglichen Lebens interpretieren, welche gegenwärtig noch unverzichtbar, aber keineswegs absolut gerechtfertigt ist. (Auch die Rechtfertigung *relativ* zum gegenwärtigen Zeitpunkt ist nie eine glatte; Strafe bleibt auch in relativer Betrachtung eine schwer erträgliche, durch ihre Verteidigungsrolle nur als sogenannt notwendiges Übel ausgewiesene Institution.) Es muß nach diesen Auffassungen die Tendenz des Fraglichen Lebens überhaupt sein, Strafe auf lange Sicht durch Besseres und für die betroffenen spürend tätigen Individuen wie auch für das liberative Klima des Gemeinwesens im ganzen weniger Zerstörerisches zu ersetzen.

Die beim staatlichen Strafen in dessen eigenen Rechtfertigungsversuchen stets in Anspruch genommene, wenngleich verschieden interpretierte Fähigkeit, zur Zeit der ›Straftat‹ anders (nämlich rechtmäßig) zu handeln, die in mehr oder weniger starkem Sinn auch »Freiheit« genannt wird, ist von dem eben gekennzeichneten *Freisein* offenkundig verschieden. Trotz gegebener Überschneidungen ist sie im Kern etwas ganz anderes. Die Überzeugungs-Straftäter, die auch für das Selbstverständnis des Rechts eine Sonderklasse bilden, beiseite stellend, muß ich vermuten: eine erhebliche Anzahl der Fraglich Lebenden, die in die Drehtüren der Strafjustiz geraten, wird nicht ›straffällig‹ aus einer relevanten Form von Freisein, sondern aus Unfreisein. Viele sind irgendwann im Gezerre einer Handlungsmöglichkeit gefolgt oder planmäßig nachgegangen, die sie selbst außerhalb von Druck und Zug, im idealen Fall bei freigesetztem Innengrund, nicht angemessen finden. Es sind Individuen, die ein wirklich so zu nennendes *Freisein* nicht in hohem Grad und in Sachen des aktiven Unterlassens ihrer strafbaren Handlung gerade *nicht* erworben haben. Ihr Straffällig-Werden ist in der zuständigen Hinsicht nicht als Manifestation von Freisein, sondern als sein Fehlen oder sein Zusammenbruch zu deuten. Am klarsten zeigt sich das an Wiederholungstätern aus Labilität, die von sich selbst sagen: »ich falle immer wieder um«; »ich finde in meinem Leben keine Linie«; »irgendetwas bringt mich immer wieder ab«; »ich bin so haltlos, daß mir allmählich alles gleich ist«. Daß die bei wiederholter ›Straftat‹ immer härter werdenden Strafen die ›Täter‹ in statistischer Übersicht gerade nicht freier machen, sondern die typischen Punkte ihres Unfreiseins eher verstärken, ist bekannt, genauso wie der verheerende Isolierungs- und Zurücktreibungseffekt der sogenannten Gesellschaft auf die Individuen Fraglichen Lebens, die nach einer Zeit in der Straf-Anstalt sich ihr wieder ›eingliedern‹ wollen.

Da die trotz massiver Uneinigkeit über ihren genauen Sinn vom Strafrecht stets in dem genannten Minimalumfang von ›er/sie *hätte* auch rechtmäßig handeln *können*‹ vorausgesetzte ›Freiheit‹ von *Freisein* erkennbar verschieden ist, leuchtet ein, daß die mit jener ›Freiheit‹ gewöhnlich verknüpfte Praxis von ›Verantwortlichkeit‹ bei ihrer Selbstlegitimation auf Freisein nicht eo ipso zurückgreift. Die Strafe weist sich im Sinn dieser ›Verantwortlichkeit‹ nicht als verdient oder auch nur gerechtfertigt aus, weil der Handelnde sich in angebbarer Weise *Freisein* erworben hätte; sie wird vielmehr oft auf ein vorhandenes und mit der unglücklichen Tat gezeigtes Unfreisein *noch darauf gelegt.*

Das öffentliche Strafen enthält deshalb auch einen deutlichen Anteil von Ungerechtigkeit in dem Sinn, daß es einige vorhandene, unverschuldete Ungleichheiten unter Fraglich Lebenden nicht mindert, sondern betont und verstärkt. Es benachteiligt eine Minderheit, die ohnehin wegen ungünstiger Umstände in ihrem Einheitswachstum benachteiligt ist, noch einmal. Die Strafe als Freiheitsstrafe hat sich überdies faktisch ausgewiesen als etwas, das potentielles Wachsen und Freier Werden oft noch in einem Extramaß (durch zwangsweises Bereitstellen einer Blindheit einübenden, strikt wachstumsfeindlichen Umgebung) weiter erschwert, statt es einzuleiten. Das gilt trotz einer ganzen Reihe wohlmeinender, einem sozialpädagogischen Bevormunden oft nahestehender Straf-Interpretationen, die sagen, die Strafe solle »letztlich zum Besten des Täters dienen«, dazu helfen, »aus ihm wieder ein vollwertiges Mitglied der menschlichen Gemeinschaft zu machen«, und dergleichen.

Der Vollständigkeit halber ist anzumerken, daß die nicht straffällig werdenden Mitglieder des Gemeinwesens nicht etwa notwendig einen höheren Grad an Freisein erworben haben als die der öffentlichen Strafe ausgesetzte Minderheit.

Der Unterschied der beiden Klassen kann auch dadurch entstehen, daß die Glücklicheren besser trainiert sind. Sie hatten vielleicht in ihrer Kindheit einen besseren Wohlverhaltensdrill. Darin, daß die strafrechtliche ›Verantwortlichkeit‹ indirekt gedrilltes Wohlverhalten positiv hervorhebt, zeigt sich ein weiteres Mal, daß sie *keine logische Verbindung mit Freisein* besitzt.

Was zum Wiedergewinn oder zur wachsenden Entwicklung von Freisein bei einer fraglich-lebenden Einheit förderlich sein kann, die erfahren hat, daß ihr Freisein punktuell zusammenbrach oder in einer relevanten Hinsicht nie vorhanden war, hat denn auch mit der im Alltag wie im Recht unterstellten ›Verantwortlichkeit‹ sehr wenig zu tun.

Etwas in schmalem Umfang anzudeuten, das mit Sinn an die Stelle jener ›Verantwortlichkeit‹ treten könnte, versuche ich unter dem Titel *Veränderndes Antworten.* Es braucht dazu wieder einen kleinen Bestand an Vorbereitung.

79. Nicht abwälzbar

Nach dem, was bis hierher auseinandergelegt wurde, können unter dem jetzigen Gesichtspunkt bei dem »strafbar« genannten Handeln Fraglich Lebender prinzipiell zwei Gruppen von Faktoren unterschieden werden, die beide zum Unfreisein des ›Täters‹ im Zeitpunkt seiner Handlung beitrugen. Sie lassen sich für die mit Abstand wichtigste Menge der Fälle einstellen unter die Rubriken: Faktoren, die in der Persönlichkeit des ›Täters‹ liegen, und Faktoren, die zu seiner Umwelt gehören.

Sofort scheint es, als falle bei einer radikaleren Betrachtung die erste Gruppe von Faktoren mit der zweiten zusammen: Die Persönlichkeit des ›Täters‹, heißt es, sei immer ein Produkt ihrer Umwelt, und also selbst ›eigentlich‹ gar nicht an der Tat beteiligt. Das erstere mag in dieser Ausschließlichkeit gelten oder auch nicht – darüber braucht hier nichts entschieden zu werden (aber siehe oben). Das letztere, durch »also«

wie eine Konsequenz aus dem ersten Eingeleitete, ist sowohl falsch geschlossen als auch sachlich falsch. Der Fehlschluß entsteht durch das schon mehrfach als sophistisch kritisierte Ablösen des Tuns von dem, der es tut oder getan hat, und Einsetzen irgendwelcher vorausliegender Umstände als ›eigentlich handelnd‹, ›eigentliche Subjekte des Tuns‹, oder wie es heißen mag. Die Sophisterei ist besonders deutlich da, wo das rückwärtige Abwälzen aus der Perspektive der spürend tätigen Einheit selbst geschieht. Nehme ich an, ich sage: »Nicht ich habe diesen schwerwiegenden Fehler bei der Erziehung meines Kindes gemacht; es waren die Umstände, die in meiner eigenen Erziehung und in meiner ganzen Geschichte auf mich eingewirkt und mich zu dem gemacht haben, der ich bin«. Damit versuche ich, mich selbst als den Tätigen aus der Gesamt-Folge von Umständen und Ereignissen durch verbalen Trick herauszunehmen, so daß bei der Frage nach den Faktoren, die meinem Kind einen *Schaden am Freisein* beigebracht haben, ich gar nicht mehr genannt zu werden brauche. Dabei war es auch offenkundig *mein* Unfreisein, das eine negative Wirkung auf das Kind hatte, und es ist also mein Freiseins-Mangel, den ich *als ersten zu verändernden Umstand* finde, wenn ich mich frage, was getan werden kann, um das Kind vor ähnlichen Schäden in der Zukunft zu bewahren. (Daß meine Fehler beim Umgang mit dem Kind nicht den typischen ›Aufbau‹ von Straftaten haben, ist eingeräumt, aber hier auch nicht wichtig.) Von den manifest unüberwindlichen Zwangs- und Hinderungssituationen abgesehen, und die Überzeugungstäter hintangestellt, trifft Vergleichbares immer zu: Das Unfreisein des Handelnden vor und bei der Tat, die er selbst außerhalb des Gezerres nicht angemessen findet, ist der erste, weil am nächsten an der Sache liegende Umstand, der genannt werden muß, wenn gefragt wird, was denn zu verändern sei, damit ähnliche Taten in der Zukunft nicht mehr geschehen. Zusätzlich zum Unfreisein dessen, der unangemessen handelt oder gehandelt hat, gibt es die außerhalb liegenden Umstände, die zum Entstehen dieses

Unfreiseins beitrugen oder sein Weiterbestehen begünstigen. Wie es eine Sophisterei wäre, wenn die Fraglich Lebenden ihre Taten auf solche Umstände rückwärtig abwälzten, wäre es sachlich unangemessen, die Umstände bei der Frage nach dem, was in der Vergangenheit wirksam war und für eine bessere Zukunft *zu verändern* ist, zu vernachlässigen. Aus meiner Perspektive gesprochen: Daß ich es war, der falsch handelte, macht mich selbst für mich zum ersten Adressaten der Frage, was ich tun kann, um meinen offenkundigen Freiseins-Mangel, der sich in der Tat zeigte, zu verkleinern oder zu beseitigen. Daß es Umstände gab, die mich beeinflußten, ohne daß ich sie selbst hervorrief, macht der Tendenz nach das ganze Gemeinwesen, in dem ich lebe, zum Adressaten der Frage, was getan werden kann, um seine Einzelnen vor Schäden an ihrem Freisein, die sich im Extremfall als Straftaten manifestieren, zu bewahren.

Die herkömmliche ›Verantwortlichkeit‹ zeigt sich als einseitiges Aufpressen negativer, oft zerstörerischer Tatfolgen auf Einzelne unter Ausblenden der Tatsache, daß diese Einzelnen durch Geschichte wurden, wie sie sind. Der Anteil des Gemeinwesens an der Tat und an der Aufgabe, zum Herbeiführen einer besseren Zukunft durch Selbstveränderung tätig zu werden, wird unterschlagen. Der im Namen eines irreführend umgedeuteten Determinismus unternommene Versuch, die Tat von dem Fraglich Lebenden, der sie getan hat, abzutrennen und zu sagen: Die Umstände sind an allem schuld (in der billigsten Version: ›Die Gesellschaft‹ ist an allem schuld), zeigt sich als die andere Einseitigkeit: Der tätigen Einheit soll alle Veränderungsarbeit in Richtung auf größeres eigenes Freisein und angemesseneres eigenes Handeln in der Zukunft erlassen werden mit der objektiv falschen These, sie habe mit ihrem eigenen Handeln *nichts zu tun*. In den Strukturen der herkömmlichen ›Verantwortlichkeit‹ wälzt das Gemeinwesen einseitig die unerwünschten Taten auf sogenannte ›Täter‹ ab. Mit dem gegenläufigen Ziel, diese ›Täter‹ von jeder Anstrengung für eigenes Freier Werden zu dispensieren, wälzen einige sophistische Verteidiger die gleichen Taten in gleicher Einseitigkeit auf das Gemeinwesen ab.

Wie die Taten nicht zu durchsichtigen Entlastungszwecken auf die eine oder andere Seite abgewälzt werden können, so nicht das, was sich als *zu tun* ergibt, wenn gefragt wird, welche Anstrengung jede beteiligte Partei zum Herbeiführen einer besseren Zukunft unternehmen kann. Angenommen, die Beteiligung an einer Tat, deren Opfer auf schwere Weise Schaden nahmen, sei ein guter Grund zu sagen, es gebe für die, die in der beschriebenen Weise durch eigenes Handeln beteiligt waren, eine (spürend bestätigbare) Verpflichtung, ihr Mögliches zu tun in Richtung auf eine Zukunft, in der solche Handlungsweisen zurückgedrängt werden: Dann gibt es guten Grund zu sagen, diese Beteiligten hätten eine (spürend bestätigbare) Verpflichtung zur *Erkenntnis* derjenigen Eigenschaften ihrer selbst, durch die sie zu der Tat beitrugen und zu entsprechender *Veränderungsarbeit*. Für den ›Täter‹ ist eine solche Eigenschaft als erstes sein eigenes Unfreisein in der für seine Handlung relevanten Hinsicht; für das Gemeinwesen sind es in der Regel die Strukturen seiner selbst, die das Unfreisein des ›Täters‹ vor und bei der Tat förderten.

Aus einer Verpflichtung dieser Art, die im Prinzip die Verpflichtung zu *Erkenntnis* und *Veränderungsarbeit* zugunsten einer anderen Zukunft ist, kann sich Fragliches Leben nicht durch bloße generelle Interpretation herauszaubern. Neben dem Abwälzen auf eine je andere Seite, das augenfällig sophistische Züge trägt, ist als Typus solcher Entlastungs-Interpretation noch das Argument aus der angeblichen Wirkungslosigkeit eigener Versuche bekannt. Es hat verschiedene Versionen, von denen eine mit Tolstois Tretmühlenbild zusammenfällt. Wie sich zeigen läßt, daß dieses Bild aus der Voraussetzung eines gesetzmäßig geordneten Weltlaufs falsche Schlüsse zieht, läßt sich auch von anderen Versionen zeigen, daß sie aus ähnlichen Prämissen falsch folgern.

Soweit die Vergangenheit betroffen ist, lassen sich Grenzen meines Freiseins aus dem, was ich getan habe, ermitteln. Was die Zukunft angeht, so ist mir der Bereich, den mein Freisein umfassen kann und wird, nicht durchgängig im voraus festlegbar. Es gibt die erwähnten, manifesten Zwänge und Hindernisse, die eine bestimmte Handlung von vornherein empirisch unmöglich machen. Sie stellen gerade *nicht* die generelle Interpretation bereit, die mir erlauben würde zu sagen: »Aus den und den Gründen kann ich mein Freisein grundsätzlich nicht erweitern und bin deshalb grundsätzlich von jederlei Verpflichtung zur Veränderungsarbeit entbunden.« Das gleiche gilt für das Gemeinwesen, dessen Beschaffenheit zu einer Tat beitrug: Es gibt kein generelles Argument, mit dem es sich die Anstrengungen zur Selbstveränderung schenken könnte, die sich angesichts seines eigenen Beitrags zu den Handlungen der, wie man sagt, ›*Verbrecher*‹, als plausible Forderungen unter Fraglich Lebenden an es richten.

Aus Gründen, die in der Limitierung seiner Selbst-Voraussagbarkeit liegen, muß das Fragliche Leben sein mögliches Handelnkönnen für die Zukunft als etwas betrachten, das *für seine Erkenntnis nie vollständig festgelegt sein kann.* Das macht den Versuch tätiger Beantwortung falschen (unfreien) Handelns durch zukunftsgerichtete Einheitsarbeit sowohl sinnvoll, als auch schützt es die entsprechende Forderung vor Versuchen, sie mit irgendeiner generellen These glatt abzuweisen. Der Rückgriff auf ein übermenschliches Wesen, das im Gegensatz zu uns *doch die ganze Zukunft kennen soll,* gehört, genauso wie das Versprechen einer *Theorie,* die irgendwann dasselbe leisten werde, zu der eigentümlich menschlichen Neigung, an den Bedingungen, unter denen Fragliches Leben sich selbst vollziehen muß, vorbeizuexistieren (vorbeizuglauben und vorbeizuhandeln).

Herkömmliche ›Verantwortung‹, speziell im paradigmatischen Fall der Strafe, hat trotz vieler anderslautender Beteuerungen *eine dominante Richtung auf Vergangenheit.* Es wird die vergangene Tat durch etwas auf sie Bezogenes ›verantwortet‹, das verdiente Übel nämlich. Dieses für die vergangene Tat öffentlich zugesprochene Übel ist immer noch im großen und ganzen wie ein negatives, vom ›Täter‹ zu erduldendes Äquivalent jener Tat eingesetzt (es wird an der mit der Tat zugezogenen ›Schuld‹ bemessen). Zwar soll es *auch* dazu dienen, die Zukunft des ›Täters‹ wie des Gemeinwesens, in dem er lebt, positiv zu beeinflussen. Für solchen Einfluß werden mehrerlei Funktionen genannt. Doch für die schwereren Strafen ist bekannt und auch schon in Erinnerung gebracht, daß ihr Zukunftseinfluß auf den ›Täter‹ erschreckend oft in der Verstärkung von Unfreisein mündet, das heißt dann auch, in der Wiederholung strafbaren Handelns und in der Wiederholung von Wiederholung. Dabei meine ich nicht die Überzeugungstäter, die ihre Sonderrolle behalten, sondern die Fraglich Lebenden, die bei ungezerrtem Entblinden ihrer eigenen Stellungnahme von sich sagen, daß sie *anders* sein möchten, deren Versuche zur praktischen Selbstaneignung aber, sobald sie die Anstalt verlassen haben, zu schwach sind, um sich gegen die extrem widrigen Bedingungen eines Neuanfangs unter den ›rechtmäßig Handelnden‹ durchzusetzen. Es gibt das Lied eines Knastinsassen, der über seine eigene Zukunft etwas auszumachen versucht, und der angesichts des Übergewichts von vergangenheitsorientierten und auf Vergangenheit festlegenden Reaktionen der ganzen Umgebung schon vor seinem nächsten Entlassenwerden zu dem Schluß kommt: »Knacki, deine Heimat bleibt der Knast.«

Was den Anspruch der Strafe auf günstigen Zukunftseinfluß für das Gemeinwesen angeht, so ist der freilich weniger umstritten: Die abschreckende Wirkung *auf die anderen* scheint immer noch die bestgebilligte Rechtfertigung für die gegenwärtigen Formen von Strafe zu liefern. Freilich ist das eine, die die Gemeinwesen Fraglich Lebender, welche sich durch dieses Mittel stabil halten, mit einer unseligen Form selbstverstärkender Ungleichheit belastet. Diejenigen Angehörigen einer Minderheit, die straffällig werden, weil sie kraft ihrer Einheitsbeschaffenheit ohnehin schon schwächer und weniger frei (mindestens weniger gut gedrillt) sind als die Mehrheit, dienen dieser Mehrheit als abschreckende Exempel. Dadurch wird die Mehrheit in ihren Verhaltensweisen bestärkt, ihre verhaltenstechnische Überlegenheit über die Minderheit wird größer, und zwar auf Kosten und durch Leistung besagter Minderheit. Denn die bringt gerade durch zwangsweises Erdulden von Strafe, durch öffentlich verhängtes Hinnehmen von Schäden an Lebenslauf und Freisein den günstigen sozialen Effekt bei, durch den die Mehrheit vor ähnlichen Verfehlungen und ähnlichem Bestraftwerden der Tendenz nach noch weiter ferngehalten wird. Daß diese Art von Zukunftsleistung mit dem Stärken kollektiven oder individuellen Freiseins nichts zu tun hat und vielmehr das ingeniöse Lenken fraglich-lebender Individuen durch eine ihrer spürenden Lebendigkeit zuwiderlaufende Mechanik darstellt, erscheint deutlich.

Die öffentlich verhängte Strafe ist nur *ein* Paradigma für die Mittel herkömmlicher ›Verantwortlichkeit‹. Sie ist das auffälligste, weil in einem ganzen System von Institutionen fest gewordene, auch mit ausführlichsten schriftlichen Regeln versehene. Die *Rollen,* die das staatliche Strafen aber für die betroffenen Einheiten Fraglichen Lebens wie für das Gemeinwesen im ganzen spielt und zu spielen beansprucht, treten dem Typ nach, wenngleich nicht in ähnlich wohlgeregelter Form, in einem sehr viel weiteren Verwendungsbereich des Wortes ›Verantwortlichkeit‹ auf. (Daß es darüber hinaus auch eine Mehrzahl anderer Gebrauchsweisen dieses Wortes gibt, die hier ausgespart bleiben, ist augenfällig). Die staatliche Strafe als beststudierbares Paradigma aus dem Kontext herkömmlicher ›Verantwortlichkeit‹ dient hier vor allem zum

Verdeutlichen der stark ausgebildeten Orientierung an verunglückten und unfreien Stücken des Vergangenen und der Tendenz, eben dies in die Zukunft fortzupflanzen. Es ist immer noch so, daß vergangenes Übel im Prinzip und in der Praxis, weniger freilich in der Ideologie, beantwortet wird durch *neues* Übel, welches in staatlich regulierter Form über den verhängt wird, der für das vergangene Übel ›verantwortlich‹ ist und das neue deshalb ›verdient‹ hat. Trotz andersdekretierender Legitimationsversuche ist der Effekt dieses Umgangs mit Vergangenheit für zukünftiges individuelles oder kollektives Erweitern des Handlungsschatzes auf freiere und angemessenere Verhaltensweisen hin extrem schmal.

Das *Bewältigen* von Un-Tat, durch die Einzelne oder viele auf schwere Weise Schaden nahmen, ist etwas, das in die menschliche Weise, lebendig zu sein, von Anfang an *als Problem* eingelassen zu sein scheint. Institutionen, die das Fragliche Leben dazu entwickelte, scheinen sich zugleich mit den ersten Gemeinwesen hergestellt zu haben. Die Gleichförmigkeit und Verbreitung heutiger Strafpraxis täuscht freilich: Die Geschichte des Fraglichen Lebens hat eine Mehrzahl von Lösungsversuchen entwickelt, von denen sich die staatliche Strafe mit den Funktionen, die ihr gegenwärtig zugeschrieben werden, erst relativ spät, dafür aber in dominanter Breite durchsetzte. Bereits die anerkannte geschichtliche Relativität heutiger Strafpraxis ist ein nicht wegargumentierbarer Hinweis darauf, daß auch sie geschichtlich veränderbar ist, und daß es geradezu zu den Aufgaben derer gehört, die sich mit solcher Praxis befassen, auf lebensgerechtere Bewältigungsformen hin zu denken, statt auf immer neues Ideengeranke zur schöneren Deutung des Bestehenden.

Für ein ideales Modell, und eine Reihe anderer Faktoren zunächst vernachlässigend, läßt sich vermuten: Die Zukunft, die durch ein höheres Maß angemessenen Handelns unter Fraglich Lebenden ausgezeichnet sein soll, ist *dauerhaft* eher durch freiseinsfördernde als freiseinskorrumpierende Maßnahmen herbeizuführen. Zu den Maßnahmen, die Freisein der

Tendenz nach korrumpieren oder nicht erst aufkommen lassen, gehört die Lenkung durch Drill, Drohung, Zwangsmittel und vor allem diejenige Besonderheit solcher Lenkung, die im Blindhalten der eigenen Spürens-Stellungnahmen bei den zu lenkenden Einheiten besteht.

Das vergangenheitsgewandte Bewältigen vergangener Un-Tat hat als seinen immer noch beherrschenden (wenngleich vielfältig funktional ummäntelten) Zug das Verhängen eines ungefähr äquivalenten *Ähnlichen* über den, der ›schuldig‹ proklamiert wird. Dafür fehlt sowohl irgendeine zeitunabhängige Rechtfertigung, als auch der glaubwürdige Nachweis, daß durch *solches* in Zukunft *irgendetwas wesentlich besser* wird.

Ein zukunftsgewandtes Bewältigen vergangener Un-Tat müßte auf ein ›Verdienen‹ ungefähr äquivalenten Übels und auf sein Verhängen im idealen Fall verzichten; nicht nur, weil solches ›Verdienen‹ bis heute mangels des ›freien Willens‹ einer überzeugenden Legitimation ermangelt, sondern auch, weil es als Lenkungsmittel der Tendenz nach primär nur wieder Blindheit und Unfreisein statt Entblindung und Freier Werden fördert. Der Versuch, in diese andere Richtung zu denken, sieht sich starkem Druck ausgesetzt: Es besteht eine gut eingefleischte und daher auch vom Innengrund her als eine der ersten Reaktionen sich meldende Forderung, daß jemand, der Leid zugefügt hat, seinerseits Leid dulden soll. Nur indem die Fraglich Lebenden dieser Primär-Reaktion nicht sofort folgen, sondern ein vollständigeres Bild dessen zu erwerben suchen, was sie beim Berücksichtigen weiterer Informationen und eigenen Für-wahr-Haltens *im ganzen angemesssen* finden, kommen sie zu Stellungnahmen, die der inneren wie äußeren Wirklichkeit ihres Lebens besser entsprechen, weil mehr von beiderlei Realität in sie eingeht.

Der Versuch, zukunftsorientiertes Bewältigen vergangenen Übels zu entwerfen, setzt also das zeitweilige Stillstellen einer spürenden Sofortreaktion voraus, bis eine reichere Bekanntschaft mit Fakten der Welt und zugeordneten anderen Spürens-Stellungnahmen gewonnen ist. Es kann als Versuch, sich äußerlich umfassender und innerlich angemessener zu orientieren, genommen werden.

81. Veränderndes Antworten

Veränderndes Antworten kann die auf *freiere Zukunft* gerichtete Weise der tätigen Reaktion auf ein Stück mißglückter, im schlimmen Fall für die Betroffenen zerstörerischer Handlungsvergangenheit sein. Dabei kommt das vergangene Tun von Individuen Fraglichen Lebens wie auch das Tun ganzer Gemeinwesen als Anlaß und Grund für Veränderndes Antworten in Frage.

Um Mißverständnissen vorzubeugen, ist *ein* rückwärtsgewandter Zug des Verändernden Antwortens vorweg zu nennen und anzuerkennen: Das ist der Versuch, entstandene Schäden, soweit das möglich ist, zu mindern oder auszugleichen. So amtsstubenmäßig, ja taktlos die Erwartung solchen Versuchs angesichts der *Schäden an der lebendigen Einheit*, die viele Individuen durch andere Individuen davontragen, klingen mag: Es ist auch bei den Beschädigungen schlimmer Art nicht von vornherein ausgeschlossen, daß es einzelne Bruchstücke von Wiedergutmachung geben kann, die der ›Täter‹ zu leisten imstande ist. Bei den schwereren Vergehen ist etwas dieser Art in unserem Rechtssystem wenig erprobt – was der Aburteilung des ›Täters‹ in sauberer Berührungsvermeidung gegenüber seinem Opfer einen charakteristisch lebenverlassenen Aspekt verleiht.

Daß der Gerichtssaal nicht der Ort für das Anbahnen eines Umgangs zwischen ›Täter‹ und Opfer ist, welcher ihrer gemeinsamen Zugehörigkeit zu derselben Fraglichkeitsverfassung dieser Gattung des Lebendigen entspräche, wird als selbstverständlich angesehen. Das Selbstverständliche belegt freilich nicht die dauerhafte Unmöglichkeit solchen Versuchs, sondern betont kraft seiner scheinbaren Plattheit gerade die Tatsache, daß das Fragliche Leben, speziell in seiner mitteleuropäischen Gestalt, auch über erste *Einrichtungen und Formen* einer lebenangemesseneren Reaktion, als herkömmliche ›Verantwortlichkeit‹ sie kennt, so gut wie nicht verfügt. Das schier unmöglich Scheinende eines *angemesseneren* Umgehens zwischen ›Täter‹ und Opfer ist so stark, daß es in Gefahr gerät, sich in die Peinlichkeit des bloßen Gedankens fortzusetzen. Die, die sich einer gravierend schädigenden Tat schuldig gemacht haben, so sagt eine stille Norm, sind von denen, die unschuldig zu leiden hatten, zu trennen. Weder gibt es eingeübte Weisen, solche Trennung in aller Vorsicht und mit allem Respekt für das Spüren der Beteiligten vielleicht doch aufzuheben, noch wird gesehen, daß mit der bis ins Denken reichenden Abwehr schon ein kräftiger Isolierzaun um die gezogen wird, auf die das »öffentliche sozialethische Unwerturteil« der Strafe (Strafrechtslehrer Jescheck) fällt.

Schon in diesem besonderen, noch primär an Vergangenheit orientierten Aspekt erscheint *Veränderndes Antworten* bei den schlimmeren Vergehen vor dem Blick der Gegenwart wie etwas kaum Mögliches, mindestens aber Unpassendes. Der Eindruck verschärft sich bei den Zügen, die Veränderndes Antworten durch seine entschiedene Orientierung auf freiere Zukunft als dasjenige Reagieren auf vergangene Un-Tat ausweisen, das der Verfassung Fraglichen Lebens auf lange Sicht angemessen ist.

Gemäß der *doppelten Unabwälzbarkeit* vergangener Un-Tat gibt es Leistungen des Verändernden Antwortens, die von dem, der die Tat vollbracht hat, fairerweise zu erwarten sind, wie auch Leistungen des Verändernden Antwortens, die von dem Gemeinwesen, dessen Eigenschaften zu den Bedingungen jenes Tuns und zur Einheitsbeschaffenheit des ›Täters‹ beitrugen, zu erwarten sind.

Ich nehme den Typ des ›Täters‹, der, herausgesetzt aus dem Gezerre, seine Tat nach kurzer oder längerer zeitlicher Distanz *unangemessen* (unter Fraglich Lebenden verwerflich) findet, zum Ausgangspunkt. Die Mehrzahl derer, die zum

Gegenstand schwererer Strafen werden, haben oder entwikkeln mindestens zeitweilig diese Sichtweise, wird berichtet.

Veränderndes Antworten ist in seinem auf bessere Zukunft bezogenen Anteil ein Sonderfall von *Einheitsarbeit.* Einheitsarbeit in ihrer gewöhnlichen Form hat als Hauptkomponenten Vollzüge des auf die eigene Person gewandten Entblindens (mehr von sich selbst für sich selbst zur Artikulation bringen) und der Veränderungsarbeit (mehr von den Handlungsweisen, die der eigene Innengrund als angemessen bekundet, in den Bereich eigenen langfristigen Verfügens ziehen, sie in diesem Sinn sich *aneignen*). Daß Einheitsarbeit mitsamt der darin enthaltenen Veränderungsarbeit auch *Einheitslust* mit sich führen kann, sowohl beim Erwerb eines neuen Verständigungspunkts als auch beim Freier Werden, das sich in wiederholtem Tun bestätigt, wird kaum bezweifelt. (Zugleich ist es einer der Gründe für den Widerstand, der sich vom Gedanken des verdienten Übels her dem Verändernden Antworten entgegensetzen muß).

Einheitsarbeit als kognitiv-liberative Lebensleistung hat in der besonderen Gestalt des *Verändernden Antwortens* spezielle Schwerpunkte. Es geht bei der kognitiven Seite um das möglichst ausgedehnte Aufdecken der Züge von Unfreisein, die zu der Handlung beitrugen, welche als geschehenes Ereignis in der Welt bewältigt oder *angemessen beantwortet* werden soll. Das kann ein weit reichendes Unternehmen sein. Es muß sich auch durch die Beobachtungen, die die anderen über mich machen, unterstützen lassen (freilich nicht durch das fixe Aufpappen irgendeiner Theorie, die den langsamen Erwerb einer neuen Selbst-Orientierung eher korrumpiert als fördert).

Einige Hauptfragen, die sich beim Verändernden Antworten auf eigene vergangene Un-Tat stellen, richten sich auf kausal relevante Faktoren, die zu ihr beitrugen. Damit ich künftig mit begrenzter Verläßlichkeit in vergleichbarer Lage anders handle, muß ich versuchen, solche Faktoren auszuräumen, zu meiden, in ihrer Wirksamkeit wenigstens zu mindern

– oder was immer hier im Spielraum meines eigenen Eingreifens steht. Einheitsarbeit in der besonderen Form des Verändernden Antwortens enthält einen erheblichen Teil kausaler Analyse vergangenen Tuns; sie enthält genauso den Entwurf ganzer Verhaltensstrategien, die das Wieder-Geschehen des Vergangenen nach Möglichkeit verhindern und das Sich-Stabilisieren der Handlungsweisen, die ich angemessen finde, fördern sollen. Deshalb ist die Aufgabe dieser Form von Einheitsarbeit kognitiv wie liberativ *größer* und *schwieriger* als einige (nicht alle) anderen Formen, die Einheitsarbeit als typische Lebensarbeit fraglich-lebender Einheiten annehmen kann.

Die oft über Einheitsarbeit stehende Frage: »Was für ein Mensch will ich in diesen Situationen, die mir immer wieder begegnen, sein?« läßt sich, wenn ich zugleich für solche Situationen ein gutes Maß eigenen Unfreiseins aus meiner Erfahrung anerkennen muß, nicht mehr praktisch angehen durch die idealtypisch vereinfachten Leistungen des berührenden Entblindens der Stellungnahmen, mit denen ich ein anderes Tun angemessen finde und in einem ersten Schritt zur Selbstaneignung, wie man sagt, ›beschließe‹, künftig *so* (und nicht wie in der Vergangenheit) zu handeln. Wo ich einen ganzen, mein Unfreisein stabilisierenden Zusammenhang von Faktoren in mir und meinen Handlungsweisen, bis hin zu kleinen Gewohnheiten, bearbeiten soll, braucht der kognitive Anteil zu leistender Arbeit entschieden mehr Aufwand, Information und die Hilfe anderer. Es ist angemessen zu sagen, daß Einheitsarbeit dieser Art auf ihrer kognitiven Seite in der Tat *Erkenntnis* braucht, oft sogar wissenschaftlich gestützte Erkenntnis über gesetzmäßige Zusammenhänge, denen ich, ohne es bisher zu wissen, ausgesetzt bin. In ähnlicher Weise ist der liberative Anteil, das nicht im schnellen (sogenannt ›höherstufigen‹) Beschluß, sondern nur im schrittweisen *Tun* zu erreichende Stabilisieren neuer Handlungsweisen, ein langwieriges Unterfangen, wenn ich mich dabei aus gewachsenem, von außen her noch immer wieder nahegelegtem Unfreisein herausarbeiten soll, welches seinerseits bei genauem Hinsehen das Verfangensein in einem kausal zusammenhängenden Komplex von Handlungs- und Verhaltensweisen ausmacht, die ich jetzt falsch finde. Es ist unter Fraglich Lebenden nur in sehr hochgereckter Attitüde zu erwarten, daß ich das überall allein zustandebringe. Ich brauche dabei, ähnlich (aber nicht genau so) wie in einer wirklich so zu nennenden Therapie, die Hilfe anderer, die meinen Versuch Verändernden Antwortens mit seinen (nur abstraktiv trennbaren) Komponenten *Erkenntnis* und *Veränderungsarbeit* über längere Zeit unterstützend begleiten. Daß diese anderen mir trotz besserer Kenntnisse nur dann dauerhaft von Nutzen sind, wenn sie die Haltungen zeigen, die für ein Begleiten menschlicher Einheitsarbeit taugen, ist aus dem früher Ausgeführten zu entnehmen.

Es kommt als Umstand von Gewicht dazu, daß die Fraglich Lebenden, von denen faktisch derartige Stücke an Einheitsarbeit erwartet werden müßten (es wird ihnen ja jetzt schon immer gesagt, sie sollen in Zukunft *anders sein*), sehr oft *benachteiligte* Individuen sind. Häufig besitzen sie wegen vielerlei Faktoren, welche sie selbst nie beeinflussen konnten, ein geringeres Maß an kognitiven Fähigkeiten und ein geringeres Maß an Übung in den unter Menschen zugänglichen Weisen praktischer Selbstaneignung. Ihr Sprachschatz als eine Bedingung kognitiv-liberativen Wachsens ist oft extrem eng; ihr Spürensschatz zeigt oft die verheerendsten Formen von Beschränkung durch Aufwachsen in einer Schrumpftumsumwelt und beständige Schrumpftumsförderung im Erwachsenenalter; ihr Handlungsschatz hat sich oft in Umständen gebildet, in denen all das, wovon man fordert, daß sie es auslernen sollen, gerade eingelernt wurde.

Von diesen Fraglich Lebenden zu erwarten, sie mögen sich während der Zeit, die sie im Freiheitsentzug (alias Strafvollzug) verbringen, *von selber* zu der Einheitsleistung bringen, die ein *Veränderndes Antworten* auf das Vergangene wäre, erscheint hochfahrend bis zynisch. Eine solche Erwartung wird auch höchstens von ein paar verstiegenen Freunden des

Strafrechts geteilt; im großen und ganzen weiß selbst die Zunft, die das Recht staatlichen Strafens verwaltet, daß die wichtigste Form dieses Strafens nur selten »letztlich zum Besten des Täters« gerät, und viel öfter zu seinem Schlechtesten. Die Legitimationsüberlegungen zur staatlichen Strafe sind auf Veränderndes Antworten schließlich gar nicht angelegt; auch die Gemeinwesen würden sich zum jetzigen Zeitpunkt gegen einen solchen Vorschlag eher wehren als ihn fördern.

Damit (aber nicht nur damit) ist die andere Seite der prinzipiellen Unabwälzbarkeit vergangener Un-Tat angesprochen. Das Recht fixiert die Tat auf den ›Täter‹ und spricht wenig über die Beiträge seiner Geschichte sowie des Gemeinwesens, in dem er lebt. Diese Einseitigkeit ist fatal und macht ungleiche Verhältnisse zu solchen, die der Tendenz nach immer mehr Ungleichheit erzeugen. Die *Unabwälzbarkeit* der Forderung nach einem angemessenen Verändernden Antworten in Gestalt von Anstrengungen zur selbstgerichteten Erkenntnis und ebensolchen Veränderungsarbeit trifft das Gemeinwesens des Handelnden *genauso.* Dies ist ihre zweite Seite, die ebenso unwegargumentierbar ist wie die erste, welche darin besteht, daß der ›Täter‹ die Tat nicht an vorausliegende Umstände oder sein ganzes Gemeinwesen abtreten kann, um sich selbst als einen zu beschreiben, der gar nicht gehandelt hat.

Der Punkt zeigt sich, sobald dieser Blickwinkel geöffnet ist, statt systematisch verblendet zu werden, als augenfällig: Die ›Täter‹ wurden zu denen, die sie sind, auf Grund von Umständen, die sie zuletzt nicht selbst gemacht haben; die sie auch aus eigener Anstrengung nur begrenzt verändern können. In dem Umfang, in dem das Gemeinwesen durch seine eigene Beschaffenheit zur Einheitsgeschichte der Täter beiträgt, erst recht in dem Umfang, in dem es einmal ausgebildetes Unfreisein auf deren Seite stabil hält, ist es angemessen, daß es von sich selbst ein *Veränderndes Antworten* als kollektive Einheitsarbeit zum Herbeiführen freierer Zukunft fordert. Übersieht es systematisch die Unabwälzbarkeit seines eigenen Anteils und versucht es, durch das Postulat individueller ›Verantwortlichkeit‹ geschehene Un-Taten stets und gänzlich einzelnen ›Tätern‹ anzuhängen, dann macht es sich mit seiner Forderung, *die* möchten sich verändern, unglaubwürdig, und es macht sich als eine Gemeinschaft Fraglich Lebender *korrupt.*

82. Keine Einrichtungen

Wie bei den Einzelnen, so ist auch bei den Gemeinwesen der Erwerb größeren Freiseins als ein Stück in der Zeit ausgedehnter Einheitsarbeit ein Stück *Einheitsgeschichte.* Das Fragliche Leben als Ganzes, in den Grenzen seiner kollektiven Verständigung, kann auch betrachtet werden wie eine sich entwickelnde, konfliktreiche Einheitsbildung besonderen Typs, die in ihrer Geschichte, speziell der Geschichte ihres Freiseins, trivialerweise *genau bis hierher* gekommen ist. Ob es in der Sache schon einmal irgendwann oder irgendwo weiter war (oder ist), wäre Thema einer vergleichend-historischen Untersuchung von Vorstößen und Rückfällen, die es in geschriebener Form nur sehr unzulänglich gibt.

Was das Verändernde Antworten als lebenangemesseneren Nachfolger herkömmlicher ›Verantwortlichkeit‹ betrifft, so scheint bereits der Gedanke seiner von dem sehr großen, geschichtlich aufgebauten Gewicht, mit dem die staatlich vollzogenen Teile jener ›Verantwortlichkeit‹ institutionalisiert da stehen, fast erdrückt zu werden. »Es geht gar nicht anders«; »was du da willst, ist als Idee billigenswert oder auch nicht, aber in jedem Fall undurchführbar«, lauten gängige Stellungnahmen. Dabei scheint es in der Tat sich so zu verhalten, daß nicht nur die Anklagenden und Vollstreckenden, sondern auch die Verurteilten den Grundsatz »Strafe muß sein« von innen her so verfestigt haben, daß sie ihn in allgemeiner Form extrem oft teilen, bloß Zweifel an der Richtigkeit ihres eigenen Strafmaßes erheben. Das Gewicht der herkömmlichen, strikt freiseinsfeindlichen ›Verantwortlichkeit‹ ist nicht nur eine Sache gewachsener Institutionen, es ist auch eine Sache blinden Gewachsenseins menschlicher Handlungs- und Reaktionsweisen in einem größeren Zusammenhang, der unter anderem alle Vorstellungen des sogenannten Alltags über Schuld Haben und Verdienen umfaßt. Das Problem des angemessenen Antwortens auf geschehene Un-Tat gehört als eines, in dessen Konstellation das Fragliche Leben sich vollziehen muß und an dem es zugleich immer arbeitet, zu seiner Weise, lebendig zu sein – nach Art charakteristisch philosophischer Probleme, die nicht durch irgendeine Theorie einfach zu Ende gebracht werden können.

In diesem Sinn ist der Gedanke Verändernden Antwortens nicht eingeführt als ein Fixum, das vorgelegt würde und seine Problem-Sache damit erledigen wollte. Alles andere als das. Die konkrete Weise solchen Antwortens muß ohnehin immer neu zur Prüfung gestellt werden, unter anderem gemäß dem stets sich bewegenden Verhältnis von Freisein und Unfreisein, im einzelnen wie im ganzen.

Das wirft ein Licht auf die Schwierigkeit, *Erkenntnis* und *Veränderungsarbeit* ganzer Gemeinwesen als Stücke ihres möglichen Verändernden Antwortens auf Verfehlung, der sie sich in ihrem eigenen Bereich gegenübersehen, stellvertretend vorwegzunehmen. Die Menge von Faktoren, die für dieses Antworten seitens eines Gemeinwesens zum Gegenstand von Erkenntnis und Veränderungsarbeit gemacht werden muß, ist deutlich größer als die, die irgendein Einzelner mit unterstützender Begleitung je in eigener Einheitsarbeit zu erfassen haben wird. Immerhin besitzt das Gemeinwesen *Wissenschaften*, die es auf sich selbst zurückwenden kann. Die empirischen Befunde, sowohl über seinen eigenen kausalen Beitrag zur Entwicklung der ›Verbrecherpersönlichkeit‹, als auch über das punktuelle Probehandeln in Richtung auf ein anderes Vollziehen staatlicher Strafe, sind das Gegenteil des Vernachlässigenswerten.

Was die Gemeinwesen, soweit ich sehe, im Gegensatz zu ihrem Wissenschafts-Besitz nicht besitzen, sind überzeugende und lebensangemessene Einrichtungen, durch die sie ihre wissenschaftliche Selbsterkenntnis bei den Dingen, um die es jetzt geht, in eigene Veränderungsarbeit umsetzen könnten. Ohne sie bleibt jene Erkenntnis eben da wirkungslos, wo sie im Sinn ihrer eigenen Glaubwürdigkeit wirken wollen muß. Weder für individuelle noch für kollektive Veränderungsarbeit als Bestandteil Verändernden Antwortens auf, wie man sagt, *Verbrechen,* gibt es anerkannte öffentliche Formen, die auch nur entfernt die Deutlichkeit, Stabilität und Wirksamkeit hätten wie die schon von manchen eigenen Verwaltern als destruktiv und lebensfeindlich eingestufte staatliche Strafe als Freiheitsstrafe. Einige Thesen zu deren Modifikation in Richtung auf Veränderndes Antworten habe ich anderswo aufgeschrieben und wiederhole sie jetzt nicht. Angesichts des Gewichts der blanken Institution Strafe in existierenden Gemeinwesen, das bei manchen schon das bloße Denken in andere Richtungen behindert, wiederhole ich aber *eine* Überlegung, die mir geeignet scheint, eben dieses schiere Gewicht in seiner blinden Wirksamkeit zu begrenzen. Die Überlegung richtet sich auf die eigene gesetzliche Basis staatlicher Strafe. Bekanntlich reservieren sich die Gemeinwesen, die sich als Staaten etabliert haben, in der Regel das Monopol des Eingriffs in die Freiheitsrechte ihrer mündigen Mitglieder; eine Gestalt dessen ist das kodifizierte Straf-Recht. Die Gemeinwesen nehmen sich ein Recht zu strafen, auch durch Freiheitsentzug zu strafen, per Gesetzgebung. Hier ist an die *Unabwälzbarkeit* ihres eigenen Anteils von *Veränderungsarbeit* zu erinnern, bezogen auf die Strukturen ihrer selbst, durch die sie zur Persönlichkeit der ›Straftäter‹ sowie zu deren Taten kausal und vermeidbar beitragen. Das staatliche Recht zu strafen hat, sobald dieser Beitrag nur anerkannt ist, eine massive Rechtfertigungslücke, wenn es sich nicht mit Veränderungsarbeit des Gemeinwesens an sich selbst verbindet. Es ist deshalb eine sinnvolle Forderung, daß die Gemeinwesen im gleichen legislativen Akt, in dem sie sich jenes Recht zu strafen per Gesetz *nehmen,* sich auch konkrete Pflichten zur Selbstveränderung per Gesetz auferlegen sollen. Diese Pflichten müssen sich in ausführbarer Weise beziehen auf das Vermindern und der Tendenz nach auf das Beseitigen von Faktoren im Gemeinwesen selbst, die das Sich-Ausbilden von ›Täterpersönlichkeiten‹ fördern und von Situationen, in denen sie per ›Straftat‹ zu Bruch gehen.

Daß das Umsetzen dieser Forderung in praktizierbares Recht, ohne daß andere Freiheitsrechte der Einzelnen wiederum gebrochen werden, *schwierig* ist, kann zugestanden werden. Daß es unausführbar sei, kann nicht zugestanden werden. Denn es lassen sich allererste und simple Schritte nennen, zu denen sich ein Gemeinwesen auf diese Weise verpflichten kann. Auf Punkthaftes beschränkt, handeln einzelne Legislativen auch in dieser Richtung. Hierher gehört die mögliche, gesetzlich festgemachte Verpflichtung zu schrittweise weiter gehender, reformierender Arbeit am Freiheitsentzug selbst – bis er (schon vor seiner Ersetzung durch Besseres) nicht mehr einen Teil seiner chronischen Klienten in Eigenleistung heranbildet. Es gehört auch hierher die Selbstverpflichtung zum Stützen und zur nicht-zerrenden Hilfe beim Wiederherstellen sozialer Bindungen des ›Täters‹, so daß der sich nicht bei der Entlassung mit jenem Pappkarton vor dem Tor findet, der das Wiederkommen fast prädestiniert. Es gehört auch dazu das gesetzliche Ausstatten der ›Anstalt‹ mit Personal, das Veränderungsarbeit als Einheitsarbeit in der Tat fördern und begleiten *kann* – statt schon ihren Anfang in Bevormundung oder Schlimmerem zu ersticken. Von diesen *äußerst simplen*, lange noch nicht hinreichenden Schritten erstreckt sich ein mögliches Spektrum zunehmend relevanter, in Gesetzgebung und Ausführung zunehmend schwieriger Schritte bis hin zu Selbstveränderungen des Gemeinwesens als ganzem oder etwa auch zum nicht-zwangsweisen, nicht-freiheitsbrechenden, öffentlichen Unterstützungsangebot für Situationen, in denen gegenwärtig viele Einzelne *sich nicht anders zu helfen wissen* als durch Taten, die die besser Trainierten als ›einfach dumm‹ bezeichnen, und denen die noch einmal enger, unfreier und spürensärmer machende Strafe dann auch als ›selbst verdiente‹ hinzugefügt wird.

Ich habe Nachdruck darauf gelegt, daß es nutzlos sei, die Veränderungsarbeit der ›Täter‹ durch Zwangsmittel einleiten zu wollen. Sie müssen auch in der ›Anstalt‹ vor hinterrücks lenkenden Maßnahmen und insbesondere vor jeder Art von Manipulation geschützt werden. Das ist nicht nur eine notwendige Bedingung gelingender Einheitsarbeit in Richtung auf Erwerb oder Wiederherstellen von Freisein, sondern ein Recht. Dies Recht kommt allen zu.

Einige ›Täter‹ wollen sich nicht verändern; sie wollen so bleiben, wie sie sind. Sie wollen möglicherweise auch in Zukunft so handeln, wie sie in der Vergangenheit gehandelt haben. An ihnen hat mein Versuch eine Grenze, die ausdrücklich zu nennen ist.

Der Gedanke der Umgestaltung strafender Maßnahmen in Maßnahmen zum *Verändernden Antworten* auf Strafbarwerden aus Unfrei-sein und mit dem Ziel, dem ›Täter‹ beim Aufbau eines größeren und stabileren Handlungsschatzes zu helfen, damit er in Zukunft gerade nicht mehr straffällig wird, greift bei denen, die aus Überzeugung gegen das Recht handeln *und* dabei bleiben wollen, nicht. Für seine Überzeugung kann ein solcher ›Täter‹ viele Gründe haben, die ich hier nicht diskutiere. Es wäre unsinnig, von einem ›Überzeugungstäter‹ seinen Anteil zum *Verändernden Antworten* als bessere Gestalt herkömmlicher ›Verantwortlichkeit‹ überhaupt zu erwarten. Dieser Anteil hätte als Komponente eigene Veränderungsarbeit, und die will der Überzeugte nicht leisten. Er darf im Sinn des eben genannten Rechts nicht in diese Richtung dressiert oder manipuliert werden. Er muß sich allerdings, wenn er darauf besteht, aus Überzeugung auch weiterhin andere Lebende oder das ganze Gemeinwesen zu Schaden zu bringen, gefallen lassen, daß das Gemeinwesen sich *gegen ihn verteidigt.* Die Mittel von *Verteidigung* bestimmen sich anders als die Mittel Verändernden Antwortens. Ihr bis auf weiteres gegebenes Erfordernis ist im Umfang begrenzt, aber es läßt sich nicht aus der Welt reden. Die Tatsache wird nicht dadurch gemildert, daß die unter Fraglich Lebenden dauerhaft rechtfertigbare Gestalt von Verteidigung, die sich immer noch durch ein Minimieren ihrer Destruktivität für die Einzelnen wie für das Ganze auszeichnen müßte, *noch lange nicht gefunden ist.* Daß Maßnahmen der Verteidigung gegenüber einigen ›Tätern‹ (von denen die Überzeugungstäter die wichtigste Gruppe bilden) erforderlich sein mögen, darf nicht zur Rationalisierung des Verzichts auf Veränderndes Antworten überhaupt mißbraucht werden, wo dieses der Sache nach am Platz, das heißt als die lebenangemessenere Reaktion gegenüber einem Handelnden erkennbar ist.

Das schnelle Rationalisierenwollen solchen Verzichts, ein für allemal und unwiderruflich, sobald freieres Handhaben von Strafe an einem ›Täter‹ aus Überzeugung gescheitert ist, gehört zu einem gut verfestigten Sanktions-Denken. Zum Bedrückenden des gegenwärtigen Zustands trägt das Blinde und Blindheit Fortpflanzende dieses Denkens mitsamt zugehöriger Sanktions-Institutionen in besonderem Maß bei. Beide sind in ihrer Festigkeit wie ein kollektiver Defekt am Lebendigsein. Dahinter verschanzt sich, oft im Unbekannten gehalten, die Weigerung, geschehene falsche Tat auf *angemessene* Weise (das heißt auf eine Weise, die den Bedingungen, unter denen Fragliches Leben gelebt zu werden hat, Rechnung trüge) zu beantworten.

Drittes Stück
Früher standen hier Elefanten und Schildkröten

83. Hinweis

Worauf steht die Welt? – Die Welt steht auf einem großen Elefanten, der sie trägt.

Worauf steht der Elefant? – Er steht auf einer noch größeren Schildkröte, die ihn wiederum trägt.

Worauf steht die Schildkröte? – Sie steht auf einem riesenhaften Elefanten, der alles trägt.

Worauf steht aber dieser Elefant? – Er steht auf einer außerordentlich großen Schildkröte...

Und so weiter. Die Geschichte wird seit alters nicht nur als kleines Lehrstück über Sinn und Sinnverlassenheit kosmologischen Weiterkonstruierens ins Unabsehbare genommen. Sie dient auch als Metapher für die Schwierigkeit, der menschlichen Erkenntnis ein für allemal einen festen Grund anzuweisen. Der klassische Ausweg aus der im Bild mitgeteilten Lage geht dahin, etwas zu erdenken, was auf sich selber ruht. Das Paradoxe, das dem Gedanken eines auf sich selber stehenden Trägertieres anhängt, hängt auch den Grundideen jener philosophischen Systeme an, die, vor allem am Beginn des vorigen Jahrhunderts, den klassischen Ausweg zu wählen bereit waren. Sie bezahlten die komplette Befriedigung der Frage nach einem absolut tragfähigen Grund für das Erkennen der Fraglich Lebenden mit dem Eingeständnis, das Entscheidende an solchem Grund sei nicht mehr verstehbar zu machen. Es sei bestenfalls einer für den Verstand des Fraglichen Lebens unzugänglichen Sondererkenntnis unter dem Titel *Vernunft* einsehbar – welche Sondererkenntnis zu den Zügen gehöre, kraft deren jenes Leben geradewegs ein Stück Gottähnlichkeit besitze.

Längst sind inzwischen auch die Versuche schiefgegangen, der Erkenntnis Fraglichen Lebens, wenn schon nicht einen absolut festen Grund, so doch bei jedem einzelnen Satz eine klar bezeichenbare und klar damit verbundene *Basis* zuzuordnen. Vorstellungen über eine unverbrüchliche Grundlage menschlicher Welt- und Selbsterkenntnis haben bei aller Verschiedenheit der einzelnen Denkweisen inzwischen den Charakter von Ruinen einer vergangenen, falschen Herrlichkeit angenommen. Das ist ein Stück Zu Sich Kommen der Gattung.

Der Titel des dritten Stücks soll freilich nicht anzeigen, daß in diesem Stück eine Kunde der neueren Ruinenarchitektur zu entwerfen sei. Der Titel möge vielmehr anzeigen, daß es darum geht, wenige *Züge lebendiger Orientierung im Größeren* zu betrachten, unter den Gesichtspunkten, die sich von den ersten beiden Stücken her ergeben. Für die Weltorientierung Fraglichen Lebens im Größeren war an mehrerlei Stellen in der Vergangenheit die Tendenz, definitiv auf einem festen Grund leben zu wollen, kennzeichnend. *Früher standen hier Elefanten und Schildkröten.* Ich gehe davon aus, daß diese Tendenz nicht dauerhaft befriedigt werden kann, und daß die Fähigkeit Fraglichen Lebens, seiner eigenen Verfassung von Fraglichkeit entsprechend sich zu orientieren, *wachsen* muß, wenn es nach dem Verlust falscher Festigkeiten nicht ohne eine ihm selbst und seiner Situation angemessene Orientierung weiterexistieren will.

Daß es zu einem glaubwürdigen und reichen Corpus einer solchen Orientierung noch weit hin ist, versteht sich. Aus der Sicht, die ich in den ersten beiden Stücken des Buchs zu entwickeln versucht habe, versteht sich jedoch auch, daß eine größere Orientierung des Fraglichen Lebens in seiner Welt ein Verständnis seiner selbst *als eines spürenden* einschließen muß, und daß das Zurückgehen auf Spüren an Punkten, an denen die Orientierung unvollständig ist oder problematisch wird, zu den zentralen Mitteln orientierender Vergewisserung unter Menschen überhaupt gehört. Ich vermute, daß der in den ersten beiden Stücken entwickelte Vorschlag über die Weise, wie Fraglich Lebende Zugang zu sich selbst gewinnen und, gestützt auf solchen Zugang, auch in ihrem Handeln wachsen und wachsend sich zu eigen werden können, Elemente aufweist, die für eine Orientierung des Fraglichen Lebens im Größeren nicht gänzlich ohne Tragweite sind.

Eines dieser Elemente wird für mich konstituiert durch das Anerkennen der Situation, in der jede Einheit Fraglichen Lebens sich findet, wenn sie Stücke einer unter ihresgleichen weitergebbaren Orientierung mit dem zusammenbringen will, was für sie selber den Bereich *ihres* Bestätigens oder Ablehnens solcher Stücke bildet. Ich meine das Anerkennen des Erfordernisses, das Weitergebbare, welches immer in verstelltem Material ausgeformt sein muß, in ein Verhältnis zu setzen zum Nicht-Weitergebbaren, das seinerseits *spürend*, oft sogar *unkonfrontiert-spürend*, da ist. Ich halte die angedeutete Situation für einen universellen Zug fraglich-lebendiger Orientierung im Größeren – wobei »im Größeren« darauf hinweisen soll, daß solche Orientierung für viele, manchmal alle Lebende dieser Art Verbindlichkeit oder mindestens orientierende Leistung beansprucht.

Im ersten Stück habe ich für Stellen, an denen einem Einzelnen das *Treffen* eines Spürenszuges mit einer sprachlichen (also prinzipiell weitergebbaren) Wendung gelingt, das Wort *Verständigungspunkt* gebraucht. Den Gedanken dieser Punkte von der ›bloß‹ individuellen Orientierung übertragend auf die Orientierungsangelegenheiten vieler, glaube ich sagen zu können: Beim Versuch, Bestandteile einer für viele leistungsfähigen Orientierung zu finden, ganz gleich in welchen Fragen, befinden wir uns als Organismen, die so etwas von sich her glaubwürdig vorschlagen oder für sich glaubwürdig übernehmen sollen, *immer* in einer typischen Situation, die vorläufig als *Verständigungssituation* bezeichnet werden kann. Ich meine damit die Situation, in der jedermann versucht, eine treffende Verbindung zustandezubringen zwischen Einzelheiten seines Spürens und einer Weise zu sprechen oder sonstwie weitergebbar sich zu äußern. Läßt sich an Besonderheiten der Verständigungssituation ein Eigentümliches aller glaubwürdigen Orientierung Fraglichen Lebens ablesen? Kann über die vorläufige Bezeichnung dieses Typs von Situation hinaus ein universeller Zug näher angegeben werden, der die Versuche größerer Orientierung solchen Lebens, wo sie auf ihre je besondere Weise Glaubwürdigkeit beanspruchen, charakterisiert? Läßt sich vielleicht aus einem solchen Zug ein Hinweis darauf gewinnen, was es heißt, uns als Lebende (nicht als pure Intelligenzen) in der Welt zu verstehen?

Ich beginne das dritte Stück dieses Buchs mit einer Reihe von Abschnitten, die zusammengefaßt sind unter dem Titel *Minima über lebendige Vernünftigkeit.* »Vernünftig« sich nennendes Erkennen und Verhalten scheinen Weisen besonders anspruchsvoller Orientierung unter Lebenden zu sein oder vorauszusetzen. Sie werden traditionell dem bloß Subjektiven entgegengehalten. Sie eignen sich deswegen vermutlich für den Versuch, leitende Annahmen der ersten beiden Stücke auf ihre mögliche Relevanz für überindividuelle Orientierung, die zuletzt Orientierungsanspruch für die ganze Gattung erheben mag, zu betrachten.

Lebendige Orientierung im Größeren als Weise, wie das Fragliche Leben Verständnis und Deutung seiner selbst und seiner Welt über das sogenannt Private hinaus zu gewinnen sucht, ist platterdings nicht auf den Anwendungsbereich des Wortes »vernünftig«, auch nicht auf diskursive Erkenntnis oder Wissenschaft beschränkt. Unter den Gestalten lebendiger Orientierung, die jenseits einer solchen, wirklich nur noch von Beschränkten geglaubten Beschränkung für das Fragliche Leben etwas Erschließendes beibringen, scheint mir die *Kunst* eine ausgezeichnete Stelle einzunehmen. Gewinnt sie um so mehr an Gewicht, je deutlicher die Eigentümlichkeit fraglichlebenden Verhältnisses zur Welt und der Einzelnen zu sich selbst heraustreten? Wie steht sie als eine Weise charakteristisch lebendiger Orientierung, die entschieden einen über's Individuelle hinausgehenden Anspruch erhebt, in der bei den Verständigungspunkten sich öffnenden Perspektive? Was leistet die Kunst in der Rolle eines Orientierungsinstruments für Lebende? Ich fasse eine sehr knappe Verständigung darüber zusammen unter der Überschrift: *Die innere Einsamkeit des Fraglichen Lebens und die Kunst.*

Hinsichtlich der *Philosophie* ist schon gesagt worden, daß die Zweifel an ihrer Rolle und ihrem Recht fast schon eine Begleiterscheinung ihrer Geschichte ausmachen. Ist sie überhaupt ein glaubwürdiges Verständigungsorgan der Menschengattung, wie ich es oft vorausgesetzt habe? Oder ist sie ein *degenerierendes Forschungsprogramm* innerhalb eines Erkenntnis-Ganzen, das ihre früheren Rollen längst an andere Disziplinen delegiert hat? Ich versuche, über Philosophie in Sachen größerer lebendiger Orientierung zu sprechen unter dem Titel: *Die innere Einsamkeit des Fraglichen Lebens und die Philosophie.*

Ist das, was ich hier »lebendige Orientierung im Größeren« nenne, eine eher theoretische Anstrengung, oder ist das damit Gemeinte, wie die Personen im elementaren, nicht weiter rückführbaren Bereich ihrer als *Einheiten,* eo ipso spürendes Tätigsein? Die Abschnitte unter der Zeile *Größere Einheitsarbeit des Fraglichen Lebens* versuchen, die Perspektive, in der die Einheiten solchen Lebens sich *qua Einheiten* zeigten, auf seine größeren Orientierungskonzepte anzuwenden. Dabei wird nur ein schmaler Aspekt verfolgt.

Die letzte Reihe von Abschnitten in diesem Buch ist ein *Scholion über Fraglichkeit.* Es ist vielleicht möglich, von den Besonderheiten einer lebendigen Orientierung für Wesen unserer Art her einiges Wenige zu sagen über ihren Status als Lebende, die sich *so* zu verstehen, zurechtzufinden und danach zu handeln haben. Dies würde das Buch in die Nähe eines Punktes bringen, an dem es unter seiner aus der Entfernung leitenden Frage in erklärter Dürftigkeit und Vorläufigkeit stehenbleiben könnte.

XIII. Minima über lebendige Vernünftigkeit

84. Kein metaphysisches Vermögen – schwerlich ein Logos des Leblosen

Die Absicht, Züge lebendiger Orientierung im Größeren von den Punkten her zu betrachten, auf die sich das Buch bisher gestellt hat, verlangt vor anderen Dingen, die hierher gehören, eine minimale Verständigung über das klassische Werkzeug des Fraglichen Lebens in Sachen solcher Orientierung, *die Vernunft*. Gemäß der aus der Entfernung leitenden Frage in ihrer bisherigen Betonung ist Vernunft dabei weniger nach ihren formalen Leistungen, als nach ihrer Basis in spürender Lebendigkeit zu betrachten.

Daß es ein metaphysisches oder auch nur psychologisches *Vermögen* solchen Namens schwerlich gebe, daß auf keinen Fall von seiner Existenz einfach ausgegangen werden könne, wurde einige Male erinnert. Ausgegangen werden kann höchstens von der Möglichkeit theoretischen und sonstigen Handelns, das *unter bestimmten Bedingungen* »vernünftig« genannt wird. Von solchem Handeln überträgt sich das Attribut herkömmlich auf seine Ergebnisse, auch in sehr kleinen Angelegenheiten. Es mag in alltäglicher Rede »vernünftig« heißen, daß ich mein Kind jetzt noch nicht, weil es nach großen Freudenbekundungen über seine Ankunft am Meer am Abend ein wenig Heimweh zeigte und kurz geweint hat, von der französischen Atlantikküste, wo es mit den Großeltern einen Urlaub verbringen soll, schon wieder zurück zu seiner Mutter hole, die zu Hause geblieben ist. Es heißt sowohl »vernünftig«, daß ich in den kleinen Meinungsverschiedenheiten mit ihm seine Gründe genauso ernst nehme wie die meinigen, als auch heißt die Lösung »vernünftig«, die wir im unverzerrten Austausch unserer beiderseitigen Gründe und unter Beiziehen aller Informationen, die wir als relevant erkennen können, gemeinsam erspielen – die Großen sagen: erarbeiten.

Zwei typischen Ansprüchen sieht sich der, der vernünftig handeln oder denken will, in ausgezeichneter Weise gegenüber: Daß sein Ergebnis für jeden Einzelnen in vergleichbarer Lage theoretisch wie praktisch verbindlich sein möge – in der eigentümlichen Weise, in der das Fragliche Leben gerechtfertigte Verbindlichkeit kennt. Und daß er die Schritte, mit denen er bei gegebenen Voraussetzungen im Theoretischen wie im Praktischen zu seinem Vorschlag kommt, ausweisen können möge – ausweisen in einem hervorgehobenen Sinn, nämlich so, daß aus der Ausweisung gerade der Anspruch auf Verbindlichkeit für alle Fraglich Lebenden, die eine dem Typ nach gleiche Lage zu bewältigen haben, überzeugend hervorgeht, also *gerechtfertigt wird.*

Zwei klassische Schwierigkeiten dieses Konzepts stelle ich hintan, weil sie bis zur Sättigung bekannt sind: Daß Situationen existieren, und zwar ziemlich viele, in denen es Lösungen, welche für alle bindend wären, nicht gibt (die seit alters irritierenden Fälle von Pflichtenkollision, wo zwei konträre Handlungsweisen gleich vernünftig heißen dürfen, gleich rechtfertigbar und universalisierbar, aber nicht gemeinsam ausführbar) und die Tatsache, daß ein *absolutes* Ausweisen, gleich nach welchem Verfahren, aber so, daß keinerlei Ausweisungsfragen mehr bleiben, den Fraglich Lebenden nicht zugänglich ist. Es gibt für diese Gattung des Lebendigen, und für Lebendiges überhaupt, nichts, das absolut gewiß oder absolut gerechtfertigt wäre; auf solches aber müßte eine abgeleitete Rechtfertigung schließlich zurückgreifen, wollte sie ihrerseits ›absolut‹ heißen.

Speziell wegen des letzteren ruhen neuere Konzepte von Vernünftigkeit *unter Fraglich Lebenden* auf Vorschlägen zu *Verfahren,* in denen ein möglichst hohes Maß an Ausweisung durch faktisches oder gedankliches Herstellen optimaler Ausweisungsbedingungen und ihr konsequentes In-Anspruch-Nehmen gefordert wird. In die Vielfalt dieser Verfahren möchte ich nicht diskutierend eintreten. So viel ich sehe, versuchen die ernstzunehmenden, den klassischen Anspruch des

Vernünftigen auf prinzipielles Zustimmenkönnen *aller* und prinzipielle Verbindlichkeit *für alle* (in Sachen von Wahrheit wie auch praktischer Richtigkeit) dadurch zu erfüllen, daß sie ihre Regeln für alle offenlegen, ihre Schritte im Prinzip für alle nachvollziehbar präsentieren, und bei den Schritten wie bei den Regeln des Fortschreitens *keinerlei einseitige Festlegung des Verfahrens* auf partikulare (nicht allgemein zustimmungsfähige) Behauptungen, Sollenssätze, Interessen, partikulare Stellungnahmen irgendwelcher Art zulassen. Da Menschen oft verschieden Position beziehen, durchaus in all den Angelegenheiten, um die es hier gehen kann, bieten sich diese Verfahren gewöhnlich auch *als Einigungsverfahren* an, nach denen Meinungsverschiedenheiten unter Fraglich Lebenden vernünftig geregelt werden können, das heißt mit einem Ergebnis, dem *nach methodischem Durchlaufen solchen Verfahrens* alle faktischen oder gedachten Teilnehmer zustimmen und an das sie sich im Fürwahrhalten wie im Handeln bis zu eventueller Neuaufnahme des Verfahrens (in der neue Gesichtspunkte zum bisherigen Stand hinzutreten können) aus eigener, unmanipulierter und ungezwungener Überzeugung binden.

Unter diese sehr allgemeine Beschreibung scheinen im einzelnen durchaus verschiedene, oft sogar einander bekämpfende Vorschläge, die *Vernünftigkeit* unter Fraglich Lebenden verbürgen sollen, einstellbar zu sein. Die Beschreibung ist absichtlich so weit gefaßt, daß unter sie sowohl Verfahren zum Erwerb allgemeinverbindlich auftretender Handlungsanweisungen, als auch Verfahren zum Erwerb ebenso auftretender Sätze formaler (nicht empirischer) Wissenschaften, als auch schließlich Verfahren zum Betreiben empirischer Forschung und Ausweisen ihrer Ergebnisse fallen *können*, und zwar so, daß das Prädikat »vernünftig« für das jeweilige Vorgehen wie auch sein je vorgewiesenes Ergebnis beansprucht werden mag – in den Grenzen stets möglicher Fehler und bis auf eventuelle künftige Korrektur, die sich ihrerseits wieder als ›vernünftig‹ zu legitimieren hat.

Natürlich beansprucht die Beschreibung nicht, alle Unternehmungen und Verfahren mit dem Anspruch von Vernünftigkeit zu erfassen. Sie vernachlässigt auch bestimmte, untergeordnete Gebrauchsweisen des Wortes. Sie dient nur dazu, *einiges Geringste* zum Thema zu machen, das mir erforderlich scheint, wenn die mit Mitteln solcher Art unter Fraglich Lebenden zu praktizierende Vernünftigkeit für diese selbst als Lebende in der Tat auf den vorhin genannten Punkt kommen *können* soll: Daß sie sich die Ergebnisse eines von ihnen akzeptierten und durchlaufenen Verfahrens aus eigener, unmanipulierter und ungezwungener Überzeugung zu eigen machen, das heißt auch, sie für sich als verbindlich anerkennen – im Fürwahrhalten, im praktischen Für-richtig-Halten, im sonstigen Urteilen (den Vorbehalt künftiger, vernünftig auszuweisender Korrektur immer zugelassen).

Für Lebewesen unserer Art, die in unauflöslicher Weise spürend-verstellte und spürend-tätige *Einheiten* sind, gibt es ein ihnen selbst glaubwürdiges Überzeugtsein und ein ihnen selbst glaubwürdiges Anerkennen von Verbindlichkeit nur, wenn die unfixierbaren, aber auch unverwechselbaren Spürenskomponenten von Überzeugtsein und Als-verbindlich-Anerkennen *nicht fehlen.* Wie diese Spürenskomponenten im einzelnen beschrieben werden mögen, kann offen bleiben. Daß sie nicht dauernd spürend da sind, sondern in Dispositionsartiges zurücktreten können, versteht sich. Daß das äußerliche Kundgeben von Überzeugtsein ohne jeden spürenden Anteil, der es von innen her beglaubigt, in angebbarem Sinn *leer* und für die so handelnde Einheit Fraglichen Lebens *unecht* ist, versteht sich auch. Das gleiche gilt für jedes Anerkennen von Verbindlichkeit. Wie aufrichtiges Kundgeben nach außen hin *in Einheit* mit einem spürenden Anteil zu begreifen ist, der dem Individuum selber erst sein Aufrichtigsein verbürgt, ist eine Frage, die noch für lange Zeit *vor uns liegen* wird.

Das Nicht-Fehlen zugeordneten Spürens in unverstandener Einheit mit seinen Kundgebungen nach außen hin ist da, wo der fraglich-lebende Organismus sich nicht bloß gewohnheitsmäßig, aus erworbener Disposition oder sonstwie ohne spürende Stützung äußert, vielmehr einen spürenden Anteil zur Beglaubigung der Echtheit seiner eigenen Äußerung wirklich braucht, *eine geringste Bedingung* dafür, daß er das ganze Verfahren, an dem er mit solchen Äußerungen teilnimmt, im Ergebnis schließlich für sich als verbindlich anerkennen, den Zustimmungsanspruch des Resultats von sich selbst her (nicht bloß durch leere Geste), unterstützen kann. Das Nicht-Fehlen solchen Spürens an Punkten, an denen die Fraglich Lebenden es für die Glaubwürdigkeit eines sich ›vernünftig‹ preisenden Verfahrens stillschweigend verlangen, ist damit auch eine geringste Bedingung dafür, daß es sich um *lebendige Vernünftigkeit* handelt, und nicht um das methodische Operieren von Leblosem.

Die Verfahren, die sich den Orientierungsbedürfnissen des Fraglichen Lebens als Nachfolger, oder besser, als die ihm einzig zugängliche Wirklichkeit der früher so genannten *Vernunft* offerieren (auch als Garanten vernünftig betriebener Wissenschaft), fallen unter diesem Gesichtspunkt auf simple Weise in zwei Klassen: Solche, für deren Durchführung und Resultat sich Spüren als komplett irrelevant streichen läßt, und solche, für die solches Streichen einen Verlust bedeuten würde, sowohl bei einzelnen Schritten, als auch in der Glaubwürdigkeit und im Verbindlichkeitsanspruch ihres Resultats.

Verfahren methodischen Operierens, auch Verfahren methodisch fortgehenden Äußerns von Sprach-Bestandteilen, die sich ganz und gar durch Vollzüge in der konfrontiert gegenwärtigten Welt abwickeln lassen und, auch bei den Einzelnen, auf deren Überzeugtsein und Akzeptieren sie zielen, an keinem Punkt ein Spüren voraussetzen, sind über kurz oder lang durch das *Leblose* simulierbar. Ich vermute, die *Lebenden* werden sich die Resultate nur dann zu eigen machen, wenn sie die Prinzipien dieser Verfahren auf dem Weg eigener, lebendiger Vernünftigkeit überzeugend finden und in der charakteristisch spürenden Weise von Lebenden von sich her als bindend akzeptieren. Glaubwürdigkeit und Bindungsanspruch vernunftähnlicher Leistungen des Leblosen hängen von der *Beglaubigung* durch lebendige Vernünftigkeit ab.

Die Fragen und das Bedürfnis nach einem Orientierungsmittel, das dem überkommenen Gedanken von *Vernunft* in den Grenzen Fraglichen Lebens entsprechen könnte, gehören zu den Verständigungsthemen, die in der Bewegung dieser Form des Lebendigen nicht einfach abgehakt werden können. Wie einige andere schon genannte Themen scheinen sie Teil der Konstellation von Verständigungsbedürfnissen zu sein, in der sich Fragliches Leben im ganzen vollzieht. Sie sind deshalb auch schwerlich mit irgendeiner Theorie schlankweg zu erledigen. Aus dem unübersehbaren Umfang dessen, was zu einem angemessenen Verständnis der Leistung von *Spüren* bei lebendiger Vernünftigkeit gehören müßte, greife ich im Verfolgen von *Geringstem* einen sehr kleinen Teil heraus.

85. Spürensanteil unentbehrlich

Wenn ich zu dem Kind sage: »Ich finde es nicht richtig, daß du das Mädchen geschlagen hast«, dann kann das eine leere, ich sage auch: blasenhafte Äußerung von mir sein, oder eine Äußerung, die ich selbst als aufrichtiges Kundgeben einer eigenen Stellungnahme und in diesem Sinn als echt einstufe. Zur Aufrichtigkeit meines so nach außen hin, dem Kind gegenüber, Gesprochenen gehört für mich eine Spürenskomponente, die unfixierbar, unwahrnehmbar, in der Einheit des Aufgeschlossenen da ist, und ohne die mein Sprechen aus meiner Perspektive gar kein vollständiges Sprechen wäre, sondern nur ein So-tun-als-ob. Will ich durch den genannten Satz den Versuch einer vernünftigen Einigung mit dem Kind einleiten, und spreche ich schon am Anfang oder an irgendeinem späteren, relevanten Punkt in der bezeichneten Weise blasenhaft, dann gerät unser ganzer Einigungsversuch in Gefahr, dadurch unglaubwürdig zu werden, mindestens für mich, der ich das Unechte meines Sprechens kenne. Das Resultat, besonders wenn ich ihm gleichfalls nur eine grammatisch korrekte, aber *spürensleere* Anerkennung aussprechen würde, wäre aus meiner Perspektive in ähnlicher Weise defekt. Und das ganze kleine Theater einer ›vernünftigen‹ Einigung mit dem Kind stellte für mich eine ziemlich repräsentative Miniatur für die vielen Erscheinungen *korrupter Vernunft* dar, die ich in Beruf, Politik, Wissenschaft, Philosophie und wo noch zur Zeit meiner Gegenwart zu finden glaube. Daß ich die Spürenskomponente, die mir die Aufrichtigkeit und Vollständigkeit meines Sprechens (in der genannten Hinsicht) gewährleistet, nicht innerlich wahrnehmbar vor mich bringen kann, akzeptiere ich nach den Überlegungen dieses Buchs nicht mehr als Grund, ihre Existenz für dubios zu halten. Daß ich sie als Bedingung nicht-defekten Sprechens mit dem Kind selbst von mir erwarte, belegt sich mir ohne allen Klimbim an den negativen Fällen: Wo ich rede, *ohne* daß im Spüren etwas da ist, was eben dieses Reden von innen her erst vollständig machte, *spüre* ich, daß etwas fehlt – viel deutlicher, weniger leicht überlebbar als im umgekehrten Fall, dem unauffälligen Regelfall des nicht-defekten Sprechens, dem ein Spüren entspricht.

Für Verfahren von Vernünftigkeit, an denen ich teilnehmen und deren Ergebnis ich auf nicht blasenhafte Weise billigen soll, entnehme ich daraus zweierlei, das zum Geringsten gehört: Sprechen, das zu seiner Glaubwürdigkeit vor mir selbst einen Spürensanteil braucht, muß einen solchen Anteil haben (es muß *spürend gestützt* sein). Und: Mein Sprechen muß zu dem Spüren, das ich, mich vor mir selbst vergewissernd, als zu ihm gehörend ansehe (als seine Stütze betrachte, die für mich zur Echtheit meines sprechenden Handelns gehört), *passen*. Es darf daran nicht für mich selbst zur Hälfte, dreiviertels oder in sonstwie verzerrender Weise vorbeigehen.

Das Wort *Spürensanteil* ist nicht zu überlasten. Nach allem, was bis jetzt herausgearbeitet wurde, versteht es sich von selbst, daß ich solche Anteile nicht fixierbar in mir liegen sehe oder sonstwie geradewegs wahrnehme. Sprachliche Äußerungen, die zu ihrer Glaubwürdigkeit für mich einen Spürensanteil verlangen, haben beim Aussprechen zu diesem, wenn er aktuell da ist, ein Verhältnis, dessen sentirische Analyse erst befriedigend möglich sein wird, wenn die Rätsel aufgeklärt sind, welche der *Einheit des Aufgeschlossenen* bis auf weiteres anhängen. Diese Schwierigkeit kann desunbeschadet auf keinen Fall als Alibi für glattes Übergehen, Totschweigen, Wegnaturalisieren jeglichen Spürensanteils bei glaubwürdigem Sprechen genommen werden. Für alles solche Sprechen und a fortiori für jeden sprachlichen oder auch nur sprachähnlichen Versuch zu lebendiger Vernünftigkeit gilt, in grobem Ausdruck vorgetragen, die schon genannte Maxime: Sprechen ohne spürende Stützung ist leer, Spüren ohne Artikulation ist blind.

Daß das *Passen* eines verbalen Vollzugs zu dem Spüren, welches der Sprechende als seine Stütze in Anspruch nehmen mag, nicht kraft innerer Selbstregelung (oder ähnlichem) garantiert ist, belegt sich wieder am leichtesten an den negativen Fällen. Gebrauche ich ein Stück Sprache, das zu meinem Spüren nicht paßt, dann liefert der Organismus mir oft eine *spürende Fehleranzeige.* Sage ich zu dem Kind: »Als du das Mädchen geschlagen hast, habe ich mich wirklich geärgert«, dann kann es sein, daß mich mein eigener Satz spürend nicht befriedigt. Ich versuche, mich zu verbessern mit: »Ich war in dem Augenblick wirklich böse auf dich«, und spüre, daß immer noch etwas fehlt. Ich kann dann sagen: »Als du das Mädchen geschlagen hast, war ich empört und wütend. Wütend bin ich jetzt nicht mehr, aber empört bin ich immer noch.« Und es mag sein, daß mich diese Wendung auf spürender Ebene jetzt endlich zufriedenstellt. Denn es war in meiner Innengrund-Reaktion, als es das Mädchen schlug, ein moralisch stellungnehmender Anteil, etwas Heftiges im Spüren, das über bloß privaten Ärger, auch über private Wut, hinausging. Indem ich es als »Empörung« artikuliere und zu treffen glaube, komme ich auf den Punkt, den ich beim Versuch, mit dem Kind über das Ereignis zu sprechen, unverzichtbar finde: Daß es nämlich nicht einfach ein von mir herrührendes Verbot ist, gegen das es verstoßen hat, sondern *anderes* und *mehr*.

Das Stimmen meiner sprachlichen Äußerungen für mich, zu dem ihr *Passen* gehört, tritt nicht im Modus organischer Automatenhaftigkeit ein, sobald ich den Mund öffne oder in diese Tasten hier schlage, sondern bekundet sich im Spüren teils unauffällig, also nicht hervorgestellt (wenn wie selbstverständlich alles stimmt), teils als ein Schub spürender Befriedigung (wenn es mir plötzlich gelingt, mit Worten etwas Wichtiges zu treffen, was mich bisher nur blind bedrängt hat), teils, im negativen Fall, als spürende Irritation, die wie eine Fehleranzeige da ist, sobald ich etwas sage, das zu meinem Spüren in einer wichtigen, mir oft noch unklaren Hinsicht nicht paßt.

Weil das Passen meines Sprechens zu dem Spüren, das ich im Sinn der Glaubwürdigkeit meiner Äußerungen vor mir selbst als integralen, stützenden Anteil ihrer erwarte, wiederum spürend bestätigt, weil ein partielles oder gänzliches Nichtpassen spürend angezeigt wird, nenne ich diese Bedingung für Äußerungen, die von mir her stimmig sein sollen, *spürendes Passen.*

Spürendes Passen als eine der geringsten Bedingungen für die Stimmigkeit einzelner, ausgezeichneter Schritte in sprachlichen oder sprachähnlichen Verfahren lebendiger Vernünftigkeit scheint oft übersehen zu werden. Oder es wird unterstellt, es erledige sich durch korrektes Gelernthaben einer Sprache von selbst. Es weist sich aber, auch für ›vernünftig‹ fortschreitende Wissenschaften von der konfrontiert gegenwärtigten Welt, bei genauerer Verständigung aus als eine nicht entbehrliche Verbindungsinstanz zwischen unserem sogenannten Wissen und solchen Anteilen unseres Spürens, in dem wichtigste Stücke dessen, was uns ›Wissen‹ heißt, allein eine lebendig zu nennende und für den Einzelnen unabhängig vom Reden der anderen beanspruchbare Stütze haben. Als eine fast immer im Marginalen gehaltene, oft auch stillschweigend dem Irrelevanten zugerechnete Bedingung von Vernünftigkeit unter Lebenden soll *spürendes Passen* in der Funktion einer ebenso kritischen wie wichtigen Nahtstelle kurz betrachtet werden.

Die Wörter »Nahtstelle« und »Verbindungsinstanz«, das ist jetzt schon zu notieren, werden (genauso wie »Spürensanteil«) in der Situation verfassungsmäßiger *Dürftigkeit der Mittel* herangezogen, auf die ich, wo es um sprachliches Erfassen spürender Verhältnisse ging, schon ein paar Mal fokussiert habe.

86. Spürendes Passen

Von zwei Seiten her lag es nahe, daß Philosophen des seinem Ende zulaufenden Jahrhunderts auf der Basis durchaus verschiedener Vernünftigkeitskonzepte das Erfordernis *spürenden Passens* nicht in den Blick bekamen: Von der Seite einer Vernünftigkeit aus reinem ›Bewußtsein‹ her, in dem einige, eher traditionell orientierte Denker noch einmal absolute und zweifelsfreie Evidenz zu finden hofften; und von der Seite einer Vernünftigkeit her, die sich ganz in sprachlichen, mindestens sprachähnlichen Akten vollziehen und auf jede spürende Stütze solcher Akte unter dem Programm wissenschaftlicher Objektivierung (heute: *Naturalisierung*) mit Entschiedenheit verzichten sollte.

Zur ersten, jetzt schon ins Geschichtliche absinkenden Gruppe ist vom Gesichtspunkt *spürenden Passens* her zu sagen, daß dieser Faktor dabei einfach unterschlagen ist. Es gibt keine mitteilbaren, an andere Organismen weitergebbaren Stücke von Vernünftigkeit, die selbst noch den Status von ›Bewußtsein‹ oder einer darin selbstgegebenen ›Evidenz‹ hätten. Auch die gelegentlich betriebene Wissenschaftsdichtung in metaphysischer Absicht, die eine Direktübertragung von Spürenszuständen in andere Gehirne hinein phantasiert, unterschlägt spürendes Passen überall da, wo die an solcher Innenschädelkonferenz Beteiligten schließlich dazu übergehen wollen, Außenstehenden, für die ihre ›vernünftig‹ genannten

Erkenntnisse *auch* Verbindlichkeit beanspruchen, diese mitzuteilen, zu erläutern, schließlich zu rechtfertigen. Die These von der im Innern auffindbaren absoluten Evidenz sah richtig, daß wir an unserem Spüren das einzig nicht-transportierte, direkt als es selber gegenwärtige Da-sein haben, welches für uns in der Welt vorkommt. Wir *sind* nämlich so, *spürend.* Die These übersah bereits, daß Wissen mehr und anderes ist als Spüren. Sie übersah erst recht, daß Vernünftigkeit unter Lebenden ihren Anspruch größtmöglicher Ausweisbarkeit (Nachvollziehbarkeit für jeden, aus der erst glaubwürdige Verbindlichkeit entstehen kann) nur zu realisieren imstande ist, wenn sie, wo sie auf Spüren fußen will, auch über eine *transponierende Artikulation* solchen Spürens in einer potentiell an alle weitergebbaren Form verfügt. Das klassische Medium transponierender Artikulation, auch und vor allem in Sachen Vernunft, ist Sprache. Und die transponierende Artikulation einer angeblich im ›Bewußtsein‹ selbstgegebenen ›Evidenz‹ ist nicht aus sich selbst heraus richtig, sondern gewinnt ihre Glaubhaftigkeit als Artikulation für den je Einzelnen nur durch *spürendes Passen.* Wo gewählte Wörter spürend richtig sind, kommt das Passen normalerweise nicht eigens zur Bekanntschaft; es ist nicht hervorgestellt. Wo gewählte Wörter in solcher Sache von einem sprechenden Organismus als unangemessen zurückgewiesen werden, ist seine direkte, für ihn selbst im relevanten Moment spürend vollziehbare Begründung, daß sie *nicht passen.* Passen eines in modifizierter Konfrontation gegenwärtigten Sprachgebildes zu einem jetzt hervorgestellten Spürenszug ist selbst ein Spürenszug, gewöhnlich ein zurückgestellter. Die überraschende Entblindung gehört zu den selteneren Ereignissen spürenden Lebens, in denen das Passen einer Artikulation zu dem damit Angezielten wie mit einem Schuß spürender Erleichterung sich bemerkbar macht. *Spürendes Nichtpassen* dagegen ist als eine Weise innerer Irritation, wie wenn das offerierte Wort an dem angezielten Spüren vorbeirutschte, häufig in hervorgestellter Rolle da. Es macht die These von der unauffälligen

Existenz seines positiven Gegenstücks vom negativen Fall her plausibel. Das Konzept einer Vernünftigkeit, die auf innerer ›Evidenz‹ fußen sollte, weil hier ›Selbstgegebenes‹ unverfälscht zu finden sei, übersah nicht nur das Erfordernis transponierender Artikulation, sie übersah in direkter Folge dieses Versäumnisses auch, daß es eine transponierende Artikulation, welche a priori und unbezweifelbar *paßt,* unter Bedingungen Fraglichen Lebens nicht geben kann. (Platterdings wäre es auch nichtsnutzig, spürendes Passen ad infinitum spürend überprüfen zu wollen).

Der sprechende Organismus, der eine angebotene Artikulation für Stücke seines spürenden Lebens, unkonfrontierte oder konfrontierte, als nicht passend zurückweist, kann auch anders argumentieren. Er kann sagen: So habe ich die Sprache (diesen Satz, dies besondere Wort) *nicht gelernt.* Der positive Fall des Passens könnte von einem solchen Sprecher, wenn er hier überhaupt eine Begründung nötig fände, unterlegt werden mit der zugeordneten affirmativen Antwort: So sei es, so habe er die zuständigen Ausdrücke gelernt. Er könnte dabei auch andere hinzuziehen, die die gleiche Sprache gelernt haben, und sich von ihnen – vor allem wenn es sich bei dem zu Artikulierenden um allgemein Zugängliches handelt – seine Antwort bestätigen lassen.

Der eigentliche Grotzen dieser Begründungsweise, um den herum sich alles andere gruppiert, ist schließlich die Unterstellung: Kompetente Sprecher einer Sprache sprechen diese Sprache kompetent.

Hier ist ein *spürendes Passen* nicht in Anspruch genommen; die Leistung, die es erbringen sollte, nämlich das schlichte Stimmen einer Artikulation zu einem vorhandenen (konfrontierten oder unkonfrontierten) Spüren, das sie stützt, zu bestätigen, soll durch eine bestimmte dispositionale Eigenschaft des Sprechers geleistet werden, eben seine Kompetenz: Wenn er in dieser Sprache spricht, spricht er in aller Regel korrekt.

Darauf könnte nicht nur ein Sprecher rekurrieren, der etwas ›absolut Evidentes‹ aus seinem spürenden Leben artikulieren wollte, sondern vor allem auch die anderen Sprecher, die im Sinn von Objektivität (Naturalität) auf spürende Stützung ihrer sprachlichen Vollzüge gerade verzichten möchten. Sie erklären das Sich-Befassen mit Fragen nach spürender Stützung solcher Vollzüge und erst recht mit Fragen nach entsprechendem Passen für überflüssig. Ihr Bürge für richtiges, glaubwürdiges Sprechen, das in die Verfahren solcher Vernünftigkeit eingehen soll, ist in auffälliger Häufigkeit die Sprachkompetenz, die von den Mitgliedern einer sprachlichen Gemeinschaft auch gegenseitig überprüft werden kann. Unter kompetenten, ehrlich sich äußernden Sprechern wird die Frage, ob ein Sprechen auf ein Spüren paßt oder daran vorbeigeht, nebensächlich – so scheint es.

Bei näherer Visitation zeigt sich die Sprachkompetenz in dieser Rolle freilich als ein philosophischer Problemdämpfer, der alte wie neue Zweifel gerade notdürftig abfangen, aber nicht dauerhaft wegschaffen kann.

Gewöhnlich kann sich niemand an die Weise, wie er einen Ausdruck gelernt hat, erinnern. Die Ausnahmen von dieser Regel sind extrem selten. Sagt ein Sprecher demnach »So habe ich dieses Wort gelernt«, dann bezieht er sich in aller Regel nicht auf eine erinnerte Situation, sondern er unterstellt ohne weitere Begründung, daß es eine solche Situation oder mehrere dergleichen gab, daß damals das Wort so und nicht anders gelernt wurde, und daß der heutige Gebrauch mit dem damaligen übereinstimmt. Da der damalige Gebrauch (ich nenne ihn den Einführungsgebrauch) gar nicht erinnert wird, kann er auch nicht zum Vergleich mit einem jetzigen Gebrauch und als Garant für die Richtigkeit des letzteren herangezogen werden. Was dem Sprecher selbst in einer solchen Begründung als Garant für seine Sprachkompetenz dient, ist eigentlich die nackte Einschätzung seiner selbst als kompetent. Diese Einschätzung mag er durch einen Vergleich mit anderen Sprechern der gleichen Sprache, welche er wiederum für kompetent hält, gewonnen haben, sie gelegentlich überprüfen, oder auch nicht: Es gibt bei halbwegs sorgfältiger Betrachtung der

Sache keine *Garantie* für Sprachkompetenz; und die Rolle eines Garanten für die Richtigkeit, auch nur Ehrlichkeit von Gesprochenem kann sie ihrerseits unmöglich spielen.

Dies führt zu einem tiefer gelegenen Punkt, an dem die Begründung für die Verläßlichkeit von Äußerungen kompetenter Sprecher, indem sie primär auf Sprachkompetenz zurückgreift, *unter* derselben ins Leere faßt.

Sprachkompetenz allein kann niemandem einen guten Grund dafür an die Hand geben, dieses Papier hier weiß zu nennen oder den kategorischen Imperativ verpflichtend, das Wechselreiten verwerflich, die Seelenruhe erstrebenswert. Die Sprachkompetenz, trotz ihrer unübersehbaren Ausweisungsprobleme für Zwecke des Arguments kurzerhand geschenkt, liefert niemals für Äußerungen der Art, um die es hier geht, die *Sachbasis.*

Sie stellt bestenfalls eine notwendige Bedingung (keine hinreichende) dafür dar, daß ideale Sprecher, die es nicht gibt, mit ihrem Sprechen an ihrer eventuellen Sachbasis nicht vorbeireden.

Jetzt ist erkennbar, daß nicht bloß jede Garantie für getreues Zur-Sprache-Bringen eines angeblich Selbst-Evidenten im ›Bewußtsein‹ unter Fraglich Lebenden einfach fehlt, sondern daß zum Gewinn ›vernünftiger‹ Ergebnisse auch nicht ein Verfahren ausreicht, welches sich *allein* auf die Sprachkompetenz von Sprechenden und bestimmte, seien es auch *ideale* Bedingungen einer Sprech-Situation oder eine ideale Weise wissenschaftlichen Diskutierens beruft. Die Äußerungen, die ein Vernünftigkeit anstrebender Sprecher tut, müssen für ihn selbst durch etwas gestützt sein, dessentwegen er im redenden oder schreibenden Austausch so Stellung nimmt, wie er Stellung nimmt, und nicht anders.

Der Versuch, uns überhaupt zu verständigen, ist der Versuch, uns über solches zu verständigen, zu dem unser Verhältnis zuletzt ein spürendes ist. Das gilt für die konfrontiert gegenwärtigte Welt, deren Wahrnehmung auf Spüren fußt, für uns selbst, für alle Gebilde, mit denen wir in modifizierter

Konfrontation (zum Beispiel als Abstrakta) umgehen, und auch für Regeln, Ziele, oberste Sätze des Fürwahrhaltens und des praktischen Für-Richtig-Haltens. Der Versuch, uns *vernünftig* zu verständigen, bedient sich gewöhnlich der Sprache und zielt auf Ergebnisse, die unter anderem die anfangs erwähnten Züge aufweisen, in denen eine besondere Auszeichnung besteht.

Jeder Teilnehmer einer Verständigung mit dem Ziel solcher Ergebnisse muß eine Instanz haben, kraft deren er für sich selbst uneigentliches, schiefes, blasenhaftes Sprechen von solchem unterscheidet, zu dem er von sich her steht. Ein kompetenter Sprecher, der lebendig ist, dessen Organismus also seine zentralen Orientierungsleistungen durch spürend körperliche Steuerung erbringt, hat die Instanz, die ihm für sich selbst sein Sprechen als ein unverfälschtes und echtes ausweist, zunächst an einem *Spürensanteil.* Der liefert ihm sowohl aus seiner Perspektive *die bis auf weiteres gute Stütze*, in seiner Rede so und nicht anders Stellung zu nehmen, als auch gehört zur bis auf weiteres glaubwürdigen Artikulation dieses Anteils das im Normalfall nicht hervorgestellte, *spürende Passen* von Äußerung und stützendem Spüren, dessen Erfordernis sich am besten vom negativen Fall her belegen läßt. Dort bekundet sich das Fehlen spürenden Passens unüberlebbar als Irritation, schlechtes Gefühl, inneres Distanznehmen.

Daß *spürendes Passen* eine Nahtstelle erster Ordnung abgibt zwischen dem, was wir unser ›Wissen über die Welt‹ nennen, und dieser Welt, wie sie uns allein zugänglich wird, kann durch Verweis auf die Tatsache, daß in wissenschaftliche Begründungszusammenhänge ein Spüren selber gar nicht eintreten kann, schwerlich abgewiesen werden. Das Sprechen oder Schreiben der einzelnen Wissenschaftler ist nur ernst zu nehmen, wenn es qua Sprechen oder Schreiben für diese Teilnehmer selbst eine Stütze hat – und die kann, wo es um die Welt geht, nicht ad infinitum in Sätzen bestehen. Sie kann auch niemandem durch den Konsens mit anderen einfach geschenkt werden, denn dieser Konsens ist für jeden Einzelnen nur glaubwürdig, wenn dieser Einzelne von sich selbst her die aus seiner Sicht entscheidenden Bestandstücke des Einverständnisses und des Verfahrens, mit dem man bei ihm angekommen ist, für sich glaubwürdig, nicht blasenhaft oder bloß durch leere Geste, akzeptiert. Die Differenz zwischen der leeren, für den Sprecher selbst unglaubwürdigen Sprachgeste und der anderen, die für ihn diese Glaubwürdigkeit besitzt, liegt bei Lebenden unserer Art (und a fortiori bei jedem Verfahren lebendig zu nennender Vernünftigkeit, die *uns* etwas bedeuten, für uns als Lebende bindende Kraft gewinnen soll) im unaufdringlichen Vorhandensein eines stützenden Spürens, bis auf weiteres passend zu den Sprachgesten, die wir vollziehen und mit denen wir an Verfahren unter dem Titel *Vernünftigkeit* teilnehmen.

Die Wörter »bis auf weiteres« habe ich eben mehrfach eingefügt, um anzuzeigen, daß jede nicht-leer sprechende, an Verfahren lebendiger Vernünftigkeit partizipierende Einheit Fraglichen Lebens immer die Möglichkeit behält, sich von sich her, oder durch andere angestoßen, zu *korrigieren.* Es gibt nicht die absolute Paßsicherheit im Verhältnis zwischen Sprechen und stützendem Spürensanteil; es gibt erst recht nicht die Sicherheit, daß im eigenen Spüren, und sei es im Halo des Zurückgestellten, *nichts* mehr ist, von dem her sich eine bestimmte Sprachgeste als zu arm, schief, im ganzen doch unpassend zeigen könnte.

Was wir uns angewöhnt haben, ein sehr großes Feld prinzipiell revidierbarer Aussagen über die Welt zu nennen, eben das sich bewegende Corpus unseres empirischen Wissens, hat seine kritischen Kontaktpunkte mit der Welt da, wo die Wissenschaftler mit Teilen der Welt (zum Beispiel ihren Meßgeräten) in ein wahrnehmendes Verhältnis treten. Für sie als Fraglich Lebende ist dies Verhältnis spürend. Da jenes Corpus des Wissens jedoch sprachlich oder sprachartig ist, bedarf es für jeden Kontaktpunkt mit Welt, auf den sich ein Forscher sprechend beziehen will, der transponierenden Artikulation von Spüren in Sprechen. Letzteres aber darf an dem Spüren, das die Stütze des Forschers für sein elementares wissenschaftliches Reden bildet, nach Möglichkeit nicht vorbeigehen. Und wir vertrauen überall, wo wir einem Wissenschaftler ernsthafte Arbeit und keine Blasenbildung unterstellen, darauf, daß als Erstes für ihn selbst seine Sätze über Wahrgenommenes zu seinem konfrontierten Spüren, das ihn allein in ein Verhältnis zu einer Welt bringt, *spürend passen* – wie viele öffentliche Kontroll- und Diskussionsinstanzen wir solchen Sätzen dann auch vor ihrem Akzeptieren in der ›Forschergemeinschaft‹ noch entgegenstellen mögen.

Analoges gilt für Prozesse, in denen sich Fraglich Lebende über oberste Ziele, Regeln, Stellungnahmen zu Wahrheit oder praktischer Richtigkeit vernünftig zu einigen suchen: Wenn einer in dem Verfahren, das Vernünftigkeit gewährleisten soll, zustimmt, wo er spürend nicht zustimmt, wenn er auch nur schief artikuliert, was spürend nicht zu seinen Worten paßt, wird dadurch die Einigung potentiell scheinhaft; der Anspruch auf Vernünftigkeit ist potentiell schon verfallen, bevor das Ergebnis des Verfahrens überhaupt erreicht wurde. Stücke einer auf Vernünftigkeit gehenden Rede, die zu relevanten Innengrund-Stellungnahmen des je Sprechenden oder Schreibenden nicht spürend passen, sind geeignet, auch bei idealen Bedingungen der äußeren Situation zur Erscheinung der *korrupten Vernunft* zu führen. Sie ist aus äußerlich korrekt ablaufenden Einigungsverfahren von den größten praktischen Zusammenhängen (der sogenannten Politik unter Staaten) bis zu den scheinbar kleinen, in denen ein fraglich-lebender Organismus sich selbst in Schrumpftum und Unfreisein hineinvernünftelt, bis zum Abgeschmackten bekannt.

Es gibt unter den Bedingungen Fraglichen Lebens keine Vernünftigkeit ohne Spürensanteile, an denen die Sätze, welche geäußert werden, für die Sprechenden selbst ihre Stütze haben. Wir beanspruchen spürendes Passen praktisch ständig und praktisch überall als funktionierendes Stück des kritischen und nie mit perfekter Verläßlichkeit zu vollziehenden Übergangs von dem, worin wir organisch leben, dem Spüren, zu dem, womit wir uns als Teilnehmer an einer gemeinsamen, in wichtigen Bereichen auf Rationalität gerichteten Lebensform verständigen (dem Sprechen und Schreiben).

Das spürende Passen als notwendige Bedingung einer möglichen, sich ›rational‹ nennenden Empirie (im Sinn einer Wissenschaft von der Welt, die relevante, für direkte Prüfung geeignete Sätze ihres Systems durch methodischen Verweis auf Wahrnehmung zu verteidigen bereit ist) wie auch als Bedingung einer Vernünftigkeit, die auf Erste Stellungnahmen geht, welche unter Fraglich Lebenden in möglichst weitem Umfang akzeptierbar und *verbindlich* heißen sollen (sowie sich in den Grenzen solchen Lebendigseins zu rechtfertigen suchen) deutet darauf, daß es für uns als spürend sich steuernde *und* sprechende Organismen ein *zentrales Kopplungserfordernis* gibt zwischen zwei heterogenen Orientierungsweisen, die wir beide brauchen, aber nicht problemlos zusammenbringen können. *Fragliches Leben ist Leben mit heterogenen Orientierungsmustern.* Unter jetzigem Gesichtspunkt, also in Sachen einer sich »rational« nennenden Empirie, wie auch in Sachen einer Vernünftigkeit als Weise des lebendigen Erwerbs Erster Stellungnahmen, wird die Frage der *Verbindung des Heterogenen* systematisch relevant.

87. Loses Andocken statt Einrasten gefräster Werkstücke

Das *spürende Passen* hat sich als Verbindungsinstanz erster Ordnung zwischen den heterogenen Orientierungsmustern von Spüren und Sprechen erwiesen. Daß »Sprechen« dabei in einem weiten Sinn gebraucht wird und für alle Orientierung mittels sprachartiger Strukturen steht, ist erkennbar. Daß das Wort »Verbindungsinstanz«, wie einige andere, sich einer Dürftigkeit der Mittel beim Sprechen über Wichtigstes an uns verdankt, ist schon gesagt. Die Möglichkeit, Spürendes Passen mit einer dispositionalen Interpretation zu versehen, derart, daß ein aktuelles Spüren dieses Typs in den Einzelnen nur bei *unerwartet glückender* Verbindung wie auch bei *unerwartet mißlingender* Verbindung zwischen ihrem Spüren und ihrem Sprechen (im letzteren Fall als spürende Fehleranzeige) hervorgestellt auftritt, lasse ich offen. Aber eine dergestalt dispositionale Interpretation wäre in jedem Fall eine, die den Vorgang der zugeordneten Aktualisierung und auch das dabei ausgelöste, kritische Ereignis *unter Rekurs auf Spüren zu beschreiben hätte*, mit einer bloß behaviouralen Deutung hingegen an die epistemisch relevante Instanz, an der sich die Einzelnen im kritischen Fall als erstes und für ihre je eigene Stellungnahme *immer auch* orientieren müssen, gerade nicht herankäme.

Auf die Anstrengungen des Jahrhunderts, eine solche kritische Nahtstelle, an der Heterogenes aufeinander passen und in diesem Passen auch noch begrenzt bekräftigbar (im negativen Fall bestreitbar) sein soll, *zu eliminieren*, verweise ich nur, führe aber keine Auseinandersetzung damit. Die Versuche haben gemäß dem Vorhandensein von zwei verschiedenartigen Orientierungsmustern gewöhnlich die Tendenz, eines davon auf das andere zu reduzieren und dadurch überflüssig zu machen. Das Problem der Verbindungsstelle oder Übergangs-Stelle zwischen beiden soll dann von selbst verschwinden. Das ehrgeizigste Wissenschaftsprogramm besagter Spanne, das Programm einer Einheitswissenschaft, in der alle methodischen Erkenntnisvollzüge des Fraglichen Lebens aufgehoben, geordnet und vereinigt sein sollten, modelte sich nach anfänglichem Schwanken zu einem solchen Eliminationsversuch: Wissenschaft sollte betrieben werden als ein System methodisch gereinigten wissenschaftlichen Sprechens, das in Ausweisungsfragen stets wieder auf sprachliche Einheiten, nicht jedoch auf Außersprachliches und schon gar nicht auf Spüren zurückgreifen sollte. Unter dem Gesichtspunkt, daß das mit Energie ergriffene neue philosophische Werkzeug, eine zu vorher nie gekanntem Reichtum erweiterte Logik, wohl auf bestimmte Typen sprachlicher Einheiten, aber gerade nicht auf Spüren angewendet werden kann, erschien das Eliminieren spürender Orientierung aus der Wissenschaft *noch einmal* plausibel und konsequent. Daß die Idee der Einheitswissenschaft längst ins Stocken geraten ist, hat das Hervortreten weiterer Eliminationsversuche nicht gehindert. Das Programm der *Naturalisierung* beim philosophischen Deuten von Wissenschaft und Erkennen überhaupt ist ein neuerer Versuch mit der genannten Tendenz, über den ich bei anderer Gelegenheit zu schreiben hoffe.

Geographisch und durch konkrete Auseinandersetzung liegt hier derjenige Eliminationsversuch am nächsten, der behauptet, alles epistemisch relevante ›Bewußtsein‹ vollziehe sich allein in Sätzen (sei es auch nur ›implizit‹). Bei epistemisch einschlägigem Kontakt mit der Welt und mit ihnen selbst komme den Fraglich Lebenden gar nicht ihr Spüren zur Bekanntschaft, sondern *eine Proposition.* Spüren, wenn es dies denn gebe, gehöre bestenfalls zu den kausalen Randbedingungen fraglich-lebenden ›Bewußtseins‹ und ebensolcher Erkenntnis, besitze aber keinerlei epistemische Relevanz.

Das willkürliche Restringieren des Epistemischen auf das Sprachliche und dessen semantischen Apparat ist hier extrem auffällig. So weit einem Organismus sein Spüren überhaupt ein Stück Weltorientierung vermittelt (und das ist unbestreitbar, besonders bei den Lebewesen, die nicht sprechen, und bei uns selbst zu den Zeiten, zu denen unser Sprechen versagt und auch *damals,* als wir noch nicht sprechen konnten), muß es als *epistemisch relevant* gelten. Andernfalls heißt »epistemisch relevant« nur so viel wie »im Kontext sprachlich gefaßter Erkenntnis relevant« und transportiert durch stillschweigende Vorentscheidung eine petitio principii. Wenn es beliebt, läßt sich dasselbe Spiel einen Schritt vor diesem Punkt mit dem Wort »Erkenntnis« spielen. Die Einführung des Kunstausdrucks »Proposition« für eine abstrakte Entität, die das *Was* sein soll, welches ein Satz aussagt, verneint und so fort, leistet in der Semantik gute, wenngleich nicht unumstrittene Dienste, löst aber weder die Welt als Ziel unserer Erkenntnisbemühungen in solche abstrakten Nichtdinge auf, noch unser Spüren, von dem wir an sehr wichtigen Punkten unseres Lebenslaufs, auch täglichen Existierens, etwas zur Sprache bringen wollen und müssen, wenn wir weniger blind und ein Stück freier da zu sein versuchen. Was sich hier als ›sprachanalytische Theorie des Bewußtseins‹ anbietet, setzt sich in beispielhaft lebensverlassener Rigidität über einfachste Züge, Bedürfnisse, Leistungen unserer selbst als spürender hinweg, nur für die Einsinnigkeit eines Konzeptes sprachgestützter Episteme, das die crux vergangener Eliminationsbemühungen, die Heterogenität zwischen Sprechen und dem, was wir oft sprechend *fassen* wollen, gar nicht erst zur Kenntnis nimmt.

Daß wir als Fraglich Lebende ein Verbinden leisten müssen zwischen zwei heterogenen Weisen der Orientierung über die Welt und in uns selbst, dem Spüren und dem Sprechen, geht unter anderem auf unsere Natur als Wesen zurück, die in bisher unverstandener *Einheit* spürend und verstellt, rezeptiv spürend und spürend tätig sind. Sprechen entwickelt sich, das darf vorausgesetzt werden, zu der Gestalt, in der wir uns seiner bedienen, nur im handelnden Umgang einer Mehrzahl von Lebenden. Ihr handelnder Umgang macht sie zugleich zu Gliedern einer ihnen gemeinsamen Welt, in der sie einander wahrnehmen, miteinander tätig sind, *einander ihr Sprechen übermitteln.* Sprachlich Gefaßtes ist in einer Weise weitergebbar, wie es Spüren nicht ist; seine Ordnungen sind in Materialien der verstellten Welt in einer Weise niederlegbar und wiederholbar, wie es für die Ordnungen des Spürens nicht gilt. Obgleich die elementare und beim Ausweisungsversuch auch wieder die letzte Form des In-Kontakt-Kommens mit einer Welt, den anderen, uns selbst, spürend ist, brauchen wir für das Vollziehen unseres Miteinander-Lebens und Miteinander-Erkennens ein Mittel, das den Beschränkungen des Spürens nicht unterliegt und im Gegensatz zu ihm für unsere Interaktion in der verstellten Welt sich gerade eignet. Das sprechende Handeln bedient sich unserer ursprünglichen Eigenschaft als Körper- *und* Tätigkeitswesen und macht, mit dem je eigenen Spüren der Einzelnen auf *spürend passende Weise* verbunden, einen wechselseitigen Austausch über das, was wir je einzeln als Welt wahrnehmen, in ihr wollen, von uns selbst und den anderen spürend erwarten, möglich. Nur dadurch kommt es zu so etwas wie einer gemeinsamen Welterkenntnis, gemeinsamer Zielbildung, zuletzt zu den Tätigkeiten, die wir wegen ihrer ausgezeichneten Rolle dem Bereich von *Vernünftigkeit* zurechnen.

Das Überbrücken der Heterogenität, das In-Verbindung-Bringen von Zügen organischen Spürens mit sprachlichem Handeln, lag an der Basis der Vollzüge, die im ersten Stück eingeführt wurden als Entblindung, Erwerb von kognitiv-liberativem Mehr, Entstehen von Verständigungspunkten, an denen ein fraglich-lebender Organismus Züge seines Innengrunds sprechend trifft. Die individuelle *Verständigungssituation,* die Situation dessen, der ein eigenes Spüren in Berührung entblinden und damit ein Stück mehr von sich für sich zu sein versucht, gehört mit zu einer größeren Gemeinsamkeit in der Welt- und Selbstorientierung Fraglichen Lebens (und liegt ohnehin an der Basis der Stellungnahmen zur Angemessenheit, die ein spürend tätiger Organismus bei Einigungsbemühungen unter dem Titel von Vernunft *neu* von sich her zu dem beiträgt, was mehrere als ihren Konsens unter gleichem Titel zu finden versuchen).

Sprechen und Schreiben geschehen in den Materialien sowie Ordnungsformen der verstellten Welt, wiewohl sie Regeln zeigen, welche ohne die Annahme spürend tätiger Urheber kaum verstanden werden könnten (völlig anders verstanden werden müßten). Spüren ereignet sich als Bewegung eines ›Materials‹, das die ihm allein eigene, nicht weiter analysierte Eigenschaft von Sich-Bekunden aufweist. Es ist qua Spüren undurchdringlich, unfixierbar, aber bestimmter Ordnungen fähig, die speziell ihm eigen sind und das ursprüngliche Weltverhältnis spürenden Lebens überhaupt ermöglichen (als wichtigste wurden Aufgeschlossenheit und Konfrontation genannt). Die Fraglich Lebenden in ihrer entwickelten Form finden sich nicht nur als Wesen, welche spürendes Leben und verstellbare Körperlichkeit *in Einheit sind*, sondern die sich auch darauf angewiesen sehen, ihre spürende Orientierung mit ihrer Orientierung in Materialien des Verstellten beständig und für sich selber stimmig zu verbinden.

Dauerhaft stimmiges Verbinden von Orientierungsmustern in heterogenen Materialien und Ordnungsformen ist ein nicht erreichbares Ideal. Das spürende Passen ist nie perfekt wie das Einrasten eines gefrästen Werkstücks in ein anderes, das aus gleichem Stoff als Gegen-Stück gefräst werden konnte. Spürendes Passen in Fällen plötzlichen, gelingenden Entblindens kann unter anderem wie ein Schub von Freier Werden und von Glück sein, weil es etwas Unwahrscheinliches wie auch etwas Zerbrechliches hat: Überraschend stimmen Orientierungselemente aufeinander, welche zu heterogenen Mustern gehören, deren Zusammenstimmen im ganzen, etwa im Sinn durchgängig eineindeutiger Zuordnung, nicht erwartet werden kann.

Die Situation lebendigen Erkennens überhaupt in Sachen seines Wissens von Welt und in Sachen der ihm erreichbaren Vernünftigkeit ist prinzipiell das Verbindenmüssen heterogener Orientierungsmuster, wo es ein Koppeln im Sinn des glatten Ineinanderrastens (wie bei gefrästen Werkstücken) oder unbezweifelbarer, eineindeutiger Zuordnung *nicht durchgängig gibt*. Die Punkte optimaler Verbindung, die sich durch *relativ dauerhaftes spürendes Passen* auszeichnen, konstituieren keineswegs eine perfekt feste Brücke; sie bleiben überdies immer den Zweifeln ausgesetzt, denen spürendes Passen wie jede epistemisch relevante Spürensleistung sich offenhalten muß.

Das Verbindenmüssen heterogener Orientierungsmuster, welches das Fragliche Leben bei seinen Versuchen ›rationaler‹ Empirie und bei seinen Anstrengungen zum Erwerb verbindlicher Stellungnahmen im Sinn klassischer ›Vernunft‹ in je verschiedener Weise zu leisten hat, ist ein in seiner elementaren Einheitsbeschaffenheit gelegener Grund dafür, daß sein empirisches Wissen immer nur bestenfalls eine Art *loses und ver-*

schiebliches Andocken an die zu erforschende Wirklichkeit erreicht. Es ist ebenso ein Grund dafür, daß die Einigung auf Vernunftprinzipien gleich welcher Art sich für eine Revision durch das lebendige Spüren Hinzukommender und auch solcher, die an der Einigung schon teilnahmen, stets offenzuhalten hat.

88. Zum Rendezvous der alten Masken

In den Bereich eines Geringsten an lebendiger Vernünftigkeit, wenn sie sich in angemessener Deutung ihrer selbst realisieren will, scheint das Anerkennen der Heterogenität ihrer elementaren Orientierungsmuster zu gehören, ebenso wie der Tatsache, daß für ein glaubwürdiges Entwerfen von Positionen solcher Vernünftigkeit das punkthafte Verbinden dieser Orientierungsmuster unabdingbar ist – bei allen Gewißheits- und Begründungsproblemen, die sich damit für eine lebendig-vernünftige Welt- und Handlungsorientierung ergeben. Die prinzipielle Unabschließbarkeit von Wissenschaft, auch von Teilgebieten ihrer, und erst recht die prinzipielle Unabschließbarkeit systematisch entworfener Vorschläge für ein rechtes Handeln unter Fraglich Lebenden, scheinen auf direktem Weg daraus hervorzugehen.

Das Erfordernis, heterogene Orientierungsmuster zu verbinden, und die prinzipielle Möglichkeit des *Nichtpassens,* das sich jederzeit an einem unerwarteten Punkt bemerkbar machen kann, gelten nicht bloß für Leistungen, die unter den überkommenen Titel ›Vernunft‹ fallen. Wie ein Satz, der unter diesen Titel gestellt werden mag, seine Stütze in spürender Lebendigkeit verlieren oder an ihr im Tonfall angemaßter Würde vorbeireden kann, kann das auch ein Stück Kunst, ein Stück Religion, ein Stück Philosophie, ein Stück Recht.

Mit der Annahme spürenden Passens als Instanz für das Bekräftigen (bis auf weiteres) zufriedenstellender Verbindung zwischen relevanten Teilen ihrer heterogenen Orientierungsmuster wird die *lebendige Vernünftigkeit* in einer zusätzlichen und ungewohnten Hinsicht als *wesentlich spürend* eingestuft. Wie dargestellt: Das Stimmen einer sprachlichen Äußerung zu dem sie stützenden Spüren wird im unproblematischen Normalfall nicht noch einmal eigens durch ein besonderes, dem Sprechenden auch gesondert zur Bekanntschaft kommendes inneres ›Ereignis‹ beglaubigt. Es sind die *kritischen Fälle,* in denen ich von mir her zunächst mit Mitteln meines Spürens befinden muß, ob ein Ausdruck paßt oder nicht. Sage ich, die grüne Maschine läuten hörend, zu dem Kind: »Nimmst du bitte das Telefon ab?«, dann sind mir weder Zweifel an der Verwendung des letzteren Substantivs, noch auch ein spezielles spürendes Passen meiner Wahrnehmung zu meinen Wörtern hervorgestellt. Sage ich dem Kind aber, es betrachtend, zunächst: »Dein Pulli hat ein schönes Lila«, und korrigiere mich dann durch »Nein, er ist eher malvenfarben«, dann ist meine Stütze für das letztere, weil ich mein als Pulli gegenwärtigtes Spüren erst befragen mußte, nicht auf jene selbst-redende Weise mit dem Sprechen verbunden, sondern es gibt einen Spürenszug, der bei »malvenfarben« ein glücklicheres Passen bekundet, bei »lila« ein weniger gutes. Ich korrigiere mich von »lila« zu »malvenfarben« nicht, wie wenn zunächst aus einem Gerät eine Karte, dann unerwartet eine andere ausgeworfen wird, sondern ich habe für »malvenfarben«, in populärer Rede gesagt, »das Gefühl, daß es besser paßt«. Und dieses so apostrophierte »Gefühl«, mag das Wort von der Alltagssprache hier auch sehr liberal gebraucht sein, ist für mich *epistemisch von Belang.*

So nicht nur bei den, wie es heißt, kleinen Angelegenheiten, welche den Bereichen von Vernunft scheinbar weit entfernt liegen, sondern auch bei meinen nicht-dispositionalen Stellungnahmen, die in die letzteren Bereiche geradewegs gehören. Habe ich zu wählen zwischen »Alle Menschen sind gleich« und »Alle Menschen haben von Natur aus gleiche Rechte«, dann kann ich mich vor aller weiteren Diskussion sinnvoll fragen, welcher der beiden Sätze dem, was ich als meine Stellungnahme jetzt in Sprache bringen will, besser entspricht, ob vielleicht bei beiden etwas fehlt, für das ich noch eine Formulierung finden muß, und Vergleichbares. In diesem Fall kann ich nicht anders, als den Eindruck relativ schlechten Passens bei dem ersten Satz, besseren, aber mich noch nicht befriedigenden Passens bei dem zweiten, als *spürend* zu bezeichnen.

Es ist zu wiederholen, daß solches Spüren für den, der darauf zurückgreift, gegenüber möglichem Nachfragen immer offen bleibt. Wie vieles aber auch an Neu-Vergewisserung im tentativen Selbstverbessern, aus Anlaß wissenschaftlicher Auseinandersetzung, in methodisierten Verfahren mit Vernünftigkeitsanspruch, angeregt durch die Debatten einer ›Forschergemeinschaft‹, hinzukommen mag: Jede Korrektur, die ein Einzelner aus solchen Anlässen akzeptiert, muß, damit für ihn die Glaubwürdigkeit seiner selbst und gegebenenfalls eines ganzen Unternehmens von Vernünftigkeit gewahrt wird, auch für ihn *ohne spürenden Protest* bleiben.

Der Verdacht liegt nahe, mit der jetzt betonten, mehrfachen Rolle von Spüren bei lebendiger Vernünftigkeit und rationaler Empirie beginne eine Neuauflage von ›Bewußtseinsphilosophie‹ oder gar von bewußtseinsorientierter ›Transzendentalphilosophie‹. So weit ich diese Wörter verstehe, ist nichts davon der Fall. Vielmehr: Die Verständigung über eine Vernünftigkeit, die den Bedingungen menschlichen Lebendigseins angemessen heißen darf, muß auf typische Prämissen und Prätentionen jener Denkweisen strikt verzichten. Es ist nicht so, daß in Beschaffenheiten des ›Bewußtseins‹ eine *feste Grundlage* für das Erkennen der Fraglich Lebenden und für spezielle Sonder- und Superleistungen unter dem Titel von ›Vernunft‹ zu finden wäre. Es gibt keine innere Grundmauer, auf der sich als auf etwas absolut sicher Tragendem die Ersten Strukturen des Verhältnisses fraglich-lebender Organismen zur Welt wie zu sich selbst aufbauen und damit auch die Strukturen der Gegenstände solcher Welt oder des wahrgenommenen Selbst a priori und endgültig bestimmen könnten.

Im traditionellen Bild sprechend: Es gibt nicht den sich zu guter letzt selbst tragenden Elefanten in uns, der wiederum unsere ganze Welt- und Selbsterkenntnis mitsamt den ersten Maximen einer Vernunftmoral trüge. Freilich gibt es da, wo als fallbeilflinke Lösung für das Problem der sich ins Unendliche tiefer hinab bauenden Elefanten-Schildkröten-Pyramide die Selbstgründung (und sogar Selbsterschaffung) eines Vernunftwesens vermutet wurde, nicht einfach *nichts* mehr. Die Weise, wie organisches Spüren zum Welt- und Selbstverhältnis Fraglichen Lebens beiträgt, wurde in charakteristisch hochfahrendem Stil mißverstanden. Die Aufgabe, für die Rolle solchen Spürens ein angemessenes Verständnis zu erwerben, ist immer noch *Zukunftsarbeit* – genauso wie die Arbeit an einem vollständigeren und (sei es auch nur vorläufig) befriedigenden Bild lebendiger Vernünftigkeit als Vernünftigkeit von Lebenden und für Lebende unserer Art.

Zum Geringsten daran würde auch das Korrigieren des anderen Extrems gehören, das mit der lüsternen Eile kostenloser Theorie sich dem eben genannten entgegensetzte, sobald dieses nur hinreichend suspekt war: Der Vorstellung der Fraglich Lebenden als Organismen mit leistungsfähiger Physis, Sprache und Gemeinschaftsbildung, die ›Vernunft‹ alias ›Rationalität‹ praktizieren sollen, ohne je auf eine für sie selbst glaubhafte, unabhängig von allen anderen befragbare Stütze ihres Jasagens oder Neinsagens *in sich* zurückzukommen.

Es versteht sich, daß eine Spürensstütze für die Stellungnahmen der Einzelnen, wie jetzt in sehr vorläufiger Form beansprucht, weder deren *ausschließliches* Motiv sein kann, so Stellung zu nehmen, wie sie Stellung nehmen, *noch ein absolut festes.* Lebendige Vernünftigkeit ist nicht Vernünftigkeit auf einer festen Grundmauer. Sie ist Vernünftigkeit mit lose angedockter Spürensstütze. Und sie kennt außer dem Spüren der Einzelnen immer auch eine Mehrzahl anderer Instanzen, von denen her jenes Spüren in Frage gezogen werden kann wie auch seine kritische Verbindung mit dem Sprechen, durch das die Einzelnen mit sich selbst und mit anderen in Verständigung zu kommen suchen.

Daraus sollte erkennbar sein, daß lebendige Vernünftigkeit eine Vernünftigkeit sein wird, die sich prinzipiell für neue Bewegung, auch im Bereich Erster Stellungnahmen, offenhält, ganz gleich, wie die Beschreibungen ihrer Verfahren im einzelnen lauten werden. Gemeingut ist hier inzwischen, daß unter Fraglich Lebenden *alle* Instanzen vernünftiger Erkenntnis- und Einigungsversuche in Frage gestellt werden können, nur schwerlich alle im selben Augenblick. Das Anerkennen der prinzipiellen *Losigkeit* in der Verbindung zwischen einem Sprechen, das sich auf Spüren stützt, und diesem letzteren, bedeutet deshalb auch nur das Anerkennen einer weiteren Stelle, an welcher das Erkennen und die Vernünftigkeitsentwürfe der Fraglich Lebenden Raum für Neuinterpretation, Verschiebung, Revision zulassen müssen. Es bedeutet, ebensowenig wie das Anerkennen anderer Stellen solcher Art, *nicht* den zwangsläufigen Übergang zu einem kostenlosen Relativismus; auch nicht das sonstwie motivierte Fallenlassen aller Rechtfertigungs- und Ausweisungserwartungen, denen sich menschliche Verhaltensweisen unter dem Titel von Vernünftigkeit herkömmlich selber stellen.

Wegen der genannten Mehrzahl anderer Instanzen, von denen her die Einzelnen sich bei ihrer eigenen Zuordnung von Spüren und Sprechen zum nochmaligen Hinachten und gegebenenfalls zur Korrektur auffordern lassen können, führt weder das Zurückgreifen lebendig-vernünftiger Verfahren auf das Spüren Einzelner, noch das Anerkennen der Losigkeit seiner Verbindung mit ihrem Sprechen zu irgendeiner typischen Form von ›Subjektivismus‹, ›Psychologismus‹, ›Sensualismus‹ oder wie dergleichen schwarze Männer heißen mögen. Bei Überlegungen *zu Geringstem* in Sachen lebendiger Vernünftigkeit soll es erlaubt sein, auf die typischen Defekte, das charakteristisch Lebenverlassene von Vernünftigkeitsprogrammen aus absoluter Evidenz irgendeines überhellen ›Bewußtseins‹ *wie* auch aus perfekt spürensleerem Operieren hinzuweisen, ohne daß gegen einen solchen Versuch gleich dräuend die Vitzliputzlis toter Vergangenheit geschüttelt werden.

Anzufügen ist einmal mehr die Erinnerung an das Abstrakte, notgedrungen im Pseudo Daherkommende der Rede von Spüren hie, Sprechen da. Weder ist ihr näheres Verhältnis in der Einheit des Aufgeschlossenen irgendwie angemessen *verstanden*, noch halten sich die Orientierungsmuster, die ich unter diesen Titeln einander gegenübergestellt habe, in der sauberen Trennung, die die bloßen Wörter suggerieren. Wie ich spreche, beeinflußt, wie ich spüre, und umgekehrt, in allen Bereichen, in denen ich beides für mein Leben in der Welt, mit mir selbst, mit anderen in Anspruch nehme. Gegen das Erfordernis spürender Stützung an ausgezeichneten Stellen jeder glaubwürdigen Position lebendiger Vernünftigkeit sagt das *nichts*.

89. Letzte Ebene von Sinn unter Lebenden

Die Aufpumpungen wie die Zerstörungsbilder menschlicher Gestalt beiseitelassend, finde ich unter dem Titel einer *lebendig* zu nennenden Vernünftigkeit, wenn ich das Wort umfassender nehme als bisher, die Frage nach der Art, wie das Fragliche Leben sich im Ganzen seiner Welt versteht. Indem ich »verstehen« als beladenes Wort zunächst zurückstellen will, stoße ich beim Versuch, mir die gemeinte Sache artikulierend greifbar zu machen, auf das genauso beladene wie vieldeutige Wort »Sinn«. Zu der Weise, wie sich Fragliches Leben überhaupt in der Welt und gegenüber sich selbst zu orientieren versucht, gehört ein sehr weiter Rahmen, innerhalb dessen seine in der besprochenen Weise *vernünftig* zu nennenden Positionen und das große Unternehmen rationaler Empirie nur ausgezeichnete Teilbereiche besetzen. Diese Teilbereiche, wie wir sie kennen, hätten in perfekter Isolation von jenem Rahmen schwerlich erworben werden können. Es wäre auch unmöglich, sie in ebensolcher Isolation mit ihrer vollen Rolle innerhalb des Ganzen jener Orientierung Fraglichen Lebens zu rekonstruieren.

»Als du das Mädchen geschlagen hast, war ich empört und wütend«, sagte ich zu dem Kind und hoffte, dadurch eine kleine Auseinandersetzung mit ihm zu beginnen, in deren Gang ich auf das Allgemeine und allgemein Nachvollziehbare der Maxime hinsteuern wollte, gegen die es gerade verstoßen hatte. Ich kann mir eine Verständigung mit dem Kind darüber, ob es schwächere Kinder nach Willkür schlagen soll (oder nicht) nur schwer vorstellen, ohne daß ich bei ihm die Bekanntschaft mit einem größeren Spürenskontext annehme, in dem Schlagen und Geschlagenwerden einen Platz haben – mit einer Reihe potentiell relevanter Spürenszüge, von denen einige durch die Wörter »Schmerz«, »Angst«, »Triumph«, »Enttäuschung«, »Befriedigung«, »Ohnmacht«, »Zorn« nur recht ungeschlacht bezeichnet sind.

Und so bei anderen Wörtern, die in Debatten mit dem Ziel vernünftiger Einigung (oder gar des Erwerbs vernünftig zu nennender Regeln) unter Fraglich Lebenden gebraucht werden. Was es heißt, als ein Lebewesen Schaden zu leiden, ist nicht nur schwer sagbar, weil diese Wörter zufällig vage sind: Es ist auch bei konkreter Schädigung in seinem ganzen Umfang nicht mitteilbar ohne das Unterstellen eines Spürenszusammenhangs, in welchem entscheidende Stücke des *Schaden Leidens* sich ereignen, Veränderung hervorrufen, Destruktion hinterlassen. Was es in spürensferner Betrachtung heißt, *vergewaltigt* zu werden, kann man in Lehrbüchern des Strafrechts ganz gut nachlesen. Was es *in seiner Wirklichkeit* heißt, läßt sich in keinem Buch niederlegen. Dies nicht nur, weil kein Stück Wirklichkeit in ein Buch paßt, wie sattsam bekannt, sondern weil zentrale Wörter eines solchen Versuchs, wollte ihn jemand unternehmen, ohne das Appellieren an eine *Gemeinsamkeit der spürenden Natur* unter Fraglich Lebenden gar nicht auskämen. (Versteh' etwa das Wort »Demütigung« ohne jeden Rückgriff auf dein Spüren, oder das Wort »ohnmächtiger Zorn«).

Wir haben gelernt, daß die Sprache der Menschen eine *Lebensform* ist. Beim hurtigen Akzeptieren dieser These scheinen einige übersehen zu haben, daß das Lebendigsein der Menschen nicht seinerseits bloß eine *Form von Sprechen* ist. Es verhält sich anders. Die Sprache ist als *Lebensform* (als Form gemeinsamen Lebendigseins) nur funktionsfähig und glaubwürdig, wenn die Sprechenden sie *als Lebende* gebrauchen, das heißt auch, als Wesen, die körperlich und spürend *in einem* sind.

Für Stücke lebendiger Vernünftigkeit, die sich verbal artikulieren und etwa im methodischen Gebrauch von Sprache unter Fraglich Lebenden verteidigt werden sollen, ergibt sich daraus über die bisher aufgeschriebenen, zum *Geringsten* gehörenden Erfordernisse *spürender Stützung* und *spürenden Passens* (an Punkten, an denen ihre Glaubwürdigkeit für einen beliebigen Teilnehmer es verlangt) ein Weiteres: Positionen lebendiger Vernünftigkeit sind ohne den größeren Kontext spürend körperlichen Lebens, in dem sie ihre orientierende Funktion haben sollen, nicht voll verstehbar. Die aufgeschriebenen Wörter und weitere wie »Absicht«, »Interesse«, »Bedürfnis«, »Wunsch«, »Leid« haben ihre ursprüngliche Rolle in jenem Zusammenhang, zu dem das Spüren der Beteiligten unabtrennbar gehört. (Wir wüßten nicht einmal in der Theorie, wie wir es segregieren sollten). Wenn es richtig ist, was wir über Sprache als Lebensform gelernt haben, dann ist die letzte Ebene sprachlichen Sinnes und des Verstehens von solchem Sinn der spürend körperliche, spürend tätige Prozeß, in dem sich Fragliches Leben im einzelnen wie in Gemeinschaft vollzieht. Von sprachlichem Sinn (hier genommen als Rolle der sprachlichen Einheiten in jenem Prozeß) überträgt sich das auf andere Verwendungen von »Sinn«. So macht der Versuch vernünftigen Verhaltens und Fürwahrhaltens unter Fraglich Lebenden seinerseits wiederum in angebbarer Weise Sinn (hat eine bestimmte, organisierende Rolle) im Prozeß spürend körperlichen Lebens wie Zusammenlebens. Und das ganze Unternehmen lebendiger Vernünftigkeit, das zur merkwürdigen Erscheinung Fraglichen Lebens ohne tragende Elefanten und Schildkröten in einem ansonsten uninteressierten Universum gehört, hat bei aller Verschiedenheit seiner Gestalten den größeren Bereich, in welchem es nicht bizarres Aktivitätengewächs, sondern eine auf Orientierung und Organisation gerichtete Anstrengung ist, in dem spürend körperlichen, spürend tätigen Gesamt-Gang Fraglichen Lebens überhaupt.

Das bedeutet, daß Positionen lebendiger Vernünftigkeit von Wesen, die nicht in der Art des Fraglichen Lebens da sind und zu ihm gehören, nur in eingeschränktem Maß, das heißt ohne Erreichen ihres vollen Sinnes, nachvollzogen, imitiert oder verstanden werden können (seien diese Fremden nun allmächtig-unsterbliche Entitäten über allem Lebendigen, oder gehörten sie zum Typus der beliebig intelligenten *Geräte,* deren Kommen uns verkündet ist). Es bedeutet auch, daß ein Umdefinieren oder Neu-Interpretieren von Vollzügen und Positionen lebendiger Vernünftigkeit in Richtung auf methodisches Ausschalten aller Annahmen über Spüren zwar möglich ist, und unter bestimmten Gesichtspunkten vielleicht auch zweckmäßig, daß es aber zwangsläufig mit dem Verzicht auf Übernehmen und Weitergeben des *ganzen,* bisher gewachsenen Sinnes solcher Positionen und Vollzüge zusammengeht. Ob Fraglich Lebende bereit sind, neu erworbene Ergebnisse einer methodisch spürensleer vollzogenen ›Vernünftigkeit‹ als orientierende Elemente für ihr eigenes Leben zu akzeptieren, hängt von ihrer eigenen lebendigen Stellungnahme ab, und die ist unabdingbar auch spürend. Daß mit der methodischen Ausschaltung jeden Rückgriffs auf Spüren die methodisch erworbenen Ergebnisse entsprechender Verfahren mit Sicherheit da eine Grenze haben, wo das Fragliche Leben *sich spürend orientieren will und gerade von spürender Orientierung besondere Leistungen verlangt,* darf als trivial gelten. Darüber bald.

90. Richtung auf reicheres Spüren, schließlich auf Freisein

Wenn es so ist, daß in Sachen lebendiger Vernünftigkeit (eine zugeordnete, rationale Empirie eingerechnet) das Spüren der Einzelnen für diese selbst an ausgezeichneten Punkten eine unverzichtbare Stütze für ihr Sprechen und Stellungnehmen bildet – auch nach Anhören der relevanten Anderen und nach Anwendung eines ganzen Bestandes sonstiger Kriterien, deren nähere Diskussion in die Domäne der Methodologen fallen mag – dann tendiert jede glaubwürdige (nicht durch fremde Motive gelähmte) Praxis lebendiger Vernünftigkeit von sich aus zur Entblindung von bisher blind gebliebenem Spüren und zum Erwerb von kognitiv-liberativem Mehr in den Einzelnen, die zu ihr beitragen. Lebendige Vernünftigkeit (die Versuche entsprechender Empirie eingeschlossen) ist im Interesse ihres eigenen Reicherwerdens *auch* angewiesen auf das kognitiv-liberative Wachsen der Einzelnen, die an ihr aktiv partizipieren. Deren Spürensschatz, Sprachschatz und Handlungsschatz sind für alles, was sie als Positionen von Vernünftigkeit erwerben oder fortentwickeln können, von erkennbar großem Belang.

Die vielen Punkte, an denen diese Abhängigkeit und Interessenverbindung besteht, sollen hier nicht aufgelistet werden. Im Verfolgen von Geringstem nenne ich nur Einzelnes, das bekannt ist und doch offenbar nicht bekannt genug.

Es hat lange gebraucht, bis akzeptiert war, daß der sogenannte Fortschritt von Wissenschaft und das Wachsen vernünftig genannter Gestalten von Verbindlichkeit unter Fraglich Lebenden nicht linear im Modus von systematischem Ansammeln, Entwerfen, Prüfen, Revidieren, Neu-Entwerfen, Neu-Prüfen und so fort erfolgen. Es gibt im ganzen größerer Orientierungssysteme Fraglichen Lebens gerade so das *gleichgewichtstürzende Entblinden* wie in der Steuerung der Einzelnen. Von einer neuen Orientierung, die aus solchen Situationen hervorgehen kann, wird in jedem Fall nicht bloß erwartet, daß sie an relevanten Stellen besser stimmt, sondern, daß sie das Gleichgewichtstürzende, das in die alte Ordnung typischerweise nicht paßt, in ein neues Ordnungsmuster integriert, die wohlgestützten Teile des alten Musters dabei nicht fallenlassend, sondern mit neuer Interpretation in das neue Muster übernehmend. Diese äußerst grobe Beschreibung genügt, um eines der immer noch vernachlässigten Motive für das Interesse lebendiger Wissenschaft und lebendiger Vernünftigkeit am entblindenden Wachsen ihrer Einzelnen ein weiteres Mal anzuführen. Es gibt unvoraussagbar viele Situationen bei den größeren Orientierungsunternehmen Fraglichen Lebens, in denen das methodisch unabhängige Verfolgen eines spürenden Widerstands gegen weite Zusammenhänge oder auch gegen ein sogenanntes Ganzes bestimmter Wissensfelder wichtiger sein kann als die wohlgesicherte, und sei sie auch kritische, Arbeit am gut ausweisbaren Detail. Eine Wissenschaft, die sich als Orientierungsversuch von Fraglich Lebenden für Fraglich Lebende versteht, und eine ebensolche Vernünftigkeit, brauchen für ihre eigene Entwicklung immer wieder die spürensgestützte, unabhängige Stellungnahme Einzelner gegen das, was gerade gilt, und die Fähigkeit dieser Einzelnen, einen alternativen Entwurf zur Sprache zu bringen, auch in Sprache zu setzen, indem sie neu sprechen, wo die alte Sprache ihrer spürenden Opposition das Sprechensrecht durch etablierte Redestrukturen versagen will.

Die Vagheit spürenden Widerstands (am Anfang von Entwicklungen, die hier ihren Ausgang haben, nahezu immer konstatierbar) kann deshalb nicht von vornherein als Argument gegen ihn genommen werden. Es scheint mir zur Sache lebendiger Vernünftigkeit selbst zu gehören, daß sie die Einzelnen, die an ihrer Praxis teilnehmen, von sich aus zu größerem Spürens- und Sprachreichtum zu bringen versucht, damit Einwände und Gegenentwürfe, die aus solchem Widerstand kommen, das bloße Vagheitsbedenken (und verwandte) von sich aus überwinden können. Daß das Wachstum der Individuen in der genannten Richtung und bis hin zu einem alternativen Fundus wissenschaftlicher Handlungsmöglichkeiten ein Eigeninteresse von Wissenschaften ausmacht, die sich (gerade bei Anerkennung außerrationaler Elemente in ihnen selbst) ›rational‹ nennen und in die Bewegung Fraglichen Lebens auf größeres Freisein hin einstellen wollen, ist, wie gesagt, *bekannt.* Daß faktisch betriebene Wissenschaft diesem Interesse in den von ihr selbst gebildeten Einrichtungen gelegentlich wenig Rechnung trägt, ja daß das Heranbilden jüngerer Wissenschaftler gelegentlich einem Kleiner- und Kleinermachen der Einzelnen und ihrer spürend angelegten Tendenz auf Unabhängigkeit nahekommt, ist eigentlich auch bekannt. Beispiele von Institutionen, in denen eine Wissenschaft, welche aus ursprünglichen Impulsen des Fraglichen Lebens stammt, sich bei weit publizierter akademischer ›Produktion‹ in heimliche Lebenverlassenheit hineinschindet, und einige ihrer Individuen mit ihr, stehen dem Leser vor der Wahrnehmung. Natürlich gehört in das Zielgebiet dieser Notiz auch die Wechselwirkung zwischen der Tätigkeit Einzelner bei größeren Orientierungsversuchen des Fraglichen Lebens und den Strukturen der Gemeinwesen, in denen, oft in deren Auftrag, dies alles stattfindet. Sehr viel besser, als ich es könnte, ist diese Kritik von anderen vorgetragen worden.

Je mehr von sich das Fragliche Leben für sich sein kann; je mehr von seinem Spüren es sich in größerer Arbeit zu artikulierender Bekanntschaft bringen kann; desto besser wird die Aussicht auf eine Orientierung, die den Bedingungen seiner Lebendigkeit *angemessen* heißen darf, statt über solche Bedingungen hinwegzureden und sich dann im Leeren zu verhauchen. Überall, wo Vernünftigkeit sich auf Handeln (auch ein theoretisches) richtet oder in ihrer eigenen Entwicklung davon abhängt, ist die Bindung ihres Sich-Verwirklichens an den relevanten Handlungsschatz derer, denen sie als größere lebendige Orientierung dienen möchte, ebenfalls offenkundig. Es bestätigt sich unter den Gesichtspunkten der hier unternommenen Verständigung also ein Stück der alten Verbindung von Vernunft und Freiheit, wenngleich in ihrer nichttraditionellen Interpretation als spürensgestützte, lebendige Vernünftigkeit einerseits und Freier Werden als Wachsen in Richtung auf ein größeres Sich-zu-eigen-sein im Spüren, Sprechen, Handelnkönnen andererseits.

Mehr von sich für sich sein können ist gleichbedeutend mit dem partiellen Auflösen innerer Einsamkeit. Das Fragliche Leben löst diese Einsamkeit nie ganz auf, weil es sein steuerungsrelevantes Spüren nie ganz in Bekanntschaft sein, erst recht nie ganz in Artikulation (gleich welcher Art) vor sich bringen kann. Davon, daß es sich und seine Welt irgendwann und ganz verstünde, wird schwerlich die Rede sein können. Daß es allerdings Orientierungsmittel hat, die seine innere Einsamkeit noch anders als durch den Versuch direkten Sprechens vermindern können, ist in diesem Buch mehrfach unterstellt worden. Es ist auch vorausgedeutet worden auf *Kunst* als eine Weise lebendiger Orientierung, die das Fragliche Leben mit merkwürdiger, immer wieder erneuerter Intensität, besser *Leidenschaft,* ausgebildet (in Anspruch genommen) hat. Es erscheint mir geboten, einige Züge von Kunst als einer besonderen Form der Selbstaneignung und Weltorientierung Fraglichen Lebens nach diesen Abschnitten über lebendige Vernünftigkeit zu besprechen – nicht nur, weil die Leistung von Kunst in den Gang dieses dritten Stückes *gehört,* sondern auch, damit der hiesige Blick auf größere lebendige Orientierung von der üblichen philosophischen Tendenz freibleibt, dem Rationalen eine überwältigend gewichtige Rolle einzuräumen und solches, das sich seinen Kriterien nicht fügt, als funktionsarme Exsudation beiseite zu tun.

XIV. Die innere Einsamkeit des Fraglichen Lebens und die Kunst

91. Erinnerung

Ein Grund, aus dem heraus das Fragliche Leben ein Bedürfnis nach Kunst zeigt, wurde im ersten Stück erwähnt: Einige Kunst liefert Darstellungen für die spürende Wirklichkeit solchen Lebens, auch seine konfrontierte gegenwärtigte Wirklichkeit, das heißt in wesentlichen Stücken seine *Welt,* die sich der Wahr-Falsch-Entscheidung über deskriptiv gemeinte Aussagen nicht zu stellen brauchen und auch nicht den Verfahren, die in Zusammenhängen der Erkenntnis da eintreten, wo ein definitives Wahr versus Falsch nicht durchgesetzt werden kann. Daß es einen *anderen* Sinn gibt, in dem künstlerische Darstellungen ›wahr‹ oder ›falsch‹ heißen können, ist eine geschichtlich oft vorgetragene, auch gut gestützte Vermutung. Es wurde angemerkt, daß unter den Gesichtspunkten der hier unternommenen Verständigung das auf Arbeiten der Kunst anwendbare »wahr« eine besondere Form von Spürens-Angemessenheit oder Spürens-Richtigkeit sein muß.

Das Stellungnehmen zu Arbeiten der Kunst, so eine geläufige These, geschehe auf solider spürender Basis, aber nicht notwendig an Hand formulierter Kriterien. Wir fragen, wie wir spüren, und wir können, je intensiver wir zu fragen und je zerrungsfreier wir zu antworten imstande sind, um so besser sagen, wie wir zu dem Werk stehen. Es ist nicht das Wahr versus Falsch der Aussagesätze, auch nicht das Normgemäß versus Normverletzend simpler Verhältnisse im Sollen, sondern *anderes.* »Achte auf diesen Übergang«, »sieh dir an, wie die Hand gearbeitet ist«, sind Anweisungen, die die Wahrnehmungsbasis und zuletzt die Basis für spürendes Stellungnehmen verbreitern sollen.

Unter dem Titel der inneren Einsamkeit des Fraglichen Lebens dienen diese Bemerkungen nicht zum Einschmuggeln einer verdeckten (und überdies verkürzenden) Theorie des Kunsturteils, sondern zu etwas anderem: Die Werke sind in der Regel Erzeugnisse einer besonders gerichteten Aktivität. Auch für die erklärten Nicht-Werke neuerer Zeit gilt dies. *Einige* Kunst, so wurde im ersten Stück gesagt, ist außerdiskursives Darstellen, das einem ebensolchen Anteil von Entblindung und begrenztem Dauerhaft-Machen bei gelingender *Berührung* entspricht. In Berührung Kommen ist die Weise reicheren Lebendigseins im eigenen Spüren, bei dem bisher blinde oder gewöhnlich zum Blindbleiben tendierende Züge sich in Bekanntschaft hervorstellen und dem Versuch von Artikulation anbieten. Darstellen mit Mitteln von Kunst wurde genommen als das Erwerben einer besonderen Weise von Artikulation, die die Leistungen direkter diskursiver Rede gewöhnlich nicht, wohl aber andere Leistungen erbringt. Es gibt bei gelingendem Berühren und angemessen befundenem Darstellen durch Mittel von Kunst eine Weise der Mit-Teilung von Spüren an andere Lebende, die für diese den Effekt plötzlicher Bekanntschaft mit einem eigenen Spürensanteil hat, der bisher blind war, vielleicht auch blind wirkte. Die Berichte über ein begleitendes Gefühl, daß das spürende Individuum dabei *wachse* und potentiell *freier werde,* sind bekannt. Es erscheint deutlich, daß in allen Fällen, in denen Berühren die Basis einer Kunstarbeit ausmacht und gelingend mit-geteilt wird, die Fraglich Lebenden (der sogenannte Künstler wie der, dem im Aufnehmen des Werks ein eigenes Berühren gelingt) ein Stück innerer Gemeinschaft mit sich gewinnen, das heißt ein Stück ihrer verfassungsmäßigen inneren Einsamkeit aufheben. Um bei derjenigen Kunst zu bleiben, die in der Tradition am häufigsten dem Spüren zugeordnet wurde: Der Musiker, der spielt und sein Spiel nicht bloß technisch in Ordnung und/oder interpretatorisch angemessen findet, sondern meint, daß er in den besten Augenblicken dieses Spiels etwas Relevantes in sich berühre, scheint dadurch *in sich weniger einsam* zu sein. Er bietet sich ein Stück nicht-diskursiver Kommunikation an, und es gibt eine spürende Bestätigung, wie wenn etwas getroffen wäre. Was er sich erworben hat, kann ein *Verständigungspunkt* heißen, freilich ein Punkt der Verständigung mit *seinen* Mitteln; er philosophiert nicht, er unternimmt auch nicht etwa eo ipso ein Stück Therapie; er spielt. Daß die Bestätigung vom Innengrund her unverbal, ›bloß spürend‹ ist, setzt den Musiker nur bei sehr oberflächlicher Betrachtung der Lächerlichkeit aus: Jede Bestätigung eines Passens zwischen äußerlich mitteilbarem Muster und dem als solches nicht nach außen transportierbaren Spüren ist selbst spürend.

Der Impuls, Kunst zu machen, und der vielfach bezeugte Impuls, einmal angefangene eigene Kunst-Tätigkeit nicht durch ablehnende Umwelt wieder in sich zusammenschrauben zu lassen, hat mit den inneren Wachstums- und Glückseffekten von Kunst zu tun. Die Selbst-Undurchdringlichkeit von Spüren, seine Eingeschlossenheit, seine zuletzt bleibende Unverfügbarkeit, der für alle Bekanntschaft notwendige Halo aus gleichzeitig Unbekanntem, welches das eigene Spüren doch mit ausmacht, die notorische Sprach-Armut, oft auch Sprach-Losigkeit des Fraglichen Lebens in Sachen seiner spürenden und nicht wegschiebbaren, sondern zu vollziehenden Realität, machen gute und haltbare Motive für die Suche nach künstlerischen Verständigungspunkten aus. Ihr Erwerb konstituiert für die spürende Einheit ein Stück Zu Sich Kommen, oft eine Basis für intermittierendes Auf Sich Zurückkommen. Indem sie Kunst macht, erwirbt sie ein Mehr an nicht-diskursiver, transponierender Artikulation dessen, worin sie einen individuellen Zentrumsbereich, das für sie tiefst Erreichbare ihrer eigenen Lebendigkeit hat. Wie vom Mehr des entblindenden Sprechens läßt sich auch von diesem Mehr sagen, daß es dem spürenden Organismus damit gelingt, *mehr von sich für sich zu sein.* Es gibt einen Sinn, in dem dieses Mehr dem kognitiv-liberativen Mehr des entblindenden Sprechens an die Seite gestellt werden kann. Es wird selten so direkt wie jenes der Einheitsarbeit zur Befreiung von blind wirkenden Anteilen und zum Erwerb angemessen befundener Handlungsweisen zugeordnet. Aber das durch künstlerische Verständigungspunkte erworbene Mehr, das ein klares Weniger an innerer Einsamkeit ist, gibt den Einzelnen doch der Tendenz nach ein reicheres Bild ihres eigenen steuerungsrelevanten Spürens im ganzen. Sie scheinen damit einen verbesserten Zugang zu sich und ihrer Welt (die allein durch konfrontiertes Spüren konkret gegenwärtigt werden kann) zu gewinnen, und also auch mehr Aussicht, sich ohne verbale Begründung spürensangemessener, in höherem Grad *wie sie selbst sind*, zu verhalten. Vielleicht ist dies ein Grund dafür, daß das Verbot künstlerischer Tätigkeit oder ihre gewaltsame Verhinderung von denen, die dies leiden müssen, als besonders tief reichende Art der Freiheitsberaubung gekennzeichnet wird.

Was für die Einheit Fraglichen Lebens, die Kunst zu machen versucht, gilt, gilt auf trivialem Weg auch für die, mit denen sie durch Mittel der Kunst potentiell eine besondere Weise von Gemeinschaft gewinnen, deren eigener innerer Gemeinschaft sie Anlässe zum Größerwerden anbieten kann. Wo eine Arbeit der Kunst jemandem, der sie aufnimmt, zum Erwerb eines Verständigungspunktes dient, wird innere, potentiell äußere Einsamkeit geringer. Ein Stück des verwunderlichen Kunstbedürfnisses, welches das Fragliche Leben im ganzen zu einem seiner Charakteristika hat, kann auf dem einfachen Wunsch beruhen, immer erneute Formen von Berührung herzustellen mit dem, was es heißt, in dieser und dieser Weise *da zu sein*.

Im ganzen ist das Fragliche Leben dem, was sich als seine Lebendigkeit spürend zu vollziehen hat, platterdings ebenso *mehr oder weniger nah*, wie *im einzelnen*. Die Organismen Fraglichen Lebens als eine Menge von Individuen, die mindestens durch einzelne Züge einer gemeinsamen Weise, lebendig zu sein, verbunden sind, haben ein tief angelegtes und augenfällig auch tief angemessenes Bedürfnis nach darstellendem Zu Sich Kommen, das heißt darstellender Berührung mit dem, was sie eigentlich sind. Das Lebendige, das als Fragliches Leben da ist, scheint auch im Größeren eine charakteristische Befriedigung zu finden an jedem spürend angemessenen Erwerb eines *Mehr*, kraft dessen es zu dem, was es selbst-undurchdringlich ist, ein Stück Nähe gewinnt. *Mehr von sich für sich zu sein* ist nicht bloß ein Individuen-, sondern auch ein Gattungswunsch.

92. Steifwerden von Kunst versus Bewegung

Im ersten Stück ist auch schon angedeutet worden, wie sich ein bestimmtes Schalwerden von Kunst-Tätigkeit und ihrer Werke aus der Rolle von Kunst beim Vermindern innerer Einsamkeit verstehen läßt. Es ist einzuräumen, daß solches Schalwerden, wenn eine Kunst-Tätigkeit ins Bekannte und Verfügbare übergeht und sich darin dick tut, kulturrelativ sein kann. In einigen Kulturen tritt es unabweisbar stark auf; die Drohung des Schalwerdens beeinflußt dort in großem Maß die Weise, wie Kunst sich als Aktivität des Lebendigen weiterbewegt. Die Kunstmoden und die ihnen zugeordneten, sie teilweise auch steuernden Geschäftemachereien nicht leugnend, läßt sich doch auch ein Grund für die Erscheinung angeben, daß gut gemeinte Kunst (wie auch böse dahertönende), die sich ganz im Verfügbaren aufhält, in den zuständigen Kulturen als ein schlechtes Gegenteil von Kunst empfunden wird.

Das schubweise auftretende Gefühl spürenden Wachsens, wenn ein Stück des Innengrunds oder ein als welthaft Konfrontiertes auf neue Weise – das heißt immer auch: mit neuen Zügen – entblindet wird, gibt das begleitende Glück in voller Intensität *nur einmal.* Dabei ist angenommen, daß das letztere aus dem unverhofften Finden eines neuen, nicht-diskursiven Verständigungspunkts herkommt und also seine typische Schubhaftigkeit nicht mit voller Intensität wiederholen kann. Das zweite Mal, wenn das gleiche Werk (die gleiche Aufführung) wieder aufgenommen wird, ist das Spüren schon nicht mehr dasselbe; es ist zum Beispiel der Tendenz nach zur Lust des Nach-Arbeitens formaler Einzelheiten oder des formalen Ganzen hin verschoben; wenn das Werk nun unverhofft *trifft*, trifft es *anderes Spüren*. Dadurch kann es freilich im Prinzip immer neu treffen – und es ist ein Gemeinplatz, daß die großen Arbeiten der Kunst eben dies tun, darin auch ihre Unerschöpflichkeit haben. Warum dann ihre bloße *Nachahmung* im Spüren wie vorgegessene Speise ankommt, dürfte doch noch mit der erlebten Verpflichtung gegenüber dem ursprünglich Entblindenden zusammenhängen: Mit dem Gestus von Kunst als Verständigungspunkt Angebotenes, das von anderswoher bis zu den Curricula der Seminare schon bekannt ist, wirkt mit seinem Angebot zugleich wie ein Anspruch, daß hier ähnlich gespürt werden möge wie seinerzeit dort. Solches Spüren ist aber vom Modell der Nachahmung her durchlebt; die Offerte eines neuen Stücks von Selbst- und Weltbekanntschaft, auch Einsamkeits-Verminderung, nimmt spätestens mit dem Augenfälligwerden ihres Anspruchs etwas anerkannt Peinliches an (»Sieh, womit ich dich in Berührung bringe!« – »Ach, das ist das Stück Wachstum, das mir gestern unverhofft zugekommen ist; und jetzt dasselbe noch einmal?«).

Das Fragliche Leben im ganzen will das ihm Bekannte in der Kunst nicht verlieren. Dagegen spricht nicht, daß einzelne Teile künstlerischer Bewegungen, die im Kampf gegen ein Herkommen sich durchzusetzen haben, phasenweise anders empfinden und dies vielleicht auch müssen. Das Bekannte freilich, durch Wiederholung seines Typs ein weiteres Mal in der Rolle des Erschließenden angedient, transformiert sich in das überflüssig Gefundene.

Es ist beobachtet worden, daß sich eine Eskalation der Wünsche, künstlerisch *neu* zu sein, auch der anderen Wünsche, künstlerisch Neues zu erfahren, abgespielt hat. Die abhängigen Werke altern schneller, die unabhängigen und geglückten wechseln früher in den Status dessen, das dem Typ nach fürs erste nicht mehr attraktiv ist. Die Kunstmoden, ihre Erzeuger, Profiteure und Idioten wieder außer acht lassend, nehme ich doch an, daß die Entwicklung, welche gewiß nicht allein für dieses Jahrhundert als kennzeichnend gelten darf, in einen größeren Rahmen der Rollenveränderung von Kunst in Sachen lebendiger Orientierung gehört, welche das Fragliche Leben unter anderem in dieser ihm sehr wichtigen Gestalt *sucht*.

Die Hinweise auf eine frühe Verbindung von Kunst und Kult sind bekannt; auch die Hinweise auf Phasen der Kunstgeschichte, in denen vor allem handwerkliches Können in vorgegebenem Formenkanon gefragt war, sogenannte Originalität aber angeblich nicht. Trotzdem ereigneten sich Veränderungen; sie werden für solche Phasen eher zurückgeführt auf veränderte Anforderungen, den Einfluß von Auftraggebern und anderem, das äußerlich auf das Hervorbringen von Kunst wirkte, weniger auf sogenannt kunstimmanente Entwicklungen. (Das distanznehmende »sogenannt« habe ich jetzt eingefügt, um meine Skepsis gegenüber abgelöster Kunst im Sinn einer von Bedingungen ihrer Umgebung gänzlich unabhängigen ästhetischen Tätigkeit zu artikulieren. Ich müßte eine gleiche Skepsis gegenüber der Annahme ausdrücken, daß es eine gänzlich im Dienst außerkünstlerischer Einflüsse stehende und darin aufgehende Kunst gebe).

Damit ist eine knappe Stellungnahme vorbereitet zur Differenz von scheinbar stationären Phasen der Geschichte von Kunst, in denen Bewegung und Neuerung keine Werte gewesen zu sein *scheinen*, und dem entgegengesetzten Bild dramatischer, nach künstlerischen Kriterien sich immer neu von der Kunst her fordernder Veränderung, bis hin zum zeitgenössischen Extrem sich überhaspelnder Neuerungen mit zugehörigen, ineinandertorkelnden Theorien sowie dem ganzen Abrieb, den sie auch verkaufen müssen. Das Fragliche Leben scheint Kunst, ihre langfristige Entwicklung und die Verschiedenheit von Kulturen beachtet, nicht einsinnig (nicht in stets der gleichen Weise) für seine größere Orientierung zu gebrauchen, nicht in stets der gleichen Weise zum Mindern seiner inneren Einsamkeit, und weiter. In Phasen, in welchen die Lebens- und Weltorientierung fest in deutende Muster anderer Herkunft, zum Beispiel der Religion, eingebunden ist, scheint eine ständige Suche der Kunst nach neuer, nichtdiskursiver Entblindung von Innen wie Außen weniger gefragt zu sein: Wie und was die Dinge und die Menschen sind, *liegt fest.* Die Kunst als ein von eigenen Kriterien mitgesteuertes Erkunden scheint bestenfalls im Sinn einer stets sich erneuernden Feier und Übermittlung von Grundzügen jener Orientierungsmuster gefragt zu sein. Als weitgehend statische Kunst, die die Feier vollziehen hilft und die gegebene Deutung fort- und zugleich festschreibt, ist sie ohnehin den Zeiten (Kulturen) solcher Art willkommen. Das macht sie übrigens in Sachen innerer Einsamkeit nicht unfruchtbar, legt sie nur ebenfalls fest: Sie soll die Fraglich Einzelnen wie das Ganze inniger und inniger mit dem bekannt machen, was als spürender Kompaß sie ohne viele Worte zu leiten geeignet ist, vielleicht auch als spürender Kompaß der ganzen Orientierung deren innerste Bekräftigung bildet. Daß Übermitteln und Erwecken dabei Hand in Hand gehen sollen, erscheint deutlich.

Nun gibt es selbst in Strecken extremer Gleichförmigkeit in der Geschichte von Kulturen eine absolut statische Kunst nur selten; es könnte sein, daß absolut statisches Verhalten der Kunst überhaupt durch gesetzesartige Regelungen aufgezwungen werden muß. Wenn das richtig ist, darf der Kunst selber oder denen, die sie machen, eine Tendenz auf Veränderung künstlerischer Tätigkeit zugeschrieben werden; genauso eine Tendenz auf Veränderung dessen, was solche Tätigkeit hervorbringt. Es ist klar, daß im Rahmen dieser Verständigung die genannte Tendenz der geschichtlich angelegten Tendenz des Fraglichen Lebens auf Wachstum (im Spüren, Darstellen, Handeln) sinnvoll zugeordnet werden kann – so fraglich es bleibt, wie jene Tendenz sich weiter realisiert und wie Phasen von Wachstum, Schrumpftum, vielleicht Vernichtung ineinander überleiten.

Die Leistungen von Kunst in Sachen innerer Einsamkeit des Fraglichen Lebens und seiner größeren Orientierung sind verschieden und als verschiedene anzuerkennen. Wie geschichtlich den Zeiten einer durch feste Weltdeutung gut festgelegten Spürenswirklichkeit der Einzelnen in meiner jetzigen Vermutung eine relativ statische Kunst entspricht, entspricht Zeiten, in denen sich die Festigkeit gegebener Orientierung lockert (und sei es nur innerhalb eines durch fixe Sätze abgesteckten Rahmens) eine sich eher bewegende Kunst, die sich sofort darauf einarbeitet, die gleichzeitig in Bewegung geratende Spürenswirklichkeit mit Angeboten zum Sich-Wiedererkennen an Äußerem sowohl zu entblinden als auch auf ihre Weisen mitteilbar zu machen. Oft noch eh die diskursiven Manifeste veränderten Spürens und Stellungnehmens mit den je geschichtlich gegebenen Mitteln sich publik machten, machten Kunstgebilde eben diese Veränderungen und ihr nichtdiskursives *Mehr* auf ihre Art publik, erkennungszeichenhaft weiterreichbar, die Einzelnen wie das Ganze eines Gemeinwesens an solchen Punkten vor sich selbst bringend.

In Phasen von Geschichte, in denen die Ersten Stellungnahmen der Fraglich Lebenden gerade nicht von außen vorgegeben sind und also *in eigener Vernünftigkeit erworben oder aufgegeben werden müssen*, mit ständigem Sich-Erforschen und Neubestimmen der Spürensrealität, scheint Kunst auch ihre in größtem Maß selbständigen Bewegungen zu vollziehen. Daß sie hier selbständiger, andere sagen *autonom*, wird, hat zu tun damit, daß ihre orientierende Leistung der von lebendiger Vernünftigkeit und Wissenschaft sowohl verwandt, als auch strikt andersartig ist.

93. So, daß wir plötzlich einen Menschen sähen

Warum ist das von einer Kunst-Arbeit mir angebotene Entblinden kein Stück Therapie? Oder ist es gerade eines? Wird die Kunst-Arbeit zu einem Therapieversuch, wenn ich sie selbst ausführe? Warum ist die Kunst kein Stück nonverbaler Wissenschaft? Wird sie nicht der Wissenschaft oft verglichen?

Lebt nicht sogar einige Kunst davon, sich als ein Wissenschafts-Pendant zu offerieren? Ist Kunst, wenn vielleicht nicht Wissenschaft, so doch Erkenntnis? Wenn ja, worin besteht dann das Unterscheidende zwischen ihr und der Wissenschaft einerseits, den Manifestationen privater Weltorientierung, die nicht Wissenschaft noch sonstige Erkenntnis sein wollen, andererseits?

Diese naheliegenden, zum Teil auch gut eingesessenen Fragen haben das Gemeinsame, daß sie eine Besonderheit der in Kunst sich manifestierenden Zugangsweise zur Welt oder eigenen Einheit Fraglichen Lebens einfordern; die Forderung scheint sich nicht zufriedengeben zu wollen mit dem schon in Anspruch genommenen Merkmal des nicht-diskursiven Vorgehens.

»Es könnte nichts merkwürdiger sein, als einen Menschen bei irgend einer ganz einfachen alltäglichen Tätigkeit, wenn er sich unbeobachtet glaubt, zu sehen. Denken wir uns ein Theater, der Vorhang ginge auf und wir sähen einen Menschen allein in seinem Zimmer auf und ab gehen, sich eine Zigarette anzünden, sich niedersetzen, u.s.f., so, daß wir plötzlich von außen einen Menschen sähen, wie man sich sonst nie sehen kann; wenn wir quasi ein Kapitel einer Biographie mit eigenen Augen sähen, – das müßte unheimlich und wunderbar zugleich sein. Wunderbarer als irgend etwas, was ein Dichter auf der Bühne spielen oder sprechen lassen könnte, wir würden das Leben selbst sehen. – Aber das sehen wir ja alle Tage, und es macht uns nicht den mindesten Eindruck! Ja, aber wir sehen es nicht in *der* Perspektive –.«

Der große Philosoph, dem dieses Buch gerade wegen seiner entgegenlaufenden Thesen eine Reihe wichtiger Anfangspunkte des Überlegens verdankt, beantwortet sich die Frage, welche er mit diesen Sätzen einführt, wenige Zeilen später so: »Das Kunstwerk zwingt uns – sozusagen – zu der richtigen Perspektive, ohne die Kunst aber ist der Gegenstand ein Stück Natur, wie jedes andere...«

Sind Kunstwerke Arbeiten, die vor einem Stück konfrontiert gegenwärtiger Wirklichkeit einen besonderen Vorhang zunächst errichten und ihn dann aufziehen? So daß wir ein Erlebnis *besonderen* Blickens auf diese Wirklichkeit haben, das unheimlich und wunderbar zugleich ist? Einige neuere Stücke von Kunst wollen solche Arbeiten sein, wenn ich ihrer Theorie glaube. Vielleicht sind einige aus dieser Gruppe wieder auf dem Weg des unkontrollierten Wirkens von Gedanken durch den jetzt zitierten Passus angeregt; sicher nicht alle, denn es gibt Versuche von Kunst im Sinn jenes Vorhang-Aufziehens seit langem. Ist dies *überhaupt* die Rolle von Kunst? Wenn ich der Selbstauffassung anderer Kunst glaube, natürlich nicht. Aber täuscht sich jener andere, manche sagen traditionellere Kunst mit ihren Meinungen über sich selbst?

Die Situation lebendigen Erkennens habe ich in relevanten Zügen der Verständigungssituation verglichen (nicht durchweg gleichgesetzt) und des näheren behauptet, es sei für lebendiges Erkennen charakteristisch, heterogene Orientierungsmuster verbinden zu müssen. Die schwierige und niemals zu arretierende Verbindung geschieht für jeden Erkenntniszusammenhang nur an einigen Punkten. Diese Punkte liefern wichtige, aber keineswegs die einzigen Kriterien für Annehmen oder Ablehnen eines solchen Zusammenhangs. Auf den ersten Blick gilt dies für Kunst auch, die Zahl der Punkte in geeignetem Maß vermehrt oder vermindert, die anzudockenden Muster sowie die Bereiche, für die überhaupt ein Passen (wie lose auch) ins Ziel gefaßt wird, anders bestimmt. Als gemeinsames Genus für die Species des erkenntnismäßigen Passens, traditionell mit dem Wort »Wahrheit« verbunden, und des besonderen Passens von Kunstwerken qua epistemischer Leistungen ist in zeitgenössischer Philosophie das Wort »Adäquatheit« vorgeschlagen worden. Damit rückt die Kunst in den Status eines Erkenntnismittels für Fragliches Leben ein, nur eines Mittels von besonderer *Art*. Auch die Entblindungsleistung der Werke, die Stücke innerer Einsamkeit für Einzelne, potentiell für die Gattung überhaupt, verringern kann, läßt sich in dieses Schema einordnen. Schlechter paßt ihre

Leistung zum Anreichern von Spürensschatz hinein, die für viele geradewegs auch als spürende Veränderung von Handlungseinstellung da ist, und als Antrieb zum Zu Sich Kommen in solchem Handeln, das heißt zu einer Form des Wachstums in Richtung auf größeres Freisein. Doch dies für das Besondere von Kunst zu nehmen, hieße die Frage, ob sie denn eine Form von Therapie sein solle, neu herausfordern.

Das Lehrstück von dem Vorhang, der vor einem Coupé alltäglicher Wirklichkeit aufgezogen wird und es eben dadurch in einer Perspektive bietet, welche es zu etwas Wunderbarem und Unheimlichem zugleich werden läßt, zeigt gegenüber der bisher beschriebenen Entblindungsleistung von Kunst ein Mehr: Es ist nicht nur das überraschende, potentiell Glücks- und Befreiungsgefühl auslösende In Berührung Kommen mit neu entblindeten Stücken von Spüren (hier in typischer Verbindung Stücken konfrontierten wie unkonfrontierten Spürens). Es ist ein In-Bewegung-Geraten der Spürensgewichte, welches dazu beiträgt, daß die in Konfrontation gegenwärtigten Ereignisse ihre ›normale‹ Verteilung von Hervorgestellt versus Zurückbleibend in der Einheit des Aufgeschlossenen *verlieren,* und daß die ›normalerweise‹ hinzuzunehmende Verteilung unfixierbar da seiender Innengrund-Anteile, in der Sprache des Pseudo linkisch »Interessen«, »Befürchtungen«, »Absichten«, »Ungeduld«, etc. genannt, ebenfalls verlorengeht. Was stattfindet, ist *ein Sich-Umordnen der ganzen augenblicklichen Spürensorganisation,* im Konfrontierten wie im Unkonfrontierten. Das Resultat ist *eine andere Weise spürenden Da-seins* der Einheit Fraglichen Lebens in ihrer jetzt konfrontiert gegenwärtigten Welt.

Böte die Kunst nur das systematisch oder unsystematisch fortschreitende, aber im Prinzip landkartenartig sich stets weiter anreichernde Aufnehmen von Spürenswirklichkeit, dann wäre sie einer deskriptiven Wissenschaft, welche sich nicht-deskriptiver Mittel bedient, vergleichbar. Sie erweiterte unser epistemisches Verhältnis zur konfrontierten Welt wie zu uns selbst, für einzelne wie potentiell für alle. Sie täte das vergleichweise einsinnig, etwa wie eine bestimmte Tradition der Malerei, die sich »abstrakt« nannte, in den Äußerungen einzelner Künstler wie das Anlegen eines großen Inventariums von Farb- und Raumaufteilungsmöglichkeiten für Fragliches Leben sich zu verstehen begann – kurz bevor eben jene Tradition von der Bewegung dieses Lebens selber in den zuständigen Kulturen zurückgelassen wurde. Letzteres geschah, obgleich einzelne Leistungen besagter Kunstrichtung zunehmend subtiler, unter kartographischem Gesichtspunkt feiner und feiner geworden waren. Nur sind die Erwartungen Fraglichen Lebens an Kunst, die ihm zu gegenwärtigen Bedingungen spürend etwas bedeuten soll, andere als seine Erwartungen gegenüber einer schrittweise sich fortsetzenden Landvermessung. (Natürlich ist auch der Landvermesser K. für das Fragliche Leben zu einer Figur geworden, die sich aus der Gattungserinnerung schwerlich löschen lassen wird, weil seine Darstellung gerade *kein* Stück einer irgendwo anfangenden und planmäßig weiterbetriebenen Katasterisierung ist, und weil die Metapher des Landvermessers, für die Tätigkeit des Autors selber genommen, in dessen eigener Arbeit ihre stärksten Gegeninstanzen findet.) Die Deutungen neuerer Kunst als Arbeit an optischen, sprachlichen, musikalischen oder sonstwie beschaffenen Möglichkeits-Spektren haben immer nur *bestensfalls* die Durchsetzungsphase einer bestimmten Richtung tragen geholfen. Waren solche Kunstrichtungen einmal etabliert, ihre Arbeitsweise ins Verfügbare, durch untergeordnete Ingenieure Weiterführbare übergegangen, verloren sie ihre Stütze im Spüren sehr vieler, die ohne Motive des Kommerzes bisher Interesse genommen hatten.

Und obgleich das Sich-Umordnen einer ganzen Spürensorganisation als *gleichgewichtstürzendes Entblinden* auch die Wendepunkte einer sich rechtmäßig so nennenden Therapie markieren kann, ist Kunst nicht Therapie. Denn sie ist nicht methodisches Weiterfördern kognitiver und liberativer Einheitsarbeit eines Fraglich Einzelnen – auch nicht der ganzen Gattung. Wie in Sachen der Ähnlichkeit von Kunst mit einer geeignet zu beschreibenden Wissenschaft gilt auch in Sachen ihrer Ähnlichkeit mit einer entsprechenden Therapie (selbst ›Kunst‹-Therapie): Sie kann wegen charakteristischer Entblindungsleistungen *mit einzelnen Abschnitten* solcher Tätigkeiten verglichen werden. Sie unterscheidet sich von ihnen als ganzen nur oberflächlich in dem herkömmlichen (nicht einmal durchgängig anerkannten) Merkmal außerdiskursiven (oder außerbegrifflichen) Darstellens. Sie hat andere Weisen des Fortschreitens und des Sich-Vollendens, wo es Vollendung gibt. Sie scheint überdies mit ihrer Leistung für das spürende Welt- und Selbstverhältnis Fraglichen Lebens *mehr und anderes* beizubringen, als eine mit künstlerischen Mitteln betriebene Wissenschaft und eine mit ebensolchen Mitteln arbeitende Therapie es täten. Wenn jemand von Zielen der Kunst sprechen wollte (eigentlich müßten es Ziele Fraglichen Lebens im Hervorbringen und gelingenden Annehmen von Kunst sein, und auch die hätte solches Leben nicht in artikulierender Gegebenheit einfach vor sich), so wären sie definitiv anders zu beschreiben als die einer ins Künstlerische gewendeten Wissenschaft oder Kunst-Therapie.

Weitere gängige Analogisierungen (wie: Kunst ist Politik, Kunst ist Religion, Kunst ist Engagement, Kunst ist Bewußtseinsveränderung, Kunst ist Kompensation) können mit ihrer bauchfüßigen Anatomie da stehenbleiben, wo sie liegen.

Daß mit der Kunst über Entblindung, temporäres Zu Sich Kommen, Vermindern innerer Einsamkeit, Einleiten von Wachstum hinaus der Tendenz nach ein Mehr stattfindet, kann mit dem zu tun haben, was man an ihr die »Form« zu nennen sich angewöhnt hat. In dem Lehrstück vom Vorhang, der sich öffnet vor dem »Menschen bei irgend einer ganz einfachen alltäglichen Tätigkeit, wenn er sich unbeobachtet glaubt«, müßte eben dies, daß ein Vorhang angebracht wurde, der jetzt zurückgezogen wird, *das Formartige* genannt werden, »der formale Anteil«, oder grob »die Form«. Die grobe Redeweise übernehmend, scheint es mir glaubhaft zu sagen: In diesem Fall bringt *diese Form* erst die Prämisse bei, unter der das Beobachten eines Menschen mit den erwähnten Tätigkeiten zu einem Erlebnis *wie beim Anschauen eines Stückes von Kunst* führt, und zu dem Sich-Umordnen der ganzen augenblicklichen Spürensorganisation dessen, der die Beobachtung macht. Das kann auf die Werke übertragen werden: Sie weisen sich als Werk mit Kunstanspruch aus durch Züge, die herkömmlich ihrer ›Form‹ zuzurechnen sind; und das Glücken oder Nichtglücken beim Machen von Kunst wie beim Aufnehmen ihrer hängt entscheidend vom Gelingen oder Mißlingen ihrer »formal« genannten Anteile ab. Die Form sorgt zugleich dafür, daß aus dem Werk nicht allen Ernstes etwas anderes wird: Das Beobachten eines Menschen bei alltäglichen Tätigkeiten aus den von hinten durchsichtigen Spiegeln eines Menschenversuchs-Laboratoriums heraus ist *anders* als das Beobachten des gleichen Menschen mit den gleichen Tätigkeiten unter der Anweisung: »Denken wir uns ein Theater, der Vorhang ginge auf...« Eben darin liegt auch ein Stück Basis für die inzwischen zwar mit abdeckerischer Attitüde gehandelte, aber nirgends schlüssig widerlegte These, die Form eines Werkes bestimme in entscheidender Weise mit, was sein Inhalt sei: Der eigentümliche Inhalt des gedachten Theaterstücks mit dem Menschen bei alltäglichen Tätigkeiten ist *ein anderer* als der gleiche Mensch bei den gleichen Tätigkeiten außerhalb eines jeden, auch gedachten, Theaters. Die Form trägt dazu bei, daß die Spürensgewichte im Verhältnis des Betrachters zum Betrachteten sich verändern: Unfixierbar im Innengrund steht augenblicklich eine andere Spürenskonstellation; ebenso unfixierbar hat sich im Konfrontierten ein Umspringen vollzogen; wenn der Vorhang vor dem Menschen aufgegangen ist, bin ich anders und der für mich da seiende Mensch ist anders, als sonst beides wäre. Ich durchlebe spürend eine andere Weise, ich zu sein, ein anderes Stück konfrontiert gegenwärtigter Welt, eine andere Weise, zu solcher Welt ins Verhältnis zu treten. Nur ist die Veränderung nicht eine säuberlich zerlegbare, sondern platterdings die eines *Spürensganzen:* Mein Da-sein als spürendes Ganzes von

Innengrund *und* Konfrontiertem ist als dieses Ganze augenblicklich umorganisiert. Es ist verändert mit einem charakteristischen Moment von Als-ob, das mich aus meinen Spürensbindungen beim alltäglichen Wahrnehmen heraussetzt und mich *freisetzt* für Wahrnehmungen, überhaupt für spürende Bekanntschaft, *die ich sonst nicht machen würde.* Und ich mache sie gerade nicht als Wissenschaftler, der einen Menschen bei alltäglichen Handlungen studiert, sondern als der Veränderte, der ich jetzt gegenüber einer veränderten Welt *bin.* Das zeigt, wie kurz das Konstruieren einer generischen Verwandtschaft zwischen Kunst und auf Wahrheit abzwekkender Erkenntnis unter dem Dachtitel ›Adäquatheit‹ greift: Was gelingende Kunst mir bieten kann, und was ich bei Kunst suche, ist ein Sich-Umordnen meiner Spürensorganisation als ganzer, so daß ich, in mir spürend anders, auf andere Weise, einer anderen Welt gegenüber *da bin.*

Dies ist die Perspektive, in der Kunst als Unternehmung Fraglichen Lebens unter dem Titel des Geringermachens innerer Einsamkeit *wie auch* als Orientierungsversuch in der Situation gesehen werden muß, die sich nach dem Verzicht auf alle Elefanten und Schildkröten herstellt, von denen die Menschen früher dachten, daß sie ihnen ihr Leben *zum Tragen übergeben könnten.*

94. Lebendigsein auf Versuch

Ich habe auf der Differenz zwischen Kunst und dem, was landläufig »diskursive Erkenntnis« genannt wird, insistiert – wobei »Erkenntnis« als Wort für die Orientierungsleistungen stand, die in direktem Wortgebrauch *wahr* oder *falsch* heißen können. Erkenntnis in diesem Sinn bedarf, auch wo sie zu großen Zusammenhängen organisiert wird, einer sprachlichen Form. Das Kunstwerk, der Einfachheit halber dasjenige genommen, das sich dieser Form *nicht* bedient, kommt mir, wenn ich dem Landläufigen glaube, durch die Sinne zu. Wo ein solches Werk seinerseits Welthaftes darstellen möchte, kann es auf Stimmen oder Nichtstimmen seiner Darstellung befragt werden. Wie ein Kontext diskursiver Erkenntnis an potentiell bestätigende Spürenspunkte lose und verschieblich andocken muß, müßte ein Werk der Kunst, das sich der verwandten Frage nach seiner ›Wirklichkeitstreue‹ stellen wollte, ebenfalls auf potentiell stützendes Spüren zurückkommen. Das Werk stellte sich damit auch in eine Situation, die der Standardsituation fraglich-lebendigen Erkennens analog wäre: Es müßten *heterogene Orientierungsmuster verbunden* werden, um ›Treue‹ oder ›Untreue‹ zu attestieren. Da aber das Werk unter der jetzt angenommenen Prämisse ›als ein sinnliches‹ und also geradewegs als Spüren (nicht als Sprechen im engeren Sinn) kommt, hat es entschieden bessere Aussichten auf spürendes Passen, denn ein Sprachliches. Oder nicht? Bei der Tendenz zu positiver Antwort wird unterstellt, daß Sprachliches seiner Ordnung nach nicht bloß dem Spüren heterogen, sondern in einem Restbereich auch unwegschaffbar heteromorph bleibt. Worauf könnte sich eine negative Antwort stützen, die doch oft gegeben wird?

Das führt auf die Frage nach dem Verhältnis ›realistischer‹ Kunst zu der ›Wirklichkeit‹, wie Fragliches Leben sie wahrnehmen kann. Über die zugehörige Antwort ist schon eine Vorentscheidung gefallen. Sie wird im Prinzip von diversen Argumenten, deren ich mich hier nicht bediene, bekräftigt. *Es gibt keine realistische Kunst im Sinn einer getreuen Wiedergabe von kunstunabhängiger Wirklichkeit.* Wie es für Fragliches Leben keine getreue Welterkenntnis, sondern immer nur ein Andocken mit Raum für Verschieblichkeit, spürendes Revidieren und anders motivierte Entscheidung gibt, gibt es für solches Leben auch keine geeichte Wirklichkeitskopie als Kunst; selbst nicht in der rahmenhaft isolierenden Auswahl, die Kunst immer vornehmen muß. Die Idee vom Rahmen kann getrost in doppelter Bedeutung aufgefaßt werden: Der Rahmen ist Auswahl (wie alles Wahrnehmen), und er ist unvermeidlich Veränderung. Indem ein Stück Welt in den Rahmen tritt, den ein Stück Kunst errichtet, wird es zum Stück einer anderen möglichen Welt, und das spürende Ich, dem Rahmen gegenüber stehend, ist im selben Umspringen ein anderes mögliches Ich in jener anderen Welt geworden. Andere Welt und anderes Ich sind nicht *bloß* möglich; dies ist kein tapernder Appendix zur Semantik möglicher Welten. Beide und ihr Verhältnis (als bisher unverstandenes genommen und nicht als das Gerichtetsein der Tradition) haben ihre Wirklichkeit an augenblicklich umgesprungener Spürensorganisation als einer ganzen. Sie sind real als eine jetzt realisierte Weise, spürende Einheit mit einem spürend konfrontierten Stück Welt zu sein, und so, daß beides dem außerhalb des Werkes ›wirklich‹ Genannten nicht genau entspricht; ihm auch nicht genau entsprechen kann. Deshalb täuschen die Werke, die einen Übertritt aus dem Rahmen von Kunst ins normalerweise ›Wirkliche‹ vollziehen und damit vorgeben wollen, andere zu werden als sie selbst, bloß *noch einmal.* Und sie täuschen in der Regel höchstens ein oberflächliches Verständnis, nicht den im Innengrund bei dieser Art neuer Spürensorganisation unverbal, vielleicht auch sprachunfähig bleibenden Vorbehalt. Er bewahrt im Modus spürender Beteiligung selber zugleich eine typische Distanz und schützt das *Freigesetztwerden* des Fraglich Einzelnen zu einer neuen Weise, spürend in einer gespürten Welt zu sein, vor dem Zugriff seiner eigenen, sogenannt *wirklichen* Ängste, Bedürfnisse, Tagesziele und mehr, als einer sogenannt *wirklichen* Person in der sogenannt *wirklichen* Welt.

Dann ist die Kunst also das Angebot zu einem Spiel, dem Spiel, einmal spürend anders und doch nicht im Ernst anders zu sein? Wo bleibt ihre gepriesene Entblindungsrolle für die Fraglich Lebenden, die *nach* dem, wie man sagt, ›Kunstgenuß‹ real weiter zu existieren haben? Steigen wir nach gehorsam beklatschter Aufführung die Freitreppe vor dem Theater hinab, ins rechtzeitig bestellte Taxi, und sind, spätestens wenn dessen Tür hinter uns Eingestiegenen zuschlägt, wieder dieselben wie zuvor? Natürlich hätten wir in der Zwischenzeit gespielt, wir hätten synchron zu dem gesehenen Bühnenstück ein privates Hirnstück durchlebt, mit uns selbst (heißt: eigenen Spürenszügen) als Spielern, Zuschauern, Vorhangziehern – aber eben das *wäre es gewesen.* Erst recht mit der bloß imaginierten Aufführung, in die wir uns begaben mit den Worten: »Denken wir uns ein Theater...« Wo bleibt das *Freisetzen* zu potentiell neuen Stücken von Orientierung, auch Handlungsorientierung, in dieser einen, unverwechselbaren Welt, in der jeder Organismus unserer Art sein Leben führen und zu Ende bringen muß?

Der *spürende Vorbehalt,* der in der Einheit des Aufgeschlossenen bis ins Zurückgestellte verschwinden kann, ohne seine Wirksamkeit einzubüßen, gehört zum wenigst Aufgeklärten am Umgang mit Kunst. Er schützt einerseits das neu sich formierende Spürensganze, die neue Weise, in einer neuen Welt da zu sein, vor dem abräumenden Einbruch der ganzen spürenden Tageswirklichkeit, andererseits hindert er die neue Spürensorganisation daran, sich in gelebtem Ernst an die Stelle solcher Wirklichkeit zu setzen. Er erlaubt für die Zeit des gelingenden Umgangs mit der Kunst ein *Lebendigsein auf Versuch,* das gegenüber dem sonst so genannten Leben auch wirken kann wie ein *Lebensbeben,* in dem fallbeilschnelles Sich-Umordnen tragender Elemente stattfindet, Sich-Aufklappen nie gesehener Perspektiven, Sich-Biegen des Starren, Gefrieren kochenden Wassers. Die kurze Übergangszeit, wenn mit dem Lebendigsein auf Versuch Schluß ist und die alten Spürensgewichte wieder ihre organisierende Funktion einnehmen, ist bekanntlich ein Moment, zu dessen Spürensfärbung auch ein Verwandtes von Peinlichkeit gehört. Wir müssen aus der Zeit, in der wir als andere mit einer anderen Ordnung des Konfrontierten *da waren,* zurück in unsere ›normale‹ Zeit und das ganze Haltungs-, Interessen-, Wahrnehmungs-, also *Spürenstotale,* das unser sogenannt wahres ist; wir scheinen für einen knappen Augenblick nicht mehr recht die anderen und noch nicht recht die alten zu sein, und es scheint, als schämten wir uns aus beiderlei Grund: Scham ist eine Spürensreaktion von Fraglich Lebenden, wenn sie finden müssen (in verstärkter Form: vor einer Öffentlichkeit finden müssen), daß sie nicht so sind, wie sie gemäß eigener spürender Stellungnahme sein sollten. In der verschwindend kurzen Zeit des Übergangs vom Lebendigsein auf Versuch, das die Kunst gewährt, zum sogenannt normalen, gibt es zwei Gruppen spürend gegenwärtiger Ansprüche auf So-sein, nur jede anders und keine von ihnen in diesem Moment *erfüllt.*

Der *spürende Vorbehalt,* an den wir uns in dem Augenblick erinnern können, erbringt hier seine dritte und weitest reichende Leistung: Er erlaubt es, die konträren Weisen eigenen Lebendigseins in konträr zueinander stehenden Stücken von Welt zu integrieren, indem wir sagen können: Wir wußten ja, und es war beständig etwas Wissens-Analoges in unserem Spüren, daß dies nicht das wirkliche Ich und dies nicht die wirkliche Wirklichkeit waren. Wir brauchen uns ›nicht wirklich‹ zu schämen, wie jene zwei durch Hypnose dissoziierbaren Frauen in einem und demselben Körper sich einander schämten, da die eine brav, einfältig, bäurisch, die andere lasziv, schlüpfrig und eine Verächterin alles Braven war. Wo es keine *anderen* Motive gibt, das Lebendigsein auf Versuch von dem realen möglichst dauerhaft zu separieren, erlaubt der spürende Vorbehalt einerseits das Sich-Zurückordnen der Spürensgewichte bei verschwindender Augenblicks-Scham, andererseits das Aufbewahren von solchem, dessen unerwartete Entblindung als dauerhaft kostbar empfunden wird, und das Dableiben einer *Tendenz auf Freisein zu anderem Leben und Spüren.* Ihre Weise des Herüberkommens aus dem Probeleben ist *Dableiben* eher als bloße Erinnerung, weil das im Lebendigsein auf Versuch erlebte Freigesetztwerden von dem, wohinein das Spüren Fraglichen Lebens alltäglich (obgleich je anders) gebunden ist, als Schwächung eben solcher Bindungskräfte und spürende Bereitschaft zum Anders-sein real zurückbleibt, wie ein neuer Zug oder ein Stück realer Veränderung der früheren Spürensorganisation. Es ist spürend gegenwärtige Bereitschaft zum Anderssein im Wahrnehmen, Fühlen, Handeln und mehr. Das Freigesetztwerden von der Eigenschau, von dem Zwangstheater, das wir im *Großen Vorzeigen* und im Gezerre täglich spielen müssen, *geht nicht schlankweg verloren;* auch nicht das Freigesetztwerden von den Wahrnehmungskulissen, in denen wir beim Sehen von ›Wirklichkeit‹ möglichst alles anzuordnen haben. Anders sein können, die Zwangs- und Zuckungsbühne im Sehen wie Gesehenwerden verlassen können, ist probeweise erfahren und kann reale Kraft gewinnen. Von dem Lebendigsein auf Versuch bleibt der Tendenz nach eine Bereitschaft zum realen Versuch anderen Lebendigseins zurück. Dies ist ihr Dableiben im Gegensatz zu bloßem Erinnern.

Sinkt das in der temporären Umordnung eigener Spürensorganisation geschehene Freigesetztwerden zum *bloß noch erinnerten* ab, und das entblindete Spüren zur Erinnerung an vergangenes Entblinden, dann *spüren* die Fraglich Lebenden bei solchen Erinnerungen potentiell ähnlich wie bei der Erinnerung an vergangene Lebens-Gelegenheiten. Das durch Kunst ausgelöste und zeitweilig begleitete neue Spürenstotale mag dann anderswo in dem Organismus, der *spürend so gewesen ist*, noch irgendwelche Wirkungen haben; im Bereich des spürend Hervorgestellten, den der Organismus als Zentralbereich seiner Steuerung nimmt, spielt es nur noch die bleicheren Rollen, die der Erinnerung an ein Freigesetztwerden zukommen, im Gegensatz zum spürenden Impuls in Richtung auf Sich-Freisetzen.

Der *spürende Vorbehalt* ist, im Gesamtereignis des Sich-Umordnens von Spürensorganisation zum *Leben auf Versuch* ein Moment, das dem *spürenden Passen*, welches (bei aller Anerkennung des Niemals-Endgültigen) an wichtigen Punkten erkennenden Weltumgangs angestrebt wird, *geradewegs zuwiderläuft*. Ich kann wohl, wenn ich im Theater, und sei es auch nur in einem gedachten, einen Menschen bei irgendeiner ganz einfachen alltäglichen Tätigkeit perfekt dargestellt sehe, sagen, daß die Darstellung für mich zu der Wirklichkeit eines solchen Menschen, wie meine wahrnehmende Bekanntschaft mit der Welt sie ausweist, spürend passe. Auch kann ich sagen, sie passe genauer als irgendeine mir bekannte Beschreibung. Der spürende Vorbehalt müßte mich bei angemessenem Verstehen meiner selbst, also bei angemessenem Orten des Sinnes, den das Dargestellte kraft meiner eigenen Spürensorganisation für den besitzt, der ich in diesem Theater bin, an meiner eigenen Aussage zweifeln lassen. In dem zitierten Stück Gedankentheater hat der Philosoph, sein Erfinder, trotz der Voraussetzung größtmöglicher Ähnlichkeit, ja der These, hier sähen wir das Leben selbst, einen spürenden Unterschied ausdrücklich angemeldet: »Das müßte wunderbar und unheimlich zugleich sein.« Beides ist das gewöhnliche Wahrnehmen eines Menschen bei irgendeiner ganz einfachen alltäglichen Tätigkeit *nicht*. Punkte spürenden Passens zwischen künstlerischer Darstellung und Dargestelltem sind beim Sprechen über Kunst von außen her nicht rundweg uninteressant. Sie können Stütze für Bewunderung, künstlerischen Anspruch, Kunsturteil sein. Für das *Lebendigsein auf Versuch*, das mit dem Aufgehen des Vorhangs *auch* im Gedankentheater als das Umspringen einer ganzen Spürensorganisation begonnen hat, sind Punkte spürenden Passens, wie ein Stück diskursiver Welterkenntnis sie aufsuchen muß, sekundär. Und sie haben, unter anderem weil bei umgeordneten Spürensgewichten das ganze Vis-à-vis von spürender Einheit und der als Darstellung angebotenen Welt unter spürendem Vorbehalt steht, nicht mehr die Bedeutung letzterreichbarer (obzwar lose angedockter) Stützen für den Orientierungsgewinn, den Fragliches Leben *hier sucht*. Dieser gesuchte Gewinn muß, wenn es ihn denn geben soll, ein ganz anderer sein, und als anderer bedarf er anderer Stützen – wenn die Rede von Stützen hier überhaupt noch erschließenden Wert besitzt.

Für die Fraglich Lebenden bringt das mit sich öffnendem Vorhang beginnende *Lebendigsein auf Versuch* potentiell gleichgewichtstürzendes Entblinden, Freigesetztwerden von Spürensfestigkeiten, die ihrer Existenz sonst buchstäblich das Skelett geben, eine neue Weise, als spürende Einheit in einer

Welt da zu sein, zu Zeiten auch ineinanderstürzende Wechselfälle eben dieser Weise. Der spürende Vorbehalt, unter dem das Lebendigsein auf Versuch mitsamt seinen möglichen Erfahrungen siedenden Eises, gefrierender Weißglut steht, schützt dieses Leben nicht nur vor dem Hereinplatzen der ›Wirklichkeit‹ wie vor dem selbsttötenden Hinausplatzen in sie; er erlaubt es den Einzelnen auch, nach dem Schließen des Vorhangs in das alte Verhältnis ihrer zu der sogenannt wirklichen Welt wieder einzutreten, ohne daß sie dabei das Gleichgewicht verlieren. Zu dem dauerhafteren Gewinn, den sie mit herüberbringen können, gehört unter anderem das Dableiben einer im Probeleben gewonnenen Bekanntschaft mit Spüren, das sie überrascht als ihr eigenes anerkennen, das Dableiben eines Impulses in Richtung auf Sich-Freisetzen von früher sakrosankten Spürensgewichten, also auch einer lebendigen Tendenz zu bisher nicht gekanntem oder unterlassenem Wahrnehmen, Fühlen, Werten, Handeln in der sogenannt wirklichen Welt.

Kraft der eigentümlichen Wirkungen ihrer *Form* verändert die Kunst für die Fraglich Lebenden den Sinn des in solcher Form Konfrontierten, bewirkt damit unter anderem das Sich-Errichten eines spürenden Vorbehalts und das Sich-Öffnen eines Raumes für *Lebendigsein auf Versuch*: Das daraus Herüberzutragende sind Weisen des kognitiv-liberativen Mehr und treibende Energien für Einheitswachstum, die in dieser näheren Beschaffenheit und Zusammenstellung von nichts anderem beigebracht werden.

In diesem Rahmen scheint ein charakteristischer Orientierungsgewinn der Kunst für Individuen Fraglichen Lebens *als Einheiten* einzigartigen Typs vorläufig deutlich zu sein. Was aber trägt die Kunst, wie jetzt beschrieben, zu den Orientierungsmitteln Fraglichen Lebens im Größeren bei? Es wurde ihr doch vorausgesagt, sie verringere innere Einsamkeit Fraglichen Lebens nicht nur im einzelnen, sondern für solches Leben überhaupt. Ihre orientierenden Beiträge wurden auf vage Weise in den Bereich gestellt, den im Mythos Elefanten und Schildkröten besetzt halten, und der Mythos wurde nicht genommen als ein Bild für die mechanische Unterkonstruktion der Welt, die es nicht gibt, sondern als eines für die absolut tragende Konstruktion menschlicher Welt-Orientierung, die es nicht gibt! Schließlich, und schon wegen des ominösen Wortes am gewagtesten, war das Einrücken von Kunst in einen irgendwie gearteten Zusammenhang mit *lebendiger Vernünftigkeit*. Was hat es mit dem allem auf sich?

95. Metaphysische Tätigkeit

Die Kunst scheint als ein Orientierungsorgan des Fraglichen Lebens im ganzen *keine festgelegte Richtung* zu haben, in die ihr Umordnen von Spürensgewichten geht, und in der sie das Lebendigsein auf Versuch ermutigt. Es ist oft genug probiert worden, sie von außen her in erwünschte Richtungen zu drängen, sogar zu zwingen. Auf die Dauer blieben solche Versuche wenig erfolgreich. Im einzelnen sind aber der Mißbrauch von Kunst und das Sich-Mißbrauchenlassen von Künstlern auch nicht durch Leugnen wegzuschaffen. Bloß zu behaupten, in solchen Fällen habe es sich gar nicht um Kunst gehandelt, mag angemessen sein oder nicht: In jedem Fall bleibt die Begründung noch zu liefern. *Lebendigsein auf Versuch* kann angeboten werden, um eine bestimmte Weise spürenden Daseins in einer auf bestimmte Art gesehenen Welt zu propagieren, mit Lust durchleben zu lassen, als befreiend gegen ein erstarrtes Bestehen durchzusetzen. Schon wo dergleichen angeboten wird, um eine bereits etablierte Spürens- und Lebensform gegen angreifende Alternativen zu verteidigen, ist die Rolle des Freisetzens, auch die des Entblindens, auf ein Minimum verringert. Eine im voraus definierte Funktion, wie das Anerziehen fester Spürensformen zwecks Verteidigung gegen das Fremde, scheint angestrebt. Züge von Kunst als einer, die sich bewegt und Fraglichem Leben eine charakteristische Weise spürenden In-Bewegung-Kommens vermittelt, fehlen.

Kunst ist degeneriert zum Analogon dienstlich gelernter und in Ausübung des Dienstes gesungener Soldatenlieder: Die Singenden sollen sich ein erwünschtes Spüren, ja die bestimmenden Gewichte einer ganzen Spürensorganisation *einbrüllen*, manchmal sogar noch mit präziser Bezeichnung der in Konfrontation zu gegenwärtigenden Feindeswelt: »Fern bei Sedan ...«

Einen Hinweis auf orientierende Leistung der Kunst im Größeren bietet ihr Durchstoßen fester Organisationen im Konfrontierten auf andere Organisationsweisen, manche sagen: auf ›Tieferes‹ hin. Ich komme zurück auf das Anerkannte, daß nämlich die mit dem Rahmen einer Kunstarbeit einem Anteil des sogenannt Wirklichen neu eingezogene *Form* diesem Anteil, wiewohl er in der sogenannten Wirklichkeit gar nicht verändert zu werden braucht, als einem Konfrontierten eine neue Spürensordnung gibt, daß sie ihn damit zum Stück einer anders geordneten Welt werden läßt. Die andere *kann* als die unsre aufgefaßt werden, nur freigesetzt von den Spürens-Kraftfeldern, gemäß denen sich das Konfrontierte im Großen Vorzeigen, nach den Erfordernissen steter Schau und Eigenschau, oder einfach im Verfolgen der elementarsten Bedürfnisse von Lebenbleiben stets zu modeln hat. Dies ist ein alter Gedanke: Die Kunst befreie, indem sie ›Objekt‹ und ›Subjekt‹ heraussetze aus den sie normalerweise beherrschenden Ordnungsformen, *beide* aus ihrer täglichen und in angebbarem Sinn *falschen* Weise, da zu sein. Sie nehme die durch jene Spürenskraftfelder beiden aufgezwungene Ungestalt zeitweilig von ihnen und stelle auf eine Weise, die immer neu als *wunderbar und unheimlich zugleich* empfunden wird, Bekanntschaft mit *dem Wahren* her: der wahren Gestalt von Welt und der wahren Gestalt des Selbst. Freilich sei diese Bekanntschaft notwendig keine begrifflich gefaßte: Denn die Begriffe, die sich das Fragliche Leben von der Welt und sich selber macht, seien Werkzeuge der Weltbewältigung, in deren Dienst auch das vorgeblich ›reinste‹ wissenschaftliche Erkennen noch stehe, und seien deshalb zum Erfassen *des ganz anderen*, das sich in künstlerischer Anschauung erschließe, untauglich. Oder, eine andre These mit verwandter Tendenz: Die Fraglich Lebenden kämen durch die in Kunst entblindete, wahrere sinnliche Gestalt der Welt in einen zwar noch indirekten, aber doch der normalen ›Sinneswahrnehmung‹ gegenüber deutlich überlegenen Kontakt mit *dem Wahren schlechthin* – welches Wahre freilich seine eigentliche Gestalt nicht in Kunst, sondern als absolute Idee habe. So liefere die Kunst eine Art Durchscheinen dieses Wahren, das gegenüber einem ›bloßen Schein‹, wie ihn die täglich deformierte Wahrnehmung mitsamt ihrer gleichsinnig deformierten Welt bietet, *entschieden glaubwürdiger* sei.

Dies sind zwei absichtlich zusammengedrückte Versionen einer geschichtlich sehr einflußreichen Weise, wie das Fragliche Leben sein staunenmachendes Interesse an Kunst sich selbst zu erklären versucht. Die Erklärung weist der Kunst eine Orientierungsleistung über Tieferes zu, das jenseits der Tagesoberfläche von Welt und individueller Lebenseinheit liegen und letztlich deren *Wahres*, ihre *wahre Realität* ausmachen soll. Ob die Kunst die Fraglich Lebenden mit solcher wahren Realität ihrer selbst und ihrer Welt geradewegs oder noch durch einen trübenden Filter hindurch bekannt mache (wie die ersten Darbietungen nackter Frauen auf neuzeitlichen Bühnen hinter einem Gazevorhang zu erfolgen hatten), soll hier sekundär bleiben. Die der Kunst mit solchen Thesen zugeschriebene, einzigartige und wichtige Leistung für das Sich-Orientieren Fraglichen Lebens in Sachen seiner selbst *überhaupt* und der Welt *überhaupt* fällt unter den Titel *Metaphysik*. Kunst, aufgefaßt als eine Form metaphysischer Erkenntnis, unterscheidet sich nach solchen Thesen von empirischer Wissenschaft wie von einfacher Sinneswahrnehmung dadurch, daß sie von der scheinhaften Wirklichkeit, an welcher diese sich abarbeiten, entweder die täuschende Oberflächenstruktur ganz wegnimmt und das Wahre sehen läßt, oder diese Struktur durch künstlerische Form so umordnet, daß das Wahre in ihr zum Scheinen, vielleicht auch Durchscheinen kommen kann. Unterstützen läßt sich die Vermutung, daß die Kunst den Fraglich Lebenden wegen ihrer besonderen Leistung als Orientierungsinstrument so wichtig (*zunehmend* wichtig) sei, durch den Hinweis, daß sie prinzipiell andere *Mittel* verwende als jene anderen Zugangsweisen zu sich selbst und zur Welt, und kraft anderer Mittel auch anderes, sonst Unerfaßtes, zugänglich machen könne. Der Philosoph, von dessen Vorschlag zu einem Gedankentheater ich ausgegangen bin, hatte einige Jahre vor der Niederschrift dieses Vorschlags die Unterscheidung *Sagen* versus *Sich-Zeigen* in die gedankliche Arbeit des Jahrhunderts eingeführt. Er hatte die These möglich gemacht, daß die Kunst das Metaphysische gerade nicht zu sagen versuche, sondern es dazu bringe, sich zu zeigen.

Von dieser sehr weit ausgedehnten Tradition des Einreihens von Kunst unter die Mittel, mit denen sich Fragliches Leben im Größeren über sich und die Welt orientiert, und zwar unter der Überschrift *Metaphysik*, nehme ich hier nur zweierlei auf: Die Vermutung, daß Kunst, verstanden als ein Organ lebendiger Orientierung im Größeren, in der Tat dem Fraglichen Leben etwas zugänglich mache, was für den direkten Anlauf rationaler Empirie und ›normaler‹ Wahrnehmung unzugänglich bleibe; und das zu Anfang dieses Abschnitts Beobachtete, das eher gegen eine metaphysische Rolle von Kunst spricht: Daß ihr entblindendes, freisetzendes Umordnen von Spürensgewichten *nicht auf eine bestimmte Richtung festzulegen sei.*

Wie paßt das zusammen: Kunst als metaphysische Tätigkeit, die Fraglichem Leben Orientierung über ein hinter den Oberflächen sogenannter Wirklichkeit und sogenannt wirklichen Spürens liegendes *Wahres* verschaffen soll, und die Beobachtung, daß das Entblinden und Freisetzen im Spüren, welches Kunst typischerweise möglich macht, gerade nicht auf bestimmte Richtungen, geschweige denn *eine* bestimmte Richtung, sich vergattern läßt? Zielte Kunst mit ihren epistemischen Mitteln auf etwas, welches *das Wahre* heißen könnte, dann wäre mindestens zu mutmaßen, daß es auch eine verbindliche Richtung ihres Entblindens, Freisetzens, Einleitens von Wachstum gebe. Die metaphysischen Kunst-Deutungen der Tradition versuchten, natürlich in ihrer je eigenen Begrifflichkeit, eine solche Richtung auch stets namhaft zu machen. Muß Kunst, besonders nach dem Schauspiel ihrer ineinander sich verkeilenden Richtungsänderungen jüngerer Zeit, der Rang eines Mittels für fraglich-lebendige Orientierung im Größeren und schon gar der Rang einer metaphysischen Tätigkeit abgesprochen werden?

96. Fenster zum Realen

Ich versuche, mich zunächst an das zu halten, was mir spürend belegt ist: Es gibt das Umspringen der Spürensorganisation beim Eintreten in die Situation gegenüber dem täuschend Ähnlichen, das nicht ›Wirklichkeit‹, sondern ein in der Form des Werks Dargebotenes ist. Das Umspringen kann nur ein Sich-Umordnen meiner ganzen Spürenswirklichkeit sein, weil es auch den Innengrund betrifft, in dem die pseudosprachlich so genannten Erwartungen, Interessen, überhaupt die spürenden Vertreter des ganzen Arbeitens, Betrügens, Erreichen- und Vermeidenmüssens stehen, welche *ihres unfixierbaren wie undurchdringlichen Da-seins unbeschadet* die Gewichte setzen, nach denen das Konfrontierte wie meine Bekanntschaft mit Innengrund-Anteilen organisiert sind. Deshalb ist das plötzliche Mich-Finden bei umgeordneten Spürensgewichten, die in spürender Gegenwart des Werks sich potentiell noch einmal und dann wieder um- und umordnen, in der Tat *Lebendigsein auf Versuch* zu nennen. In den Fällen, in denen es wie gleichgewichtstürzendes Entblinden an mein Gleichgewicht ginge, wenn dieses nicht vom spürenden Vorbehalt eben noch geschützt würde, darf es zu Recht ein *Lebensbeben* heißen. Es darf dies, weil dabei im Lebendigsein auf Versuch die Festigkeiten aufgegeben werden, auf die ich mich sonst stütze; und ich gebe sie nicht planmäßig oder absichtlich auf, wie ich mir als Kind vornahm, heute auf den Sprungturm zu steigen und hinabzuspringen, sondern, wenn ich mich von dem Werk unvorbereitet treffen lasse, kollabieren sie ohne Warnung unter mir. Damit ist nicht etwa ex professo ein Beitrag zur Erfahrungsseelenkunde des Actionfilms intendiert. Ein Werk, welches mir mehrfach schon ein Lebendigsein auf Versuch in heiterster Spürensruhe ermöglicht hat *(Persuasion)*, kann mir plötzlich auch die andere Weise, als anderes Ich in einer anderen Welt zu sein, verschaffen, welche ich mit *Lebensbeben* meine. Platt ist, daß das Lebendigsein auf Versuch, bei dem mir eine Spürenshaltung im Ordnen des Gesichtsraums verlorengeht und *eine andere Weise zu sehen* umspringend sich an deren Stelle setzt, mich anders trifft, als wenn mir eine Spürenskonvention in der geschlechtlichen Begierde ausgewechselt wird, oder eine seit langem stabil und stumpf gewordene Weise, wie ich spürend auf meinen Tod hinlebe.

Das Sich-Umordnen der ganzen augenblicklichen Spürensorganisation, das unheimlich und wunderbar die ganze Weise, als ein bestimmtes Individuum mit einer bestimmten Welt da zu sein, *verändert*, schafft in der Tat spürende Bekanntschaft mit solchem, das im Bereich bisheriger Bekanntschaft mit sich selbst wie mit konfrontiert gegenwärtigter Welt nicht enthalten war. Insofern ist die alte Vorstellung von der Kunst als etwas, kraft dessen sich die Oberfläche der Erscheinungen jenseits und diesseits der Subjekt-Objekt-Fiktion auflöst und Neues, sonst nie Gesehenes, zur Bekanntschaft kommt, *angemessen* (wenn man auch die Wörter, mit denen die Tradition dies vorträgt, kritisieren mag). Bloß ist nicht zu sehen, welches Eine, *metaphysisch Wahre*, ähnlich der hinter den Erscheinungen nun doch hervordämmernden, endgültigen Schildkröte, hier entdeckt werden mag.

Im Lebendigsein auf Versuch können unzweifelhaft Stücke der eigenen inneren wie äußeren Wirklichkeit entblindet werden, die nicht, wenn der spürende Vorbehalt beim Einsteigen ins Automobil den Rücktritt aus dem Probeleben bekundet, auch in den Irrealis zurückgenommen werden müssen. Der reale, kognitiv-liberative Gewinn für die Fraglich Einzelnen ist gar nicht zu bestreiten, so wenig wie seine reale Perspektive auf das Verändern eigener Lebendigkeit außerhalb des Versuchs. Es gibt einen oberflächen-durchbrechenden kognitiven Effekt der Kunst für Lebende und ein handlungsorientierendes Aufdecken möglicher Leitlinien in spürender Stellungnahme, die *beide* definitiv etwas mit Rolle und Anspruch von Metaphysik zu tun haben: Daß nämlich jenseits der Tageserscheinung ein Anderes aufzutun sei, das zum Erwerb angemessenerer Selbstauffassung als Lebewesen *auch in dieser Welt* dienlich gemacht werden könne.

Die gewöhnlich unentdeckten und in ›normalem‹ Gebundenbleiben von Wahrnehmung und Innengrund auch unentdeckbaren Stücke konfrontierter wie unkonfrontierter Wirklichkeit können *metaphysisch* heißen in einem Sinn, der zwar schwächer ist als der tradierte, aber auch leichter verteidigbar: Sie liegen ›hinter‹ der auch für das Fragliche Leben im Größeren, also zum Beispiel für seine *Wissenschaft*, immer interessengebundenen Darstellung dessen, was die Welt und die spürenden Einheiten in ihr *seien*. Die Kunst eignet sich dazu, Fragliches Leben in Berührung zu bringen mit solchem, das bei seiner etablierten Weltorientierung ausgegrenzt bleibt, weil es in das determinierende Gewichtsraster eben solcher Orientierung nicht paßt. Sie bringt Fragliches Leben auch im Größeren vor Züge seiner selbst und der Welt, deren in den Werken niedergelegte und dort wieder aufnehmbare spürende Bekanntschaft ihm ›kostbar‹ und ›unverzichtbar‹ heißt, gerade weil sie *andere* Bekanntschaft und Bekanntschaft *mit anderem* ist, als was in offizieller Erkenntnis und Wissenschaft vermittelt wird. Das gilt auch noch, nachdem anerkannt ist, daß etwa Wissenschaft selber ihre Wahrheiten nicht ein für allemal in epistemischem Gips festbettet, sondern für Revisionen, auch Revisionen von neuen Spürensgewichten her, sich offenhalten muß. Weil es eine nicht wegschaffbare Spannung gibt zwischen den im Probeleben der Kunst wie zufällig entblindeten Welt- und Selbstanteilen einerseits, der in diskursiver Erkenntnis unter anderer spürender Gewichtsverteilung gewonnenen Darstellung solcher Anteile andererseits, ist zu Recht beobachtet worden, daß die Kunst das Fragliche Leben vor eine Rätselhaftigkeit seiner selbst und seiner Welt bringe, die jedem Bereinigungsversuch widersteht. (Es gibt noch andere gute Gründe für diese Beobachtung; ich nehme sie hier nicht auf).

Kunst liefert nicht die eine gültige Orientierung im Theoretischen wie im Handeln, die bei herkömmlichem Ausschöpfen des Metaphysikanspruchs erwartet werden müßte. Sie liefert bei aller Verwandtschaft mit dem Konzept eines Aufsuchenmüssens (und -könnens) zentraler Orientierungselemente jenseits der zu vielfältigem Gebrauch hergerichteten Oberfläche von Tagesrealität sowohl weniger, denn was in jenem Anspruch enthalten ist, als auch mehr. Sie liefert weniger, weil sie sich auf eine und nur eine Spürensbotschaft mit leitendem Anspruch für alle in keiner Weise verpflichten läßt. Ihr Charakter als Kunst käme dabei abhanden. Sie liefert mehr, weil sie im Lebendigsein auf Versuch ganze Muster von Da-sein in einer Welt unter spürendem Vorbehalt realisiert, die nicht nur bisher Blindes un-verblendet sich zeigen lassen können, sondern auch oft miteinander unvereinbar sind. Sie liefert genauso die spürende Bekanntschaft mit dem Hin- und Herstürzen zwischen solchen Mustern, wie zuvor mit dem einfachen Wegschwinden dessen, worauf sich die spürende Einheit außerhalb des Probelebens, noch während sie mit dem Wagen in Erwartung des Kunst-Erlebnisses herangechaist kam, in Selbstverständlichkeit stützte.

Damit wird ein orientierendes Element größeren Maßstabs erkennbar, mit dem Kunst doch ein Stück weit über das hinausgehen kann, was bei den Einzelnen, wenn sie dann wieder nach Hause gefahren sind, in der vorhin gekennzeichneten Weise *dableibt*. Im Lebendigsein auf Versuch, in welchem die Spürensorganisationen potentiell schon kollabieren, indem sie sich errichten, kann für Fragliches Leben Bekanntschaft damit entstehen, daß es eine und nur eine verbindliche Weise, als spürende Einheit mit einer spürend konfrontierten Welt da zu sein und in ihr sich zu bewegen, nicht gibt. Indem im Schutz spürenden Vorbehalts die eigene Weise, lebendig zu sein, die jede Einheit Fraglichen Lebens sonst zu verteidigen tendiert, unter ihr weggezogen werden darf, und indem jede andere sich anbietende Weise, sprich ganze Spürensorganisation für Erkennen und Tun, beim nächsten Wendepunkt genauso weggezogen werden kann, erwirbt die spürende Einheit Bekanntschaft damit, wie es ist, *ohne* die wahrhafte Schildkröte und ohne den wahrhaften Elefanten zu sein.

Dies, als ein Stück Metaphysik, also Erscheinungs-Aufdekkung zum Realen hin, ist potentiell spürendes Bekanntwerden mit der Situation Fraglichen Lebens überhaupt. Es gibt keine Punkte, auf denen die Orientierung Fraglichen Lebens in irgendeiner Hinsicht absolut sicher und fürderhin unbefragt *stehen* könnte. Die Kunst, wo sie der ihr zugeschriebenen metaphysischen Rolle in der Tat gerecht wird, kann dem Fraglichen Leben nicht eine von irgendwoanders genommene Fertig-Orientierung verkaufen. Sie kann es hingegen durch grundumdrehendes Lebendigsein auf Versuch in spürende Berührung bringen mit der schließlichen Unfestigkeit fraglich-lebendiger Orientierungen überhaupt. Sie bietet in diesem Sinn potentiell das durchaus metaphysisch zu verstehende, spürende Bekanntwerden damit, daß alles sich als absolut fest Ausgebende ein Exemplar *falscher Festigkeit* ist, auf dessen mögliches Weggezogenwerden oder sang- und klangloses Zusammenfalten das Fragliche Leben sich besser einrichtet, wenn es den Bedingungen seiner eigenen Lebendigkeit gemäß da sein will.

Die metaphysische Funktion der Kunst ist auch beschrieben worden als: *Ein Fenster zum Realen öffnen.* Das Reale war dabei verstanden als die eine *wahre Situation* Fraglichen Lebens in seiner Welt. Die Kunst kann dieses Fenster öffnen, indem sie spürende Bekanntschaft damit herstellt, daß das

Fragliche Leben im einzelnen wie im ganzen seine Orientierung nicht auf dauerhaft unbefragte und als absolut tragend angenommene Äquivalente der mythischen Panzertiere stützen kann. Dies ist potentiell ein Stück Verringerung innerer Einsamkeit Fraglichen Lebens im ganzen: Wenn es überhaupt Vollzüge gibt, die bruchstückweise dazu beitragen, daß diese Gattung des Lebendigen an relevanten Punkten zu sich und vor sich selbst kommt, gehört das Machen und Aufnehmen von Kunst zu solchen Vollzügen; und Kunst hat spezifische Mittel, durch welche die spürende Bekanntschaft mit ganzen Weisen des Lebendigseins hergestellt und weitergegeben werden kann. Sie sind charakteristisch *anders* als sonstige epistemische Mittel. Die Kunst macht gerade niemanden mit der wahrhaften Grundlage der Welt bekannt; sie macht spürende Bekanntschaft *möglich* mit einem Grundzug der in der Tat menschlichen Weise, lebendig zu sein: Eben dem Fehlen glaubwürdiger Kandidaten für die Rolle der ersteren. Ein Stück innerer Einsamkeits-Verminderung ist immer ein Stück von Neuem in der eigenen Weise, sein Leben zu bestreiten. Für diese Weise als eine menschliche ist Kunst demnach mit ihren Mitteln spürenden Bekanntmachens kognitiv und liberativ wachstum-auslösend.

Es ist auch ein Grundzug der menschlichen Weise, lebendig zu sein, daß eben diese Weise von niemandem, der außerhalb stünde, *gesetzt*, von nichts in fremder Autorität Verbürgtem abgeleitet werden kann. Das Fragliche Leben muß die ihm gemäße Weise, lebendig zu sein, selbst suchen; es gehört zu den Gebrauchsmotiven für das Wort *»fraglich«* in Verbindung mit diesem Leben, daß *niemand weiß*, wie im Größeren das Ergebnis solcher Suche sein wird. »... ohne Boden, um sich darauf zu legen, ohne Himmel, um sich darin zu zerstreuen ...« Mit dieser Formel beschreibt ein künstlerisches Lehrstück der klassischen Moderne die Situation von Leben ohne alles, was ihm eine feste Stütze sein oder einen sicheren Ort bieten kann. Prinzipiell ist der Gedanke einer menschlichen Weise, lebendig zu sein, *so* in ein gleichgültiges Universum gestellt. Was das Fragliche Leben für seine Weise des Lebendigseins als stützend und orientierend nimmt (in den Festigkeitsgrenzen jeglicher Stütze und Orientierung, die es unter seinen Bedingungen geben kann), muß es in eigenem Akzeptieren entscheiden. Indem die Kunst auf spürende Weise das Fenster in Richtung des metaphysischen Realen öffnen *kann*, welches im Fehlen absoluter Verläßlichkeit von Stützen und ganzen Orientierungen besteht, stellt sie das von ihr evozierte *Lebendigsein auf Versuch* auch unter die Mittel ein, die das Fragliche Leben hat, um etwas darüber auszumachen, *wie es im Spüren*, in der letzten Ebene lebendigen Sinnes, ist, mit anderen Sinn-Gefügen von Ich und Welt da zu sein. Sie stellt im Lebendigsein auf Versuch ein Erkundungsmittel bereit, das geeignet ist, spürend eine Orientierung zu suchen in der Situation prinzipiell konkurrierender Orientierungen, von denen sich keine glaubwürdig als die *eine* ausgeben kann. Die Kunst teilt mit lebendiger Vernünftigkeit die Tendenz, Weisen von Lebendigsein als Kandidaten für die menschliche *vorauszuwerfen*. Sie bietet nicht bloß in spürender Bekanntschaft ihr Analogon von Situations-Diagnose; sie ist potentiell auch Entwerfen und spürendes Ausforschen dessen, was in dieser Situation als Weise, Fragliches Leben zu bestreiten, *angemessen* gefunden werden kann. In diesem Sinn ist sie nicht nur wachstum-auslösend, sondern kann auch, in entsprechender Richtung gebraucht, selber Wachstums-Instrument wie Wachstums-Manifestation sein.

XV. Die innere Einsamkeit des Fraglichen Lebens und die Philosophie

97. Zweierlei nicht

Unter der aus der Entfernung leitenden Frage wurden in diesem Buch wenige Überlegungen, die einer möglichen Antwort von begrenzter Beständigkeit vorarbeiten könnten, zusammengestellt. Ihre Zuordnung zu einem engeren Teilbereich der Frage überhaupt bestimmte die besondere Perspektive des Buchs. Diese Perspektive war in hohem Maß vorgegeben durch die Situation, in der das Verständigungshandeln des Fraglichen Lebens als Philosophie sich findet: Es ist eine Situation, in der die zentrale Rolle des organischen Spürens bei sehr verschiedenartigen Steuerungsleistungen von Lebenden dieser Gattung eine Strecke weit betrachtet und gegen Versuche befestigt werden mußte, welche im Namen eines vermeintlich einfacheren oder auch nur wissenschaftlich besser zu handhabenden Bildes vom Fraglichen Leben auf die Existenzannahme, erst recht aber jede unverwechselbare steuernde Leistung jenes Spürens lieber verzichten möchten. Hinter der hier unternommenen Analyse steht die Vermutung, daß das Fragliche Leben auf die Dauer nicht bereit sein wird, mit einem Bild seiner selbst (wissenschaftlich oder nicht) zu leben, in welchem das Spüren, mit dem und durch das es die eigene Lebendigkeit in seiner Welt von Zeitpunkt zu Zeitpunkt vollzieht, gar nicht mehr auftritt. Die Vermutung ist auch, daß das Fragliche Leben mit einem Bild seiner selbst, das zwar die Existenz von Spüren einräumt, ihm aber keinerlei steuernde Rolle zugesteht, nur dann zu leben bereit sein wird, wenn überwältigend starke empirische Erkenntnisse das schrittweise erzwingen. Das Vollstrecken eines solchen Bildes durch Annehmen einer *ihm entsprechenden* Lebensform würde uns in völlig andersartige Wesen umbilden. Ernsthaft zu glauben und in allen dazu gehörenden Einstellungen zu vollziehen, daß die eigenen, spürend da seienden Entscheidungs- und Erkenntnisbemühungen (die *Steuerungsbemühungen* sind) in Wahrheit den Charakter eines wirkungslosen Nach-Spürens besitzen, hätte eine Destruktion der Einstellung aktiven Erkennens und der Einstellung aktiven Tuns zur Folge. Wir wären mit einer solchen, spürend und stellungnehmend *vollzogenen* Ansicht von uns selbst *gänzlich andere*. Wie eng eine Position von Philosophie, oft ohne es zu bemerken, eine ganze Weise, als Organismus in einer Welt zu sein, zum Pendant hat, kann an diesem Exempel studiert werden; wie unüberlegt die begriffliche Stukkateursarbeit einiger Sitzender Philosophie über den gleichen Typ von Verbindung hinweggeht und sich dadurch selbst die Basis in menschlicher Lebendigkeit zugipst, auch.

Daß das Festhalten an der Steuerungsleistung spürenden Lebens nicht das geringste Präjudiz für einen ›Dualismus‹ zwischen Spüren und den zugeordneten Vorgängen in der verstellten Welt (dem Gehirn der höheren Organismen) abgibt, ist schon gesagt. Wer einen ›Dualismus‹ präjudiziert sieht, unterstellt die Unmöglichkeit einer Zukunftswissenschaft, die gegenüber der jetzigen begrifflich und methodisch erweitert ist und die kraft solcher Erweiterung bisher nicht erreichbare Aussagen über die sehr eigentümliche und sonstwo nicht zu findende Steuerungsweise der höheren Formen des Lebendigen machen kann. Es wäre sehr gewagt, aus bloßen Schwierigkeiten mit unseren gegenwärtig verfügbaren Begriffen, überhaupt unseren gegenwärtig verfügbaren sprachlichen Mitteln, die Unmöglichkeit einer solchen Zukunftswissenschaft beweisen zu wollen. Denn Sprechen ist eine Manifestation faktischen menschlichen Lebendigseins, und *Sprechenkönnen* kann in Vorgängen des Wachstums erweitert werden. Wir können nicht ausschließen, daß die Lebensform des Sprechens, auch des wissenschaftlichen Sprechens, sich so anreichert, daß die jetzt noch unüberwindbar schwierig erscheinende Bindung von Spürensvorgängen an Vorgänge des verstellten Gehirns (die vermutlich eine noch unverstandene Form von Identität ist) *bewältigbar* wird, ohne daß Spüren zu streichen oder auf den Status eines folgenlosen ontologischen Sekrets herabzusetzen wäre. Über die Zukunft von Sprechen und Handeln, auch wissenschaftlichem Sprechen und Handeln, kann nicht mit den theoretischen Mitteln der Gegenwart das Nullwachstum verhängt werden. Es bedürfte dazu extrem starker Gründe, die noch ›solider‹ sein müßten als das, was wir im Umfang gegenwärtiger Erwerbung *Logik* nennen. (Freilich sagt das bloße Wort »Funktion«, in neueren Rollenbestimmungen des Spürens verwendet, enttäuschend wenig; das Innere der *Geräte* hat auch Funktionen; *welche* Funktionen, welche besonderen und einzigartigen Steuerungsleistungen das lebendige Spüren *als Spüren* beibringt, ist anzugeben).

Es sollte jetzt erkennbar sein, daß die in dem Buch versuchte Erkundung einiger Spürensleistungen des Fraglichen Lebens unter der aus der Entfernung leitenden Frage mit einem Wieder-Herunterlassen bestimmter Denkformen aus dem Schnürboden vergangener Verständigungsversuche nichts zu tun haben möchte. Der Titel ›Leben‹ stand programmatisch über einer Gruppe von Philosophien, die auf besonderen kognitiven Leistungen des Lebendigen bestanden und von da aus sehr bald zu Behauptungen einer irreduziblen ontologischen Sonderposition dieses Lebendigen, besonders seines ›Bewußtseins‹ oder ›Geistes‹, weitergingen. Über den damals exclusiv gemeinten Titel »Lebensphilosophie« hat ein anders denkender Philosoph das Passende angemerkt (»Das Wort sagt so viel wie die Botanik der Pflanzen«).

Der gewichtigere Grund dafür, daß man so, wie jene wollten, nicht mehr denken kann, zeigt sich an einer allgemeineren Eigenschaft der Selbstverständigung Fraglichen Lebens:

Sie *bewegt sich*, wie die Einheiten solchen Lebens als Einzelne und als Kollektive sich *bewegen*. Ihr Verständigungsformen mit dem Anspruch auf allgemeine, zeitunabhängige Geltung anzubieten, ist in der Vergangenheit dem Risiko des schlichten *Sich-Überlebens* oft genug erlegen. Das Sich-Überleben ist nicht notwendig mit Widerlegung verbunden; es ist ein *Zurückgelassenwerden* durch die Bewegung des Lebendigen, dem die widerlegenden Argumente in den Diskussionen Sitzender Philosophie häufig erst folgten, nachdem es selber schon sich ereignet hatte. Es gibt im Verständigungshandeln Fraglichen Lebens, wo es unter den Namen *Philosophie* gehört, keine kompletten Renaissancen in dem Sinn, daß eine vergangene Verständigungsgestalt mit allen Zügen, die sie besaß, und keinen anderen, wieder zum Leben gebracht würde. Wo man von Renaissancen spricht, die von der sich bewegenden Wirklichkeit Fraglichen Lebens akzeptiert werden, ist es das Zurückkommen auf früher erworbene Stücke von Verständigung, zusammen mit neu erworbenen Stücken und unter Wegstreichen solcher Teile des Alten, die nicht mehr lebenangemessen (auch nicht mehr spürensangemessen) sind.

Darin liegt, in populären Wörtern, etwas von der Sterblichkeit wie der Unsterblichkeit dessen, was die Fraglich Lebenden ›Philosophie‹ nennen. Die einzelnen Verständigungsgestalten sind definitiv sterblich, und ihr Tod wird oft nicht durch Argumente, sondern die Bewegung des Lebendigen selber vollzogen. Es ist in diesem Sinn extrem unwahrscheinlich, daß es jemals eine haltbare ›Grundlegung der Philosophie‹ geben wird. Die Grundlegerei, zu der sich zahlreiche Philosophen verpflichtet fühlten, entspricht einem wiederkehrenden Orientierungsbedürfnis Fraglichen Lebens, sieht aber nicht, daß das Verständigungshandeln, das Philosophie ist, auf einen Boden von perfekter Zweifelsfreiheit und Beständigkeit im ganzen ihres Umfangs (und der Bedürfnisse, die das Fragliche Leben von ihr befriedigt wissen will) nicht kommen kann. Daß sie in Teilen ihres Umfangs auf einige bisher relativ stabile Verhältnisse gekommen ist (die aber gerade keine *Grundlegung* ihres Ganzen ausmachen konnten), ist der mit Abstand schwächere Grund für die populäre Rede von ihrer Unsterblichkeit. Ein deutlich stärkerer liegt, was die Zukunft angeht, in dem schlichten Interesse der Einzelnen an Verständigung darüber, was ihnen mit ihrem Leben in dieser Welt eigentlich widerfährt, wie sie dies Leben bestreiten sollen, wie sie damit umgehen, daß es eine restlose Aufklärung der Frage, woher sie kommen und wohin sie gehen, nicht gibt, und schließlich in den weiteren angeführten Punkten verfassungsmäßiger Fraglichkeit, zu denen diese Lebenden sich erkennend und handelnd verhalten müssen, ohne sie glaubwürdig ausräumen zu können. Die Unmöglichkeit überzeugender Fraglichkeitsausräumung an solchen Stellen und das stets erneute Erfordernis überlegter *und* spürensrichtiger Stellungnahme, die unter Menschen zu einem angemessen befundenen Handeln ausreicht, macht ein Motiv für Philosophie aus, dem eine *gute Haltbarkeit* zugesprochen werden darf. Was die *Vergangenheit* von Philosophie und ihre, in populärer Rede ›Unsterblichkeit‹ genannte Tendenz betrifft, dem Verständigungsbedürfnis Fraglichen Lebens in intermittierendem Rhythmus ›erstaunlich aktuell‹ befundene Antwort-Fragmente neu zu präsentieren, so bleibt sie begrenzt gegenwärtig kraft der Tatsache, daß die Bewegung, in der faktisches Lebendigsein gedacht werden muß, potentiell auf *Reicherwerden* angelegt ist. Der Fundus der vergangenen Verständigung unter dem Titel *Philosophie* ist damit, daß seine einzelnen Gestalten sich überlebt haben, kein Fundus von Nutzlosem. *Das Fragliche Leben wirft ihn nicht weg.* Die ›Lebensphilosophie‹ hat sich eindeutig, und ich vermute auf lange Zeit, überlebt. Ihre Antworten sind den Fraglich Lebenden in den zugeordneten Kulturen *spürend fremd* geworden. Davon, daß sich ihre *Fragen* erledigt hätten, kann desunbeschadet kaum die Rede sein. Allerdings besteht guter Grund für die Vermutung, daß sich einige ihrer zentralen Antworten *negativ erledigt* haben, dank ihrer Naivität vor allem. Ob den kruden ontologischen Dualismus führender Autoren jener Philosophie irgend jemand wieder ernsthaft anbieten wird, darf mit Recht gefragt werden – genauso, ob ihre Freiheitsbehauptungen nicht das einfache Urteil des Erschlichenseins trifft.

Die Philosophien anderen Extrems, die Spüren aus dem Bereich von Verständigung schlicht wegstrichen, scheinen sich nicht in einem vergleichbar eindeutigen Sinn überlebt zu haben. Ihre Tendenz fand eine Fortsetzung mit anderen begrifflichen wie methodischen Mitteln in den gegenwärtig ›aktuellen‹ Formen eines dezidiert spürensfernen Denkens (die aus der unverstandenen Identität von Spüren mit zugrundeliegenden Gehirnvorgängen nicht zwingend folgen, nur bei bestimmten Wissenschaftszielen und -normen zweckmäßig erscheinen). Ob diese Denkweisen, zu deren Umfeld ich auch den zwar milderen, aber auch charakteristisch aussagearmen ›Funktionalismus‹ rechne, für die Fraglich Lebenden in größerem Umfang zur offenen Entscheidung *kommen* werden, bleibt abzuwarten. Gegenwärtig finden ihre Diskussionen im Wirkungskäfig des akademischen Hirnfleißes statt. Irgendetwas am gegenwärtigen Stand des faktischen menschlichen Lebendigseins muß ihnen freilich in den Kulturen, zu denen sie gehören, *entsprechen*, denn die Denkverliese Sitzender Philosophie bilden kein vom Leben der Menschen perfekt getrenntes System, sondern hängen ihm an; sie empfangen Wirkungen von ihm, und gelegentlich wirken sie sogar nach dort. Sie mögen auch soziale Rollen spielen, die ihren Insassen nicht zur Kenntnis kommen. Obwohl die Fraglich Lebenden in größerem Umfang von den Erzeugnissen und Erregungen der Denkverliese nichts zu wissen brauchen, haben diese mit ihrer Weise, lebendig zu sein, doch *etwas zu tun*. Und in solchem Sinn steht etwas wie ein *Entscheiden* über das auftrumpfende Fallenlassen lebendigen Spürens in jenen Philosophien doch noch aus. Die Entscheidung kann sich herstellen durch faktisches Lebendigsein selber. Bleibt es spürensfern, das heißt auch *berührungsarm*, dann mag dieser Bewegungsphase in der Geschichte des Fraglichen Lebens eine Theorie, die aus methodischen und begrifflichen Gründen Spüren für irrelevant erklärt, in blinder Korrespondenz *gemäß* sein. Wächst das Fragliche Leben in den zuständigen Zusammenhängen zu größerer Berührungsfähigkeit, einem größeren Spürensschatz, größerem Entblindungsgeschick, größerem nicht-formalem, sondern an spürender Angemessenheit orientiertem Freisein, dann wird das zugleich die lebendige Ablehnungsgeste gegenüber einem rein theoretisch entworfenen Menschentum ohne relevantes Spüren bedeuten.

98. Schmerzhafte Endlichkeit der Verständigung

Mit einigen Abschnitten dieses Buchs sind Partien von Fraglichkeitserkundung zustandegekommen, an Stellen, an denen sich zeigte, daß das lebendige Erkennen kraft seiner eigenen Undurchdringlichkeit und der Unmöglichkeit, sich selbst vollkommen in seine Formen des kognitiven Mehr zu fassen, einen notwendigen Blindheitsrest behält, auf den seine Weisen relativer Blindheitsaufhebung sogar als notwendige Bedingung angewiesen sind. Die stets gegebene Verschieblichkeit der Grenze zwischen dem zu spürender Bekanntschaft, schließlich zu Artikulation Gekommenen einerseits und dem *blind* ›davor‹ (›daneben‹, ›dahinter‹) Liegenden andererseits bringen Philosophie als Verständigung über unsere Weise, lebendig zu sein, in die Rolle der veränderungsauslösenden und veränderungsbegleitenden Tätigkeit. Um ihr Verhältnis zu meinem Sprechenkönnen noch einmal aufzunehmen, das in unauffälliger, dennoch belangreichster Funktion meinem potentiellen Freisein vorarbeitet oder es beschränkt, komme ich auf etwas zurück, das ich meinem Kind zu sagen hatte.

Ich mußte mit ihm darüber sprechen, daß ich geheiratet habe, aber nicht seine Mutter, sondern eine andere Frau. Bei der gleichen Gelegenheit wollte ich ihm ankündigen, daß es ein Halbschwesterchen oder -brüderchen bekommen werde. Es wich meinen auf es hingeredeten Sätzen mit verlegenem Lachen aus, und antwortete mir auch auf weitere Versuche, über diese Themen mit ihm ein Gespräch zu beginnen, nicht. Trotzdem weiß ich aus Berichten derer, mit denen es täglich zusammen ist, daß jene meine Handlung, die es zuerst von seiner Mutter erfuhr, es in Zustände gestürzt hat, welche sich über Wochen als *Depression, Spielunlust, grüblerisches Sich-*

Zurückziehen von allen Spielkameraden, Appetitarmut, Schlaflosigkeit äußerten. Im Spüren des Kindes geht etwas sehr Wichtiges vor. Ich habe keinerlei Erkenntnis darüber, wohin sein Spürensprozeß und sein Prozeß der notdürftigen Selbstklärung mit seinen eigenen Mitteln inzwischen gelangt sind. Seit jenem erfolglosen, zurückgewiesenen Sprechversuch bin ich mehrfach zu seinem Wohnort hingefahren und habe einen Tag mit ihm verbracht. Es hat jedes Mal, wenn ich vorsichtig diese Dinge per Unterredung berühren wollte, den Kopf gesenkt und manchmal durch ein Lächeln, für welches mir mein Ausdruck »verlegen« wie Wortgestolper vorkommt, manchmal durch Wegdrehen des ganzen Körpers gezeigt, daß ihm an meinem Versuch etwas spürend unangenehm war (so interpretiere ich sein Verhalten). Ich habe dann meine Sprechversuche vorerst zurückgestellt und spiele, wenn ich dort bin, einfach mit ihm, so lange und ausgiebig es geht. Immerhin glaube ich zu bemerken, »daß seine Angst, den Vater zu verlieren, jetzt kleiner zu werden beginnt«; »daß ihm das Essen wieder besser schmeckt«; »daß es wieder größere Lust zum Spielen hat, nicht nur mit mir, sondern auch mit anderen Kindern«; »daß es in der neuen Situation zwischen ihm und mir auch Reste früherer Sicherheit oder Partikel einer neuen gefunden hat«. Dies alles sind *meine Wörter*, die ich für *sein* Spüren im Nichtbesitz weiterer Informationen gebrauche, um mir von außen her über das, was ›in‹ dem Kind vorgeht, eine unvollständige und versimpelnde Orientierung zu verschaffen. Ich habe schon geschrieben, daß ich fürchte, es sei eigentlich mein mangelndes Freisein im Sprechen über mich, welches das von mir plötzlich schmerzhaft bemerkte Unfreisein des Kindes im Sprechen über etwas hervorgerufen hat, das ihm wichtig und zugleich bedrohlich ist. Mein ›normales‹ Schweigen über mich und meine Gefühle kann in der Rolle eines Modells seine Tendenz zum schweigenden Hinweggehen über spürend Wichtigstes gefördert haben.

Ein Grund, dessentwegen das Kind meinem Sprechversuch die Antwort verweigerte, kann darin liegen, daß ich ihm nicht das richtige Sprechen anbot. Ich habe sehr rasch über ein soziales Faktum zu reden angefangen, vor dem sich das Kind, so vermute ich jetzt, auf unklare Weise fürchtet. ›Vor was‹ es sich genau ›fürchtet‹, und wie seine ›Furcht‹ des weiteren beschaffen ist, gelangt mir nicht zu einer klaren Form von Kenntnis; vielleicht kommt es mangels geeigneter Entblindungsmittel auch dem Kind nicht zu solcher Kenntnis. Es ist etwas mit ihm, mit mir und mit dem Spüren, das wir füreinander haben, geschehen, was uns beiden neu ist, und was anderer Mittel des kenntnisgewinnenden Zugangs bedarf als die, mit denen wir bisher auskamen. Zugleich mit solchen Mitteln scheint mir auch die ganze Spürenseinstellung zu fehlen, die sich in winzigen Einzelzügen meines Verhaltens nach außen hin kundgeben und dem Kind ein entscheidendes Mehr an Spürensruhe und Spürens-Sicherheit mitteilen könnte – so daß es imstande wäre, neu sich anbietende Entblindungsmittel auch tatsächlich zu gebrauchen. Es gibt einen kognitiven Mangel auf meiner Seite – das Fehlen der angemessenen Mittel – zugleich mit einem Mangel an Freisein – ich kann sehr schlecht über Spüren, das mir wichtig ist, *sprechen*, auch wo ich geeignet erscheinende Mittel habe; ich kann ein für solches Sprechen günstiges Spürensklima nicht mit-teilen; ich bin mit meiner echsenhaften Mißentwicklung ein charakteristischer Kleinteil jener schrumpftumsgeneigten Kultur in der Mitte Europas, über die ich berichtet habe.

Philosophie gehört zum Sprechen des Fraglichen Lebens mit sich selbst. *Sie ist immer nur als Versuch wirklich*; es gibt für sie keinen Zustand der Vollendung, höchstens für einzelne Versuche das Stadium der Beendigung. Wie weit die einzelnen Versuche im Sprechen kommen und zu welchem Grad Fragliches Leben solche Sprechversuche aufnimmt, geschweige denn annimmt, hängt von vielen Faktoren ab. Zu ihnen gehört in vorderster Reihe die Entblindungsleistung, die den einzelnen Versuch auszeichnet (die Entblindungsunfähigkeit, die ihn behindert) wie auch das Frei- oder Unfreisein im Sprechen selber. Die menschliche Weise, lebendig zu sein, ist als faktische ohne Boden und ohne Himmel in einem gleichgültigen Universum aufgewachsen. Als faktische ist sie extrem unübersichtlich gegliedert. Die Versuche, über sie eine Verständigung herzustellen, sind in ihrer Reichweite deshalb auch zusätzlich beschränkt durch die Grenzen der einzelnen Gliederungsteile, zu denen der jeweilige Versuch gehört. Trotzdem ist es sinnvoll, Philosophie überhaupt als etwas zu betrachten, das auf Verständigung über mehr angelegt ist als bloß kulturspezifisches oder individuenspezifisches Lebendigsein.

Zu den Gegenständen von Philosophie gehören (neben anderem) Erste Stellungnahmen, die organisierende Spürensgewichte einer Weise, als Fragliches Leben in einer Welt zu sein (das heißt immer auch: *mit anderem Lebenden zu sein*) angeben. Die Gewichte können als das genommen werden, von dem her oder auf das hin sich eine solche Weise organisiert; über sie eine Verständigung zu gewinnen ist Arbeit am Entblinden von Faktischem wie am Vorauswerfen von Leitbildhaftem. Die Verständigungsversuche in beiderlei Richtung sind auf schmerzhafte Weise endlich; ihre schmerzhafte Endlichkeit geht zusammen mit einer *deutlich erschwerten Verständigungssituation*.

Es gehört zur Verständigungssituation überhaupt, daß Spüren durch Darstellen (das hier Sprechen ist) *getroffen* werden soll. Auch wo Sich-Verständigen in einer von vielen unternommenen, argumentierenden und diskutierenden Suche nach etwas, das alle akzeptieren können, besteht, bedarf es zur Annahme oder Ablehnung bei jedem Einzelnen doch jener treffenden Zuordnung. Ob ein Sprechen ein Spüren (in den Grenzen von deren Heterogenität) artikulierend trifft oder nicht, wird aus der Perspektive der Einzelnen durch spürendes Passen entschieden. Spürendes Passen ist sowohl uniterierbar als auch nicht durch anderes zu ersetzen. Die Verständigungssituation, in der philosophische Versuche operieren, ist *deutlich erschwert*, weil es sich bei dem zu Treffenden mehrheitlich um Unkonfrontiertes handelt. Ein orientierendes Gewicht für Erkennen oder Handeln haftet nicht öffentlich wahrnehmbar an den Gegenständen der in Konfrontation gegenwärtigten Welt, über die ich Erkenntnis gewinnen oder in der ich so handeln will, daß ich es selbst angemessen finde. Was in verfassungsmäßiger Spracharmut als *Spürensgewicht* bezeichnet wurde, läßt sich auch im Innengrund nicht geradewegs dingfest machen; ich kann es nicht wie mit der Aktivität eines Sinnesorgans ›ins Auge fassen‹, ›mit dem Blick festhalten‹, ›verfolgen‹ oder ähnlich. »Spürensgewicht« ist offenkundig nur ein Hilfswort, denn ich kann in diesen Angelegenheiten gerade nicht wiegen oder messen. Es gibt in der eigentümlichen Situation, in der ich einem Verständigungsversuch philosophischer Art zustimmen oder ihn ablehnen soll, für mich kein Instrument, durch dessen Ablesung ich meine eigene Stellungnahme gewinnen könnte. *Gäbe* es eines, das, etwa durch Melden relevanter Veränderungen in meinem Gehirn, meine Stellungnahme anzeigte, so würde ich mich auf es nur verlassen, wenn es mein Spüren so und so oft richtig angezeigt hätte; im Zweifelsfall würde ich erst sekundär dem Gerät trauen, mit Vorrang hingegen dem, was als Anteil von Innengrund spürend da wäre.

Das Modell einer Ja-Nein-Stellungnahme stellt ohnehin in Angelegenheiten der Philosophie eine Simplifizierung dar. Bevor überhaupt irgendwer um seine Stellungnahme gebeten werden kann, bevor es überhaupt möglich ist, irgendwelche Thesen der eventuellen Stellungnahme auszusetzen, sind die Fragen zu stellen, zu denen solche Thesen mögliche Antworten offerieren. Und es ist selbst eine Sache gelingender oder mißlingender Verständigung, ob jemand, der Philosophie treibt, sich Fragen stellt, die ein Verständigungsbedürfnis Fraglichen Lebens treffen; oder Fragen, die in heimlicher Lebenverlassenheit schon den Spürenstod – das heißt *den Tod* – gefunden haben. (Es soll mit diesem Hinweis freilich nicht das verbreitete, todgesunde Insistieren auf ›Relevanz‹ nachvollzogen werden. Vieles, über das Fraglich Lebende in zerrungsarmer Einstellung eine Orientierungsunsicherheit spüren, ist ihnen im Gezerre ›irrelevant‹, und erst recht in der sich vergessenden Tageshaft von Ichbetrug und Eigenschau.)

Wäre ich imstande gewesen, dem sich wegdrehenden Kind einen treffenden Vorschlag oder eine befreiende Frage für sein Spüren anzubieten, dann hätte es vielleicht mit mir über dieses Spüren gesprochen. Es hätte sich auch selbst damit ein Verständigungsangebot gemacht. Unser Weiterleben in einer von Wochenende zu Wochenende sich forthangelnden Beziehung wäre weniger stumm und weniger blind ausgefallen. Wir hätten statt der inzwischen etablierten Sprechbarriere vielleicht ein Stück gemeinsamen Wachstums im Zur Sprache Bringen von solchem, das uns zum Wichtigsten gehört, erworben. Eine uns beide spürend belastende Orientierungsunsicherheit über das, was unser gemeinsames Intervall-Leben eigentlich sei, wäre gar nicht erst aufgekommen, oder nicht im gleichen Maß. Gegenwärtig haben wir in einer wichtigen Hinsicht keine gemeinsame Deutung für das, was wir in jenen Intervallen doch als den Versuch gemeinsamen Lebendigseins vollziehen. Wir wissen in einer wichtigen Hinsicht nicht, was mit uns lebend geschieht und wie wir dazu stehen sollen; die direkte Frage danach wäre viel zu abstrakt und aufdringlich, als daß sie uns helfen könnte.

Das Fragliche Leben im ganzen hat keinen Partner, der ihm, sei es auch nur in zeitlichen Abständen, gegenüber säße und ihm Fragen stellen oder Verständigungsangebote machen könnte. Es ist in seiner Spracharmut, in deren Formen es doch lebt, auf sich selbst verwiesen. Wenn es überhaupt punktuell *vor sich selbst gebracht* werden kann, dann durch eigene Versuche, weniger blind und also der Tendenz nach ein Stück freier da zu sein. Gegeben, daß Sprechen selbst eine Weise gemeinsamen Lebendigseins ist und dies wieder spürend vollzogen wird, darf die Verständigung Fraglichen Lebens qua punktuelle Blindheitsminderung in einem gleichgültigen Universum als etwas angesehen werden, das im Prinzip genauso der Eingeschlossenheit und Unverfügbarkeit unterliegt wie jedes Spüren eines Individuums. Aus dieser Perspektive erscheint es unabweisbar, daß der Verständigungsversuch Fraglichen Lebens über das, was es sei, was ihm lebend geschehe, was es als das seiner Verfassung angemessene Handeln anstreben solle, *gar nicht zu einem definitiven Ende in verbriefter Orientierungs-Sicherheit kommen kann*. Der Versuch der Menschen, sich über eine menschliche Weise, lebendig zu sein, *vollkommen und endgültig* ins Bild zu setzen, würde einen entscheidenden Zug ihrer als *Fragliches Leben* gerade dementieren und sich selbst die Glaubwürdigkeit entziehen. Die innere Einsamkeit dieser Gattung des Lebendigen ist deshalb auch nicht ohne Rest zu vernichten; sie ist nur zu vermindern.

99. Platz für ein Organ

Die Endlichkeit des Sprechens als einer elementaren Lebensform des Menschlichen liefert *auch* eine Markierung für die Endlichkeit des Sich-Verständigens. Das scheint zunächst ein eher formaler Grund für die Behauptung der letzteren zu sein; denn das schiere Ausschöpfen der Möglichkeiten natürlicher Sprache im Unternehmen von Verständigung wäre ein unter Fraglich Lebenden nicht zu Ende zu bringendes Geschäft. Faktisches Sprechen ist allerdings in weit engere Grenzen eingeschlossen als die von ›Sprache überhaupt‹ oder von ›natürlicher Sprache‹. Mein faktisches Sprechen dem Kind gegenüber war, auch wenn ich meinen Freiseinsmangel als Faktor ganz zurückstelle, schon beim ersten Versuch an einer Grenze angekommen: Ich, als dieser bestimmte spürend tätige Organismus, »fand nicht das passende Wort«, sagt man. Es wäre Sache meines eigenen Sprechenlernens, mir einen Schatz sprachlicher Mittel zur aktiven Verfügung zu bringen, mit denen ich dem Spüren des Kindes *entgegenkommen* kann, wenn es das nächste Mal, und vielleicht bei einer ganz anders beschaffenen Gelegenheit, sich unter dem eigentümlichen Kopfneigen von mir abwendet.

Einen Schatz sprachlicher Mittel, der in der aktiven Verfügung von Philosophierenden steht, kann ich in Sachen der inneren Einsamkeit Fraglichen Lebens nie ›hinreichend groß‹ nennen. Die *deutlich erschwerte Verständigungssituation*, die der gegenüber dem Kind an Schwierigkeit mindestens vergleichbar ist, bringt die Forderung nach ständiger Arbeit an den Grenzen dessen, womit Philosophie als Organ zum Mindern innerer Einsamkeit sich ausgestattet hat, mit sich.

Daraus erhellt auf einfachem Weg, und ohne eine Reihe weiterer Argumente mit gleicher conclusio zu beanspruchen, daß Philosophie sich schwerlich auf die Analyse gegebener, das heißt bis heute in ihrer Geschichte gewachsener Sprech- und Entblindungsmittel zurückziehen kann. Ihre Arbeit ist, angemessen verstanden, immer auch grenzerweiternde Arbeit am Medium ihres eigenen Sprechens. Die etwas läppische These, sie sei insbesondere Analyse der Umgangssprache, und die seriösere, aber manifest unplausible, sie sei allein Therapie gedanklich-sprachlicher Verwirrungen, können auf dem jetzigen Punkt ihrer Geschichte schon *als durch sich selbst überwunden* gelten.

Die Aufmerksamkeit auf die Rolle des Sprechens beim Versuch, Philosophie zu betreiben, hat allerdings auch etwas bisher nur unklar Sichtbares in ein besseres Licht gestellt. Philosophie als Versuch der Selbstverständigung Fraglichen Lebens an ausgezeichneten, orientierungs- und freiseinsrelevanten Punkten hängt mit seinem Sprechenkönnen nicht bloß durch die Mittel-Rolle der Sprache zusammen. Was als die Langlebigkeit bestimmter philosophischer ›Probleme‹ oder ›Fragen‹ bezeichnet worden ist, hat einen seiner Gründe darin, daß der Verständigungsversuch selber zu den elementaren Zügen menschlichen Lebendigseins gehört, und damit auch die bis dato unauflöslichen Verwerfungen oder ›Unklarheiten‹, die beim Anwenden bestimmter, sogenannter Mittel auf bestimmte, sogenannte Probleme entstehen. Weder sind die Mittel austauschbare Werkzeuge, noch die Probleme beliebig in Distanz zu haltende Denkaufträge. Vielmehr gehören beide zu der Weise, wie das Fragliche Leben selber da ist. (Daß jemand auf die Gliederung solchen Lebens in geschichtlich ausgebildete Zusammenhänge von Sprechen und Fragen verweisen kann, die er »Kulturen« nennen mag, tut der Zugehörigkeit philosophischer Versuche zum menschlichen Lebendigsein selber, wie etwas von innen her Mitgewachsenes, keinen Abbruch).

Das schon angeführte, der Tendenz nach in die Ratlosigkeit des leeren Blicks treibende ›Problem‹ im Verhältnis von eigenem Spüren und eigenem verstelltem Körper kann wieder als Fall dienen: Wenn ich mich frage, wie ich die Identität meinens Spürens mit Zuständen meines Gehirns oder Vorgängen darin verstehen soll, bin ich nicht in einer Verständigungssituation herkömmlichen Typs. Es geht nicht bloß darum, daß ich meinem Spüren das rechte Sprechen anbiete, um auf einen Punkt zu kommen, wo ich den für alle plötzliche Entblindung charakteristischen Schub von Mich-freier-fühlen erlebe. Es ist vielmehr so, daß ich selbst in einer Weise lebendig bin, nämlich als ein Spürender *und* als ein Verstellter, für die ich in dem Form-Ganzen, zu dem sich mein fragendes, mitteilendes, verständigendes Zusammenleben mit anderen gebildet hat, demnach auch meinem und unserem *Sprechen*, kein befriedigendes Verständigungsmittel finde. Ich wüßte auch nicht, aus welcher Arbeit von Einzelnen, die in dieser Sache viel erfolgreicher waren als ich, ein solches Mittel herüberzunehmen wäre. Ein elementarer, unwegargumentierbarer Zug der Art, wie ich mich als einen Lebenden in der Welt finde, steht einem Schatz von Verständigungsmitteln gegenüber, der seinerseits im ganzen und in jeder partikularen Anwendung eine Manifestation unseres gemeinsamen, spürend-handelnden Lebenszusammenhangs ist: Und jeder Versuch, Stücke aus dem Schatz auf das genannte Verständigungsproblem beim Mich-Finden anzuwenden, führt zu dem Anerkenntnis, daß ich zentrale Eigenschaften meiner selbst nicht verstehe. Meine Unsicherheit geht so weit, daß ich anerkenne, nicht einmal befriedigend sagen zu können, was ein Verstehen jenes Unverstandenen genau wäre. Eine empirisch belegte Punkt-für-Punkt-Korrelation zwischen Spürenszügen und Gehirnzuständen, der sich die Physiologie schon nähert, wäre das gesuchte Verstehen für mich nicht; in der Sprache einer Wissenschaft vom Verstellten Ausdrücke für das zu haben, was eben jetzt in meinem Gehirn vorgeht, und der Wahrheit entsprechender Aussagen auch relativ sicher zu sein, würde mein Problem nicht lösen, sondern nur schärfer heraustreten lassen. Es ist auch offenkundig nicht ein ›Problem‹ wie zum Beispiel das Identifizieren der besonderen Neuronengruppen, deren Aktivität meinem Spüren jetzt vielleicht ›zugrundeliegt‹. Es ist eher so, daß ich mich hier in einer Weise lebend finde, auf die nichts aus dem Fundus von Formen gemeinsamer Orientierungstätigkeit, in die ich hineingewachsen bin, und die meine Weise von Lebendigsein *mit ausmachen*, befriedigend paßt. Ich stehe mit diesen Formen vor mir wie mit meinen spitzköpfigen Wörtern vor dem Kind, und etwas ereignet sich, als geschehe ein Wegdrehen; nicht als Verweigerung, sondern als das Sich-Wiederholen von Ohnmacht.

Die Standardschwierigkeit allen lebendigen Erkennens, das Verbindenmüssen heterogener Orientierungsmuster, tritt in verschärfter Weise auf: Weder passen die Teile verschiedener Muster auch nur in der Losigkeit aufeinander, die ohnehin toleriert werden muß; noch besteht das Gefühl, solche Teile könnten in dieser Sache überhaupt zusammenpassen. Das Fragliche Leben muß sich eine Orientierung erwerben in einer Situation der Disparität elementarer, als Züge seines Lebendigseins selber gewachsener Orientierungsinstrumente. Dies ist *ein* Typ deutlich erschwerter Verständigungssituation vor sich wegdrehendem Spüren, der die Vermutung bestärkt, Philosophie habe es mit der inneren Einsamkeit Fraglichen Lebens an Punkten zu tun, wo dessen Orientierungsmittel kraft spürenden Ungenügens *sich von sich her zur Disposition stellen*, statt in stetigem, oder, wie es neuerdings heißt, unstetigem Fortschritt zu funktionieren.

Wir können aus unserem Sprechen und den in seiner Gestalt sich vor uns hinstellenden Fragen zuletzt nicht heraus; wir können ebensowenig aus unserem Spüren heraus, von dem her sich andere (auch zugeordnete) Orientierungsbedürfnisse vor uns bringen, indem sie sich (etwa als spürendes Ratlos-sein) in uns hervorstellen. Orientierungsbedürfnisse, die als *philosophische Probleme* neben anderen Eigenschaften eine insistente Langlebigkeit zeigen, scheinen bei deutlich erschwerten Verständigungsbedingungen als Bedürfnisse nach Orientierung über Punkte prinzipieller Fraglichkeit von Situation *und* Verständigungsmitteln Fraglichen Lebens überhaupt aufzutreten. Sie betreffen zugleich Punkte einer ungewöhnlich dichten inneren Einsamkeit in Sachen des Sich-Zurechtfindens und Sich-Deutens als eine Form des Lebendigen in dem besagten, gleichgültigen Universum.

Bei der Zusammenfassung philosophischer Fragen als Fragen nach der menschlichen Weise, lebendig zu sein, stellen sich, ohne daß die jetzt versuchte Charakteristik gefährdet würde, sehr bald die *praktischen* Fragen in den Vordergrund. Sie bringen Philosophie potentiell in jene Rolle der veränderungsauslösenden und veränderungsbegleitenden Tätigkeit, die zugleich mit dem Erwerb von Stellungnahmen zu einer Lebensweise, die das Fragliche Leben *angemessen* fände, auch auf die Erweiterung seines Freiseins zu solcher Lebensweise geht. Jedem wird klar sein, daß dies eher ein zum Idealen tendierendes Modell von Philosophie als eine Beschreibung ihrer Wirklichkeit ist. Trotzdem läßt sich gar nicht abstreiten, daß sie geschichtlich mehrfach eine Rolle solchen Typs, stets unvollkommen, spielte; auch nicht, daß unter den Orientierungsdesideraten Fraglichen Lebens eine Art *Organ* mit solcher Beschreibung in die erste Reihe gehört. Die innere Einsamkeit Fraglichen Lebens im Praktischen als Unsicherheit darüber, was es für angemessen halten, was es tun und wie es sich zu solchem Tun den Handlungsschatz erwerben soll, erneuert sich nicht bloß wegen des beständigen Neu-Auftretens unerwarteter, in bisheriger Orientierung nicht erfaßter Fakten. Sie ist auch, so weit bisherige Erfahrung reicht, unausräumbar wegen des beständigen Neu-Auftretens von Konflikten in einmal angenommener Handlungsorientierung selber. Es gibt für Fragliches Leben weder den einen, immer funktionierenden, überall anwendbaren Kompaß rechten Handelns, der sich auf neue Situationen kraft seiner *alle möglichen* Situationen berücksichtigenden Konstruktion automatisch einstellt. Noch gibt es einen unfraglich vollständigen Kodex aller möglichen handlungsrelevanten Lebenslagen mitsamt ebensolchen Anweisungen für das rechte Tun, die man in selbigem Kodex nur nachzulesen hätte. Beides zu entwerfen ist versucht worden; keiner der Versuche hat die innere Einsamkeit Fraglichen Lebens in Angelegenheiten seines rechten Handelns dauerhaft von ihm genommen.

Hier scheint mir am deutlichsten, was es heißt, *ohne Boden und ohne Himmel in einem gleichgültigen Universum aufgewachsen zu sein und weiter wachsen zu wollen*. Es gibt zwar für das Fragliche Leben kraft seiner Zugehörigkeit zum Lebendigen überhaupt einen Bestand an Basis-Verhaltensweisen, denen es sein Überleben bis heute zu erheblichem Umfang verdankt. Es gibt zugleich mit jedem Versuch eigener Orientierung jedoch auch die Tendenz, biologisch überkommenes Verhalten mindestens probeweise in Frage zu stellen und, falls es beim Fragenden keine Billigung findet, durch anderes, das angemessener gefunden wird, zu ersetzen. Der Bestand selbst erworbener und gegenüber biologisch tradierten Tendenzen für *menschlicher* angesehener Handlungsweisen macht inzwischen eine charakteristische Sonderstellung des Fraglichen Lebens innerhalb der Formen des Lebendigen überhaupt aus. Prinzipiell will jeder Orientierungsversuch für das Handeln Fraglichen Lebens eine Option zugunsten eines selbst angemessen Gefundenen erwerben – auch da, wo er sich schließlich nach eigener Überzeugung einer ›höheren Autorität‹ unterwirft, einem ›biologisch Richtigen‹ folgt, oder welches die Weisen freiwilliger Anlehnung an ein aus anderen Quellen Vorgegebenes sein mögen. Das Fragliche Leben *kann* sich nach Angemessenheit und praktischer Richtigkeit von

Handlungsweisen fragen; sobald es das nur tut und dann eine Orientierungsentscheidung trifft, ist dieser Akt *seine* Entscheidung, gleich, ob die angemessen befundenen Muster noch von anderen Stellen her genommen werden oder nicht. Es verschlägt wenig, daß solches Entscheiden durch vorausliegende Umstände verschiedener Art ›determiniert‹ sein mag: Einmal die Frage nach Angemessenheit oder Unangemessenheit eines möglichen Handelns gestellt, und einmal dies Handeln oder sein Unterlassen zum Punkt von Entscheidung gebracht, kann *nichts und niemand* dem Fraglichen Leben das Entscheiden abnehmen. Vorausliegende Determination eines jetzt anstehenden Tuns ist ihm im Augenblick des Entscheidenmüssens aus logischen Gründen genauso un-nachrechenbar wie jede Vorausbestimmung seiner handelnden Zukunft. Das gleiche gilt schon für die Situation, in der sich Fragliches Leben nach seiner Stellungnahme zu Angemessenheit oder Unangemessenheit möglichen Handelns fragt: Wie es stellungnehmend optiert, *ist seine Sache*, und das theoretische Wissen über biologische und sonstige Determinanten kann genausowenig wie der Glaube an etwas Übermächtiges, das von außen her das Leben und seine ganze Orientierung tragen könnte, die erfragte Stellungnahme als eigenes Votierenmüssen von ihm nehmen. (Es gibt die subtileren Formen des Ichbetrugs und andere Gestalten der inneren Korruption, zu denen als erste die schon den Alten bekannte *faule Vernunft* gehört; sie bestätigen als Formen des Ausweichens vor dem eigenen Entscheidungs-Erfordernis eher die Situation Fraglichen Lebens ohne Boden und ohne Himmel, statt daß sie es irgendwie daraus befreiten).

Die innere Einsamkeit Fraglichen Lebens im Praktischen, gegenüber dem Erfordernis, in der Umgebung des sonstigen Weltalls und ohne Rekurrierenkönnen auf frühere (höhere, tiefere, sonstige) Festlegung *seine eigenen* Orientierungslinien immer neu in Stellungnahmen zur Angemessenheit bestimmen und vertreten zu müssen, definiert vorgreifend den Platz für ein Verständigungsorgan solchen Lebens, ohne daß dieses

Organ oder ihm zugeordnete Vollzüge stets wirklich sein müßten. Es ist der Platz für ein Organ, mit dessen Hilfe Fragliches Leben die Kenntnisse, Argumente, Gesichtspunkte, Rücksichten ausarbeiten kann, die für sein praktisches Sich-Orientieren und wiederholtes Sich-neu-Orientieren stets neu von Wichtigkeit sind. Es ist genauso der Platz für ein Organ des Entwerfens neuer Verständigungsmittel in den Fällen, in denen die eingebürgerten dem Spüren (schon stellungnehmend oder noch davor) nicht gerecht werden. Schließlich ist es der Platz für ein Organ treffenden Sprechens als *ersten Impulses* wie *begleitenden Unterstützens* von Veränderung. Das Vermindern innerer Einsamkeit im Praktischen, in Richtung auf Sich-Neuformieren einer Orientierung, die neu zur Entblindung Gekommenem Rechnung trägt, ist spätestens im Augenblick akzeptierten, nicht zurückgewiesenen Sprechens, sei es auch inneren Sprechens, veränderungs-einleitend. Es ist mit wiederholtem Sprechen potentiell veränderungs-begleitend. Unabweisbar erscheint, daß Philosophie für Einzelne wie für größere Gruppen die Rolle eines solchen Organs geschichtlich eingenommen hat. Sie diente dabei, indem sie Fragliches Leben neu vor orientierungsrelevante Stücke seiner Situation brachte, auch zum Erwerb neuer Weisen von Selbstartikulation, Zu Sich Kommen, Wachstum, größerem Freisein. Sie trug in Lagen praktischen Konflikts zur Verringerung innerer Einsamkeit bei durch sprechendes Entblinden der Orientierungsgegensätze in ihrem weiteren Umfang, genauso wie zum Ausarbeiten von Für und Wider so lange, bis anderes und weniger blindes Sich-Orientieren möglich war.

Das Bedürfnis Fraglichen Lebens nach einem Organ zur Verringerung innerer Einsamkeit im Praktischen wird schwerlich verschwinden, genausowenig wie sein Bedürfnis nach einem Organ des *Neuentwurfs* praktischer Orientierung, wo die Neu-Entblindung bisher unbekannt gebliebener Züge seiner Wirklichkeit das einfache Beibehalten früherer Handlungsweisen zu Fällen des spürend Unangemessenen macht. Es gehört zur menschlichen Weise, lebendig zu sein, daß die

Situation des Selbst-Entscheidenmüssens *nicht verlassen werden kann*. Sie kann freilich neu verblendet oder sonstwie kraft neuen Schrumpftums aus dem Bereich artikulierender Kenntnis hinausgedrängt werden. Das läßt den Platz für ein entblindendes, veränderungseinleitendes, veränderungsbegleitendes Organ in Sachen praktischer Orientierung unverändert offen. Ob eine Aktivität Fraglich Lebender, die zu irgendeinem Zeitpunkt Funktionen eines solchen Organs übernimmt, auch den Namen »Philosophie« führt, ist *gleichgültig*; das Bedürfnis nach einer solchen Tätigkeit und ihre mögliche Leistung hängen von der Weise des Benennens nicht ab.

100. In Bewegung sein statt Grundlegen

Die Philosophie habe zu ihrer übergeordneten Frage die nach der menschlichen Weise, lebendig zu sein, und die menschliche Weise, lebendig zu sein, müsse in Bewegung gedacht werden. Es gebe wirksame Einflüsse der Philosophie auf diese Weise, wie sie als faktisches Lebendigsein da ist, und Einflüsse solchen Lebendigseins auf die Philosophie. Zu diesen mehrfach wiederholten Behauptungen trat eben noch die weitere, Philosophie könne sinnvoll als ein Organ für den entblindenden, veränderungs-vorauswerfenden, veränderungs-begleitenden Umgang Fraglichen Lebens mit seiner inneren Einsamkeit im Sprechen wie im Handeln dienen; ein *Organ* solcher Art sei ein Orientierungsdesiderat für eine Gestalt des Lebendigen, welche mit ihren Entscheidungen zuletzt auf sich selbst gestellt sei, ohne tragenden Boden oder wegweisenden Himmel, die seine ihm zukommenden Entscheidungen ihm abnehmen könnten. Es gebe zumindest den *Platz* für ein solches Organ, mit dessen Hilfe Fragliches Leben seine Weise, lebendig zu sein, die ihm zur eigenen Bestimmung oder zum blinden Vollzug überlassen ist, sich sowohl selber aneignen als auch von sich aus zu verändern suchen könne.

Die Idee einer philosophischen Tätigkeit, die sich der aus

der Entfernung leitenden Frage zuordnet, hat sich damit als deutlich schwieriger erwiesen denn erwartet – auch für den Autor dieses Buchs. Die Feststellung ist kein rhetorisches Mittel, mit dem eine um so schöner klingende Lösung eingeleitet werden soll. Als der besagte Autor kann ich diese Auffassung von Philosophie nach den Stellungnahmen, die für mich argumentatives und zuletzt spürendes Gewicht haben, nicht aufgeben. Ich kann andererseits nicht finden, daß ich ihre Probleme bloß in vielgeübtem Stil als gedankliche Grützbeutel *der anderen* zu deklarieren brauchte und dann wegzuschneiden fähig wäre. Philosophie mit der leitenden Frage nach der menschlichen Weise, lebendig zu sein, hat eine offenkundig problematische Selbstcharakteristik; diese Charakteristik wäre schon ein befriedigendes Stück weit unterstützt, wenn sich sehen ließe, daß sie mit realen Schwierigkeiten in der Art zusammenhängt, wie Fragliches Leben sein Hiersein zu bestreiten hat.

Solche Schwierigkeiten entstehen unter anderem aus der Bewegung Fraglichen Lebens selber. Es ist kaum zu leugnen, daß es ein festes Selbstkonzept dieser Form des Lebendigen bis heute gar nicht gibt. Was es statt dessen gibt, sind zahlreiche Versuche, ein solches Selbstkonzept *künstlich festzuschreiben*. Die Festschreibungen haben in Geschichte, so weit sie bekannt ist, und Gegenwart den Charakter von Satz-Aufstellungen, für deren Gesamtinhalt der alte Titelbalg metaphysischer Bücher ganz gut stehen kann: »... Gott, die Welt und die Seele des Menschen ...« Erhält man unter dem Stichwort »Gott« ein Einpassen Fraglichen Lebens in kosmische Ordnung, aus der sein Woher, sein Wohin, die Leitlinien seines Tuns in seiner Gegenwart entnommen werden können; unter dem Stichwort »Welt« ein stabiles Deuten, Bewerten, verläßliches Voraussagen des Ganges von Natur und Gesellschaft, verbunden mit weiteren Sätzen, die Leitlinien menschlichen Handelns formulieren; unter dem Stichwort »Seele des Menschen« ein Vademecum zum Handhaben der spürenden Zyklone und Flauten, die die Seele befallen mögen, gemäß vorgenannten Prinzipien über Sein und Handeln im ganzen – dann hat man einiges vom Wichtigsten aus dem Schatz falscher Festigkeiten, mit denen Fragliches Leben sich über die wahren Komplikationen einer Orientierung, die den Bedingungen seines Lebendigseins angemessen wäre, in Vergangenheit und Gegenwart oft erfolgreich hinwegtäuscht. Das künstlich festgeschriebene und dann dogmatisch verteidigte, jeweilige Selbstkonzept solchen Lebens, das größere und auch kleinere Gruppierungen vor sich her tragen, soll gewöhnlich dann auch in genau den Augenblicken einen Halt liefern, in denen die ausgezeichnete Unfestigkeit (die tiefst gelegenen Stützungsmängel) fraglich-lebendiger Orientierungssysteme überhaupt zu spürender und artikulierender Bekanntschaft zu kommen drohen.

Es gibt keine vorgegebene oder von irgendwoher übernehmbare Bestimmung des Menschen. Das Fragliche Leben muß selbst eine Auskunft darüber erwerben und zur weitergebbaren Kenntnis bringen, was es ist und wie es sein will; als was es sich de facto gemäß seinen orientierungssetzenden Spürensgewichten in der Gegenwart ansieht, und wohin es sich nach seinen Stellungnahmen zum langfristig Angemessenen bewegen will. Auf dem Gegenstück solchen Verhaltens, das auch möglich und weder für das Jetzt noch für die Zukunft unwahrscheinlich ist, steht als Prämie das verschärfte Schrumpftum im Individuellen wie im Kollektiven. Dabei wird jenes erste, vorgezeichnete Stück verständigender Arbeit als Entblindung einer faktischen Weise, lebendig zu sein, weder als Desiderat aus der Welt geschafft durch bestehende Komplikationen, noch wird solche Arbeit durch sie von vornherein invalidiert. Verständigung eines Sich-Verändernden über das, was in seinem Prozeß von Veränderung je ist oder gerade geschieht, ist prinzipiell möglich, auch wenn das Sich-Verständigen, einschließlich sogar seiner Mittel, zu diesem Gesamtprozeß gehört. Die Komplikationen hindern nicht das Sich-Freimachen zur Anerkennung je bestehender Orientierungsgewichte, -fragen, -verwerfungen, -widersprüche, -rätsel. Daß der Versuch von Selbst-Bestimmung, wie rudimentär er ausfallen mag, in die Bewegung menschlichen Lebendigseins eingreift, ist dabei kaum zu vermeiden; seine Bewegungsrelevanz muß schlicht in Rechnung gestellt werden, genauso wie die Tatsache, daß jeder solche Versuch als Teil der Bewegung seinerseits vorausliegende Umstände hat, die sein Auftreten beeinflußten. Das Bestehen solcher Umstände macht ihn nicht unbrauchbar, verbietet bloß bestimmte Typen ansprüchlicher Interpretation seiner. Die Selbst-Bestimmung Fraglichen Lebens in seiner Bewegung kann weder hinsichtlich des Faktischen auf komplette Selbstdurchhellung führen, noch hinsichtlich des Vorauswerfens auf ein komplettes Sich-Machen. An beidem hindern es die Besonderheiten eines Wesens, das sich in Bewegung als ein bis hierher Aufgewachsenes *schon findet* und nur versuchen kann, in weiterer Bewegung sich gemäß gefundenem Da-sein seiner selbst *und* eigenem Vorauswerfen auf eine angemessener gefundene Gestalt seiner hin zu verändern.

Die Schwierigkeiten der Selbst-Bestimmung Fraglichen Lebens ohne absolut tragenden Boden oder unzweifelhaft leitenden Himmel treten auf selbstverständliche Weise in der Charakteristik eines möglichen Organs solcher Selbst-Bestimmung wieder auf; die Komplikationen des ins Auge gefaßten Konzepts von Philosophie, das sich der leitenden Frage nach der menschlichen Weise, lebendig zu sein, zuordnet, gehen aus den Eigenschaften ihres Gegenstandes wie aus der Situation des Verständigungsversuchs eben darüber hervor. Von Philosophie, die sich nach jener Weise fragt, *durchgängig feste*, nach Möglichkeit noch a priori gewisse Antworten erwarten zu wollen, wäre selbst ein Stück des Denkens in falschen Festigkeiten; Philosophie kann sich von der Bewegung des Lebendigen, zu dessen Verständigung sie dienlich sein will, nicht abkoppeln; als dieser Bewegung selbst zugehörig hat sie mit ihren Aussagen nur so viel Aussicht auf relativ Stabiles, wie es relativ stabil Bleibendes, das sich als solches erkennen läßt, in der Bewegung Fraglichen Lebens geben kann.

Die Züge *erschwerter Verständigungssituation* ziehen sowohl typische Schwierigkeiten philosophischer Versuche nach sich, als auch liefern sie einen sachlichen Grund für die umstrittene Stellung dieser Tätigkeit unter den Erkenntnisbemühungen Fraglichen Lebens. Die Tätigkeit kann sich nicht ohne Schaden an ihren möglichen Aufgaben für die Selbst-Bestimmung jenes Lebens in einen Status zunehmender Problemverminderung bringen wollen. Sie scheint die Bereiche dichterer innerer Einsamkeit, die an Verwerfungsstellen zwischen den verfügbaren Verständigungsmitteln in Angelegenheiten des Erkennens wie des Handelns bestehen, langfristig eher aufzusuchen, als sie auszugrenzen. Das wenigstens würde zu einem Organ der genannten Art und seinen besonderen Rollen des Entblindens wie Vorauswerfens *gehören*.

Es gehört mindestens für mich zu den vielen Gründen für die Vermutung, daß es philosophische Arbeit als *Grundlegung* mit endgültigem Charakter *nicht geben wird*. Es wird weiterhin Versuche mit diesem Anspruch geben, weil der einem Verläßlichkeits- und Festigkeitsbedürfnis Fraglichen Lebens entgegenkommt. Unternehmen solchen Anspruchs irren sich nicht nur hinsichtlich der Bedingungen, unter denen sie selber antreten, sondern auch hinsichtlich des Feldes von Philosophie überhaupt. In diesem Feld ist eine umfassende Grundlegung nicht zu erwarten, unter anderem auch, weil das Feld nie umfassend vor uns liegen wird. Es hat, indem es der für Lebende unvoraussagbaren Bewegung des Lebendigen unterworfen ist, gerade nicht die Eigenschaften eines Reichs idealer Gegenstände, das durch Entdeckung seiner *Prinzipien* durchmessen werden mag, wie ausgedehnt man es im einzelnen auch denkt.

Daß die hier skizzierte Vorstellung von Philosophie ihre Schwierigkeiten behält, räume ich ein. Es scheint mir allerdings auch über die Unzulänglichkeit dessen, was ich aufgeschrieben habe, hinaus spürend und überlegend angemessener, das Gebundenbleiben lebendigen Erkennens in einen Rahmen epistemischer Fraglichkeit zu akzeptieren, statt für philosophische Arbeit eine gottgestohlene Unfraglichkeit zu beanspruchen, die Fragliches Leben als das, was es ist, doch nie in Besitz nehmen kann. Demnach steckt in der Ablehnung des Grundlegungsdenkens und seiner Ziele auch ein Stück Entscheidung. Über Philosophie jenseits der Hoffnung auf große, standfeste Wesen, denen wir unser Leben zum Tragen übergeben dürften, konnte bisher noch nie anders als vorauswerfend geredet werden.

XVI. Größere Einheitsarbeit des Fraglichen Lebens: Fragen zu einem schmalen Aspekt

101. Kein Absurdes, nicht das Beliebige

Die Kunst, habe ich gesagt, sei fähig, das Fragliche Leben durch grundumdrehendes Lebendigsein auf Versuch in Berührung zu bringen mit der letzten Unfestigkeit menschlicher Orientierungen überhaupt. Dies öffne ein *Fenster zum Realen*, nicht mehr verstanden als Erscheinenlassen oder Scheinenlassen irgendeines absolut Wahren, sondern als Herstellen spürender Bekanntschaft damit, wie es ist, als Fragliches Leben *ohne* dauerhaft unbefragte und als absolut tragend zu akzeptierende Orientierungsfundamente da zu sein.

Die Philosophie, habe ich dann gesagt, biete sich an als mögliches Organ dieses Lebens in Situationen, die auf typische und ausgezeichnete Weise Stücke seiner Orientierungs-Unfestigkeit manifestieren. Sie sei Teil der Bewegung Fraglichen Lebens, weil der Versuch von Selbstartikulation und vorauswerfender Selbst-Bestimmung in das, was als Bewegung geschieht, eingehe, und weil jeder ihrer Versuche seinerseits von vorausliegenden oder gleichzeitigen Momenten des Bewegungsganzen unweigerlich beeinflußt sei, auf eine Weise, die sich einer durchschauenden Totalrekonstruktion immer entziehe.

Aussagen über die notwendig unvollständige Selbstaneignung Fraglichen Lebens per Philosophie, das Weiterbestehen von Blindheitsresten geradezu in der Rolle von Entblindungsbedingungen, die besondere Unfestigkeit jeden philosophischen Versuchs als Teil der Bewegung Fraglichen Lebens überhaupt, die generelle Unmöglichkeit, irgendwo sonst absolut feste und in eben dieser Festigkeit auch ohne Rest ausweisbare Trägerelemente seiner Weltorientierung auszumachen, scheinen auf das erneute Bekräftigen einer These hinauszulaufen, die in den Selbstartikulationen Fraglichen Lebens vor einiger Zeit eine begrenzte Aktualität hatte, und die lautete: *Der Mensch ist prinzipiell absurd.*

Damit war freilich nicht gerade eine der restlosen Behebung trotzende Unfestigkeit von Orientierungsversuchen gemeint. Vielmehr interpretierte sich die These vor allem als Proklamation der unausräumbaren Widersprüchlichkeit menschlicher Existenz, und zwar im Theoretischen, wo es um ein Sich-Verstehen als Wesen mit den und den Prädikaten ging, wie auch im Praktischen, wo das handelnde Sich-Vollziehen der Existenz als so und so sinnvoll in Frage stand.

Beschreibung, Konsequenzen, historischer Verlauf dieser Phase im Verständigungshandeln Fraglichen Lebens gehören nicht zu meinem Thema. Die zugeordneten spürenden Stellungnahmen zum eigenen Lebendigsein immerhin waren in zahlreichen Individuen eines bestimmten Bewegungszusammenhangs *wirklich.* (Wachstum, das sich dann in Schrumpftum verwandelte? Wachstum, das sich in widersprüchlichen Vorstellungen seiner selbst festarbeitete und gleichsam zu klumpiger Ungestalt verwuchs? Wachstum, das nach eingestandenem Enden bei der Paradoxie beschloß, sich der Pseudofestigkeit einer zeitgenössischen Totalorientierung mit dem Anspruch, sie sei die wahrhafte Schildkröte, selbst zu überliefern?) Die Wirklichkeit jener Stellungnahmen bewahrten die zugeordnete Philosophie immerhin davor, Sitzende Philosophie zu sein, oder gar nur das Bücherschleppen in den Hackordnungen der Denkverliese.

Die Generalthese von der Absurdität des Fraglichen Lebens auf den Ebenen des Sich-Denkens wie des eigenen Handelns hat mit dem, was ich als nicht annihilierbare Unfestigkeit seiner Orientierungen in beiderlei Bereichen, und das *besondere Ausgesetztsein* philosophischer Versuche zur Selbst-Bestimmung angeführt habe, nichts zu tun. Diese Schrift ist keine Wiederbelebung der These vom absurden Menschen, im Gegenteil: Sie verhält sich konträr dazu. Die Selbstartikulation des Fraglichen Lebens durch Proklamieren seiner eigenen Absurdität operierte als erstes mit der Entscheidung für die *Paradoxie* als ein Festes. Damit scheint, trotz ungewöhnlich reichen Kontakts mit der spürenden Wirklichkeit vieler Einzelner, ihr baldiger Niedergang gedanklich wie kausal zusammenzuhängen. Die Absurdität des Fraglichen Lebens an Schlüsselpunkten seiner Organisation ist eine mögliche Deutung seiner und ist zugeordnet einem möglichen Komplex spürender Stellungnahmen zu sich wie zum eigenen Handeln. Es ist aber eine Deutung, *die sich aus nichts zwingend ergibt* (wie die Prüfung der Argumente zeigen kann), und die in Sachen möglichen Wachstums nach einiger Zeit auf Stehenbleiben oder *Verhinderung* hinausläuft, weil kognitiv-liberatives Wachsen in einer selbst von innen her angemessen befundenen Richtung sich nicht verträgt mit einem Bild des eigenen Lebendigseins und Handelns als prinzipiell unorientierbar, absurd, auf spürender Ebene am Ende sinn-los. Daß in jenen Philosophien schließlich die blanke Entscheidung als Orientierungselement eintreten mußte, zeigt den Defekt und die kompromißlose Wachstumsfeindlichkeit solcher Selbstauffassung Fraglichen Lebens: Es gibt Wachstum als Sich-Erweitern innerer Gemeinschaft und Sich-Bewegen in Richtung auf größeres Freisein qua Handelnkönnen gemäß dem von innen her angemessen Befundenen nur als kognitives *und* liberatives Größerwerden. Die bloße Kognition ist noch nicht Handelnkönnen, und das Handeln nähert sich erst charakteristisch menschlichem Freisein, wenn es gerade in entscheidend mehr besteht als dem puren Agieren. Das in jener Weise *freie* Handeln ist Tätigsein als Instanz einer Handlungsweise, die ihrerseits auch nicht im Versuch praktischer Selbstaneignung bloß festgelegt, sondern vor diesem Festlegen mit Herbeiziehen der nötig befundenen Informationen aus der konfrontiert gegenwärtigten Welt ausgearbeitet und in spürender Stellungnahme als bis auf weiteres angemessen akzeptiert ist. Es scheint zur Handlungsverfassung Fraglichen Lebens zu gehören, daß das spürende Akzeptieren einer Handlungsweise als angemessen zugleich die Bereitschaft signalisiert, sie anderen oder sich selbst gegenüber *als dies* zu verteidigen. Dazu rechnet das Darlegen der näheren Art, wie Erste Stellungnahmen, Informationen, argumentierende Arbeit für diesen einen tätigen Organismus ineinandergreifen, so daß sprechend und spürend nachvollziehbar wird, wie er bei seinem Angemessen-Finden ankommt und bis auf weitere Einheitsarbeit dabei bleibt.

Mit dem Wort *Einheitsarbeit* habe ich jetzt angezeigt, was ich an Bestimmungsversuchen Fraglichen Lebens, die sich auf pure Dezision stützen, oder pures Handeln (auch theoretisches Handeln), das zum Beliebigen tendiert, nicht akzeptieren kann: Den Verzicht auf die Stücke kognitiver und liberativer Arbeit Fraglichen Lebens, durch die es sich wie seine Welt erst artikulierend vor sich bringen und sein Handeln in einem für es charakteristischen Sinn sich aneignen, das heißt darin seine besondere, keineswegs beliebige Weise von Freisein (sei es auch nur stückweise) realisieren kann. In der Regel wird das derart zu eigen gemachte Handeln anders ausfallen als das pure Agieren. In *jedem* Fall unterscheidet es sich davon durch die darauf gehende, artikulierend-vorauswerfende Anstrengung sowie deren Gestütztsein durch eigenes Spüren und Überlegen.

Das Fragliche Leben, aufgewachsen bis hierher, *kann* sich in den Sendeställen verhocken, im Rennen nach disparaten Handlungszielen bis zur Unfähigkeit von Wahrnehmen und Fragen auszehren, in blind großgewordenen Formen ungleicher Rechteverteilung trotz aller aufklärerischen Arbeit verharren, in Kriegen, die jede Seite mit einem System falscher Festigkeiten *unvermeidbar* nennt, sich verstrahlen. Kein tragender Unterbau, keine leitende Vorsehung, auch nicht ein biologisch Ererbtes, wird es mit erkennbarer Notwendigkeit daran hindern. Es ist sich selbst überlassen, und als ein sich selbst Überlassenes kann es zu seiner Selbstaneignung im Spüren, Sprechen und Handeln nur durch größere Einheitsarbeit kommen.

Größere Einheitsarbeit vollzieht sich nicht als Sprechchor aller, das rechnet zum Banalen. Sie ist geschichtlich zerfallen, zum Beispiel in jene gegeneinander mehr oder weniger gut abgemauerten Wachstums-, Schrumpftums-, Stagnationszusammenhänge, die jemand unter anderem leitenden Interesse ›Kulturen‹, ›Gesellschaften‹ und ähnlich nennen mag. Sie ist *wirklich* als das meist nur punktuelle, meist nur lokale Sich-Aufrichten Fraglichen Lebens zu einer vorausgeworfenen Bestimmung seiner selbst, die zugleich entblindende wie handlungsorientierende Anteile enthält. Das Sich-Aufrichten ist in einem Zug mit dem Angemessen-Finden jener Bestimmung auch der Versuch, ihr gemäß zu handeln und zugeordnete Handlungsweisen relativ verläßlich zu erwerben, das heißt in der selbst entworfenen Richtung freier zu werden. Daß wir nachträglich, die Geschichte der Versuche von Selbstaufrichtung Fraglichen Lebens im Modus sprechender und handelnder Selbstaneignung überblickend, sagen müssen, es sei immer nur bestenfalls *praktische Gewißheit* gewesen, auf die sie sich stützten, eine Gewißheit, die damals zum Handeln und zum Sichherausarbeiten aus drohendem Lebensschaden gut war, aber später überholt wurde oder sich überlebte, invalidiert jene Versuche als Fälle von Sich-Aufrichten nicht.

Invalidiert würden sie durch innere Korruption, kollektiven Ichbetrug, das Indienststellen ihrer selbst für Zwecke des Großen Vorzeigens, des Großen Einverleibens und Verwandtes. *Jeder* Versuch Fraglichen Lebens, sich der einigenden und aufrichtenden Kraft des Innengrunds zu bedienen und, zu unverzichtbarem Anteil auf dessen Stellungnahmen gestützt, eine Selbst-Bestimmung vorauszuwerfen, kann sich korrumpieren oder korrumpiert werden. Die Korruptionsgestalten einiger neuerer Mittel von Selbst-Bestimmung Fraglichen Lebens haben wir an charakteristisch deformierten Gebrauchszusammenhängen der Wörter »Freiheit«, »Gleichheit«, »Gerechtigkeit«, »Selbstsein«, »Demokratie«, »Sozialismus«. Daß bestimmte Gebrauchszusammenhänge Mißbrauchszusammenhänge wurden, tangiert für sich genommen die ursprünglichen Versuche, die sich dieser Mittel bedienten, als Versuche größerer Einheitsarbeit nicht.

Statt letztlich getragen zu sein von großen Tieren oder behütet von Über-Wesen, statt schlechthin absurd zu sein und nur in kriterienloser Entscheidung fortzuagieren, statt für immer darauf festgelegt zu sein, ein biologisches, geschichtsdeterministisches, sonstiges Steuerungsprogramm herunterzudienen, scheint das Fragliche Leben vielmehr von der Geschichte seines eigentümlichen Heranwachsens her verwiesen zu sein auf die Möglichkeit, selbst eine Antwort auf die Frage vorauszuwerfen, wer es sei, was es als seine Verpflichtungen ansehe, wohin es wolle. Es hat in den Einzelnen am Spüren ihres Innengrunds, bei möglichst hohem Grad von Freigesetztsein befragt, ein, aber nicht das einzige, Orientierungsmittel dazu.

Daß diese Möglichkeit zusammen mit dem Fraglichen Leben in der Umgebung des desinteressierten Raumes entstanden ist, verweist noch einmal auf den besonderen Status seiner Einheitsfragen. *Es ist keine bloße Metapher*, daß die menschliche Weise, lebendig zu sein, bestimmte Fragen ihrer Selbstartikulation und ihres Selbstvorauswerfens als etwas von innen her Zugehöriges findet. Die Frage etwa, was unter Menschen das rechte Handeln sei, die als philosophische Frage teils hervorgehoben, teils in Absicht auf wissenschaftliche Reinheit kupiert wird, ist *qua Frage ein Stück jenes realen Lebendigseins*. Sie ist dem Fraglichen Leben nicht durch den Einfluß eines Einzelnen oder die Aktivitäten einer Denkerkaste von außen her angepappt worden; sie ist vielmehr mit ihm als sich durchhaltendes, mitentwickelndes Wissenwollen großgeworden. Die Frage, in welchem Sinn wir uns als handlungsfähiges Leben *frei* nennen können; die verwandte Frage, nach welchen Prinzipien wir auf Verfehlung unter Fraglich Lebenden *antworten* sollen, sind in ähnlicher Geschichte mit dem Wachsen dieser Gattung des Lebendigen als Orientierungserfordernisse seiner besonderen Weise, dies Leben zu vollziehen, herangewachsen. Sie sind qua Fragen *Züge einer Lebensform*, sich oft manifestierend als hartnäckige spürende Unsicherheit an Punkten, an welchen sich ihr ausdrückliches Formulieren ›aufdrängt‹. Sie haben sich mit der menschlichen Weise, lebendig zu sein, verändert, und sie verändern sich in der Bewegung dieser Weise weiter. Versteht sich das Fragliche Leben zum Beispiel als getragen von einem System absoluter Verläßlichkeiten, stellen sie sich anders als bei Verzicht auf ein solches Ding. Das zugeordnete Orientierungserfordernis ist in diversen Wachstums-, Rückbildungs-, Stagnationszusammenhängen in verschiedenen Gestalten aufweisbar. Sie lassen sich den je realisierten Besonderheiten, dies Leben zusammenlebend zu vollziehen, beiordnen.

Ein Mitgewachsensein und Zugehören vergleichbarer Art kommt natürlich auch den anderen, schon früher genannten Fragen, die den jetzt wieder erwähnten verwandt sind, zu; etwa: Was ist Gerechtigkeit? Was ist das Gute? Was ist Schuld? Was ist das Schöne? Was heißt Da-sein? Was ist das Glück? Was ist der Tod? Welches sind die wahren Güter? Wie ist das Verhältnis von ›Körper‹ und ›Seele‹? Daß alle erwähnten Beispiele als Fragen etwas typisch Unscharfes haben, das einen Profi-Philosophen zwingen wird, sie für den Zweck ernsthaften ›Bearbeitens‹ zunächst zu ›präzisieren‹, will sagen, *für die Werkzeuge, die er nun einmal hat, zuzurichten*, zeigt etwas über den Bereich, in den die zugeordneten Orientierungsbedürfnisse gehören. Sie sind selbst Stücke einer Weise, sich lebend zu bewegen, und kommen ähnlich wie solches Lebendigsein selbst: Nämlich der näheren Bestimmung bedürftig, der weiterfragenden Tätigkeit sich hinstellend und manchmal im gleichen Augenblick wegdrehend, zur transponierenden Artikulation auffordernd und ebenso Punkte zeigend, die nicht in diese Artikulation hineinpassen.

Diese Erinnerungen an Bekanntes sollen nicht den Irrtum etablieren helfen, größere Einheitsarbeit des Fraglichen Lebens sei allein philosophische Arbeit, oder sei dies auch nur vorrangig. Wie die Einheitsarbeit Einzelner zu größerer Spürensnähe, reicherem Fundus von Entblindungsmitteln, zunehmendem Zu-eigen-Machen ihres Handelns gemäß selbst vorausgeworfenen (vom Innengrund her in möglichst ungezerrter Einstellung gestützten) Handlungsweisen *verändernde Tätigkeit im Lebendigsein selber* ist, ist dies auch ihr Analogon als größere Einheitsarbeit des Fraglichen Lebens.

Trotz der Wirkungsarmut faktisch betriebener Philosophie hat Philosophie ihrer Möglichkeit nach, als das vorhin erwähnte Organ, für das es einen *Platz* gibt, mit dieser von niemandem koordinierten Bewegung doch etwas zu tun – und in vergleichbarer Rolle, wie unvollkommen, lächerlich, scheinbar ohnmächtig immer, hatte sie stets etwas damit zu tun, seit es sie gibt.

In diesem Buch hier hat der Gedanke größerer Einheitsarbeit Fraglichen Lebens als einer Arbeit, die in Bruchstücken und unkoordiniert, zerfallen, in ihrer Richtung unvoraussagbar geleistet wird, seinen Ort, wo es um die mögliche Selbstorientierung dieses Lebens nach seinem geschichtlichen Ausgang aus der Hut der falschen Festigkeiten geht, sprich nach dem Verzicht auf die sicher tragenden, überstarken Wesen und ›Wahrheiten‹ diverser Art, von denen jene Selbstorientierung sich früher fast immer, gegenwärtig noch oft, stützen ließ oder läßt.

Ich kann nicht versuchen, in dieser Schrift noch den ganzen Umfang dessen zu betrachten, was als immerhin mögliche, größere Einheitsarbeit Fraglichen Lebens sich vom Konzept individueller Einheitsarbeit her in Richtung auf größeres Freisein vorzeichnet. Auch nur die angemessene Skizze größerer Einheitsarbeit Fraglichen Lebens mit der genannten Reichweite würde ein neues, in seiner Anlage sehr großes Projekt erfordern. Es geht mir hier nur noch um die Andeutung eines in der Tat *schmalen* Aspektes solcher Arbeit, fragmentierend herausgegriffen unter dem Gesichtspunkt von Spürensnähe menschlicher Formen gemeinsamen Da-seins versus Spürensferne, Lebenangemessenheit versus Lebenverlassenheit.

102. Heimliche Lebenverlassenheit

Der Rede vom Sich-Aufrichten Fraglichen Lebens zum Vorauswerfen einer eigenen Gestalt sind die Tendenzen zum Sich-Ausbilden heimlicher Lebenverlassenheit gegenüberzustellen, die nahezu alle Selbstartikulationen, nahezu alles Vorausgeworfene und die damit zusammenhängenden, im Zug größerer Einheitsarbeit erworbenen Handlungsorientierungen Fraglichen Lebens von einem gewissen Alter an zeigen. Bei den in Sprache gefaßten Unternehmen von Verständigungshandeln scheint es etwas wie *Begriffsermüdung* zu geben: Es ist kennzeichnend für das Sich-Überleben einmal akzeptierter, sogar in die Spürens- und Handlungswirklichkeit vieler Einzelner übergetretener Entwürfe von Selbst-Bestimmung, daß sie nach einiger Zeit von anderen möglichen Adressaten abgelehnt werden und auch diesen Individuen spürend nichts Relevantes mehr bedeuten. Dazu gehört das ebensolche Ablehnen der jenen Entwürfen zugeordneten Handlungsweisen, die doch seinerzeit als neue Stücke menschlichen Freier Werdens angeeignet und hoch geschätzt wurden. Zur Begriffsermüdung als der Ermüdung von Entblindungsmitteln gibt es wie ein Pendant die Handlungsmüdigkeit, die darin besteht, daß mehr und mehr Einzelne *es müde werden*, nach der gegebenen, vielleicht auch in geschriebenen Normen niedergelegten Weise zu handeln. Das Phänomen hat mehrerlei Deutungen aus der Sicht empirischer Arbeitsfelder, die in andere Darstellungen gehören.

Die heimliche Lebenverlassenheit befällt unübersehbar auch ganze Einrichtungen, in denen Selbstartikulationen und selbst erworbene Handlungsweisen Fraglichen Lebens sich einen sogenannten äußeren Rahmen, ein festes Haus zu geben suchten, oder wie die Ausdrücke lauten. Subtile Pharisäerei, die die Formen einer Institution befolgt, ohne das ihr zugeordnete, ursprüngliche Spüren noch zu erfüllen, hat ein chancenreiches Verbreitungsfeld, wo nur die Einrichtungen hinreichend lange bestehen. Es ist oft beobachtet worden, daß auch die Wissenschaft und innerhalb wie außerhalb ihres Apparates die Philosophie von heimlicher Lebenverlassenheit nicht verschont bleiben. Sie ist weder eine exklusive Spezialität kirchlicher, noch politischer, noch künstlerischer, noch wissenschaftlicher, noch sozialer Einrichtungen. Sie scheint sich mit dem Ermüden der Verständigungsmittel, die einen Versuch partieller Selbst-Bestimmung Fraglichen Lebens vortrugen, mit der parallelen Handlungsmüdigkeit und mit der schleichend groß gewordenen Spürensdistanz derer, für die sie da sein wollen, einzustellen und dann nur noch schwer wieder abschaffen zu lassen. Heimliche Lebenverlassenheit ist das Schicksal vieler groß angelegter und groß gedachter Versuche, eben dies zu tun: Dem Fraglichen Leben etwas Relevantes darüber zu sagen, wer es ist, welche Verpflichtungen es anerkennt, wie es sein will.

Die stille Veränderung des Ethos (der ›Gesinnung‹, zuletzt des handlungsrelevanten Spürens), das einmal der neuzeitlichen Lebensform *Wissenschaft* beigesellt war, die Erscheinung verbreitet betriebenen Sich-Einpassens in ein abgeleibtes System von Forschungsritualen, deren braves und fleißiges Befolgen in normalen Zeiten fast automatisch Ansehen, Sicherheit, Freiheitsprivilegien und sogar Macht einbrachte, zeigen, daß die Tendenz zur heimlichen Lebenverlassenheit an bestimmte Inhalte nicht gebunden ist. Die Wissenschaft wollte ja *voraussetzungslos* sein und *objektiv* erforschen, wie es sich mit der Welt und der Wirklichkeit Fraglichen Lebens verhalte. Sie bestand, wenn ich ihr Selbstverständnis richtig aufnehme, auch sehr lange darauf, diesen Maximen zu folgen. Als dann bemerkt wurde, daß in ihre größeren Entscheidungsprozesse doch solches eingeht, das sich mit ihnen schlecht verträgt, war ihre Selbstaufpumpung zu einer Hochdruck-Menschen-Lokomobile, die über ihren eigenen Einsatz nicht mehr viel weiß, schon längst geschehen.

Die heimliche Lebenverlassenheit muß keine totale sein. Sie hat auch die Wissenschaft nicht wirklich ausgehülst, nur als ein Ganzes vieler Fraglich Lebender, die vorgeben, dies und das um ganz bestimmter Zwecke willen und nur um ihretwillen zu tun, problematisch gemacht. Desunbeschadet ist das anerkannte Sich-Ausbreiten heimlicher Lebenverlassenheit in eben der Lebensform, in der sich der sogenannt neuzeitliche Mensch am ehesten unterbringen kann, da er frühere Festigkeiten (der Religion etwa) nicht mehr in Anspruch nehmen will, ein beachtenswertes Zeichen: Die größere Einheitsarbeit des Fraglichen Lebens ist vielleicht gar nicht angemessen verstanden, wenn man unterstellt, sie könne dauerhaft in einer ganz bestimmten Form und in ihr unabsehbar weiter fortschreitend, immer mehr in ihre kognitive Bestimmung der Wirklichkeit von Ich und Welt hineinziehend, betrieben werden; und sie erfülle sich in ihren handlungsorientierenden Aufgaben auf perfekte Manier, wenn sie selbst anerkannte moralische Normen des Fraglichen Lebens, überhaupt seinen handlungsleitenden Selbstentwurf, zur Erfassung immer neuer Details hin verfeinere, nachdem sie vorher schon die Basis der dabei verwendeten praktischen Sätze so sicher gemacht habe, wie es innerhalb des unbeseitigbaren Fraglichkeitsrahmens eben menschenmöglich ist.

Der Gedanke größerer Einheitsarbeit Fraglichen Lebens ist andererseits nicht das Programm eines beliebigen Herumstolperns, weder in kognitiven noch in liberativen Angelegenheiten solcher Arbeit. Das Fragliche Leben kann sich in der Umgebung des gleichgültigen Raums nicht erhalten noch sich angemessen als ein Lebendiges vollziehen ohne eine begrenzte Verläßlichkeit seiner Orientierung. Wenn es sich als eines verstehen will, das aus der Hut der falschen Festigkeiten herausgetreten ist und seiner wahren Situation ohne Boden und Himmel gemäß zu *leben* versucht, ist diese Verläßlichkeit bei aller Anerkennung typischer Gewißheitsmängel menschlicher Orientierungsleistungen doch in bestimmtem Umfang unabdingbar. Wie steht die größere Einheitsarbeit Fraglichen Lebens, auch als *bloßer Gedanke*, zu seinem Bedürfnis nach Verläßlichkeit einerseits, zur Selbstgefährdung wohlgegründeter Einrichtungen durch heimliche Lebenverlassenheit auf der anderen Seite, Einrichtungen, die dieses Leben selbst in der Absicht auf das Vermehren verläßlicher Elemente seiner Handlungs-Welt ›ins Leben gerufen‹ hat?

103. Fassenwollen mit einem Griff, Lächeln

Es gab Verständigungsversuche Fraglichen Lebens, die davon sprachen, daß in ihm »das Sein« sich »lichte«; daß in ihm ein Absolutes, welches zuletzt die tragende Substanz der ganzen Welt bilde, ein Selbstverhältnis gewinne; daß solches Absolute im Fraglichen Leben oder durch es hindurch sich selbst erkenne; daß eine »Materie«, die den Platz jenes Absoluten eigentlich einnehme, im Fraglichen Leben zum »Bewußtsein ihrer selbst« gelange. Das waren Versuche, dem Fraglichen Leben, wie es bis hierher aufgewachsen ist, im ganzen noch ein ›eigentliches‹ Subjekt zu unterschieben, ein in Wahrheit durch es hindurch ganz oder teilweise zu sich Kommendes, von dessen größerer Selbstfindung die Fraglich Einzelnen, ihre Einheitsarbeit als Lebensarbeit, ihr ganzes Sich-Vollziehen und Sterben nur ›Momente‹, sprich unselbständige, partikelhafte Teilvorgänge sein sollten. Obgleich diese Deutungen vergangenen Gestalten der falschen Festigkeit angehören, läßt sich an ihrem Zugriffsversuch auf das Fragliche Leben im ganzen etwas lernen: Sie sahen es als prinzipiell überblickbar oder durchblickbar an; eben kraft der Unterschiebung jenes Sehens-Hindurch konnte das unterschobene Großwesen mystifiziert werden als ein *mit sich* (statt etwa mit undurchdringlichem und sich veränderndem Spüren) in Berührung Kommendes.

Details einschlägiger Theorien und mögliche Reklamationen ihrer Verteidiger sind hier unwichtig. Die Überblickbarkeit, Durchblickbarkeit, das fest konturierte Sich-Abheben in Lichtung oder auch nur das Sich-Bilden eines festen Lichtungsraumes sind Vorstellungen, die die spürende Wirklichkeit Fraglichen Lebens in krasser Form verfehlen. Es ist weder durchblickbar, noch im Überblick erschöpfbar, seine Weise von Aufgeschlossenheit ist kein fester Lichtungsraum, es steht natürlich auch nicht in solchem Raum, von Lichtähnlichem begossen, darin.

Es scheint, daß eine verbindliche Weise, wie Fragliches Leben im ganzen zu leben und in Verständigung zu orientieren sei, nicht auf Dauer festgeschrieben werden kann. Es scheint, daß dieses Leben Formen der effektiven Weigerung entwikkelt, wo es in seiner Art, sich zu vollziehen, *fixiert* werden soll. Das trägt nicht nur zu dem Lächeln bei, mit dem wir auf jene gar nicht lange zurückliegenden, in größerer geschichtlicher Perspektive uns sogar wunderlich nahe stehenden Gesamt-Greifversuche blicken; es läßt sich auch der Tendenz zur heimlichen Lebensentleerung zuordnen, die bestimmte Bestreitungsformen Fraglichen Lebens, sogar die Vollzugsanstalten seiner Erkenntnis, befällt, wo sie mit dem Anspruch eines gültigen Gesamt-Griffs, auch nur einer universellen Greif-Methode gegen die Wirklichkeit Fraglichen Lebens vorrücken. Während in den Denkverliesen noch Doktorarbeiten über die erwähnten Gesamt-Konzepte zusammengeklebt werden, hat die spürende Realität dieses Lebens sich längst verändert und von Spürenszuständen abgesetzt, aus denen heraus das Akzeptieren solcher Thesen vor nicht langer Zeit noch möglich war.

Das Spüren von Fraglich Lebenden *bewegt* sich im Kontext von Einheitsarbeit. Es bewegt sich auf besondere, unverkennbare Weise, wenn es überraschend von einem Stück Sprechen entblindet wird. Einheitsarbeit als Versuch, mehr von sich für sich zu sein und mehr eigenes Tun in den Bereich eigenen, ausgezeichnet menschlichen Freiseins hineinzuziehen, ist deshalb immer Selbstveränderung der spürend tätigen Einheiten. Sie ist nicht etwa voraussagbare und durchgängig planbare Selbstveränderung, sondern sie muß, wenn sie den Bedingungen gerecht bleiben will, unter denen Spüren und spürendes Tätigsein unter Fraglich Lebenden steht, sich offenhalten für steuerungsrelevantes Spüren, das im Zug dieser Arbeit plötzlich aus bisheriger Blindheit heraustritt; auch für Spüren, das in der Einheit des Aufgeschlossenen unversehens neu sich hervorstellt, sei es vorher schon im Halo des Zurückgestellten vorhanden und wirksam gewesen oder in diesem Individuum als etwas *Neues* eben jetzt erst *da*.

Was für individuelle Einheitsarbeit gilt, gilt für die größere. Es ist gar nicht nötig, an das für die erstere Arbeit potentiell fruchtbarste Bewegungsereignis zu denken, das gleichgewichtstürzende Entblinden, das eine ganze Spürens- und Lebensorganisation umwandeln kann, im Fall gelingenden Neuorientierens aber auch ein sehr großes Mehr an kognitiv-liberativer Erwerbung (verlierbar und zerbrechlich) auf Dauer stellen hilft. Es genügt das Sich-Erinnern an die einfache Tatsache, daß es unter Fraglich Lebenden keine Einheitsarbeit gibt ohne zuzulassen, ein *Sich-Verändern* in ihrem Verlauf sei jederzeit *möglich*. Wovon dies im einzelnen ausgehen, wie es im Zusammentreten verschiedenartiger Orientierungsinstanzen akzeptiert werden kann (statt zurückgedämmt zu werden), kann hier offen bleiben.

Es ist erkennbar, daß die Bewegung Fraglichen Lebens im ganzen, vom Gedanken größerer Einheitsarbeit her betrachtet, vielfältig defekt und in vielfältigen Formen von Blindheit vor sich geht. Stückweise, zerfallen, mit Programmen falscher Endgültigkeit, mit Programmen korrupter Selbstbeschreibung, mit allen Fehlern, die Einheitsarbeit nur aufweisen kann, aber auch mit einigen kostbaren Erwerbungen, bewegt sich das Fragliche Leben in die Zukunft. Es leistet größere Einheitsarbeit oft sogar als negative, das heißt als Arbeit zum Zerstören schon erreichter Positionen im eigenen Freisein.

Die Erscheinung der *heimlichen Lebenverlassenheit* zeigt eine Weise, wie größere Einheitsarbeit, obgleich nur stückwerkhaft und in je begrenzten Kontexten unternommen, durch Perversion ausgehöhlt werden kann. Sie ist *Perversion* unter dem Gesichtspunkt, daß es sich bei dem Ausgehöhlten um Versuche handelt, punktuell und begrenzt etwas *angemessen* Gefundenes als eine Handlungs- oder Verständigungsweise heimlich-unbefragt auf Dauer zu stellen. Angemessenheit (die immer auch Spürensangemessenheit zu sein beansprucht) verträgt sich mit der Absicht auf *fraglose* Dauerhaftigkeit nicht.

Heimliche Lebenverlassenheit ist primär Spürensverlassenheit. Sie kann sich ausbreiten, wenn eine dem Fraglichen Leben hingestellte Antwort auf Fragen seiner epistemischen Orientierung wie seines handelnden Selbstvollzugs vom Spüren derer, die diese Antwort glauben und/oder sich nach ihr richten sollen, nicht mehr gestützt wird. Sie kann, wo viele Einzelne bestimmte Antworten glauben oder in ihrem Tun ihnen folgen sollen, gradweise auftreten: Einige haben schon spürende, vielleicht auch artikulierende Bekanntschaft damit, daß ihr Spüren eine vorgegebene Form nicht mehr stützt. Andere mögen noch ganz mit ihr einig sein. Wieder andere mögen letzteres bloß ohne entblindende Anstrengung von sich selber *meinen*.

104. Wie lebendiger

Was wäre eine lebendigere Wissenschaft? Was wäre eine lebendigere Justiz? Was wäre eine lebendigere Gerechtigkeit? Was wäre eine lebendigere Weise des Zusammenlebens? Was wäre eine lebendigere Erziehung?

Die Frage nach der glaubwürdigeren Lebendigkeit läßt sich an alle erworbenen Formen richten, in denen Fragliches Leben sich vollzieht, mit besonderer Schärfe an die in Institutionen fest gewordenen. Sie stehen, kaum daß sie sich als stabile etabliert haben, unter der Bedrohung durch schleichende Spürensaushöhlung; sie können auch unabhängig von dieser Bedrohung befragt werden auf den Grad an Kontakt mit dem spürenden Leben derer, die in ihnen tätig und derer, die ihnen unterworfen sind. »Lebendig« ist dabei selbstsprechend nicht aufzunehmen wie nur »lebhaft«, obgleich ein derivativer Gebrauch solcher Art auch indirekt mit dem hiesigen zusammengehören kann. Die Frage nach einer lebendigeren Wissenschaft zum Beispiel ist verstanden als Frage nach einer Wissenschaft, die mit dem sich vollziehenden Leben derer, die sie betreiben, derer, denen sie zur Orientierung dienen will, derer, über die sie redet, besser in Kontakt wäre und solchem Leben besser gerecht würde. Ähnlich die Frage nach einer lebendigeren Medizin, einer lebendigeren Kunst, einem lebendigeren Staatswesen, einer lebendigeren Philosophie und mehr. Mit der genannten größeren Nähe wäre wahrscheinlich auch ein Mehr an Beweglichkeit und faktischer Veränderung gemäß dem Sich-Bewegen Fraglichen Lebens selber verbunden.

Das letztere »wahrscheinlich« ist kein »selbstverständlich«: Wie von der Einheitsarbeit der Individuen her bekannt, führt bloße Berührung mit handlungsrelevantem Spüren noch nicht wie mit geschenkter Automatik zu dem freieren Handeln selbst und also auch noch nicht automatisch zu einer vorausgeworfenen Gestalt realen Freiseins. Wie die Fraglich Lebenden in eigentümlich unverstandener Weise *Einheiten* sind, in denen orientierungsrelevantes Spüren und spürendes Tätigsein ineins da sein können, gehört zu jenen lebendigeren Formen, nach denen gefragt wurde, immer auch das entsprechende Stück realer Arbeit, das angemessener befundene Handlungsweisen (sei es auch zerbrechlich) in den Bereich gemeinsamer Aneignung bringt. Allein unter dem Gesichtspunkt des *Gegangenseins* orientierunggewährender Elefanten und Schildkröten ist die orientierende Leistung von Spüren auch in Angelegenheiten größerer Einheitsarbeit an dieser Stelle der dominantere Zug, der stärker im Vordergrund steht.

Daß ich *»lebendiger«* in den genannten Wortverbindungen mit erkennbarem Vorrang als *»spürensnäher«* interpretiere und es für Sache größerer Einheitsarbeit Fraglichen Lebens ansehe, seiner eigenen Spürensnatur besser gerecht zu werden, statt sich in anderweitig gestützten Verhaltensweisen und Stellungnahmen von ihr abzusetzen oder sich gegen sie zu versichern, ist Ausdruck der generellen Tendenz des philosophischen Versuchs, den ich in diesem Buch unternommen habe: Ich betrachte Spüren nicht bloß als etwas, worin sich Fragliches Leben vollzieht, sondern auch als etwas, das zu allen kognitiv-liberativen Leistungen solchen Lebens unabdingbar gehört. Ohne es hätte dieses Leben sich nie entwikkelt, und gegen es wird es schwerlich zu einer ihm gemäßen Weise handelnden Da-seins gelangen, weder im Individuellen noch im Kollektiven.

An diesem Punkt ist zum wiederholten Mal zu fragen: Heißt das, im Handeln sei primär spürenden Impulsen nachzukommen? Bekundet eine so entschiedene Betonung von Spüren als Orientierungsorgan nicht gerade die Absicht auf *Destruktion* des einzigartig Menschlichen an der Lenkung eigenen Handelns, welches das Zurücktreten von bloß spürenden Tendenzen und Ausrichten des Tuns an etwas allgemein Verbindlichem ist, das herkömmlich unter den Titel *Vernunft* fällt? Ist die hier ins Auge gefaßte größere Einheitsarbeit Fraglichen Lebens, wenn sie unter anderem auf größere Spürensnähe gehen soll, nicht gleichbedeutend mit einer Abbrucharbeit an dieser höchst wichtigen Entwicklungs-Errungenschaft des Menschen überhaupt? Würden wir, wenn wir als Gattung in sogenannter größerer Einheitsarbeit einem dergestalt aufs Animalische gerichteten Entwurf auch nur punktuell Folge leisteten, nicht tatsächlich insoweit zum *Fraglichen* Leben, in einem dezidiert negativen Sinn?

105. Spürensverlust entleibend

Hinter den zuletzt aufgeschriebenen Fragen steht einmal mehr die Annahme einer vollständigen Disjunktion zwischen: Orientierung durch Spüren *oder* Orientierung durch allgemeinverbindliche Sätze, in deren Stützung kein Spüren eingegangen ist. Dies ist eine erkennbar schlechte Alternative. Sie eignet sich allenfalls zur Polemik beider Seiten gegeneinander mit dem abgebrauchten Tenor: Hie bloße Animalität, da zurechtgesponnene Absolutheit. Schon die eingeübte Entgegensetzung zwischen Vernunft und Gefühl hat etwas Schiefes. Zwar waren beide in der Geschichte Kandidaten für gegenläufige Begründungsunternehmen; aber bereits eben diese Geschichte kennt auch die Forderung, beider Leistungen für Fragliches Leben in einer Integrationsform zusammenzubringen. Nur daß die Ideen solcher Integration, wo sie ausformuliert wurden, auf eine Verläßlichkeit Anspruch machten, die sich mit den Bedingungen fraglich-lebenden Sich-Zurechtfindens in der Welt und mit dem je eigenen spürenden Organismus nicht verträgt. Natürlich ist ›Gefühl‹ auch ein deutlich umfangsärmerer Ausdruck als ›*Spüren*‹; seine Opposition zu ›Vernunft‹ war so zugespitzt, daß bis in jüngste Zeit einige Versuche, beide zusammenzubringen, ›dialektisch‹ ausfielen, was auch meist hieß: Widersprüchlich, der klärenden Rekonstruktion im ganzen nicht zugänglich.

Fragliches Leben ist Leben mit heterogenen Orientierungsmustern. Sie lassen sich nicht glatt aneinandersetzen, auch nicht glatt ›integrieren‹. Sie müssen in unverkennbarer Losigkeit verbunden werden, wenn eine Weise des Sich-Zurechtfindens zustande kommen soll, die den gewachsenen Möglichkeiten wie auch der elementaren Lebendigkeit dieser Gattung entspricht.

Es gibt keine unter seinesgleichen weitergebbare und mit begründetem Anspruch auf Anerkennung der anderen versehene Weltorientierung Fraglichen Lebens *allein aus Spüren*. Es gibt sie ebensowenig *ohne Spüren*. Die Rollen von *Spüren* sind in Kontexten der Erkenntnis andere als in Kontexten der Moral, und in denen wieder andere als in Kontexten des Versuchs, eine Gestalt angeeigneten und mit sich einig gewordenen Lebens tentativ vorauszuwerfen. Das Gemeinsame ist das Erfordernis spürender Stützung an relevanten Punkten, deren Funktion in den erwähnten Kontexten je verschieden ist. Es darf auch auf die Gefahr des Halsstarrigkeitseinwurfs noch einmal insistiert werden: Das Gesagte ist nicht das Votieren für Moral aus bloßem Gefühl, Physik aus dem Innengrund,

Lebensentwurf aus Laune und Vergleichbares. Es ist nur eine verteidigungsbereite Stellungnahme gegen die Meinung, Moral, Physik, Lebensentwurf könnten sich über die dafür je relevanten Anteile im Spüren der Tätigen und Betroffenen ohne Beschädigung und Selbstbeschädigung dauerhaft hinwegsetzen. Der Verlust der Stütze in organischem Spüren an Punkten, an denen solche Stütze gebraucht wird, ist für jede Gestalt menschlicher Erkenntnis oder handlungsleitenden Entwurfs auf die Dauer entleibend, also tötend.

Die Desiderate lebendigerer Wissenschaft, lebendigerer Gerechtigkeit, lebendigeren Zusammenlebens, lebendigerer Erfahrung, lebendigerer Philosophie und die anderen genannten bestimmen sich als Desiderate größerer Einheitsarbeit Fraglichen Lebens nicht durch den Wunsch, erworbene Verfahren kontrollierter Einigung bei Erkennen und Handeln kriterienlos wegzuwerfen; vielmehr bestimmen sie sich durch den anderen Wunsch Fraglichen Lebens, sich in seiner spürenden Lebendigkeit nicht durch spürensentleerte Errungenschaften seiner selbst verunstalten zu lassen.

Das Ausarbeiten von Entwürfen in der genannten Richtung, auf den genannten Gebieten, kann, wie in individueller Einheitsarbeit, so auch in größerer, nicht mit einem Schlag erfolgen. Es bedürfte dazu auch des intermittierenden Zurückkommens vieler auf die Instanzen in sich, die sie als lebendige anerkennen – und des Optierens zugunsten von Sprech-Angeboten und Norm-Angeboten, die diesen Instanzen Rechnung trügen, statt sie in selbstproklamierter Spürensunabhängigkeit als primitiv, unverläßlich, regressiv, irrelevant ›zurückzulassen‹.

Das kleine Stück Fraglichkeitserkundung, das mit diesem Buch zustande gekommen ist, schließt nicht die perfekt gemachte Theorie über die Art ein, wie die heterogenen Orientierungssysteme Fraglichen Lebens auf je verschiedenen Feldern solcher Orientierung trotz unvermeidlicher Losigkeit zusammentreten müssen, um in der Situation ohne tragenden Boden und leitenden Himmel einen lebenangemessenen Kurs vorzuzeichnen, statt eines lebenverlassenen und lebenzerstörenden. Es ist selbst ein Thema größerer Einheitsarbeit, ein ausführlicheres Verständnis für das verfügbar zu machen, was auf verschiedenen Feldern gemeinsamen Erkennens und Handelns im Detail *lebendig* und (bezogen auf eine unbefriedigende Gegenwart) *lebendiger* heißen muß; genauso wie der praktische Erwerb von Einrichtungen und Handlungsweisen, die gegenüber den bestehenden *lebendiger* wären, zu solcher Arbeit gehört.

Ein geschichtlich belegtes Risiko des Rekurrierens auf Spüren, auch wenn es nur als unvermeidlich lose angedockte Stütze für das in natürlicher Sprache oder Kunstsprache unter einer Vielzahl von Fraglich Lebenden regelhaft ausgehandelte Fürwahrhalten und Für-richtig-Halten beansprucht wird, besteht augenfällig in seiner *Manipulierbarkeit.* Sie ist nur *ein* Typ der schon zu Anfang eingeräumten Täuschungsanfälligkeit spürenden Lebens, aber ein Typ, der aus geschichtlichen Gründen ein besonderes Gewicht besitzt. Über ihn ist hier gleichsam stellvertretend wenigstens so viel nachzutragen, daß die beschworene Gefahr, unter dem vorgehaltenen Titel von Lebendigkeit in ein geradewegs Irrationales zu verfallen, ein wenig deutlicher in ihre Grenzen gestellt wird.

106. Wachsen oder Zirrhose leiden

Die Spürensstütze, die ein von mehreren zu akzeptierender Satz über gegenständliche Wahrnehmung braucht, ist für jeden von ihnen in der Regel relativ leicht beizubringen, unbeschadet der stets eingeräumten Täuschbarkeit. Schon hier ist aber anerkannt, daß es unter Menschen ›gute‹ und ›weniger gute‹ Beobachter gibt.

Die Spürensstütze, die ein von mehreren zu akzeptierender Satz der Moral, besonders wenn er für alles Fragliche Leben gelten will, benötigt, ist merklich schwerer beizubringen, weil die Einzelnen das Stellungnehmen von ihrem Innengrund her nicht durch Hindeuten und andere augenfällige Weisen des Aufmerksam-Machens wechselseitig zu ihrer Bekanntschaft bringen können. Sie können es allerdings provozieren oder evozieren, indem sie einander Sätze, Gegenbeispiele, Überlegungen zu Folgen und Nebenfolgen, verbesserte Formulierungen anbieten. Sie sind sich in Vorläufigkeit einig, wenn keiner mehr von sich zu sagen braucht, etwas in ihm protestiere gegen die gefundene Lösung, *und* alle zu sagen bereit sind, diese Lösung sei ihnen nicht innerlich gleichgültig wie ein Ritus fremdländischer Insekten, sondern sei gerade *ausgezeichnet durch eine Spürensweise*, die die Einzelnen als »Anerkennung«, »Gefühl von Verpflichtung« notdürftig benennen mögen.

Es gehört zu den geleisteten Anteilen in der größeren Einheitsarbeit Fraglichen Lebens, daß sich dieses Leben bei allem Zerfallensein in gegenseitig abgeteilte ›Kulturen‹ doch in vielen von ihnen einen Fundus moralischen Sprechens erworben hat. Trotz der enormen Verschiedenheit gewachsener Zusammenhänge und spürend gestützter Maximen gibt es etwas, das man *die unfertige Erfahrung Fraglichen Lebens im Herausarbeiten einer ihm eigenen Moral* nennen kann. So unfertig diese Erfahrung ist, so offenkundig stellt sie doch fragmentarische Stücke eines Wachstums in Richtung auf gemeinsames Lebendigsein dar. In Sachen dessen, was wir »Moral« nennen, *gibt es* erworbenes und geschichtlich weitergegebenes Sprechenkönnen, Argumentierenkönnen, Aufsuchenkönnen relevanten Spürens, sei dies protestierend oder anerkennend.

Daß Fragliches Leben im Sprechen (einschließlich Argumentieren und Theoretisieren) sowie im Handeln Neues erwerben und in diesem Sinn *größer* werden könne, wird als akzeptiert gelten. Daß es sich zu reicherem, in Bekanntschaft wie Artikulation sicherer sich geltend machendem Spüren entwickeln könne, scheint weniger anerkannt zu sein. Dabei ist zu erinnern: Jede Einheitsarbeit, die sowohl auf ein Mehr an Selbstaneignung als auch auf wachsendes Freisein im Handeln geht, ist Arbeit an Spürensschatz, Sprachschatz, Handlungsschatz. Es gibt einen wie immer zerfallenen und verlierbaren Stand der Spürensdeutlichkeit Fraglichen Lebens in Angelegenheiten des rechten Handelns. Es gibt die Möglichkeit des Wachsens zu größerer Spürensdeutlichkeit in allen Bereichen, in denen Spüren eine orientierende Relevanz besitzt. Daß es für das Wahrnehmen von Einzelheiten in der konfrontiert gegenwärtigten Welt bei nachprüfbar gleicher Tüchtigkeit der Sinnesorgane verläßlichere und weniger verläßliche Beobachter gibt, und daß man hier durch Arbeit ›wahrnehmungsfähiger‹ werden kann, belegt schon an der einfachen Bekanntschaft mit Entäußertem die Möglichkeit, sich im eigenen Spüren auf größere Deutlichkeit und Sicherheit hinzubewegen, in diesem Sinn zu *wachsen*.

Die Manipulation orientierungsrelevanten Spürens auf dem Weg fremden oder heimlich-eigenen Einflusses wird durch einen Stand geringer Spürensdeutlichkeit, also dürftigen Spürensschatz in dieser Sache, *begünstigt*. Die gleiche Manipulation wird durch einen Stand größerer Spürensdeutlichkeit, also reicheren Spürensschatz in dieser Sache, *schwieriger gemacht*. Daß Spüren Fraglichen Lebens manipuliert wird oder ist, läßt sich aus der Perspektive der spürenden Einheit nie gänzlich ausschließen. Das gehört zum verfassungsmäßigen Fraglichbleiben dieser orientierenden Leistung. Desunbeschadet kennen die Fraglich Lebenden die Möglichkeit, zu sichererem Spüren zu wachsen, also auch zu größerem Geschick im Erkennen und Abweisen manipulativer Einflüsse. Wie es Einübung in äußeres Wahrnehmen und sogar Einübung in rationale Entscheidungsprozesse gibt, gibt es Einübung in reichere Bekanntschaft mit dem und treffendere Artikulation dessen, was ich je spürend bin. Habe ich mehr Übung im Stellungnehmen aus einem relativ ungezerrten, das heißt vom Gezerre relativ weit freigesetzten Innengrund heraus, so werden die Chancen der Beeinflusser, die mich hinterrücks lenken wollen, geringer. Und je mehr von meinem eigenen, steuerungsrelevanten Spüren ich *für mich bin*, desto geringer stellt sich der Betrag blinden Unfreiseins, das ich von mir selbst her zu leiden habe.

Es gibt keine Quelle der perfekten Sicherheit. Es gibt kein Beamtentum des Lebendigseins. Was ›rationale‹ Begründung, zum Beispiel von Normen oder Handlungsweisen, genannt wird, kann mir in vorzüglich durchgerechneter Form auch fragwürdige Handlungen als ›gut‹, ›zum Sieg des Guten zwingend erforderlich‹ nachweisen, wenn die Prämissen und Ableitungsregeln nur tauglich gewählt sind. Gegenüber einem hinreichend cleveren Begründungs-Erfinder und in einer hinreichend schrumpftumsanfälligen Umgebung, die zu seinen Sätzen stets mit dem Kopf nickt, hilft mir nur der von mir selbst angemeldete Protest. Da diesem Gegner per Voraussetzung keine Schlußfehler oder sonstigen Verfahrensmängel unterlaufen, habe ich die Basis meines möglichen Protests nicht an meinem besseren Rechnenkönnen, sondern daran, daß ich irgendwo nicht zustimme. Das Verweigern meiner Zustimmung kommt sprachlich in der Form »Dies kann ich nicht billigen«. Und wenn das nicht eine leere Sprachkartusche sein soll, sondern etwas, wozu ich meinerseits stehe, was ich für mich im Gegensatz zu dem anderen als bindend anerkenne, stützt sich mein Sprechen nicht ad indefinitum auf stilles Räsonnement, sondern zuletzt auf das Stück aktiv-spürenden Stellungnehmens, das erforderlich ist, um mich für mich selbst, aus meiner Perspektive, *gebunden* zu erklären. Nur jemand, der in seinem Spüren gerade nicht indifferent bleibt, sondern sich sprechend *und* spürend bindet, widerspricht, leistet Widerstand, statt zu quasseln. (Hier liegt einer der Gründe, derentwegen das Wort »Sprachspiel« neben dem Erhellenden, das es mit sich bringt, auch etwas tief Irreführendes hat. Diese Irreführung ist vielleicht der folgenreichste philosophische Mißgriff jüngerer Geschichte.)

Der Manipulierbarkeit und sonstigen Verfälschbarkeit von Spüren steht die Korruptionsanfälligkeit der sprachlich eingekleideten Vernunft zerrbildhaft gegenüber. Das Verhältnis Fraglichen Lebens zur Welt wie zu sich selbst kann sich nicht ohne gravierende Deformation auf die eine oder die andere Seite, Spüren *oder* Sprechen, schlagen wollen. Wie in ein *menschlich* zu nennendes Welt- und Selbstverhältnis mit gleicher Unverzichtbarkeit beides eingeht, haben wir noch lange nicht wirklich verstanden.

Unter anderem wegen solcher Gründe stellt die Beeinflußbarkeit von Spüren keinen tragfähigen Einwand gegen den Gedanken einer größeren Einheitsarbeit Fraglichen Lebens dar, als einer Arbeit, zu deren organischen Themen ich die lebendigere Gestalt menschlicher Einrichtungen und Verhaltensweisen rechne. So stellenswert und stellensnötig die Frage nach dieser lebendigeren Gestalt erscheint, so offen bleibt, ob das zerfallene, von niemandem koordinierte, riesige Stück Praxis, mit dem das Fragliche Leben im ganzen de facto Einheitsarbeit leistet, sich auf größere Angemessenheit an das Spüren von Tätigen und Betroffenen hinbewegen oder sich in Verstärkung heimlicher Lebenverlassenheit von ihm abwenden wird. In jedem Fall gilt: Die befürchtete Aushöhlung von ›Vernunft‹ als geschichtliche Errungenschaft Fraglichen Lebens geht nicht von dem schieren Gedanken größerer Spürensnähe aus, und nicht von dem lebendigerer Orientierung, sondern eher von der realen Gefahr einer verdeckten oder offenen Spürenszirrhose in den Institutionen und Tätigkeiten Fraglichen Lebens, welche gleichbedeutend wäre mit dem synchronen Sich-Ausbreiten wortloser Unglaubhaftigkeit genau da, wo bei glaubwürdigem Leben *Spüren sein sollte.*

XVII. Scholion über Fraglichkeit

107. Essenz nicht angedient

Das Fragliche Leben ist, wo es aus den Festigkeitsangeboten seiner Vergangenheit und den ebensolchen Angeboten von Geschichtsmetaphysik herausgetreten ist, potentiell auch *für sich selbst* in die Situation ohne tragenden Boden und leitenden Himmel eingetreten. Es lebt allerdings über die spürende und artikulierende Bekanntschaft mit dieser Situation, welche ihm verfügbar ist, mit Vorzug hinweg; geläufig ist die These, daß es dies aus Gründen seiner Selbsterhaltung partiell sogar tun müsse. Hier wird mitnichten in dieser Sache eine Predigt zur Einkehr angepeilt. Das Fragliche Leben vollzieht sich *je selbst*, genauso wie es seine Weise, sich zu vollziehen, *je selbst vertritt*. Es ist beim Blindstellen seiner Bekanntschaft mit Zügen eigener Fraglichkeit stets selbst zuerst der Schädiger wie der Beschädigte. Nur weniges von seiner möglichen Eigenverdunkelung und dem Schädigen anderer durch diese ist in seinen diversen Moral- und gar Rechts-Systemen erfaßt. Nur weniges von seinem möglichen Wachstum zu größerer Nähe mit seiner spürenden Lebendigkeit und zu größerem Freisein bildet ein Thema funktionierender Einrichtungen zum Freier Werden.

Die verschiedenen Elefanten und Schildkröten, von denen das Fragliche Leben in so und so vielen Glaubens- oder Wissenslehren sich durch seine Zeit tragen ließ, lieferten ihm auf dem Weg über solche Lehren auch je eine Auskunft darüber, was es heiße, ein Mensch zu sein. Diese Auskunft kann, gleich, ob man sie überhaupt begehrt, nach dem Verlust des Glaubens an absolute Wesen und Wahrheiten nur noch von den Fraglich Lebenden selbst vorausgeworfen werden. Das ist ein Stück ihres Herangewachsenseins zu der Möglichkeit, selbst zu sagen, wer sie sind, wohin sie wollen, welche Verpflichtungen sie anerkennen. Auf dem gegenwärtigen Punkt in der Geschichte Fraglichen Lebens erscheint es völlig offen, ob diese Gattung des Lebendigen sich in nennenswertem Umfang solcher Fragen annehmen wird. Sie kann ihre Bearbeitung auch in blinder Gleichförmigkeit einer Kaste selbstvergatterter Denkberufler überlassen, welche sie bezahlt, aber nicht weiter beachtet. Oder sie kann sich von der übergreifenden Frage ihrer Selbstartikulation und vorauswerfenden Selbst-Bestimmung, *der Frage nach der menschlichen Weise, lebendig zu sein*, gänzlich zurückziehen, um in der Mechanik eines auf alles ausgedehnten *Gezerres* das, was sie an Lebendigkeit haben mag, hinzubringen. Es gibt weder für die Einzelnen noch für das Ganze eine Nötigung, mehr von sich für sich zu sein, in Entblindung zu wachsen, im Versuch praktischer Selbstaneignung freier zu werden. Die Tätigkeiten dazu, unter Nötigung ausgeübt, würden kraft deren auch aufs schnellste zu heimlich lebenverlassener Gipsgießerei verkommen. Solange das Fragliche Leben unter Bedingungen der Pax Horroris sich nur davon zurückhält, das eigene und das meiste andere Leben auf seinem Wandelstern zu vernichten, steht dem charakteristisch *unverständigten Weitermachen* nichts wirklich Zwingendes im Weg.

Eine umfassende Antwort auf die Frage, was es heißt, auf menschliche Weise lebendig zu sein, wäre eine umfassende Philosophie. Sie stellt bekanntlich ein Ideal dar, das gerade *als dieses* sich in Bewegung begreifen müßte, um der Bewegung spürenden und tätigen Lebens selbst Rechnung zu tragen. Wie es kein Beamtentum des Lebendigseins gibt, gibt es auch nicht seine Verbeamtung durch Dekret – so oft solcherlei Dekrete auch verkündet worden sind. Am Ende dieses Buches, das einer stückweisen Erkundung spürender Orientierungsleistungen Fraglichen Lebens und einiger Formen seines Wachstums zu größerem Freisein diente, welche sich spürende Orientierung zunutze machen, statt hochfahrend über sie hinwegzuknattern, kann nicht das Thema von Philosophie überhaupt stehen. Vielmehr steht an diesem Ende etwas entschieden Geringeres, das sich aus dem zuletzt verfolgten Zusammenhang von Spürensnähe im Gegensatz zu Lebenverlassenheit menschlicher Handlungsweisen wie Einrichtungen, in der Situation des endgültigen *Gegangenseins* aller Elefanten und Schildkröten, ergibt: Ein Scholion zur möglichen Rolle der jenem Leben zugesprochenen *Fraglichkeit selber* bei seinem Versuch, ohne grundlegende Totaltheorie oder tragende Superwesen auskommend, Bruchstücke einer ihm selbst angemessenen (heißt auch: seinem Spüren angemessenen) Steuerungsweise zu finden. Es ist ein *Scholion* insofern, als es keine Quintessenz, auch keine sonstige Essenz des Vorangegangenen oder gar der ganzen Bewegung Fraglichen Lebens offeriert, sondern eine *Randbemerkung*.

Die Bemerkung am Rand geht ein weiteres Mal davon aus, daß das Fundamentlegen in der Philosophie bis auf weiteres zu Ende gekommen ist, und daß unsere Ohren noch voll sind von der Krach-Musik, welche das unentwegt sich wiederholende Zusammenstürzen all der Grundlegungs- und Letztbegründungsbauwerke in der philosophischen Neuzeit erzeugt hat – eine Musik, wie sie sonst nur noch von den Papierstößen des Sordinischen Büros bekannt ist. Auch daß neuerdings ein Grundleger zu »grundlegend« den Komparativ gebildet hat und gegenwärtig behauptet, das von ihm gebotene Mauerwerk sei »grundlegender« als alle anderen, belegt weniger einen besonderen Grad von Festigkeit der zuständigen Konstruktion, als ein geschärftes Gespür für die Hinfälligkeit von dergleichen.

108. Gutsagen endlich

Die Bemerkung über das eventuell Relevante an *Fraglichkeit* kann beginnen mit dem wiederholenden Hinweis, daß es nicht nur kein restloses Entblinden, sondern auch kein restloses Übergehen des Fraglichen Lebens in das Gutsagen für sich selber gibt. Die Meinung, daß wir eines künftigen Tages alle unsere Handlungen, vor allem auch unsere sämtlichen kollektiven Taten, *in vollem Bewußtsein* der einschlägigen Gesetze sowie der Ursachen und Wirkungen selbst machen werden (oder wie die Versprechungen wörtlich lauten), ist beweisbar falsch. Wir werden es nicht. Es gehört zu unserer Weise, lebendig zu sein, daß wir unsere Handlungen auch bei bester Aufklärung über uns selbst, unsere Motive, unsere Geschichte aus logischen Gründen stets mit einem Moment von *Unverfügbarkeit*, aus Gründen unserer Spürensverfassung stets mit einem Moment von *Undurchdringlichkeit*, aus gleichen Gründen stets mit einem Rest von *Blindheit* tun werden.

Ich habe schon die Kollegin aufgesucht, *glaubend*, daß ich sie diesmal auf unser unoffenes, zunehmend sich verfestigendes Übergehen jenes schief gelebten Stückes gemeinsamer Geschichte ansprechen würde; und also glaubend, daß ich diesen Grad von Freisein (der doch kein schweres Tun zum Inhalt hat) besäße. Aber dann anfangend und sie dabei anschauend gab es in mir eine spürende Reaktion, die mich den Versuch abbrechen, das heißt ihn in das unter Kollegen eingeübte Herumschieben vorzeigbarer Wortkärtchen degenerieren ließ. Ich sage, daß ich den Versuch abbrach, ›weil‹ ich im Gesicht der Kollegin etwas wie die entschlossene Ablehnung aller Redeteile bemerkte, mit denen ein Zur-Sprache-Bringen relevanten Spürens zwischen uns hier und jetzt stattfinden könnte. Daß ich für das gebrauchte »weil« nicht gutsagen (nicht garantieren kann, daß dies mein Haupt-Beweggrund war), markiert nur eine von mehreren Instanzen, nach denen mir mein Tun und der Grad meines Freiseins fraglich bleiben. Ich bin darauf angewiesen, mein Handeln mit einem nicht wegschaffbaren Rest von Selbst-Undurchsichtigkeit zu vollziehen, der nicht bloß mein Gutsagenkönnen für künftiges Handeln tangiert, sondern auch mein Gutsagenkönnen für meine ›wahren‹ Beweggründe.

Bekanntlich ist auch bei möglichst ungezerrtem Befragen des Innengrunds die Abwesenheit fremden Einflusses nicht komplett sicherzustellen. Es ist Sache sich anreichernder Erfahrung im Umgang mit den spürenden Orientierungsinstanzen des eigenen Organismus (wie auch für Fragliches Leben im ganzen, sollte es sich dahin bewegen), eine wachsende Sicherheit des Unterscheidens zwischen gezerrten und ungezerrten Stellungnahmen zu erwerben. Es ist gleichfalls Sache solcher Erfahrung, eine wachsende Sicherheit zu erwerben im Unterscheiden zwischen den stets wohlfeil sich andienenden Ad-hoc-Argumenten des momentanen Wünschens und den auf langfristig wiederkehrenden, relativ ungezerrten Innengrund-Stellungnahmen ruhenden Leitlinien für ein Handeln, das die tätige Einheit auch im nachhinein regelmäßig als spürensangemessen *und* rechtfertigbar noch einmal bestätigen kann.

Für Entscheidungen, bei denen gleichermaßen verteidigbare Handlungsweisen gegeneinander stehen, hat das Fragliche Leben noch keine Verfahren des automatischen Auswerfens seiner rechten Tat entwickelt. (Verfahren, bei denen es der eigenen Entscheidung vorgreifen muß, indem es zum Beispiel ›Präferenzen‹ eingibt, zähle ich nicht hierher; sie sind nur Rechenweisen auf der Basis bereits abgefragter Stellungnahmen, wenngleich sehr nützliche Rechenweisen). Wo es sich um Orientierungen handeln soll, die Gemeinsamkeiten des spürenden Da-seins berücksichtigen, kann das Fragliche Leben die Entwicklung, Annahme, Ablehnung solcher Orientierungen nicht der bloßen Korrektheit von Verfahren überlassen, die auf Spüren an keinem Punkt, auch nicht über das spürensgestützte Stellungnehmen von Einzelnen, zurückgreifen. Die Endlichkeit des Gutsagens für eine spürend gewonnene Orientierung ist das Seitenstück zu ihrer Eigenschaft, *lebendige* Orientierung zu sein. Und ein in ›reinen‹ Verfahren wohlkalkuliertes Handlungsmuster kann von den Fraglich Lebenden zwar befolgt, aber nur dann als von innen her gebilligtes Stück ihrer eigenen Lebendigkeit anerkannt werden, wenn es sich dem spürenden Stellungnehmen ausgesetzt und ein lebendiges Angemessenheitsvotum erhalten hat. Dafür, daß ich dieses über meine ganze Lebenszeit aufrechterhalten werde, kann ich im günstigsten Fall mit der wohlstrapazierten

›großen Wahrscheinlichkeit‹ gutsagen, nie ganz. Denn es steht niemandem zu, noch gelingt es irgendwem ohne manipulative Gewalt, die Veränderung spürenden Lebens in irgendeiner Sache zu sistieren.

Eine schmerzhafte Endlichkeit des Gutsagens für die eigene spürend tätige Einheit (erst recht für eine Vielzahl von solchen) manifestiert sich an den Resten von Unverfügbarkeit, die niemand gegenüber dem eigenen *Handlungsschatz* (oder dem, was er dafür hält) definitiv aus der Welt manövrieren kann. Ich kann nicht über meine tätige Zukunft so verfügen, wie ich jetzt über das Anschlagen des kleinen i auf dieser vertrauten Schreibmaschine verfügen kann. Zwar kann ich heute beschließen, daß ich die vielerlei angeblich liebenswerten Gesichts- und Körpervolten nicht mehr mitmachen will, die das *Große Vorzeigen* an der wissenschaftlichen Einrichtung, in der ich zur Zeit tätig sein darf, regulieren helfen. Wie weit sich dieser mein Versuch zur Aneignung meines Handelns durchsetzen wird, ist nicht Sache einer durch mich auslobbaren Garantie. Einige sind fähig, in hohem Umfang für sich gutzusagen und können auch die Handlungserwerbungen, die zum Erweitern ihres Freiseins nötig sind, machen, sowie sie *in ihren Grenzen als Fraglich Lebende zu hoher Verläßlichkeit bringen*. Anderen gelingt in ihnen sehr wichtigen Bereichen ihres Handelns nichts dergleichen. Ihre Anläufe zum Festigen von Selbstaneignung und zum Erwerb von Freisein in für sie zentralen Hinsichten werden von dem Druck und Zug hereinschießender Wünsche, Bedürfnisse, Schein-Notwendigkeiten schnellstens abgebrochen. In den Phasen solchen Abbruchs stehen subtile Repertoire von Ichbetrug bereit, deren sich die tätige Einheit bedienen kann, um mißliebige Innengrund-Voten ins Zurückgestellte wegzudrängen.

Es hat Züge von historischem Mißgeschick, daß das Verständigungshandeln des Fraglichen Lebens unter dem Titel *Philosophie* in der Vergangenheit oft und zu sehr wirksamen Stücken von Individuen betrieben wurde, die ihres Freiseins in relativ hohem Maß versichert sein konnten. Das Leben, das von sich sagen muß, »ich komme einfach nicht auf die Beine«; »irgendetwas wirft mich immer wieder zurück«; »ich glaube bald, daß es mit mir gar keinen Zweck mehr hat«, *philosophiert nicht*. Zu seinem Freiseinsmangel tritt ein Verständigungsmangel, vom Ungeübtsein in berührendem Entblinden ganz abgesehen. Die Individuen Fraglichen Lebens, die besonders wenig frei sind und dafür auch öffentlich zu leiden haben, vollziehen ihr Schicksal in der Regel noch obendrein mit einem besonderen Grad innerer Einsamkeit – der mit dem, was sie immer neu als Unfähigkeit des Für-sich-Gutsagens erfahren, auf mehrerlei Weise zusammenhängt.

Dies ist keine Einführungsrede für den Verzicht auf Überlegung und Anstrengung. Wie ich nicht jetzt für künftige Erfolge gutsagen kann, kann ich auch nicht jetzt schon meine Mißerfolge (mein Zurückfallen in Unfreisein) garantierend vorwegnehmen. Der Versuch des *negativen Gutsagens* gehört in die Nähe der zersetzendsten Ichbetrugsmanöver überhaupt. Er führt auf geradem Weg in die selbst inszenierte Veruntreuung wichtigster eigener Lebensmöglichkeiten. Er kann die persönliche Aussicht auf Wachstum und Freier Werden systematisch zerrütten.

Das Stück verfassungsmäßiger Fraglichkeit, das sich mit den Grenzen des Gutsagens für eigenes Tun in der Zukunft manifestiert, kann auf der anderen Seite *als ein anerkanntes* (und nicht betrügerisch gewendetes) im Modus eines Verständigungsmittels dazu beitragen, daß der Handlungs- und Freiseinsraum spürenden Lebendigseins mit charakteristisch menschlicher Erwerbung angereichert und zugeordnetes Versagen angemessen verstanden wird. Die Alternative dazu, die Unterstellung falscher Sicherheit, stamme sie von Über-Wesen oder aus Über-Theorie, ist an diesem Punkt der Selbstentfaltung Fraglichen Lebens erkennbar abträglich, ja ganz und gar feindlich.

Innerhalb eines Rahmens von Ungewißheit, der an einer Reihe relevanter Stellen die Eigenschaft von Verschieblichkeit hat, sind die Einzelnen wie das Fragliche Leben überhaupt in Bewegung. Das macht selber eine Instanz von Fraglichkeit aus: Es ist nicht zur Gewißheit zu bringen, wie die Bewegung des Ganzen, vor allem als größere Einheitsarbeit, sich fortsetzt. Da sie auf einen Punkt gekommen ist, wo sie ihre Subjekte mitsamt allem anderen Leben auch vernichten kann – sehr vieles andere Leben schon vernichtet hat –, stellt sie selbst einen guten Grund bereit, diese Gestalt des Lebendigen als die fragliche anzusprechen. Es ist schon notiert, daß dies *wegen* der Offenheit künftiger Bewegungsrichtung kein negativ festlegendes Urteil bedeutet. Das Fragliche Leben fordert in mehrerlei Verständnis zur Bezeichnung als *Fragliches* heraus. Das ist alles.

Wo es sich in grundsätzlicher Form als *seiner selbst absolut sicher* oder definitiv *fest* versteht, gerät es in die Gefahr, gegen Bedingungen des eigenen Lebendigseins zu verstoßen in dem Sinn, daß es sich *unangemessen* deutet und sich eben dadurch schädigt. Es gibt das erfüllbare Bedürfnis nach begrenzter Verläßlichkeit im eigenen Erkennen und im eigenen Freisein. Es gibt das Sich-Pervertieren dieses Bedürfnisses zum Wunsch perfekter Festigkeit an Punkten, an denen solche Festigkeit nicht existiert, potentiell mit dem Effekt von Zerstörungen, wie sie in dieser Gestalt nur das Fragliche Leben in die Welt gebracht hat.

Um nicht noch einmal neu ausholen zu müssen, nenne ich als exemplarisch für eine Vielfalt destruktiver Weisen von Fraglichkeitsausräumung nur zwei Typen solcher Zerstörungsleistungen, die von Früherem her *bekannt* sind.

Die hier nächstliegende, weil sich vom eben Gesagten her noch aufdrängende Erscheinung ist das Beharren auf einer als metaphysisch *fest* gedachten Freiheit. Sie hat nicht nur zur Rechtfertigung von Straf-Formen mit extremem Grad an

Grausamkeit hergehalten, sondern auch zu einem variationsreichen Spektrum alltäglicher Schuldzuschreibungen, die nicht in offen vollstreckte Strafe münden, aber in andere kollektiv ausgeübte Reaktionen, welche den Lebenslauf Einzelner immer wieder in Demütigung und Verunstaltung treiben. Zu ihren subtileren Untergrabungswirkungen gehört auch, daß ein zugeordnetes, festes Selbstverurteilen in die Verständigungsversuche derer, die mit einem eigenen Freiseinsmangel zurande kommen müssen, eindringt und die wirksame Einheitsarbeit gegen solchen Mangel (den – wie immer begrenzten und verlierbaren – Erwerb *besser* gefundener Handlungsweisen für die Zukunft) der Tendenz nach verhindert. Eine als metaphysisch fest angenommene Freiheit liefert einer Person, die den wiederholten Zusammenbruch eigener Versuche zu anderem Handeln erfahren hat, keine Verständigungsbasis mehr, auf der sie zu wirklicher Veränderung ermutigt würde, sondern nur eine, auf der ihr nahegelegt wird, sich in zunehmender Festigkeit für unzureichend, geringwertig, *schlecht* zu halten. Sie versagt unter dieser Prämisse ja *von sich aus und frei*, und das immer wieder: Was soll sie anderes denken, als daß sie eben eine *schlechte Natur* habe. Das pfäffische »Du kannst, weil du sollst« stößt sie, eben weil sie ihm nachzukommen nicht fertigbringt, statt sie zu fördern, noch weiter in ein stabiles Bild ihrer selbst als ein Wesen geringeren Wertes, das nicht einmal das für selbstverständlich Ausgegebene erbringt, hinein. »Bin doch a Hur«, sagt in Fleischmanns Film *Jagdszenen aus Niederbayern* mit einem auf Statik und Endgültigkeit gehenden Ton das Mädchen, das als Außenseiterin der Dorfgesellschaft zur Hure gemacht worden ist und dafür dann auch den dörflichen Verachtungs- und Erniedrigungsritualen übergeben wird, übrigens gleich nach dem Gottesdienst.

Über die geschichtliche Rolle der metaphysischen Freiheitsunterstellung für Disziplinierungen und für das Verhängen realer Unfreiheit in mannigfacher Form braucht nicht länger gesprochen zu werden; sie ist Gegenstand hinreichend intensiver Kritik an anderem Ort. Im jetzigen Zusammenhang ist zusätzlich ihre dezidiert veränderungshemmende Tendenz *in den Einzelnen* von Gewicht und dabei die Eigenschaft, durch das Eindringen in deren Selbstverständigung Formen des Lebendigseins zu begünstigen, die als festlegend, zukunftsabschneidend, spürensfremd, wachstumsblockierend gelten müssen.

Für die Einheitsarbeit Fraglichen Lebens im einzelnen wie für seine Einheitsarbeit im ganzen scheinen die *festen Darstellungen*, die es von sich macht oder mit denen es sich als etwas, in das es hineinpädagogisiert worden ist, ohne Kenntnis ihrer Herkunft findet, eine ähnlich destruktive Rolle zu spielen wie das Beharren auf metaphysisch fixierter Freiheit. Feste Darstellungen, die einer tätigen Einheit, einem Gemeinwesen, einer sonstigen Gruppierung ein Bild von sich selbst zeigen sollen, *dem das eigene Handeln auf keinen Fall zuwiderlaufen darf*, treten mit Vorzug da auf, wo eine offene Lebensarbeit als Einheitsarbeit in Kontakt mit ungezerrtem, unmanipuliertem Spüren gerade nicht erwünscht ist. (Sie können sehr verschiedenartige Entstehungsbedingungen haben). Das Installieren von Festem, zum Beispiel einer Darstellung von sich, welche die tätige Einheit lebend zu erfüllen hat, oder eines unverrückbaren Bildes kollektiver Lebensweise in Gegenwart und Zukunft, die ein Gemeinwesen oder gar das Fragliche Leben im ganzen durch Arbeit und Kampf unter allen Umständen, also auch mit allen Mitteln, realisieren soll, führen zu einer Trennung des Lebendigseins von den ihm und nur ihm eigenen Orientierungsquellen. Es entsteht eine Lebensform, im einzelnen oder im ganzen, die zwar von Fraglich Lebenden vollzogen und oft auch mit Gewalt gegen andere Fraglich Lebende durchgesetzt wird, die sich aber (in eigener Blindheit gegenüber den Bedingungen solchen Lebens) darauf festgelegt hat, negative Einheitsarbeit als das Etablieren verschärften Schrumpftums zu leisten. Sie wird häufig mit Lehrsätzen oder Theorie-Bruchstücken begründet, die kraft eines Abglanzes der angeblich da und da erworbenen, definitiv unbezweifelbaren Großtheorie auch definitiv wahr und praktisch richtig *sein müssen*. Nach hinreichend langer Zeit des Existierens in Trennung von den eigenen spürenden Orientierungsquellen kann die spürensferne Lenkweise auch der Fraglich Einzelnen zu einer stabilen Verhaltens- und Selbsterhaltungsform werden (durch blinde Geschichte schon geworden sein), der angeblich *nichts mehr fehlt*. Der bloße Gedanke, daß es in den spürenden Einheiten einen Bereich gibt, von dem her sich neue Stellungnahmen bekunden und die fest gewordene Orientierung in Bewegung bringen könnten, erzeugt dann Unsicherheit und Unruhe. Zu deren Bewältigung, die in einer Spezialbehandlung jenes Gedankens und eventueller Spürens-Signale besteht, die *nicht genehm sind*, wird eine Art innerer Gewalt eingesetzt. Der Einsatz entsprechender Gewalt in Gemeinwesen, deren fixe Darstellungen in Gefahr geraten, ist geläufig. Ebenso geläufig sind die Zusammenhänge mit dem Entstehen typischer *Krankheiten der lebendigen Einheit* wie *innerer Defekte der Gemeinwesen*, die beide eine Tendenz haben, in Zerstörungshandlungen nach innen wie nach außen zu münden.

110. Unfraglichkeit, Eigenschau

Unter der aus der Entfernung leitenden Frage ist diesen bekannten und hier nur sehr verkürzt erinnerten Erscheinungen hinzuzufügen, daß den Fraglich Lebenden wie ihren Gemeinwesen der blinde oder in Bekanntschaft vollzogene Selbstverzicht auf eine Orientierung an dem, was die Einzelnen spürend angemessen finden können, *offensteht*. In diesem Sinn *passen* die vielfältig spürensfernen Theorien im Verständigungshandeln Fraglichen Lebens, die dieses Jahrhundert hervorgebracht hat, ohne daß man von vornherein kausale Zusammenhänge hypostasieren müßte, zu dem staunenmachenden Maß an *Zerstörung* und *Zerstörungsmitteln*, die es ebenfalls hervorgebracht hat. Das Schicksal des Fraglichen Lebens im ganzen, das für die Zukunft in der Tat fraglich genannt werden darf, wird sich kaum in sauberer Trennung von der Weise, wie es seine Lebendigkeit vollzieht, entscheiden. Es *gibt* die Möglichkeit des spürensfernen Lebens, des Verzichts auf kognitiv-liberatives Wachstum, des uniformen Sich-Bindens an feste Darstellungen, die unabhängig von aller Erkundung spürender Angemessenheit realisiert oder gehalten werden müssen. Es gibt negative Einheitsarbeit als *Einübung in Schrumpftum*. Auf der anderen Seite ist wachstumsorientierte Einheitsarbeit offenkundig möglich. Es gibt Veränderungsarbeit, die auf entblindendes Zu Sich Kommen gerichtet ist und auf den Erwerb begrenzter Selbstaneignung im Handeln, also auch auf Stärkermachen eines Freiseins, das sich an dem, was es *zu sich kommend findet*, orientiert. Für derartige Einheitsarbeit scheint das Anerkennen eines Fraglichkeitsrahmens, in dem menschliche Orientierungsleistungen stehen, mindestens *förderlich* zu sein – ganz gleich, wie weit und wozu der faktische Stand des Lebendigseins in den Gemeinwesen, die eben angesprochen wurden, je sich ausgebildet hat.

Das Anerkennen eines Fraglichkeitsrahmens in epistemischer wie in moralischer Hinsicht läuft nicht auf ›Skeptizismus‹ hinaus. Freilich ist »Skeptizismus« ein Wort, das vom Beginn seines Gebrauchs an unterschiedlich ausgelegt wurde. Vor dem Anspruch eines ins Idealische hinausprojizierten Gewißheitsideals läßt sich jedes Akzeptieren von Gewißheitsgrenzen als »skeptisch« bezeichnen. Bloß ist das Insistieren auf solchen Idealen, speziell da, wo es um Handlungsorientierungen für Einzelne wie für viele geht, sowohl entbehrlich als auch potentiell zerstörerisch; zerrüttend nämlich für alles menschlich Erreichbare, indem es dies diffamiert, und die Prätention des Unerreichbaren ermutigend, indem es falschen Glanz um es verbreitet.

Es erscheint sinnvoll, die Klarstellung zu erneuern, daß die ins Auge gefaßte Rolle spürender Orientierungsleistungen für Tun und Fürwahrhalten Fraglichen Lebens, wie sie nicht auf ›Skeptizismus‹ hinausläuft, *auch nicht* bei einem ›Subjektivismus‹ ankommen muß. Das wäre so, wenn sie mit dem Fernhalten relevanter Informationen über die Welt, dem Fernhalten der Stellungnahmen anderer, dem Verzicht auf das Heranziehen kollektiv erworbenen Wissens, dem Verzicht auf die Auseinandersetzung mit bisherigen oder gleichzeitigen Orientierungsvorschlägen, dem einfachen In-den-Wind-Schlagen von Verfahren in Gemeinschaft auszuübender Wahrheits- und Normfindung einherginge. Der zu verteidigende und gegen rein operativ (zuletzt also auch durch das Leblose) abwikkelbare Lenkungsverfahren schlicht aufzuweisende Punkt war, daß die Stellungnahmen von Menschen, sofern sie ihre eigenen sein, also von ihnen selbst her kommen sollen, in dem Bereich spürend körperlicher Steuerung eine Stütze haben müssen, der für sie *als* Menschen und *als* Lebende eine je eigene, unaustauschbare, elementare Instanz des Sich-Zurechtfindens in der Welt und mit sich selbst bildet. Eine Orientierung im Handeln oder Erkennen, die für ein Individuum Fraglichen Lebens in diesem seinem je eigenen Bereich spürend körperlicher Steuerung keine Stütze hat, bleibt ihm auf angebbare Weise äußerlich und wird, solange sie nicht betrügerisch assimiliert ist, bei Bedarf leicht ausgewechselt.

Das Förderliche, mich potentiell zu mir Bringende am Anerkennen eines Fraglichkeitsrahmens, in dem mein Sprechen und Tun steht, zeigt sich vielleicht am klarsten daran, daß es mich auf ungestützte Punkte meiner eigenen festen Darstellungen stoßen kann. Unter die festen Darstellungen, die ich von mir zu geben tendiere, fällt nicht nur das, was ich ›bei mir selbst‹ von mir denke und den anderen tunlichst nicht mitteile, sondern auch das auf der Außenseite vor mir Hergetragene, das ich durch verschiedene Mittel, von denen mein Sprechen eines ist, immer neu produziere. In den Zusammenhängen des Großen Vorzeigens kann ich nur schwer vermeiden, eine Eigenschau zu haben; ich kann auch nur schwer vermeiden, daß ich selbst von ihr partiell überzeugt und gegebenenfalls getäuscht werde. Ich kann in doppeltem Sinn von Glück reden, wenn mich der bloße Gedanke, es könne etwas nicht stimmen, rechtzeitig veranlaßt, in einem ungezerrtem Augenblick mein Spüren ein Stück intensiver zu leben. So daß ich entblindend in Berührung mit etwas in mir kommen kann, dessen angedocktes Pendant im Orientierungsmuster meines Sprechens lauten kann: So bin ich nicht, und so will ich nicht sein. Es ist *Glück*, wenn das rechtzeitig geschieht: Bevor ich angefangen habe, meine stillen und öffentlichen Ziele, mein Handeln, meine stillen und öffentlichen Verpflichtungen auf den meinem Spüren nicht angemessenen Darstellungszug so starr zu bauen, »daß ich nicht mehr zurück kann«, wie die Leute sagen. Ist das letztere einmal der Fall, und revidiere ich meine Eigenschau in der Tat nicht mehr, dann lebe ich entweder in Bekanntschaft damit, daß ich die anderen betrüge, oder ich verändere mich dahingehend, daß ich das Gleiche auch mir selbst antue: Der Eigenschau hat sich ein zugeordneter Ichbetrug angegliedert. Die Zerstörungsarbeit eines fest gewordenen Darstellungs-Stückes, das daraufhin in den Status *scheinbarer Unfraglichkeit* eintrat, geht ihren Gang. Feste Darstellungen, die einmal diesen Status gewonnen haben, kommen gewöhnlich nur noch durch Ereignisse, welche mein Gleichgewicht umstürzen, so weit in Bewegung, daß ich wieder von ihnen zurücktreten kann.

In der größeren Einheitsarbeit Fraglichen Lebens, die im Status von Zerfallensein, oft sogar als negative, stattfindet, leisten die *festen Darstellungen* der Gemeinwesen zu ihrer Neigung, Zerstörungspotential aufzubauen und es gegeneinander zu stellen, einen charakteristischen Beitrag. Die Spürensferne und Spürensfeindlichkeit marktgängiger Philosophien, mit denen sich Fragliches Leben unbeschadet aller Klage über die Machtlosigkeit von Philosophie doch auch zu verständigen sucht, da es nichts anderes hat, *paßt* nicht nur zu der sich steigernden Anhäufung zerstörerischer Mittel; jene Spürensfeindlichkeit erleichtert auch in den Denkgestikulationen, mit denen das scheinbar Unfragliche stets neu vorgetragen wird, das *Geringhalten* und *Geringschätzen* von Bewegungen, die zu lebens- und spürensangemessenerer Orientierung führen könnten.

111. Fraglichkeit und ein menschliches Desiderat

Es gibt in der Verständigung über die Gattung des Lebendigen, die hier als das Fragliche Leben angesprochen wurde, auch die Möglichkeit, von *Fraglichkeit* selbst auszugehen, wenn eine Orientierung erwartet wird, die zu einer Lebensweise führen soll, in der diese Gestalt des Lebendigen *sich bei sich selbst finden* (die sie ihren Bedingungen bei möglichst reichem In Berührung Kommen mit dem, was sie ist, spürend *angemessen* nennen) kann.

Fraglichkeit als ein Inbegriff von Bedingungen (des Spürens, des Tuns, der Gewißheit, der geschichtlichen Lage, des Verhältnisses der so benannten Lebenden und ihrer Gemeinschaften untereinander, ihres Verhältnisses zu anderen Formen des Lebens, ihrer inneren wie äußeren Zukunft, ihrer sich bewegenden Weise von Lebendigkeit) ergäbe als Ausgangspunkt eines deskriptiven und normativen Orientierungsversuchs nicht wie von selbst ein einheitliches Konzept. Das Ansprechen des Menschen als *das Fragliche Leben* ist deshalb auch von vornherein weder als Wesensbestimmung noch als eindeutige Kennzeichnung erfolgt. Vielmehr haben *»Fragliches Leben«* und *»Fraglichkeit«* den Charakter von Verständigungsmitteln, die *in dem Stück Lebensvollzug selbst*, welcher sich als Sprechen ereignet, auf Besonderheiten des Lebendigen, um das es geht, in einer Art Ohnmacht hindeuten, ihr Sich-Hervorstellen zur Bekanntschaft und Arbeit an ihrer Verdeutlichung einfordern sollen. *»Fragliches Leben«* und *»Fraglichkeit«* sind nicht Wörter, die eine fertige Kenntnis transportieren, sondern Wörter, die mit ihrem Gebrauch das Bedürfnis nach einer Orientierung anmelden, welche den soliden Motiven, über die Erscheinungen des Menschlichen *so* zu sprechen, Rechnung trüge. Eine Orientierung, die von Bedingungen der Fraglichkeit ausginge, ist ein *menschliches Desiderat*. Sie fiele als ganze unter die Frage nach der menschlichen Weise, lebendig zu sein. Sie könnte sich als eine *feste*, die Fragliches Leben ein für allemal in der Weise seines Sich-Vollziehens fixierte, nicht etablieren. (Sie würde in einem solchen Fall über einige der Punkte, von denen sie selbst auszugehen hätte, im Modus zerstörerischer Unfraglichkeit hinwegsprechen). Ein Stück jener gesuchten Orientierung wäre die volle, nicht bloß fragmentarisch hervorgestotterte Gestalt lebendiger Vernünftigkeit. Sie wäre, vereinfachend gesagt, eine Vernünftigkeit, die, in Kenntnis aller Schwierigkeiten spürender Stellungnahme auf diese nicht verzichtete, sondern sie in möglichst ungezerrter Form *suchte*, wissend, daß ein Sich-Bilden des Fraglichen Lebens zu größerem Spürensschatz möglich, im Sinn seines kognitiv-liberativen Wachsens auch *unabdingbar* ist.

Gegenwärtig hingegen liegen die Rituale der spürensfernen Festigkeit nach Art des Sich-Fixierens auf scheinbar Unfragliches, sei es eine unfraglich herbeizuführende Zukunft, eine ebenso zu verteidigende Selbstdeutung, sogar reale Besitzstände, zusammen wie im Fenster eines Waffengeschäfts, aus dessen Sortiment sich streitende Parteien einmal so, einmal anders bedienen, aber gewöhnlich in sorgsamer Vermeidung des Kontakts mit dem ungezerrten Spüren der Einzelnen, von dem her das Lebenverlassene der zuständigen Verhaltensweisen zur Bekanntschaft kommen könnte.

Die als Desiderat sich in der Bezeichnung des *Fraglichen Lebens* meldende Orientierung wäre eine, in der dieses Leben als das so und so fragliche sich bei sich finden könnte. Das würde mitnichten bedeuten, daß es seine Probleme gelöst hätte; es wäre auch mitnichten das Hinleben auf einen Endzustand seiner größeren Einheitsarbeit als Quasi-Paradies. Es würde zunächst nur heißen, daß es seine Bewegung in die weitere Zukunft ohne die Gestalten falscher Festigkeit, die Gestalten spürensferner Steuerung und die Beträge an Zerstörung, die beide mit sich führen, vollziehen könnte. Schon dies ist augenfällig zur Zeit der Pax Horroris, welcher ich das Schreibenkönnen dieses kleinen Buchs im Modus paradoxer Vorteilsnahme verdanke, eine *Phantasie*. Ähnliches wäre für den Einzelnen, der ich faktisch bin, das Hinschreiben jener Orientierung im ganzen. Eine ausgeführte Gestalt verständigten Handelns, Da-seins und auch Sterbens, in angemessenem Umfang ausgerichtet an spürender Lebendigkeit statt an den diversen Gestalten des vermeintlich Festen, wäre Sache weiter reichender Anstrengungen als der, die ich als dieser Einzelne unternehmen kann. Bei den jetzt folgenden Abschnitten geht es deshalb nur noch um das knappe Erinnern an die strikt gegenläufigen Tendenzen von Verständigungs- und Lebensweisen, welche Fraglichkeit ausschalten wollen, und solchen, die sie anerkennen.

112. Das gewöhnliche Ausräumen

Daß dieses Jahrhundert in die Geschichte des Verständigungshandelns unter anderem eingehen wird durch den wundersamen Kontrast zwischen denen, die im Bereich von ›Bewußtsein‹ absolute Gewißheit finden wollten, und den anderen, die den gleichen Bereich zu einem Feld absoluter Ungewißheit erklärten und vorschlugen, im Forschen wie zuletzt auch im Leben auf seine Annahme zu verzichten, ist anfangs erwähnt und gelegentlich erinnert worden. Beiden Gruppen ist gemeinsam, daß sie mit einem Programm strenger Wissenschaft kamen. In dessen Konsequenz kamen sie auch mit einem Programm der Bekanntschaft Fraglich Lebender mit sich selbst, in welches die Undurchdringlichkeit, Unfixierbarkeit, Unverfügbarkeit gelebten Spürens in keiner Weise paßten. Sowohl die Meinung, wir fänden *in uns* eine Quelle unzweifelhafter Gewißheit, als auch die andere, wir fänden eben diese Gewißheit *außerhalb unserer* in kollektiv zu erwerbender Wissenschaft ohne jeden Bezug auf sogenannt Inneres, wollten mit Spüren als einer orientierungsrelevanten Instanz nichts zu tun haben. Sie schlugen ein Bild der fraglich-lebenden Einheiten und ihres Umgangs mit sich selbst vor, aus dem, praktisch von entgegengesetzten Seiten her, die Gewißheitsprobleme spürender Orientierung ausgeräumt waren. Damit waren auch jene Stücke des Fraglichkeitsrahmens für epistemische Leistungen dieser Gattung des Lebendigen ausgeräumt, die zuletzt darauf zurückgehen, daß Fragliches Leben ein Leben mit heterogenen Orientierungsmustern ist. Beide Ausräumversuche können in ihrer Absicht auf *Unfraglichkeit* als gescheitert gelten: Der erste idealisierte das Innere zu einem Helligkeitstempel, den wir nirgends finden konnten; der zweite reduzierte Fragliches Leben zum Träger von Erkenntnisverhalten und mußte bald darauf einräumen, daß gerade dieses Verhalten noch von anderem bestimmt ist als von den nach Kriterien der Logik organisierten Begründungen, in deren Gang oder Prämissen man das *Heterogene* des organischen Spürens auf keinen Fall eindringen lassen wollte.

Die klassische *Fraglichkeitsausräumung*, die lange vor den philosophischen Wechselfällen dieses Jahrhunderts ihre Formen ausbildete, besteht natürlich im Präsentieren von Sätzen oder Satz-Kodices über die Welt und solches, das ihre letzten Gründe wie ihr letztes Schicksal ausmacht, und zwar so, daß sowohl absolute Gewißheit dieser Aussagen beansprucht als auch garantiert wird – von Superwesen oder von Supertheorien. Es wurde einem Bedürfnis Fraglichen Lebens, dem Bedürfnis nach verläßlichem Wissen, nach Leitlinien seines Handelns, nach einer Selbstdeutung, mit der es leben und sterben kann, entsprochen – nur durch Aussagen, die Gewisseres zu liefern vorgaben, als menschen-möglich ist. Zu ihrer Verteidigung als Stücke eines Festen wurden Fraglich Lebende nicht nur massenhaft getötet, verstümmelt, in öffentlicher Qual vorgeführt. Es stellte sich mit der Geschichte von Fraglichkeitsausräumung auch ein langes Stück Geschichte des systematischen Blindhaltens und der systematischen Entfernung Fraglichen Lebens von den *ihm eigenen* Orientierungsinstanzen her. Daß im Gang dieser Geschichte die Selbstbefreiung der Menschen von Systemen vorgeblicher Unfraglichkeit immer wieder Unfragliches als Ersatz präsentieren zu müssen glaubte, verwundert auf diesem Hintergrund kaum.

Wofür das Fragliche Leben lebt, will es wissen. Die durchdringend verbreitete Reaktion auf den Verlust tragender Gewißheiten, das *unverständigte Weitermachen*, wird von den Einzelnen, die es tun, selten geliebt; sie existieren bloß so. Wird dem Fraglichen Leben aber als Ersatz für die Unfraglichkeiten der Vergangenheit eine feste Doktrin geboten, zum Beispiel durch unfragliches Einspannen seines Jetzt in einen großen und sicheren Plan zum Herbeiführen dieser oder jener strahlenden Zukunft, dann wird es eben dadurch von dem Eigentümlichen seiner Situation in der Welt getrennt und in diesem Sinn betrogen. Die hier relevante Besonderheit *Fraglichen Lebendigseins* besteht darin, daß es ohne restloses Ausräumenkönnen von Fraglichkeit das Wofür seines Lebens vorauswerfen muß, als ein in eigenen Stellungnahmen zur Angemessenheit Gestütztes. Daß es zu diesen Stellungnahmen in einem Prozeß von Sprechen oder Handeln mit anderen kommen kann, daß ein orientierendes Wofür faktisch oft im Sich-Binden an eine Sache, auch die Sache anderen Lebens oder besserer Zukunft, gefunden wird (statt in kriterienloser Suche nach ›Selbstverwirklichung‹), steht dazu nicht in Widerspruch.

Wie das Fragliche Leben *handeln* soll, will es auch wissen. Die Verpflichtung der Einzelnen auf ein Festes in beliebiger Form verdeckt ihnen, wie alle scheinbar unfraglichen Lösungen, das Erfordernis, die Leitlinien ihres Handelns den eigenen Stellungnahmen zur Angemessenheit mindestens auszusetzen (wie immer jene sonst gewonnen und geprüft werden mögen). Eine Moral der Fraglichkeitsausräumung durch Angebot perfekter moralischer Gewißheiten, ohne spürende Stellungnahme übernommen, trennt die, die sie dergestalt übernehmen, nicht bloß von ihrer charakteristischen Situation als Fragliches Leben, sondern zuletzt auch von ihren eigenen Handlungen. Der Versuch, endlich den wahren Kodex für das rechte Handeln Fraglichen Lebens zu entwerfen und verbindlich zu machen, ohne ihn für den Widerspruch durch die stellungnehmenden Instanzen der Einzelnen stets von Neuem offenzuhalten, käme mit seiner Tendenz zur Fraglichkeitsausräumung in die Nähe der Zerstörungsarbeit vergangener Gestalten des gefälscht Unfraglichen.

113. Das ebensolche Unterdrücken

Das Unterdrücken der Züge, kraft deren für die hier besprochene Gattung des höheren Lebens das Wort *fraglich* gebraucht werden kann, ist ein geläufiges Geschäft und kommt, im Gegensatz zur Fraglichkeitsausräumung, gewöhnlich ohne eigene Theorie. Es geht zusammen mit Modifikationen des Lebendigseins, die die Erinnerung an einzelne Fraglichkeitsinstanzen nicht brauchen können, weil sie dadurch gestört würden. Hier wird nur *eine* solche Modifikation des Lebendigseins erwähnt; eine umfassende Erkundung hätte noch ein reiches Spektrum anderer zum Gegenstand.

Das Fragliche Leben will wissen, was mit ihm geschieht, das heißt: es will wissen, was mit ihm sich vollzieht, indem es lebendig ist. Das ist eines der Motive für seine stets neu unternommenen, nicht in sauber abgemarkte Bahnen zu dirigierenden Verständigungsversuche unter dem Titel ›Philosophie‹. Wo das zugeordnete Wissenwollen nicht in direkter Aussage (wie begrenzt und vorläufig immer) befriedigt werden kann, wendet es sich an indirekte Verständigungsweisen, zu denen in vorderster Rolle die Kunst gehört. Vieles von jenem Wissenwollen findet Formen der nicht direkt herausredenden, aber doch spürende Bekanntschaft erzeugenden Antwort in kognitiven Leistungen der Kunst. Sie erzeugen nicht Wissen im typischen Sinn und bieten auch solches, das in Wissen (als ›gerechtfertigtes wahres Meinen‹) nicht gänzlich überführt werden könnte. Jenes Wissenwollen als ein Bedürfnis des Fraglichen Lebens darf demnach nicht auf das, was wir geläufig als ›Wissen‹ definieren, festgelegt werden.

Gelegentlich will das Fragliche Leben, entgegen der jetzt genannten Tendenz, *nicht mehr wissen*, was mit ihm geschieht und was sich mit ihm vollzieht, indem es lebendig ist. »Ja, damals, da waren wir jung, da stellten wir noch Fragen«, sagte ein Mann in fortgeschrittenen Jahren zu einem Studenten der Philosophie, dem er in seinem Haus ein Zimmer vermietet hatte. Der Student wunderte sich, denn er verstand nicht, was das Lebensalter mit dem Fragenstellen zu tun haben sollte. Aber er fragte auch seinerseits nicht weiter, denn es gab bei dem bloßen Tonfall des Mannes in fortgeschrittenen Jahren etwas, das im Spüren des Studenten den raschen Niedergang der Hoffnung bewirkte, durch weitere Fragen von diesem Mann noch Wesentliches in Erfahrung zu bringen.

Das Fragliche Leben modifiziert seine Weise des Lebendigseins in die Richtung, daß es nicht mehr wissen will, was mit ihm sich vollzieht, unter anderem dann, wenn es sich durch Bindung an Unlebendig-Festes *selber festgelegt* hat. Die Bindung an das Unlebendig-Feste hat verschiedene Gestalten, von denen das Sich-Binden an den alltäglich so genannten *Besitz* nur eine sehr primitive ist. Sie können in einem weiteren Verständnis freilich alle als Formen der Besitzbindung bezeichnet werden, weil das Unlebendig-Feste *wie* ein Besitz betrachtet, verteidigt, zur Quelle von Nutznießung gemacht wird. Die Nutznießung, am besten in Form des *lebenslänglichen Nießbrauchs*, ist neben dem Motiv der einfachen Sicherheit ein guter Grund, von dem, was Fragliches Lebendigsein eigentlich bedeutet, nichts mehr wissen zu wollen. Unter das Unlebendig-Feste kann auch das fixierte Lebenslaufkonzept gerechnet werden, das ein Individuum Fraglichen Lebens sich einmal, vielleicht ohne es auf diesem Punkt fragwürdig finden zu müssen, zu eigen gemacht hat, und bei dem es fürderhin in festem Nießbrauch der Gewinne aller Art, welche es damit erzielt, gern ohne weiteres Fragen bleibt. Festgelegt auf ein *gut laufendes* Konzept, dessen stiller Nutznießer es ist, begnügt es sich damit, nicht näher zu sich zu kommen, möglichst wenig von sich für sich zu sein, um das, woraus es

Gewinn zieht, nicht durch ungezerrte, neue Stellungnahmen seines eigenen Innengrunds in Gefahr zu bringen.

Die gewöhnliche Fraglichkeitsunterdrückung ist im Gegensatz zu der systematisch betriebenen, oft als eine Glaubensdoktrin oder Wissensdoktrin (auch Wissenschaftsdoktrin) gekleideten Fraglichkeitsausräumung kein Besitzdenken im *Erkennen*. Sie ist gar nicht in nennenswertem Maß Denken, sondern schlichtes Stillhalten der Frage- und Entblindungstendenz Fraglichen Lebens überhaupt zwecks Verteidigung von *festem Nießbrauch*. Zur Stabilisierung solchen Nießbrauchs, zum Beispiel auch einer anerkannten Eigenschau im Großen Vorzeigen, muß die Frage- und Entblindungstendenz an relevanten Punkten stillgestellt werden, weil sie zur Bekanntschaft bringen kann, daß an dieser Form von Festigkeit etwas spürend *unangemessen* ist.

Die Form des Sich-Bindens an Unlebendig-Festes, die zu gewöhnlicher Fraglichkeitsunterdrückung führt, ist der Verständigungstendenz des Fraglichen Lebens in seinen Individuen strikt abträglich. Ist der stabile Nießbrauch genannter Art in die spürende Steuerung einer fraglich-lebenden Einheit *als Priorität setzend* einmal hineingewachsen, dann wird das Sistieren der diesem Leben eigenen Tendenz auf Entblindung und Wachstum durch dauerhafte, nicht zur Bekanntschaft hervortretende Motive unterstützt. Es braucht ungewohnte Erschütterung, um die stillgestellte Tendenz auch nur zeitweise wieder zu aktualisieren.

Diese Modifikation der menschlichen Weise, lebendig zu sein, wiewohl gut verbreitet, auch in den Sendeställen durch Berührung ohne Berührung und Wachstum ohne Wachstum mit guten Surrogaten der Formen von Glück versehen, die, wo sie echt sind, aus sich bewegender Lebendigkeit stammen, stößt auf ihre Einflußgrenze bei den Individuen Fraglichen Lebens wie bei der Gattung überhaupt, wenn es um die Verständigung über das unablösbar zum Lebendigsein gehörende *Sterben* geht. Im Gegensatz zur Fraglichkeitsausräumung durch Glaubensdoktrin, die auch dem Sterben des Lebendigen *etwas bieten will*, versagt die Fraglichkeitsunterdrückung durch Sich-Binden an festen Nießbrauch in dieser Hinsicht vollkommen. Sie führt nach charakteristisch unverständigtem Leben zu einem charakteristisch unverständigten Sterben. Dies seit langer Zeit Bekannte, zusammen mit dem realen Bedürfnis des Fraglichen Lebens nach Zu Sich Kommen und angemessen befundener Orientierung über das, was ihm lebend und sterbend geschieht, hat bisher nicht verhindert, daß die mächtigen Gestalten der Fraglichkeitsunterdrückung vom jetzt genannten Typ sich in der größeren, über sehr lange Zeiträume gehenden Einheitsarbeit dieser Gattung des Lebendigen immer wieder zeigten, auch da, wo es die bürgerlichbesitzende Variante festen Nießbrauchs gar nicht gab.

114. Erfüllen Phantasie

Unter der leitenden Frage nach der menschlichen Weise, lebendig zu sein, steht das Wort *Fraglichkeit* nicht ausschließlich für eine Reihe von Defiziten, Defekten, Ungewißheiten. An ihnen sich zu weiden, im Modus aufreihender Negativpräsentation, wäre für niemanden sinnvoll. *Fraglichkeit* und *Fragliches Leben* sind eingeführt als hilflos hinweisende Sprachgesten, die neben dem Mehrfachen, welches durch das Wort *fraglich* getroffen wird, auch eine Orientierung *als Desiderat aufweisen*, die den Bedingungen menschlichen Lebendigseins angemessen, also auch *spürens-angemessen* wäre.

Das mögliche Bei-sich-sein des Fraglichen Lebens in seiner Bewegung läßt sich als gefördert denken durch ein Verhalten, welches die Instanzen von Fraglichkeit nicht ausräumt oder unterdrückt, sondern ihnen im Sich-Verständigen wie im Handeln Rechnung trägt, in diesem Sinn also Fraglichkeit *erfüllt*. Daß durchgängiges Erfüllen der Fraglichkeitsverfassung auf dem Weg spürens- und lebenangemessenerer Orientierung zur Zeit einer spürensfernen, vielfältige Zerstörungsperspektiven offerierenden Gegenwart eine *Phantasie* bleibe, habe ich vorhin angemerkt. Sie hat desunbeschadet ihre Valenz als Phantasie für ein mögliches Stückwerk Einzelner oder vieler, in dem Bewegung, ausgerichtet auf Zu sich Kommen und größeres Freisein, stattfinden kann. In jedem Fall ist auch die bloße Tendenz auf Fraglichkeitserfüllung dem Fraglichen Leben gegenüber nicht zuschauende Neutralität, die wartet, in welcher Richtung sich etwas, dessen Gang jetzt noch ›fraglich‹ heißt, entscheiden wird. Sie ist schon als reale Tendenz beginnende Einheitsarbeit qua Veränderungsarbeit, in den verschiedenen Größenordnungen veränderungsfähiger Einheiten, die jenes Leben kennt.

Die individuellen Stückwerke von Fraglichkeitserfüllung durch die Lebensweise Fraglich Einzelner sind in ihren Formen real zu greifen und kaum zu erschöpfen. Sie enthalten in jedem Fall den Versuch, punktweise auf Gestalten von Fraglichkeitsausräumung und -unterdrückung zu verzichten, die durch Sich-Binden an Gewißheit, wo es keine Gewißheit gibt, und Sich-Binden an festen Nießbrauch auf Kosten möglichen Wachstums entstehen. Gelegentlich erscheinen in den Zusammenhängen des Großen Vorzeigens Einzelne, die nichts vorzeigen, oder andere, die sich über ihre Eigenschau zugleich mokieren und zu erkennen geben, daß ihr spürend nur eine Neigung zum Lachen entspricht. Die stückwerkhafte Fraglichkeitserfüllung von Einzelnen enthält mit dem Verzicht auf herkömmliche, zur erschlichenen Verbindlichkeit aufgeworfene Formen des imaginären Festen immer auch das Größerwerden innerer Gemeinschaft, Einübung ins berührende Entblinden dessen, was diesem Lebenden als je eigene Instanz seines und nur seines Stellungnehmens immer schon zugekommen ist, wie wirkungsarm es auch in Unbekanntschaft und Selbst-Unzugänglichkeit gehalten wurde.

Stückwerkhafte Fraglichkeitserfüllung der Einzelnen arbeitet stückwerkhafter Fraglichkeitserfüllung ihrer Gemeinwesen vor. Es wäre schon ein Stück Beachtung dieser Regel, wenn die Prozesse, in denen die Lenkung der einzelnen Gemeinwesen ausgehandelt wird, weniger Eigenschau der Beteiligten, weniger Deklamationen über feste Werte, mehr Bekundung steuerungsrelevanten, aber aus Fraglichkeitsfurcht geheimgehaltenen Spürens enthielten. Fraglichkeitserfüllung ermutigt zu Fraglichkeitserfüllung, wie alle Stücke von Wachstum und Zu sich Kommen. Fände eine Seite in einem der typischen ›Kämpfe‹ die Kraft, ihre Fraglichkeitsfurcht zurückzustellen und statt der einstudierten Denkgebärden etwas von der Spürensbasis ihrer ›Position‹ kundzugeben, fände die andere Seite vielleicht ein ähnliches Stück Kraft, und der Weg wäre mindestens offen für den Austausch einiger Innengrund-Stellungnahmen, die das Handeln der Betreffenden in relevantem Maß bestimmen. Der Weg wäre auch offen für einen gemeinsamen, *in besserer wechselseitiger Kenntnis des je anderen Spürens statt in typischer Verstecktheit* unternommenen Versuch, Formen der Einigung zu finden, die beide Seiten wegen dieser Kenntnis schließlich stützen könnten, statt sie, wie gewohnt, schon baldigst nach getanem Handschlag verstohlen zu hintertreiben.

Stückwerkhafte Fraglichkeitserfüllung durch Einzelne ist auch *notwendige Bedingung* für ein Vergleichbares in der Steuerung ihrer Gemeinwesen. Es gibt kein Wachstum auf dem Verordnungsweg, auch nicht auf dem des Gesetzes. Es gibt aus dieser Richtung im besten Fall das Schaffen wachstumsförderlicher Umstände. Das von oben direkt oder mittelbar induzierte Spüren ist von vornherein der Fremdsteuerung überführt. Jenes gelenkte Zustimmungsgebrüll, das die unselige Geschichte des Landes, in dem ich lebe, noch in den Ohren hat, bleibt *auch* darin als eine nicht löschbare Erinnerung an die Korrumpierbarkeit spürenden Lebens selber, demnach auch als Erinnerung an einen Zug von Fraglichkeit, der in jeder lebens- und spürensangemessenen Orientierung zu *erfüllen* ist, statt auszuräumen oder zu unterdrücken. Er *kann* erfüllt werden durch lebendige Vernünftigkeit, die weder über das Spüren derer, in deren Leben sie wirklich sein soll, hinwegargumentiert, um zu einer Vernunft sprachgewandter Zombies zu werden, noch dieses Spüren mit dem

Status des Fraglosen versieht, um sich selber darin aufzugeben. (Daß ihre vollere Gestalt erst in Zukunftsarbeit des Verständigungshandelns erworben werden muß, sagt gegen den Gedanken solcher Vernünftigkeit nichts.)

Die Maxime von Fraglichkeitserfüllung, als befolgte *in Phantasie* hervorgestellt, ist ein Gegenbild zu dem großen Quantum negativer Einheitsarbeit als Zerstörungsarbeit, die das Fragliche Leben in Bindung an Positionen falscher Festigkeit geleistet hat und unablässig weiter leistet, weil die Einzelnen und die Gemeinwesen stets Neues ausbilden, das als ein Festes geglaubt, verteidigt, erreicht, genutzt, vor Erschütterung bewahrt werden muß. Der Verdacht bleibt stehen, daß die *Spürensferne* und *Spürensfeindlichkeit* ›moderner‹ Selbstinterpretationen Fraglichen Lebens, auch der Selbstinterpretationen seiner Wissenschaft, dem Sich-Weitertreiben seiner eigenen Zerstörungsarbeit (wie seiner Arbeit an der Zerstörung fremden Lebens) Vorschub leisten. Ich vermute, daß sie es tun, indem sie dem Fraglichen Leben ein unangemessenes Bild seines eigenen Lebendigseins vermitteln und auf dem Weg darüber eine lebenunangemessene, leben-destruierende Ausrichtung seines Handelns.